BIBLIOTHÈQUE
DE PHILOSOPHIE CONTEMPORAINE

LA MORALE
DES
RELIGIONS

PAR

J.-L. DE LANESSAN
Député
Ancien Ministre de la Marine
Professeur agrégé à la Faculté de médecine de Paris

LA MORALE DES LIVRES SACRÉS DU JUDAÏSME
LA MORALE RELIGIEUSE DES PEUPLES ARYENS
INTERVENTION DE LA MORALE PHILOSOPHIQUE DANS LES SOCIÉTÉS
GRECQUES ET ROMAINES
LA MORALE DU CHRISTIANISME — LA MORALE DE L'ISLAMISME

PARIS
FÉLIX ALCAN, ÉDITEUR
ANCIENNE LIBRAIRIE GERMER BAILLIÈRE ET Cie
108, BOULEVARD SAINT-GERMAIN, 108

1905

LA MORALE DES RELIGIONS

AUTRES OUVRAGES DE M. J.-L. DE LANESSAN

FÉLIX ALCAN, ÉDITEUR

La morale des philosophes chinois. 1896. 1 vol. in-12, de la *Bibliothèque de philosophie contemporaine*. . . . . 2 fr. 50
La lutte pour l'existence et l'évolution des sociétés. 1 vol. in-8, de la *Bibliothèque générale des Sciences sociales*, cartonné à l'anglaise. . 6 fr. »
La concurrence sociale et les devoirs sociaux. 1 vol. in-8, de la *Bibliothèque générale des sciences sociales*, cartonné à l'anglaise. . . . 6 fr. »
Le programme maritime de 1900-1906. 2e édit. 1 vol. in-12. . . . 3 fr. 50
Introduction à la Botanique. *Le sapin*. 2e édit., 1890. 1 vol. in-8, avec figures, de la *Bibliothèque scientifique internationale*, cartonné à l'anglaise. 6 fr. »
L'Indo-Chine française. *Étude économique, politique et administrative*, 1889. 1 vol. in-8, avec 5 cartes en couleurs, de la *Bibliothèque d'histoire contemporaine*. . . . . 15 fr. »
Principes de colonisation. 1897. 1 vol. in-8, de la *Bibliothèque scientifique internationale*, cartonné à l'anglaise. . . . . 6 fr. »
L'expansion coloniale de la France. *Étude économique, politique et géographique sur les établissements français d'outre-mer*, 1 vol. in-8 avec cartes.
Épuisé.
La colonisation française en Indo-Chine. 1895. 1 vol. in-12 de la *Bibliothèque d'histoire contemporaine*. . . . . *Épuisé.*
La Tunisie. 1887. 1 vol. in-8. . . . . *Épuisé.*

La marine française au printemps de 1890. 1 vol. in-18 (BERGER-LEVRAULT, éditeur). . . . . 3 fr. 50
La République démocratique. 1 vol. in-18 (A. COLIN, éditeur). . . 4 fr. »
Le Transformisme. 1 vol. in-18 (DOIN, éditeur). . . . . 6 fr. »
La lutte pour l'existence et l'Association pour la lutte. 1 vol. in-18 (DOIN, éditeur). . . . . 1 fr. 50
La Botanique. 1 vol. in-18, avec 182 figures (REINWALD, éditeur). . 8 fr. »
Du Protoplasma végétal. 1 vol. in-8 (DOIN, éditeur). . . . . . . 4 fr. »
Manuel d'histoire naturelle médicale (*Botanique et Zoologie*). 2e édit., 2 vol. in-18, avec plus de 2000 figures (DOIN, éditeur). . . . . . . 20 fr. »
Traité de Zoologie (*Protozoaires*). 1 vol. grand in-8, avec 300 figures (DOIN, éditeur). . . . . 10 fr. »
Flore de Paris (*Phanérogames et Cryptogames*). 1 vol. in-18, avec 700 figures (DOIN, éditeur). . . . . 9 fr. »
Flore générale des Champignons, par WUNSCHE ; traduction française. 1 vol. in-18 (DOIN, éditeur). . . . . 8 fr. »
Histoire des drogues d'origine végétale, par MM. FLUCKIGER et HANBURY ; traduction française. 2 vol. in-8 (DOIN, éditeur). . . . . 25 fr. »
Manuel de Zootomie, par MOGSISOVICS ELDEN VON MOJSVAR ; traduction française. 1 vol. in-8, avec 128 figures (DOIN, éditeur). . . . 9 fr. »
Œuvres complètes de Buffon. Nouvelle édition comprenant la correspondance annotée et augmentée d'une notice biographique et d'une introduction de 450 pages, par J.-L. DE LANESSAN. 14 vol. grand in-8, avec 160 planches gravées et coloriées et 10 portraits (LE VASSEUR, éditeur). . . 200 fr. »

LA MORALE

DES

RELIGIONS

PAR

J.-L. DE LANESSAN

Député
Ancien Ministre de la Marine
Professeur agrégé à la Faculté de médecine de Paris.

LA MORALE DES LIVRES SACRÉS DU JUDAÏSME
LA MORALE RELIGIEUSE DES PEUPLES ARYENS
INTERVENTION DE LA MORALE PHILOSOPHIQUE DANS LES SOCIÉTÉS
GRECQUES ET ROMAINES
LA MORALE DU CHRISTIANISME — LA MORALE DE L'ISLAMISME

PARIS
FÉLIX ALCAN, ÉDITEUR
ANCIENNE LIBRAIRIE GERMER BAILLIÈRE ET Cie
108, BOULEVARD SAINT-GERMAIN, 108
—
1905
Tous droits réservés.

TABLE DES MATIÈRES

	Pages.
Préface	vii

LIVRE PREMIER
LA MORALE DES LIVRES SACRÉS DU JUDAÏSME

Chapitre I.	— Les devoirs religieux et la morale politique du judaïsme.	1
— II.	— Le Dieu-Providence, dans le judaïsme.	25
— III.	— La morale familiale du judaïsme.	29
— IV.	— La morale sociale du judaïsme.	48
— V.	— Les sanctions de la morale du judaïsme.	58
— VI.	— Du rôle joué par la morale religieuse dans l'évolution de la moralité publique et privée des Hébreux.	72

LIVRE II
LA MORALE RELIGIEUSE DES PEUPLES ARYENS

Chapitre I.	— La famille et la morale familiale chez les Aryens de l'Inde antique.	83
— II.	— La famille et la morale familiale dans les sociétés aryennes antiques de l'Occident.	92
— III.	— La virginité et la chasteté chez les Aryens de l'antiquité.	97
— IV.	— La morale familiale et la religion chez les Grecs et les Romains primitifs.	103
— V.	— La morale des poèmes de la Grèce.	105
— VI.	— Introduction des religions sémitiques et de leur morale chez les Grecs et les Romains.	118
— VII.	— La religion dans ses rapports avec l'évolution sociale et morale chez les Grecs et les Romains.	134
— VIII.	— La religion brahmanique et sa morale.	145
— IX.	— La morale familiale du brahmanisme.	152
— X.	— La morale sociale du brahmanisme.	170
— XI.	— Les divinités du védisme et du brahmanisme et leur moralité.	177
§ I.	— *Les dieux du polythéisme védique et leur moralité*.	177
§ II.	— *Le polythéisme brahmanique*.	185
§ III.	— *Le panthéisme brahmanique et le bouddhisme et leur morale*.	195

— XII. — Les sanctions morales du védisme, du brahmanisme et du bouddhisme.. 208
§ I. — *Les sanctions morales du védisme*. 208
§ II. — *Les sanctions morales du brahmanisme*.. 214
§ III. — *Les sanctions morales du bouddhisme*. 225
— XIII. — Des rapports de la morale religieuse avec l'évolution de la moralité dans l'Inde. 230

LIVRE III
INTERVENTION DE LA MORALE PHILOSOPHIQUE DANS LES SOCIÉTÉS GRECQUES ET ROMAINES

Chapitre I. — La morale philosophique n'existe pas chez les Sémites. 235
— II. — La morale de Socrate. 244
— III. — La morale de Platon. 263
— IV. — La morale d'Épicure. 282
— V. — La morale des Stoïciens.. 295
— VI. — L'influence de la philosophie sur l'évolution morale dans la société aryenne antique.. 332

LIVRE IV
LA MORALE DU CHRISTIANISME

Chapitre I. — La source de la morale du christianisme. 365
— II. — La morale politique du christianisme. 382
— III. — Les prescriptions de morale religieuse des commandements de Dieu et de l'Église. 410
— IV. — La morale familiale du christianisme.. 417
— V. — La morale sociale du christianisme. 438
— VI. — Les sanctions morales du christianisme. 448
— VII. — La confession, la pénitence et les indulgences dans leurs rapports avec la morale. 456
— VIII. — Résumé de la morale du christianisme. 467
— IX. — Des effets de la morale du christianisme sur l'évolution des mœurs publiques et privées. 469

LIVRE V
LA MORALE DE L'ISLAMISME

Chapitre I. — Source de la morale de l'islamisme et devoirs religieux qu'elle impose. 485
— II. — La morale politique de l'islamisme. 494
— III. — La morale familiale de l'islamisme. 502
— IV. — La morale sociale de l'islamisme. 518
— V. — Les sanctions morales de l'islamisme.. 527
— VI. — De l'influence exercée par la morale religieuse de l'islamisme sur l'évolution de la moralité privée et publique dans les sociétés musulmanes. 633
Conclusions. 557

PRÉFACE

On admet généralement, je pourrais presque dire universellement, que les religions ont eu, toujours et chez tous les peuples, une action capitale sur le développement de la moralité publique et privée.

Beaucoup de personnes croient même que l'influence exercée par les religions sur les sociétés humaines fut indispensable à la formation des idées morales, et que la moralité des individus ou des peuples est placée sous la dépendance directe des croyances religieuses.

Poussant plus loin dans la même voie, des hommes instruits et de bonne foi affirment que si les religions n'avaient pas détourné les hommes de l'évolution déterminée par la nature, ils seraient encore plongés dans la plus profonde immoralité.

Partant de ces prémisses, on suppose volontiers que si la foi religieuse venait à disparaître, l'humanité tomberait inévitablement et très vite dans la barbarie la plus violente.

Je me suis proposé d'examiner, dans le présent livre, les affirmations et les opinions que je viens de rappeler.

Dans ce but, j'ai étudié les morales des principales religions et les effets qu'elles ont produits sur les divers peuples. La morale du judaïsme, celles du védisme, du brahmanisme et du bouddhisme, celles des poèmes religieux et des philosophies des aryens antiques, enfin celles du christianisme et de l'islamisme ont particulièrement attiré mon attention. Je compléterai peut-être ultérieurement l'étude dont elles sont ici l'objet par celle des morales religieuses, philosophiques ou législatives d'autres peuples et par un examen comparé des morales des diverses sectes chrétiennes et de leurs effets à partir de la Réforme et de la Renaissance.

Afin de permettre au lecteur de suivre pas à pas les études que j'ai faites et de contrôler les résultats auxquels je suis arrivé, je me suis adressé aux textes sacrés eux-mêmes, et je n'ai tenu compte que des faits généraux enregistrés comme indiscutables par l'histoire.

On ne trouvera, dans cet ouvrage, ni les déclamations auxquelles le sujet traité se prêterait aisément, ni les exagérations que l'on risque de commettre quand on tient compte des actes particuliers dont les chroniques scandaleuses conservent le souvenir plus ou moins véridique. De ce que des brahmanes de l'Indoustan, des lévis d'Israël, des prêtres d'Occident, des nonnes bouddhistes ou des filles du Carmel eurent une mauvaise conduite, nous nous garderions bien de conclure que leurs religions respectives poussent à l'immoralité. Cette façon d'apprécier les faits et d'en tirer les déductions est trop contraire à l'équité comme à la méthode scientifique, pour que j'en aie voulu faire le moindre usage.

J'ai procédé à l'égard de la morale des religions comme je l'ai fait, dans de précédents ouvrages auxquels celui-ci forme une suite, et où je me suis occupé de l'évolution déterminée dans les sociétés humaines par la lutte pour l'existence et la concurrence sociale. J'ai agi en naturaliste qui observe, constate, contrôle et conclut sans passion ni préjugés préconçus.

La gravité du sujet exigeait une grande attention et une entière sincérité. Je me suis efforcé d'être attentif, et je puis affirmer que j'ai été entièrement sincère.

J.-L. DE LANESSAN.

Écouen, le 13 février 1905.

LA MORALE DES RELIGIONS

LIVRE PREMIER

LA MORALE DES LIVRES SACRÉS DU JUDAISME

CHAPITRE I

LES DEVOIRS RELIGIEUX ET LA MORALE POLITIQUE DU JUDAÏSME.

« L'idée du Dieu législateur a écrit Renan[1] est une idée commune à toute l'antiquité. L'humanité, dans les âges pesamment réalistes, ne pouvait concevoir la loi morale que comme le commandement d'un être supérieur. Elle objectivait la voix de sa conscience en une voix émanée du ciel. » Ce que Renan n'ajoute pas et qui cependant a une très grande importance, c'est que l'ensemble d'idées morales auquel il donne le nom de « voix de la conscience » existait avant que l'on conçût le projet de « l'objectiver en une voix émanant du ciel ». La société judaïque, au moment où elle songe à faire parler le ciel, s'est déjà fait une conception morale particulière, en tenant compte de ses intérêts généraux ainsi que de ceux des classes, des familles et des individus qui la composent. C'est pour protéger ces intérêts, beaucoup plus que pour donner satisfaction à la voix de sa conscience, qu'elle rédige ses Livres sacrés, qui sont les seuls codes auxquels le peuple hébreu dut obéir[2].

---

1. Ernest RENAN, *Hist. du peuple d'Israël*, II, p. 362.
2. On admet généralement que la première législation religieuse des Hébreux fut dressée par Moïse sous la forme de tables gravées et attribuées à Dieu lui-même. Il est dit dans l'*Exode* qu'il les brisa. Il n'en est pas resté trace. On suppose qu'elles comprenaient seulement le *Décalogue*. Vers l'an 850,

A cette époque lointaine, la classe dominante, chez les Hébreux, était celle des prêtres. Comme tous les peuples nomades et pasteurs, les Hébreux n'avaient connu, pendant de nombreux siècles, que l'organisation patriarcale. Chaque chef de famille était omnipotent, et chaque chef de tribu était obéi en même temps que respecté comme un chef de famille. Après sa fixation en Égypte, le peuple hébreu eut un corps sacerdotal analogue à celui de l'Égypte par son rôle religieux, mais très distinct de celui des Égyptiens par ce fait que tous les prêtres juifs étaient recrutés dans une même tribu[1]. A partir du jour où les Hébreux furent établis en Palestine, la tribu sacerdotale réunit entre ses mains les fonctions sacrées et les pouvoirs judiciaires, et devint assez puissante pour empêcher la constitution d'une classe aristocratique. C'est dans ce but qu'elle se montra toujours hostile au militarisme et à la guerre et fit du peuple hébreu une nation de perpétuels vaincus. Lorsqu'elle créa la monarchie, elle prit toutes les mesures nécessaires pour la dominer et rester la véritable maîtresse du peuple en faisant étayer la foi religieuse par la force civile[2].

Il était donc naturel que les Livres de la Loi missent au premier rang des devoirs, à la base de la morale, les prescriptions relatives à la Divinité. Celui qui craindra Dieu

---

fut rédigé ce que l'on a nommé le *Livre de l'Alliance* (*Exode*, XX, 22-XXIII, 19) : il contenait des lois anciennes, dont l'esprit très dur se manifeste dans la règle du talion. Plus tard, vers 620, dans la dix-huitième année du règne de Josias, fut promulguée la Loi définitive que caractérise le *Deutéronome* ou Loi de Hilkia, du nom du grand prêtre qui prétendit l'avoir trouvée dans le temple et qui, probablement, l'avait rédigée ou fait rédiger. Ainsi qu'on l'a fait justement remarquer, Hilkia « ne se proposa pas d'édicter de nouvelles lois ou de nouveaux préceptes. Il ne fit que reproduire les lois existantes, en les modifiant quelque fois, et, en dépit du progrès accompli dans les mœurs..., il ne laisse pas de rééditer les préceptes les plus barbares sur la vengeance privée et le talion... » (Tiele, *Hist. comp. des anc. relig. de l'Égypte et des peuples sémitiques*, p. 463).

1. En Égypte les prêtres étaient de simples fonctionnaires publics, nommés par le roi et choisis parmi les lettrés. Ils pouvaient remplir des emplois civils en même temps qu'ils exerçaient les fonctions sacerdotales. Il y avait parfois transmission d'une charge sacerdotale d'un père à son fils ou d'une mère à sa fille, mais il ne se constitua jamais de familles et encore moins de castes sacerdotales.

2. Voyez sur ce sujet, de Lanessan, *La concurrence sociale et les devoirs sociaux*, p. 57 et suiv. (Paris, F. Alcan).

ne pourra manquer de respecter ses prêtres, de fréquenter son temple et d'y multiplier les sacrifices dont bénéficie le corps sacerdotal.

D'après l'auteur de l'*Exode*, Iahvé s'est montré à Moïse, dans les montagnes rocheuses du Sinaï, pendant un orage formidable. Au milieu des éclairs qui couvraient les sommets de leur lumière étincelante, et, entre les grondements du tonnerre, il lui a dit: « Tu me feras un autel de terre et tu immoleras dessus tes *oloth* et tes *sélanim*[1], tes brebis et tes bœufs... Tu ne blasphémeras pas Dieu ; tu ne maudiras pas le prince de ton peuple... Celui qui sacrifiera aux dieux, hors le seul Iahvé, sera anathème... Tu ne mettras pas de retard à m'apporter la primeur de ce qui s'entasse dans tes granges et de ce qui coule dans tes celliers. Tu me donneras l'aîné de tes fils[2]. Tu feras de même pour tes bœufs et tes moutons. Le petit restera sept jours avec sa mère : le huitième jour, tu me le donneras... Trois fois dans l'année tu me feras fête. Tu observeras la fête des azymes ; pendant sept jours tu mangeras des pains azymes... A cette fête on ne paraîtra pas devant moi les mains vides ; — puis la fête de la moisson où tu apporteras les prémices de ce que tu auras semé dans les champs ; — puis la fête de la récolte des fruits, à la fin de l'année, quand tu récolteras de tes champs le produit de ton travail. Trois fois dans l'année,

---

1. Les *oloth* et les *sélanim* étaient des formes particulières de sacrifices.
2. Pendant longtemps les Hébreux offrirent effectivement à Iahvé leurs premiers-nés et les sacrifièrent sur son autel, comme le faisaient les Phéniciens pour Moloch ; mais, dès une époque très reculée, les pères furent autorisés à racheter les enfants qu'ils auraient dû offrir en sacrifice à Iahvé. L'humanité y gagna, en même temps que le corps sacerdotal y trouvait son compte. Quelques écrivains ont supposé que la circoncision avait remplacé les sacrifices des enfants. Au lieu d'offrir ceux-ci à Iahvé, on lui aurait sacrifié seulement une fraction de leur chair (voy. Maspero, *Hist. des anc. peupl. de l'Orient*, p. 404). Cette manière de voir n'est pas admissible. La coutume ou loi religieuse prescrivait de sacrifier seulement les premiers-nés, tandis qu'elle ordonnait la circoncision de tous les mâles. Cette dernière est donc tout à fait distincte du sacrifice. Quant à la pensée d'où sortit, en Israël et ailleurs, la coutume des sacrifices humains et, en particulier, celle du sacrifice des enfants premiers-nés, elle ressort si clairement de l'histoire de tous les peuples anciens qu'il est à peine besoin de la mettre en relief. Pour obtenir la satisfaction de ses désirs, l'homme prie la divinité, lui offre des objets auxquels il attache lui-même du prix, la primeur de ses récoltes, les plus beaux de ses animaux et jusqu'à ses enfants, jusqu'à ceux mêmes auxquels il tient le plus parce qu'ils sont nés les premiers.

chacun de tes mâles se présentera devant la face du seigneur Iahvé... Les prémices des fruits de la terre, tu les apporteras à la maison de Iahvé ton Dieu[1]. »

Le Sabbat et les fêtes religieuses, notamment celles de la Pâque, des semaines et des tabernacles, avaient surtout pour objet, dans l'esprit du législateur religieux, de réveiller, à des époques déterminées de l'année, le zèle des croyants et de les unir dans des pratiques rituelles communes, qui devaient les distinguer des autres peuples. La Pâque sera célébrée « dans le mois des épis » qui est aussi celui dans lequel « l'Éternel, ton Dieu, t'a fait sortir d'Égypte pendant la nuit ». Pendant cette fête, qui durera sept jours, « tu ne mangeras point de pain levé..., tu mangeras des pains sans levain, du pain d'affliction, car tu es sorti à la hâte du pays d'Égypte ». Tu sacrifieras du gros et menu bétail, mais « l'on ne gardera rien jusqu'au matin de la chair du sacrifice que tu auras fait le soir du premier jour... dès que le soleil sera couché, au moment où tu sortis d'Égypte. Et tu la feras cuire et tu la mangeras au lieu que l'Éternel, ton Dieu, aura choisi. Et, le matin, tu t'en retourneras et t'en iras dans tes tentes. Pendant six jours tu mangeras des pains sans levain, et, au septième jour, il y aura une assemblée solennelle à l'Éternel, ton Dieu. Tu ne feras aucune œuvre ». Sept semaines comptées, « dès qu'on commencera à mettre la faucille dans la moisson », on devait célébrer « la fête des semaines à l'honneur de l'Éternel ». Puis, on célébrera « la fête des tabernacles pendant sept jours, quand tu auras recueilli les produits de ton aire et de ta cuve. Et tu te réjouiras en célébrant la fête, toi, ton fils, ta fille, ton serviteur et ta servante, et le Lévite, l'étranger, l'orphelin et la veuve qui seront dans tes portes. Pendant sept jours tu célébreras la fête à l'honneur de l'Éternel, ton Dieu, au lieu que l'Éternel aura choisi ». En outre, « trois fois l'année, tout mâle d'entre vous se présentera devant l'Éternel..., à la fête des pains sans levain, à la fête des semaines et à la fête des ta-

---

1. Voyez E. RENAN, *Hist. du peuple d'Israël*, II, p. 364 et suiv.

bernacles ; et l'on ne se présentera pas devant l'Éternel à vide. Chacun donnera à proportion de ce qu'il aura, selon la bénédiction que l'Éternel, ton Dieu, t'aura donnée[1] ».

Tous les sacrifices et les offrandes accomplis dans ces fêtes avaient pour objet de remercier la divinité de ce qu'elle avait donné à son peuple favori un territoire fertile et lui permettant, par sa richesse, de renoncer à la vie errante. Au sujet des prémices des récoltes que les Israélites devaient offrir à Dieu, il est prescrit : « Tu prendras des prémices de tous les fruits du sol que tu récolteras du pays que l'Éternel, ton Dieu, te donne, tu les mettras dans une corbeille et tu iras au lieu que l'Éternel, ton Dieu, aura choisi pour y faire habiter son nom ; et, étant venu vers le sacrificateur qui sera en ce temps-là, tu lui diras : je reconnais aujourd'hui, devant l'Éternel, ton Dieu, que je suis entré dans le pays que l'Éternel avait juré à nos pères de nous donner. Et le sacrificateur prendra la corbeille de ta main, et la déposera devant l'autel de l'Éternel, ton Dieu. Puis tu prendras la parole. » Rappelant la sortie d'Égypte, le fidèle termine : « Et l'Éternel nous conduisit en ce lieu, et nous donna ce pays, un pays où coulent le lait et le miel. Maintenant donc voici, j'apporte les prémices des fruits du sol que tu m'as donné, ô Éternel[2]. »

Trouvant les fêtes, réjouissances et cérémonies du culte d'Iahvé un peu trop monotones, les Israélites adoptaient volontiers les pratiques cultuelles de Tyr, de Byblos, ou de Canaan, où les scènes émotionnantes et lugubres alternaient avec la licence la plus effrénée. Les lévites avaient beaucoup de peine à les détourner de ces pratiques. Aussi les livres sacrés sont-ils remplis de menaces à l'égard de ceux qui s'y livraient.

Le Décalogue précise, d'une manière aussi menaçante que possible, les devoirs du peuple d'Israël envers Iahvé et l'interdiction des autres cultes. « Je suis Iahvé,

---

1. *Deutéronome*, XVI, 1-5. — Voyez aussi pour toutes les fêtes : *Lévitique*, ch. XXIII et XXX.
2. *Ibid.*, XXVI, 1-11.

ton Dieu, qui t'ai fait sortir de la terre de Mesraïm, de la maison aux esclaves. Tu n'auras pas d'autres dieux devant moi. Tu ne te feras pas d'idole ni d'image des choses qui sont dans le ciel en haut, ou sur la terre en bas, ou dans les eaux sous la terre. Tu ne te prosterneras pas devant elles et tu ne les adoreras pas ; car moi, Iahvé, ton Dieu, je suis un Dieu jaloux, poursuivant le crime des pères sur les fils jusqu'à la troisième et quatrième génération de mes ennemis, et faisant miséricorde jusqu'à la millième génération à ceux qui m'aiment et gardent mes commandements... Note le jour du Sabbat pour le sanctifier[1]. Durant six jours, tu travailleras et te livreras à tes occupations ; mais le septième jour est un jour de repos, consacré à Iahvé, ton Dieu ; tu n'y feras nulle besogne, ni toi, ni ton fils, ni ta fille, ni ton esclave, ni ta servante, ni tes bêtes, ni ton hôte qui demeure chez toi. Car, en six jours, Iahvé a fait les cieux et la terre, la mer et tout ce qui s'y trouve et il s'est reposé le septième jour ; voilà pourquoi Iahvé a béni le septième jour et l'a sanctifié[2]. »

Les fêtes annuelles et le Sabbat hebdomadaire ne parais-

---

[1]. L'institution du Sabbat paraît avoir eu son origine dans la Babylonie, à l'époque très reculée des Accads et des Soumirs. On l'appelait *Youm mouchou tibi*, le « jour de repos pour le cœur », ou *Youm magam*, un jour blanc, heureux. Il y avait un jour de repos les 7, 14, 21 et 28 de chaque mois. Le 19 était aussi un jour férié.

[2]. E. Renan, *Ibid.*, p. 399. Il ne faut pas oublier que la violation du repos sabbatique était punie de mort. « L'Éternel parla encore à Moïse en disant : Et toi, parle aux enfants d'Israël et dis : seulement vous observerez mes sabbats. Car c'est un signe entre moi et vous, dans toutes vos générations, afin qu'on sache que c'est moi l'Éternel qui vous sanctifie. Observez donc le sabbat, car c'est pour vous un jour saint. Car ceux qui le profaneront seront punis de mort ; si quelqu'un fait une œuvre en ce jour, cette personne-là sera retranchée du milieu de ses peuples. » (*Exode*, ch. XXXI, 12-14). « Quiconque travaillera en ce jour-là, sera puni de mort. Vous n'allumerez point de feu dans aucune de vos demeures, ce jour-là. » (*Exode*, ch. XXXV, 3). On lit dans les *Nombres* (chap. XV, 32-36) : « Or, les enfants d'Israël, étant au désert, trouvèrent un homme qui ramassait du bois, le jour du sabbat. Et ceux qui le trouvèrent ramassant du bois, l'amenèrent à Moïse et à Aaron, et à toute l'assemblée. Et ils le mirent en prison ; car ce qu'on devait lui faire n'avait pas été déclaré. Alors l'Éternel dit à Moïse : cet homme sera puni de mort ; que toute l'assemblée le lapide hors du camp. Toute l'assemblée le fit donc sortir du camp et le lapida, et il mourut, comme l'Éternel l'avait commandé à Moïse. »

Ce serait le cas de rappeler les menaces adressées à Jésus, dans diverses circonstances, par les Pharisiens, parce qu'il guérissait des malades le jour du sabbat.

sant pas suffisants aux prêtres d'Iahvé pour entretenir la foi du peuple d'Israël, on conserva les sacrifices traditionnels des tribus pastorales et on les rendit obligatoires dans la plupart des circonstances importantes de la vie. Il y avait les « holocaustes par le feu » où l'on offrait à Dieu du « gros et menu bétail » ou bien des « tourterelles et pigeonnaux ». Le sang des victimes était répandu sur l'autel et la graisse brûlée, « d'agréable odeur à l'Éternel ». Il y avait aussi les « oblations » de gâteaux de fleur de farine arrosés d'huile et de miel, dont on faisait brûler des parties sur l'autel, et qui devaient toujours être salés, car le sel est le signe de l'alliance avec Dieu. « Tu saleras de sel toutes tes oblations ; et tu ne laisseras point ton offrande manquer de sel, signe de l'alliance de ton Dieu ; sur toutes tes offrandes tu offriras du sel[1]. » Il y avait des sacrifices et des oblations pour obtenir la prospérité ; il y en avait aussi pour expier les péchés volontaires et même involontaires ; il y en avait pour la purification après les couches des femmes, après le contact avec des choses impures, etc. La vie d'un Israélite pieux devait se passer en prières, en jeûnes, en fêtes, en sabbats, en sacrifices, en ablutions incessantes, afin que l'idée de la Divinité fût sans cesse présente à son esprit, et, aussi, afin que la nourriture des prêtres fût assurée, car ils avaient leur part de tout ce qui était offert à l'Éternel.

C'est aussi, sans aucun doute, à la préoccupation de tenir sans cesse en éveil la pensée religieuse et la foi, que furent insérées dans les lois mosaïques les prescriptions relatives aux animaux impurs dont la consommation était interdite. On a invoqué, il est vrai, des raisons d'hygiène, à l'appui de l'interdiction de manger tel ou tel animal ; on a dit, par exemple, que si la loi de Moïse défendait le porc, c'est parce que cet animal peut donner le tœnia ; mais on oublie que le bœuf, dont la consommation est autorisée, peut également donner à l'homme un tœnia. Pour apprécier l'inanité des considérations tirées de l'hygiène, il suffit

---

1. *Lévitique*, II, 13.

de citer les textes sacrés : « L'Éternel parla à Moïse et à Aaron, en leur disant : Parlez aux enfants d'Israël et dites : Voici les animaux que vous mangerez, d'entre toutes les bêtes qui sont sur la terre : vous mangerez parmi le bétail tout ce qui a l'ongle divisé et le pied fourché, et qui rumine ; mais vous ne mangerez point d'entre celles qui ruminent et qui ont l'ongle divisé : le chameau, car il rumine mais il n'a point l'ongle divisé : il vous sera souillé ; le lapin, car il rumine mais il n'a point l'ongle divisé ; il vous sera souillé ; le lièvre, car il rumine mais il n'a point l'ongle divisé ; il vous sera souillé ; le porc, car il a l'ongle divisé et le pied fourché, mais il ne rumine pas ; il vous sera souillé ; vous ne mangerez point de leur chair, vous ne toucherez point leur cadavre ; ils vous seront souillés. Voici ce que vous mangerez de tout ce qui est dans les eaux : vous mangerez tout ce qui a des nageoires et des écailles, dans les eaux, dans les mers et dans les rivières, mais tout ce qui n'a point de nageoires ni d'écailles... parmi tout être vivant dans les eaux vous sera en abomination... Et voici parmi les oiseaux ceux que vous tiendrez pour abominables ; on ne les mangera pas ; c'est une abomination : l'aigle, l'orfraie et le vautour ; le milan et le faucon selon leur espèce ; toute espèce de corbeau ; l'autruche, le coucou, la mouette, l'épervier et ce qui est de son espèce ; la chouette, le plongeon et le hibou ; le cygne, le pélican, le cormoran ; la cigogne, le héron et ce qui est de son espèce ; la huppe et la chauve-souris. Tout reptile qui vole et qui marche à quatre pieds vous sera en abomination. Mais de tout reptile qui vole et qui marche sur quatre pieds, vous mangerez ceux qui ont des jambes au-dessus de leurs pieds, pour sauter sur la terre. Voici ceux que vous mangerez : la sauterelle selon son espèce, le solam selon son espèce, le hargol selon son espèce et le hagab selon son espèce (ce sont des sortes de sauterelles). Tout autre reptile qui vole et qui a quatre pieds, vous sera en abomination. Vous serez souillés à cause d'eux ; quiconque touchera leur cadavre sera souillé jusqu'au soir. Et quiconque portera leur corps mort, lavera ses vêtements et sera souillé jusqu'au soir....

Et voici ce qui sera souillé pour vous parmi les animaux qui rampent sur la terre : la taupe, la souris et le lézard, selon leur espèce ; la musaraigne, la grenouille, la tortue, la limace et le caméléon. Ceux-là sont souillés pour vous entre tous les reptiles : quiconque les touchera morts sera souillé jusqu'au soir. Tout objet sur lequel il en tombera quand ils seront morts sera souillé… Et s'il en tombe quelque chose dans un vase de terre, tout ce qui se trouvera dedans sera souillé, et vous briserez le vase… Et s'il tombe quelque chose de leur corps mort sur une semence que l'on sème, elle sera pure ; mais si l'on a mis de l'eau sur la semence, et qu'il y tombe quelque chose de leur corps mort, elle vous sera souillée. Et quand une des bêtes qui vous servent de nourriture mourra, celui qui en touchera le cadavre sera souillé jusqu'au soir[1]. »

En admettant que l'on puisse expliquer l'interdiction de manger l'aigle, le milan, le vautour, etc., par le fait que ce sont des oiseaux carnassiers et que l'on pourrait considérer comme rendus nuisibles par leur alimentation, quelle raison hygiénique pourrait-on invoquer en faveur de l'interdiction du lièvre, du lapin, du chameau, etc., alors que la loi mosaïque autorise « le bœuf, la gazelle, le daim, le chamois, le chevreuil, le bœuf sauvage et la girafe[2]. » Pourquoi la grenouille est-elle défendue tandis que les sauterelles sont permises ? Est-il possible d'invoquer l'hygiène pour considérer un homme comme « souillé jusqu'au soir » parce qu'il aura touché le cadavre d'un bœuf ou d'une grenouille. Il est évident que toutes ces interdictions ou autorisations ne peuvent être attribuées qu'à des préjugés et à des superstitions répandus parmi le peuple au moment où elles furent formulées. J'en vois la preuve dans la condamnation toute particulière que la loi de Moïse formule contre les reptiles rampants, car ces animaux sont, chez la plupart des peuples primitifs, l'objet de répulsions très vives ou de craintes allant jusqu'à les faire vénérer :

---

1. *Lévitique*, xi.
2. *Deutéronome*, xiv, 3-5.

« Tout reptile qui rampe sur la terre, dit le *Lévitique*[1], est une abomination ; on n'en mangera point... Ne rendez point vos personnes abominables par aucun reptile qui rampe ; ne vous rendez point impurs par eux ; ne vous souillez point par eux. Car je suis l'Éternel, votre Dieu : vous vous sanctifierez et vous serez saints ; car je suis saint. » Voici encore une prescription dont il serait difficile de fournir une explication tirée de l'hygiène : « Toute graisse appartient à l'Éternel. C'est une ordonnance perpétuelle pour vos descendants, dans tous les lieux de votre habitation : vous ne mangerez ni graisse ni sang[2]. » La sévérité avec laquelle tout manquement à cette prescription était puni indique bien son caractère essentiellement religieux : « Et dans tous les lieux où vous habiterez, vous ne mangerez point de sang ni d'oiseaux, ni de bétail. Toute personne qui mangera d'un sang quelconque sera retranché de son peuple. » Le châtiment est le même pour celui qui aura mangé de la graisse[3]. Le caractère religieux ou, pour mieux dire, superstitieux attaché à l'interdiction de manger du sang apparaît très nettement dans les lignes suivantes : « Quiconque de la maison d'Israël, ou des étrangers séjournant parmi eux, mangera de quelque sang que ce soit, je tournerai ma face contre celui qui aura mangé du sang et je le retrancherai du milieu de son peuple ; car l'âme de la chair est dans le sang ; je vous l'ai donné sur l'autel — (dans tout sacrifice le prêtre répandait le sang de la victime sur l'autel et y faisait brûler la graisse) — pour faire l'expiation pour vos âmes ; car c'est par l'âme que le sang fait l'expiation... Quant à l'âme de toute chair, c'est son sang ; il lui tient lieu d'âme. C'est pourquoi j'ai dit aux enfants d'Israël : vous ne mangerez pas le sang d'aucune chair ; car l'âme de toute chair est son sang ; quiconque en mangera sera retranché[4]. » Il est impossible encore de ne pas attribuer une pensée purement religieuse ou super-

1. XI, 41-45.
2. *Lévitique*, III, 17.
3. *Ibid.*, VII, 25-27.
4. *Ibid.*, XVII, 10-14.

stitieuse au récit des *Nombres*[1]; dans lequel la « colère de l'Éternel s'embrasa contre le peuple, et l'Éternel frappa le peuple d'une très grande plaie », parce que le peuple, mourant de faim dans le désert, s'était emparé de cailles tombées autour de son camp et les avait mangées.

Il me paraît impossible de ne pas conclure de tous ces textes que les prescriptions des lois de Moïse relatives à l'alimentation sont nées de préjugés ou de superstitions répandues à l'époque où elles furent formulées, soit dans le peuple d'Israël, soit chez les peuples voisins. On transforma fort habilement ces croyances puériles en articles de foi et en règles de conduite, afin que la pensée religieuse fût sans cesse présente à l'esprit des croyants. Toutes les religions agissent de la même façon[2].

Faut-il rappeler avec quelle violente opiniâtreté le corps sacerdotal d'Israël, qui fut toujours aussi la classe dirigeante par excellence, poursuivit l'application des préceptes relatifs au culte d'Iahvé ?

Vers l'an 630 avant notre ère, le prophète Séphaniah ou Sophonie menace de la destruction la plus absolue l'humanité tout entière dont la méchanceté, c'est-à-dire l'incrédulité, a provoqué la colère d'Iahvé ; « J'enlèverai tout, absolument tout, de la surface de la terre, dit Iahvé. J'enlèverai hommes et bêtes, j'enlèverai les oiseaux du ciel et les poissons de la mer, les objets de scandale et les méchants, et j'exterminerai l'homme de la surface de la terre, dit Iahvé. Ce sera un jour de colère que celui-là, un jour de détresse et de désolation, un jour de ténèbres et d'obscurité, un jour de nuit noire et de nuages sombres, un jour de trompettes et de fanfares contres les villes fortes et leurs hautes voûtes... Et les hommes marcheront comme des aveugles... et leur sang sera répandu comme la poussière, et leurs entrailles comme la m... Ni leur argent ni leur or

---

1. xi, 31-34.
2. Il est intéressant de comparer, à cet égard, les prescriptions du *Vendidad* de Zoroastre avec celles des Livres sacrés des Hébreux. La vie du disciple de Zoroastre se passait en purifications ridicules de souillures imaginaires.

ne pourront les sauver, au jour de la colère de Iahvé. Par la force de sa jalousie, toute la terre sera dévorée, car il veut en finir promptement avec les habitants de la terre [1]. »

En attendant que Iahvé, leur dieu jaloux et cruel, anéantit l'humanité, les prophètes et le corps sacerdotal veillaient à ce que les idoles fussent détruites et leurs adorateurs supprimés. La royauté fut à peine instituée que le corps sacerdotal la lança contre les adeptes des autres cultes, au nom de ces prescriptions du *Deutéronome* [2] : « Quand l'Éternel ton Dieu t'aura fait entrer dans le pays dont tu vas prendre possession, quand il aura ôté de devant toi beaucoup de nations... te les aura livrées et que tu les auras battues, tu les voueras à l'interdit ; tu ne traiteras point alliance avec elles et tu ne leur feras point grâce ; tu ne t'allieras point par mariage avec elles ; tu ne donneras point tes filles à leurs fils [3], et

---

1. Ernest RENAN, *ibid.*, III, p. 150.
2. Chap. VII et VIII. Voir aussi *ibid.*, chap. XII, 2-3.
3. L'origine et la signification de la circoncision sont l'objet d'opinions diverses. Il me paraît probable qu'elle fut d'abord adoptée par certaines tribus et, en particulier, par celles des Israélites, comme un moyen de reconnaître les membres de la tribu. C'était probablement une pratique analogue à celle que l'on constate encore de nos jours chez les peuples qui mènent une vie plus ou moins errante et dont les individus ont intérêt à se faire reconnaître par tous leurs congénères. C'est dans ce but que certaines populations de l'Afrique, par exemple, taillardent la peau de leurs enfants soit sur la face, soit sur les bras. La circoncision n'eut, sans aucun doute, au début, pas d'autre signification. Les Livres sacrés lui conservent, en réalité, ce caractère, mais en y ajoutant une pensée religieuse : elle devra servir à reconnaître la postérité d'Abraham qui vient de se prosterner devant Dieu : « Puis, Dieu dit à Abraham : Mais toi, tu garderas mon alliance, toi et ta postérité après toi, d'âge en âge... C'est que tout mâle parmi vous sera circoncis. Et vous circoncirez votre chair, et ce sera un signe d'alliance entre moi et vous. A l'âge de huit jours, tout mâle sera circoncis parmi vous, dans vos générations, tant celui qui est né dans la maison que celui qui, acheté à prix d'argent de quelque étranger que ce soit, n'est point de ta race ; on ne manquera pas de circoncire celui qui est né dans ta maison, et celui qui a été acheté de ton argent ; et mon alliance sera dans votre chair une alliance éternelle. L'incirconcis, le mâle, qui ne se circoncira pas dans sa chair, sera retranché d'entre tes peuples, il a violé mon alliance. » (*Genèse*, chap. XVII, 9-14.) Le caractère religieux donné à la circoncision est nettement indiqué dans ces lignes par l'ordre d'étendre cette pratique aux esclaves, même quand ils sont étrangers. L'israélite impose de la sorte sa religion à ceux qu'il s'est soumis. En Égypte, les prêtres seuls, dit-on, se faisaient circoncire ; ils voyaient dans cette pratique une sorte de consécration à la divinité, un moyen de s'affirmer purs et saints. On en a conclu que les Hébreux en faisaient aussi un signe de sainteté qui, généralisé à tous les hommes, en faisait un peuple de saints. D'autres historiens ont voulu voir dans la circoncision une sorte de rachat du sacrifice des premiers-nés. Toutes ces

tu ne prendras point leurs filles pour tes fils, car elles détourneraient tes enfants de mon obéissance, et ils serviraient d'autres dieux, et la colère de l'Éternel s'allumerait contre vous, et il t'exterminerait promptement. Mais vous agirez ainsi à leur égard : Vous démolirez leurs autels, vous briserez leurs statues, vous abattrez leurs emblèmes d'Ashéra[1]

raisons ont pu être réunies à partir du moment où la circoncision est devenue une pratique essentiellement religieuse.

Sous le gouvernement de Josué, il fut procédé à une circoncision obligatoire de tous les Israélites. Le caractère en fut tout à fait religieux, mais on procéda au moyen d'instruments traditionnels, ceux dont faisaient usage, sans doute, les tribus pendant la phase nomade de leur existence : « En ce temps là, l'Eternel dit à Josué : Fais-toi des couteaux de pierre et circoncis de nouveau, pour la seconde fois, les enfants d'Israël. Josué se fit donc des couteaux de pierre et circoncit les enfants d'Israël au couteau d'Araloth. Or, voici la raison pour laquelle Josué les circoncit : Tout le peuple sorti d'Égypte, les mâles, tous les gens de guerre, étaient morts en chemin, au désert, après être sortis d'Egypte... Ce sont leurs enfants que Josué circoncit, parce qu'ils étaient incirconcis ; car on ne les avait pas circoncis en chemin. Et lorsqu'on eut achevé de circoncire tout le peuple, ils restèrent à leur place dans le camp jusqu'à ce qu'ils fussent guéris. » (Josué, chap. v, 2-8). Lorsqu'ils s'étendirent dans l'Asie Mineure, les Israélites obligèrent souvent les peuples vaincus par eux à circoncire leurs enfants.

Au début du christianisme, la circoncision fut l'objet de très vives discussions entre les apôtres. Défendue par Jean, elle fut combattue avec énergie et succès par Paul. Ce qui fit, sans doute, que l'on y renonça, c'est qu'elle exposait les chrétiens à être reconnus, en un temps où il y avait tout intérêt à ce qu'ils pussent dissimuler leur adhésion à la nouvelle religion. Il existait à Rome des lois soumettant les Juifs à un impôt de capitation ; pour le faire payer, on eut, à diverses époques, recours aux visites corporelles : tout circoncis était soumis à la taxe. En écartant la circoncision de leurs rites, les chrétiens d'origine israélite échappaient à la fois aux visites et à l'impôt. Quant aux Romains, il leur était interdit de se faire circoncire, sous peine d'exil perpétuel et de spoliation de tous leurs biens. Ils s'exposaient à la même peine s'ils permettaient à leurs esclaves de se faire circoncire. Un juif qui obligeait ses esclaves non juifs à se faire circoncire était puni de mort. La loi respectait la religion du juif, mais elle lui interdisait de faire du prosélytisme.

En présence de ces diverses mesures, le christianisme fut nécessairement amené à renoncer à la circoncision. Il la remplaça par le baptême, qui offrait l'avantage de ne pas laisser de trace.

[1] Les ashera étaient des emblèmes se rapportant au culte de la génération, alors très répandu dans toute l'Asie. Les Israélites les conservèrent au moins jusqu'à la réforme de Josias (vers 620 av. J.-C.). Les autels d'Iahvé lui-même étaient pourvus des emblèmes de cet ancien culte. Au sommet des collines — que la Bible appelle les « hauts lieux » — l'autel d'Iahvé était représenté par une pierre plate. Devant elle étaient dressés : d'un côté, une stèle en pierre ayant une forme phallique plus ou moins prononcée et désignée sous le nom de *matséboah* ; de l'autre, un ashera, tronc d'arbre sur l'une des faces duquel une large fente ovale représentait l'organe sexuel femelle. A côté de l'autel où se faisaient les sacrifices, était une tente ou une maisonnette dans laquelle le prêtre consultait Iahvé pour les fidèles. C'était le sanctuaire ou tabernacle ; c'est là qu'habitait Iahvé, dont les formes furent, on le sait, extrêmement va-

et vous brûlerez au feu leurs images taillées. Car tu es un peuple consacré à l'Éternel, ton Dieu ; l'Éternel, ton Dieu, t'a choisi afin que tu lui sois un peuple particulier, d'entre tous les peuples qui sont sur la surface de la terre... Tu détruiras donc tous les peuples que l'Éternel, ton Dieu, te livre ; ton œil sera pour eux sans pitié, et tu ne serviras point leurs dieux, car ce serait un piège pour toi... Que s'il arrive que tu oublies l'Éternel, ton Dieu, et que tu ailles après d'autres dieux, et que tu les serves, et que tu te prosternes devant eux, je vous le proteste aujourd'hui : certainement vous périrez ! vous périrez comme les nations que l'Éternel fait périr devant vous, parce que vous n'aurez point obéi à la voix de l'Éternel, votre Dieu. »

Iahvé répète ces menaces au peuple entré en possession la terre promise : « Si vous transgressez l'alliance de de l'Éternel, votre Dieu, qu'il vous a commandé d'observer, si vous allez servir d'autres dieux et vous posterner devant eux, la colère de l'Éternel s'embrasera contre vous, et vous périrez promptement de ce bon pays qu'il vous a donné[1]. » Dans l'assemblée tenue à Sichem, Josué rappelle encore au peuple ses devoirs envers son Dieu, et, mettant en doute sa fidélité, il lui dit : « Vous ne pourrez servir l'Éternel, car c'est un Dieu saint, c'est un Dieu jaloux ; il ne pardonnera point vos transgressions et vos péchés ; quand vous abandonnerez l'Éternel et que vous servirez des

---

riées : ici une simple pierre, là un jeune taureau, ailleurs un serpent d'airain, etc. Dans les villes, le sanctuaire prenait l'importance d'une sorte de temple formé d'un tabernacle, devant lequel était l'autel des sacrifices avec ses deux colonnes de la génération. Tabernacle et autel étaient au fond d'une cour limitée par un mur d'enceinte et autour de laquelle étaient « des chambres de courtisanes sacrées et de mignons, et la prostitution masculine, aussi bien que la prostitution féminine, fit partie du culte d'Iahveh ». (Voy. DUJARDIN, *Les origines du judaïsme*, in *Revue des Idées*, 15 avril 1904.) D'autres auteurs attribuent ces pratiques, non au culte d'Iahvé mais à celui des divinités cananéennes et phéniciennes d'où elles seraient passées dans celui d'Iahvé (voy. plus bas, p. 15, note 2). Les deux colonnes en bois, en marbre, en cuivre ou en jaspe que l'on voyait dans les temples de Tyr, et les célèbres colonnes du temple de Salomon avaient, sans doute, la même signification symbolique que la matséba et l'ashera des hauts lieux d'Israël, quoique leur forme fût plus simple, moins représentative, moins naturiste. L'une des colonnes était appelée *Yakin*, c'est-à-dire « il fonde », l'autre *Booz*, ou « en lui est la force ».

[1]. *Josué*, chap. XXIII, 16.

dieux étrangers, il se retournera et vous fera du mal, et vous consumera après vous avoir fait du bien. Alors le peuple dit à Josué : non ! car nous servirons l'Éternel[1]. »

Le culte d'Iahvé considéré comme le Dieu unique, omnipotent, universel, doit être le seul culte de l'humanité ; ses fidèles s'attribuent la mission de détruire tous les autres dieux et tous les autres cultes.

Conformément aux prescriptions rappelées plus haut et qui étaient sans cesse rappelées par les prêtres, Asa et Joséphat, qui succédèrent à Salomon, firent une guerre incessante aux cultes étrangers jusque dans leur propre famille. Asa destitue sa grand'mère Mahaka du rang suprême qu'elle occupait, pour la punir de conserver dans sa maison des téraphim en bois à ornements phalliques, qu'il fait brûler dans l'impure vallée du Cédron. Un siècle plus tard (en 860), Jéhu ne se contente plus de brûler des idoles, il fait massacrer, à Samarie, dans le temple de Baal, tous les adorateurs de ce dieu qu'il avait eu soin d'y convoquer lui-même comme pour une fête ; puis il fait brûler les idoles et détruire le temple, sur les ruines duquel il édifie des latrines publiques.

Plus tard encore, Josias ne se contente pas de faire disparaître tous les temples, autels, idoles, et autres manifestations cultuelles, mais encore il interdit que Iahvé lui-même soit adoré ailleurs que dans le temple de Jérusalem, autour duquel tous les prêtres du pays se groupèrent. « Josias ôta donc, de tous les pays appartenant aux enfants d'Israël, toutes les abominations ; et il obligea tous ceux qui se trouvaient en Israël à servir l'Éternel, leur Dieu[2]. » Le

---

[1]. *Ibid.*, chap. XXIV, 21.
[2]. *Chroniques*, livre II, chap. XXXIV, 33. — On a contesté que les Israélites aient adoré, dans la Palestine, d'autres dieux qu'Iahvé. M. Édouard Dujardin, par exemple, a soutenu que si les auteurs sacrés ont parlé d'un Moloch, d'un Baal, d'une Astarté, adorés par les Hébreux, c'est uniquement parce qu'ils ont confondu ces mots, qui étaient de simples titres d'Iahvé, avec les dieux des Cananéens et des Phéniciens. « Il ne put y avoir, dit-il (*Les origines du Judaïsme*, in *Revue des Idées*, 15 avril 1904, p. 266), sur la terre d'Israël des autels à Camos, ni sur la terre phénicienne, des autels à Iahveh. Que des princesses syriennes, amenées, au hasard des alliances, à régner dans le sérail des rois israélites, aient apporté avec elles l'image de leur dieu natal ; que des rois, pour plaire à la sultane favorite, pour faire leur cour à l'allié phéni-

Deutéronome condamnait à la peine de mort tout Israélite convaincu d'adorer d'autres dieux que le Dieu national. « Quand il se trouvera au milieu de toi, dans quelqu'une des villes que l'Éternel, ton Dieu, te donne, un homme ou une femme qui fasse ce qui est mauvais aux yeux de l'Éternel, ton Dieu, en transgressant son alliance, et qui aille et serve d'autres dieux, et qui se prosterne devant eux, devant le soleil ou devant la lune, ou devant toute l'armée des cieux, ce que je n'ai pas commandé ; et que cela t'aura été rapporté, et que tu l'auras appris ; alors tu t'informeras exactement, et si tu trouves que ce qu'on a dit soit véritable et certain, et que cette abomination ait été commise en Israël, tu feras sortir vers tes portes cet homme, ou cette femme, qui aura fait cette méchante ac-

---

cien, pour désarmer la colère du dieu étranger, aient été jusqu'à élever dans leur royaume des autels à Bel, à Astarté, la chose est possible et semble vraisemblable ; mais il n'y eut là que des exceptions, et la vieille religion nationale n'en fut jamais altérée ; la célèbre réforme de Josias se réduit historiquement à rien... Mais, si Iahveh régna seul en Israël, il faut savoir qu'il y fut adoré sous de nombreux vocables..., et les savants l'oublient qui ont cru qu'Iahveh dieu, Iahveh seigneur, Iahveh du pacte étaient des dieux différents. Dieu se dit en hébreu El ; roi se dit Melek, seigneur se dit Baal ; et de nombreux sanctuaires étaient élevés à Iahvé El, à Iahveh Melek, à Iahveh Baal. Ce fut la source de la plus étrange et de la plus persistante confusion. » Les écrivains juifs prirent l'épithète Baal pour le dieu Bel des Phéniciens, celle de Melek pour le dieu ammonite Moloch ; « on confondit le tronc d'arbre ashera (v. ci-dessus, p. 13, note 1) avec l'Astarté phénicienne, en hébreu Astaroth », et l'on crut que les Hébreux avaient adoré les dieux des Phéniciens ou des Ammonites.

Cette opinion est tellement en contradiction avec celles admises par la généralité des historiens qu'il me paraît indispensable de rappeler ces dernières. On a d'abord expliqué la facilité avec laquelle les Hébreux adoptèrent les cultes des Cananéens et des Phéniciens par l'idée répandue chez la plupart des peuples primitifs, d'après laquelle l'étranger qui arrive dans un pays doit s'en rendre les dieux favorables en leur accordant le même culte que les habitants du lieu. Adorer les dieux de Canaan dût donc apparaître aux tribus d'Israël comme un devoir impérieux, au moment où elles entrèrent dans ce pays. En second lieu, tout peuple primitif est naturellement porté vers l'idolâtrie ; il s'y adonne surtout avec ardeur si les pratiques du culte sont de nature à lui procurer des émotions ou des plaisirs. Or, c'était le cas des religions de la Phénicie et de Canaan, avec leurs sacrifices humains, leurs saturnales, etc. Il est donc permis de prendre à la lettre les écrivains juifs parlant des cultes idolâtriques auxquels se livraient leurs ancêtres et dont ils purent même être les témoins. Enfin, par quelle grâce divine, les Hébreux auraient-ils échappé à la contagion de pratiques dont le spectacle leur était offert par tous les peuples avec lesquels ils avaient été en contact pendant le cours de leurs migrations et au milieu desquels ils vécurent après leur fixation en Palestine ? Partout se faisaient des sacrifices humains, partout aussi régnait la prostitution sacrée.

tion, soit l'homme, soit la femme, et tu les lapideras et ils mourront[1]. »

On devait aussi mettre à mort tout Israélite, même un ami, un parent, un membre de la famille qui conseillait d'adorer un autre dieu que Iahvé. « Quand ton frère, fils de ta mère, ou ton fils, ou ta fille, ou ta femme bien aimée, ou ton ami, qui t'est comme ton âme, t'excitera en secret, en disant : allons et servons d'autres dieux que tu n'as pas connus, ni toi, ni tes pères, d'entre les dieux des peuples qui sont autour de vous, près de toi ou loin de toi, d'un bout de la terre jusqu'à l'autre : n'aie point de complaisance pour lui, et ne l'écoute point. Mais tu ne manqueras point de le faire mourir ; ta main sera la première sur lui pour le mettre à mort, et ensuite la main de tout le peuple.

A Babylone, « non seulement chaque fille, pour obtenir la permission de se marier, devait au moins une fois dans sa vie, à la fête des Sacées (Sukkoth) s'être livrée à un étranger, mais encore plusieurs temples, notamment celui d'Anou avaient leurs hiérodules de profession, qui ne pouvaient impunément se soustraire à leur servile métier. Cet usage était aussi fort répandu dans l'Asie occidentale » ; il avait son principe dans l'idée que « les dieux qui accordent la fécondité ne répandent avec abondance leurs bénédictions que si des personnes nombreuses se vouent à leur service et les servent d'une manière en tout conforme à leur nature » (TIELE, *Hist. compar. des anc. relig. de l'Égypte et des peuples sémitiques*, p. 462). A Byblos et à Tyr on célébrait, en outre, chaque année, des fêtes en l'honneur d'Adonis. D'abord funèbres, ces fêtes se terminaient par de licencieuses saturnales, destinées à célébrer la résurrection du dieu : « Les femmes qui avaient refusé de se consacrer en coupant leur chevelure étaient livrées aux étrangers ; les vierges devaient faire le sacrifice de leur honneur aux dieux, et le prix de la prostitution sacrée était versé dans le Trésor du temple » (*Ibid.*, p. 291). L'auteur ajoute : « Ces fêtes n'étaient pas, d'ailleurs, exclusivement propres à la sainte Byblos. On les retrouve dans l'île de Chypre, en Syrie, dans le pays de Canaan et dans toute l'Asie occidentale. Les Israélites, après les avoir empruntées aux Cananéens, furent bien longtemps à s'en détacher. Au temps d'Ezéchiel, en Judée, comme dans l'exil, on en retrouve encore des traces. » Faut-il s'étonner que, se livrant aux pratiques les plus immorales des cultes étrangers, les Juifs aient adopté les divinités en l'honneur desquels on se livrait à ces pratiques. Nous estimons, en conséquence, qu'on peut prendre à la lettre les récits des écrivains sacrés relatifs à l'idolâtrie des Hébreux. Partant de l'époque d'Osée (750 av. J.-C.) et résumant ces prophéties : « L'idolâtrie, la superstition sont partout, dit Renan (*Hist. du peuple d'Isr.*, II, p. 469)... Le peuple demande des oracles à des morceaux de bois, les hauts-lieux où l'on offre des sacrifices et de l'encens sont de mauvais lieux. L'ombrage y est agréable ; les femmes s'y prostituent en l'honneur d'Astarté ; les prêtres y forniquent avec des filles, y « sacrificotent » avec des courtisanes sacrées... Astarté, avec ses prêtresses et ses prêtres ignobles, se glisse à côté du dieu pur. » (Voyez encore, ci-dessous, p. 34, note 2).

1. *Deutéronome*, chap. XVII, 2-6.

Et tu l'assommeras de pierres et il mourra... Et tout Israël l'entendra et craindra, et l'on ne fera plus une si méchante action au milieu de toi [1]. »

Étant si sévère pour les membres mêmes de la famille qui conseilleraient son abandon, le Dieu d'Israël ne pouvait pas l'être moins pour le commun des membres de la tribu : « Quand tu entendras dire de l'une de tes villes que l'Éternel, ton Dieu, te donne pour y habiter : des gens pervers sont sortis du milieu de toi, et ont poussé les habitants de leur ville en disant : allons, et servons d'autres dieux que vous n'avez point connus : tu chercheras, et t'informeras, et t'enquerras soigneusement ; et si tu trouves que ce qu'on a dit soit véritable et certain, et qu'une telle abomination se soit accomplie au milieu de toi, tu feras passer les habitants de cette ville au fil de l'épée ; tu la voueras à l'interdit avec tout ce qui y sera, et tu en passeras le bétail au fil de l'épée. Puis, tu rassembleras au milieu de la place tout son butin, et tu brûleras entièrement cette ville et tout son butin, devant l'Éternel, ton Dieu ; et elle sera à toujours un monceau de ruines : elle ne sera plus rebâtie. » Grâce à ces destructions impitoyables, l'Éternel reviendra de sa colère, il aura pitié du destructeur, il lui fera miséricorde et il le multipliera, parce qu'il aura « obéi à la voix de l'Éternel, son Dieu [2]. »

Moïse lui-même s'était, du reste, montré impitoyable à l'égard de ceux qui se permettaient de faire infidélité à Iahvé. On lit dans les *Nombres* [3] : « Or, Israël demeurait à Sittim ; et le peuple commença à se livrer à la fornication avec les filles de Moab. Elles convièrent le peuple aux sacrifices de leurs dieux ; et le peuple mangea, et se posterna devant leurs dieux. Et Israël s'attacha à Baal-Peor ; et la colère de l'Éternel s'enflamma contre Israël. Et l'Éternel dit à Moïse : prends tous les chefs du peuple et fais pendre les coupables devant l'Éternel, en face du soleil, afin que l'ardeur de la colère de l'Éternel se détourne d'Israël. Moïse

---

1. *Deutéronome*, chap. xiii, 6-11.
2. *Ibid.*, chap. xiii, 12-18.
3. Chap. xxv, 1-9.

dit donc aux juges d'Israël : que chacun de vous fasse mourir ceux de ses hommes qui se sont attachés à Baal-Peor... Or, il y en eut vingt-quatre mille qui moururent de cette plaie. »

C'est, sans doute, parce que le corps sacerdotal voyait dans la divination et l'évocation des esprits une concurrence aux consultations données par lui-même à l'aide d'une sorte de tirage au sort, que les Livres sacrés se montraient fort sévères pour ces pratiques : « Lorsqu'il se trouvera un homme ou une femme évoquant les esprits ou se livrant à la divination, ils seront punis de mort : on les lapidera ; leur sang sera sur eux[2]. »

Les blasphémateurs étaient également lapidés : « Celui qui blasphémera le nom de l'Éternel sera puni de mort : toute l'assemblée le lapidera : aussi bien l'étranger que celui qui est né au pays, quand il blasphémera le nom de l'Éternel, il sera mis à mort[3]. »

Une haine si violente des religions étrangères et des pratiques auxquelles Iahvé restait étranger, ne pouvait aller sans la haine des étrangers eux-mêmes. Après la défaite des Madianites, dont les femmes avaient entraîné les Israélites dans l'infidélité à Iahvé, Moïse ne se contenta pas de ce que toutes les habitations eussent été détruites, les troupeaux enlevés, les hommes massacrés. Il « s'irrita contre les capitaines de l'armée » et leur dit : « vous avez laissé la vie à toutes les femmes ? Voici, ce sont elles qui, d'après la parole de Balaam, ont donné occasion aux enfants d'Israël de commettre un crime contre l'Éternel dans l'affaire de Peor, ce qui attira la plaie sur l'assemblée de l'Éternel. Maintenant donc tuez tout mâle parmi les petits

---

1. La consultation d'Iahvé par le sort était la source la plus importante des profits réalisés par les prêtres. On ne connaît pas l'outil matériel au moyen duquel se faisait la consultation ; il devait être fort simple, car les réponses du Dieu étaient probablement réduites à des *oui* et des *non*. Cet usage paraît avoir été emprunté aux Égyptiens, chez lesquels le dieu répondait en remuant la tête ou les bras ou même de vive voix. (Voy. E. RENAN, *Hist. du peuple d'Israël*, I, p. 275 et suiv.).
2. *Lévitique*, ch. xx, 27.
3. *Ibid.*, ch. xxiv, 15-16.

enfants, et tuez toute femme qui aura eu compagnie d'homme ; mais laissez vivre pour vous toutes les jeunes filles qui n'ont point eu compagnie d'homme[1]. »

Les règles établies dans le Deutéronome au sujet des villes conquises ne sont pas moins dures : « Quand tu t'approcheras d'une ville pour l'attaquer, tu lui offriras la paix. Et si elle te fait une réponse de paix et t'ouvre ses portes, tout le peuple qui s'y trouvera te sera tributaire et te servira. Que si elle ne traite pas avec toi, mais qu'elle te fasse la guerre, alors tu l'assiégeras ; et l'Éternel, ton Dieu, la livrera entre tes mains, et tu en feras passer tous les mâles au fil de l'épée. Seulement, tu prendras pour toi les femmes, les petits enfants, le bétail et tout ce qui sera dans la ville, tout son butin. Et tu mangeras le butin de tes ennemis que l'Éternel, ton Dieu, t'aura donné. Tu en feras ainsi à toutes les villes qui sont fort éloignées de toi... Mais dans les villes de ces peuples que l'Éternel, ton Dieu, te donne en héritage, tu ne laisseras vivre rien de ce qui respire, car tu ne manqueras point de les vouer à l'interdit : les Héthiens, les Amoréens, les Cananéens, les Phéréziens, les Héviens, les Jébusiens, comme l'Éternel, ton Dieu, te l'a commandé ; afin qu'ils ne vous amènent pas à imiter toutes les abominations qu'ils ont pratiquées envers leurs dieux et que vous ne péchiez pas contre l'Éternel, votre Dieu[2]. » Dans ces dernières lignes apparaît très nettement la préoccupation religieuse qui dictait de semblables prescriptions.

Israël n'est pas davantage à l'abri des menaces des piétistes que les étrangers. Iahvé est un dieu cruel et vengeur qui ne ménage personne. Après avoir énuméré, dans le *Lévi-*

---

1. *Nombres*, chap. xx, 15-18.
2. *Deutéronome*, ch. xx, 10-18. Les écrivains thalmudistes (voy. Rabbinowicz, *La législation civile du Thalmud*, Introd.) contestent que les prescriptions relatives à la destruction des villes païennes aient jamais été appliquées. Cette assertion est difficile à admettre en présence des faits dont les Livres sacrés eux-mêmes ont conservé le souvenir. On voit, par exemple, dans les *Juges* (xviii, 27-31), les Danites s'emparer par surprise de la ville de Laïs, et, tombant « sur un peuple tranquille et qui se croyait en sûreté, ils le firent passer au fil de l'épée ; puis ayant mis le feu à la ville ils la brûlèrent ». David, le plus pieux des rois d'Israël, fait massacrer toujours les habitants des villes dont il s'empare (voy. Maspero, *Hist. anc. des peuples de l'Orient*, p. 386).

lique[1], divers châtiments qu'il infligera aux Israélites s'ils « méprisent ses ordonnances » et ne « pratiquent pas tous ses commandements ». Iahvé termine par cette dernière menace où les écrivains sacrés ont mis tout leur fiel : « Et si, malgré cela, vous ne m'écoutez point, et que vous marchiez contre moi, je marcherai aussi contre vous avec fureur, et je vous châtierai sept fois plus à cause de vos péchés ; vous mangerez la chair de vos fils, et vous mangerez la chair de vos filles ; je détruirai vos hauts lieux, et j'abattrai vos colonnes solaires, et je mettrai vos cadavres sur les cadavres de vos idoles, et mon âme vous aura en aversion. Je réduirai aussi vos villes en déserts, je désolerai vos sanctuaires, et je ne respirerai plus l'agréable odeur de vos sacrifices. Et je désolerai le pays tellement que vos ennemis qui y habiteront en seront étonnés. Et je vous disperserai parmi les nations, et je tirerai l'épée après vous ; et votre pays sera désolé et vos villes désertes[2]. »

Il était impossible qu'un peuple élevé de la sorte, n'entendant et ne lisant que des menaces contre les étrangers, et contre lui-même s'il devenait étranger à son culte national, tandis qu'on lui promettait toutes les prospérités et

---

1. Chap. XXVI.
2. Voyez aussi : *Les Nombres*, chap. XIV, 14-35 ; *Deutéronome*, chap. IV, 25-29, chap. XXVIII, 47-68, et chap. XXXII. Les menaces atteignent leur apogée dans les lignes suivantes : « Parce que tu n'auras point servi l'Éternel, ton Dieu, avec joie et de bon cœur dans l'abondance de toutes choses, tu serviras dans la faim, dans la soif, dans la nudité et dans la disette de toutes choses, ton ennemi que Dieu enverra contre toi ; et il mettra un joug de fer sur ton cou jusqu'à ce qu'il t'ait exterminé. L'Éternel fera lever contre toi, de loin, du bout de la terre, une nation qui volera comme l'aigle, dont tu n'entendras point la langue, une nation au visage farouche qui n'aura ni pitié pour le vieillard, ni pitié pour l'enfant... Et elle t'assiégera dans toutes tes portes, dans tout le pays que l'Éternel, ton Dieu, t'aura donné. Et tu mangeras, durant le siège et dans l'extrémité où ton ennemi te réduira, le fruit de tes entrailles, la chair de tes fils et de tes filles, que l'Éternel, ton Dieu, t'aura donnés. L'homme le plus tendre et le plus délicat d'entre vous regardera d'un œil d'envie son frère, et sa femme bien-aimée et le reste de ses enfants qu'il aura épargnés, et ne donnera à aucun d'eux de la chair de ses enfants, qu'il mangera, parce qu'il ne lui restera rien du tout... La plus tendre et la plus délicate d'entre vous, qui, par noblesse et par délicatesse, n'eût point essayé de mettre la plante de son pied sur la terre, regardera d'un œil d'envie son mari bien-aimé, son fils et sa fille, et la taie de son petit enfant qui sortira d'entre ses pieds, et les enfants qu'elle enfantera ; car, dans la disette de toutes choses, elle les mangera en secret durant le siège et dans l'extrémité où ton ennemi te réduira dans toutes tes portes » (*Deutéronome*, ch. XXVIII, 47-57).

la soumission de tous les autres peuples s'il se montrait fidèle à Iahvé, il était impossible, dis-je, qu'une société recevant une pareille éducation ne fût pas portée à détester toutes les autres, ou du moins à les accabler de son mépris. C'est, en réalité, ce dont témoigne toute l'histoire du peuple Hébreu, depuis le jour de sa fixation en Palestine jusqu'à sa dispersion finale à travers le monde, après la destruction du temple de Jérusalem par Titus. La dernière manifestation de sa religiosité fut un des plus abominables massacres d'hommes dont l'hitoire ait conservé le souvenir. Il se produisit à la fin du règne de Trajan, vers le temps des échecs subis par cet empereur dans la région de l'Euphrate. « Soit, dit Renan à qui j'en emprunte le récit[1], que l'on eût déjà en Afrique le pressentiment des retours de fortune qui allaient atteindre Trajan, soit que les juiveries de Cyrène, les plus fanatiques de toutes, se fussent imaginées, sur la foi de quelque prophète, que le jour de colère contre les païens était arrivé, et qu'il était temps de préluder aux exterminations messianiques, tous les juifs se mirent en branle, comme pris d'un accès démoniaque. C'était moins une révolte qu'un massacre, avec des détails d'effroyable férocité. Ayant à leur tête un certain Lucova, qui avait chez les siens le titre de roi, ces enragés se mirent à égorger les Grecs et les Romains, mangeant la chair de ceux qu'ils avaient égorgés, se faisant des ceintures avec leurs boyaux, se frottant de leur sang, les écorchant et se couvrant de leur peau. On vit des forcenés scier des malheureux de haut en bas par le milieu du corps. D'autres fois, les insurgés livraient les païens aux bêtes, en souvenir de ce qu'ils avaient eux-mêmes souffert, et les forçaient à s'entretuer comme des gladiateurs. On évalue à deux cent vingt mille le nombre des Cyrénéens égorgés de la sorte. C'était presque toute la population : la province devint un désert... De la Cyrénaïque, l'épidémie des massacres gagna l'Égypte et Chypre. Chypre vit des atrocités. Sous la conduite d'un certain Artémion, les fanatiques détruisirent

---

[1]. Ernest Renan, *Les Évangiles*, p. 304 et suiv.

la ville de Salamine et exterminèrent la population entière. On évalua le nombre des Cypriotes égorgés à deux cent quarante mille... La Basse-Égypte était inondée de sang. Les païens fugitifs se voyaient poursuivis comme des bêtes fauves ; les déserts du côté de l'Isthme de Suez étaient remplis de gens qui se cachaient et tâchaient de s'entendre avec les Arabes pour échapper à la mort ».

Les prédictions et les apocalypses annonçant la ruine de l'empire romain ne cessèrent pas de se produire après la dispersion des Juifs. Pendant les deux premiers siècles de notre ère, ces sortes de publications circulèrent beaucoup parmi les chrétiens et provoquaient leur enthousiasme. Une apocalypse du temps de Nerva, mise par son auteur sur le compte d'Esdras, montre l'aigle romaine prenant feu sous les malédictions du Messie qui lui crie : « Tu as régné sur le monde par la terreur et non par la vérité. Tu as écrasé les hommes doux, tu as persécuté les gens paisibles, tu as haï les justes, tu as aimé les menteurs, tu as humilié les murailles de ceux qui ne t'avaient fait aucun mal. Tes violences sont venues jusqu'au trône de l'Éternel, et ton orgueil est venu jusqu'au Tout-Puissant. Le Très-Haut a consulté alors sa table des temps et a vu que la mesure était pleine, que son moment était venu. C'est pourquoi tu vas disparaître, toi, ô aigle, et tes ailes horribles et tes ailerons maudits, et tes têtes perverses et tes ongles détestables, et tout ton corps sinistre, afin que la terre respire, qu'elle se ranime, délivrée de la tyrannie, et qu'elle recommence à espérer en la justice et en la pitié de celui qui l'a faite[1]. »

Les œuvres de ce genre pullulent pendant les premiers siècles du christianisme. Toutes prédisent, en termes d'une extraordinaire violence, la destruction des Romains par le Dieu vengeur d'Israël ou par Christ. Celle dont nous venons de citer quelques lignes exprimait si bien la pensée des chrétiens, comme celle des juifs, que saint Ambroise ne la distinguait en rien des Écritures révélées. « En réalité, dit Renan, peu de livres ont fourni autant d'éléments à la théo-

1. Voyez Ernest RENAN, *Les Évangiles*, p. 368.

logique chrétienne... Les limbes, le péché originel, le petit nombre des Élus, l'éternité des peines de l'enfer, le supplice du feu, les préférences libres de Dieu y ont trouvé leur expression la moins adoucie ; si les terreurs de la mort ont été fort aggravées par le christianisme, c'est sur des livres comme celui-ci qu'il en faut faire peser la responsabilité. » L'influence de l'apocalypse du pseudo-Esdras fut si considérable et si prolongée, dans la société chrétienne, qu'on la fit figurer parmi les Écritures sacrées et que « le Concile de Trente... n'empêcha pas de la réimprimer à la suite des éditions de la *Vulgate*, dans un caractère différent ». Cette œuvre formait un trait d'union entre la morale haineuse d'Iahvé et celle non moins haineuse que le christianisme devait professer à l'égard de toutes les religions, et même de toutes les dissidences de ses propres adhérents.

Il est à peine besoin de faire ressortir qu'elles auraient été les conséquences de la morale politique d'Israël, si son peuple, au lieu de ne représenter qu'une infime et impuissante fraction des sociétés humaines, était devenu une nation comparable au peuple romain. Ce qu'il ne put pas faire lui-même devait être tenté par la papauté catholique et par les gouvernements chrétiens chez lesquels pénétra son esprit.

CHAPITRE II

LE DIEU-PROVIDENCE, DANS LE JUDAÏSME.

La conception du Dieu-Providence, qu'on trouve formulée dans les Livre sacrés des Hébreux, constitua l'un des éléments essentiels de la morale judaïque, avant de passer dans la morale chrétienne.

A partir du jour où les docteurs hébreux eurent imaginé un Dieu tout-puissant, universel et unique, ils lui attribuèrent la responsabilité, peut-on dire, de tous les événements humains et de tous les phénomènes cosmiques dont la terre et l'univers sont le théâtre. Lorsque l'Assyrie, sous le règne de Sennachérib, entra en guerre avec l'Égypte, les gens riches et les familles militaires demandèrent qu'on profitât de la circonstance pour tenter de secouer le joug des Assyriens et se débarrasser du protectorat qu'ils exerçaient sur le royaume d'Israël. Les prophètes et le corps sacerdotal protestèrent contre cette pensée patriotique avec la plus grande violence. Ils craignaient de voir leur influence s'affaiblir dans la même proportion que s'accroîtrait celle des gens riches et des militaires et que grandirait l'autorité du roi, si la guerre était accompagnée de victoires. Ils invoquaient l'inutilité des efforts humains et proclamaient qu'ils iraient à l'encontre des volontés mystérieuses de la divinité. « Malheur, clamait Isaïe[1], à ceux qui descendent en Égypte pour y chercher de l'aide, qui s'appuient sur des chevaux, qui mettent leur confiance dans le nombre

---

1. Voyez E. RENAN, *Hist. du peuple d'Israël*, III, p. 98 et suiv.

des chars et la force des cavaliers, mais qui ne tournent pas leurs regards vers le Saint d'Israël, ne se soucient pas de Iahvé. Lui aussi, il est habile; il dispose du mal...; Iahvé étend sa main, le protecteur trébuche, et le protégé tombe, et tous deux périssent ensemble. »

Lorsque Sennachérib, ayant battu les Égyptiens, se tourne contre la Syrie et vient menacer le royaume d'Israël, où nuls préparatifs de guerre n'ont été faits, Isaïe proteste encore contre les résistances que l'on voudrait tenter: « Qu'as-tu donc à monter sur tes toits, ville tumultueuse, bruyante, toujours agitée? » Au moment le plus critique, il prédit la destruction de l'armée assyrienne : « Iahvé est notre juge, Iahvé est notre législateur, Iahvé est notre roi : c'est lui qui nous sauve ». Comme l'armée de Sennachérib fut battue par les Égyptiens et, surtout, décimée par les fièvres de la Basse-Égypte, ce fut un grand triomphe pour le prophète et pour Iahvé, quand on apprit à Jérusalem que le roi d'Assyrie avait été contraint de regagner sa capitale et de renoncer à marcher contre la Palestine. Le miracle était accompli ; Iahvé était définitivement consacré Providence de son peuple.

Il était impossible que cette idée de Providence ne fût pas appliquée aussi à la morale individuelle. Pour l'auteur inconnu du *Livre de l'Alliance,* tout est mauvais dans l'homme et ne peut devenir bon que par l'intervention d'Iahvé. « On peut dire, écrit Renan[1], que le *péché originel* a été une invention du jéhoviste. Le mal est, pour lui, « la voie « de toute chair ». Chaque progrès humain est un péché; l'humanité ne marche qu'à coups de péchés. Et le péché est souvent chez lui, comme dans le mythe d'Œdipe, un acte qu'on n'a pas commis sciemment. Le péché par ignorance entraîne les mêmes suites que le péché voulu. L'explication de toute l'histoire humaine par la tendance au mal, par la corruption intime de la nature, est bien du jéhoviste, et elle a été la base du christianisme de saint Paul. La tradition juive garda ces pages mystérieuses, sans

---

[1]. *Hist. du peuple d'Israël,* II, p. 358.

beaucoup y faire attention. Saint Paul en tira une religion, qui a été celle de saint Augustin, de Calvin, en général du protestantisme... Le plan de rédemption, qui est la conséquence du dogme du péché, est conçu très clairement par notre auteur. Le salut du monde se fera par l'élection d'Israël, en vertu des promesses faites à Abraham. Le christianisme trouvera là son point de départ. Il affirmera que Jésus, issu d'Israël, a réalisé le programme divin et réparé le mal sorti de la faute du premier Adam. »

Quant aux malheurs qui frappent l'honnête homme, pourquoi Iahvé-Providence les permet-il ? *Le Livre de Job* nous l'apprend dans toute la mesure où il était possible de concevoir, à cette lointaine époque, la théorie qui devait, dix siècles plus tard, être développée par saint Augustin. Job est un honnête homme et un croyant que l'adversité, sous toutes ses formes, frappe avec une effroyable dureté. Ses amis eux-mêmes ne peuvent pas croire à son innocence, tant il leur répugne de supposer que Iahvé-Providence puisse rendre un de ses fidèles malheureux sans motif. D'abord, Job se résigne ; puis il laisse échapper des paroles blessantes pour la justice d'Iahvé ; ses amis l'accusent d'impiété. Iahvé alors intervient : « Le Seigneur parla à Job du milieu d'un tourbillon et lui dit : « Qui est celui qui mêle « des sentences avec des discours inconsidérés et ignorants ? « Ceignez vos reins comme un homme ferme ; je vous « interrogerai et vous me répondrez. » Et, dans une suite indéfinie de questions, il lui révèle tout ce qu'il a fait dans l'univers, tout ce qu'il fait pour les hommes, comment il est le créateur, le directeur, l'initiateur de tout ce qui se passe dans le monde et parmi les hommes. Après quoi, « Job répondit au Seigneur et lui dit : Je sais que vous pouvez toutes choses et qu'il n'y a pas de pensée qui vous soit cachée. Qui est celui-là qui par un effet de son ignorance obscurcit et cache le dessein de Dieu ? C'est pourquoi j'ai parlé indiscrètement et de choses qui surpassaient sans comparaison toute la lumière de ma science... C'est pourquoi je m'accuse moi-même et je fais pénitence dans la poussière et dans la cendre. » Iahvé fut satisfait de cette humiliation ; il fut content de ce que Job ne cherchait pas à comprendre le mystère insondable qui se cache dans cette question à laquelle aucune religion n'a jamais pu répondre : pourquoi, s'il y a un Dieu qui, nécessairement, doit être juste et bon, le malfaiteur triomphe-t-il si souvent, l'honnête homme est-il si fréquemment accablé par le malheur, la calomnie, la misère? Iahvé récompensa Job de renoncer à résoudre ce problème, d'incliner sa raison devant la foi ; il lui rendit au double tout ce qu'il avait perdu. Les bases du christianisme étaient posées. La doctrine de la grâce était fondée.

CHAPITRE III

LA MORALE FAMILIALE DU JUDAÏSME

La morale familiale et la morale sociale des Livres sacrés des Hébreux sont formées d'un mélange de prescriptions communes à tous les peuples, et d'interdictions ou d'ordonnances qui révèlent une société particulière, ayant des besoins spéciaux et préoccupée d'intérêts propres aux diverses classes qui la constituent.

Les règles relatives aux relations des membres de la famille ont été inspirées par les deux ordres de sentiments qui existent dans toutes les races humaines : l'esprit de domination et l'égoïsme du mâle, qui le portent à sacrifier les intérêts de sa femme et de ses enfants à ce qu'il considère comme son avantage personnel ; et, d'autre part, l'affection réciproque qui naît des relations entretenues par les membres d'une même famille les uns avec les autres. « Honore ton père et ta mère afin que tes jours soient prolongés sur la terre que l'Éternel, ton Dieu, te donne[1]. » Le seul fait de maudire ses parents était puni de mort : « Quand un homme quelconque maudira son père ou sa mère, il sera puni de mort ; il a maudit son père ou sa mère ; son sang sera sur lui[2]. » Du respect dû au père de

---

1. *Exode*, chap. xx, 12. Dans le *Deutéronome* (chap. v, 16), cette prescription est reproduite sous la forme suivante : « Honore ton père et ta mère, comme l'Éternel, ton Dieu, te l'a commandé, afin que tes jours se prolongent et que tu sois heureux sur la terre que l'Éternel, ton Dieu, te donne. »
2. *Lévitique*, chap. xx, 9.

famille découle aussi, naturellement, aux yeux des Hébreux, comme à ceux de la plupart des peuples primitifs, le respect que l'on doit avoir pour les vieillards : « Lève-toi devant les cheveux blancs ; honore la personne du vieillard [1]. »

L'esprit de domination naturel à l'homme se manifeste non moins clairement dans toutes les prescriptions relatives aux relations des deux sexes. L'homme est le maître de sa femme ; il peut la répudier ; il peut en avoir autant qu'il lui plaît et même lui associer des concubines, mais il punit de mort son infidélité, car il la considère comme sa propriété. Dans les prescriptions du Décalogue, le respect de la femme d'autrui est imposé au même titre et sous la même forme que celui de ses autres propriétés : « Tu ne convoiteras point la femme de ton prochain, et tu ne désireras point la maison de ton prochain, ni son champ, ni son serviteur, ni sa servante, ni son bœuf, ni son âne, ni aucune chose qui soit à ton prochain [2]. » Ainsi s'expliquent nettement les prescriptions relatives à l'adultère. D'abord, la défense : « Tu ne commettras point adultère [3] » ; puis le châtiment : « Quand on trouvera un homme couché avec une femme mariée, ils mourront tous deux : l'homme qui a couché avec la femme et la femme. Tu ôteras ainsi le méchant d'Israël [4]. » Cette formule est à rapprocher de la suivante : « Celui qui dérobe un homme et le vend, et celui entre les mains duquel il est trouvé sera puni de mort [5]. » L'homme qui commet adultère avec la femme de son prochain est

---

1. *Lévitique*, chap. xix, 32.
2. *Deutéronome*, chap. v, 21.
3. *Ibid.*, chap. v, 18.
4. *Ibid.*, chap. xxii, 22.
5. *Exode*, chap. xxi, 16. — Sur un simple soupçon d'infidélité, le mari pouvait soumettre sa femme à une sorte de jugement de Dieu, dont le résultat devait souvent être la mort. Conduite par son mari devant le sacrificateur, la femme était contrainte d'affirmer son innocence par un serment solennel ; puis le sacrificateur lui faisait boire « les eaux amères qui portent la malédiction », et qui devaient être un breuvage toxique. « Or, quand il lui aura fait boire les eaux, s'il est vrai qu'elle se soit souillée et qu'elle ait commis une infidélité contre son mari, les eaux qui portent la malédiction entreront en elle et lui seront amères, et son ventre enflera, et sa cuisse se flétrira, et cette femme sera en malédiction au milieu de son peuple. Mais si la femme n'est point souillée et qu'elle soit pure, elle ne recevra aucun mal, et elle aura des enfants. » (*Nombres*, V, 11-31.)

assimilé à celui qui dérobe un homme pour le vendre ou se l'approprier comme esclave.

Ce n'est pas seulement la femme qui est considérée comme une propriété de son mari, c'est encore la virginité de cette femme. « Lorsqu'un homme aura pris une femme, et qu'après être venu vers elle il la haïra et dira : j'ai pris cette femme, et quand je me suis approché d'elle je ne l'ai point trouvée vierge... si ce qu'il a dit est véritable, que la jeune fille n'ait point été trouvée vierge, ils (les anciens de la ville) feront sortir la jeune fille à la porte de la maison de son père, et les gens de sa ville la lapideront, et elle mourra [1]. »

Vierge et fiancée, la femme est la propriété de l'homme qui, au moment des fiançailles [2], a payé sa virginité ; si quelqu'un lui ravit cette dernière, il doit être puni pour attentat contre la propriété du fiancé. « Quand une jeune fille vierge sera fiancée à quelqu'un et qu'un homme l'ayant trouvée dans la ville aura couché avec elle, vous les ferez sortir tous deux à la porte de cette ville et vous les lapiderez, et ils mourront : la jeune fille parce qu'elle n'a point crié

---

1. *Deutéronome*, XXII, 13-27.
2. Le terme de « fiançailles » que nous sommes contraints d'employer ici, à défaut d'autre mieux approprié, comporte, quand il s'agit des Israélites, un sens tout particulier. Le mariage consistait, chez les anciens Hébreux, en deux actes distincts : le premier était un contrat civil, par lequel le père donnait sa fille à l'homme qui lui en faisait la demande. Ce contrat précisait la somme que le futur mari s'engageait à remettre à sa femme en cas de divorce ou dont elle héritait nécessairement dans le cas où il mourait le premier. Cette somme était la *khétoubah* ; le contrat faisait de la femme une *aroussah*, c'est-à-dire une épouse légitime qui n'avait pas encore le droit de cohabiter avec son mari. « L'aroussah était liée à son mari et ne pouvait se détacher de lui, tant que celui-ci ne lui avait pas donné la lettre de divorce ; si l'aroussah, sans avoir reçu cette lettre de divorce, devient infidèle, l'infidélité est punie de mort... L'aroussah veuve ou divorcée avait la khétoubah comme une femme légalement mariée dont le mari est mort ou qui a divorcé avec sa femme. » La femme restait ordinairement dans la situation d'aroussah, pendant douze mois, après lesquels la noce avait lieu. Elle entrait alors avec son mari dans le baldaquin ou *houpah*, après quoi le mari « était obligé de la nourrir, de l'entretenir et d'accomplir tous les devoirs conjugaux. Cependant la houpah n'était pas indispensable ; la cohabitation avait la valeur de la houpah. Après la noce l'épouse s'appelait *nessouah*, mariée... Si un individu épousait par exception une femme par la cohabitation sans la faire précéder d'un contrat, le mariage était valable, mais le mari était puni pour avoir agi contrairement à l'usage établi ». Ni le contrat, ni la noce, qui durait sept jours, n'étaient accompagnés d'aucune cérémonie religieuse. Le mariage était un acte purement civil. (Voy. Rabbinowicz, *Législation civile du Thalmud*, I, Introduction.)

dans la ville, et l'homme parce qu'il a violé la femme de son prochain ; et tu ôteras le méchant du milieu de toi. Mais si l'homme trouve dans les champs la jeune fille fiancée, et que, lui faisant violence, il couche avec elle, alors l'homme qui aura couché avec elle mourra seul ; et tu ne feras rien à la jeune fille ; la jeune fille n'a point commis de péché digne de mort ; car... la jeune fille fiancée a pu crier sans que personne l'ait délivrée[1]. »

La vierge non fiancée est la propriété de son père. Celui-ci avait le droit de la marier sans son consentement ; il pouvait même la vendre comme concubine ou comme esclave. Avant la loi mosaïque, celui qui l'avait achetée comme concubine pouvait, à son tour, la revendre à un autre ou la délaisser et ne lui donner aucun soin ; la jeune fille était une simple propriété. Elle ne changeait pas de caractère entre les mains de celui qui l'avait achetée pour en faire une concubine ou esclave. La Loi de Moïse laisse subsister le droit du père sur sa fille, mais elle protège celle-ci lorsqu'elle a été vendue. Si elle cesse de plaire à son maître qui l'avait prise pour lui-même, il ne doit pas la vendre, mais il peut agir des trois manières suivantes : la faire racheter, la destiner à son fils en se conduisant avec elle comme envers ses filles, la conserver quoiqu'il en prenne une autre. S'il ne veut employer aucun des trois procédés, il doit lui donner la liberté sans réclamer le prix dont il l'a payée[2].

S'il arrive qu'une jeune fille soit déflorée tant qu'elle est chez son père, c'est à ce dernier que réparation est due : « Si un homme trouve une jeune fille vierge, qui ne soit point fiancée, et que, la saisissant, il couche avec elle, et qu'ils soient trouvés, l'homme qui a couché avec elle donnera au père de la jeune fille cinquante pièces d'argent, et elle sera sa femme, parce qu'il l'a humiliée. Il ne pourra pas la renvoyer tant qu'il vivra[3]. » Cette dernière prescription est intéressante par la différence qu'elle établit entre la vierge qui a été épousée normalement et celle qui est imposée

---

1. *Deutéronome*, chap. xxii, 23-27.
2. Voy. *Exode*, xxi, 7-11.
3. *Ibid.*, 28-29.

comme femme à son séducteur. La première peut être répudiée ; la seconde ne peut pas l'être ; cette mesure avait sans doute pour objet de protéger les vierges contre ceux qui auraient tenté de les séduire.

Ayant ainsi affirmé son autorité sur la femme, l'homme, qui est, il ne faut pas l'oublier, le législateur religieux, a soin d'inscrire dans la même loi, les privilèges qu'il s'accorde à lui-même : « Quand tu iras à la guerre contre tes ennemis, et que l'Éternel, ton Dieu, les livrera entre tes mains, et que tu en emmèneras des prisonniers, si tu vois parmi les prisonniers une belle femme, et qu'ayant conçu pour elle de l'affection, tu veuilles la prendre pour femme, tu la mèneras dans ta maison. Et elle se rasera la tête et se coupera les ongles ; elle ôtera de dessus elle ses vêtements de captivité ; elle demeurera dans ta maison et pleurera son père et sa mère pendant un mois ; puis, tu viendras vers elle, et tu seras son mari, et elle sera ta femme. S'il arrive qu'elle ne te plaise plus, tu la renverras où elle voudra, et tu ne pourras pas la vendre pour de l'argent, ni la traiter en esclave, parce que tu l'auras humiliée[1]. » Il est bien entendu que l'homme pourra faire cela quoi qu'il ait déjà une ou plusieurs femmes, car la polygamie était autorisée par les Livres sacrés d'Israël.

Quel que fut le nombre des femmes et le degré d'affection du mari pour chacune d'elles, le droit d'aînesse devait revenir à l'enfant qui était né le premier : « Quand un homme aura deux femmes, l'une aimée et l'autre haïe, et qu'elles lui auront enfanté des enfants, tant celle qui est aimée que celle qui est haïe, et que le fils aîné sera de celle qui est haïe ; lorsqu'il partagera à ses enfants ce qu'il aura, il ne pourra faire aîné le fils de celle qui est aimée, à la place du fils né le premier de celle qui est haïe. Mais il reconnaîtra le fils de celle qui est haïe pour le premier né, en

---

[1]. *Deutéronome*, chap. xxi, 10-14. Les membres du corps sacerdotal ne pouvaient épouser que des vierges. « Il (le sacrificateur) prendra pour femme une vierge. Il ne prendra ni une veuve, ni une répudiée, ni une femme déshonorée ou prostituée ; mais il prendra pour femme une vierge d'entre ses peuples. Il ne déshonorera point sa race parmi son peuple. » (*Lévitique*, chap. xxi, 13-15.)

lui donnant une double portion de tout ce qui se trouvera lui appartenant ; car il est les prémices de sa vigueur ; le droit d'aînesse lui appartient[1]. »

Il était impossible de mieux établir les principes de ce que l'on peut appeler la polygamie égale, c'est-à-dire la polygamie dans laquelle toutes les femmes sont placées sur le même pied. Cette polygamie n'avait, du reste, pas d'autres limites que les ressources du mari. Si les écrivains sacrés reprochent à Salomon les « sept cents princesses » qu'il épousa successivement, ce n'est point parce qu'ils trouvent qu'elles étaient en trop grand nombre, mais parce qu'il toléra que chacune pratiquât son culte particulier et parce qu'il se laissa lui-même entraîner vers des cultes exotiques. Ils ne lui reprochent pas ses concubines parce que, sans doute, étant esclaves, elles eurent moins d'influence religieuse. « Il eut donc, dit le *Livre des Rois*, pour femmes, sept cents princesses et trois cents concubines ; et ses femmes détournèrent son cœur. Et il arriva, au temps de la vieillesse de Salomon, que ses femmes détournèrent son cœur après d'autres dieux ; et son cœur ne fut pas intègre envers l'Éternel, son Dieu, comme le cœur de David, son père. Et Salomon suivit Astarté, divinité des Sidoniens, et Milcom, l'abomination des Ammonites. Ainsi, Salomon fit ce qui est mal aux yeux de l'Éternel, et il ne suivit pas pleinement l'Éternel, comme David son père. Et Salomon bâtit un haut lieu à Kémosh, l'idole abominable de Moab, sur la montagne qui est vis-à-vis de Jérusalem ; et à Moloch, l'abomination des enfants d'Ammon. Il en fit de même pour toutes ses femmes étrangères, qui offraient de l'encens et des sacrifices à leurs dieux. Et l'Éternel fut indigné contre Salomon, parce qu'il avait détourné son cœur de l'Éternel, le Dieu d'Israël, qui lui était apparu deux fois, et lui avait même donné ce commandement exprès de ne point suivre d'autres dieux[2]... »

---

1. *Deutéronome*, chap. xxi, 15-17.
2. *Les Rois*, livre I, chap. xi. — A l'époque de Salomon, les Israélites adoraient encore très volontiers les dieux des nations avec lesquelles ils se trouvaient en contact. « A tous propos, fait remarquer Ernest Renan (*Hist. du peuple d'Israël*, I, p. 162), le peuple regrettera les vulgarités de l'Égypte

La tradition patriarcale, en vertu de laquelle le chef de la famille en est aussi le prêtre, s'étant maintenue, même après la disparition de la religion familiale et la constitution d'un culte national, le mariage était fortement encouragé par les Livres sacrés. Il importait au point de vue religieux, que chaque famille eût un chef en état de pratiquer les rites familiaux et que la famille ne pût pas s'éteindre. La loi protège donc autant que possible le chef de la famille. « Quand un homme aura nouvellement pris femme, dit

et, pour le contenter, il faudra lui élever des Apis aux cornes dorées. » On adorait les Baal et les Asera des diverses localités. « Le mauvais culte de Baal-Phégor, sorte de priapisme, séduisait les moins purs. Le Baal-Berith de Sichem était presque aussi respecté des Israélites que leur propre Iahvé... Dans une même famille, on trouvait Baal et Iahvé employés aussi souvent l'un que l'autre, comme composants des noms propres (ex. : Iarébaal, Esbaal, etc.). La plupart des tribus tenaient Iahvé pour le dieu protecteur d'Israël : Iahvé était à peu près le seul dieu auquel on demandait des oracles, mais on lui donnait pour compagnons les dieux du pays. » (*Ibid.*, p. 295).
Lorsque le temple eut été bâti par Salomon, on y fit des sacrifices à une foule de divinités étrangères à Iahvé. « Presque tous les dieux de Syrie y seront adorés selon les caprices des rois. » (Ernest RENAN, *loc. cit.*, II, p. 151). C'est un des motifs pour lesquels les prophètes furent presque tous rebelles au temple. Jésus lui-même voulait qu'on le démolit pour substituer aux sacrifices dont il était devenu le lieu unique, un culte purement spirituel. « Jésus désertera le temple, voudra le démolir, se déclarera capable de le rebâtir spirituel. La destruction du temple par les Romains sera la condition du progrès religieux et en particulier de l'établissement du christianisme. » (*Ibid.*, p. 150.) Fort bien, mais le christianisme ne pourra se passer de temple que pendant sa période de formation ; dès qu'il voudra conquérir les masses et devenir une puissance, il rebâtira des temples, il redressera les images sacrées et il peuplera ses temples de prêtres sans lesquels il ne pourrait ni vivre ni étendre sa propagande.
Les femmes israélites surtout s'adressaient d'autant plus volontiers aux dieux étrangers qu'elles n'avaient aucune place dans la religion patriarcale ou nationale des Hébreux. Elles adoraient le soleil, la lune, tous les astres sur leurs terrasses et elles conservaient pieusement dans leurs maisons les images des dieux proscrits par le corps sacerdotal. L'un des successeurs de Salomon, Asa (930 av. J.-C.), qui fut un des adeptes les plus fervents du Iahvéisme et l'un des plus acharnés destructeurs des idoles « poussa le rigorisme jusqu'à destituer du rang suprême qu'elle occupait sa grand'mère Maaka » en raison de son idolâtrie. « Elle avait chez elle des *téraphim* en bois, avec des détails phalliques, qui scandalisaient fort la pruderie des générations nouvelles. Asa sacrifia la vieille princesse indévote au zèle des piétistes. On abattit à coups de hache l'emblème impur et on le brûla dans la vallée de Cédron. » (*Ibid.*, p. 243.)
Au moment de la réforme de Josias (vers 620 av. J.-C.) on ne se contenta pas de détruire toutes les images sexuelles (*asherah* et *matsebah*) qui se dressaient partout devant les autels des hauts lieux et jusque dans le temple de Jérusalem, de les faire brûler et de répandre leurs cendres sur les tombeaux, on détruisit aussi toutes les images des dieux étrangers. « On cessa, dit Tiele, *loc. cit.*, p. 456 et suiv., d'entretenir dans le temple les chevaux consacrés au

le *Deutéronome*[1], il n'ira point à la guerre et on ne lui imposera aucune charge ; pendant un an il en sera exempt pour sa famille, et il réjouira la femme qu'il aura prise. »

Afin d'assurer la continuité de la famille, le frère, marié ou non, doit épouser la veuve de son frère mort sans enfant. S'il se refuse à remplir ce devoir, la veuve le traduit devant les anciens ; et « s'il demeure ferme et qu'il dise : il ne me plaît pas de l'épouser ; alors sa belle-sœur s'approchera de lui, à la vue des anciens, et lui ôtera son soulier du pied, et lui crachera au visage ; et, prenant la parole, elle dira : ainsi soit fait à l'homme qui ne réédifie pas la maison de son frère. Et son nom sera appelé en Israël la maison du déchaussé[2] ». Pour que le mariage de la veuve sans enfants avec son beau-frère produisît l'effet désiré, « le premier-né qu'elle enfantera succédera au frère mort, et portera son nom, afin que son nom ne soit pas effacé d'Israël ». Il est facile de voir là une consécration religieuse et législative des pratiques inspirées par les nécessités de la

---

soleil et on brisa et brûla les chars consacrés à ce culte. On brisa l'autel pour l'adoration des astres, placé par A'haz sur le toit d'une des salles hautes, ainsi que les deux que Manassé avait érigés dans les deux cours antérieures du temple, et on jeta les débris dans le torrent du Cédron. On profana aussi et on rendit impropres au culte qui semble avoir continué à y être célébré jusqu'à cette époque, les sanctuaires élevés par Salomon à Asthoreth, à Kamosh et à Milkom..., on dispersa des ossements humains (pour les profaner) sur les emplacements où avaient eu lieu les sacrifices humains. La réforme ne se borna pas à Jérusalem ; elle s'étendit à tout le pays et même à tout l'ancien royaume d'Israël. Josias se rendit de sa personne à Béthel, fit briser l'ancien autel dressé par Jéroboam Ier. Tous les hauts lieux de la Samarie furent dévastés et plusieurs prêtres des cultes condamnés furent mis à mort au pied de leurs autels... Ce qui ressort surtout de ces événements, c'est l'importance et l'extension qu'avaient prises, les profondes racines qu'avait jetées le polythéisme dans le royaume de Juda. Le temple de Jérusalem était devenu une espèce de panthéon avec des chevaux et des charriots consacrés au soleil et des autels élevés à toute l'armée des cieux. Les cultes immoraux des Cananéens y étaient ouvertement pratiqués sous le regard de l'austère divinité du désert. »

Malgré les efforts des rois iahvéistes, l'idolâtrie persista pendant de nombreux siècles encore chez les Israélites du peuple, et en particulier parmi les femmes qui, dans tous les pays et dans tous les temps, sont montrées beaucoup plus portées encore que les hommes vers les pratiques idolâtriques et les cultes symboliques. Ce sont elles qui devaient faire la fortune du christianisme, surtout à partir du jour où il versa dans l'idolâtrie.

1. *Deutéronome*, chap. XXIV, 5. Les écrivains thalmudiques considèrent cette prescription comme relative à la période qui s'écoulait entre la signature du contrat de mariage et la noce, et qui était normalement de douze mois.
2. *Ibid.*, chap. XXV, 5-10.

vie patriarcale et des habitudes qu'elles engendrent, pratiques et habitudes dont le but réel et unique est d'assurer l'existence de la famille, qui est alors la véritable unité sociale[1].

C'est la même pensée qui, dans les sociétés patriarcales, fait condamner la prostitution ou, pour mieux dire, ne la permet qu'aux femmes étrangères. Toute femme appartenant à la tribu est considérée comme devant contribuer à sa perpétuation; elle doit, en conséquence, se marier dans sa tribu même et avoir des enfants. Si elle se livre à la prostitution, elle manque à son devoir parce qu'elle ne sert pas à fonder une famille. La prostitution est donc réservée aux femmes étrangères. Chez les Hébreux, celles-ci étaient nombreuses et il exista même une prostitution sacrée des deux sexes, autour du Temple, comme celle qui fleurissait chez les peuples de la Syrie.

Ce n'est donc pas la prostitution elle-même qui est condamnée par les Livres sacrés des Hébreux, mais seulement celle des filles d'Israël : « Qu'il n'y ait point de prostituée entre les filles d'Israël, et qu'aucun des fils d'Israël ne se prostitue à l'infamie[2]. » La prostitution des filles d'Israël était punie par la mort quand il s'agissait des familles sacerdotales : « Si une fille de sacrificateur se déshonore en se prostituant, elle déshonore son père; elle sera brûlée au feu[3]. » C'est l'honneur du père qui est vengé par la mort de la fille, de même que c'est la confiance du mari que l'on venge quand on lapide sa femme s'il ne l'a pas trouvée vierge.

1. C'est avec la même préoccupation que la loi religieuse des Israélites obligeait les filles en possession d'un héritage à se marier dans une famille de la tribu de leur père. La question fut posée devant Moïse par les filles de Tsélophéad, mort dans le désert sans enfant mâle. Moïse décida au nom de Iahvé : « Elles se marieront à qui elles voudront; seulement elles se marieront dans quelqu'une des familles de la tribu de leur père; ainsi un héritage ne sera point transporté, parmi les enfants d'Israël, d'une tribu à une autre tribu. Les filles de Tsélophéad firent comme l'Éternel avait commandé à Moïse. Machla, Thirtsa, Hogla, Milca et Noa, filles de Tsélophéad, se marièrent aux fils de leurs oncles. Elles se marièrent dans les familles des enfants de Manassé, fils de Joseph, et leur héritage resta dans la tribu de la famille de leur père. » (*Nombres*, chap. XXXVI; voy. aussi chap. XXVII.)
2. *Deutéronome*, chap. XXIII, 17-18.
3. *Lévitique*, chap. XXI, 9.

La femme était respectée par ses enfants et n'avait d'ordinaire, pas à se plaindre d'eux après la mort de son mari[1], mais elle ne jouissait d'aucune considération officielle, si l'on peut employer un tel terme. Elle ne prenait aucune part aux actes cultuels et n'était même pas instruite dans la religion de son père et de ses frères, si bien qu'on la voit s'adonner d'une manière presque constante et générale à la pratique des cultes étrangers. Le seul fait d'avoir un rapport sexuel avec elle suffit pour rendre l'homme impur, même dans le mariage et lorsqu'elle se trouve dans son état normal. « Et quand une femme et un homme coucheront et auront commerce ensemble, ils se laveront dans l'eau et seront souillés jusqu'au soir. » La femme est encore davantage impure quand elle se trouve dans certaines conditions physiologiques auxquelles la nature la soumet : « Et quand une femme aura un flux de sang en sa chair, elle sera dans son impureté pendant sept jours ; quiconque la touchera sera souillé jusqu'au soir. Tout objet sur lequel elle aura couché pendant son impureté sera souillé ; et toute chose sur laquelle elle se sera assise sera souillée. Quiconque touchera son lit, lavera ses vêtements, se lavera dans l'eau et sera souillé jusqu'au soir. Et quiconque touchera un objet quelconque sur lequel elle se sera assise, lavera ses vêtements, se lavera dans l'eau et sera souillé jusqu'au soir. Et s'il y a quelque chose sur le lit ou sur l'objet sur lequel elle s'est assise, celui qui y touchera sera souillé jusqu'au soir. Si un homme couche avec elle et que son impureté le touche, il sera souillé sept jours et tout lit sur lequel il couchera sera souillé[2]. » Lorsque l'indisposition se prolonge au delà de la période normale, la souillure est encore plus grande : la femme « lorsqu'elle sera purifiée de son flux, comptera sept jours, et après elle sera pure » ;

---

[1]. Cependant, il importe de noter que la khétoubah ou sorte de douaire que le mari devait reconnaître à sa femme par le contrat de mariage avait été instituée pour faire face à ses besoins dans le cas où elle deviendrait veuve. D'un autre côté, il est toujours question des veuves dans les prescriptions des Livres sacrés relatives à la Charité.
[2]. *Lévitique*, chap. xv, 18-21.

mais elle ne pourra reprendre la vie normale qu'après avoir offert un sacrifice à Dieu : « Et au huitième jour elle prendra deux tourterelles ou deux pigeonneaux, et les apportera au sacrificateur, à l'entrée du tabernacle d'assignation ; le sacrificateur offrira l'un en sacrifice pour le *péché*, et l'autre en holocauste ; et le sacrificateur fera pour elle l'*expiation* devant l'Éternel, à cause du flux qui la souillait[1]. » Un phénomène naturel ou une maladie étaient ainsi transformés en péchés pour lesquels il fallait subir une expiation, et dont il était ordonné de solliciter le pardon par un sacrifice à la divinité.

La mise au monde d'un enfant était aussi considérée comme déterminant chez la femme une souillure qu'il fallait expier. « L'Éternel parla à Moïse en disant : parle aux enfants d'Israël et dis : quand une femme deviendra enceinte et enfantera un mâle, elle sera souillée sept jours ; elle sera souillée comme au temps de l'impureté de son indisposition. Et le huitième jour on circoncira la chair du prépuce de l'enfant. Elle restera pendant trente-trois jours à se purifier de son sang ; elle ne touchera aucune chose sainte, et n'ira point au sanctuaire, jusqu'à ce que les jours de sa purification soient accomplis. Et si elle enfante une fille elle sera souillée deux semaines, comme pour son impureté, et elle restera soixante-six jours à se purifier de son sang[2]. » Le mépris de la femme apparaît ici d'une singulière façon : une mère est souillée deux fois plus par la mise au monde d'une fille que par celle d'un garçon ! Les auteurs des Livres sacrés étaient logiques dans leur doctrine de la supériorité du mâle et la poussaient jusqu'aux moindres détails. Bien entendu, tout cela se terminait par un sacrifice dont bénéficiait le corps sacerdotal.

Voici une autre prescription où se montre dans toute sa brutalité le mépris et même la haine des auteurs sacrés pour la femme : « Quand des hommes se disputeront ensemble, l'un contre l'autre, si la femme de l'un s'approche pour

---

1. *Lévitique*, chap. xv, 25-30.
2. *Ibid.*, chap. xii, 1-5.

délivrer son mari de la main de celui qui le bat, et qu'avançant sa main elle le saisisse par ses parties honteuses, tu lui couperas la main ; ton œil sera sans pitié[1]. »

La soumission de la femme à son père d'abord, à son mari ensuite s'étendait jusqu'aux vœux qu'elle pouvait faire à la Divinité, même lorsqu'il n'en résultait d'obligation que pour elle seule. « Quand un homme aura fait un vœu à l'Éternel, ou se sera par serment imposé une obligation à lui-même, il ne violera point sa parole, il fera selon tout ce qui est sorti de sa bouche. Mais quand une femme aura fait un vœu à l'Éternel, et qu'elle se sera imposé une obligation en sa jeunesse, dans la maison de son père, et que son père aura entendu son vœu et l'obligation qu'elle s'est imposée à elle-même, et ne lui aura rien dit, tous ses vœux seront valables, et toute obligation qu'elle se sera imposée sera valable ; mais si son père la désavoue le jour où il l'a entendue, tous ses vœux et toutes les obligations qu'elle s'est imposées à elle-même, seront nuls, et l'Éternel lui pardonnera ; car son père l'a désavouée. Si elle est mariée et qu'elle se soit engagée par des vœux ou par quelque parole échappée de ses lèvres, par laquelle elle se soit imposé une obligation à elle-même, si son mari l'a entendue, et que le jour où il l'a entendue il ne lui en dise rien, ses vœux seront valables, et les obligations qu'elle se sera imposées à elle-même seront valables ; mais si, au jour que son mari l'apprend, il la désavoue, il annulera le vœu par lequel elle s'était engagée et la parole échappée de ses lèvres, par laquelle elle s'était imposé une obligation à elle-même ; et l'Éternel lui pardonnera. » Si le mari n'annule les vœux de sa femme que « quelque temps après les avoir entendus, il portera la peine du péché de sa femme ». La dépendance de la jeune fille ou de la femme mariée, en ce qui concerne les vœux, est encore soulignée par la prescription suivante : « Mais le vœu d'une veuve ou d'une répudiée, tout ce à quoi elle sera obligée sera valable pour elle[2]. » La veuve et la

---

1. *Deutéronome*, chap. XXV, 11-12.
2. *Les Nombres*, chap. XXX, 4-16.

répudiée étaient entièrement libres, ne se trouvaient en puissance de personne ; c'est pourquoi leurs vœux sont valables.

D'une façon générale, les Livres sacrés hébraïques mettaient l'homme en défiance de la femme qu'ils regardaient comme naturellement pernicieuse : « Mon esprit a porté sa lumière sur toutes choses, pour savoir, pour considérer, pour chercher la sagesse et les raisons de tout, et pour connaître la malice des insensés, et l'erreur des imprudents : et j'ai reconnu que la femme est plus amère que la mort, qu'elle est le filet des chasseurs, que son cœur est un rets, et que ses mains sont des chaînes : celui qui est agréable à Dieu se sauvera d'elle, mais le pécheur s'y trouvera pris... Entre mille hommes j'en ai trouvé un ; mais de toutes les femmes, je n'en ai pas trouvé une seule [1]. » « Ne rendez point la femme maîtresse de votre esprit, de peur qu'elle ne prenne l'autorité qui vous appartient, et que vous ne tombiez dans la honte. Ne regardez point une femme volage dans ses désirs, de peur que vous ne tombiez dans ses filets. Ne vous trouvez pas souvent avec une femme qui danse et ne l'écoutez pas, de peur que vous ne périssiez par la force de ses charmes. N'arrêtez point vos regards sur une fille, de peur que sa beauté ne vous devienne un sujet de chute... Plusieurs se sont perdus par la beauté de la femme : car c'est par là que la concupiscence s'embrase comme un feu... Ne vous asseyez jamais avec la femme d'un autre ; et ne soyez point à table avec elle appuyé sur le coude, et ne vous disputez point avec elle en buvant du vin, de peur que votre cœur ne se tourne vers elle, et que votre affection ne vous fasse tomber dans la perdition [2]. »

La Loi de Moïse ordonnait au mari de subvenir à tous les besoins de sa femme et de lui rendre le devoir conjugal. Le Thalmud a étendu considérablement les obligations imposées au mari en faveur de sa femme, en même temps qu'il réduisait les droits dont le mari avait joui jusqu'alors.

---

1. *Ecclésiaste*, chap. VII, 26-29.
2. *Ecclésiastique* de Jésus, fils de Sirach, chap. IX, 2-13.

Il fixa les travaux que la femme doit faire, afin que son mari n'exige pas d'elle davantage. Il a fixé les objets que le mari doit donner à sa femme pour son entretien. Il lui recommande d'aimer sa femme comme soi-même et de veiller à son honneur plus qu'au sien propre. Il établit la règle générale que la femme monte avec le mari dans l'échelle sociale, mais ne descend pas avec lui : si la position de la famille du mari est plus élevée que celle de la femme, elle doit être traitée comme les membres de la famille de son mari ; si, au contraire, la femme appartient à une famille plus élevée que celle de son mari, elle conserve son rang. Le mari n'a pas le droit de contraindre sa femme à quitter une résidence avantageuse pour le suivre dans un lieu malsain. Si la femme possède des biens dont le mari a l'usufruit, le mari ne peut pas vendre ce droit sans le consentement de sa femme, car ce serait diminuer le bien-être du ménage. Un homme peut offrir au Trésor Sacré tout ce qu'il possède, mais il n'a pas le droit de donner les vêtements de sa femme, ni ceux de ses enfants. Le créancier d'un homme n'a pas non plus le droit de saisir les objets destinés à sa femme ni ceux qu'il a achetés pour elle. La personnalité de la femme est, en un mot, mise en relief par la loi thalmudique. Ses droits individuels commencent à être reconnus, en même temps que les devoirs de son mari envers elle sont notablement étendus. Cependant, elle reste encore entièrement sous la dépendance de son mari et n'est que fort peu relevée moralement, car il ne lui est accordé aucune place dans la religion[1].

Pour en terminer avec les prescriptions religieuses hébraïques relatives aux relations de l'homme et de la femme, je dois noter le caractère d'indissolubilité relative attribué à l'union des époux par le code sacré. Tout mari avait le droit de répudier sa femme ; mais il était tenu de le faire par un procédé légal. Il devait lui écrire une lettre, dite *lettre de divorce*, par laquelle il déclarait qu'elle « était désormais libre pour tout le monde », c'est-à-dire qu'il

---

1. RABBINOWICZ, *Légist. civ. du Thalmud*, Introduction.

l'autorisait à se marier avec tout autre homme à son choix. Il devait, en même temps, lui remettre la *khétoubah*, ou somme dont, au moment du mariage, il l'avait constituée propriétaire pour le cas où il la répudierait ou bien où il mourrait avant elle. La lettre de divorce n'avait aucun caractère religieux; c'était, comme le contrat de mariage, un acte purement civil.

Dans le but d'éviter les abus qui auraient résulté des divorces successifs dont une même femme aurait pu être l'objet de la part de plusieurs hommes, la Loi mosaïque décidait qu'un homme ayant divorcé d'avec une femme ne pourrait pas la reprendre si elle avait été ensuite unie avec un autre homme. « Quand un homme aura pris une femme et l'aura épousée, si elle ne trouve pas grâce à ses yeux parce qu'il aura trouvé en elle quelque chose de honteux, il lui écrira une lettre de divorce, la lui mettra dans la main, et la renverra de sa maison. Et si, étant sortie de sa maison, elle s'en va et devient la femme d'un autre homme, si ce dernier mari la hait, lui écrit une lettre de divorce, la lui met dans la main et la renvoie de sa maison; ou si ce dernier mari, qui l'avait prise pour femme meurt, son premier mari, qui l'avait renvoyée, ne pourra pas la reprendre pour femme après qu'elle a été souillée[1]. »

La femme divorcée ne jouissait, chez les anciens Hébreux, d'aucune considération. D'abord, n'ayant plus sa virginité, elle n'était pas considérée comme une propriété intacte, si je puis dire. En second lieu, comme le divorce avait lieu surtout pour cause d'adultère, la femme divorcée était considérée comme ayant fait tort à son mari dans le droit de propriété qu'il avait sur elle. Aussi, dans l'antique société hébraïque, les divorces étaient-ils rares. Toute une école de rabbins a même soutenu que le divorce ne pouvait avoir lieu alors que pour cause d'adultère. L'adultère étant rare, les divorces l'étaient aussi et pouvaient apparaître comme un adoucissement des prescriptions qui autorisaient le mari à faire lapider la femme qui l'avait trompé.

1. *Deutéronomie*, chap. XXIV, 1-4.

C'est parce que la femme divorcée était considérée comme impure et frappée de réprobation, qu'elle ne pouvait pas se remarier avec un prêtre, car celui-ci est « saint ». Le *Lévitique* confond, à ce propos, les divorcées avec les femmes de la plus mauvaise conduite. « Les sacrificateurs... ne prendront point une femme prostituée ou déshonorée ; ils ne prendront point une femme répudiée par son mari ; car ils sont consacrés à leur Dieu... Il prendra pour femme une vierge d'entre ses peuples. Il ne déshonorera point sa race parmi son peuple, car je suis l'Éternel, qui le sanctifie [1]. »

La Loi mosaïque n'accordait pas à la femme le droit de réclamer le divorce. A l'époque thalmudique, non seulement ce droit lui fut reconnu, mais encore elle pouvait l'exercer, comme le mari, sans avoir à fournir aucun motif de sa décision [2].

L'autorité de l'homme n'était pas moins absolue à l'égard de ses enfants qu'à l'égard de sa femme. « Quand un homme aura un enfant pervers et rebelle, qui n'obéira point à la voix de son père, ni à la voix de sa mère, et qui, bien qu'ils l'aient châtié, ne veuille point les écouter, son père et sa mère le prendront et le mèneront aux anciens de sa ville et à la porte du lieu de sa demeure ; et ils diront aux anciens de sa ville : voici notre fils qui est pervers et rebelle ; il n'obéit point à notre voix ; il est dissolu et ivrogne. Alors, tous les hommes de sa ville le lapideront, et il mourra, et tu ôteras le méchant du milieu de toi, afin que tout Israël l'entende et craigne [3]. »

Les écrivains thalmudiques ont vu dans les mots « son père et sa mère le prendront... » une obligation imposée au père de prendre l'avis de la mère, avant de soumettre son fils au jugement des anciens. S'il en était ainsi, la Loi mosaïque aurait constitué un progrès notable sur les coutumes généralement répandues chez les peuples primitifs. Chez la plupart de ces derniers, en effet, le droit du père

---

1. *Lévitique*, ch. XXI, 7, 14-15.
2. Voy. Rabbinowicz, *Législ. civ. du Thalmud*, I, Introd., p. XL.
3. *Deutéronome*, chap. XXI, 18-21.

sur ses enfants est illimité. Il peut les mettre à mort sans consulter, ni aucune personne étrangère, ni même la mère. On trouve encore les traces de ce droit dans les Livres hébraïques : lorsque Ruben demande à Jacob l'autorisation d'emmener son jeune frère Benjamin en Égypte, il lui dit : « Tu feras mourir mes deux fils, si je ne te le ramène ; confie-le moi et je te le rendrai[1]. » Il est probable que le droit de vie et de mort, reconnu au père dans ces lignes, s'atténua peu à peu, avec le temps et les progrès de la civilisation, et que, dans la pratique, le père en vint à ne l'exercer que d'accord avec la mère, puis en soumettant ses griefs au Conseil des anciens, transformé en une sorte de tribunal familial. Cependant, le droit primitif continuait à figurer dans la morale familiale des Livres Sacrés. Il y a là un des exemples les plus remarquables de l'immobilité des morales religieuses.

Même à l'époque du Thalmud, la Loi de Moïse était encore respectée en principe, en ce qui concerne les droits de vie et de mort du père sur ses enfants, mais, dans la pratique, on s'efforçait d'en atténuer la rigueur. Pour que le fils pût tomber sous le coup de la Loi mosaïque, il devait être majeur, c'est-à-dire avoir au moins « deux poils sur une partie quelconque du corps », mais n'avoir pas encore « de la barbe, qui est la marque de l'homme fait et complètement développé ». Certains rédacteurs du Thalmud affirmaient même que la Loi mosaïque n'était jamais appliquée. L'un d'eux disait : « Si on l'étudie, c'est un simple exercice littéraire, pour lequel on sera récompensé comme pour une bonne action[2]. » Ce mot ne met-il pas bien en relief le défaut capital des lois morales religieuses ? Voilà une prescription que tout le monde condamne au point de nier qu'elle ait été appliquée et d'affirmer qu'elle ne peut pas l'être, et, pourtant, on en recommande l'étude à titre d'exercice pour lequel on sera récompensé « comme pour une bonne action ».

---

1. *Genèse*, ch. XLII, 37.
2. RABBINOWICZ, *Législation criminelle du Thalmud*, Introd., p. III, et p. 121.

La Loi mosaïque atténue les effets du droit ancien qu'avait le père de vendre sa fille comme concubine ou esclave. Elle autorise encore cette vente, mais en sauvegardant la condition ultérieure de la fille ainsi qu'on l'a vu plus haut, son père peut encore la vendre, mais celui à qui elle a été vendue, ne peut ni la revendre ni l'abandonner. Si elle cesse de lui plaire, il doit : ou bien la faire racheter, ou bien la céder à son fils en la traitant, désormais, comme sa fille, ou bien la garder tout en en prenant une autre, auquel cas il est tenu de subvenir à son entretien et même de lui rendre le devoir conjugal. Dans le cas où il ne voudrait user d'aucun de ces trois procédés, il doit lui donner la liberté, sans exiger le remboursement d'aucune partie de la somme pour laquelle il l'avait achetée[1].

La Loi thalmudique abrogea le droit qu'avait le père de vendre sa fille, même dans les conditions rappelées ci-dessus, en prétextant que les prescriptions de l'*Exode* relatives à ce sujet ne s'appliquaient qu'au temps antérieur à l'exil des dix tribus. Elle limita aussi le droit que la Loi mosaïque accordait au père de marier sa fille sans son consentement. Cependant, par respect pour les Livres Sacrés, le Thalmud ne conteste pas la validité du mariage d'une fille mineure fait par son père sans le contentement de ladite fille ; il se contente de défendre aux pères de marier leurs filles sans qu'elles y consentent. Il exige même que les deux futurs époux se soient vus et aient consenti à s'unir. La jeune fille est, en outre, autorisée à se marier spontanément dès qu'elle a atteint la première majorité *(naarouth)*, et ce qu'elle gagne par son travail à partir de ce moment lui appartient. A la majorité complète *(bagrouth)*, son père n'a plus aucune autorité sur elle. Si elle hérite des biens de sa mère, même étant encore mineure, son père n'a aucun droit sur lesdits biens. D'après la Loi mosaïque, les filles ne pouvaient pas réclamer les biens de leur père décédé, si celui-ci laissait des fils ; la loi thalmudique maintint cette règle, mais en accordant aux filles le droit de se nourrir à

---

1. Voyez ci-dessus p. 32.

l'aide de ces biens jusqu'à ce qu'elles se mariassent ; elle leur attribuait, en outre, la propriété de la dixième partie de ces mêmes biens afin qu'elles eussent une dot à donner à leur mari. A l'époque thalmudique, en effet, le père qui marie sa fille est obligé de lui donner une dot proportionnée à sa fortune et égale, au moins, à la somme qui était alors considérée comme permettant d'échapper à la bienfaisance publique[1].

Il est évident que, malgré ces progrès, la morale familiale religieuse des juifs était notablement en retard sur les idées qui régnaient à l'époque thalmudique, dans la plupart des sociétés au milieu desquelles les Israélites avaient fondé des colonies.

Il faudrait, en somme, avoir l'esprit bien peu critique ou être d'une singulière ignorance, pour voir dans la morale familiale des Livres sacrés hébraïques autre chose que la simple manifestation des sentiments propres à tous les peuples primitifs chez lesquels l'esprit de domination et l'égoïsme du mâle n'ont pas encore été modifiés par la juste compréhension des intérêts du mâle lui-même. La morale religieuse a figé l'égoïsme du mâle dans les lois, et l'y a maintenu à une époque où les progrès de la civilisation en avait atténué les effets dans les mœurs et même dans la législation de la plupart des peuples.

[1]. RABBINOWICZ, *Législ. civ. du Thalmud*, I, Introd., p. XLIII.

CHAPITRE IV

LA MORALE SOCIALE DU JUDAÏSME

L'examen, même le plus rapide, de la morale sociale contenue dans la Bible établit de la façon la plus évidente qu'elle a été conçue dans l'intérêt exclusif des hommes qui ont rédigé la loi soi-disant émanée de Dieu. Il est à peine besoin d'ajouter que les intérêts en question sont, d'ailleurs, fort respectables ; ce qui l'est moins, ce sont parfois les moyens employés pour les faire respecter. On en jugera sans peine d'après les quelques règles que je cueille presque au hasard dans le *Deutéronome*.

Au premier rang des prescriptions de la morale sociale des Livres sacrés hébraïques viennent celles qui ont trait à la propriété. Celui qui possède étant aussi celui qui édifie les codes religieux n'a garde d'oublier ses intérêts. Il protège avant tout sa vie, sa femme, sa maison, ses biens : « Tu ne tueras point ; tu ne commettras point l'adultère ; tu ne déroberas point ; tu ne diras point de faux témoignage contre ton prochain. Tu ne convoiteras point la femme de ton prochain, et tu ne désireras point la maison de ton prochain, ni son champ, ni son serviteur, ni sa servante, ni son bœuf, ni son âne, ni aucune chose qui soit à ton prochain[1]. » Toutes ces prescriptions se retrouvent, sous des formes diverses, dans tous les codes religieux ou civils et dans toutes les philosophies de toutes les nations. Elles

---

1. *Deutéronome*, chap. v, 17-21.

sont mises en pratique, avant même d'avoir été formulées, par la presque totalité des peuples les plus primitifs. On ne saurait donc ériger le Décalogue en titre de gloire au profit de la religion hébraïque.

Ce qui appartient en propre au code moral de cette religion, c'est le traitement infligé à ceux qui violent les prescriptions du Décalogue. Là se trouve le caractère propre de la race, l'indication de l'époque où la loi fut rédigée et celle des nécessités imposées au peuple israélite par sa manière de vivre, par son organisation sociale, etc. « Celui qui frappe son père ou sa mère, doit mourir... Celui qui injure son père ou sa mère, qu'il soit mis à mort... Celui qui frappe un homme, si celui-ci meurt, doit être mis à mort. Celui qui a tué sans intention, Ha-Elohim ayant choisi sa main pour faire arriver la chose, je te fixerai un lieu où il pourra se réfugier[1]... Quand un homme frappe son esclave ou sa servante avec un bâton, de façon qu'ils meurent sous sa main, il sera puni. Cependant, si l'esclave ou la servante survivent un jour ou deux, il ne sera pas puni, car après tout c'est son argent... Si quelqu'un frappe l'œil de son esclave ou l'œil de sa servante et qu'il le crève, il les renverra libres, en compensation de leur œil, et, s'il fait tomber la dent de son esclave ou la dent de sa servante, il les renverra libres en compensation de leur dent... Si un bœuf frappe un homme ou une femme et qu'ils en meurent, le bœuf sera lapidé et sa chair ne sera pas mangée[2] ; mais le propriétaire du bœuf sera indemne. Cependant, si le bœuf avait de longue date l'ha-

---

1. Le *Deutéronome* (ch. XIX, 1-13) prescrit que trois villes de refuge soient désignées, dans lesquelles les hommes ayant commis un meurtre involontaire pourront se réfugier et où ils seront à l'abri de la justice. Moïse avait eu soin lui-même de désigner trois villes de refuge (*Ibid.*, ch. IV, 41). Le christianisme accordera le même privilège aux églises et monastères.

2. La loi religieuse de Zoroastre punit les chiens comme les hommes pour le mal qu'ils font à ces derniers. Le *Vendidad* prescrit minutieusement les soins qui doivent être donnés aux chiens, surtout aux chiennes pleines, qu'il assimile aux femmes grosses, et aux petits chiens qu'il traite comme les jeunes enfants : « On doit prendre soin de toutes les femelles à deux ou quatre mamelles, fille ou chienne. Dans quelque lieu que les femelles portent leurs demandes de secours, les chefs doivent absolument les nourrir. » On punira du fouet celui qui frappe une chienne ayant des petits « fait couler son lait, la fait maigrir ou lui

bitude de frapper, et que son maître, dûment averti, ne l'ait pas surveillé, le bœuf homicide sera lapidé, et son maître aussi sera mis à mort... Quand des hommes se battent et qu'une femme enceinte est atteinte d'un coup et qu'elle fait une fausse couche, sans autre dommage, celui qui a donné le coup sera puni d'une amende, conformément à la demande du mari de la femme, légalisée par des arbitres ; et s'il y a d'autres dommages, vous appliquerez le talion, c'est-à-dire, vie pour vie, œil pour œil, dent pour dent, main pour main, pied pour pied, brûlure pour brûlure, blessure pour blessure, meurtrissure pour meurtrissure[1]. »

La loi religieuse des Hébreux punissait très sévèrement le vol, afin de protéger la propriété : « Si un homme vole un bœuf ou un mouton, et le tue ou le vend, il donnera cinq bœufs en compensation du bœuf et cinq moutons en compensation du mouton. » Si le voleur n'a rien « il sera vendu pour la valeur de son vol ». Si quelqu'un faisant paître ses bêtes dans un champ ou un verger, les laisse aller dans le champ d'un autre, il compensera le mal en donnant de son champ selon le produit, et, si tout le champ est brouté, il donnera en compensation le meilleur produit de son champ ou de son verger[2]. »

Les prescriptions relatives à l'esclavage et aux esclaves

---

enlève ses petits ». La damnation est promise à celui qui « donne aux chiennes de la nourriture trop chaude, ou qui les blesse dangereusement ; à celui qui frappe une chienne mère, l'effraye ou la pousse dans un trou », comme à celui qui « a commerce d'amour avec une fille en état d'impureté ». Par contre, « si le chien blesse un animal domestique ou un homme, on lui coupe l'oreille droite, la première fois » ; on lui coupe l'oreille gauche la seconde fois ; on le blesse au pied droit la troisième fois ; au pied gauche la quatrième fois ; au cinquième délit, on lui coupera la queue, et s'il ne s'amende pas, on le tuera ». (Voyez : Marius FONTANE, Les Iraniens.

1. Pour toutes les citations qui précèdent, voyez : Ernest RENAN, Hist. du peuple d'Israël, II, p. 365 et suiv. Le Lévitique (ch. XXIV, 17-22) formule les règles du talion de la manière suivante : « Celui qui frappera mortellement un homme, quel qu'il soit, sera puni de mort. Celui qui frappera une bête mortellement la remplacera ; vie pour vie. Et quand un homme aura fait une blessure à son prochain, on lui fera comme il a fait ; fracture pour fracture, œil pour œil, dent pour dent ; il lui sera fait le même mal qu'il aura fait à un autre homme... Vous n'aurez qu'une même loi ; l'étranger sera comme celui qui est né au pays ; car je suis l'Éternel, votre Dieu. »

2. Voyez : Ernest RENAN, Hist. du peuple d'Israël, II, p. 369.

établissent une importante distinction entre les esclaves israélites et ceux qui appartenaient à d'autres peuples. Ne pouvaient être esclaves proprement dits que des individus étrangers aux tribus d'Israël. « Si ton frère (c'est-à-dire un homme d'Israël), qui est près de toi devient pauvre et se vend à toi, tu ne te serviras point de lui pour un service d'esclave ; il sera chez toi comme un mercenaire, comme un hôte ; il servira chez toi jusqu'à l'année du jubilé ; alors il sortira de chez toi, lui et ses enfants avec lui ; il retournera dans sa famille et rentrera dans la possession de ses pères. Car ce sont mes serviteurs, que j'ai fait sortir du pays d'Égypte ; ils ne seront point vendus comme on vend un esclave... Quant à ton esclave et à ta servante qui t'appartiendront, ils viendront des nations qui sont autour de vous ; c'est d'elles que vous achèterez l'esclave et la servante. Vous pourrez aussi en acheter des enfants des étrangers qui séjourneront avec vous, et de leurs familles qui seront parmi vous, qu'ils engendreront dans votre pays ; et ils seront votre propriété. Vous les laisserez en héritage à vos enfants après vous, pour les posséder en propriété ; vous vous servirez d'eux à perpétuité. » L'israélite ne pouvait pas, non plus, être esclave à perpétuité d'un étranger, dans le pays d'Israël ; on devait veiller à ce qu'il fût traité comme un mercenaire, non comme un esclave proprement dit. « Et lorsqu'un étranger ou un homme habitant chez toi deviendra riche, et que ton frère deviendra pauvre près de lui et se vendra à l'étranger domicilié chez toi, ou à un rejeton de la famille de l'étranger, après s'être vendu, il y aura droit de rachat pour lui : un de ses frères pourra le racheter, ou son oncle, ou le fils de son oncle, pourra le racheter, ou l'un de ses proches parents de sa famille pourra le racheter ; ou, s'il en a les moyens il se rachètera lui-même... Il sera avec lui (son maître) comme un mercenaire à l'année ; et son maître ne dominera point sur lui avec rigueur sous tes yeux. S'il n'est racheté d'aucune de ces manières, il sortira à l'année du jubilé, lui et ses fils avec lui [1]. »

---

[1]. *Lévitique*, chap. xxv, 39-55.

La Loi mosaïque admettait l'esclavage à perpétuité d'un Israélite chez un autre Israélite, dans un seul cas, celui où l'esclave refusait la liberté offerte par son maître. Après avoir prescrit de rendre la liberté à l'esclave israélite dans l'année du jubilé, le *Deutéronome* ajoute : « S'il arrive qu'il (l'esclave) te dise : je ne sortirai point de chez toi ; parce qu'il t'aime, toi et ta maison, parce qu'il se trouve bien avec toi ; alors tu prendras un poinçon et tu lui perceras l'oreille contre la porte, et il sera ton serviteur à toujours : et tu en feras de même à ta servante [1]. »

La loi était très sévère pour l'Israélite qui s'emparait d'un homme afin de le vendre : « Celui qui dérobe un homme et le vend, et celui entre les mains duquel il est trouvé sera puni de mort [2]. » Quoique la qualité de l'homme dérobé et vendu ne soit pas indiquée, il est permis de supposer qu'il s'agit d'un esclave, car le vol des esclaves est un crime qui fut très sévèrement puni par toutes les législations de l'antiquité. L'article de l'*Exode* que je viens de citer n'est pour ainsi dire que la reproduction de celui du code de Hammurabi, publié vers 2200 avant notre ère par le roi de Chaldée de ce nom. « Si quelqu'un, dit ce dernier code, s'est emparé, dans les champs, d'un esclave en fuite, et l'a conservé dans sa maison ; si, par la suite, l'esclave est surpris chez lui, cet homme est passible de mort. »

Par contre, si un esclave se sauvait de chez un maître étranger et se réfugiait sur le territoire d'Israël, il était interdit de le rendre : « Tu ne livreras point à son maître l'esclave qui se sera sauvé chez toi d'avec son maître ; il demeurera avec toi, au milieu de toi, dans le lieu qu'il choisira, dans l'une de tes villes, où il lui plaira ; tu ne le molesteras point [3]. » Il est permis de se demander si le désir d'attirer en Israël les esclaves des peuples voisins n'est

---

1. *Deutéronome*, ch. xv, 16-17.
2. *Exode*, chap. xxi, 16. — Le *Deutéronome* prévoit en termes clairs la vente d'un israélite par un autre israélite : « Quand on trouvera un homme qui aura dérobé quelqu'un de ses frères, des enfants d'Israël, et l'aura fait esclave ou vendu, ce larron mourra. » (Chap. xxiv, 7.)
3. *Deutéronome*, xxiii, 15-16.

pas le sentiment qui inspira cette prescription, plutôt que celui de l'humanité.

Le prêt à intérêt était interdit d'hébreu à hébreu : « Si tu prêtes de l'argent à quelqu'un de mon peuple, au pauvre qui vit à côté de toi, tu ne seras pas à son égard comme un usurier, tu n'exigeras pas d'intérêt de lui. Si tu prends en gage le manteau de ton prochain, tu le lui rendras avant le coucher du soleil ; car c'est son unique couverture, c'est le vêtement de sa peau. Sur quoi se coucherait-il ? Et il arriverait que s'il criait vers moi, je l'écouterais ; car je suis bon[1]. » La différence établie par la Loi hébraïque entre l'étranger et l'israélite, au point de vue du prêt, est un trait de mœurs que l'on trouve sous les formes les plus variées dans toutes les populations vivant en tribus : l'altruisme y est recommandé dans l'intérieur de la tribu ; au dehors, l'égoïsme a libre carrière.

Les prescriptions suivantes du Code religieux d'Israël sont très nettement altruistes : « Tu ne feras point tort au mercenaire pauvre et indigent d'entre tes frères ou d'entre les étrangers qui demeurent dans ton pays, dans tes portes. Tu lui donneras son salaire le jour même, avant que le soleil se couche ; car il est pauvre et son âme s'y attend ; de peur qu'il ne crie contre toi à l'Éternel et qu'il n'y ait péché en toi[2]. » — « Tu n'affligeras ni la veuve ni l'orphelin. Si vous les affligez, et qu'ils élèvent leur cri vers moi, j'entendrai leur cri, et ma colère s'allumera, et je vous tuerai par l'épée, et vos filles deviendront veuves et vos fils orphelins. — Quant à l'étranger, tu ne le vexeras ni ne l'opprimeras ; car vous avez été étrangers dans la terre de Mesraïm[3]. — Quand tu rencontreras le bœuf de ton ennemi ou son âne

---

[1]. Voyez : Ernest RENAN, *loc. cit.*, p. 371. — Le *Deutéronome* dit, avec plus de précision encore, au sujet du prêt : « Tu ne prêteras point à intérêt à ton frère, ni de l'argent, ni des vivres, ni quoi que ce soit qu'on prête à intérêt. Tu pourras prêter à intérêt à l'étranger, mais tu ne prêteras point à intérêt à ton frère ; afin que l'Éternel, ton Dieu, te bénisse en toute chose à laquelle tu mettras la main, dans le pays où tu vas entrer pour le posséder. » (*Deut.*, chap. XXIII, 19.)

[2]. *Deutéronome*, XXIV, 14-15.

[3]. Il s'agit, bien entendu, de l'étranger qui séjourne en Israël. Les autres on les doit haïr comme ennemis de Iahvé.

égaré, tu le lui ramèneras. Quand tu verras l'âne de ton ennemi tombé à terre sous son fardeau, ne reste pas les bras croisés ; unis tes efforts aux siens pour remettre la bête sur pied[1]. » Il s'agit dans ces lignes, bien entendu, d'un « ennemi » personnel et appartenant à la tribu d'Israël.

Quelques autres prescriptions très nettement altruistes méritent d'être notées : En premier lieu, il faut rappeler que la dîme n'avait pas pour seul objet de subvenir aux besoins de la tribu de Lévi, à laquelle aucun territoire n'avait été assigné et qui devait vivre des services religieux rendus à toutes les autres tribus. Elle était destinée, en outre, à l'assistance des pauvres, des orphelins, des veuves, etc. : « Quand tu auras achevé de lever toute la dîme de ton revenu, la troisième année, l'année de la dîme, tu la donneras au Lévite, à l'étranger, à l'orphelin et à la veuve, et ils la mangeront dans tes portes, et seront rassasiés ; et tu diras devant l'Éternel, ton Dieu : j'ai ôté de ma maison ce qui était sacré ; et je l'ai donné au Lévite, à l'étranger, à l'orphelin et à la veuve, selon tout le commandement que tu m'as donné ; je n'ai rien transgressé ni oublié de tes commandements[2]. »

En dehors de ces prescriptions légales et obligatoires, les Livres sacrés recommandaient avec insistance et d'une façon que l'on peut qualifier de très délicate, les œuvres de charité privée : « Quand tu feras ta moisson dans ton champ, et que tu y auras oublié une poignée d'épis, tu ne retourneras point pour la prendre ; elle sera pour l'étranger, pour l'orphelin et pour la veuve, afin que l'Éternel, ton Dieu, te bénisse dans toutes les œuvres de tes mains. Quand tu secoueras tes oliviers, tu n'y retourneras point pour examiner branche après branche ; ce qui restera sera pour l'étranger, pour l'orphelin et pour la veuve. Quand tu vendangeras ta vigne, tu n'y feras pas grappiller après toi ; ce qui restera sera pour l'étranger, pour l'orphelin et pour la veuve[3]. »

---

1. Voyez : Ernest RENAN, *loc. cit.*, p. 370 à 372. Voyez aussi : *Deutéronome*, ch. XXII, 1-4, 8.
2. *Deutéronome*, ch. XXVI, 12-13.
3. *Ibid.*, chap. XXIV, 19-21.

La charité est le devoir de morale sociale auquel la religion juive a donné le plus d'importance. Elle était pratiquée par tous les Israélites riches dès les temps les plus anciens. A Jérusalem, on avait l'habitude d'étendre devant la porte de la maison, au moment du repas, une serviette *(mappah)* qui était une sorte d'avertissement aux pauvres. Tant qu'elle était en place, ils pouvaient entrer dans la maison, et il leur était délivré des aliments. La charité se développa surtout dans les colonies que les juifs avaient formées au sein de la plupart des villes importantes de la Méditerranée. Elle fut l'objet des recommandations les plus vives des écrivains thalmudiques. « Rab Joudah dit : si un pauvre vient demander un vêtement, il faut s'informer s'il est réellement pauvre ; mais s'il demande à manger on lui donne la nourriture sans examen. Si un pauvre voyageur passe par la ville, on lui donne à manger ; s'il reste la nuit, on lui donne ce qu'il faut pour la nuit. Rabbi Assé dit : La charité vaut tous les commandements de la religion. Rabbi Elazar dit : Celui qui engage les autres à donner l'aumône est plus grand encore que celui qui la donne lui-même. D'après Rabbi Isaac, il ne suffit pas de donner l'aumône, il faut encore la donner de bon cœur et de la manière la plus aimable. On lit dans une beraïtha : Si l'on refuse de faire la charité, c'est comme si l'on sacrifiait aux idoles. On lit dans une autre beraïtha : la charité qu'on fait dans ce monde est un grand *paraklet* (avocat, protecteur) devant notre Père céleste. Un homme qui donne une obole à un malheureux est sûr qu'il jouira de la félicité de contempler la majesté divine. Rabbi Elazar avait l'habitude de donner une *peroutah* (petite pièce de monnaie) à un pauvre avant de faire les prières. Rabbi Johanan dit : Il est écrit : celui-là prête à Dieu qui fait la charité à un pauvre (*Prov.* xix, 17) ; si l'Écriture ne l'avait pas dit, on n'oserait pas le dire : Dieu est le débiteur de celui qui fait la charité à un pauvre[1]. »

Chaque communauté juive avait sa caisse de bienfaisance

---

1. Voyez : Rabbinowicz, *Législation civile du Thalmud*, IV, Intr., p. xvii.

générale, à laquelle devaient contribuer tous les Israélites établis dans la ville depuis trois mois au moins, et qui servait à faire les aumônes diverses aux pauvres. Une distribution régulière de ces aumônes avait lieu tous les vendredis, entre tous les pauvres. Une autre caisse était destinée à fournir des vêtements aux nécessiteux ; tout Israélite ayant un séjour de six mois dans la ville était obligé d'y apporter sa contribution. Enfin, une troisième caisse, alimentée par tous les juifs ayant fait un séjour de neuf mois dans la ville, était destinée à subvenir aux dépenses occasionnées par les enterrements des pauvres. Tous les jours, la communauté et les particuliers distribuaient des aliments aux pauvres. Grâce à ces coutumes charitables, les colonies juives formaient, dans chaque ville, une société largement fraternelle. Transplantées au milieu de populations dont elles se distinguaient à tous les égards, les colonies juives ne pouvaient subsister que par une entente très étroite de tous leurs membres, les riches aidant les pauvres et ceux-ci rendant aux riches tous les services imaginables. « Les juifs, dit justement Renan à propos de ces colonies, donnaient le premier exemple de ce genre de patriotisme que les Parsis, les Arméniens et, jusqu'à un certain point, les Grecs modernes devaient montrer plus tard ; patriotisme extrêmement énergique, quoique non attaché à un sol déterminé ; patriotisme de marchands répandus partout, se reconnaissant partout frères ; patriotisme aboutissant à former non de grands États compacts, mais de petites communautés. Fortement associés entre eux, ces juifs de la dispersion constituaient dans les villes des congrégations presque indépendantes, ayant leurs magistrats, leurs conseils... Ils habitaient des quartiers à part, soustraits à la juridiction ordinaire, fort méprisés, du reste du monde, mais où régnait le bonheur[1]. » La religion, très puissante parmi les Israélites consacrait ces nécessités sociales et contribuait, sans aucun doute, dans une très large mesure, au

---

1. E. RENAN, *Les Apôtres*, p. 285 et suiv.

développement de la fraternité, de la charité, mais elle n'en était pas la cause première.

L'une des règles les plus importantes de la morale religieuse des Hébreux est celle qui proclame le caractère purement individuel des fautes : « On ne fera point mourir les pères pour les enfants ; on ne fera point non plus mourir les enfants pour les pères ; on fera mourir chacun pour son péché[1]. » De tous les préceptes de la morale hébraïque celui-ci est, sans contredit, celui qui témoigne le mieux du progrès réalisé par cette morale par rapport aux conceptions primitives des sociétés humaines. Cependant, il est utile de rapprocher de ce précepte celui qui a trait aux fautes commises contre Dieu : celles-ci sont punies, pendant plusieurs générations, chez les enfants de ceux qui s'en sont rendus coupables[2].

1. *Deutéronome*, chap. xxiv, 16.
2. Voyez plus haut, p. 6.

CHAPITRE V

LES SANCTIONS DE LA MORALE DU JUDAÏSME

Le code moral des Hébreux leur étant présenté par le corps sacerdotal et le pouvoir politique associés ou même parfois confondus, comme étant l'œuvre de la Divinité elle-même, c'est nécessairement le Dieu d'Israël qui était indiqué comme devant récompenser les bons et punir les méchants. Mais comme, d'autre part, la croyance dans l'immortalité n'existait pas chez les Hébreux à l'époque où furent publiés les codes moraux [1], c'est sur la terre que Dieu devait punir et récompenser les hommes.

Si les anciens Israélites étaient hostiles à toute idée d'immortalité et à toute idée de fusion d'une partie quelconque de l'homme avec la divinité, c'était, sans nul doute, par respect pour cette dernière. Ils la plaçaient si haut qu'ils considéraient comme une prétention irrespectueuse de lui

---

[1] « Certainement, dit l'*Ecclésiaste* (chap. ix, 1-6), j'ai appliqué mon cœur à tout cela pour l'éclaircir, savoir, que les justes et les sages, et leurs actions, sont dans la main de Dieu, et l'amour et la haine ; et que les hommes ne connaissent rien de tout ce qui est devant eux. Tout arrive également à tous : même accident pour le juste et pour le méchant, pour celui qui est bon et pur et pour celui qui est souillé, pour celui qui sacrifie et pour celui qui ne sacrifie point ; il en est de l'homme de bien comme du pécheur, de celui qui jure comme de celui qui craint de jurer. Ceci est un mal dans tout ce qui se fait sous le soleil, qu'un même accident arrive à tous. Aussi le cœur des hommes est-il rempli de malice ; la folie est dans leur cœur pendant leur vie ; après quoi, ils s'en vont chez les morts. Car il y a de l'espérance pour quiconque est encore associé à tous les vivants ; et même un chien vivant vaut mieux qu'un lion mort. Les vivants, en effet, savent qu'ils mourront, mais les morts ne savent rien ; il n'y a plus pour eux de récompense, car leur mémoire est mise en oubli. Aussi leur amour, leur haine, leur envie a déjà péri, et ils n'ont plus à jamais aucune part dans tout ce qui se fait sous le soleil. »

vouloir ressembler. L'homme immortel n'aurait-il pas été l'égal de Dieu ? Ils admettaient qu'au moment de la mort il s'opérait une sorte de dédoublement de l'être humain : le corps s'en retournait à la terre ; son ombre, son souffle allait rejoindre les ancêtres dans un lieu vague, le schéol, où elle était oubliée de Dieu même. Tout cela, bien entendu, très imprécis. En réalité, l'individu finissait avec la vie terrestre. L'homme était un être passager, n'ayant rien de commun avec l'être divin, immense et éternel, que l'on aurait injurié en lui donnant une figure humaine. Aussi était-il interdit de le représenter sous cette forme.

L'idée de l'immortalité ne pénétra que tardivement parmi les Israélites, probablement sous l'influence des Grecs. Elle se manifesta surtout à l'époque des persécutions d'Antiochus (170 av. J.-C.) et sous la forme d'une sorte de revanche de ces persécutions. Puisque les fidèles serviteurs de Iahvé ne pouvaient pas se soustraire, dans ce monde, aux violences de ses ennemis, Iahvé les en récompenserait après leur mort. Il jugerait tous les hommes, il distribuerait des châtiments éternels à ses ennemis et des félicités non moins éternelles à ses amis. Dans quelles conditions tout cela se produirait-il ? Nul n'en savait rien et on laissait la question dans le vague des conceptions imaginaires. Aussi, l'idée ne fut-elle pas acceptée par tout le monde. La plupart des Israélites les plus pieux restèrent fidèles aux doctrines anciennes et la masse continua de penser que Dieu récompensait et punissait, sur cette terre même, les bonnes et les mauvaises actions. Un petit nombre seulement, dont Jésus devait plus tard être le porte-parole, crurent à un royaume des cieux où iraient les serviteurs du Dieu d'Israël, tandis que ses contempteurs et ses ennemis subiraient quelque part, dans un enfer inconnu, des tourments éternels.

Dieu ne disposait donc pour récompenser les bons et punir les méchants, que des biens terrestres dont l'homme est capable de jouir et des maux qui lui peuvent être infligés par ses semblables ou par le milieu cosmique dans lequel il vit. Une longue vie, des femmes nombreuses et belles, des enfants en quantité, surtout des mâles, des troupeaux de moutons et de bœufs florissants, des récoltes abondantes, telles sont les récompenses que le serviteur fidèle d'Iahvé attend de la justice de son Dieu. Par contre, le méchant mourra de bonne heure, il sera la proie de femmes acariâtres et infidèles, il n'aura pas d'enfants ou les verra promptement mourir sous ses yeux, ses vignes et ses oliviers ne lui donneront que peu de fruits, ses blés seront dévorés par les insectes, ravagés par les ouragans ou brûlés par le soleil, ses moutons et ses bœufs périront de maladies épidémiques, et tous ces maux lui seront envoyés par le Seigneur, son Dieu, en punition de ses infidélités.

L'Israélite qui s'était rendu coupable de certaines fautes pouvait en obtenir le pardon en offrant à la Divinité des sacrifices : « Lorsque quelqu'un étant témoin, après avoir entendu la parole du serment, aura péché en ne déclarant pas ce qu'il a vu ou ce qu'il sait, il portera son iniquité. Ou lorsque quelqu'un, à son insu, aura touché une chose souillée, soit le cadavre d'un animal impur, soit le cadavre d'une bête sauvage impure, soit le cadavre d'un reptile impur, il sera souillé et coupable. Ou lorsque, ne le sachant pas ou le sachant, il touchera une souillure humaine, de quelque manière qu'il se soit souillé, il sera coupable. Ou lorsque quelqu'un, parlant légèrement des lèvres, aura juré de faire du mal ou du bien, selon tout ce que l'homme peut jurer à la légère, qu'il ne s'en aperçoive pas ou qu'il le sache, il sera coupable sur l'un de ces cas. Quand donc quelqu'un sera coupable de l'une de ces choses, il confessera ce en quoi il a péché, et il amènera à l'Éternel son sacrifice pour le délit, pour le péché qu'il a commis, une femelle de menu bétail, une brebis ou une chèvre, en sacrifice pour le péché ; et le sacrificateur fera pour lui l'expiation de son péché. » S'il n'est pas assez riche pour sacrifier une brebis ou une chèvre, il sacrifiera deux tourterelles ou deux pigeonneaux, ou, encore, s'il est trop pauvre, il « apportera pour son offrande, pour le péché qu'il a commis, le dixième d'un épha de fine farine ». Quelle que soit son offrande, « le sacrificateur fera expiation pour cet homme, pour le péché qu'il aura commis à l'égard de l'une de ces choses, et il lui sera pardonné ». On pouvait, aussi, obtenir, au moyen de sacrifices ou d'offrandes, le pardon des fautes que l'on avait commises en « retenant les choses consacrées à l'Éternel », en « mentant à son prochain au sujet d'un dépôt, d'une chose qu'on lui a confiée, d'un vol, ou en agissant injustement envers son prochain ; ou s'il a trouvé une chose perdue, et qu'il mente à ce sujet : ou s'il jure faussement, concernant quelqu'une des choses dans lesquelles l'homme pèche en les faisant ». Dans ces cas, avant le sacrifice, « celui qui aura ainsi péché et se sera rendu coupable, rendra la chose qu'il a dérobée, ou ce qu'il a usurpé par fraude, ou le dépôt qui lui a été confié, ou la chose perdue qu'il a trouvée, ou toute chose au sujet de laquelle il a juré faussement ; il la restituera en son entier et il y ajoutera un cinquième, et la remettra à celui à qui elle appartient, au jour où il fera un sacrifice pour le délit[1] ». Indépendamment du sacrifice expiatoire, on voit figurer dans ces lignes la confession des fautes commises et la réparation du préjudice occasionné par le coupable, c'est-à-dire deux sanctions morales importantes en principe, mais qui, pour être efficaces, auraient exigé une foi plus robuste que celle dont le peuple d'Israël était, en général, animé. On multipliait les sacrifices, on se frappait publiquement la poitrine en se proclamant infidèle à Iahvé, mais on n'en obéissait pas moins aux passions humaines en escomptant le pardon que l'on obtiendrait par des générosités envers les sacrificateurs. Les malédictions lancées par les prophètes contre les infidélités faites à Iahvé par le peuple d'Israël n'étaient si violentes que parce qu'elles étaient méritées par un très grand nombre de gens, même dans la classe sacerdotale. Au IVe siècle même, lorsque le prophète Esdras revient de l'exil de Babylone, il apprend que le « peuple d'Israël, les sacrificateurs et les Lévites » restés à Jérusalem, se sont mêlés aux populations idolâtres de Canaan, de Moab, d'Égypte, etc., ont pris part « à leurs

---

1. *Lévitique*, ch. v.

abominations » et ont épousé leurs filles, « et la main des chefs et des magistrats a été la première à commettre ce péché[1] ». D'où il résulte bien nettement que les prescriptions les plus sévères des Livres mosaïques n'étaient que très imparfaitement exécutées par la majorité des Israélites.

Quant aux croyants sincères, en dépit de leur zèle religieux, de leurs prières, de leurs sciences, de leurs sacrifices, les Livres sacrés nous les montrent sans cesse préoccupés des menaces d'Iahvé et toujours tremblants à la pensée des fautes qu'ils ont pu commettre, même sans le savoir. « Éternel, se lamente David[2], ne me reprends pas dans ton indignation, et ne me châtie pas dans ta colère. Aie pitié de moi, Éternel, car je suis sans force ; Éternel ! guéris-moi, car mes os sont tremblants... Je m'épuise à gémir : chaque nuit je baigne ma couche de pleurs, je trempe mon lit de mes larmes. Mon visage est tout défait de chagrin ; il dépérit à cause de tous mes ennemis. Éloignez vous de moi, vous tous, ouvriers d'iniquité. » Dans sa folle terreur, il ne voit partout que des méchants : « Ils se sont corrompus, ils ont commis des actions abominables, il n'y a personne qui fasse le bien. L'Éternel abaisse des cieux son regard sur les fils des hommes, pour voir s'il y a quelqu'un qui soit intelligent, qui recherche Dieu. Ils se sont tous égarés, ils se sont corrompus tous ensemble ; il n'y en a point qui fasse le bien, non pas même un seul[3]. — L'insensé dit en son cœur : il n'y a point de Dieu. Ils se sont corrompus, ils ont commis des iniquités abominables ; il n'y a personne qui fasse le bien...[4] » Il tremble d'être coupable lui-même sans le savoir : « Qui connaît ses fautes commises par erreur ? Pardonne-moi mes fautes cachées[5]. »

Il craint que son Dieu soit sourd à ses prières : « Mon Dieu ! mon Dieu ! pourquoi m'as-tu abandonné, t'éloignant de ma délivrance et des paroles de mon gémissement ? Mon Dieu ! je crie le jour, mais tu ne réponds point ; et la

---

1. *Esdras*, ch. ix et x.
2. *Psaumes*, vi, 1-9.
3. *Ibid.*, xiv, 2-3.
4. *Ibid.*, liii, 1-2.
5. *Ibid.*, xix, 2-13.

nuit, et je n'ai point de repos[1]. — Que ma prière parvienne en ta présence ; incline ton oreille à mon cri. Car mon âme est rassasiée de maux, et ma vie touche au séjour des morts. Je suis compté parmi ceux qui descendent dans la fosse ; je suis comme un homme sans vigueur, gisant parmi les morts, tels que les blessés à mort qui sont couchés dans le tombeau, dont tu ne te souviens plus et qui sont séparés de ta main. Tu m'as mis dans la fosse la plus basse, dans les lieux ténébreux, dans les abîmes. Ta colère pèse sur moi, et tu m'accables de tous tes flots... Mon œil se consume par l'affliction... Éternel, pourquoi rejettes-tu mon âme, et me caches-tu ta face? Je suis affligé et comme expirant dès ma jeunesse ; je suis chargé de tes terreurs, je suis éperdu. Tes fureurs ont pesé sur moi ; tes épouvantes me tuent. Elles m'environnent comme des eaux chaque jour ; elles m'enveloppent toutes à la fois. Tu as éloigné de moi amis et compagnons ; ceux que je connais, ce sont les ténèbres[2]. — Qui connaît la force de ton courroux et de ton indignation, selon la crainte qui t'est due[3] ? »

A ces lamentations puériles, il mêle sans cesse des cris de haine contre ceux qui ne partagent pas sa foi et il attire sur eux la colère de son Dieu. « Dieu des vengeances, Éternel, Dieu des vengeances, fais briller ta splendeur ! Élève toi juge de la terre... Jusques à quand les méchants, ô Éternel, jusques à quand les méchants triompheront-ils ? Jusques à quand tous les ouvriers d'iniquité se répandront-ils en discours insolents et se glorifieront-ils ?... Mais l'Éternel est ma haute retraite ; mon Dieu est le rocher de mon refuge. Il fera retomber sur eux leur iniquité, et les détruira par leur propre méchanceté ; l'Éternel, notre Dieu, les détruira[4]. » S'il lui arrive de manifester quelque joie, c'est beaucoup moins en raison des bienfaits qu'il attend de son Dieu que des maux dont il espère que ses ennemis, c'est-à-dire ceux qui n'ont pas ses croyances, seront

---

1. *Psaumes*, XXII, 2-3.
2. *Ibid.*, LXXXVIII, 3-19.
3. *Ibid.*, XC, 11.
4. *Ibid.*, XCIV.

accablés par une Divinité vengeresse et cruelle : « Ta main atteindra tous tes ennemis ; ta droite atteindra ceux qui te haïssent. Tu les rendras tels qu'un four ardent quand tu paraîtras ; l'Éternel les engloutira dans sa colère, et le feu les consumera. Tu feras périr leur fruit de dessus la terre, et leur race d'entre les fils des hommes[1]. » A cette méchanceté féroce s'ajoute, à chaque instant, l'expression d'un orgueil incommensurable ; si tous les hommes sont méchants, si tous les hommes sont infidèles à Dieu, lui, du moins, est parfait, car il suit fidèlement son Dieu : « Éternel ! fais moi justice, car je marche dans mon intégrité... Je ne m'assieds point avec les hommes faux ; je ne vais point avec les gens dissimulés. Je hais l'assemblée des hommes pervers, et je ne m'assieds point avec les méchants. Je lave mes mains dans l'innocence, et je fais le tour de ton autel, ô Éternel ! pour éclater en voix d'actions de grâce, et pour raconter toutes tes merveilles. O Éternel ! j'aime le séjour de ta maison, le lieu où ta gloire habite. N'enlève pas mon âme avec les pêcheurs, ni ma vie avec les hommes sanguinaires, qui ont le crime dans leurs mains et dont la droite est pleine de présents. Mais moi, je marche dans mon intégrité... Mon pied se tient ferme dans le droit chemin. Je bénirai l'Éternel dans les assemblées[2]. »

Cet extraordinaire orgueil du piétiste, chacun pouvait acquérir assez facilement le droit de l'étaler : il suffisait d'ajouter à la haine des autres religions et des autres peuples, un certain nombre de pratiques rituelles que les Livres sacrés avaient soin de décrire minutieusement et qui eurent bientôt fait de constituer la religion tout entière, ainsi qu'il arrive chez tous les peuples où les prêtres jouissent d'une très grande autorité. Se laver les mains jusqu'au coude avant chaque repas, ne manger ni le sang des animaux, ni les animaux considérés comme impurs, offrir régulièrement les sacrifices dont vivait le corps sacerdotal, se purifier, avec l'aide du sacrificateur, pour chaque manquement au rite, pour chaque faute commise, observer le

---

1. *Psaumes*, XXI, 9-11.
2. *Ibid.*, XXVI.

sabbat, les jeûnes et les fêtes, être, en somme, un pratiquant minutieux, cela suffisait pour permettre à l'israélite de se considérer comme le favori de Dieu. Ainsi se forma cette classe de pratiquants orgueilleux que Jésus devait flétrir en termes si sévères et si justes.

Pour légendaire qu'il soit, sans doute, le récit de saint Marc n'en est pas moins fort caractéristique, car il témoigne de la puérilité dans laquelle était tombée la pratique religieuse parmi ces piétistes qui, sous le nom de Pharisiens, se posaient volontiers en modèles de toutes les vertus et n'avaient que mépris pour le commun des hommes. Ils voient les disciples de Jésus prendre leur repas sans s'être au préalable lavé les mains, comme le prescrivaient les rites, et ils les en blâment. « Hypocrites ! leur répond Jésus, c'est de vous qu'Isaïe a prophétisé quand il a dit : ce peuple m'honore des lèvres ; mais leur cœur est bien éloigné de moi. Mais c'est en vain qu'ils m'honorent, enseignant des doctrines qui ne sont que des commandements d'homme. Car en abandonnant le commandement de Dieu, vous observez la tradition des hommes, lavant les pots et les coupes, et faisant beaucoup d'autres choses semblables[1]. »

D'après saint Mathieu, Jésus ne manquait aucune occasion de flétrir ce piétisme hypocrite. « Les scribes et les pharisiens sont assis sur la chaire de Moïse. Observez donc et faites tout ce qu'ils vous diront d'observer ; mais ne faites pas comme ils font, parce qu'ils disent et ne font pas. Car ils lient des fardeaux pesants et insupportables, et ils les mettent sur les épaules des hommes ; mais ils ne voudraient pas les remuer du doigt. Et ils font toutes leurs actions afin que les hommes les voient... Malheur à vous, scribes et pharisiens hypocrites ! Car vous dévorez les maisons des veuves, en affectant de faire de longues prières... Malheur à vous, scribes et pharisiens hypocrites ! Car vous payez la dîme de la menthe, de l'aneth et du cumin, et vous négligez les choses les plus importantes de la loi : la justice, la miséricorde et la fidélité... Malheur à vous, scribes et pha-

---

[1]. Évangile selon saint Marc, chap. VII, 6-8.

risiens hypocrites ! Car vous nettoyez le dehors de la coupe et du plat, pendant qu'au dedans vous êtes pleins de rapines et d'intempérance... Malheur à vous, scribes et pharisiens hypocrites ! Car vous ressemblez à des sépulcres blanchis, qui paraissent beaux par dehors, mais qui au dedans sont pleins d'ossements de morts et de toute pourriture. De même aussi au dehors vous paraissez justes aux hommes, mais au dedans vous êtes remplis d'hypocrisie et d'injustice... [1] »

Moins sévère que Jésus, l'histoire nous montre un peuple d'Israël ni plus ni moins vicieux que tout autre peuple parvenu au même degré de civilisation que lui. Parlant de la situation du peuple israëlite après la destruction du temple de Jérusalem par ordre de Titus, en 70, Ernest Renan dit des pharisiens : « ce qui survécut au temple et demeura presque intact après le désastre de Jérusalem, ce fut le pharisaïsme, la partie moyenne de la société juive, partie moins portée que les autres fractions du peuple à mêler la politique à la religion, bornant la tâche de la vie au scrupuleux accomplissement des préceptes. Chose singulière ! Les pharisiens avaient traversé la crise presque sains et saufs ; la révolution avait passé sur eux sans les atteindre. Absorbés dans leur unique préoccupation, l'observance exacte de la Loi, ils s'étaient enfuis presque tous de Jérusalem avant les dernières convulsions et avaient trouvé un asile dans les villes neutres de Iabné et de Lydda... Pacifiques par essence, adonnés à une vie tranquille et appliquée, contents pourvu qu'ils pussent pratiquer librement leur culte de famille [2], ces vrais Israëlites

---

1. *Évangile selon saint Mathieu*, chap. XXIII.
2. Même pendant la période où la religion devait revêtir au plus haut degré le caractère national et alors que les prêtres tendaient à s'en rendre les maîtres exclusifs, certaines traditions de l'ancien état patriarcal s'étaient maintenues dans les familles. Le chef de ces dernières en était toujours considéré, dans une certaine mesure, comme le prêtre intime et il se faisait, à certains jours, par exemple au moment de la Pâque, des cérémonies auxquelles les membres de la famille assistaient seuls. C'est le maintien de ces habitudes qui a permis aux juifs de traverser toutes les persécutions auxquelles ils ont été en butte, toutes les dispersions qu'ils ont subies depuis vingt siècles, sans perdre ni leurs traditions religieuses, ni leur statut personnel. On sait qu'ils n'ont renoncé en France à ce dernier que par leur règlement du 8 décembre 1806, consacré par le décret du 17 mars 1808.

résistèrent à toutes les épreuves ; ils furent le noyau du judaïsme qui a traversé le moyen âge et est arrivé intact jusqu'à nos jours.[1] »

Pour être juste à l'égard de la littérature sacrée des Hébreux, il est également nécessaire de constater qu'à côté des pages haineuses ou profondément immorales à divers titres qui souillent la Bible et parmi les puérilités mystiques qui s'y rencontrent un peu partout, il s'y trouve quelques morceaux d'une grande délicatesse et d'une morale profondément humaine. Dégagée des préoccupations religieuses celle-ci ne cherche ses sanctions que dans la satisfaction du devoir accompli ou dans les avantages immédiats qui découlent des bonnes actions.

Au point de vue de la morale familiale, et sans parler de l'hymne si naïvement sensualiste consacré à l'amour charnel par l'auteur du Cantique des Cantiques, on ne saurait passer indifférent à côté de la leçon de morale pratique contenue dans le magnifique tableau de la femme aimante, fidèle et laborieuse tracé par l'écrivain des *Proverbes* : « Qui est-ce qui trouvera une femme vertueuse ? Car son prix dépasse beaucoup celui des perles. Le cœur de son mari s'assure en elle et il ne manquera point de butin ; elle lui fera du bien tous les jours de sa vie, et jamais du mal. Elle cherche de la laine et du lin, et elle fait de ses mains ce qu'elle veut... Elle se lève lorsqu'il est encore nuit, et elle distribue la nourriture à sa famille, et la tâche à ses servantes ; elle considère un champ et l'acquiert, et du fruit de ses mains elle plante une vigne. Elle ceint ses reins de force et elle affermit ses bras... ; sa lampe ne s'éteint point la nuit ; elle met ses mains à la quenouille et ses doigts tiennent le fuseau. Elle tend la main à l'affligé et présente ses mains aux pauvres. Elle ne craint point la neige pour sa famille ; car toute sa famille est vêtue de laine cramoisie. Elle se fait des couvertures ; ses vêtements sont de fin lin et d'écarlate. Son mari est considéré aux portes lorsqu'il est assis avec les anciens du pays... La force et la

---

[1]. Voyez : Ernest RENAN, *Les Évangiles*, p. 3.

magnificence forment son vêtement, et elle se rit du jour à venir ; elle ouvre la bouche avec sagesse, et des instructions aimables sont sur sa langue ; elle surveille ce qui se fait dans sa maison, et elle ne mange point du pain de la paresse. Ses enfants se lèvent et la disent bienheureuse ; son mari se lève et il la loue, et dit : Plusieurs filles ont une conduite vertueuse, mais toi, tu les surpasses toutes [1]. » La sanction de la belle conduite de cette femme aimante, de cette mère attentive aux besoins de ses enfants ne se trouve-t-elle pas dans l'admiration dont elle est l'objet de la part de tous ceux qui la connaissent et dans l'affection que lui témoignent son mari, ses enfants, ses serviteurs ? Et cette sanction n'est-elle pas suffisante pour amener toutes les épouses et mères à imiter son exemple ?

A côté de cette page naïve autant que belle, trouvent naturellement leur place, les conseils donnés au mari : « Mon fils, sois attentif à ma sagesse, incline ton oreille à ma prudence ; afin que tu conserves la réflexion et que tes lèvres gardent la connaissance. Car les lèvres de l'étrangère distillent le miel, et son palais est plus doux que l'huile. Mais ce qui en provient est amer comme l'absinthe, et perçant comme une épée à deux tranchants. Ses pieds conduisent à la mort ; ses démarches aboutissent au sépulcre. Elle ne considère pas le chemin de la vie ; ses voies s'égarent elle ne sait où... Éloigne ton chemin d'elle, et n'approche point de l'entrée de sa maison ; de peur que tu ne donnes ton honneur à d'autres..., de peur que les étrangers ne se rassasient de ta fortune, et que ce que tu auras acquis par ton travail ne passe dans une maison étrangère... Bois des eaux de ta citerne et des ruisseaux de ton puits. Tes fontaines doivent-elles se répandre au dehors et tes ruisseaux d'eau sur les places publiques ? qu'ils soient à toi seul et non aux étrangers avec toi. Que ta source soit bénie ; et réjouis-toi de la femme de ta jeunesse, comme d'une biche aimable et d'une chèvre gracieuse ; que ses caresses te réjouissent en tout temps, et sois continuellement épris de

---

1. *Proverbes*, chap. xxxi, 10-29.

son amour[1]. » Il insiste sur la misère que provoque la fréquentation des prostituées et les vengeances auxquelles on s'expose en séduisant la femme de son prochain : « Pour te garder de la femme corrompue, et de la langue flatteuse d'une étrangère, ne convoite point sa beauté dans ton cœur, et ne te laisse pas prendre par ses yeux. Car par l'amour de la femme débauchée on est réduit à un morceau de pain, et la femme adultère chasse après l'âme précieuse de l'homme. Quelqu'un peut-il prendre du feu dans son sein sans que ses habits brûlent ? Quelqu'un marchera-t-il sur la braise, sans que ses pieds soient brûlés ? Il en est de même pour celui qui entre vers la femme de son prochain ; quiconque la touchera ne sera point impuni... Il trouvera des plaies et de l'ignominie, et son opprobre ne sera point effacé ; car la jalousie du mari est une fureur, et il sera sans pitié au jour de la vengeance. Il n'aura égard à aucune rançon, et n'acceptera rien, quand même tu multiplierais les présents[2]. »

Utilitaires, comme les précédents, sont les conseils relatifs à la paresse : « Paresseux, va vers la fourmi, regarde ses voies, et deviens sage. Elle n'a ni chef, ni surveillant, ni maître ; elle prépare sa nourriture en été, et amasse durant la moisson de quoi manger. Paresseux, jusques à temps seras-tu couché ? quand te lèveras-tu de ton sommeil ? un peu dormir, un peu sommeiller, un peu croiser les mains pour se reposer ; et la pauvreté viendra comme un coureur, et la disette comme un homme armé[3]. » Il dit encore : « La main paresseuse appauvrit ; mais la main des diligents enrichit. Celui qui amasse en été est un homme prudent ; celui qui dort pendant la moisson est un fils qui fait honte[4]. »

Quelques principes très utilitaires doivent encore être notés : « La mémoire du juste sera en bénédiction, mais le nom des méchants tombera en pourriture. — Celui qui marche dans l'intégrité marche en assurance ; mais celui

---

1. *Proverbes*, chap. v; 1-19.
2. *Ibid.*, chap. vi; 24-35.
3. *Ibid.*, chap. vi, 6-11.
4. *Ibid.*, chap. x, 4-5.

qui pervertit ses voies sera découvert. — L'intégrité des hommes droits les conduit ; mais la perversité des perfides les détruit. — Le juste est délivré de la détresse, mais le méchant y tombe à sa place. — La ville se réjouit du bien des justes ; mais il y a un chant de triomphe quand les méchants périssent. — L'homme bienfaisant se fait du bien à soi-même, mais celui qui est cruel trouble sa propre chair. Le méchant fait une œuvre qui le trompe ; mais la récompense est assurée à celui qui sème la justice. — Ainsi la justice mène à la vie, mais celui qui poursuit le mal cherche la mort. — Le fruit du juste est un arbre de vie, et le sage gagne les cœurs. — Tôt ou tard, le méchant ne demeurera point impuni [1]. »

La littérature sentencieuse des *Proverbes*, que l'on attribue à Salomon et qui, à coup sûr, commencèrent à être écrits de son temps, forme un élément très spécial des Livres sacrés hébraïques. L'idée religieuse y domine moins que dans les autres parties ; la morale est pratique, utilitaire, raisonnable, je dirais volontiers naturelle. On sent que ses règles sont formulées, non par des théoriciens religieux ou des prêtres préoccupés de leurs intérêts sacerdotaux et privés, mais par des hommes mêlés à la vie sociale, ayant éprouvé les joies et les déboires auxquels l'humanité est exposée dans sa lutte incessante pour l'existence. Salomon et les écrivains de son école ne sont pas des philosophes, comme ceux qui devaient illustrer la Grèce, mais ce sont des observateurs et on ne saurait leur refuser le titre de penseurs. Si l'école qu'ils avaient fondée n'a pas pu s'élever, dans la suite des temps, en Israël, au-dessus de la phase des sentences et des proverbes, on ne peut en chercher la cause que dans la prépondérance qui fut prise par la religion, car les juifs dispersés ultérieurement à travers le monde ne l'ont cédé à aucune autre race pour la hardiesse de la pensée.

Si la morale de Salomon et de son école, ce que l'on a nommé la *Chokma*, fut empêchée par la religion de donner naissance à une philosophie, elle contribua du moins puis-

---

[1]. *Proverbes*, chap. x et xi.

samment à préserver la raison juive du naufrage où l'auraient fait sombrer le prophétisme et le piétisme si leur action s'était exercée sans nul contrepoids.

Sur un seul point, la morale utilitaire, expérimentale, de Salomon et la morale purement religieuse du prophétisme se trouvèrent d'accord : c'est pour assigner cette terre comme le lieu où les bonnes et les mauvaises actions trouveraient leur sanction. La première admettait que chaque acte mauvais doit entraîner tôt ou tard des conséquences fâcheuses pour son auteur. La seconde ne voulait pas admettre que Dieu ne fût ni assez puissant ni assez injuste pour permettre que ses ennemis triomphassent, même en ce monde, de leurs adversaires. En l'absence de châtiments immédiats, ils annonçaient qu'un jour viendrait où Dieu jugerait l'humanité tout entière et la châtierait en masse de ses infidélités. Ils affirmaient une « foi ardente dans une réparation finale, dans un jour de jugement où les choses seraient rétablies comme elles devraient être. Ce jour sera le renversement de ce qui existe. Ce sera la révolution radicale, la revanche des faibles, la confusion des forts. Le miracle de la transformation du monde s'opérera à Sion[1]. » Un Messie en assurera la production.

L'aphorisme « tôt ou tard, le méchant ne demeurera point impuni » résume d'une façon aussi concise que nette la conception hébraïque relative à la sanction morale. Ne croyant pas à la vie future, les rédacteurs du Code religieux des Hébreux devaient placer sur la terre la récompense des bonnes actions et la punition des mauvaises. Il en est résulté pour les Juifs une excitation permanente au travail qui permet à l'homme de s'enrichir, de se procurer du bien-être, de laisser après lui des enfants nombreux, en un mot, de se procurer ici-bas le plus de bonheur possible. Il reste à examiner dans quelle mesure la religion du peuple d'Israël contribua au progrès de la moralité privée et publique parmi les Hébreux.

---

1. Ernest RENAN, *Hist. du peuple d'Israël*, II, 505.

CHAPITRE VI

DU ROLE JOUÉ PAR LA MORALE RELIGIEUSE DANS L'ÉVOLUTION DE LA MORALITÉ PUBLIQUE ET PRIVÉE DES HÉBREUX

En Israël, comme chez tous les autres peuples, la religion marche à la suite des mœurs beaucoup plus qu'elle ne les dirige ; ses règles morales ne font que traduire les idées régnantes au moment où elles sont formulées et sont nécessairement inspirées par les intérêts, les sentiments, les passions, les idées, les préjugés ou les superstitions de ceux qui les établissent. C'est ainsi que l'*Exode*, le *Lévitique* et le *Deutéronome* nous donnent l'état des conceptions morales du temps où ils furent rédigés et frauduleusement attribués à une Divinité qui les aurait dictés à Moïse.

Plus tard, les mœurs évoluèrent en même temps que la civilisation progressait, que l'intelligence se développait, tandis que la morale des Livres sacrés restait immuable. Et il vint une heure où les hommes clairvoyants reconnurent et dénoncèrent les contradictions qui existaient entre les conceptions morales auxquelles ils étaient parvenus et celles qui restaient figées dans les lois religieuses.

C'est cette contradiction qui frappe l'esprit des prophètes et dicte leurs violentes diatribes contre les vices ou l'impiété de leurs contemporains. C'est cette même contradiction entre la morale religieuse et les nécessités morales de son temps, qui pousse Jésus à se transformer en apôtre et inspire sa prédication violente contre les pharisiens. Il raille avec une verve impitoyable ceux qui font consister la vertu dans l'exécution minutieuse des rites sacrés ; il se moque du sabbat et des sacrifices ; il chasse du temple ceux qui vendent les animaux et les pains que l'on offrait, par l'intermédiaire des prêtres, sur les autels du dieu d'Israël ; il encourage ses disciples à se dispenser des ablutions rituelles où se passait une partie de la journée des piétistes[1]. Il néglige même les prières que l'on va, dans le temple, adresser à la divinité nationale ; le Dieu dont il parle, le Père dont il devait, ultérieurement, passer pour être le Fils consubstantiel, ce n'est plus le dieu jaloux et cruel des Hébreux, l'Iahvé national et étriqué de Moïse ou des prophètes ; c'est le père de l'humanité tout entière, c'est le dieu universel auquel croyaient les tribus patriarcales des Hébreux quand elles erraient dans les déserts de l'Arabie ; c'est, pour mieux dire, la divinité de l'humanité tout entière. La morale qu'il enseigne, ce n'est pas celle des Livres sacrés : « Car je vous dis que si votre justice ne surpasse pas celle des scribes et des pharisiens, vous n'entrerez point dans le royaume des cieux[2]. » Elle revêt le caractère général et l'allure idéaliste qu'avait celle des philosophes grecs. Débarrassé des considérations religieuses qu'il contient, son discours sur la montagne n'est que l'exposé sentimental d'une philosophie fort analogue à celle de Socrate, de Platon et des Stoïciens. La morale du *Deutéronome*, qui vise seulement les actes des hommes, lui paraît trop étroite ; il l'élargit : ce ne sont plus seulement les actes qu'il condamne, ce sont aussi les intentions et les pensées. Au Deutéronome qui dit : « Tu ne tueras point et celui qui tuera sera puni par le jugement », Jésus ajoute : « Quiconque se met en colère contre son frère sans cause, sera puni par le jugement » ; avant de présenter ton offrande à l'autel « va-t-en premièrement te réconcilier avec ton frère ». Au Deutéronome qui dit : « Tu ne commettras point l'adultère », Jésus ajoute : « Quiconque regarde une femme pour la convoiter a déjà commis l'adultère avec elle dans

---

1. « Car c'est du cœur, disait-il, que viennent les mauvaises pensées, les meurtres, les adultères, les fornications, les larcins, les faux témoignages, les blasphèmes. Ce sont ces choses-là qui souillent l'homme, mais de manger sans s'être lavé les mains, cela ne souille point l'homme. » (*Évangile selon saint Matthieu*, chap. XV, 19-20.)
2. *Ibid.*, chap. V, 20.

son cœur. » Au Deutéronome qui dit : « Si quelqu'un répudie sa femme, qu'il lui donne la lettre de divorce », c'est-à-dire qu'il agisse conformément aux rites, Jésus ajoute : « Quiconque répudiera sa femme, si ce n'est pour cause d'adultère, il l'expose à devenir adultère, et quiconque se mariera à la femme qui aura été répudiée commet un adultère. » Au Deutéronome qui défend de violer le serment fait à Dieu, Jésus dit : « Ne jurez point du tout : ni par le ciel, car c'est le trône de Dieu ; ni par la terre, car c'est son marchepied ; ni par Jérusalem, car c'est la ville du grand Roi. Ne jure pas non plus par ta tête, car tu ne peux faire devenir un seul cheveu blanc ou noir. Mais que votre parole soit : Oui, oui, Non, non ; ce qu'on dit de plus vient du malin. » Il condamne de la façon la plus formelle le talion ordonné par le Deutéronome : non seulement il n'admet pas la formule « œil pour œil, dent pour dent », mais encore il prescrit : « Si quelqu'un te frappe à la joue droite, présente lui aussi l'autre ; et si quelqu'un veut plaider contre toi, et t'ôter ta robe, laisse lui encore l'habit ; et si quelqu'un te veut contraindre d'aller une lieue avec lui, vas-en deux. »

La morale judaïque traditionnelle disait : « Tu aimeras ton prochain et tu haïras ton ennemi », Jésus dit : « Aimez vos ennemis, bénissez ceux qui vous maudissent ; faites du bien à ceux qui vous haïssent. » Il veut que l'on fasse l'aumône en secret, que l'on prie Dieu dans « son cabinet, après avoir fermé la porte », que l'on s'abstienne de faire étalage de son jeûne, en un mot que l'on renonce aux pratiques cultuelles publiques, auxquelles la loi judaïque attachait une si grande importance[1].

Il y a dans toutes les prescriptions morales de Jésus le parti pris manifeste d'élargir la conception morale des Livres sacrés, de sortir du cadre étroit où ils s'étaient enfermés. La morale individuelle avait évolué depuis le règne de Josias où le *Deutéronome* fut solennellement lu devant le peuple d'Israël, et Jésus traduisait dans ses dis-

---

1. Voyez *Evangile selon saint Matthieu*, chap. v, vi et vii.

cours la pensée qui s'était plus ou moins nettement formée dans le cerveau d'une partie de ses contemporains. Comme eux, il connaissait la faible influence exercée sur la moralité nationale ou individuelle du peuple d'Israël par le Code moral attribué à Moïse, et il cherchait en des formules nouvelles un moyen d'action plus efficace. L'histoire du christianisme depuis vingt siècles est là pour dire s'il n'avait pas la même illusion qu'eurent avant lui Moïse et les prophètes, et si sa religion est capable d'exercer sur l'évolution de la moralité l'influence qu'il lui attribuait.

Pour m'en tenir actuellement à la religion d'Israël et à la morale de ses Livres sacrés, il m'est impossible de ne pas constater que bien faible fut leur influence sur les mœurs du peuple d'Israël, même sur celles du corps sacerdotal qui, pendant huit siècles, tint sous son autorité presque absolue non seulement le peuple et l'aristocratie, mais encore tous les pouvoirs civils. L'histoire des Hébreux n'est-elle pas pleine du récit des crimes commis par leurs rois, soit à l'instigation du corps sacerdotal, soit avec son approbation?

Quel roi fut davantage l'ami des prêtres que David, « le favori d'Iahvé », disaient les piétistes? Quel roi cependant commit plus de crimes pour conquérir le trône? Il était criminel mais il servait fidèlement le Dieu du corps sacerdotal; cela devait suffire pour qu'on en fît le modèle des rois. « Nous assisterons, dit justement, mais non sans mélancolie, Ernest Renan, de siècle en siècle, à ces transformations. Nous verrons le brigand d'Adullam et de Siklag prendre peu à peu les allures d'un saint. Il sera l'auteur des Psaumes, l'auteur du chorège sacré, le type du sauveur futur. Jésus devra être fils de David!... Les âmes pieuses, en se délectant des sentiments pleins de résignation et de tendre mélancolie contenus dans le plus beau des livres liturgiques, croiront être en communion avec ce bandit; l'humanité croira à la justice finale sur le témoignage de David qui n'y pensa jamais, et de la Sybille qui n'a point existé. *Teste David cum Sybilla!* O divine comédie¹! »

---

1. Ernest RENAN, *Hist. du peuple d'Israël*, I, p. 450.

La vérité est que « l'humanité » à laquelle fait allusion Renan fut pendant de nombreux siècles, est encore, puis-je dire, trop ignorante et, par conséquent, trop crédule pour discuter les assertions que les historiens lui servent et les légendes dont les religions imprègnent son esprit afin d'endormir sa conscience. Elle croit à la vertu de David sur la foi des écrivains sacrés d'Israël, comme elle croit à la vertu de Charlemagne sur la foi des écrivains sacrés de Rome. D'un bout à l'autre de la période historique, les bons rois sont ceux qui favorisèrent l'accession des corps sacerdotaux à la puissance et à la richesse ; les mauvais rois sont ceux qui prétendirent rendre leur autorité indépendante des Églises. Salomon, qui fut, sans contredit, le meilleur et le plus habile souverain d'Israël, n'a trouvé grâce devant l'histoire qu'en raison de la construction du pemier temple édifié à Iahvé, quoique ce temple lui-même ait été maudit par les prophètes, comme furent violemment condamnés les goûts du grand monarque pour le commerce, l'industrie, la civilisation, le progrès humain en un mot. Josias, qui persécute les religions étrangères, qui fait brûler les autels des faux dieux et massacrer leurs adeptes, et qui proclame l'origine divine des Codes si favorables au corps sacerdotal, est un bien plus grand roi que Salomon, aux yeux des prophètes, des prêtres et des piétistes ; cependant, sous son règne, à mesure que la religion exulte, la civilisation décroît et il n'apparaît pas que les sentiments altruistes par lesquels les hommes sont poussés à s'entraider et à s'aimer aient fait le moindre progrès. De son temps, on pria beaucoup, on fit un grand étalage de piété, mais on sema dans le peuple la haine des riches, la haine de ceux qui ne servaient pas Iahvé avec assez d'ostentation, la haine de tous les hommes, à quelque race qu'ils appartinssent, qui ne partageaient pas les passions engendrées par l'aveugle foi en un Dieu dont le rêve, d'après ses prophètes, était de détruire l'humanité afin de se punir soi-même de l'avoir créée.

On sait encore que la période de l'histoire d'Israël pendant laquelle l'immoralité publique et privée fut la plus grande est celle qui coïncida avec le gouvernement absolu des grands prêtres. Elle dura 60 ans, depuis la chute de la domination grecque qui suivit la mort d'Antiochus Sidétès (131 av. J.-C.), jusqu'à la prise de Jérusalem par Pompée (63 av. J.-C.) et l'établissement de la domination des Romains. Pendant toute cette période le pays vécut en paix et sans révolutions intérieures. Il aurait donc pu se développer aisément dans toutes les directions, dans toutes les voies de la civilisation. D'un autre côté, la Loi religieuse étant la seule loi de l'État, rien ne l'empêchait de produire tous ses effets, tout lui permettait d'apporter son témoignage à la théorie d'après laquelle les religions seraient indispensables au développement de la moralité privée et publique dans les sociétés humaines. « Or, cette époque fonda justement ce que Jésus combattra le plus énergiquement, la bourgeoisie religieuse, le pharisaïsme et, en face de lui, le sadducéisme, le matérialisme religieux, l'idée que l'homme est justifié par les pratiques extérieures et non par la pureté du cœur... La société officielle est sans moralité élevée, sans art, sans science, sans idéal, sans progrès... Les mœurs restaient dures, âpres, égoïstes. La sainteté, comme aux premiers temps de l'islamisme, pouvait aller avec des mœurs de brigands. Ces saints se dépouillent, s'assassinent entre eux. Un saint pouvait être un meurtrier, un ivrogne, un homme de mauvaises mœurs... Ce qui se développa dans ces tristes années, ce fut l'esprit de conquête. La circoncision forcée d'un grand nombre de populations non israélites de race, voilà le résultat le plus clair de la période asmonéenne. » Mais ce n'est pas l'Israélite lui-même qui se bat. « Quand la défense de la religion ne l'anima plus, l'Israélite déposa les armes. C'est avec des mercenaires et avec des mercenaires étrangers que Jean Hyrcan fit ses conquêtes... Le judaïsme désormais n'est plus qu'une religion conquérante, s'adjoignant des éléments pris des côtés les plus divers, les uns par l'effet d'un prosélytisme louable, les autres par la violence et la coaction... Samarie fut prise après un siège d'un an. La haine juive s'en donna à cœur joie. La ville fut détruite avec des raffinements pour qu'il n'en restât aucune trace[1]. »

L'un des traits les plus caractéristiques de l'histoire des Hébreux, c'est le rôle exercé par leur religion dans le développement des haines sociales. Afin de conserver sa prépondérance, la classe sacerdotale et les prophètes ne laissent passer aucune occasion de semer dans le peuple la haine des gens riches. Jamais, dans aucune littérature, la guerre de classes ne revêtit une forme plus violente que dans les écrits des prophètes hébreux auxquels on accorde une place d'honneur dans la Bible. Amos, qui vivait vers l'an 800, crie aux riches : « Écoutez-moi, mangeurs de pauvres, grugeurs des faibles du pays. Quand, dites-vous, sera passée la nouvelle lune, pour que nous reprenions les affaires sur le blé? Quand sera fini le sabbat pour que nous ouvrions nos magasins où nous ferons l'épha aussi petit que possible et le sicle aussi grand que possible? Grâce à nos fausses balances, nous achèterons le pauvre pour de l'argent, les malheureux pour une paire de sandales, et, de cette manière, nous arriverons à vendre jusqu'à la criblure de notre blé. » Il annonce aux riches qu'en punition de leur luxe, ils seront emmenés en captivité par l'ennemi : « Couchés sur des lits d'ivoire, étendus sur leurs divans, nourris d'agneaux pris dans le troupeau [des indigents], de veaux arrachés à l'étable [du pauvre], chantonnant au son du métal, comme David, s'inventant des instruments de musique, ils boivent le vin aux lèvres des amphores, s'oignent d'huiles de choix, et ne souffrent rien des maux de Joseph ! C'est pourquoi ils iront en tête des captifs ; alors le cri de leurs orgies cessera. » Il en veut aux femmes qu'il traite de « vaches de Basan », et qu'il accuse de rendre leurs maris cupides, en leur disant sans cesse : « Apportez, que nous fassions bonne chère[2]. »

Un demi-siècle plus tard, le plus grand des prophètes hébreux, Isaï, se livre aux mêmes violentes menaces, au

---

1. Ernest RENAN, *Hist. du peuple d'Israël*, V, p. 33 et suiv.
2. *Id.*, II, p. 426 et suiv.

nom de Iahvé, contre les riches, les rois, les femmes, le peuple entier : « Les haines d'Isaï, fait observer E. Renan[1], sont celles de tous les prophètes. Elles portent sur ce qui engagerait Israël dans le mouvement général de l'humanité, les relations avec l'extérieur, la richesse, le luxe, les chars, l'appareil extérieur de la force. Iahvé seul est grand. Il se plaît à humilier les riches et les forts, à abaisser ce qui est élevé, les cèdres du Liban, les chênes de Basan, les montagnes. ...Iahvé hait les vaisseaux de Tharsis ; il se plaît à briser les objets de luxe. Une des raisons qui font qu'il aime à renverser les idoles, c'est que les idoles sont des objets d'art, en matière précieuse. Les parures et la coquetterie des femmes sont chose presque aussi condamnable que l'idolâtrie. ». « Puisque les filles de Sion, écrit le prophète, sont orgueilleuses et qu'elles marchent la tête haute, en jouant des prunelles, et qu'elles vont trottinant en faisant cliqueter les anneaux de leurs pieds, Adonaï rendra chauve la nuque des filles de Sion, et Iahvé mettra à nu leur... »

Contre ces prédications de haine et ces excitations à la guerre des classes sociales, Jésus protestera non moins énergiquement que contre l'hypocrisie des pharisiens, née d'une religion où les manifestations extérieures de la vertu pouvaient tenir place de la vertu elle-même ; mais les pharisiens devaient l'emporter sur Jésus. Sa conception morale comme sa doctrine religieuse étaient trop idéales pour n'être pas condamnées à succomber sous l'habileté intéressée de ceux qui assoient leur influence sur la foi aveugle dans les dogmes et sur la docile exécution des pratiques rituelles, de ceux, en un mot, qui refusent d'assigner à la morale aucune autre source que la religion.

Du reste, Jésus avait commis, à la suite de tous les prophètes d'Israël, la faute antisociale de ne tenir aucun compte des besoins naturels des hommes. A la société qui se serait édifiée sur sa doctrine religieuse, on pourrait appliquer ce que j'ai dit de la société fondée sur la religion hébraïque : « Prophétisme, piétisme, pharisaïsme sont également enne-

---

[1]. *Ibid.*, II, p. 496.

mis du commerce, de l'industrie, des sciences, des arts, du travail intellectuel comme du travail physique, et l'on a le spectacle d'une société dont presque tous les membres attendent, dans l'oisiveté, leur bonheur, de la générosité d'un Dieu que tous adorent sans qu'aucun le puisse connaître. Il n'est pas étonnant qu'une pareille société n'ait jamais pu s'arrêter à une organisation politique durable. Dieu y tenait trop de place pour qu'aucun gouvernement humain pût s'y établir et y fonctionner. On ne peut éprouver non plus aucun étonnement quand on voit le peuple dérouler la moitié de son histoire sous le joug de quelque autre nation plus forte et mieux organisée[1]. »

Après le pharisaïsme judaïque devait apparaître le pharisaïsme chrétien. La Sybille d'Alexandrie est l'organe des deux lorsqu'elle s'écrie : « Hommes mortels, faits de chair, êtres de rien, pourquoi vous enorgueillir sans faire attention au but de la vie ? Vous ne tremblez pas, vous ne craignez pas Dieu qui vous regarde, le Très-Haut, qui connaît et voit tout, qui est présent partout, qui a créé et nourrit tous les êtres, qui a mis en eux son doux esprit, et a fait de cet esprit le guide de tous les mortels... Hommes, pourquoi vous perdre dans votre orgueil ? Rougissez bien plutôt de faire des dieux avec des chats et des bêtes méchantes[2]... Insensés, vous vous prosternez devant des serpents, des chiens, des chats ! Vous adorez des oiseaux, des bêtes qui rampent sur la terre, des figures de pierre, des images fabriquées de vos propres mains, et même des tas de pierres au bord des chemins... C'est devant celui à qui appartient la vie et la splendeur de l'éternelle lumière, qui verse aux hommes une joie plus douce que le miel, c'est devant celui-là qu'il faut courber la tête pour s'ouvrir le chemin où marchent les hommes pieux à travers les siècles. Mais vous

---

1. De Lanessan, *La concurrence sociale et les devoirs sociaux*, p. 71. Paris, F. Alcan.
2. La Sybille écrivait en Égypte où les chats et une foule d'autres animaux étaient l'objet d'un culte très ancien et très populaire. Elle écrivait à une époque où l'idée de l'immortalité de l'âme et des récompenses ou châtiments postérieurs à la mort commençait à pénétrer parmi les juifs, surtout parmi ceux qui habitaient en dehors de la Judée, à Alexandrie, à Rome, etc.

l'avez abandonné ; vous avez épuisé la coupe remplie de la justice céleste..., c'est pourquoi un orage de feu ardent descendra sur vous ; vous serez sans cesse et pour l'éternité consommés par des flammes. Alors vous songerez avec honte à vos idoles menteuses et impuissantes. Mais ceux qui honorent le dieu véritable, éternel, auront la vie en héritage : durant l'éternité, ils habiteront les vergers fleuris du Paradis et se nourriront du doux pain du ciel étoilé[1]. »

La doctrine était précise : avant de les faire entrer dans les vergers fleuris du Paradis ou de les faire consumer par les flammes éternelles, le Dieu de la Sybille ne cherchait pas à savoir si les hommes avaient été affectueux, utiles à leurs semblables, aimants et serviables, justes et sages, ou bien méchants, hypocrites et haineux, injustes et insensés, mais uniquement s'ils avaient adoré d'autres dieux que lui-même. La vertu qui assure les récompenses éternelles résidait entièrement dans la foi ; le vice qui entraîne après lui des châtiments non moins éternels, c'était l'incrédulité. Nous verrons le christianisme aller plus loin encore et imaginer la *grâce* divine, sans laquelle on ne saurait ni être un honnête homme, ni même avoir la foi.

Le judaïsme avait semé dans le peuple d'Israël la haine des classes, la haine de tout homme étranger à la famille hébraïque, la haine de toute nation pratiquant un autre culte que celui d'Iahvé, mais il n'avait pas été assez puissant pour réaliser ces rêves de haine ; le christianisme, en se répandant parmi les peuples aryens, était appelé à y accomplir dans toute sa hideur l'œuvre d'Iahvé.

Fort heureusement pour le peuple hébreu, la morale haineuse des Livres sacrés n'avait pas été assez puissante pour enrayer l'évolution de la moralité publique et privée qui se produit inévitablement à mesure que l'intelligence des hommes se développe, que l'instruction se répand parmi eux, que les nécessités sans cesse grandissantes de la vie sociale multiplie leurs relations et rend celles-ci plus étroites.

En Israël comme dans le reste du monde, la nature a été

---

1. Voyez Ernest RENAN, *Hist. du peuple d'Israël*, v, p. 340 et suiv.

plus forte que la religion. Elle a rapproché les peuples que la religion éloignait les uns des autres. Elle a opposé le frein de l'intérêt aux hostilités de familles et de classes que la religion s'efforçait d'accentuer. Elle a développé l'altruisme familial, en faisant contrebalancer l'égoïsme et l'esprit de domination du mâle que la religion avait consacrés, par les sentiments affectifs que les relations de la famille inspirent. Elle a fait naître l'altruisme social, en révélant aux divers membres de la société le besoin que chacun d'entre eux a de tous les autres et l'impossibilité dans laquelle se trouvent les plus forts de se passer du concours des plus faibles. Et sous son influence, la moralité des juifs s'est développée d'autant plus et avec d'autant plus de rapidité qu'ils ont été contraints de s'éloigner davantage du foyer religieux autour duquel s'était formé leur groupement social.

LIVRE II

LA MORALE RELIGIEUSE DES PEUPLES ARYENS

CHAPITRE I

LA FAMILLE ET LA MORALE FAMILIALE CHEZ LES ARYENS DE L'INDE ANTIQUE

Tous les peuples de la race aryenne paraissent avoir mené d'abord la vie pastorale. Ceux qui se dirigèrent vers l'Inde et dont les hymnes védiques nous ont conservé le souvenir, aussi bien que ceux auxquels fut dû le peuplement de la Grèce, de l'Italie, de la Gaule et de la Grande-Bretagne, de la Germanie et de la Scandinavie, de la Finlande et de la Russie, gagnèrent très probablement ces diverses régions lentement, par étapes successives et en conduisant devant eux les troupeaux dont le lait formait leur principale alimentation. Leurs sociétés étaient alors purement patriarcales. Chaque famille formait un petit corps social complet, dont le père était chef de tous les membres, propriétaire de tous les biens et, devait devenir plus tard, le prêtre unique.

La morale individuelle et familiale de ces petites sociétés est d'abord celle de tous les groupements analogues. L'homme étant le plus fort, le plus actif, le plus laborieux des membres de la famille, celui qui fait vivre tous les autres, au moins à de certains moments, s'en considère naturellement comme le chef et le maître ; sa femme et ses enfants lui obéissent aussi naturellement qu'il leur commande. Lorsque l'idée religieuse se dessine en son esprit, lorsqu'il se prend à chercher la cause déterminante des phénomènes cosmiques et vitaux dans des forces ou des êtres qu'il divinise, l'un de ses premiers soins est de demander à la divinité qu'il a conçue, la consécration de son autorité. Il devient aussi naturellement le prêtre de la famille qu'il était le chef de tous ses membres et le propriétaire de tous ses biens. Son pouvoir absolu devient sacré et ne peut plus, dès lors, être tempéré, dans les sociétés purement patriarcales, que par les sentiments affectueux dont il est animé à l'égard de sa femme et de ses enfants. Plus ces sentiments se développeront et plus sa domination sera bienveillante ; moins ces sentiments prendront de force et plus son autorité sera dure.

A cet égard, les peuples aryens diffèrent considérablement de ceux qui appartiennent à la race sémitique. Chez les Hindous primitifs, comme chez les Grecs, les Latins, les Celtes et même les Germains, l'autorité du père de famille est beaucoup moins tyrannique que chez les Hébreux, les Chaldéens, les Égyptiens, etc. Chez les premiers, la femme ne jouit d'aucune influence, n'est que la première des servantes, n'a aucune place dans la religion familiale, et se voit donner, avec la complicité de la religion, autant de rivales que l'homme en peut nourrir, sans parler des concubines qu'il ajoute à ses multiples épouses. Chez les seconds, au contraire, la femme prend part, dans une certaine mesure, au culte familial et occupe dans la maison la situation d'une véritable maîtresse. « L'époux, dit Burnouf[1], est appelé *pati*, maître. Ce mot n'est pris nulle part, dans le Véda, avec la signification du maître absolu, quand il s'agit des relations conjugales ; l'époux n'a pas sur la femme le pouvoir du maître sur un serviteur ou sur un esclave. Il est appelé *pati* comme chef de la famille tout d'abord représentée par la femme seule et contenue en elle. L'autonomie reste à l'épouse dans la mesure compatible avec les droits du chef qu'elle a reçu en mariage. Comme cet acte a été consenti librement par elle, elle n'a point aliéné sa liberté ni les droits naturels de sa personne. Le rôle de l'époux à son égard est, en effet, d'être son protecteur, *nata*, celui

---

1. Burnouf, *Essai sur le Véda*, p. 190.

qui seul peut et doit la défendre contre les dangers extérieurs... La femme est si peu la servante de son mari, qu'elle partage avec lui toutes les fonctions d'où il peut tirer honneur et qui n'exigent pas la force du sexe viril. »

Chez les peuples aryens, la monogamie était consacrée en principe par la religion et par les lois, et la femme légitime qui avait perdu son mari ne devait pas se remarier. Dans la pratique, il est vrai, la monogamie était fréquemment corrigée par un concubinage contre lequel la coutume ne protestait guère ; mais les concubines étaient toujours des esclaves et leurs enfants n'avaient aucun droit à la succession du père. Les littératures antiques contiennent même des preuves éclatantes de la résistance opposée par certaines femmes légitimes à l'introduction des concubines sous le toit de la famille. « Il y avait, dit d'Arbois de Jubainville, des femmes légitimes qui acceptaient sans jalousie la concurrence des femmes esclaves... Mais il se trouvait aussi des femmes légitimes qui étaient jalouses, quelques-unes obtenaient de leur mari une complète fidélité[1]. » D'autres ne se faisaient pas faute de se débarrasser par le crime de la concubine jalousée et même du mari infidèle. Ces sortes de faits ne se seraient jamais produits dans la société hébraïque où la multiplicité des femmes et le régime du concubinage étaient consacrés par la loi religieuse, après l'avoir été par la tradition et la coutume.

Dans les sociétés aryennes, la femme n'a jamais été voilée. Elle est fière de sa beauté ; elle se pare de vêtements somptueux et de bijoux. Aux yeux des chantres du Rig-Véda, la laideur est « comme une cuirasse lourde qui frappe d'impuissance les humains [2] ».

La jeune fille, chez les Hindous, les Grecs, les Romains, les Celtes, était libre et c'est librement qu'elle choisissait son époux, après avoir mis tout son art à conquérir celui de son choix[3]. Les hymnes du Rig-Véda qui se rapportent

1. *La civilisation des Celtes et celle de l'époque homérique*, p. 289.
2. Voyez : Marius FONTANE, *L'Inde védique*, p. 59 et suiv.
3. « Quand une jeune fille ou une veuve, dit Burnouf (*Essai sur la Véda*, p. 215) songeait à se marier, le père faisait annoncer dans le voisinage et sou-

aux premiers temps de la vie aryenne dans l'Inde, indiquent une très grande recherche de la beauté et de la force, autant de la part des jeunes filles que de celle des jeunes gens. « L'aurore blanche est comme une vierge aux formes légères, jeune et riante, au sein brillant, au corps éclatant de beauté, que sa mère vient de purifier »; les jeunes gens « aiment la voix des jeunes filles autant que les dieux aiment les louanges des hommes »; et ils savent que l'on « plaît aux dieux comme on plaît à sa bien-aimée, en se faisant aimable ». Certaines cérémonies étaient agrémentées de danses où les jeunes filles ne craignaient pas d'étaler tous leurs charmes avec une grâce dont la naïveté n'excluait pas, sans doute, le vif désir de plaire. On n'admettait le mariage qu'entre les jeunes gens parce que l'on voulait avoir des enfants beaux et forts : l'auteur d'un hymne met en scène « l'épouse amoureuse qui étale en riant, aux regards de son époux, les trésors de sa beauté, aussi pure que la nudité de l'aube ». Devenue épouse et même mère, la femme des Védas conserve le souci constant de sa beauté. « Apâlâ s'est purifiée trois fois, ô Indra, et tu lui as donné une peau aussi brillante que le soleil », chante l'auteur d'un hymne, tandis qu'un autre nous apprend que « jusque dans sa maternité féconde, elle restera fière de son corps ». Les Aryas de l'Inde avaient le culte de la beauté comme les Grecs et ils la déifiaient en introduisant des déesses dans leur panthéon; mais, du temps des Védas, si les déesses

---

vent même au loin, que le choix d'un époux s'accomplirait chez lui un certain jour. Les prétendants se réunissaient dans la maison du père qui les recevait avec les honneurs dus à leur rang. Au jour pur de la lune, annoncé pour ainsi dire officiellement, parés de guirlandes et de vêtements de fête, ils se rangeaient tous ensemble dans une même enceinte; la jeune fille paraissait alors, et, dans la plénitude de son indépendance, choisissait pour époux celui qui lui plaisait. Elle le prenait par la main et ensuite s'accomplissaient les cérémonies sacrées. » Burnouf dit encore : « Jamais, croyons-nous, le mariage monogame, n'a produit, chez les Aryas du Sud-Est, l'asservissement de la femme. Non seulement celle-ci a toujours conservé dans la famille son double rôle de *dêvi* et de *grihapatni*, partageant avec l'époux les honneurs dus à son rang, et respectée de ses fils jusque dans la vieillesse. Mais elle n'a jamais vu s'aliéner sa liberté; le mariage a toujours été précédé du *swayamvara*, c'est-à-dire du *libre choix* de l'époux par la femme, et il a toujours été sévèrement interdit au père de la jeune fille de recevoir aucun présent, qui pût faire ressembler le don de sa fille à une vente ou à un contrat mercantile. » (*Ibid.*, p. 213.)

sont amoureuses comme les filles et les femmes à l'image desquelles on les a conçues, elles n'ont rien du libertinage souvent cruel qui caractérise la déesse de l'amour chez les Sémites. « L'aurore qui fait rayonner sur le monde les roses de son teint, est une belle fille qui se plaît à aborder les hommes en les éblouissant de ses attraits ; les nymphes des eaux, à la fois séduisantes et fécondes, traversent maints amoureux hasards. Ce naturalisme naïf n'a rien, toutefois, de l'atmosphère de sensualité molle et raffinée dont s'enveloppe une déesse Astarté ; et aussi, le culte védique, bien que, parfois, crûment obscène dans ses formules et sa mimique, n'a-t-il jamais connu l'étrange alliance qui, chez les Sémites, a installé la prostitution jusque dans les sanctuaires[1]. » Plus tard, seulement, sous des influences inconnues ou plutôt difficiles à déterminer, mais probablement sémitiques, on verra s'introduire dans le panthéon hindou des déesses débauchées et cruelles.

La femme arya n'est pas seulement la maîtresse de la maison, elle joue encore son rôle dans le sacrifice religieux qu'accomplit son époux, chaque jour, entouré de toute sa famille, et dans lequel il récite ou chante les hymnes qui se transmettent de père en fils et auxquels chacun s'efforce d'ajouter quelques strophes, sinon un hymne nouveau[2].

1. OLDENBERG, *La religion du Véda*, trad. V. Henry, p. 199 (Paris, F. Alcan).
2. « Dans les cérémonies du culte aryen primitif, l'époux, quand il présente l'offrande aux dieux, est appelé *déva* comme les dieux eux-mêmes et ne diffère d'eux que par la mortalité. Ce mot vient, comme on le sait, de la racine *div*, briller, qui existe dans plusieurs langues aryennes. Un passage d'un hymne indique très positivement que cette épithète était donnée à l'officiant parce que, s'approchant du feu plus que les assistants, soit avant le lever du soleil, soit après son coucher, ses vêtements en recevaient un éclat particulier et vraiment pittoresque (IV, 63, 67). Or, l'épouse qui l'assiste est appelée *déví* ; elle s'avançait donc aussi vers le foyer sacré, ce qui n'est aucunement le rôle d'une servante. D'ailleurs, le nom qu'elle porte est celui de *dam*, qui signifie dame ou maîtresse, et se rattache à une racine identique, exprimant la force physique qui dompte et la force morale qui commande... L'idée de commander est primitivement dans le nom de l'épouse, non pas à l'égard du mari qui est le chef de la famille, mais à l'égard des autres personnes. Par cela même, elle est appelée *patni* qui est lettre pour lettre le πότνια des anciens Grecs. Et pour qu'il ne reste à cet égard aucun doute, la femme est encore nommée *grihapatni*, c'est-à-dire maîtresse de maison, comme l'époux est appelé *grihapati*. En un mot, dans toutes les circonstances où l'on donne à l'époux un titre qui ne désigne pas une fonction incompatible avec le sexe le plus faible, le même titre au féminin est aussi donné à la femme » (BURNOUF, *Essai sur le Véda*, p. 191).

C'est le mari qui allume le feu sur lequel sera versé le *Soma* sacré, la liqueur fermentée qui en activera la flamme, et dont il boira lui-même une partie pour ranimer ses forces; mais c'est la femme qui va chercher dans la forêt la plante d'où s'extrait le jus sacré ; c'est elle qui la broie dans un mortier dont la forme a été empruntée à la partie la plus secrète de son corps[2] ; c'est elle qui presse dans ses

---

1. D'après la légende chantée par les poètes du Rig-Véda, la plante qui fournit le soma fut apportée du ciel sur la terre par l'aigle, pour Indra. « L'aigle rapide, apportant de loin la plante, l'oiseau apportant l'ivresse joyeuse, le compagnon du dieu, tenant ferme le soma, le fit descendre de ce ciel sublime où il l'avait dérobé. » Les hommes aussitôt pressurent la plante pour Indra : « La coupe blanche, ointe du lait des vaches, le suc qui se gonfle et resplendit, la douceur par excellence offerte par les prêtres, Indra le dispensateur des grâces, l'approcha de sa bouche pour boire et s'enivrer, le héros l'approcha de sa bouche pour boire et s'enivrer. » (Voyez : OLDENBERG, *loc. cit.*, p. 150, 152.) Il est à peine nécessaire de noter l'analogie qui existe entre cette légende de l'aigle ravissant au ciel la plante qui donne le liquide enivrant, l'eau de vie, l'eau de feu, et celle des Grecs qui montre Prométhée ravissant le feu aux dieux pour en doter les mortels.

2. Tous les ustensiles du sacrifice rappelaient les organes de la génération et le sacrifice lui-même en contenait une sorte de symbole. « Le sacrifice, l'autorité du chef et la transmission du sang par la génération, dit Burnouf (*Essai sur le Véda*, p. 196), sont considérés dans toute l'histoire de l'Inde comme étroitement liés entre eux. Quand s'accomplit l'union de l'homme et de la femme qui doit donner au premier le titre de *pati*, et préparer la procréation des enfants, un sacrifice accompagne cet acte naturel, et lui donne un caractère sacré très analogue à celui du mariage chrétien. Une mystique et une sorte de doctrine métaphysique servent de fondement à cette cérémonie et légalisent, en quelque façon, l'union des époux. Les voici en peu de mots : *Agni*, feu divin qui anime tous les êtres vivants, procède du soma qui, versé sur lui dans l'acte religieux du sacrifice, lui donne la force et développe son corps glorieux, auparavant invisible. Celui qui donne tous les biens et qui les possède, *Viçwâvasu*, que ce soit le Soleil ou un autre Âditya, est une forme intermédiaire qui procède de *Soma* et dont Agni lui-même est une manifestation sensible. Enfin, sous une forme individuelle et durable, le feu divin de la vie se localise et se produit dans l'homme, que l'antiquité aryenne désigne par le nom de *Manu*. Or, c'est une loi universelle de la nature, loi de bonne heure aperçue par nos aïeux, que là distinction des sexes est la condition de la génération des êtres. Ils séparèrent donc, dans leur doctrine sacrée, le principe masculin et le principe féminin, mettant dans le premier le germe vivant, qui n'était autre chose qu'Agni, et regardant l'autre comme une matrice dans laquelle ce germe est appelé à prendre sa nourriture et son développement. Le principe féminin s'unit successivement aux quatre formes que le Feu divin peut réunir, Soma, Viçwâvasu, Agni, Manu. De là cette figure où l'hymne nous représente la jeune fille comme épousant tour à tour ces quatre êtres symboliques, qui se la transmettent l'un à l'autre ; c'est seulement en épousant le dernier qu'elle devient mère des hommes.. »

D'après Burnouf, *soma* vient de *sû* qui signifie engendrer et d'où dérivent également *sûnu*, *sohn* et υἱός ; « de sorte que la liqueur du sacrifice peut aussi être regardée comme le symbole du liquide où se transmet, du père à la mère, le germe vivant dont celle-ci reçoit le dépôt. Le mystère contenu dans la céré-

mains les tiges broyées pour en extraire le jus ; c'est elle qui filtre celui-ci à travers un tamis fait d'une peau de bœuf, et qui le fait fermenter pour le transformer en Soma qu'elle offre de ses mains au sacrificateur. Elle a, dès le début, sa place et son rôle dans le culte ; plus tard, même, elle sera admise à composer des hymnes dont quelques-uns figurent dans le Rig-Véda et d'où l'on peut conclure que « l'enseignement religieux reçu ou transmis, comptait alors parmi les attributions de l'épouse[1] ». Lorsqu'il y eut de véritables prêtres, leur femme prenait part à l'exercice de la fonction sacerdotale. Le prêtre ne pouvait avoir qu'une femme, parce que celle-ci était nécessaire à la pratique du culte en tant que « dêvi » et que son rôle sacré ne pouvait pas être partagé avec une autre femme. La Loi de Manu autorisa seulement les prêtres à prendre une seconde femme lorsque la première était stérile, afin que la famille pût ne pas s'éteindre.

Autour des époux unis par le culte après l'avoir été par l'amour, les enfants grandissent, entourés d'affection et pleins de respect affectueux pour leurs parents. La morale familiale atteint un degré de perfection aussi élevé que possible, parce que nulle cause extérieure ne vient troubler les relations qu'ont entre eux les membres de la famille. Chaque mariage est le point de départ d'une famille nouvelle, qui va s'établir non loin de celles d'où elle sortit. Elle a sous la main, dès le premier jour, tous les éléments de sa prospérité, car la terre fertile et libre ne fait point défaut. Les troupeaux restent probablement la propriété commune d'un certain nombre de familles groupées en village. Aucune autorité ne s'est encore constituée au-dessus et en dehors de la famille. Il ne peut pas y avoir conflit entre les intérêts familiaux et les intérêts sociaux, puisque ceux-ci n'existent pas encore. Il n'y a pas de prêtre ; il n'y a pas de guerriers, il n'y a pas de roi ; et l'on vit en paix ; car les

---

monie du *Kratu* (sacrifice) et la plupart des mots, des objets, des ustensiles et des actes dont elle se compose, pouvait tirer de ce symbolisme une explication suffisante. Nous ne le développerons pas ici (*Ibid.*, p. 197) ».

1. Burnouf, *op. cit.*, p. 113.

Aryas, établis sur l'admirable et fertile territoire des sept rivières, le Septa-Sindhu, n'ont pas encore de voisins[1].

La religion est elle-même aussi simple et aussi naïve que possible. On adore le soleil et le feu qui le représente sur la terre. Chaque homme, chef de famille, est le prêtre de cette religion, et chacun la pratique à sa guise. Mais tous ont soin d'appeler au sacrifice, si l'on peut dire, les ancêtres de la famille, les Pitris, si bien que l'autel d'Agni finit par être, en quelque mesure, celui des ancêtres. « On peut penser, dit Fustel de Coulanges[2], que le foyer domestique n'a été à l'origine que le symbole du culte des morts, que sous cette pierre du foyer un ancêtre reposait, que le feu y était allumé pour l'honorer et que ce feu semblait entretenir la vie en lui ou représentait son âme toujours vigilante. » Les choses, à mon avis, s'étaient sans doute passées d'autre façon. L'homme avait été d'abord, comme tous les animaux, pris d'un véritable respect pour le soleil qui réchauffe et vivifie, puis il l'avait adoré. C'est l'Agni primitif des Aryens. Ensuite, il eut les mêmes sentiments pour le feu qui rappelle le soleil et qu'il ranimait avec le Soma alcoolique, comme il se réchauffait lui-même en buvant la liqueur fermentée. A ce sacrifice, offert au feu, chaque père de famille appelait ses ancêtres, comme il s'entourait de tous les membres de sa famille. Plus tard, la prière adressée au feu du foyer s'adressa aux ancêtres, en même temps qu'au foyer; puis on éleva les ancêtres au rang de divinités, et c'est à eux que l'on s'adressa quand on offrit le sacrifice sur le feu du foyer. Ainsi, la famille se prolongeait dans le passé, tandis qu'elle travaillait à se perpétuer dans l'avenir. Tout cela ne pouvait résulter que des sentiments très affectueux par lesquels étaient unis tous les membres de la société familiale.

Il serait impossible de rêver des conditions plus favorables à l'équilibre parfait de l'égoïsme individuel et de

---

1. Le territoire du Septa-Sindhu forme aujourd'hui le Punjab ou pays des cinq rivières, ce qui permettrait de supposer que deux des cours d'eau existant à l'époque où furent écrits les premiers hymnes du Véda ont disparu.
2. *La cité antique*, livre I, chap. III.

l'altruisme familial, qui est ici confondu avec l'altruisme social. Aussi, les hymnes de cette période de l'évolution des Aryas sont-ils animés d'un souffle d'amour et d'un sentiment de satisfaction que l'on ne trouve au même degré dans aucune autre œuvre des hommes. C'est l'humanité chantant son bonheur présent et se laissant bercer par toutes les illusions d'un bonheur futur qui, hélas! ne devait être atteint ni par les Aryas, ni par aucun autre peuple du monde.

CHAPITRE II

LA FAMILLE ET LA MORALE FAMILIALE DANS LES SOCIÉTÉS ARYENNES ANTIQUES DE L'OCCIDENT

En Grèce et à Rome, la première forme de la société fut la famille patriarcale et le premier culte fut, comme dans l'Inde aryenne, celui du feu, du foyer que devait représenter plus tard la chaste et vierge déesse Hestia. Un hymne dont la conception remontoit peut-être aux premiers Hellènes, adresse au foyer familial, au feu que l'on entretenait dans chaque maison avec un soin religieux, la prière d'un père entouré de sa femme et de ses enfants : « Rends-nous, ô foyer, toujours florissants, toujours heureux ! ô toi, qui es éternel, beau, toujours jeune, toi qui nourris, toi qui es riche, reçois de bon cœur nos offrandes, et donne-nous en retour le bonheur et la santé qui est si douce[1]. » On versait sur le foyer du vin, liqueur fermentée qui rappelle le Soma des Aryas de l'Inde. On lui offrait aussi, comme dans l'Inde, du blé, de la farine, du lait, les premiers produits des champs.

Chez les Hellènes comme chez les Aryas de l'Inde, on n'offre aucun sacrifice au foyer de la maison sans y invoquer la mémoire des ancêtres de la famille. Chacun vante leurs mérites, célèbre leurs actions et, on finit par en faire des sortes de dieux protecteurs de toute leur descendance, mais n'accordant cette protection qu'aux enfants et petits-enfants qui leur offrent régulièrement le sacrifice.

---

[1]. Voyez Ernest Lefèvre, *La Grèce antique*, p. 47.

Alceste mourante se tourne vers son foyer, vers Hestia, personnification à ses yeux du feu sacré en même temps que des ancêtres de sa famille et la supplie en ces termes : « O divinité maîtresse de cette maison, je m'incline, je te prie pour la dernière fois, car je vais descendre où sont les morts. Veille sur mes enfants qui n'auront plus de mère. Donne à mon fils une tendre femme, à ma fille un noble époux. Fais qu'ils ne meurent pas comme moi, mais qu'au sein du bonheur ils remplissent une longue existence[1]. » Cette prière témoignerait à elle seule de la place que la femme hellène avait auprès du foyer sacré, du droit qui lui était reconnu par les coutumes familiales et les traditions religieuses de s'adresser directement à la divinité. Elle n'est pas, en effet, en Grèce et à Rome, étrangère à la religion, comme chez les Hébreux. Elle y a sa place, au contraire, et elle y joue son rôle. Chez les Aryas de l'Inde elle figure dans la cérémonie nuptiale ; chez les Grecs et les Romains elle y joue un rôle important.

Elle avait été préparée à ce rôle dès son enfance. « Fille, elle assistait aux actes religieux de son père ; mariée, à ceux de son mari. » La jeune fille, dans la maison paternelle, « prend part, dès son enfance, à la religion de son père ; elle invoque son foyer ; elle lui adresse chaque jour les libations, l'entoure de fleurs et de guirlandes aux jours de fête, lui demande sa protection, le remercie de ses bienfaits[2] ». Lorsqu'elle se marie, il y a une cérémonie nuptiale dont l'acte principal se produit devant le foyer de son époux et où elle joue son rôle : « Les deux époux versent la libation, prononcent quelques prières et mangent ensemble le gâteau de fleur de farine. » A partir de ce moment, la femme « porte l'offrande aux ancêtres de son mari ». Si le divorce a lieu, elle prend part, en même temps que le mari, à l'acte religieux qui consacre la rupture de leur union. « On présentait aux époux, comme au jour du mariage, un gâteau de fleur de farine. Mais, probablement,

---

1. Ernest LEFÈVRE, *La Grèce antique*, p. 48.
2. FUSTEL DE COULANGES, *La cité antique*, livre II, chap. II.

au lieu de le partager ils le repoussaient. Puis, au lieu de prier, ils prononçaient des formules d'un caractère étrange, sévère, haineux, effrayant, une sorte de malédiction par laquelle la femme renonçait au culte et aux dieux du mari. »

La femme mariée sacrifie elle-même au foyer et aux dieux du mari, elle porte le repas funèbre aux ancêtres de son mari ; « elle a les mêmes dieux, les mêmes rites, les mêmes prières, les mêmes fêtes que son mari » ; elle est entrée en partage de la religion du mari ; elle est devenue la fille de son mari[1] et c'est en sa qualité de père que le mari a des droits sur elle. Sa place dans le sacrifice adressé au foyer et aux ancêtres est nécessaire. « C'est elle qui a la charge de veiller à ce que le foyer ne s'éteigne pas. C'est elle surtout qui doit être attentive à ce qu'il reste pur : elle l'invoque, elle lui offre le sacrifice. Elle a donc aussi son sacerdoce. Là où elle n'est pas, le culte domestique est incomplet et insuffisant. C'est un grand malheur pour un grec que d'avoir un foyer privé d'épouse, dit Xénophon. Chez les Romains, la présence de la femme est si nécessaire dans le sacrifice que le prêtre perd son caractère en devenant veuf. On peut croire que c'est à ce partage du sacerdoce domestique que la mère de famille a dû la vénération dont on n'a jamais cessé de l'entourer dans la société grecque et romaine. De là vient que la femme porte dans la famille le même titre que son mari : les Latins disent *pater-familias* et *mater-familias*, les Grecs οἰκοδεσπότης et οἰκοδέσποινα, les Hindous *grihapati* et *grihapatni*. De là vient aussi cette formule que la femme prononçait dans le mariage romain : *Ubi tu Caius, ego Caia*, formule qui nous dit que si dans la maison il n'y a pas égale autorité, il y a au moins dignité égale[2]. » Comme nous voilà loin des Hébreux, chez lesquels la femme n'avait aucune participation à la religion, était tenue à l'égard du culte, ne recevait aucune connaissance des Livres sacrés, et, presque toujours, adorait d'autres divinités que celle des hommes de sa race,

---

1. Fustel de Coulanges. *La cité antique*, livre II, ch. II.
2. *Ibid.*, livre II, chap. IX.

comme si elle eût été une étrangère dans la famille judaïque.

Aux yeux des Aryens de l'Inde, de la Grèce, de Rome, de l'Occident européen, la femme tient une place d'honneur non seulement sur la terre, mais encore dans la vie nouvelle que l'homme va mener après sa mort, en quelque lieu inconnu. « Tu es un héros, dit un père indou à son fils mort, va au plus vite au-devant des femmes qui t'appellent. » Dans les poèmes celtiques, c'est « une jeune et jolie femme qui vient, en Irlande, chercher Condla pour l'emmener dans le pays des morts ; elle lui parle des femmes et des filles qu'il va rencontrer ». En Irlande, l'un des noms donnés au pays des morts était *tir-nam-ban*, qui veut dire « terre des femmes [1] ».

Bien loin, en effet, de redouter, comme les Hébreux, la beauté de la femme et de fuir ses charmes, les Aryens de de tous les pays et de tous les temps sont pour elle pleins d'admiration et la placent au premier rang des œuvres de la nature. Dans la Grèce antique, à Rome, parmi les Germains et les Celtes, comme chez les Aryas du Septa-Sindhu, la jeune fille est libre de tous ses mouvements ; elle circule sans voile et fait naïvement montre de sa beauté. A Sparte, elle prenait part à tous les exercices des jeunes gens et dans la même nudité qu'eux. Platon voulait que les femmes fussent élevées de la même façon que les hommes et il répondait à ceux que la nudité des premières dans les gymnases offusquaient ou qui s'en moquaient : « Prions ces railleurs de quitter leur rôle, d'être sérieux, rappelons-leur qu'il n'y a pas longtemps que les Grecs croyaient encore, comme le croient aujourd'hui la plupart des peuples barbares, que la vue d'un homme nu est un spectacle honteux et ridicule ; et que, lorsque les gymnases furent ouverts pour la première fois, d'abord en Crète, ensuite à Lacédémone, les plaisants d'alors avaient quelque droit d'en faire des railleries... Mais, à mon avis, lorsque l'expérience eut

---

[1]. D'Arbois de Jubainville, *La civilisation des Celtes et celle de l'épopée homérique*, p. 221.

fait voir qu'il valait mieux être nu qu'habillé, dans les exercices gymnastiques, alors le ridicule que les yeux attachaient à la nudité fut dissipé par la raison qui venait de découvrir ce qui était le mieux, et il se prouva de soi-même qu'il n'y a qu'un homme superficiel qui trouve du ridicule autre part que dans ce qui est mauvais en soi [1]. »

Ce culte de la grâce, de la beauté qui est au fond du cœur de tout aryen donnait, en Grèce, une grande autorité à toutes les femmes [2], et fit le succès des hétaïres assez habiles pour joindre à leurs charmes physiques celui d'un esprit cultivé par les lettres et la philosophie : « Lettrées, poètes, habiles à la musique et à la danse » elles formaient « des sortes de collèges de femmes libres où les politiques et les philosophes recrutèrent leurs amis et les aphrodites leurs prêtresses. » Elles jouissaient, dans certaines villes, d'une telle considération, qu'à Corinthe « elles étaient chargées d'offrir à la déesse (Athéné) les vœux de citoyens », et que ce fut « elles qui allèrent implorer Aphrodite, lors de l'invasion perse, et lui rendre grâce après Salamine [3] ».

---

1. PLATON, *La République*, livre V, § 3.
2. ARISTOTE (*Polit.*, livre II, chap. VI) trouvait que les lois de Sparte n'avaient pas suffisamment réglementé la conduite des femmes ; il notait que Lycurgue « après avoir tenté de les soumettre aux lois, dut céder à leur résistance et abandonner ses projets. » Le motif qu'il en donne mérite d'être noté : « Le législateur, en demandant à tous les membres de la République tempérance et fermeté, a glorieusement réussi à l'égard des hommes ; mais il a complètement échoué pour les femmes dont la vie se passe dans tous les dérèglements et les excès du luxe. La conséquence nécessaire, c'est que, sous un pareil régime, l'argent doit être en grand honneur, surtout quand les hommes sont portés à se laisser dominer par les femmes, disposition habituelle des races énergiques et guerrières... Les Lacédémoniens n'ont pu échapper à cette condition générale, et tant que leur puissance a duré, les femmes ont décidé de bien des affaires. Or, qu'importe que les femmes gouvernent en personne, ou que ceux qui gouvernent soient menés par elles ? Le résultat est toujours le même. »
3. André LEFÈVRE, *La Grèce antique*, p. 95.

CHAPITRE III

LA VIRGINITÉ ET LA CHASTETÉ CHEZ LES ARYENS DE L'ANTIQUITÉ

Les écrivains apologistes du christianisme tirent volontiers parti des faits rappelés plus haut, pour affirmer que ni les Aryas de l'Inde védique, ni les Grecs et les Romains n'avaient de respect pour la vertu des femmes et ne connaissaient, pour ainsi dire, ni la virginité ni la chasteté. Ces vertus seraient d'invention chrétienne ; le christianisme aurait été le premier à les préconiser. C'est une grave erreur. Comme l'a justement fait remarquer André Lefèvre, à propos de la Grèce antique, le goût des belles esclaves, commun à tous les Grecs, s'allie chez eux avec « le respect profond de la jeune fille, telle que Nausicaa, de la mère de famille comme la reine Arété » ; ils admirent « la passion obstinée pour une époux infidèle, l'affection profonde pour la femme impeccable qui garde sa foi à l'époux absent[1] » comme Pénélope, si élogieusement célébrée par Homère. D'un autre côté, tous les historiens sont d'accord pour affirmer que pendant les quatre ou cinq premiers siècles de la monarchie et de la république romaine, les divorces furent extrêmement rares, en raison de la fidélité gardée par les femmes à leurs devoirs conjugaux.

Dans toutes les sociétés aryennes de l'antiquité, les vierges appartenant aux familles libres étaient profondément respectées. L'auteur inconnu du *Manava-Dharma-Sastra* (Lois de Manu)[2] exprimait les idées traditionnelles

---

1. André Lefèvre, *La Grèce antique*, p. 228.
2. Traduction Loiseleur-Deslongchamps, livre VIII, 364-370.

des Aryas de l'Inde lorsqu'il formulait des peines sévères contre tous les auteurs d'un attentat quelconque à la virginité. Il traduisait, d'autre part, l'admiration un peu naïve peut-être des Aryas pour la femme, lorsqu'il disait : « la bouche d'une femme est toujours pure[1]. »

Chez les Grecs, il existait trois déesses vierges : Arthemis, Athèna, Hestia, dont la troisième « avait fait vœu de virginité perpétuelle » dit un helléniste célèbre. « Si les grecs, ajoute-t-il, ont inventé ce type divin (la vierge), s'ils nous en ont donné, dans leur mythologie, trois exemples, c'est qu'ils ont eu le modèle quelquefois sous les yeux et qu'il a provoqué leur admiration. Or, ce modèle est le produit de la monogamie, il est inconnu chez les polygames[2]. » On pourrait objecter à cette assertion que la virginité était respectée aussi chez les Hébreux, mais on ne trouverait chez ces derniers aucune trace du sentiment qu'elle inspirait aux Aryens antiques. Chez les Hébreux, la virginité est protégée par les lois sacrées parce que la vierge est la propriété de son père ou du fiancé qui l'a payée à son père. Chez les Aryens, la vierge est libre ; elle peut se donner à qui lui convient, et si l'on admire sa vertu c'est précisément parce qu'il lui plaît de la garder. Ce trait particulier de la conception aryenne est bien mis en relief dans un épisode de l'Iliade où la vierge Athèna est en scène. On sait que les Grecs homériques dédaignaient la fronde comme une arme de valets, d'esclaves. Ainsi pense Athèna, dans sa lutte contre le dieu de la guerre Arès, qui veut s'emparer d'elle. Pour le frapper, « elle prend dans sa main robuste une pierre noire, raboteuse et grosse que les hommes d'autrefois avaient plantée en terre, pour servir de borne à un champ ; elle la lui jette, l'atteint à la tête et le terrasse. Aphrodite veut venir en aide à son amant, Athèna la jette par terre aussi, en se moquant de ces deux luxurieux impuissants[3]. » C'est bien la virginité volontaire et vertueuse

---

1. *Ibid.*, livre V, 130.
2. D'Arbois de Jubainville, *La civilisation des Celtes et celle de l'épopée homérique*, p. 325.
3. *Ibid.*, p. 351.

qui se défend, en ce récit, contre le vice ; aussi le savant auquel j'emprunte la citation a-t-il raison de dire : « Athèna, déesse de la guerre, protectrice des Grecs en général et tout spécialement d'Ulysse, est d'abord, avec Arthemis, le type hellénique de la vierge nubile mais à jamais insensible aux hommages masculins ; ce type est le produit de la monogamie et de la dignité de la femme qui dédaigne la prostituée ; il est inconnu dans le monde sémitique [1]. »

Dans les sociétés italiotes les plus anciennes, la virginité était honorée dans la personne des Vestales qui jouirent, plus tard, à Rome, d'une si grande considération. On portait les faisceaux devant elles comme devant les consuls ; elles étaient exemptes de toutes les charges publiques, occupaient la première place dans les cérémonies, mais subissaient la peine de mort si elles transgressaient le vœu de chasteté que, librement, elles avaient formulé. Le respect dont les Vestales étaient entourées persista pendant toute la durée de la république et de l'empire d'occident ; elles ne

---

1. *Ibid.*, p. 191. On lit dans un hymne d'Homère à Vénus : « Muse, chante les travaux de la blonde Vénus, déesse de Cypre, elle qui fait naître de tendres désirs dans le sein des dieux, qui soumet les tribus des mortels, les oiseaux, légers habitants de l'air, tous les monstres, et ceux, nombreux, que nourrit le continent, et ceux que nourrit la mer ; tout ce qui respire se livre aux travaux de Vénus couronnée de fleurs. Cependant il est trois divinités dont elle ne peut fléchir le cœur et qu'elle ne peut séduire : Minerve, aux yeux d'azur, la fille du formidable Jupiter : les travaux de la blonde Vénus ne lui plaisent pas. Ce qui lui plaît ce sont les guerres, travail de Mars, les combats, les batailles ; c'est aussi de se livrer à de beaux ouvrages. La première, elle apprit les arts aux mortels, à façonner les chariots et les chars étincelants d'airain ; c'est elle qui, dans l'intérieur des palais enseigne aux jeunes vierges les beaux ouvrages et place ce goût dans leur âme. Vénus, au doux sourire, n'a point non plus soumis à l'amour Diane, qui porte des flèches d'or, et qui chérit le tumulte de la chasse ; les arcs lui plaisent, pour atteindre une proie sur les montagnes, ainsi que les lyres, les chœurs des danses, les cris des chasseurs, les sombres forêts, et la ville des hommes justes. Les travaux de Vénus ne plaisent point à Vesta, vierge vénérable, la première qu'ait enfantée le rusé Saturne, et qui fut aussi la dernière par le conseil du puissant Jupiter, déesse auguste, qu'Apollon et Mercure désiraient épouser ; elle ne voulut point y consentir, mais s'y refusa constamment, et touchant la tête du puissant Dieu de l'égide, cette déesse fit le grand serment, qui s'est accompli, de rester vierge dans tous les temps. Son père, au lieu de ce mariage, la gratifia d'une belle prérogative : elle s'assied au foyer de la maison pour y jouir des prémices ; elle est honorée dans tous les temples des dieux, et pour les mortels elle est la plus auguste des déesses. Vénus n'a pu fléchir le cœur de ces divinités ni les séduire ; aucune autre n'échappe à Vénus, ni des dieux fortunés, ni des faibles mortels ».

furent supprimées que par les empereurs de Constantinople, en 389, sous l'influence du christianisme. A l'exemple des Grecs, les Romains avaient adopté la légende de Diane sollicitant de Jupiter, son père, la faveur de rester vierge, et punissant avec la dernière rigueur les mortels assez audacieux pour prétendre à ses faveurs. Suétone nous a conservé le souvenir du respect que l'on avait à Rome, aux temps les plus corrompus, pour les femmes qui restaient chastes. A propos de la famille Claudius, dont Tibère faisait partie, il écrit : « Elle était de cette famille, la Claudia qui retira le navire qui portait la statue de Cybèle, des sables du Tibre où il était échoué, en priant les dieux à haute voix de lui « donner la force de mouvoir ce vaisseau, en témoi-« gnage de sa chasteté [1]. »

Chez les Gaulois, on vénérait particulièrement les druidesses qui vivaient dans la chasteté : la légende entourait d'un respect mêlé de terreur les neuf vierges de l'île Séna que les marins seuls pouvaient consulter et qui joignaient au don de prophétie le pouvoir d'apaiser les tempêtes [2]. Chez les Germains, d'après Tacite : « Les femmes vivent enveloppées de chasteté, sans contact corrupteur avec les séductions des spectacles, les excitations des festins,... On ne pardonne pas à celle qui s'est prostituée ; ni la beauté, ni la jeunesse, ni la fortune, ne sauraient lui trouver un époux... Les vierges seules se marient et il n'est permis qu'une seule fois à la femme de former l'espérance et le vœu d'être épouse [3]. » Chez les Gaulois et les Germains, la jeune fille ni la femme n'étaient voilées ; elles vivaient librement et c'est par la correction de leur conduite qu'elles conquéraient l'estime dont elles étaient entourées. Avant le mariage, la Germaine recevait de son fiancé « des bœufs, un cheval harnaché, un bouclier avec la framée et l'épée. Grâce à ces présents, l'époux est accepté, et la femme à son tour offre quelques armes à son mari. C'est le lien le plus puissant, la cérémonie mystérieuse et sainte. Pour que

---

1. Suétone, *Tibère*, § 11.
2. Voyez Michelet, *Histoire de France*, 1, p. 95.
3. Tacite, *Les Germains*.

sa femme ne se croie pas étrangère aux préoccupations des vertus guerrières, étrangère même aux chances des combats, les auspices sous lesquels commence son mariage lui font connaître qu'elle prend sa part des fatigues et des dangers de son époux et qu'elle doit souffrir et oser, dans la paix comme dans la guerre, tout ce qu'il souffre, tout ce qu'il ose[1]. »

Les femmes germaines accompagnent leurs maris dans les expéditions militaires ; pendant le combat, les guerriers « ont auprès d'eux, dit Tacite, les êtres qui leur sont chers ; ils entendent les hurlements de leurs femmes et les vagissements de leurs enfants, qui sont pour chacun les témoins les plus saints de son courage, les hérauts les plus empressés de sa gloire. Ils rapportent leurs blessures à leurs mères, à leurs épouses ; celles-ci ne craignent pas de compter, d'examiner les plaies et elles portent aux combattants des vivres et des encouragements. On dit que des armées ébranlées et prêtes à lâcher pied ont été ramenées par les courageuses supplications des femmes qui présentaient leur poitrine et montraient dans la défaite, la captivité que les Germains redoutent pour leurs femmes bien plus vivement que pour eux-mêmes. » Tacite ajoute : « Ils croient même qu'il y a dans les femmes quelque chose de saint et de prophétique et ils ne dédaignent point de les consulter et de suivre leurs avis. Nous avons vu, sous le règne de Vespasien, Velléda honorée comme une divinité par la plupart des peuplades germaines. Ils ont aussi vénéré autrefois Aurinia et plusieurs autres femmes, et ce n'était point par adulation ou pour faire des divinités. »

Chez tous les peuples aryens, la dignité de la femme libre était consacrée par les conditions dans lesquelles se faisait son union conjugale. « La femme légitime, dit d'Arbois de Jubainville en parlant des Celtes et des Grecs d'Homère, doit être libre et avoir une situation de fortune et de famille analogue à celle de son mari : c'est ce qui la distingue de la concubine. » Il ajoute que la jeune fille reçoit

---

1. TACITE. *Mœurs des Germains.*

toujours de son père, au moment de son mariage, une dot qui la place, en quelque sorte, sur un pied d'égalité avec son mari. Ce dernier, il est vrai, fait un cadeau au père, mais, en même temps, il fait à sa future des présents ayant parfois « assez d'importance pour constituer ce qu'on appellera plus tard *douaire* en français. » Il cite en exemple ce fait emprunté à Homère : « Iphidamos épousant Théano, sa tante, lui donne d'abord cent vaches, puis ajoute mille chèvres et moutons ; c'est un douaire[1]. »

Chez les Aryens de l'Inde, le père ne devait recevoir du fiancé de sa fille aucun cadeau qui pût être considéré comme représentant un prix d'achat. Les lois de Manou disent formellement : « Un père qui connaît la loi ne doit pas recevoir la moindre gratification en mariant sa fille ; car l'homme qui, par cupidité, accepte une semblable gratification, est considéré comme ayant vendu son enfant... Toute gratification, faible ou considérable, reçue par un père en mariant sa fille, constitue une vente. — Lorsque les parents ne prennent pas pour eux les présents qui sont destinés à la jeune fille, ce n'est pas une vente, c'est purement une galanterie faite à la jeune épouse et un témoignage d'affection. » Le mariage dans lesquels le père accepte une gratification du fiancé, même quand celui-ci fait aussi des présents à la jeune fille, est classé parmi les mariages de mauvaise nature, qui ne peuvent produire que « des fils cruels, menteurs, ayant en horreur la Sainte Écriture et les devoirs qu'elle prescrit[2]. »

---

1. Voyez : D'Arbois de Jubainville, *La civilisation des Celtes et celle de l'épopée homérique*, p. 297, 304.
2. *Lois de Manou*, livre III, 32 à 54.

CHAPITRE IV

LA MORALE FAMILIALE ET LA RELIGION CHEZ LES GRECS ET LES ROMAINS PRIMITIFS

Quelle que fut la considération accordée à la vierge ou à la femme mariée chez les peuples aryens, on retrouve chez eux les idées qui sont nées, dans toutes sociétés humaines, de la constitution naturelle de la famille. L'homme ne s'y dépouille pas plus qu'ailleurs de son égoïsme et de son esprit de domination : il est le chef de la famille, il est le propriétaire de tous les biens qu'elle acquiert par son travail et il en est le prêtre. Les lois qu'il fait, religieuses ou civiles, sont inspirées par ces idées et conçues de manière à en rendre l'application obligatoire pour les membres de la famille.

Il importe de noter que ni chez les Grecs, ni chez les Romains, ni chez les Celtes ou les Germains il n'y eut, à aucune époque, de lois religieuses proprement dites. La religion de la famille consacrait, dans la pratique, les idées que je viens de rappeler, mais ces idées ne furent jamais exprimées dans aucun code religieux semblable aux Livres sacrés des Hébreux ; les lois qui les sanctionnèrent avaient un caractère purement civil. C'est le pouvoir civil qui les rédigea et qui veillait à leur observation. Leur but principal était d'assurer l'autorité du père de famille sur sa femme et sur ses enfants. En cela, elles consacraient l'égoïsme naturel du père de famille, mais elles le faisaient beaucoup moins dans son intérêt particulier que dans celui de la société.

Livré à lui-même, s'abandonnant à l'affection qu'il éprouve pour sa femme et pour ses enfants, le père de famille serait tenté d'avoir une indulgence exagérée pour leurs fautes, de faire incliner son autorité de mâle devant son amour de mari et de père; la loi, dans un intérêt social, ne le lui permettait pas. Troplong a dit fort justement, à propos des lois romaines relatives à la famille : « Rome ne vise qu'à former des citoyens, et plus elle accorde de privilèges et de grandeur à ce titre éminent, plus elle exige de celui qui le porte de sacrifices à la patrie, voulant qu'il abdique dans l'intérêt public ses affections, ses volontés et jusqu'à sa raison intime. » Ce qui constitue la famille romaine, aux yeux de la loi « c'est, ajoute-t-il, le lien civil de la puissance *(Potestas manus)...* On n'est pas dans la famille parce qu'on est fils, ou épouse, ou parent, mais parce qu'on est fils en puissance, épouse en puissance, parent par la soumission à une puissance actuellement commune, ou qui serait telle si le chef vivait encore. En un mot, la famille romaine, création singulière d'un peuple né pour le pouvoir, n'est pas autre chose que l'ensemble des individus reconnaissant la puissance d'un seul chef. Quiconque relève de cette puissance est dans la famille. Quiconque en est affranchi par diminution de tête, fût-il enfant et descendant, n'est pas dans la famille [1]. » Ces vues sont très justes, je le répète, mais il ne faut pas oublier que la loi romaine se borne, en fait, à légaliser un état de choses créé par la nature et figé par la religion de telle sorte que la nature d'où il est sorti ne puisse plus le modifier. La loi prend la famille à une heure de son évolution et la fixe dans l'état où elle se trouve alors. Elle fait, en somme, ce qu'avait fait déjà la religion, à Rome même, et ce qu'elle fit, à diverses époques, chez tous les peuples qui ont eu des codes religieux. J'étudierai ultérieurement l'évolution qui se produisit, au cours des siècles, dans la morale familiale des Grecs et des Romains [2].

---

1. TROPLONG, *De l'influence du christianisme sur le droit civil des Romains*, édition Bayle, p. 16.
2. Voyez ci-dessous, p. 338 et suiv.

CHAPITRE V

LA MORALE DES POÈMES DE LA GRÈCE

Ni les Grecs, ni les Romains, ni les Celtes, ni les Germains, n'ont eu de Livres sacrés [1]. Les seuls ouvrages où il soit question de religion, chez ces peuples, ce sont les chants des poètes et les dissertations des philosophes.

La multiplicité des dieux, les caractères anthropomorphiques dont ils étaient revêtus, et la liberté avec laquelle chacun pouvait en parler puisqu'il n'y avait aucune théologie officielle, en faisaient d'admirables sujets de poésie. Ceux-ci furent traités surtout par les Grecs, dont le génie se prêtait beaucoup mieux que celui des Romains aux travaux d'imagination. Aussi Hésiode et Homère particulièrement peuvent-ils être considérés comme les créateurs de la mythologie aryenne occidentale, et leurs poèmes sont-ils les sources où l'on doit chercher la conception morale des anciens Aryens de l'occident.

Cette conception est, manifestement, celle de peuples encore barbares, chez lesquels se rencontre toujours un mélange de sentiments très tendres, très altruistes, et de pensées profondément égoïstes. Hommes et dieux s'y montrent, tour à tour, affectueux comme on ne le fut jamais da-

---

[1]. Une tentative fut faite à Rome, dans le cours du IIe siècle avant notre ère, pour créer des livres sacrés analogues à ceux des Juifs et des Indiens. En 181 avant J.-C., on annonça « la découverte de la tombe et des écrits posthumes du roi Numa » et l'on en prit prétexte pour « l'établissement de rites religieux à la fois étranges et inouïs ; mais les croyants durent apprendre, à leur grand regret, que ces livres étaient de date fort récente ; car le Sénat mit la main sur le trésor, et fit sommairement jeter au feu tous les manuscrits ». (MOMMSEN, *Histoire romaine*, III, p. 356.)

vantage à aucune époque, et d'une cruauté dont il nous est difficile aujourd'hui de nous faire une idée. Le droit du plus fort paraît être le seul qu'ils connaissent ; Hésiode le dit en un apologue dont la forme charmante ne fait que souligner la morale profondément égoïste et brutale : « Le rossignol chanteur, emporté jusqu'aux nues dans les griffes de l'épervier, gémissait, hélas ! déchiré par les ongles crochus ; l'épervier lui fit cette dure réponse : Malheureux, que sert la plainte ? Tu es tenu par plus fort que toi ! Tu vas où je t'emporte, tout chanteur (aoidos) que tu sois ; je te mangerai s'il me plaît, je te lâcherai si je veux. Insensé qui récrimine contre les puissants ; aux hontes de la défaite, il ajoute l'amertume des douleurs[1]. » Humbles et soumis devant la force, ils sont arrogants et brutaux à l'égard des faibles. La majeure portion de leur vie se passe dans les batailles et les orgies ; ils se vautrent dans le sang avec rage ; ils s'épuisent avec volupté dans les bras des captives arrachées à leurs ennemis et qu'ils se disputent cyniquement ; ils s'enlèvent leurs femmes et leurs filles ; ils se trompent et mentent à l'envi ; et les dieux, à ces divers égards, ne diffèrent en aucune manière des hommes à l'image desquels ils furent imaginés par le peuple et chantés par les poètes.

Néanmoins, en dépit de leurs brutalités, ils se montrent plutôt enfants terribles qu'hommes vicieux, et il n'est pas rare de leur voir manifester les sentiments les plus tendres, accomplir des actes de la plus haute moralité. « Les relations familiales sont fortes et douces. On n'y sent rien de pareil à cette raideur, à cette contrainte qui règnent dans la famille romaine » ; ni, ajouterai-je, à l'hypocrite austérité de la famille lévitique ou pharisienne. « Le père et la mère ne sont pas seulement révérés, ils sont chéris par leurs enfants... Comme elle éclate cette tendresse dans les sentiments des fils de la reine Hékabè, dans les entretiens d'Achille avec la divine Thétis, et dans cette scène fameuse où Ulysse reconnaît le fantôme de sa mère Anticlée... L'amour des mères nous n'en parlerons pas. Il n'a jamais

---

1. Voy. André Lefèvre, *La Grèce antique*, p. 265.

changé. La nature l'a fait indestructible. Mais c'est la tendresse des pères qui émeut le plus, peut-être, en ces âges reculés, non pas une affection fondée sur l'orgueil de l'homme qui revit en ses enfants, mais quelque chose de plus vif, de plus doux, et comme féminin. Le vieux Nestor, le vieux Priam couvent des yeux leur vaillante postérité. Rien n'égale le désespoir du monarque troyen, quand il voit son Hector traîné dans la poussière, et son sublime abaissement devant le meurtrier qui daigne lui rendre une dépouille si chère. Laërtès tombe évanoui dans les bras d'Ulysse retrouvé. Ulysse couvre de baisers et de larmes ce Télémaque, qu'il a laissé enfant sur les bras de sa jeune épouse. Sans doute il lui prodiguait alors ces caresses paternelles si divinement peintes dans les célèbres adieux d'Andromaque et d'Hector... Les héros d'Homère n'aiment pas seulement leurs enfants, ils aiment l'enfance. La pensée de l'enfance leur revient souvent et, dans les circonstances les plus graves, pour amener un sourire même sur les lèvres farouches d'Achille[1]. »

Les serviteurs de même race ou les captifs et captives, enlevés à l'ennemi, sont traités par ces hommes, parfois si farouches, avec la même bonté, sinon la même tendresse, que des enfants. Les serviteurs, d'autre part, aiment leurs maîtres comme des parents. « L'Achéen antique... n'est dur que par accès; son tempérament est facile, affable. Il est aimé de ses serviteurs, de ses captifs, car on ne saurait encore parler d'esclaves[2] ; — ou du moins est-ce une classe mixte, indéterminée, que ce monde, ordinairement très résigné, des femmes qui secondent la maîtresse de la maison et partagent au besoin la couche du maître; que ces échansons, écuyers tranchants, que ces jardiniers, bouviers, porchers, qui vivent à l'aise dans la riche demeure ou dans les domaines champêtres. — Tous remplissent des fonc-

---

1. *Ibid.*, p. 225 et suiv.
2. Cela est vrai, si l'on prend le mot esclave dans le sens qu'il a de nos jours ; c'est inexact, si l'on envisage que chez les anciens est esclave, en fait, tout homme qui ne jouit pas de la pleine autorité sociale, qui n'est pas à proprement parler un citoyen, un membre libre de la cité, exerçant une part plus ou moins grande de pouvoir politique.

tions de confiance et ne songent pas à les quitter. Les souvenirs amers, cependant, ne leur manqueraient pas. Les uns, enlevés tout enfants dans leurs villes saccagées, les autres capturés et échangés contre un bœuf ou une mesure de grain par des pirates sidoniens, cariens ou grecs, se rappellent encore parfois leur jeunesse prospère, leurs parents massacrés, leurs patries qu'ils croient lointaines; mais ils ne songent guère à la fuite. La servitude ne leur pèse pas... Voyez cette vieille femme aux yeux actifs, qui surveille le service, fait placer le pain dans les corbeilles, la vénérable et courtoise économe Euryclée, que jadis le héros Laërtès acheta de ses propres richesses. Avec quel soin elle garde les provisions, l'huile, le vin, la farine, dans les profonds celliers du palais! Comme elle distribue les tâches avec zèle! De quelle sollicitude elle entoure et Pénélope, et Télémaque qu'elle a élevé, le fils d'Ulysse qu'elle a nourri! Quels vœux elle forme pour le retour du héros! et lorsqu'en lui lavant les pieds elle le reconnaît à une cicatrice qu'elle a vue tant de fois, il y a vingt ans, avec quel amour elle lui prend le menton, l'embrasse; avec quel courage elle retient l'exclamation qui va lui échapper : « O mon fils! ne sais-tu pas que ma constance est inébranlable, inflexible? Je garderai ton secret aussi sûrement que la pierre ou le fer. » Un autre type du dévouement domestique, c'est le royal porcher, le divin Eumée, qui, chaque jour, se lamente en son âme de conduire aux prétendants les plus gras animaux de son maître absent... « Ah! comme elle fuirait, cette bande de loups, à l'aspect du héros! » Et pendant qu'il offre l'hospitalité à Ulysse lui-même qu'il ne reconnaît pas, qu'il prend pour un mendiant, il lui dit son attachement à ce maître affectionné qui « peut-être a nourri les poissons ou laissé ses os blanchir sur quelque roche déserte, ou bien erre, accablé d'années, couvert de haillons, pareil à l'hôte que Zeus vient de lui envoyer. Mais le jour de la vengeance est venu, Ulysse se fait reconnaître d'Eumée et du loyal bouvier Philétios. C'est avec Télémaque, toute son armée. Alors les deux braves fondent en larmes, ils serrent le héros dans leurs bras. Ils embrassent ses épaules, ses lèvres, son visage, et se placent en armes à ses côtés. Ces dévouements que le poète a groupés autour d'Ulysse n'ont rien d'exceptionnel. Ils existent, et on les entrevoit, autour de Nestor, de Ménélas, d'Alkinoos. Partout, on retrouve la prudente économe pleine de grâce, et les pâtres soucieux de leurs troupeaux, et les maîtres d'hôtel, les serviteurs assidus à leur tâche. En général, on ne voit nulle part la contrainte et l'envie... Le roi n'en savait guère plus que l'artisan sur la terre et le ciel ; l'artisan n'était pas plus habile que le roi à fendre un arbre, à façonner un meuble, à tuer, à dépecer, à rôtir un animal. La langue était la même pour tous et n'exprimait que des idées simples... Les palais d'Ithaque, de Pylos, de Sparte, nous montrent dans toute sa naïveté la vie intime des puissants. Malgré les plaques de métal clouées aux parois, malgré l'étalage d'escabeaux incrustés, de vases en or, en argent, en airain, de riches étoffes ou de toisons moelleuses, jetées sur les sièges de bois, appendues aux piliers ou aux colonnes frustes de la grande salle ou des péristyles, c'était une existence peu somptueuse et peu compliquée... Les reines filaient, tissaient, teignaient et brodaient les vêtements de leurs époux et de leurs enfants ; les princesses, filles de Priam et d'Alkinoos, lavaient le linge dans des lavoirs de pierre ou au bord de quelque fontaine : les rois cultivaient leur jardin, fabriquaient leurs sièges et leurs outils... Ulysse se construit lui-même son lit nuptial, dont un pied était fait d'un olivier simplement coupé à hauteur d'appui ; il abat, il taille, il ajuste les arbres qui doivent former son radeau, tout aussi bien qu'un charpentier de profession... Si nous entrons sous le toit des humbles, nous y retrouvons, moins la richesse des ustensiles et des accessoires, les mêmes coutumes et la même nourriture. Cette simplicité patriarcale eut suffi à rapprocher les hommes [1]. »

La morale sociale était, en somme, dans la vie normale, non moins altruiste que la morale familiale, et il en était ainsi parce que, d'une part, la famille et la société ne se distin-

---

[1]. André Lefèvre, *La Grèce antique*, p. 221 et suiv.

guaient guère encore l'une de l'autre, et, d'autre part, à cause du peu de développement des intérêts particuliers des familles. Toutes se ressemblent ou peu s'en faut ; toutes sont à peu près dans la même situation médiocre et toutes jouent dans le corps social un rôle presque identique. La royauté, elle-même, n'est encore guère que nominale. La concurrence individuelle existe comme partout où des hommes vivent côte à côte, mais elle est encore peu âpre; la concurrence sociale fait à peine son apparition : les familles ne diffèrent guère les unes des autres ; les classes ne sont pas encore différenciées. Il en résulte, dans la moralité générale, un équilibre assez parfait de l'égoïsme et de l'altruisme.

A ces mœurs, relativement douces, ne pouvaient correspondre que des sanctions morales également imprégnées de douceur. Les unes étaient de ce monde ; les autres, réservées à une élite, étaient de l'autre monde. Hésiode croit à la présence parmi les hommes de nombreux génies invisibles, qui surveillent leurs actes et les révèlent à Zeus, dont ils sont les délégués. Il croit que la Justice elle-même, vêtue d'obscurité, erre dans l'ombre à travers les villes et distribue à chacun le bonheur ou le malheur suivant qu'il est bon ou mauvais. « Ceux qui reconnaissent les droits de leurs proches et de leurs hôtes, qui ne dépassent jamais les bornes du juste, ceux-là font les cités fortes et les peuples florissants. Par eux, sur la terre, règne la paix féconde ; ce n'est pas sur eux que Zeus, au vaste regard, déchaîne les catastrophes de la guerre. La faim ne se glisse jamais parmi les justes, ni l'injurieuse envie ; ils jouissent en paix dans les banquets de l'abondance qu'ils ont acquise. La terre leur prodigue ses biens ; pour eux, les grands chênes des coteaux se couvrent de glands et portent des abeilles dans leur sein ; les brebis laineuses plient sous l'épaisseur de leur toison. Nul besoin de longs voyages sur les flots hasardeux ; la glèbe nourrit de riches moissons. Les femmes mettent au monde des enfants qui ressemblent à leurs pères... Mais, où domine l'injustice, Zeus envoie le châtiment. Là les familles décroissent, les femmes n'enfantent plus. La famine, la peste, dépeuplent les cités. Les murailles tombent. Les armées sont anéanties. Les flottes s'abîment dans les flots ; et souvent toute une nation périt pour le crime d'un seul. » Car Zeus rend les peuples responsables des vices ou des vertus de leurs rois : « O roi, vous aussi, apprenez à connaître la Justice, cette vierge, illustre fille de Zeus, vénérable même aux dieux qui habitent le ciel. L'a-t-on offensée, elle court s'asseoir à côté de son royal père ; elle lui dénonce les iniquités humaines. Et Zeus fait payer aux peuples (hélas !) les mauvaises pensées, les injustes sentences des princes. O rois, changez de langage ; perdez l'habitude, ô mangeurs de présents ! perdez le goût des jugements iniques. Car souvent la perfidie retourne sur son auteur. » Après avoir recommandé le travail, « avant tout, cultive ton champ », il montre le châtiment suivant de près la mauvaise action : « Les richesses vite et mal acquises ne profitent pas. Les biens gagnés par le mensonge et le parjure, par l'adultère, par la déloyauté envers l'hôte, envers l'orphelin, par l'ingratitude envers les vieux parents, ces biens durent peu. Rudement le talion s'abat sur les pervers[1]. »

A l'époque homérique, les idées relatives à la vie future n'étaient encore que très vagues. On croyait que les âmes, après la mort, allaient dans un séjour lointain, mener une existence très douce selon les uns, très insignifiante et sans plaisirs selon les autres. Cependant, les âmes de tous les hommes ne jouissaient pas de cette faveur. Elle était réservée à celles d'un petit nombre d'individus ayant joué sur la terre un rôle considérable. « Toi Ménélas, dit Protéus, parce que, en épousant Hélène, tu es devenu le gendre de Zeus, tu n'es point condamné à mourir, ni à subir le destin dans Argos fécond en coursiers. Les dieux t'enverront à la plaine Élysée, aux confins de la terre, où déjà réside le blond Rhadamantus. En ces lieux la vie est facile, on n'y connaît point les neiges, les longues pluies, les frimas ; toujours l'Océan, pour rafraîchir ses bords, exhale la douce haleine du zéphire. » D'autres seront admis dans l'Élysée parce qu'ils ont été les ennemis des dieux : tel Tityos

---

[1]. Voyez pour ces citations : André LEFÈVRE, *La Grèce antique*, chap. XII.

qui avait « violemment outragé Zitô, fidèle épouse de Zeus, comme elle se rendait à Pythô, à travers la plaine riante de Panopée », tel Tantale qui avait provoqué la colère de Jupiter en lui enlevant son beau Ganymède, tel Sisyphe membre de la bande des Titans qui tentèrent d'escalader le ciel et de ravir l'Olympe à Jupiter, etc. D'autres comme Achille, Ajax, etc., avaient leur entrée dans les Champs-Élyséens parce qu'ils tuèrent un grand nombre d'hommes et firent beaucoup de bruit. L'Élysée, en somme, ne recevait, à cette époque lointaine, que les âmes des héros, des dieux déchus, des brigands, des guerriers, des rois, des gens dont il avait été beaucoup parlé pendant leur vie, en bien ou en mal. Ce sont uniquement les âmes de ces gens-là qu'Ulysse voit dans la prairie des Asphodèles[1]. Les autres âmes, celles du commun des mortels, étaient jugées par Minos et traitées diversement selon leurs bonnes ou mauvaises actions sans que l'on connût exactement leur sort.

Les âmes qui habitent l'Élysée apparaissent à Ulysse, dans le poème d'Homère, sous la forme que revêtait leur corps ; elles pensent, parlent, se promènent, s'agitent, font des mouvements de toutes sortes sans avoir aucun des organes nécessaires à ces actes ; ce sont, en quelque sorte, des ombres de corps, conceptions de poète incapable de préciser sa pensée et qui peut lui donner une forme d'autant plus séduisante qu'il n'a point à s'inquiéter des réalités. Toutes les ombres de l'Élysée n'ont, du reste, qu'une préoccupation, celle du poète lui-même, celle de tous les hommes de son temps : elles ont trop aimé la vie pour ne pas désirer éternellement revivre. « Divin fils de Laerte, dit Achille à Ulysse, infortuné ! Comment ton esprit a-t-il pu te résoudre à surpasser tous tes travaux ? Comment as-tu osé descendre chez Aïdès, où demeurent les morts insensibles, simulacres des hommes qui ne sont plus ? » Et comme Ulysse lui décrit les honneurs rendus sur la terre à sa mémoire, le félicitant d'avoir subi un trépas glorieux, Achille lui répond avec une

---

[1]. Voyez HOMÈRE, *l'Odyssée*, livre XI.

profonde mélancolie : « Noble Ulysse, ne me parle pas de la mort. J'aimerais mieux être le mercenaire d'un homme voisin de la pauvreté, à peine assuré de sa subsistance, que de régner sur tous ceux qui ne sont plus. » Il demande à Ulysse des nouvelles de son fils Néoptolème et montre une grande joie quand il apprend qu'il est devenu un héros comme lui-même. C'est aussi une indicible joie que manifeste la vieille mère d'Ulysse, en revoyant son fils qui, trois fois, s'élance en vain pour l'embrasser et qu'elle invite à retourner promptement sur la terre : « O mon enfant, ô le plus infortuné des mortels, la fille de Zeus ne te trompe pas » en s'échappant de tes bras ; elle n'est qu'une ombre insaisissable. « Hélas, tel est le sort des humains lorsqu'ils ne sont plus. Les nerfs ne soutiennent plus les chairs ni les os. Aussitôt que la vie a délaissé les membres, l'irrésistible flamme du bûcher consume tout, nerfs, chairs, ossements. L'âme s'échappe seule et voltige comme un songe, Hâte-toi de revoir la lumière. »

C'est à l'Aïdès visité par Ulysse qu'Hésiode faisait allusion, lorsqu'il disait des hommes de sa quatrième race, ceux qui avaient péri dans les batailles devant Thèbes ou devant Troies : « Zeus, après leur mort, les transporta aux confins de la terre, en des îles heureuses, au bord du profond Océan, héros fortunés pour qui la terre féconde porte trois fois l'an des moissons en fleurs. » Cependant, Hésiode, comme sans doute tous les hommes de son temps, attachait surtout du prix aux sanctions morales de ce monde. C'est sur elles, comme on l'a vu plus haut, qu'il attirait plus particulièrement l'attention des hommes auxquels il voulait inspirer la vertu.

C'était, en somme, malgré les brutalités et les violences des grands, une société douce et facile pour les gens de médiocre condition, celle chantée par les poètes grecs. Ceux-ci n'ignoraient pas les vices de leurs contemporains, mais il semble qu'ils se soient attachés à les décrire plutôt dans les dieux que dans les hommes. Aussi peut-on dire sans exagération, que l'Olympe des temps homériques était pour les mortels plutôt un théâtre de démoralisation qu'une source de morale. Platon était dans le vrai lorsque, trois ou quatre siècles plus tard, au moment où se constitua la science de la morale, il réclamait l'interdiction des poèmes d'Homère dans l'éducation des enfants. « Si nous voulons, disait-il, que les futurs gardiens de l'État regardent comme le comble de la honte de se haïr les uns les autres sans motifs sérieux, il faut éviter de leur faire connaître, soit par des récits, soit par des représentations figurées, les combats des géants et ces haines de toute espèce qui ont armé les dieux et les héros contre leurs proches et leurs amis... Il ne sera pas admis parmi nous de dire que Junon a été enchaînée par son fils, et Vulcain précipité du ciel par son père, pour avoir voulu secourir sa mère, pendant qu'il la frappait lui-même, et de raconter tous ces combats des dieux imaginés par Homère avec allégorie ou non; car un enfant n'est pas en état de discerner ce qui est allégorie de ce qui ne l'est pas, mais tous les principes qu'il reçoit à cet âge deviennent indélébiles et inébranlables. C'est pour cela qu'il est de la dernière importance que les premières fables que les enfants entendront soient les plus propres à les conduire à la vertu ». Il proteste contre l'assertion d'Homère, d'après laquelle « dans le palais de Jupiter, il y a deux tonneaux pleins, l'un de destinées heureuses, l'autre de destinées malheureuses » et qui représente Jupiter comme « le distributeur des biens et des maux ». Il veut qu'à « Dieu, essentiellement bon » on ne puisse « attribuer que les biens », en cherchant pour « les maux, une autre cause que Dieu ». Il ajoute : « si un poète dit que la violation des serments et de la trêve par Pandare, se fit à l'instigation de Minerve et de Jupiter, nous nous garderons bien de l'approuver. Il en sera de même de la querelle des dieux apaisée par Thémis et par Jupiter, ainsi que de ces vers d'Eschyle que nous ne souffrirons pas qu'on dise devant nos jeunes gens : « que Dieu lorsqu'il veut détruire une famille de fond en comble, fait naître l'occasion de la punir ». Si quelque poète représente sur la scène où ces iambes se récitent les malheurs de Niobé, des Pélopides, des Troyens, ou tout autre sujet semblable, il ne faut pas lui laisser dire que ces malheurs sont l'ouvrage de Dieu... Dire que Dieu, essentiellement bon, est auteur de quelque mal, voilà ce qu'il faut combattre à toute outrance, si nous voulons que l'État soit bien réglé, et nous ne permettrons, ni aux vieux, ni aux jeunes, de dire ou d'entendre de pareils discours, soit en vers soit en prose, parce qu'ils sont impies, nuisibles et absurdes[1]. » Le Dieu de Platon est un dieu incapable de faire le mal. Mais Platon était un penseur, un de ces hommes qui vivent au delà du temps où ils sont nés et travaillent pour l'humanité future.

Les poètes sont davantage de leur temps ; ils peignent plutôt les mœurs dont ils sont les témoins que celles dont les philosophes souhaitent l'avènement. C'est pourquoi le Dieu de Platon est un Dieu bon, juste, vertueux, tandis que les dieux d'Homère sont tour à tour bons et cruels, bienfaisants ou malfaisants, loyaux ou perfides, doux ou violents, vertueux ou vicieux, comme les hommes qui en imaginèrent l'existence et en conçurent le caractère. La moralité des dieux d'Homère n'était pas en avance sur la moralité des peuples parmi lesquels vivait le grand poète grec ; aussi devait-il venir un temps où leur immoralité choquerait l'esprit des populations chez lesquelles ils étaient adorés. Platon flétrit leurs vices, mais il est peu entendu. Lucien, quelques siècles plus tard, les raillera de telle sorte et dans un milieu si différent de celui où ils naquirent, que personne n'osera plus prendre leur défense. Si dissolue qu'elle fût, la société pour laquelle écrivait Lucien n'aurait osé louer publiquement aucun des dieux de l'Olympe. Jupiter se changeant en taureau, en cygne, en pièces d'or, pour séduire les femmes, en aigle pour enlever Ganymède paraissait à cette société déjà instruite, aussi ridicule que vicieux. Comment aurait-elle pris au sérieux la métamorphose d'Io, la jolie fille d'Inachus, changée en génisse par Junon jalouse de Jupiter qui la voulait séduire ? Peut-on supposer qu'un seul homme de bon sens

---

[1]. PLATON, *La République*, livre II. — Xénophane s'était élevé avant Platon contre les poètes qui « ont attribué aux dieux tout ce qui, chez les mortels, est un sujet de honte et de blâme » (Voyez : P. DECHARME, *La critique des traditions religieuses chez les Grecs*, p. 44).

pût croire, au IIe siècle de notre ère, à la fable de Jupiter qui se fait fendre la tête par Vulcain afin qu'en pût sortir, armée de pied en cap, la déesse de la guerre, ou qui, par la cuisse, accouche de Dionysos, après avoir eu commerce d'amour avec la thébaine Sémélé, fille de Cadmus? De toutes ces folles rêveries, on a pu tirer de fort savantes considérations eu égard aux idées qu'ont pu avoir les poètes aryens des siècles passés sur une foule de sujets auxquels, peut-être, ils ne pensèrent jamais; mais ce que cherchait le peuple dans les légendes célestes mises au jour par Homère, Hésiode et leurs semblables, ce n'étaient point les symboles mystérieux que nous y découvrons, c'étaient simplement les tableaux, toujours plaisants par leur naïveté, des vices auxquels il pouvait se croire autorisé à se livrer par l'exemple des dieux. En somme, ainsi que l'avait fort justement signalé Platon, la religion des poèmes homériques ne pouvait que contribuer à arrêter le progrès de la moralité, en maintenant les esprits dans l'état où ils se trouvaient à l'époque où Homère donnait une forme à ses légendes.

Pourquoi n'aurait-on pas été indulgent à l'adultère, alors qu'on voyait Jupiter, le plus grand des dieux, abandonner la couche de Junon, sa divine épouse, pour aller séduire sur la terre les filles innocentes, ou Vénus tromper son mari, le laborieux mais boiteux Vulcain, au profit du bellâtre dieu de la guerre? Quelle objection pouvait-on faire aux amours les plus contraires à la nature, quand on lisait les récits des débauches auxquelles les dieux se livraient dans l'Olympe? À quel respect les enfants auraient-ils pu se croire tenus à l'égard de leurs parents, lorsqu'ils étaient bercés en quelque sorte avec le récit du parricide commis par Jupiter sur Saturne auquel il devait sa naissance, et avec l'histoire d'Hercule tuant sa femme Mégare ainsi que ses quatre enfants? Quelle idée de la bonne foi dans les relations entre hommes et quel ménagement de la vie humaine pouvaient concevoir les masses ignorantes des cités grecques auxquelles on racontait, comme des histoires religieuses, les mensonges auxquels les dieux et les déesses ont sans cesse recours pour dissimuler leurs méfaits, les crimes auxquels ils se livrent pour satisfaire leurs passions, les abus incessants de confiance dont les mortels sont l'objet de la part des immortels ? Ce n'est donc pas de la religion d'Homère ou d'Hésiode qu'on peut dire qu'elle fut la source de la moralité privée ou publique chez les Grecs ou les Romains qui en adoptèrent les légendes.

Cependant, cette religion avait encore sur celle des Hébreux l'avantage de n'attribuer aucune cruauté systématique à la plupart des dieux, ni surtout aucun esprit d'intolérance. Les dieux du panthéon grec étaient si nombreux et si hospitaliers dans leur olympe, que leurs adorateurs ne se faisaient aucun scrupule d'en augmenter sans cesse le nombre, ainsi que le font aujourd'hui les catholiques pour les saints et les saintes, les bienheureux et les bienheureuses dont les images ont remplacé celles des dieux et des déesses antiques. Quand une ville s'emparait d'une autre ville, il arrivait souvent qu'elle transférât dans son enceinte, avec de grands honneurs, la divinité tutélaire de la ville conquise, et qu'elle lui dressât un autel où l'on allait, en quelque sorte, s'excuser du tort fait à ses adorateurs et protégés. Les mortels eux-mêmes étaient admis dans ce panthéon. Les uns y étaient introduits par les dieux, comme Ganymède, le joli garçon convoité par Jupiter, et Psyché, la jolie fille qui se laissa séduire par Cupidon. Les autres y étaient intronisés par les croyants en quête de divinités nouvelles. Les héros y étaient élevés par les poètes ; les tyrans de la Grèce et les empereurs romains y prenaient place en vertu des suffrages de leurs concitoyens ou du Sénat de Rome. Il n'y avait pas un être redoutable ou bon, utile ou nuisible, qui n'y trouvât un siège autour de la table où l'on s'enivrait de nectar et d'ambroisie, en se moquant des vices ou des vertus de l'humanité faible et mortelle.

CHAPITRE VI

INTRODUCTION DES RELIGIONS SÉMITIQUES ET DE LEUR MORALE CHEZ LES GRECS ET LES ROMAINS

Trop tolérantes même et trop disposées à accueillir les dieux étrangers furent les sociétés aryennes de la Grèce et de Rome, car aux vices de leurs propres dieux s'ajoutèrent petit à petit ceux de la plupart des divinités adorées par les peuples sémitiques[1]. A la Vénus primitive des Grecs, blonde et blanche déesse qui flottait dans les nuages vaporeux et que caressaient chaque matin les premiers rayons de l'Aurore avec laquelle on la pourrait peut-être confondre ; à la Vénus d'Hésiode et d'Homère, née de la blanche écume des

---

[1]. André Lefèvre (*La Grèce antique*, p. 442) a très bien mis en lumière la différence qui existe entre le caractère général des religions sémitiques et celui des religions aryennes. Ce qui domine dans les premières c'est « l'adoration de la fécondité chthonienne, le culte, facilement obscène, des rapports sexuels entre une grande divinité féminine, la terre ou la lune, avec un dieu mâle *subordonné*, le ciel ou le soleil, ou la lune mâle ; entre le principe humide et le principe igné, lumineux. Le dieu est sujet à des éclipses, à des disparitions régulières, la nuit, l'hiver ; il est impuissant, il est eunuque, il est mort, sa déesse le pleure et le rappelle, l'ensevelit et l'embaume. Le dieu reparaît au printemps, rajeuni et vigoureux ; la déesse célèbre son retour, l'enivre de caresses, de voluptés, et le ramène affaibli, efféminé jusqu'au seuil du tombeau. Et cela recommence tous les ans et tous les jours. Les variantes sont infinies, le fond est immuable autant que pauvre ». Chez les Aryens, le culte de la génération n'est pas moins universel que chez les Sémites, mais il prend une autre direction. Parmi les Aryens, « presque en tout lieu, la prééminence a été attribuée à l'élément masculin, au ciel, au soleil ; et cette simple différence a creusé un véritable abîme entre les deux conceptions du monde. D'une part (chez les Aryens), la divinité suprême s'est élevée de la terre au ciel ; et, d'un coup d'œil embrassant l'univers, elle a oublié le symbolisme génésique pour le gouvernement rationnel des choses et des êtres ; d'autre part (chez les Sémites), elle est restée attachée à la terre, souvent à la fange, aveuglément livrée à la passion reproductrice, aheurtée au problème insoluble de la vie et de la mort. Sous cette forme indigente, le culte de la

mers, couronnée de tendres fleurs et qui fait naître l'herbe
verdoyante sous ses pieds délicats ; à la Vénus douce et gracieuse de Cythère, qu'enchantent les caresses et qu'accompagnent les tendres désirs, s'ajoutera, dans la suite des
temps, et finira même par se substituer en quelques sanctuaires, la luxurieuse et sanguinaire Astarté des Sémites,
inséparable du farouche et cruel Baal, et dont les cérémonies cultuelles, commencées dans les orgies, finissaient par
des sacrifices humains. Dans les temples de la première,

fécondité est spécial aux peuples de l'Asie Mineure et de la Phénicie. En Assyrie et en Chaldée, d'où il tire son origine, en Egypte où il paraît indigène,
il se cache, pour ainsi dire, au milieu d'une mythologie très compliquée et
très ingénieuse ».

En Egypte, l'élément féminin est représenté par Isis, l'élément masculin par
Osiris, frère et époux d'Isis. Au cours d'un voyage à travers le monde, Osiris
est tué par Typhon, son cadavre est dépecé en quatorze morceaux que Typhon
disperse sur toutes les parties de l'Egypte. Isis, éplorée, fait recueillir les
membres épars du corps de son mari, les retrouve tous, sauf un, celui auquel
une femme amoureuse est particulièrement attachée, les rassemble pieusement
et voit son amour récompensé par la résurrection d'Osiris en son entier et par
une nouvelle union avec son cher époux revivifié. Chaque année, on célébrait,
en Egypte, solennellement, la mort et la résurrection d'Osiris, avec des manifestations extraordinaires de douleur pendant la première partie de la fête et
des réjouissances licencieuses pendant la seconde partie. Hérodote (II, 48),
qui avait assisté à ces fêtes en donna un détail curieux : « On a imaginé, dit-il,
des statuettes, hautes d'une coudée, que des cordons font mouvoir ; les femmes
promènent ces statuettes dans les villages, avec le phallos qui s'incline, presque aussi grand que le corps entier : un joueur de flûte précède le cortège. Les
femmes suivent chantant Dionysos. »

De l'Osiris égyptien et de sa légende paraît être sorti, d'après des travaux
récents (voyez FOUCART, *Le culte de Dionysos en Attique*), un Dionysos grec
qui réunit à la fois la légende du dieu du vin, originaire de la Thrace, et celle
du dieu égyptien que la piété d'Isis fait renaître dans toute sa beauté et toute
sa puissance. Chez les Ioniens on célébrait chaque année, au moment des ven-
danges, une fête dont certains détails rappellent ceux de la mort et de la résurrection d'Osiris. Le 11 du mois anthestérion, les campagnards venaient en
foule à la ville, apportant des jarres pleines de vin nouveau et se réunissaient
dans le temple de Dionysos où avait lieu un concours de buveurs. C'était la
partie publique de la fête. Le même jour, on ouvrait le vieux temple du dieu,
qui avait été fermé pendant toute l'année ; la femme de l'archonte roi y entrait
avec quatorze compagnes auxquelles un prêtre faisait jurer de ne rien révéler de
ce qu'elles verraient. La reine et ses compagnes simulaient la recherche des
quatorze membres du dieu dont la reine reconstituait la statue entière dans un
sanctuaire secret où elle entrait seule. Il en sortait avec elle un Dionysos plein
de beauté, d'une admirable puissance et d'une vie débordante. La reine était
alors mariée avec le dieu que l'on transportait la nuit suivante dans le Bouco-
lion, vieil édifice où les archontes avaient logé autrefois. La reine y passait la
nuit avec le dieu revivifié. Le peuple célébrait la renaissance de Dionysos par
des processions, des danses, des orgies pleines de joie et de licence. Mais,
pendant la nuit, chaque famille mettait sur son foyer une marmite neuve,
pleine de graines et de farine que l'on faisait cuire pour les dieux infernaux, et

comme prêtresses, les belles hétaïres de Corinthe et d'Athènes, élégantes et lettrées, élevées par les philosophes et sachant agrémenter les voluptés du corps avec les plaisirs de l'esprit ; autour des autels immondes de la seconde, les prostituées et les mignons ineptes de la Phénicie, dont les bras n'enlaçaient que les matelots ivres de Tyr.

Par une transformation analogue, le Dionysos des Grecs, initiateur de la culture de la vigne et de la fabrication du vin, dieu champêtre, honoré par des cérémonies joyeuses,

la fête se terminait dans le deuil. Le lendemain matin, le dieu était ramené dans son temple, épuisé, sans force et mourant ; il y reposait jusqu'à l'année suivante.

En Phénicie, le dieu dont on célébrait la mort et la renaissance était Adonis. Aimé par l'Astarté phénicienne, il était tué par un sanglier. La déesse le pleure, puis le rend à la vie et le peuple se réjouit de sa résurrection. C'est surtout à Biblos que la fête avait un grand éclat. On en célébrait la première partie au début de l'été, lorsque la chaleur, devenant excessive, arrête la végétation et semble supprimer la vie de la nature. Des lamentations, des chants plaintifs résonnaient dans les rues et les temples, accompagnés des sons aigus de la flûte de deuil. Des femmes, les cheveux épars, d'autres rasées, d'autres se meurtrissant la poitrine, toutes les habits déchirés, donnaient les signes d'une violente consternation. Des galles (espèce de prêtres), eunuques habillés en femmes, erraient dans les rues comme cherchant quelqu'un ou se tenaient dans les temples, assis en cercle autour d'un catafalque. Sur celui-ci était un sarcophage dans lequel on déposait, après avoir fait le simulacre de la chercher, une statue en bois peint, portant une blessure béante, cause de la mort du dieu. On la couchait dans le cercueil, en plaçant à côté de celui-ci l'image du sanglier qui avait tué le bel Adonis. On pleurait la mort et la mise en cercueil du dieu pendant plusieurs jours, on lui offrait des sacrifices funéraires, puis on l'inhumait au milieu de vases où l'on plantait des rameaux verdoyants bientôt desséchés par le soleil ardent de l'été. L'automne venu, on célébrait de nouveau la mort, puis le retour à la vie du jeune et bel adolescent divin. La fête était annoncée par la couleur rougeâtre que prennent les eaux des torrents sous l'influence des terres entraînées par les pluies. C'est au sang d'Adonis que l'on attribuait cette coloration ; c'est sa mort que l'on pleurait d'abord pendant sept jours. « Le huitième, le deuil et les pleurs faisaient place à une joie désordonnée. C'est qu'on disait que le dieu était ressuscité et monté au ciel. A la continence des jours précédents succédait une licence sans frein. Les femmes qui avaient refusé de se consacrer en coupant leur chevelure étaient livrées aux étrangers ; les vierges devaient faire le sacrifice de leur honneur au Dieu, et le prix de la prostitution sacrée était versé dans le trésor public » (voy. TIÉLE, *Les religions anciennes de l'Egypte et des peuples sémitiques*, p. 291 et suiv.).

Chez d'autres peuples de l'Asie Mineure, Adonis devient Attis, et sa mort est occasionnée par la mutilation qu'il pratique sur lui-même ; puis il revient à la vie en retrouvant l'organe dont il s'était privé. « Ces traits étaient reproduits dans les fêtes, les jeunes gens imitaient Attis et Adonis comme les femmes reproduisaient l'acte de la déesse mère. » (*Ibid.*, p. 294.) Il est à peine besoin de noter les scènes licencieuses toujours, sanglantes souvent auxquelles de pareilles cérémonies religieuses donnaient lieu chaque année, parmi des populations non moins barbares que fanatiques.

bruyantes même, burlesques, mais naïves comme savent en organiser les paysans, devint plus tard, sous l'influence des idées sémitiques de l'Asie, une de ces divinités symboliques, dont les mystères immondes déshonorèrent les civilisations grecque et romaine. Du véritable Dionysos grec, Eurypide pouvait dire : « Il est le dieu des plaisirs, il règne au milieu des festins, parmi les couronnes de fleurs ; il anime les danses joyeuses au son du chalumeau. Il fait naître les rires folâtres et dissipe les noirs soucis ; son nectar, en coulant sur la table des dieux, augmente leur félicité, et les mortels puisent dans sa coupe riante le sommeil et l'oubli des maux[1]. » A ce Dionysos élégant succède un dieu violent, ivrogne, brutal, licencieux, tout imprégné de la mythologie sémitique de la Phrygie. Il représente alors, dans les mystères orgiaques célébrés en son honneur, le principe mâle des Phrygiens, tour à tour vigoureux et frappé d'impuissance, ne pouvant agir que d'une façon intermittente sur la puissance femelle qui est constamment prête à la fécondation et à l'enfantement. « Tantôt le dieu est languissant, engourdi, mort, efféminé..., tantôt il ressuscite, il revit ; ivre d'amour et d'énergie, il redevient le père et le maître resplendissant... Alors tout est joie, danse, chanson, folie. Rien n'est assez insensé, assez extravagant, assez crûment obscène pour exprimer le ravissement, la frénésie voluptueuse, extatique, de la grande déesse chthonienne, du Sipyle, du Latmos et de l'Ida, *Ma*, *Kubèlè*, *Aphroditè*... Dionusos nous revient d'Asie plus dissolu, plus efféminé, plus troublant que jamais, traînant après lui une foule de compagnons fort équivoques et un fatras de mythes, innocents au fond, mais enveloppés de mystagogie lubrique, délire d'une imagination malsaine[2]. » Il n'est plus seulement Dionysos, il est aussi Bakkhos (Bacchus) ; il est accompagné par Silène et son âne et par les Onocentaures qui fraterniseront désormais avec les Satyres helléniques. Il est aussi Adonis, celui de la Phénicie dont on célé-

---

1. Voyez André LEFÈVRE, *La Grèce antique*, p. 365.
2. *Ibid.*, p. 370 et suiv.

brait à Biblos avec de grandes cérémonies la mort et la renaissance chaque année. De la Grèce, les cultes orientaux de Dionysos, de Bacchus, d'Adonis, plus ou moins confondus, passent à Rome et y prennent plus d'importance encore peut-être qu'ils n'en avaient eu parmi les Grecs.

Ils y furent accompagnés par le culte de Cybèle [1], à la suite duquel toutes les folies sémitiques eurent cours parmi les Romains, surtout chez les femmes qui trouvaient trop sévère et pas assez mystique la religion du foyer domestique. Ce fut en 204, pendant les dernières années de la

---

[1]. « Cybèle, Kubèbè, Kubèlè, régnait sur toute la Phrygie et les contrées voisines ; sur toutes les montagnes s'élevait un sanctuaire à son honneur. De là tous ses surnoms, Dindymène, Bérékynthia, Sipylè, Idaïa. Ses images les plus antiques, à Pessinunte et sur l'Ida, notamment, étaient des pierres tombées du ciel, qui, peut-être, à l'origine, représentaient aussi bien le fécondateur que la fécondée (car les dieux androgynes, hermaphrodites, ne sont pas rares dans le chthonisme, témoin l'Aphrodite barbue de Chypre). Cybèle, dont le nom n'est pas grec, était, selon toute probabilité, la déesse des montagnes sur lesquelles semblait se poser le ciel », comme pour un accouplement gigantesque. « Elle s'appelait encore Mà, Mactaurà (peut-être la mère vache), Mà, la mère des dieux, la grand'mère ou déesse phrygienne. C'était donc, en apparence, une déesse vénérable, tout à fait semblable à Rhéa, à Gaia, à Dioné, avec lesquelles elle fut de bonne heure confondue (dès le vi° siècle à Athènes et en Béotie). Mais les fêtes orgiastiques et sa légende secrète ne pénétrèrent en Grèce qu'après le Sabazios orphique. » Sous son apparente majesté, se cachait la légende d'Atys, son amant infidèle, qui, afin de se punir de ses infidélités, se mutile lui-même, et que « ses compagnons imitent pour s'associer à la douleur de Cybèle, inconsolable » de la perte de la virilité de son amant. Non content de s'être mutilé, Atys allait se tuer, lorsque Cybèle « prise de pitié, le changea en pin, le plus droit des arbres et celui qui perd le moins sa verdure ». La fête d'Atys était célébrée au printemps ; elle durait cinq jours pendant lesquels on commémorait successivement la mutilation, la mort et la résurrection du Dieu. « Lamentations et promenade du pin sacré ; grand vacarme de cornes et trompettes ; frénésie et mutilations ; résurrections et danses désordonnées ; enfin extase et repos : telles étaient les phases de cet office de la passion d'Atys.

Quant à Cybèle, ses prêtres étaient des castrats (Galles ou Métragyrtes) qui se faisaient eunuques pour imiter la mutilation d'Atys. Ils promenaient la statue de la déesse à travers les villes et les campagnes, « ivres de sang, heurtant dans une étrange danse d'affreux cimiers et des chaînes de fer », en vendant des amulettes et des formules expiatoires, et provoquant parfois, chez les croyants enivrés de superstition et de vin, des mutilations semblables à la leur. Et tout cela n'empêchait pas Cybèle d'être vénérée comme la dispensatrice de la santé, de la prospérité, de la force d'âme en tant que « mère auguste des dieux, des hommes et des êtres », dit Lucrèce. « Les Galles s'astreignaient à de dures observances, se donnaient la discipline avec un fouet garni de petits os ; ils s'abstenaient de certains aliments ; puis tout d'un coup ils reprenaient leur métier de derviches hurleurs et de Karaghenz indécents. » (voy. André Lefèvre, *La Grèce antique*, p. 443 et suiv. — Lucrèce, *De natura rerum*, livre 2, v. 600 et suiv.

guerre contre Hannibal que Cybèle fut introduite officiellement à Rome, avec le titre de Mère des dieux. Il existait alors à Pessinus, localité de l'Asie Mineure habitée par des Celtes, mais entièrement soumise aux influences religieuses sémitiques, une pierre brute que les prêtres de l'endroit représentaient comme la vraie Cybèle. A la sollicitation du corps sacerdotal de Rome et, probablement, dans un but politique facile à comprendre, une ambassade fut envoyée à Pessinus pour y prendre cette pierre et la transporter à Rome où elle fut reçue en grande pompe.

A partir de cette époque, la vieille religion romaine du foyer familial et de la cité fut soumise à une concurrence redoutable de la part des cultes orientaux. Ceux-ci vinrent briser les cadres de la famille et de la cité, à une heure où précisément ils paraissaient trop étroits à une foule de gens. C'était l'époque où les femmes commençaient à s'émanciper de la tutelle maritale et où les citoyens, éclairés par la corruption du corps sacerdotal et des classes dirigeantes, tendaient à se détacher du culte de la cité. L'entrée de Cybèle dans le panthéon romain fut le point de départ de la fondation de petites sociétés privées dont les membres se réunissaient fréquemment et s'offraient tour à tour des dîners. Le club s'installait à côté et en dehors de la famille, en même temps qu'une religion nouvelle écartait les hommes de celle du foyer. Il était impossible que les femmes n'imitassent pas cet exemple. Elles étaient attirées vers la nouvelle déité par les cérémonies pompeuses et les processions dont son culte était accompagné. De nombreux prêtres transportaient les images de la déesse à travers les rues de la ville et jusque dans les campagnes, attirant l'attraction du public par leurs riches costumes orientaux, les fifres et les tambourins qui cadençaient leur marche et les quêtes qu'ils faisaient de maison en maison. On savait que les castrats seuls pouvaient être admis dans le corps sacerdotal de la Mère des dieux, et cela éveillait la curiosité en même temps que le mysticisme religieux, au point qu'il fallut prendre des mesures pour empêcher les citoyens romains de se faire prêtres de Cybèle.

Pendant ce temps, le culte de Bacchus prenait un caractère plus oriental encore que celui dont il s'était revêtu en revenant de l'Asie parmi les Grecs. Des fêtes nocturnes et secrètes étaient organisées en l'honneur du dieu, et l'on s'y livrait à de telles orgies, à de si abominables débauches, que la police dut intervenir. « Un festival nocturne secret en l'honneur du dieu Bacchus avait été d'abord introduit en Étrurie par un prêtre grec, et gagnant comme un cancer, avait bientôt gagné Rome et s'était répandu en Italie, corrompant les familles et donnant naissance aux crimes les plus atroces, à une immoralité révoltante, à la falsification des testaments et aux empoisonnements. Plus de sept mille hommes furent condamnés, plusieurs à mort, par suite de ces excès et on fit des ordonnances terribles pour l'avenir ; elles ne réussirent pas à réprimer ce système, et six années après, 574 (180), le magistrat chargé de cette affaire remarquait que trois mille hommes encore avaient été punis, et que le mal n'était pas près de cesser[1]. »

Tandis que les pratiques les plus obscènes et les plus criminelles des religions sémitiques s'infiltraient dans la société romaine, les vieux cultes de la famille et de la cité se corrompaient sous l'influence d'un accroissement du nombre des membres du corps sacerdotal entraînant à sa suite la cupidité sans laquelle il leur eût été impossible de vivre. Aux trois anciens collèges des augures, des pontifes et des gardiens des oracles, on avait ajouté un quatrième collège, dont le rôle unique était de surveiller l'organisation des banquets des dieux. En même temps, les prêtres refusaient de payer les impôts, tandis qu'ils sollicitaient des donations, multipliaient les quêtes à domicile, prélevaient de véritables dîmes sur les revenus et les héritages des citoyens, augmentaient le prix de tous leurs services, et compliquaient le rituel sous prétexte de le rendre plus parfait, au point que certains sacrifices étaient recommencés jusqu'à vingt et trente fois. Là encore on reconnaissait l'esprit des religions sémitiques, et Mommsen a pu dire non sans raison :

---

1. Mommsen, *Histoire romaine*, III, p. 357.

« La théologie, cet enfant bâtard de la raison et de la foi, s'était déjà appliquée à introduire son ennuyeuse prolixité et sa solennelle inanité dans la vieille foi si simple, et avait par là supprimé le véritable esprit de cette foi. Le catalogue des devoirs et des privilèges du prêtre de Jupiter, par exemple, aurait dû prendre place dans le Talmud[1]. » La corruption de la religion suivait, en somme, une marche parallèle à celle de l'apparent développement de l'esprit religieux, et la moralité publique ou privée disparaissait de plus en plus à mesure que les pratiques cultuelles prenaient davantage de place dans la vie des citoyens.

L'un des traits les plus caractéristiques de la corruption des mœurs qui se produisit alors dans la société romaine, fut le mépris pour la femme. Il s'y développa dans toutes les classes. Aux yeux de Caton lui-même, la femme ne doit être envisagée que comme un « mal nécessaire ». Il considère toutes les femmes comme « intolérables et vaines » et déclare que « si les hommes pouvaient s'en passer, leur vie serait probablement plus saine ». Joignant les actes aux paroles, il cède sa femme Marcia à son ami Hortensius qui la convoite, puis la reprend après la mort de ce dernier[2]. Les divorces, autrefois très rares, deviennent tellement fréquents que certains hommes célèbres se mariaient et divorçaient en quelque sorte quotidiennement[3], les uns par lassitude de femmes vieillies[4] ou trop froides, les autres pour augmenter leur fortune, car le mari conservait la dot de sa femme lorsqu'il pouvait établir sa mauvaise conduite. Or, il s'en trouvait d'assez méprisables pour

---

1. Mommsen, *Histoire romaine*, p. 353.
2. Strabon, *Géogr.*, livre II.
3. Sénèque dit de Mécène : « Voilà celui qui s'est marié mille fois. » (*Lettres à Lucilius*, cxiv) et encore : « Trouvez-vous donc plus heureux Mécène en proie aux tourments de l'amour et déplorant les répudiations quotidiennes d'une épouse morose. » (*De la Providence*, III.)
4. « Pourquoi Sertorius a-t-il pour Bibula sa femme une si vive tendresse ? A vrai dire, ce n'est pas sa femme qu'il aime, c'est la figure de sa femme. Que trois rides se glissent sur les joues de Bibula, que sa peau devienne sèche et flasque, que ses dents perdent leur émail, que l'âge rapetisse ses yeux : « Fais ton paquet, lui dira l'affranchi et va-t'en ; tu nous ennuies, tu te mouches trop. Allons, décampe, et lestement. Une autre va venir qui a le nez moins humide. » (Juvénal, *Satyres*, vi.)

épouser « des femmes impudiques, pourvu qu'elles eussent du bien, afin de les répudier ensuite sous prétexte de leurs dérèglements[1] ». Dans cette société corrompue, devenue dédaigneuse de la mère de famille qui, autrefois, tenait une place si grande auprès du foyer domestique, dont le mari ne se séparait que par exception et pour des causes très graves, « les femmes légères et les mignons se multiplièrent comme une véritable peste, et dans les circonstances où l'on se trouvait, il n'était pas possible de prendre la moindre mesure légale efficace contre ce fléau. La taxe élevée que Caton, lorsqu'il fut censeur, en 570 (184), établit sur cette ignoble espèce d'esclaves de luxe, ne produisit aucun effet, et en outre, elle tomba en désuétude une ou deux années plus tard, en même temps que la taxe sur les propriétés[2] »

Il est impossible de ne pas constater la coïncidence qui existe entre la dissolution de l'antique famille romaine et l'introduction dans la société de Rome des religions sémitiques, aux yeux desquelles la femme n'est qu'une esclave n'ayant même pas sa place dans le culte de son mari et de ses fils. Ce qui augmente notablement la valeur de cette coïncidence, c'est la révolte qui se produisit parmi les femmes romaines à la suite des mœurs et de l'attitude nouvelles de leurs maris. Habituées à une certaine considération, elles ne se soumirent pas, comme les femmes sémites de l'Orient, à l'abandon et aux dédains dont elles devenaient l'objet. Appliquant à leur conduite les principes de liberté et d'égalité relative adoptés dans les anciennes familles, elles prétendirent s'émanciper des hommes dont le mépris les accablait.

L'une des premières et des principales manifestations de l'esprit de rébellion qui les envahit fut l'adhésion qu'elles donnèrent aux cultes sémitiques de l'Orient. Tandis que leurs maris, leurs pères, leurs frères délaissaient les Pénates du foyer domestique pour les sanctuaires de Bacchus, et

---

1. Voyez TROPLONG, *De l'infl. du Christ. sur le droit civil. romain*, édition Bayle, p. 149.
2. MOMMSEN, *Hist. rom.*, III, p. 363.

formaient des confréries où l'on banquetait en l'honneur des nouvelles divinités, les femmes se faisaient initier aux mystères de Cybèle ou d'Isis, s'entouraient des devins et astrologues de l'Asie, se livraient, en des sociétés purement féminines, à des actes rituels qui, après avoir été purement symboliques et mystiques, se transformèrent petit à petit, en scènes orgiaques. Les poètes satyriques forcent toujours la note, et l'on pourrait accuser Juvénal d'avoir poussé la satyre au delà de toutes les bornes de la vérité, si des écrivains aussi graves que Sénèque ne se montraient également sévères pour les nouvelles mœurs des dames romaines. « Imitant les hommes dans leurs excès, elles doivent dit Sénèque[1], participer à leurs infirmités. Comme eux, elles veillent; comme eux, elles font orgie, et les défient à la lutte et à l'ivrognerie; comme eux, elles rendent par la bouche les aliments empilés dans un estomac qui les repoussaient, et rejettent, jusqu'à la dernière goutte, tout le vin qu'elles ont bu; comme les hommes, elles mâchent de la neige pour soulager leurs entrailles brûlantes; quand à la luxure, elles ne le cèdent nullement aux hommes ; destinées par la nature à un rôle passif, dans leurs emportements contre nature elles en sont venues (que le ciel les extermine!) à faire l'homme avec les hommes *(viros ineunt)* ». Après cela on peut écouter Juvénal parlant des pratiques religieuses, des femmes de son temps[2]. « Voyez chez cette dévote accourir la confrérie de la violente Bellone, du culte de la Mère des dieux. En tête se présente un grave personnage, fort vénéré de cette canaille : ce n'est pas tout à fait un homme, le couteau de pierre l'a depuis longtemps débarrassé de sa virilité. Le reste des braillards et des tambours se range pour lui faire place. Le voilà avec sa mitre phrygienne qui lui couvre les joues. Ce qu'il vient déclarer est grave : « septembre arrive, et avec lui le vent du midi ; mais pour n'en avoir rien à craindre, il suffit de se purifier avec une offrande de cent œufs, et de lui don-

---

1. *Lettres à Lucilius*, cxv.
2. *Satyres*, vi.

ner, à lui, ces tuniques couleurs feuille-morte, déjà un peu usées. Tous les terribles dangers qui allaient fondre sur cette maison, cette étoffe les emportera dans ses plis ; on en est quitte pour une année. » Notre dévote, en hiver, fera casser la glace pour se plonger trois fois le matin dans le Tibre ; quoiqu'elle ait peur de l'eau, elle trempera sa tête dans les tourbillons du fleuve. Et puis, elle parcourt tout le champ de Tarquin le Superbe, en se traînant, nue et tremblante, sur ses genoux ensanglantés. Si la blanche Io l'ordonne, elle ira jusqu'au bout de l'Égypte, elle en rapportera de l'eau puisée près de Méroé, que brûle le soleil, et elle reviendra en asperger le temple d'Isis, qui s'élève auprès de la vieille bergerie de Romulus. Elle est convaincue qu'Isis même lui a parlé et lui en a intimé l'ordre... Et voilà ce qui vaut tant de respect à cet honoré personnage, qu'on voit, escorté de ses prêtres en tunique de lin et la tête tondue, parcourir la ville comme autrefois Anubis, en se moquant du peuple qui pieusement se frappe la poitrine. Il se charge d'obtenir l'absolution d'une femme qui s'est permis de coucher avec son mari aux jours sacrés, en temps défendu. » Ce dernier trait prouve qu'avec les rites bruyants des religions orientales s'étaient introduites dans la société romaine, les prescriptions si minutieuses, en même temps que si ridicules, par lesquelles ces religions réglaient les relations des deux sexes. Juvénal insiste plaisamment sur la grave faute commise par la femme qui recevait les marques de tendresse de son mari dans le temps où elles étaient interdites : « c'est une violation de la loi qui mérite un châtiment sévère : le serpent d'argent en a remué la tête, on l'a vu. A force de geindre et de marmotter des prières, le prêtre obtient enfin qu'Osiris pardonne : une belle oie et une tarte, il n'en faut pas plus pour corrompre le dieu. »

Ce n'est pas une seule des religions sémitiques qui avait pénétré dans Rome ; toutes s'y étaient répandues à la fois, chacune apportant ses superstitions particulières, ses pratiques de sorcellerie et de magie en même temps que ses rites cultuels. « Le prêtre parti, continue Juvénal, arrive une vieille juive : elle a laissé là-bas son cabas et son foin. Le chef branlant, elle s'approche et mendie à l'oreille de notre dévote. Elle sait expliquer les rites de Jérusalem, elle a son arbre dans le bosquet d'Egérie : c'est là son sanctuaire. Elle se charge d'annoncer fidèlement les volontés d'en haut. Elle aussi, on la paye, mais moins grassement que le prêtre. Les juifs vendent autant de sottises qu'on leur en demande, mais leurs prix sont modérés. Voici maintenant un aruspice venu d'Arménie ou de Comagène. Il peut promettre aux dames un beau garçon pour amant ou le riche héritage d'un vieillard sans enfants, après avoir tâté le poumon tout chaud d'un pigeon. Ils consultent encore les entrailles d'un poulet, les intestins d'un chien, parfois même d'un enfant. Le crime fait, il courent le dénoncer. Mais les sorciers chaldéens inspirent aux dames plus de confiance. Tout ce que dit un astrologue leur semble puisé à la source même de Jupiter Ammon, puisqu'aujourd'hui, à Delphes, les oracles se taisent et que les hommes, pour leurs péchés, sont condamnés à ne rien savoir de l'avenir... Les femmes riches ont leur augure qu'elles payent et qu'elles se font expédier de la Phrygie ou de l'Inde. Quelque vieil astrologue qui connaît bien le ciel et les astres, un de ceux que l'État emploie pour enterrer la foudre. Quant aux destinées du peuple, le marché s'en tient au Cirque et sur la chaussée Tarquinienne. La plébéienne, qui ne peut se recommander par un long collier d'or, est réduite à aller devant les Pyramides du Cirque ou les colonnes des Dauphins, pour savoir du devin s'il faut planter là le cabaretier pour épouser le fripier... On sait maintenant ce qui se passe aux mystères de la bonne déesse, à l'heure où la flûte chatouille les sens, où la trompette et le vin allument leurs ardeurs ; elles se ruent égarées, tordant leurs cheveux, hurlant comme des bacchantes, vraies prêtresses de Priape. O quelle frénétique fureur ! Quels cris, quand la passion bondit dans leur cœur ! Des torrents de vieux vins coulent sur tout leur corps. Laufella défie les prostituées même ; la couronne est prête ; elle obtient le prix. Mais, devant Médullina, Laufella s'avoue vaincue. C'est que parmi ces dames le mérite ainsi constaté va de pair avec la naissance. Et ce ne sont pas des attitudes vaines ; elles sont d'une telle vérité qu'elles enflammeraient les sens glacés du vieux Priam et de Nestor. Mais c'est alors que leurs désirs veulent une satisfaction immédiate ; elles s'aperçoivent qu'elles n'ont affaire qu'à de faibles femmes ; un cri retentit et se répète sous toute la voûte : voici l'heure ; faites entrer les hommes. — Mais ton amant est couché. — Eh bien ! qu'on le réveille ; qu'il prenne son manteau et qu'il vienne. » Point d'amant ! Elles s'emparent des esclaves... » On me pardonnera de laisser tomber la fin de cette satyre qui, sans doute, dépassait les bornes de la vérité, comme elle franchit la limite de ce que des oreilles non latines peuvent entendre.

Il était impossible que l'émancipation religieuse de la femme romaine n'eut point pour conséquence la rupture des liens si étroits par lesquels la législation antique de Rome l'attachait à son mari et à son foyer.

Ce fut d'abord la fortune qu'elle tenta de conquérir. D'après les lois et traditions anciennes, la femme mariée n'avait pas plus de biens propres, que la jeune fille ou la veuve. Les biens de la première étaient gérés par le mari ; ceux des secondes par le père ou les agnats. « Mais alors les femmes commencèrent à aspirer à l'indépendance au point de vue de la propriété ; et à l'aide des subtilités imaginées par les avocats, particulièrement par des mariages simulés, elles parvinrent, en se dérobant à la tutelle de leurs agnats, à prendre l'administration de leurs propriétés : ou bien, si elles étaient mariées, elles cherchaient par des moyens non moins répréhensibles, à se soustraire à la puissance maritale qui, suivant la loi, était nécessaire... De même, la juridiction de la famille sur les femmes, qui se rattachait à cette puissance maritale et tutélaire, devint en pratique une lettre morte. Même dans les affaires publiques, les femmes commencèrent à avoir une volonté propre, et occasionnellement « à gouverner les maîtres du monde », leur influence se faisait sentir dans les comices, et on élevait déjà des statues aux dames romaines dans les provinces[1]. »

---

1. Mommsen, *Hist. rom.*, III, p. 304.

Ayant conquis l'indépendance religieuse et la jouissance de la fortune, sinon encore le droit à sa possession, les femmes ne pouvaient manquer d'émanciper ensuite leurs personnes. Après avoir été les victimes des caprices des hommes et avoir subi tous les inconvénients de l'adultère et du divorce, elles en recherchèrent les profits. « D'où vient que Césennia est « la meilleure des femmes » si l'on en croit son mari? C'est qu'elle lui a apporté un million en dot : il lui trouve un million de vertus, ne croyez pas qu'il maigrisse d'amour, que Vénus l'ait touché de ses flèches de feu. Non, ce qui l'enflamme c'est la dot : c'est de là qu'est parti le trait qui l'a percé. Sa femme est libre, elle a payé pour cela. Elle peut en sa présence faire des signes aux galants, répondre à leurs billets, il ne verra rien. Être mariée à un homme intéressé, quand on est riche, c'est être veuve [1]. » Sénèque disait, au sujet des adultères qui se commettaient de son temps : « A-t-on aujourd'hui la moindre honte de l'adultère, depuis qu'on en est venu au point qu'une femme ne prend un mari que pour stimuler les amants? La chasteté n'est plus qu'une preuve de laideur. Où trouverez-vous une femme assez misérable, assez chétive pour se contenter d'un couple d'amants? Ne faut-il pas qu'elle partage les heures de sa journée entre plusieurs? Encore, un jour ne suffit pas à tous. Ne faut-il pas qu'on la porte chez l'un, et qu'elle passe quelque temps chez l'autre? il n'y a qu'une malapprise et une arriérée qui ne sache pas que l'adultère avec un seul est appelé mariage [2]. » Sénèque nous a conservé [3] le souvenir de Clodius poursuivi pour adultère commis avec l'épouse de César, au cours d'une cérémonie religieuse où les femmes seules pouvaient figurer et où l'on voilait jusqu'aux images des animaux mâles. Le procès faisait tant de bruit que l'on dût protéger les juges contre les partisans de Clodius, en cas de condamnation; mais le coupable sut éviter cette dernière en faisant, dit Sénèque, « commettre des adultères à

---

1. Juvénal, *Satyres*, vi.
2. Sénèque, *Des Bienfaits*, livre III, xvi.
3. *Lettres à Lucilius*, xcvii.

ses juges, et il ne se crut assuré de l'impunité que lorsqu'il eut rendu ses juges aussi criminels que lui... Je citerai les paroles mêmes de Cicéron, parce que la chose surpasse toute croyance. « Il fit venir ses juges, leur fit des promesses, des sollicitations, leur donna de l'argent. Mais voici encore, ô dieux immortels! une chose plus épouvantable : des nuits à passer entre les bras de femmes qu'ils désignèrent, la jouissance de jeunes gens de la première distinction, qu'on dut leur amener ; tel a été, pour quelques juges, comme le pot de vin du marché ». Et Sénèque ajoute non sans raison : « Pouvez-vous imaginer une corruption plus profonde que celle de ce temps-là, où la débauche ne put trouver de répression ni dans les mystères de la religion, ni dans les tribunaux ; où durant l'information qui se faisait extraordinairement en vertu d'un décret du Sénat, on enchérit encore sur le crime qui était l'objet de cette enquête ? Il s'agissait de savoir si l'on pouvait être en sûreté après un adultère ; et l'on trouva que sans adultère on ne pouvait être en sûreté. » N'était-ce pas une société extraordinairement corrompue, celle où Juvénal pouvait raconter, en une satyre célèbre, les débauches abominables d'une impératrice, comme s'il se fût agi d'un simple fait divers n'étonnant personne : « Vois nos Césars, ces rivaux des dieux. Écoute, voici ce que Claude a enduré : quand sa femme le voyait endormi, elle courait échanger la couche des Césars contre le grabat des mauvais lieux. Impériale prostituée, elle s'affuble d'un chaperon de nuit, s'échappe suivie d'une servante. Cachant sa chevelure noire sous de faux cheveux blonds, elle se glisse dans l'atmosphère échauffée du lupanar; elle a sa chambre, son lit, une méchante couverture. Alors nue et les seins enfermés dans un réseau d'or, Lycisca (c'est son nom de guerre) étale, ô Britannicus, les nobles flancs qui t'ont porté !... »

Dès qu'elles eurent trouvé les moyens de jouir de leurs biens, les femmes romaines usèrent du divorce avec la même désinvolture que les hommes, pour le seul plaisir de changer de mari ; « sans cause », dit Cicéron, au sujet de Paula Valeria qui divorça, le jour où son mari devait rentrer de la province, pour épouser D. Brutus[1]. Et les faits de cette nature étaient si fréquents qu'ils inspiraient à Sénèque les réflexions suivantes : « Quelle femme rougit à présent du divorce, depuis que certaines dames illustres et de noble race ne comptent plus leurs années par le nombre des consuls, mais par celui de leurs maris ? Depuis qu'elles divorcent pour se marier, et se marient pour divorcer ? On craignait cette infamie tant qu'elle fut rare ; maintenant que tous les registres publics sont couverts d'actes de divorce, ce qu'on entendait si souvent répéter, on s'est instruit à le faire[2]. »

Il n'est pas inutile de noter que l'époque où les liens familiaux furent si méprisés est précisément celle qui fut marquée par les manifestations les plus bruyantes des croyances religieuses. Jamais, à Rome, les prêtres de toutes les religions n'eurent autant d'influence sur les divers membres de la société qu'au moment où les vices les plus monstrueux atteignirent l'apogée de leur développement et le maximum de leur extension dans toutes les classes sociales. Loin de contribuer au progrès de la moralité privée ou publique, l'influence prise par la religion sur les esprits ne fit, au contraire, que favoriser l'éclosion des vices et leur extension dans les diverses couches sociales.

1. Cicéron, *Litt. ad familiares*, 243.
2. Sénèque, *Des Bienfaits*, livre III, xvi.

CHAPITRE VII

LA RELIGION DANS SES RAPPORTS AVEC L'ÉVOLUTION SOCIALE ET MORALE CHEZ LES GRECS ET LES ROMAINS

D'après certains historiens, ce serait la religion qui aurait présidé à la formation des sociétés grecques et romaines et qui aurait déterminé la constitution des classes sociales. C'est notamment l'opinion soutenue par Fustel de Coulanges dans son beau livre sur la *Cité antique*. Il montre la religion familiale établissant une barrière entre les différentes familles, puis entre les familles aristocratiques qui avaient seules primitivement un foyer sacré, et les familles plébéiennes qui en étaient encore dépourvues. Avoir un foyer sacré ou n'en pas avoir, pratiquer une religion familiale ou n'en point pratiquer, telle serait, d'après lui, la cause déterminante de la distinction qui s'établit entre les familles aristocratiques et les familles plébéiennes. Envisager les choses de cette façon, c'est, à mon avis, mettre la charrue avant les bœufs.

Ce qui ressort de l'évolution historique de la société romaine et des sociétés grecques, c'est que les familles aristocratiques furent, au début, celles qui avaient su s'emparer les premières du sol, le faire valoir par l'agriculture et l'élevage des bestiaux, s'enrichir, en un mot. Pour faire produire à la terre ses fruits, ces familles employèrent d'abord des esclaves appartenant à d'autres peuples ou races et pris à la guerre. Plus tard, elles s'entendirent avec des immigrants libres, autorisés à se fixer au sol, mais auxquels on n'accordait pas le droit de possession, et que l'on obligeait de travailler pour les propriétaires véritables. Le besoin absolu que ces derniers avaient du concours des immigrants dut nécessairement entraîner la reconnaissance de droits qui allèrent sans cesse en augmentant de nombre et d'importance. Une sorte d'égalité politique s'établit donc petit à petit, entre les premiers propriétaires ou patriciens, et les immigrants ou plébéiens. Toutefois, les premiers gardèrent une situation privilégiée et constituèrent « une sorte de noblesse des *gentes* qui prit dès l'abord le caractère d'une aristocratie exclusive et injustement privilégiée, en excluant les plébéiens de toutes les magistratures publiques, de tous les sacerdoces, quoiqu'ils fussent éligibles aux grades de l'armée et au Sénat, et en maintenant avec une obstination perverse l'impossibilité légale d'un mariage entre anciens citoyens et plébéiens[1]. »

La religion ne fit que consacrer ces inégalités sociales. Chaque famille eut soin d'avoir son dieu protecteur de tous les membres qui la composaient, y compris les clients. Ceux-ci n'ont pas d'autre foyer sacré que celui du chef de la famille dont ils font partie. Les plébéiens n'ont pas non plus de foyer sacré, ce qui corrobore l'idée qu'ils n'appartenaient pas primitivement au même groupe social que les familles patriciennes, qu'ils étaient des immigrants comme le croient beaucoup d'historiens. La religion sert alors, sans aucun doute, à différencier les deux sortes de familles qui composent le groupe social ; mais ce n'est pas elle, comme le supposait Fustel de Coulanges, qui a créé la barrière élevée entre les deux groupes de familles devenus deux classes sociales. Elle consacre l'existence de ces classes, elle ne la détermine pas.

Un fait analogue se produit lorsque les familles d'une même région se réunissent, s'associent pour former une cité. Leur accord est déterminé par de simples considérations d'utilité : elles éprouvent la nécessité de s'entendre pour se défendre contre des voisins rapaces, pour faire en commun certains travaux, etc. Puis, elles font consacrer leur accord par la religion. De même que chaque famille a son foyer sacré, la cité nouvelle sera dotée d'un foyer sacré, commun à tous ses membres. La cité propre-

---

1. MOMMSEN, *Hist. rom.*, I, p. 321.

ment dite ne contient même d'abord que le foyer sacré commun à l'association de familles qui vient de se constituer. Elle n'est qu'une enceinte où l'on élève le foyer sacré. Puis on choisit, parmi les chefs des familles associées, une sorte de patriarche, de roi, qui sera en même temps le prêtre du foyer sacré de la cité, et auquel on attribuera, par rapport à l'association entière, les droits, les pouvoirs et les devoirs qui incombent au chef de chaque famille dans l'intérieur de cette dernière. Ainsi que le fait justement remarquer Fustel de Coulanges, « pendant plusieurs générations encore les hommes continuent à vivre en dehors de la ville, en familles isolées, qui se partagent la campagne. Chacune de ces familles occupe son canton, où elle a son sanctuaire domestique et où elle forme, sous l'autorité de son *pater*, un groupe indivisible. Puis, à certains jours, s'il s'agit des intérêts de la cité ou des obligations du culte commun, les chefs de ces familles se rendent à la ville (où habitent le roi, les prêtres, les fonctionnaires et leurs serviteurs) et s'assemblent autour du roi, soit pour délibérer, soit pour assister au sacrifice. S'agit-il d'une guerre, chacun de ces chefs arrive, suivi de sa famille et de ses serviteurs (*sua manus*); ils se groupent par phratries ou par curies et ils forment l'armée de la cité sous les ordres du roi [1] ».

À l'époque de la conquête des Gaules par César, la plupart des villes gauloises n'étaient que des cités du genre de celle décrite ci-dessus. Dans l'empire d'Annam, les citadelles étaient aussi des cités administratives et religieuses, où n'habitaient que les autorités provinciales avec leurs serviteurs et leurs milices, autour de la pagode royale.

Les sociétés primitives formées par les familles dont il vient d'être question s'accroissent petit à petit par l'immigration de familles venues du dehors. En les accueillant sur leur territoire, les premiers occupants ne leur accordent qu'un traitement de tolérance et les assimilent aux individus qui, pour un motif ou pour un autre, avaient perdu leur caractère de citoyens et n'avaient pas de religion fa-

---

[1]. FUSTEL DE COULANGES, *La Cité antique*, livre IV, chap. I.

miliale. « Il arriva, dit Fustel de Coulanges, que des familles qui avaient un culte le perdirent, soit par négligence et oubli des rites, soit après une de ces fautes qui interdisaient à l'homme d'approcher de son foyer et de continuer son culte. Il a dû arriver aussi que des clients, coupables ou maltraités, aient quitté la famille et renoncé à sa religion. Le fils qui était né d'un mariage sans rites (et ces mariages étaient nombreux) était réputé bâtard comme celui qui naissait de l'adultère, et la religion domestique n'existait pas pour lui. Ces hommes exclus des familles et mis en dehors du culte, tombaient dans la classe des hommes sans foyer. Tous ces éléments divers, auxquels on ajoutera les restes d'anciennes populations assujetties, contribuèrent à former partout une plèbe », dont les immigrants faisaient partie. Tous ces gens habitaient en dehors de la cité.

« A l'origine, une ville grecque est double : il y a la ville proprement dite, πόλις, qui s'élève ordinairement sur le sommet d'une colline ; elle est bâtie avec des rites religieux et elle renferme le sanctuaire des dieux nationaux. Au pied de la colline on trouve une agglomération de maisons, qui ont été bâties sans cérémonies religieuses, sans enceinte sacrée ; c'est le domicile de la plèbe, qui ne peut pas habiter dans la ville sainte. A Rome, la différence entre les deux populations est frappante. La ville des patriciens et de leurs clients est celle que Romulus a fondée suivant les rites sur le plateau du palatin. Le domicile de la plèbe est l'asile, espèce d'enclos qui est situé sur la pente du mont Capitolin et où Romulus a admis les gens sans feu ni lieu qu'il ne pouvait pas faire entrer dans sa ville. Plus tard, quand de nouveaux plébéiens vinrent à Rome, comme ils étaient étrangers à la religion de la cité, on les établit sur l'Aventin, c'est-à-dire en dehors du pomœrium et de la ville religieuse. Un mot caractérise ces plébéiens : ils sont sans foyer ; ils ne possèdent pas, du moins à l'origine, autel domestique [1] ».

Cependant, à mesure que les plébéiens conquèrent des

---

[1]. Fustel de Coulanges, *La Cité antique*, livre IV, chap. II.

droits politiques, ils se font une place dans la religion ; les uns se constituent un foyer sacré, les autres adressent leur culte à des divinités sous la protection desquelles toute la classe plébéienne se place. « Tantôt, dit Fustel de Coulanges[1], une famille plébéienne se fit un foyer, soit qu'elle eût osé l'allumer elle-même, soit qu'elle se fut procuré ailleurs le feu sacré ; alors elle eut son culte, son sanctuaire, sa divinité protectrice, son sacerdoce à l'image de la famille patricienne. Tantôt le plébéien, sans avoir de culte domestique, eut accès au temple de la cité. A Rome, ceux qui n'avaient pas de foyer, par conséquent pas de fête domestique, offraient leur sacrifice annuel au dieu Quirinus. Quand la classe supérieure persistait à écarter de ses temples la classe inférieure, celle-ci se faisait des temples pour elle ; à Rome elle en avait un sur l'Aventin, qui était consacré à Diane ; elle avait le temple de la Pudeur plébéienne. Souvent, enfin, on vit la plèbe se faire des objets sacrés analogues aux dieux des Curies et des tribus patriciennes. Ainsi le roi Servius éleva un autel dans chaque quartier, pour que la multitude eut l'occasion de faire des sacrifices ; de même que les Pisistratides dressèrent des *hermès* dans les rues et sur les plans d'Athènes. Ce furent là les dieux de la démocratie. La plèbe, autrefois foule sans culte, eut dorénavant ses cérémonies religieuses et ses fêtes ; elle put prier. C'était beaucoup dans une société où la religion faisait la dignité de l'homme. » Il serait peut-être plus juste de dire que c'était beaucoup dans une société où l'homme faisait consacrer son esprit de domination ou son émancipation politique par la religion.

En raison de la situation où ils se trouvaient par rapport à la religion, les plébéiens devaient être très disposés à se porter vers les cultes orientaux qui s'ouvraient à toutes les classes sociales. N'ayant qu'une place très secondaire dans la religion nationale, écartés du foyer de la cité, ils étaient heureux de se créer une situation prépondérante dans les religions exotiques. C'est une des raisons pour lesquelles le christianisme, à ses débuts, recruta parmi eux tant

---

[1]. FUSTEL DE COULANGES, *La Cité antique*, livre IV, chap. VII.

d'adeptes. S'il devint rapidement la religion des esclaves et des plébéiens, c'est que les uns et les autres étaient restés plus ou moins étrangers aux cultes de la famille et de la cité.

Contrairement à ce qui se produisit chez tous les peuples sémites et, plus particulièrement, chez les Hébreux, Rome et la Grèce ne connurent jamais de classe sacerdotale. Dans ces pays, l'aristocratie eut toujours soin de se réserver les fonctions pontificales. Le chef politique de la cité était, en même temps, son chef religieux ; c'est lui qui offrait les sacrifices au foyer de la cité. A Rome, sous la monarchie, le « costume du roi était celui du souverain dieu ; le chariot promené dans la ville où tout le monde va à pied, le sceptre d'ivoire avec l'aigle, la figure peinte en vermillon, la couronne en feuilles de chêne d'or, appartiennent au dieu romain comme au roi [1] ». Le roi n'était pas seulement le prêtre de la cité ; il était, en quelque sorte, l'incarnation du dieu auquel il sacrifiait sur le foyer de la cité.

Lorsque la République eut remplacé la royauté, les consuls auxquels fut confié le pouvoir exécutif furent, à leur tour, les souverains pontifes du culte de la cité. Ils offraient les sacrifices, consultaient les augures, accomplissaient, en un mot, tous les actes principaux du sacerdoce. On avait créé, en même temps que les consuls, un *rex sacrorum* en qui était incarné nominalement le caractère sacré des anciens rois, mais ses fonctions étaient à peu près nulles. Les consuls seuls étaient, en réalité, les souverains pontifes de la religion nationale et leur autorité religieuse passait, avec leur puissance civile, à leurs successeurs. Il existait encore trois collèges de prêtres : celui des augures, celui des pontifes et celui des gardiens des oracles, auxquels on ajouta plus tard celui des maîtres des banquets sacrés : mais toutes ces charges étaient réservées aux membres des familles riches ou aristocratiques. Elles ne pouvaient pas se transmettre de père en fils. Il ne put donc jamais se former à Rome une classe sacerdotale. Les fonctions religieuses y furent toujours plus ou moins associées aux charges civiles ou militaires.

[1]. Mommsen, *Hist. rom.*, I, p. 78.

Avec l'Empire, on vit même reparaître l'ancienne conception d'après laquelle le chef de l'État était non seulement chef de la religion, mais aussi dieu, dans une certaine mesure. Le prince reçut du Sénat le titre d'*Augustus* qui signifiait vénérable, sacré, divin et qui, dans la langue religieuse des Romains, s'appliquait aux dieux aussi bien qu'aux objets participant de la divinité. « Ce titre fut conféré au premier empereur. Il se transmit ensuite à tous les empereurs après lui. Tout empereur fut donc un Auguste. Cela signifiait que l'homme qui gouvernait l'Empire était un être plus qu'humain, un être sacré. Le titre d'empereur marquait sa puissance, le titre d'Auguste sa sainteté. Les hommes lui devaient la même vénération, la même dévotion qu'aux dieux... Pour comprendre cela, il faut se reporter aux idées des anciens. Pour eux, l'État ou la Cité avait toujours été une chose sainte et avait été l'objet d'un culte. L'État avait eu ses dieux et avait été lui-même une sorte de dieu. Cette conception très antique n'était pas encore sortie des esprits... Les contemporains de César Octavien trouvèrent naturel de transporter à l'empereur le caractère sacré que l'État avait eu de tout temps... Depuis longtemps des temples étaient élevés à l'État romain considéré comme dieu, *Romæ Deæ*. On y joignit désormais l'empereur régnant, à titre d'*Augustus*. La dédicace fut alors *Romæ et Augusto*, à Rome et à l'Auguste, comme si l'on eût dit à l'État qui est un dieu et à celui qui, parce qu'il le représente, est un être sacré[1]. » Il faut noter que l'Auguste, de son vivant, n'était pas dieu ; il ne pouvait le devenir qu'après sa mort, si le Sénat lui donnait la *Consecratio*.

Dans les provinces, les temples édifiés *Romæ et Augusto* avaient pour prêtres des hommes choisis parmi les plus influents et les plus riches des cités. Leur titre était *pontifex maximus*. Ils offraient les sacrifices que l'on peut dire nationaux, consultaient l'avenir avec l'aide des devins et géraient les biens attribués aux temples pour leur entretien. Lorsque le christianisme se fut substitué au paganisme, on

---

1. Fustel de Coulanges, *La Gaule romaine*, p. 161.

continua, dans beaucoup de villes, de choisir les évêques dans les familles qui fournissaient les souverains pontifes et les premiers succédèrent aux seconds par une sorte d'évolution naturelle. Presque partout aussi, les biens des temples païens passèrent aux églises chrétiennes par un phénomène d'évolution analogue au précédent.

On voit par tous ces faits, combien avaient été prudentes les mesures prises par l'aristocratie pour éviter qu'à côté d'elle se formât une classe sacerdotale dont elle aurait eu à redouter la concurrence sociale. Cela n'empêchait pas, du reste, les prêtres de second ordre, ceux qui formaient les collèges cités plus haut, de montrer les mêmes prétentions et la même avidité que ceux de classe sacerdotale de la Palestine. Dans les derniers siècles de la République romaine, les prêtres, devenus très nombreux, se font exempter des charges publiques et refusent de se soumettre aux impôts, en même temps qu'ils font payer de plus en plus cher les services rendus à la cité ou aux particuliers. « Le vieil orgueil de la religion nationale, dit justement Mommsen [1], et la modération de ses frais de culte s'étaient évanouis pour toujours. Pour l'individu comme pour la République, la piété devint un article de plus en plus coûteux. La coutume d'instituer des donations, et, en général, de se soumettre à des obligations pécuniaires permanentes, dans un but religieux, était aussi répandue chez les Romains qu'aujourd'hui dans l'Église catholique. »

Les abus engendrés par la cupidité des prêtres devinrent plus grands encore sous l'influence des religions orientales. Il y eut alors, en quelque sorte, deux cultes juxtaposés : celui de la cité que la loi rendait obligatoire, et ceux des dieux romains, grecs ou orientaux auxquels chaque citoyen s'adonnait selon ses goûts et sa crédulité. « L'homme n'avait pas le choix de ses croyances. Il devait croire et se soumettre à la religion de la cité. On pouvait haïr ou mépriser les dieux de la cité voisine ; quant aux divinités d'un caractère général et universel, comme Jupiter céleste ou

---

[1] *Histoire romaine*, III, p. 352.

Cybèle ou Junon, on était libre d'y croire ou de n'y pas croire... La liberté de penser à l'égard de la religion de la cité était absolument inconnue. Il fallait se conformer à toutes les règles du culte, figurer dans toutes les processions, prendre part au repas sacré[1]. » A Rome, les individus qui ne figuraient pas au banquet annuel célébré en l'honneur de la cité perdaient leurs droits de citoyens jusqu'au banquet suivant. La religion de la cité était, en réalité, le lien social par excellence. C'est ce qui explique la rigueur montrée à l'égard des chrétiens par les empereurs de la série des Antonins, monarques bienveillants et humains, mais qui attachaient une grande importance à la religion nationale, tandis que la plupart des empereurs syriens montrèrent une grande tolérance pour le christianisme.

Nul fait, d'ailleurs, ne prouve mieux que celui-là quel fut le rôle de la religion dans la société romaine. Celle-ci se forma par l'union de familles qui avaient un intérêt majeur à s'associer et qui, étant belliqueuses, conquérantes, éprouvèrent le besoin de donner à leur association une très grande force. Leur conception sociale découla de ce besoin : la cité sera la dominatrice de l'individu, son intérêt passera toujours avant ceux des citoyens envisagés isolément. « Il n'y avait rien dans l'homme, dit fort justement l'historien cité plus haut, qui fut indépendant, son corps appartenait à l'État et était voué à sa défense... ; sa fortune était toujours à la disposition de l'État : si la cité avait besoin d'argent, elle pouvait ordonner aux femmes de lui livrer leurs bijoux, aux créanciers de lui abandonner leurs créances, aux possesseurs d'oliviers de lui céder gratuitement l'huile qu'ils avaient fabriquée. La vie privée n'échappait pas à cette omnipotence de l'État. Beaucoup de cités grecques défendaient à l'homme de rester célibataire. Sparte punissait non seulement celui qui ne se mariait pas, mais même celui qui se mariait tard. L'État pouvait prescrire à Athènes le travail, à Sparte l'oisiveté... ; à Locres, la loi défendait aux hommes de boire du vin ; à Rome, à Milet, à Marseille, elle

---

1. FUSTEL DE COULANGES, *La Cité antique*, livre III, chap. XVIII.

le défendait aux femmes. Il était ordinaire que le costume fût fixé invariablement par les lois de chaque cité ; la législation de Sparte réglait le costume des femmes, et celle d'Athènes leur interdisait d'emporter en voyage plus de trois robes. A Rhodes, la loi défendait de se raser la barbe ; à Bizance, elle punissait d'une amende celui qui possédait chez lui un rasoir ; à Sparte, au contraire, elle exigeait qu'on se rasât la moustache. L'État avait le droit de ne pas tolérer que ses citoyens fussent difformes ou contrefaits. En conséquence il ordonnait au père à qui naissait un tel enfant de le faire mourir... Dans un temps où les discordes étaient fréquentes, la loi athénienne ne permettait pas au citoyen de rester neutre ; il devait combattre avec l'un ou l'autre parti ; contre celui qui voulait demeurer à l'écart des factions et se montrer calme, la loi prononçait une peine sévère, la perte du droit de cité... A Sparte le père n'avait aucun droit sur l'éducation de son enfant... L'État n'avait pas seulement, comme dans nos sociétés modernes, un droit de justice à l'égard des citoyens. Il pouvait frapper sans qu'on fût coupable et par cela seul que son intérêt était en jeu. Aristide assurément n'avait commis aucun crime et n'en était même pas soupçonné ; mais la cité avait le droit de le chasser de son territoire par ce seul motif qu'Aristide avait acquis par ses vertus trop d'influence et qu'il pouvait devenir dangereux, s'il le voulait. On appelait cela l'ostracisme... Or, l'ostracisme n'était pas un châtiment ; c'était une précaution que la cité prenait contre un citoyen qu'elle soupçonnait de pouvoir la gêner un jour... On pensait que le droit, la justice, la morale, tout devait céder devant l'intérêt de la patrie. » Ajoutons que toutes ces idées étaient consacrées par la religion, mais n'avaient pas été inspirées par elles comme le supposait Fustel de Coulanges. L'erreur capitale de son bel ouvrage consiste à chercher dans la religion de la cité la source des opinions professées par les Grecs et les Romains et mises en pratique par eux dans leurs sociétés. Leurs opinions relativement à l'État sont nées des besoins sociaux ou de la concurrence sociale ; elles furent mises en pratique sous l'influence de ces besoins ou de cette concurrence ; la religion ne fit que consacrer une organisation qui l'avait précédée.

En résumé, il est impossible d'attribuer à la religion aucun rôle directeur dans la formation et l'organisation des sociétés grecques et romaines, pas plus qu'on ne peut la considérer comme ayant été un élément moralisateur de ces sociétés. Elle s'est montrée pure dans la phase de pureté relative du corps social ; elle s'est corrompue en même temps que lui ; il est même venu une époque où elle s'est jointe à tous les autres éléments de démoralisation pour faire rétrograder la moralité publique et privée.

On dira peut-être que si la religion n'a pas exercé, dans les sociétés grecques et romaines, l'influence moralisatrice qu'on attribue d'ordinaire et d'une façon générale aux religions, c'est parce que ni celle des Grecs ni celle des Romains n'ont formulé leurs prescriptions dans des codes analogues aux Livres sacrés des Hébreux. A cette objection il serait facile de répondre que l'évolution de la moralité privée ou publique ne fut que bien peu influencée dans le sens du progrès par les codes religieux des juifs, que même, à certains égards, leur évolution ascendante s'en trouva considérablement gênée. Cependant, les prescriptions de ces codes étaient représentées comme l'œuvre de la divinité, elles étaient fort sévères, et leurs sanctions étaient d'autant plus terribles qu'elles devaient se manifester dans le cours de la vie terrestre.

Des faits analogues sont révélés par l'étude de la société aryenne de l'Inde. Comme la société hébraïque, elle eut, à partir d'une certaine époque, des Livres sacrés et un code moral d'origine religieuse, mais l'évolution de la moralité privée ou publique ne fut que très faiblement favorisée par ces Livres et ces codes sacrés. Les prescriptions de ces derniers allèrent même souvent à l'encontre de l'évolution morale qui se serait produite sous l'influence de la seule nature. Par contre, nous verrons dans la société romaine, l'évolution ascendante de la moralité s'opérer très nettement sous l'influence de la philosophie qui détruisait les anciennes religions.

CHAPITRE VIII

LA RELIGION BRAHMANIQUE ET SA MORALE

Dans l'Inde, c'est seulement vers le v° siècle avant notre ère que la religion formula des lois morales précises et émit la prétention de moraliser le peuple au nom de la divinité, en réglant d'une façon minutieuse tous les actes de sa vie.

Ce qui, d'abord, avait dominé, parmi les aryens de l'Indoustan, c'était la morale naturelle, avec sa lutte incessante entre l'égoïsme des individus et des familles et l'altruisme qui naît forcément des relations entretenues par les individus ou les familles avec d'autres individus et d'autres familles. La religion avait consacré, dès les premiers temps de son apparition, l'esprit de domination de l'homme en l'instituant prêtre de la famille en même temps que propriétaire de tous ses biens et maître de tous ses membres; mais l'autorité du chef de famille se trouvait tempérée par les sentiments affectifs dont il était animé à l'égard de sa femme et de ses enfants. La religion n'ayant pas formulé de lois morales précises et fixes, ses prescriptions se modifiaient en même temps que la moralité privée ou publique. La société aryenne n'était point parfaite; loin de là; mais elle évoluait conformément aux besoins naturels et aux nécessités des relations sociales. La moralité n'était influencée que dans une très faible mesure par la religion.

Lorsque les chefs de famille furent remplacés dans le culte par des prêtres professionnels, la religion fit davantage sentir son influence sur l'évolution de la morale individuelle et sociale. La nature ne fut plus seule à inspirer la conduite des hommes; le prêtre, avec ses intérêts, y intervint de plus en plus, au fur et à mesure du développement de son autorité. Lorsque celle-ci fut solidement assise et docilement acceptée par toutes les classes de la société, le corps sacerdotal la consacra par une Loi religieuse et morale qui devint, comme chez les Hébreux, un véritable code civil.

La religion fut, dès lors, la directrice souveraine de la conduite des hommes et l'inspiratrice de la morale publique aussi bien que de la morale privée. C'est donc elle qui, à partir de ce jour, assuma la responsabilité de l'évolution morale et sociale qui se produisit dans la société aryenne de l'Indoustan. S'il y eut progrès, c'est à elle qu'il en faut attribuer l'honneur, s'il y eut déchéance, c'est elle qui en doit subir le reproche. L'examen que nous allons faire des lois sacrées de l'Inde et de leurs effets nous donnera les conclusions auxquelles il convient de s'arrêter.

Le Code sacré des Hindous date probablement du v⁰ siècle avant notre ère. Il porte les traces incontestables de son origine aryenne. C'est bien en vue de la société aryenne de ce temps qu'il a été conçu, car il consacre l'organisation dans laquelle se trouvait alors cette société. Toutefois, à côté des prescriptions qui révèlent l'esprit aryen et qui découlent de l'état de la société aryenne, on en trouve dont la source est manifestement différente et qui rappellent beaucoup certaines règles des Livres sacrés des Hébreux. Si l'on se rappelle que ceux-ci remontent au x⁰ siècle avant notre ère, que leur édition officielle et définitive est de 800 ans avant J.-C. et que dès cette époque, longtemps même avant elle, les juifs eurent des relations avec l'Inde à travers la Perse, il sera facile d'admettre que des prêtres israélites exercèrent plus ou moins directement une influence sur la rédaction des Lois de Manou. Le *Manava-Dharma-Sastra* est, à coup sûr, un livre aryen mais un livre aryen dans lequel l'esprit mosaïque s'est glissé.

Comme les Livres sacrés de Moïse, il se donne pour l'œuvre de la Divinité elle-même dictée à Manou, c'est-à-dire à l'Homme par excellence. « Manou était assis, lit-on dès les premières lignes du *Manava-Dharma-Sastra*, ayant sa pensée dirigée vers un seul objet ; les Maharchis (ou grands Richis, saints personnages) l'abordèrent et, après l'avoir salué avec respect, lui adressèrent ces paroles : « Seigneur, daigne nous déclarer, avec exactitude et en suivant l'ordre, les lois qui concernent toutes les classes primitives, et les classes nées du mélange des premières. Toi seul, ô maître, connais les actes, le principe et le véritable sens de cette règle universelle, existant par elle-même, inconcevable, dont la raison humaine ne peut pas apprécier l'étendue, et qui est le Véda. Ainsi interrogé par ces êtres magnanimes, celui dont le pouvoir est immense, après les avoir tous salués, leur fit cette sage réponse : « Écoutez » leur dit-il. » Suit alors une sorte d'histoire de l'évolution du monde, des êtres, des hommes et des classes des hommes de l'Inde, analogue à la Genèse des Hébreux, puis ces mots : « Pour distinguer les occupations du Brahmane et celles des autres classes dans l'ordre convenable, le sage Manou, qui procède de l'Être existant par lui-même, composa ce Code de Lois. Ce livre doit être étudié avec persévérance par tout Brahmane instruit, et être expliqué par lui à ses disciples, mais jamais par aucun autre homme d'une classe inférieure. En lisant ce livre, le Brahmane qui accomplit exactement ses dévotions n'est souillé par aucun péché en pensée, en parole ou en action. Il purifie une assemblée, sept de ses ancêtres et sept de ses descendants, et mérite seul de posséder toute cette terre. Cet excellent livre fait obtenir toute chose désirable ; il accroît l'intelligence, il procure de la gloire et une longue existence, il mène à la béatitude suprême. La loi s'y trouve complètement exposée, ainsi que le bien et le mal des actions et les coutumes immémoriales des quatre classes. » Vient ensuite une énumération des diverses matières contenues dans la Loi, puis le paragraphe suivant qui termine le Livre I et qui rappelle l'origine du *Manava-Dharma-Sastra* : « De même que jadis, à ma prière, Manou a déclaré le contenu de ce Livre, de même vous, aujourd'hui, apprenez-le de moi, sans suppression ni augmentation. »

Au début du livre II, l'écrivain religieux revient sur le caractère de son ouvrage : « Quel que soit le devoir enjoint par Manou à tel ou tel individu, ce devoir est complètement déclaré dans la Sainte-Écriture ; car Manou possède toute la science divine. — Il faut savoir que la Révélation est le Livre saint (Véda), et la Tradition, le Code de Lois (Dharma-Sâstra) ; l'une et l'autre ne doivent être contestées sur aucun point, car le système des devoirs en procède tout entier. »

De même que les Livres de Moïse débutent par l'exposé des devoirs et des droits de la classe sacerdotale, le Code sacré indien met au premier rang de ses prescriptions celles qui sont relatives aux Brahmanes. Mais, dans ce dernier ouvrage, toute la Loi sacrée est dominée par la division du peuple en quatre classes sociales très distinctes l'une de l'autre par leurs fonctions, leurs droits et leurs devoirs. « Pour la conservation de cette création entière, l'Être souverainement glorieux donna des occupations différentes à ceux qu'il avait produits de sa bouche, de ses bras, de sa cuisse et de son pied. — Il donna en partage aux Brahmanes l'étude et l'enseignement des Védas, l'accomplissement du sacrifice, la direction des sacrifices offerts par d'autres, le droit de donner et celui de recevoir. — Il imposa pour devoirs au Kchatriya de protéger le peuple, d'exercer la charité, de sacrifier, de lire les Livres sacrés, et de ne pas s'abandonner aux plaisirs des sens. — Soigner les bestiaux, donner l'aumône, sacrifier, étudier les Livres saints, faire le commerce, prêter à intérêt, labourer la terre, sont les fonctions allouées au Vaisya. — Mais le souverain maître n'assigna au Soûdra qu'un seul office, celui de servir les classes précédentes sans déprécier leur mérite. — Parce qu'il est né le premier, parce qu'il possède la Sainte-Écriture, le Brahmane est de droit le seigneur de toute la création [1]. »

Insistant sur la supériorité des Brahmanes, le Code sacré ajoute : « Parmi tous les êtres, les premiers sont les êtres animés ; parmi les êtres animés, ceux qui subsistent par le moyen de leur intelligence ; les hommes sont les premiers, entre les êtres intelligents, et les Brahmanes entre les hommes. — La naissance du Brahmane est l'incarnation éternelle de la justice ; car le Brahmane, né pour l'exécution

---

[1]. Livre I, 87 à 93.

de la justice, est destiné à s'identifier avec Brahme. — Le Brahmane, en venant au monde, est placé au premier rang sur cette terre ; souverain seigneur de tous les êtres, il doit veiller à la conservation du trésor des lois civiles et religieuses. — Tout ce que ce monde renferme est en quelque sorte la propriété du Brahmane ; par sa primogéniture et par sa naissance éminente, il a droit à tout ce qui existe[1]. »

Il est impossible de ne pas être frappé de la similitude qui existe entre la doctrine tracée dans ces lignes et celle qui anime d'un bout à l'autre les Livres sacrés des Hébreux. Le prêtre est une sorte d'incarnation de la divinité, il est supérieur à tous les autres hommes et c'est par lui seulement que les autres classes peuvent exister, c'est par lui seul que les princes peuvent régner. Le *Manava-Dharma-Sastra* interdit aux princes de condamner à mort les Brahmanes : « Que le roi se garde bien de tuer un Brahmane, quand même il aurait commis tous les crimes possibles ; qu'il le bannisse du royaume en lui laissant tous ses biens et sans lui faire le moindre mal. — Il n'y a pas dans le monde de plus grande iniquité que le meurtre d'un Brahmane ; c'est pourquoi le roi ne doit pas même concevoir l'idée de mettre à mort un Brahmane[2]. »

La société aryenne de l'Inde s'était singulièrement transformée depuis l'époque où chaque père de famille faisait le sacrifice à son foyer, entouré de ses enfants, et assisté par sa femme. Si l'on tient compte de l'évolution indiquée par la suite des hymnes du Rig-Véda, il s'était d'abord constitué des sortes de prêtres, des individus sur lesquels les pères de famille se déchargeaient, en certaines circonstances solen-

---

1. *Ibid.*, livre I, 96-100.
2. Livre VIII, 380-381. — Déjà dans les temps du Véda, un hymne disait : « Les Brahmanes portent des traits aigus ; ils ont des flèches ; le coup qu'ils portent ne touche jamais à faux. Ils assaillent leur ennemi avec leur ardeur sacrée et leur colère ; ils le transpercent de loin. » « Le roi qu'ils sacrent souverain du peuple, ajoute M. Oldenberg, n'est pas leur roi ; au sacre royal, le prêtre dit en présentant au peuple son maître : « Voici votre roi, ô peuple : le roi des Brahmanes est Soma. » Ainsi les Brahmanes, se tenant en dehors de l'État, rentrent tous dans une grande association dont les limites s'étendent aussi loin que sont en vigueur les préceptes du Véda. » (OLDENBERG, *Le Bouddha*, p. 13.)

nelles, de leurs devoirs sacerdotaux, par exemple pour le mariage de leurs enfants, pour les honneurs funèbres à rendre aux morts, etc. Le souci de leurs intérêts particuliers devait naturellement conduire ces premiers prêtres à compliquer les cérémonies religieuses, à les entourer de rites minutieux, de paroles symboliques difficiles à conserver dans la mémoire, de manière à se rendre indispensables. Lorsque ce résultat eut été atteint, il ne resta plus qu'à le consolider par la constitution d'une classe spéciale dont les familles s'uniraient exclusivement entre elles. A la fin de la période védique, cette classe existait déjà, jouissait d'une haute considération parmi les autres, faisait payer cher ses services et prenait ses précautions pour n'être pas absorbée par les classes inférieures.

Sa préoccupation principale et incessamment manifestée, dès le temps védique, dans toutes ses œuvres, consiste à inspirer au peuple la pensée que rien ne lui peut advenir de favorable sans les sacrifices dus aux dieux et que tous les malheurs fondront sur sa tête s'il néglige les sacrifices minutieusement réglés par le corps sacerdotal. C'est par les sacrifices que les guerriers obtiennent la victoire sur leurs ennemis, et font de riches butins ; c'est par les sacrifices que la terre devient fertile. « C'était jadis une mauvaise terre, dit une hymne du Véda, à propos de territoires situés au delà de la rivière Sadanira, un sol marécageux, car Agni Vaiçvânara ne l'avait pas rendue habitable. Mais maintenant, c'est tout à fait une bonne terre, car les Brahmanes l'ont rendue habitable à l'aide des sacrifices [1]. » D'autres hymnes proclament : « Il n'a rien à craindre le chef qui a versé pour Indra de nombreuses coupes de soma » et « c'est par le sacrificateur qu'Indra terrasse les superbes dazions [2]. »

L'objet principal des prescriptions du *Manava-Dharma-Sastra* est de maintenir la division qui s'était faite des peuples de l'Inde en classes distinctes. Cette division avait été due d'abord, incontestablement, chez les Aryas primitifs, à la concurrence familiale. Certaines familles s'étaient

---

[1]. Voyez : OLDENBERG, *Le Bouddha*, p. 10 (Paris, F. Alcan).
[2]. Voyez plus loin, p. 170.

adonnées plus particulièrement aux fonctions sacerdotales, tandis que d'autres se consacraient à la guerre et que le plus grand nombre continuaient de se livrer à la culture de la terre, au commerce, à la pratique des divers métiers. Ce sont là des faits qui se produisent chez tous les peuples sous l'influence de la concurrence familiale. Une fois constituées, les diverses classes sont fixées dans leurs fonctions par les mesures que prennent les plus puissantes afin de conserver leur influence et leur pouvoir. Nulle part ces faits ne se sont produits avec plus de netteté que dans l'Inde. Ils sont la caractéristique essentielle du développement moral des peuples de ce pays. Dès l'époque des derniers hymnes du Véda, on constate parmi les Aryas trois classes nettement formées : celle que constituaient les familles sacerdotales (Brahmanes), celle des familles guerrières (Kchatriyas) parmi lesquelles se recrutent les chefs militaires et politiques, et celle des agriculteurs ou Vasiyas auxquelles se rattachent les marchands et artisans. Les Védas ont conservé le souvenir des luttes très longues et probablement très violentes qui se produisirent, au cours de l'histoire des Aryas, entre les deux classes supérieures, et d'où la classe sacerdotale sortit victorieuse, grâce à la supériorité de ses facultés intellectuelles et de sa science. La légende montre un Brahmane, Parasu-Brâma, exterminant les guerriers qui avaient pour eux la seule force brutale et « trois fois sept fois, délivrant la terre de toute trace des Kshatriyas ».

A l'époque où les Lois de Manou furent écrites, il existait dans l'Inde, indépendamment des trois classses rappelées plus haut, une quatrième classe, celle des Soûdras, tout à fait inférieure et très méprisée. Cette dernière était probablement formée par les populations de races diverses que les Aryas avaient conquises en se répandant à travers l'Inde, et qui étaient réduites à un état de servitude plus ou moins complète. Maintenir ces classes dans un isolement presque absolu les unes des autres est la préoccupation dominante du *Manava-Dharma-Sastra*. On peut dire que c'est le fond de la morale sociale des Lois de Manou.

CHAPITRE IX

LA MORALE FAMILIALE DU BRAHMANISME

Dans le domaine familial, le point de départ de la doctrine des Lois de Manou réside dans cette idée, commune à tous les peuples, que l'homme est supérieur à la femme et qu'en lui réside le véritable élément procréateur. « Quelles que soient les qualités d'un homme auquel une femme est unie par un mariage légitime, elle acquiert elle-même ces qualités, de même que la rivière par son union avec l'Océan [1]. — Les femmes ont été créés pour mettre au jour des enfants, et les hommes pour les engendrer ; en conséquence, des devoirs communs, qui doivent être accomplis par l'homme, de concert avec la femme, sont ordonnés dans le Véda [2]. — La femme est considérée par la Loi comme le champ, et l'homme comme la semence ; c'est par la coopération du champ et de la semence qu'a lieu la naissance de tous les êtres animés [3]. — Un mari en fécondant le sein de sa femme y renaît sous la forme d'un fœtus, et l'épouse est nommée Djaya, parce que son mari naît (Djâyaté) en elle une seconde fois [4]. — Une femme met toujours au monde un fils doué des mêmes qualités que celui qui l'a engendré : c'est pourquoi, afin d'assurer la pureté de sa lignée, un mari doit garder sa femme avec attention [5]. » Puisque c'est l'homme seul qui engendre l'enfant, il n'y a pas dérogation au devoir de la classe quand

---

1. *Lois de Manou*, livre IX, 22.
2. *Ibid.*, IX, 96.
3. *Ibid.*, IX, 33.
4. *Ibid.*, IX, 8.
5. *Ibid.*, IX, 9.

une femme aime un homme d'une classe supérieure à la sienne : « Si une jeune fille aime un homme d'une classe supérieure à la sienne, le roi ne doit pas lui faire payer la moindre amende ; mais si elle s'attache à un homme d'une naissance inférieure, elle doit être enfermée dans sa maison sous bonne garde[1]. » Tout cela est manifestement aryen ; on y constate un caractère naturiste qui est l'essence même de l'esprit aryen.

Les moyens que le Code sacré prescrit pour maintenir les femmes dans leur devoir conjugal sont inspirés par le même esprit : « Personne ne parvient à tenir les femmes dans le devoir par des moyens violents : mais on y réussit parfaitement avec le secours des expédients qui suivent : que le mari assigne pour fonctions à sa femme la recette des revenus et la dépense, la purification des objets et du corps, l'accomplissement de son devoir, la préparation de la nourriture et l'entretien des ustensiles de ménage[2]. » Il faut, en un mot, que la femme soit la ménagère, en même temps que la maîtresse de la maison : le travail et le souci de sa dignité la préserveront des vices. « Renfermées dans leur demeure, sous la garde d'hommes fidèles et dévoués, les femmes ne sont pas en sûreté ; celles-là seulement sont bien en sûreté qui se gardent elles-mêmes par leur propre volonté[3]. » On retrouve bien dans ces prescriptions les idées exprimées par les hymnes védiques relativement à la dignité de la femme, à son rôle, à la vertu dont elle est considérée comme s'inspirant sans cesse dans sa conduite.

L'esprit aryen se montre encore nettement dans les préceptes relatifs à la considération que l'homme doit avoir pour la femme, dans le mariage. D'après le Code de Manou, il faut que le nom d'une femme « soit facile à prononcer, doux, clair, agréable, propice ; qu'il se termine par des voyelles longues, et ressemble à des paroles de bénédiction[4]. » — « Partout où les femmes sont honorées, les divinités sont sa-

---

1. *Lois de Manou*, VIII, 365.
2. *Ibid.*, IX, 10-11.
3. *Ibid.*, IX, 12.
4. *Ibid.*, II, 33.

tisfaites ; mais lorsqu'on ne les honore pas, tous les actes pieux sont stériles. — Toute famille où les femmes vivent dans l'affliction ne tarde pas à s'éteindre ; mais lorsqu'elles ne sont pas malheureuses, la famille s'augmente et prospère en toutes circonstances. — Les maisons maudites par les femmes d'une famille auxquelles on n'a pas rendu les hommages qui leur sont dus, se détruisent entièrement, comme si elles étaient anéanties par un sacrifice magique ; — c'est pourquoi les hommes qui ont le désir des richesses doivent avoir des égards pour les femmes de leur famille, et leur donner des parures, des vêtements et des mets recherchés, lors des fêtes et des cérémonies solennelles. — Dans toute famille où le mari se plaît avec sa femme, et la femme avec son mari, le bonheur est assuré pour jamais. — Certes, si une femme n'est pas parée d'une manière brillante, elle ne fera pas naître la joie dans le cœur de son époux ; et si le mari n'éprouve pas de joie, le mariage demeurera stérile[1]. » — « Les femmes mariées doivent être comblées d'égards et de présents par leurs frères, leurs maris et les frères de leurs maris, lorsque ceux-ci désirent une grande prospérité[2]. »

Ce sont encore des idées naturistes et aryennes celles qui ont inspiré les prescriptions relatives au mariage des Brahmanes : « Ayant reçu l'assentiment de son directeur, s'étant purifié dans un bain suivant la règle, que le Dwidja dont les études sont terminées épouse une femme de la même classe que lui, et pourvue des signes convenables. — Il doit éviter, en s'unissant à une épouse, les dix familles suivantes, lors même qu'elles seraient très considérables et très riches en vaches, chèvres, brebis, biens et grains, savoir : — La famille dans laquelle on néglige les sacrements, celle qui ne produit pas d'enfants mâles, celle où l'on n'étudie pas l'Écriture Sainte, celle dont les individus ont le corps couvert de longs poils, ou sont affligés, soit d'hémorroïdes, soit de phtisie, soit de dyspepsie, soit

---

1. *Lois de Manou*, III, 57-61.
2. *Ibid.*, III, 55.

d'épilepsie, soit de lèpre blanche, soit d'éléphantiasis. — Qu'il n'épouse pas une fille ayant des cheveux rougeâtres, ou ayant un membre de trop, ou souvent malade, ou nullement velue, ou trop velue, ou insupportable par son bavardage, ou ayant les yeux rouges ; — ou qui porte le nom d'une constellation, d'un arbre, d'une rivière, d'un peuple barbare, d'une montagne, d'un oiseau, d'un serpent, ou d'un esclave, ou dont le nom rappelle un objet effrayant. — Qu'il prenne une femme bien faite, dont le nom soit agréable, qui ait la démarche gracieuse d'un cygne ou d'un jeune éléphant, dont le corps soit revêtu d'un léger duvet, dont les cheveux soient fins, les dents petites et les membres d'une douceur charmante [1]. »

Les articles relatifs au maintien de la pureté de la classe sacerdotale témoignent du souci principal des auteurs du Code sacré de Manou : « Il est enjoint aux Dwidjas (Brahmanes) de prendre une femme de leur classe pour le premier mariage ; mais lorsque le désir les porte à se remarier, les femmes doivent être préférées dans l'ordre naturel des classes [2]. » Toutefois, les Brahmanes ne doivent jamais épouser des Soûdras. « Les Dwidjas assez insensés pour épouser une femme de la dernière classe abaissent bientôt leurs familles et leurs lignées à la condition de Soûdras. — L'épouseur d'une Soûdrâ, s'il fait partie de la classe sacerdotale est dégradé sur-le-champ... — Le Brahmane qui n'épouse pas une femme de sa classe et qui introduit une Soûdrâ dans son lit, descend au séjour infernal ; s'il en a un fils, il est dépouillé de son rang de Brahmane. — Pour celui dont les lèvres sont polluées par celles d'une Soûdrâ, qui est souillé par son haleine, et qui en a un enfant, aucune expiation n'est déclarée par la loi [3]. »

L'adultère est sévèrement puni, parce que « de l'adultère naît dans le monde le mélange des classes et du mélange des classes provient la violation des devoirs, destructrice de

---

1. *Lois de Manou*, livre III, 6-10.
2. *Ibid.*, III, 12.
3. *Ibid.*, III, 15-19.

la race humaine, qui cause la perte de l'univers ». Aussi « que le roi bannisse, après les avoir punis par des mutilations flétrissantes, ceux qui se plaisent à séduire les femmes des autres[1]. — Si une femme, fière de sa famille et de ses qualités, est infidèle à son époux, que le roi la fasse dévorer par des chiens sur une place très fréquentée ; qu'il condamne l'adultère son complice à être brûlé sur un lit de fer chauffé à rouge, et que les exécuteurs alimentent sans cesse le feu avec du bois, jusqu'à ce que le pervers soit brûlé[2] ». La punition est, dans cet article, proportionnée à l'élévation de la classe du mari, de manière à protéger la pureté de la classe. C'est la même pensée qui inspira les articles suivants : « Le Soûdra qui entretient un commerce criminel avec une femme appartenant à l'une des trois premières classes, gardée à la maison, ou non gardée, sera privé du membre coupable et de tout son avoir, si elle n'était pas gardée ; si elle l'était, il perdra tout, ses biens et l'existence. — Pour adultère avec une femme de la classe des Brahmanes qui était gardée, un Vaisya sera privé de tout son bien après une détention d'une année ; un Khatricya sera condamné à mille panas d'amende et aura la tête rasée et arrosée d'urine d'âne. — Mais si un Vaisya ou un Kchatriya a des relations coupables avec une Brâhmanî non gardée par son mari, que le roi fasse payer au Vaisya cinq cents panas d'amende et mille au Kchatriya. — Si tous les deux commettent un adultère avec une Brâhmanî gardée par son époux et douée de qualités estimables, ils doivent être punis comme des Soûdras, ou brûlés avec un feu d'herbes ou de roseaux. — Un Brahmane doit être condamné à mille panas d'amende, s'il jouit par force d'une Brâhmanî surveillée ; il n'en doit payer que cinq cents, si elle s'est prêtée à ses désirs. — Une tonsure ignominieuse est ordonnée au lieu de la peine capitale pour un Brahmane adultère, dans les cas où la punition des autres classes serait la mort. — Un Vaisya ayant des relations coupables avec

---

1. *Lois de Manou*, livre VIII, 353, 352.
2. *Ibid.*, VIII, 371.

une femme gardée appartenant à la classe militaire, et un Kchatriya, avec une femme de la classe commerçante, doivent subir tous les deux la même peine que dans les cas d'une Brâhmânî non gardée. — Un Brahmane doit être condamné à payer mille panas s'il a un commerce criminel avec des femmes surveillées appartenant à ces deux classes ; pour adultère avec une femme de la classe servile, un Kchatriya et un Vaisya subiront une amende de mille panas. — Pour adultère avec une femme Kchatriya non gardée, l'amende d'une Vaisya est de cinq cents panas ; un Kchatriya doit avoir la tête rasée et arrosée d'urine d'âne, ou bien payer l'amende. — Un Brahmane qui entretient un commerce charnel avec une femme non gardée appartenant soit à la classe militaire, soit à la classe commerçante, soit à la classe servile, mérite une amende de cinq cents panas ; de mille, si la femme est d'une classe mêlée[1]. » En somme, le châtiment infligé à l'homme qui commet un adultère est d'autant plus sévère qu'il appartient à une classe plus inférieure par rapport à celle de la femme ; inversement, elle est d'autant plus faible qu'il fait partie d'une classe plus élevée ; s'il est Brahmane, il en est quitte pour une tonsure ignominieuse ou une amende pécuniaire dans les cas où les coupables des autres classes sont punis de mort. Il est impossible de ne pas voir combien, dans cette morale, la nature de la faute s'efface devant le caractère de ceux qui la commettent. Pour le moraliste sacré, l'adultère n'est réellement une faute que par le tort qu'il fait à la pureté des classes, et la faute est d'autant plus grave que la classe atteinte est plus élevée.

Le Code sacré de Manou n'est, d'ailleurs, pas très difficile en matière de preuves établissant l'adultère, montrant ainsi toute l'importance qu'il attache à cette violation de l'ordre social : « Être aux petits soins auprès d'une femme, lui envoyer des fleurs et des parfums, folâtrer avec elle, toucher sa parure ou ses vêtements, et s'asseoir avec elle sur le même lit, sont considérés par les sages comme les preuves

---

1. *Lois de Manou*, livre VIII, 374-385.

d'un amour adultère[1]. » Moins que cela même suffit pour légitimer une pareille accusation : « Celui qui parle à la femme d'un autre dans une place de pèlerinage, dans une forêt ou dans un bois, ou vers le confluent de deux rivières, c'est-à-dire dans un endroit écarté, encourt la peine de l'adultère[2]. »

Ainsi que je l'ai rappelé plus haut, il existe dans les Lois de Manou un certain nombre d'articles où se retrouvent les traces de la considération dont jouissait la femme dans la société aryâ au temps des hymnes.

La jeune fille est donnée par son père, non vendue[3]. Elle peut, étant nubile, se choisir un mari, si son père néglige de remplir ce devoir. « Qu'une fille, quoique nubile, attende pendant trois ans ; mais après ce terme qu'elle se choisisse un mari du même rang qu'elle-même. — Si une jeune fille n'étant pas donnée en mariage, prend de son propre mouvement un époux, elle ne commet aucune faute non plus que celui qu'elle va trouver. » Toutefois, « elle ne doit pas emporter avec elle les parures qu'elle a reçues de son père, de sa mère ou de ses frères ; si elle les emporte elle commet un vol. » Quant au mari qu'elle a choisi, il « ne donnera pas de gratification au père ; car le père a perdu toute autorité sur sa fille en retardant pour elle le moment de devenir mère[4]. »

La femme veuve est également maîtresse de sa destinée ; mais le Code sacré lui impose la chasteté la plus complète. La femme mariée « doit être toujours de bonne humeur, conduire avec adresse les affaires de la maison, prendre grand soin des ustensiles du ménage, et n'avoir pas la main trop large dans sa dépense[5]. » Elle doit « servir son mari avec respect pendant sa vie, et ne point lui manquer après sa mort, soit en se conduisant d'une manière impudique, soit en négligeant de faire les oblations qu'elle doit lui adres-

---

1. *Lois de Manou*, VIII, 357.
2. *Ibid.*, VIII, 356.
3. Voir plus haut, p. 102 et livre III, 53-54.
4. *Lois de Manou*, IX, 90-93.
5. *Ibid.*, V, 150.

ser¹. » — Qu'une épouse chérisse et respecte son mari elle sera honorée dans le ciel². — Une femme vertueuse qui désire obtenir le même séjour de félicité que son mari, ne doit rien faire qui puisse lui déplaire, soit pendant sa vie, soit après sa mort³. » En échange de ces bons procédés, « le mari dont l'union a été consacrée par les prières d'usage procure continuellement ici-bas du plaisir à son épouse, soit dans la saison convenable, soit dans un autre temps et lui fait obtenir le bonheur dans l'autre monde⁴. » Après la mort de son mari, que la femme « ne prononce même pas le nom d'un autre homme. — Que jusqu'à la mort, elle se maintienne patiente et résignée, vouée à des observances pieuses, chaste et sobre comme un novice, s'appliquant à suivre les excellentes règles de conduite des femmes n'ayant qu'un seul époux. — La femme vertueuse qui, après la mort de son mari, se conserve parfaitement chaste, va droit au ciel, quoiqu'elle n'ait pas d'enfants⁵. — Mais la veuve qui, pour le désir d'avoir des enfants, est infidèle à son mari, encourt le mépris ici-bas, et sera exclue du séjour céleste où est admis son époux. — Une femme infidèle à son mari est en butte à l'ignominie ici-bas ; après sa mort, elle renaît dans le ventre d'un chacal, ou bien elle est affligée d'éléphantiasis et de consomption pulmonaire ; — Au contraire, celle qui ne trahit pas son mari, et dont les pensées, les paroles et le corps sont purs, obtient la même demeure céleste que son époux, et est appelée femme vertueuse par les gens de bien. — En menant cette conduite honorable, la femme chaste dans ses pensées, dans ses paroles et dans sa personne, obtient ici-bas une haute réputation, et est admise, après sa mort, dans le même séjour que son époux⁶. » En somme, la femme doit rester épouse, même quand elle n'a plus de mari.

1. *Lois de Manou*, V, 161.
2. *Ibid.*, V, 155.
3. *Ibid.*, V, 156.
4. *Ibid.*, V, 153.
5. *Ibid.*, V, 157-160.
6. *Ibid.*, V, 161-166.

L'interdiction de se remarier, faite aux femmes par la Loi de Manou, peut être rangée parmi les causes principales de l'immoralité qui règne dans le peuple indien, surtout au sein des castes inférieures. Comme la coutume est de marier les garçons et les filles dès le plus bas âge, parfois dès la naissance, il se trouve qu'un très grand nombre de filles sont veuves avant même d'avoir eu aucune relation avec leurs maris ; elles n'en sont pas moins contraintes de rester veuves et de porter pendant toute leur vie le costume blanc des veuves. Il est à peine besoin de dire que leur veuvage religieux ne les met pas à l'abri des tentations de la chair ou de la sollicitation des débauchés. Le veuvage devient donc forcément un vaste collège de prostitution ou de relations clandestines, avec toutes leurs détestables conséquences sociales.

L'esprit de domination inhérent au sexe mâle se montre mieux encore dans les articles suivants : « Quoique la conduite de son époux soit blâmable, bien qu'il se livre à d'autres amours et soit dépourvu de bonnes qualités, une femme vertueuse doit constamment le révérer comme un Dieu[1] », même après sa mort, ainsi qu'on l'a vu plus haut. Par contre, tout Brahmane qui perd sa femme doit la brûler avec les feux consacrés et avec les ustensiles du sacrifice, après quoi, « il contracte un nouveau mariage et allume une seconde fois le feu nuptial. — Qu'il ne cesse jamais de faire les cinq grandes oblations suivant les règles prescrites ; et après avoir fait choix d'une épouse, qu'il demeure dans sa maison pendant la seconde période de son existence[2]. » Il est à peine utile de noter que ces prescriptions s'adressent non seulement aux maris que leur femme laisse sans enfants et qui invoqueraient pour se remarier la nécessité d'avoir des héritiers capables de leur faire les sacrifices, mais encore aux maris qui ont des fils. Tout homme qui perd sa femme doit en prendre une autre ; toute femme qui perd son mari doit, au contraire, rester chaste jusqu'à sa mort.

1. *Lois de Manou*, V, 154.
2. *Ibid.*, V, 167-169.

Le mari exige qu'elle soit vierge quand il la prend ; il veut qu'elle redevienne, en quelque sorte, vierge après sa mort. La femme est donc, dans la morale de Manou comme dans celle de Moïse, la propriété de son mari : « Les paroles de bénédiction et le sacrifice au Seigneur des créatures (Pradjâpati), ont pour motif, dans les cérémonies nuptiales, d'assurer le bonheur des mariés ; mais l'autorité de l'époux sur la femme repose sur le don que le père lui a fait de sa fille au moment des fiançailles[1]. » Il est facile de voir par cet article quelle transformation s'était produite, au moment où fut rédigé le Code moral de Manou, dans les idées qui régnaient jadis parmi les Aryas. A l'époque des hymnes, la jeune fille se donne elle-même librement à celui qu'elle aime et qu'elle a choisi ; à l'époque des Lois de Manou, elle est donnée par son père au fiancé qui l'épousera, qui deviendra son maître et qui exigera sa fidélité même dans le cas où il viendrait à mourir. Cette transformation dans les idées fut-elle due simplement au passage de l'état primitif, où la nature seule fait valoir ses droits, à une phase de civilisation dans laquelle l'égoïsme paternel devient assez intense pour imposer ses intérêts à la jeune fille? Faut-il l'attribuer plutôt à la pénétration parmi les Aryas des idées qui avaient été exprimées déjà dans les Livres sacrés des Hébreux ? Il me paraît difficile de répondre à cette question. La deuxième hypothèse paraît admissible, si l'on tient compte d'une foule d'autres prescriptions dont je vais maintenant parler.

Voici, par exemple, des règles qui paraissent être passées directement des sociétés sémitiques dans celle des Aryas : « Une petite fille, une jeune femme, une femme avancée en âge, ne doivent rien faire suivant leur propre volonté, même dans leur maison. — Pendant son enfance, une femme doit dépendre de son père; pendant sa jeunesse, elle dépend de son mari ; son mari étant mort, de ses fils ; si elle n'a pas de fils, des proches parents de son mari, ou, à leur défaut, de ceux de son père ; si elle n'a pas de pa-

---

[1]. *Lois de Manou*, V, 152.

rents paternels, du souverain : une femme ne doit jamais se gouverner à sa guise[1]. » Voici qui est encore davantage en concordance avec les idées sémitiques et en opposition avec la conception aryenne : « Il n'y a ni sacrifice, ni pratique pieuse, ni jeûnes qui concernent les femmes en particulier[2] »; c'est-à-dire que la femme, d'après la Loi de Manou, n'a pas de place dans la religion.

À l'époque des hymnes, au contraire, elle y jouait un un rôle indispensable. Faut-il attribuer cette transformation à une simple évolution des idées des aryens, ou à l'introduction des principes sémitiques ? Il semble bien que cette seconde hypothèse soit la plus plausible.

Lorsque la Loi de Manou déclare que « dans toutes les classes, ce sont principalement les femmes qui doivent être surveillées sans cesse[3] » elle semble s'inspirer de la défiance qui enveloppe la femme dans les sociétés hébraïques. Il en est de même des prescriptions suivantes : « Jour et nuit les femmes doivent être tenues dans un état de dépendance par leurs protecteurs ; et même lorsqu'elles ont trop de penchants pour les plaisirs innocents et légitimes, elles doivent être soumises par ceux dont elles dépendent à leur autorité. — Si les femmes n'étaient pas surveillées elles feraient le malheur de deux familles. — Que les maris, quelque faibles qu'ils soient, considérant que c'est une loi suprême pour toutes les classes, aient grand soin de veiller sur la conduite de leurs femmes. En effet un époux préserve sa lignée, ses coutumes, sa famille, lui-même et son devoir, en préservant son épouse[4]. » — « Il est dans la nature du sexe féminin de chercher ici-bas à corrompre les hommes, et c'est pour cette raison que les sages ne s'abandonnent jamais aux séductions des femmes. — En effet une femme peut en ce monde écarter du droit chemin, non seulement l'insensé, mais aussi l'homme pourvu d'expérience, et le soumettre au joug de l'amour et de la passion. — Il

---

1. *Lois de Manou*, V, 147-148.
2. *Ibid.*, V, 155.
3. *Ibid.*, VIII, 359.
4. *Ibid.*, IX, 2-7.

ne faut pas demeurer dans un lieu écarté avec sa mère, sa sœur ou sa fille ; les sens réunis sont bien puissants, ils entraînent l'homme le plus sage[1]. »

Le mépris de la femme, qui caractérise à un aussi haut degré les livres de Moïse, semble être passé de ces derniers dans les articles suivants des Lois de Manou : « Manou a donné en partage aux femmes l'amour de leur lit, de leur siège et de la parure, la concupiscence, la colère, les mauvais penchants, le désir de faire du mal et la perversité[2] ». « Connaissant ainsi le caractère qui leur a été donné au moment de la création par le Seigneur des créatures, que les maris mettent la plus grande attention à les surveiller[3]. » Les mêmes sentiments judaïques se retrouvent dans les prescriptions relatives au traitement qui doit être infligé à la femme lorsqu'elle se trouve dans certains états physiologiques ; sur ce point la loi de Manou n'est pas moins sévère que celle de Moïse. Une femme qui a fait une fausse-couche n'est purifiée que « en autant de nuits qu'il est écoulé de mois depuis la conception » ; « une femme qui a ses règles se purifie en se baignant, lorsque l'écoulement sanguin est arrêté ». Celui qui a « touché une femme ayant ses règles » ou « une femme qui vient d'accoucher » est proclamé impur au même titre que celui qui a « touché un Tchandala », ou « un homme dégradé pour un grand crime » ou « un corps mort ». Il se purifie en se baignant. Pour une femme qui a mis au monde un enfant mâle qui meurt avant d'avoir été tonsuré « la purification est d'un jour et une nuit suivant la loi ; mais lorsqu'on leur a fait la tonsure, une purification de trois nuits est requise ». La naissance de tout enfant occasionne pour le père et la mère une souillure dont ils doivent se purifier « la mère surtout, car le père se purifie en se baignant ». Les parents collatéraux jusqu'au sixième degré (sapindas) qui « recherchent une parenté parfaite » doivent également se purifier après la naissance d'un enfant. La mort d'un homme

---

1. *Lois de Manou*, II, 213-215.
2. *Ibid.*, IX, 17.
3. *Ibid.*, IX, 16.

ou d'une femme entraîne également l'impureté de tous ses sapindas. « Un élève qui accomplit la cérémonie des funérailles de son directeur, dont il n'est point parent, n'est purifié qu'au bout de dix nuits[1]. » Après avoir pris part à un sacrifice offert aux mânes *(srâddha)* on doit s'abstenir de relations sexuelles : « Si un homme après avoir assisté à un srâddha, partage le même jour la couche d'une femme, ses ancêtres pendant le mois seront couchés sur les excréments de cette femme[2]. »

Il est inutile d'insister sur les autres cas multiples dans lesquels un individu devient impur par suite d'un fait auquel il est lui-même étranger. Ajoutons seulement un dernier cas, parce qu'il est significatif au point de vue du caractère attribué aux princes : « Lorsqu'un homme demeure dans le même lieu qu'un souverain de race royale qui vient à mourir, il est impur tant que dure la lueur du soleil et des étoiles, selon que l'événement a eu lieu le jour ou la nuit. »

Il est impossible encore de ne pas constater une analogie profonde entre les prescriptions suivantes du Code de Manou et celles des Livres hébraïques : « Lorsque le mari d'une jeune fille vient à mourir après les fiançailles, que le propre frère du mari la prenne pour femme selon la règle suivante : après avoir épousé, suivant le rite, cette jeune fille, qui doit être vêtue d'une robe blanche, et pure dans ses mœurs, que toujours il s'approche d'elle une fois dans la saison favorable, jusqu'à ce qu'elle ait conçu[3]. » Les lois de Manou, conformément à l'esprit de celles de Moïse, autorisent les relations d'un frère avec la femme de son frère lorsque celle-ci n'a pas d'enfant. « La femme d'un frère aîné est considérée comme la belle-mère d'un jeune frère, et la femme du plus jeune comme la belle-fille de l'aîné. Le frère aîné qui connaît charnellement la femme de son jeune frère, et le jeune frère la femme de son aîné sont dégradés, bien qu'ils y aient été invités par le mari ou par des parents, à moins que

---

1. Voyez *loc. cit.*, livre V, 57-104.
2. *Lois de Manou*, III, 250.
3. *Ibid.*, IX, 69-70.

le mariage ne soit stérile. — Lorsqu'on n'a pas d'enfants, la progéniture que l'on désire peut être obtenue par l'union de l'épouse, convenablement autorisée, avec un frère ou un autre parent (sapinda). — Arrosé de beurre liquide et gardant le silence, que le parent chargé de cet office, en s'approchant, pendant la nuit, d'une veuve ou d'une femme sans enfants, engendre un seul fils, mais jamais un second. — L'objet de cette commission une fois obtenu, suivant la loi, que les deux personnes, le frère et la belle-sœur, se comportent, l'une à l'égard de l'autre, comme un père et une belle-fille [1]. »

Il n'est pas inutile de rapprocher des prescriptions qui précèdent et qui sont manifestement inspirées par la conception sémitique du mariage, l'article suivant, qui vient immédiatement après elles et où reparaît l'esprit aryen : « Une veuve, ou une femme sans enfants, ne doit pas être autorisée par des Dwidjas à concevoir du fait d'un autre ; car ceux qui lui permettent de concevoir du fait d'un autre violent la loi primitive [2]. »

D'après le Code mosaïque, le mari peut répudier sa femme par la seule raison qu'il le veut ainsi ; les Lois de Manou exigent que certaines conditions soient remplies : « Même après l'avoir épousée régulièrement, un homme doit abandonner une jeune fille ayant des marques funestes, ou malade, ou polluée, ou qu'on lui a fait prendre par force. — Si un homme donne en mariage une fille ayant quelque défaut, sans en prévenir, l'époux peut annuler l'acte du méchant qui lui a donné cette jeune fille. — Durant une année entière, qu'un mari supporte l'aversion de sa femme ; mais après une année, si elle continue à le haïr, qu'il prenne ce qu'elle possède en particulier, lui donne seulement de quoi subsister et se vêtir, et cesse d'habiter avec elle. — Une femme adonnée aux liqueurs enivrantes, ayant de mauvaises mœurs, toujours en contradiction avec son mari, attaquée d'une maladie incurable comme la lèpre, d'un caractère méchant, et qui dissipe son bien, doit être

---

1. *Lois de Manou*, IX, 57-63.
2. *Ibid.*, IX, 64.

remplacée par une autre femme. — Une femme stérile doit être remplacée la huitième année ; celle dont les enfants sont tous morts, la dixième ; celle qui ne met au monde que des filles, la onzième ; celle qui parle avec aigreur, sur-le-champ ; — mais celle qui, bien que malade, est bonne et de mœurs vertueuses, ne peut être remplacée par une autre qu'autant qu'elle y consent, et ne doit jamais être traitée avec mépris. — La femme remplacée légalement, qui abandonne avec colère la maison de son mari, doit à l'instant être détenue ou répudiée en présence de la famille réunie [1]. »

Les Lois de Manou accordent à la femme certains droits conformes à l'esprit aryen, qui n'existent pas dans les Livres hébraïques : « La femme qui néglige un mari passionné pour le jeu, aimant les liqueurs spiritueuses, ou affligé d'une maladie, doit être abandonnée pendant trois mois, et privée de ses parures et de ses meubles ; mais celle qui a de l'aversion pour un mari insensé, ou coupable de grands crimes, ou eunuque, ou impuissant, ou affligé soit d'éléphantiasis, soit de consomption pulmonaire, ne doit être ni abandonnée ni privée de son bien [2]. »

Les prescriptions des Lois de Manou relatives aux devoirs des enfants envers leurs parents et aux droits de ces derniers sur leurs enfants diffèrent trop peu de celles du Code mosaïque ou des lois antiques des sociétés grecques et romaines pour qu'il soit utile d'y insister. Il y a là des traits communs à toutes les religions et à toutes les législations anciennes, parce que les unes et les autres n'ont fait que consacrer les idées régnantes au moment où elles furent rédigées. Or, dans toutes les sociétés primitives, les droits du père sur ses enfants sont illimités, parce que l'égoïsme paternel n'a point encore été limité par la lutte individuelle pour l'existence qui se produit nécessairement entre les membres de chaque famille. Le père est le maître de ses enfants jusqu'à pouvoir disposer de leur vie et de leur liberté, parce qu'il est le plus fort. Comme c'est lui qui fait

---

1. *Lois de Manou*, IX, 72-83.
2. *Ibid.*, IX, 78-79.

le code sacré ou la loi, il a soin d'y inscrire ce qu'il considère comme son droit. S'il s'agit d'une simple loi laïque, l'évolution naturelle de la famille en détermine tôt ou tard la modification, ainsi qu'il advint à Rome et en Grèce. Si, au contraire, il s'agit d'un code religieux, soi-disant révélé par la divinité, l'évolution naturelle se heurte à son absolutisme et à son immutabilité : la formule antique subsiste et continue à s'imposer, alors même que les mœurs ne sont plus d'accord avec elle ; c'est ce qui s'est produit dans tous les pays où il existait un code religieux, notamment chez les Hébreux et dans l'Inde.

Le trait caractéristique de la morale familiale des Lois de Manou c'est l'assimilation établie entre les parents naturels et le maître qui a donné au Brahmane son instruction. Le maître est considéré comme un père spirituel auquel sont dues les mêmes marques de respect et d'obéissance qu'au père et à la mère selon la nature. « Un instituteur est l'image de l'Être divin (Brahme) ; un père, l'image du Seigneur des créatures (Pradjâpati) ; une mère, l'image de la terre ; un propre frère, l'image de l'âme. — Que le jeune homme fasse constamment et en toute occasion ce qui peut plaire à ses parents, ainsi qu'à son instituteur ; lorsque ces trois personnes sont satisfaites, toutes les pratiques de dévotion sont heureusement accomplies, et obtiennent une récompense. — Une soumission respectueuse aux volontés de ces trois personnes est déclarée la dévotion la plus éminente, et sans leur permission l'élève ne doit remplir aucun autre pieux devoir. — En effet, elles représentent les trois mondes, les trois autres ordres, les trois Livres saints, les trois feux. — Le père est le feu sacré perpétuellement entretenu par le maître de la maison ; la mère, le feu des cérémonies, l'instituteur, le feu du sacrifice : cette triade de feux mérite la plus grande vénération. — Celui qui respecte ces trois personnes respecte tous ses devoirs, et en obtient la récompense ; mais pour quiconque néglige de les honorer, toute œuvre pire est sans fruit [1]. »

---

1. *Lois de Manou*, p. 225-234.

Le maître est même placé par les Lois de Manou, au-dessus du père : « Celui qui, par des paroles de vérité, fait pénétrer dans les oreilles la sainte Écriture, doit être regardé comme un père, comme une mère ; son élève ne doit jamais lui causer d'affliction. » — « De celui qui donne l'existence, et de celui qui communique les dogmes sacrés, celui qui donne la sainte doctrine est le père le plus respectable ; car la naissance spirituelle, qui consiste dans le sacrement de l'initiation et qui introduit à l'étude du Véda, est pour le Dwidja éternelle dans ce monde et dans l'autre. — Lorsqu'un père et une mère, s'unissant par amour, donnent l'existence à un enfant, cette naissance ne doit être considérée que comme purement humaine, puisque l'enfant se forme dans la matrice. — Mais la naissance que son instituteur, qui a lu la totalité des Livres saints, lui communique, suivant la loi, par la Sâvitri, est la véritable, et n'est point assujettie à la vieillesse et à la mort. — Le Brahmane auteur de la naissance spirituelle, et qui enseigne le devoir est, suivant la loi, lors même qu'il est encore enfant, regardé comme le père d'un homme âgé. — Un Brahmane âgé de dix ans et un Kchatriya parvenu à l'âge de cent années, doivent être considérés comme le père et le fils ; et des deux, c'est le Brahmane qui est le père, et qui doit être respecté comme tel[1]. »

Les châtiments infligés aux enfants coupables de quelque faute envers leurs parents naturels s'appliquent à ceux qui les ont commises envers leur père spirituel : « L'homme qui a souillé le lit de son père naturel ou spirituel renaît cent fois à l'état d'herbe, de buisson, de liane, d'oiseau carnivore comme le vautour, d'animal armé de dents aiguës comme le lion, et de tête féroce comme le tigre[2]. »

Il importe de noter encore les recommandations de bienveillance faites aux parents naturels et spirituels. Les châtiments corporels sont presque formellement interdits par les Lois de Manou. « Toute instruction qui a le bien pour

---

[1]. Lois de Manou, II, 144-150, 135.
[2]. Ibid., XII, 58.

objet doit être communiquée sans maltraiter les disciples, et le maître qui désire être juste doit employer des paroles douces et agréables. — Au moment de se mettre à lire, que le directeur, toujours attentif, lui dise : « Holà, étudie » et qu'il l'arrête ensuite, en lui disant : « Repose-toi. » L'élève doit, par contre, montrer un grand respect à son maître : « En commençant et en finissant la lecture du Véda, que toujours il touche avec respect les pieds de son directeur (Gourou) ; qu'il lise les mains jointes, car tel est l'hommage dû à la Sainte-Écriture. — C'est en croisant ses mains qu'il doit toucher les pieds de son père spirituel, de manière à porter la main gauche sur le pied gauche et la main droite sur le pied droit [1]. »

[1]. *Ibid.*, II, 159, 73, 71-72. — Il est intéressant de comparer les prescriptions des Lois de Manou relatives à la bienveillance des parents et des maîtres avec les prescriptions suivantes de la philosophie morale des Chinois. Koung-Sun-Tcheou dit : « Pourquoi un homme supérieur n'instruit-il pas lui-même ses enfants ? — Meng Tseu dit : Parce qu'il ne peut pas employer les corrections. Celui qui enseigne doit le faire selon les règles de la droiture. Si l'enfant n'agit pas selon les règles de la droiture, le père se fâche ; s'il se fâche, il s'irrite ; alors il blesse les sentiments de tendresse qu'un fils doit avoir pour son père. « Mon maître (dit le fils en parlant de son père) devrait m'instruire « selon les règles de la droiture ; mais il ne s'est jamais guidé par les règles de « cette droiture. » Dans cet état de choses, le père et le fils se blessent mutuellement. Si le père et le fils se blessent mutuellement, alors il en résulte un grand mal. Les anciens confiaient leurs fils à d'autres pour les instruire et faire leur éducation. Entre le père et le fils il ne convient pas d'user des corrections pour faire le bien. Si le père use de corrections pour porter son fils à faire le bien, alors l'un et l'autre sont bientôt désunis de cœur et d'affection. Si une fois ils sont désunis de cœur et d'affection, il ne peut point leur arriver de malheur plus grand. » Meng Tseu, *Hia Meng*, I, 18 (voy. DE LANESSAN, *La morale des philosophes chinois*, p. 70, Paris, F. Alcan).

CHAPITRE X

LA MORALE SOCIALE DU BRAHMANISME

Dans le domaine social, la Loi de Manou est entièrement inspirée, comme je l'ai dit plus haut, par le souci de maintenir les castes qui existaient au moment où elle fut rédigée. Les membres du corps sacerdotal avaient un trop grand intérêt à maintenir une division d'où ils tiraient toute leur suprématie, pour n'en avoir pas fait le fondement même de leur Code sacré. On a vu que la plupart des prescriptions de ce code, relatives à la famille, ont pour objet de mettre obstacle à l'union des hommes d'une classe déterminée avec les femmes d'une classe supérieure. Comme, dans la pensée des rédacteurs, c'est l'homme qui, seul, produit les enfants, son union avec une femme d'une classe supérieure à la sienne aurait pour effet d'introduire dans cette classe des enfants ayant le sang et les caractères d'une race inférieure, ce que le Code sacré veut empêcher à tout prix.

Après avoir veillé à ce qu'il n'y ait pas de mélanges de castes et, surtout, à ce que la classe brahmanique ne pût pas être souillée par le sang des autres, la Loi de Manou règle minutieusement la conduite des membres de chaque caste.

La vie du Brahmane doit être consacrée tout entière à l'étude et à l'austérité. Chacun de ses actes est soumis à des prescriptions rigoureuses. La Loi de Manou dit comment on le doit traiter à sa naissance, quels noms il faut lui donner, de quelle manière doit être consacrée son entrée dans la caste brahmanique par l'imposition du cordon. Elle dit ensuite de quelle façon il doit s'instruire et s'éduquer en s'attachant à un Brahmane qui sera son père et son maître à la fois et de qui il apprendra « d'abord les règles de la pureté, les bonnes coutumes, l'entretien du feu sacré, les devoirs pieux du matin, du midi et du soir », puis la manière de réciter les formules sacrées et les livres saints, ainsi que « les lois de la transmigration des âmes et de la purification des fautes [1] ». La Loi de Manou règle avec non moins de minutie la façon dont il doit se vêtir, se nourrir, se coucher, se conduire envers son maître, avec la femme de son maître, avec les personnes qu'il voit chez lui ou ailleurs. Il y a là tout un code de civilité comparable à celui des philosophes chinois, et dont l'effet doit être considérable, lorsqu'il est fidèlement appliqué, mais dans lequel figurent les plus ridicules prescriptions. Je n'en veux citer que quelques-unes : « Il ne doit jamais regarder le soleil pendant son lever, ni pendant son coucher, ni durant une éclipse, ni lorsqu'il est réfléchi dans l'eau, ni lorsqu'il est au milieu de sa course. — Qu'il n'enjambe pas par-dessus une corde à laquelle un veau est attaché, qu'il ne coure pas pendant qu'il pleut, et ne regarde pas son image dans l'eau. — Qu'il ne mange pas avec sa femme dans le même plat, et ne la regarde pas pendant qu'elle mange, qu'elle éternue ou qu'elle baille, ou lorsqu'elle est assise nonchalamment. — Que celui qui désire une longue vie ne marche pas sur des cheveux, de la cendre, des os ou des tessons, ni sur des graines de coton, ni sur des menues pailles de grain [2]. »

Grâce, d'une part, à l'obligation où ils sont de ne s'unir qu'entre eux et, d'autre part, à la vie qu'ils sont tenus de mener, les Brahmanes ont joué dans l'histoire de l'Inde un rôle considérable. On peut croire, à cet égard, un écrivain catholique dont les sympathies pour la caste brahmanique sont peu développées. Il dit d'elle cependant : « Les Brahmes ont tourné à leur avantage propre une institution qui subsistait déjà dans le pays, cela est indubitable (l'institution des castes) ; mais, en fin de compte, cet avantage a profité au pays entier. En se posant comme les éducateurs

---

[1]. *Lois de Manou*, livre II.
[2]. *Ibid.*, IV, 37, 38, 43, 78.

et les instituteurs du peuple, ils ont assumé sur leur tête une grave responsabilité ; et à cette responsabilité ils n'ont pas fait défaut, dans la mesure, s'entend, de leurs lumières, de leur capacité, trop souvent aussi de leurs intérêts personnels. Non seulement ils ont été les prêtres de la nation, mais ils en ont été encore les poètes, les théologiens, les philosophes, les législateurs, les savants en tout genre. C'est à eux que sont dûs les Védas avec leurs commentaires, les Brâhmanas, les Sutras, les Upanishads, les livres philosophiques, le Code de Manou et les autres codes dont nous avons déjà parlé ; les ouvrages de grammaire, les lexiques, les traités d'astronomie, d'algèbre, de médecine, de musique, les grands poèmes épiques, la collection des drames et comédies, les Puranas et leurs dérivés : corps de littérature immense et originale, qui n'a été dépassée par aucun peuple en dehors du christianisme. C'est cette littérature qui a servi de modèle à celle des idiomes divers qu'on trouve dans l'Inde ; c'est de la langue dans laquelle elle est écrite qu'ont été formés ou complétés ces idiomes. En un mot, c'est à la classe des Brahmes que l'Inde doit sa civilisation, sa littérature, sa législation, ses arts et tout cet ensemble d'institutions qui l'ont rendue si célèbre dès les temps anciens[1]. »

Les devoirs des Kchatriyas ou guerriers et ceux des rois, qui sortent de leur caste, sont prescrits avec le même soin que ceux des Brahmanes, auprès desquels les rois doivent chercher leurs conseils les plus intimes[2]. Puis le Livre sacré formule les règles d'après lesquelles la justice doit être rendue par les princes à leurs sujets[3], et qui, d'après la remarque de Mgr Laouenan, « régissent encore aujourd'hui le peuple indien, excepté en quelques matières qui sont réglées par des coutumes locales ou particulières à certaines castes[4] ».

Les prescriptions relatives à la classe des Vaisyas sont

---

1. LAOUENAN, *Du brahmanisme et de ses rapports avec le judaïsme et le christianisme*, I, 377.
2. Voir : *Lois de Manou*, livre VII, 37 et suiv. ; livre VIII, 9 ; livre IX, 313.
3. *Ibid.*, livre VIII et IX.
4. *Loc. cit*, I, p. 373.

intéressantes parce qu'elles trahissent la préoccupation dominante des rédacteurs du Livre sacré, qui est d'empêcher les gens d'une classe de tenter d'en sortir pour pénétrer dans une caste supérieure. Or, c'est précisément la caste des Vaisyas ou agriculteurs qui offrait le plus souvent le spectacle de tentatives de ce genre. Passer de la caste des Kchatriyas à celle des Brahmanes était chose impossible à cause de l'éducation spéciale et intensive que recevaient les fils des Brahmanes dès leur naissance. Au contraire, il était facile à tout agriculteur de se transformer en guerrier, car il suffisait d'avoir du courage et de l'audace. Aussi, beaucoup d'agriculteurs ou de commerçants et artisans y étaient-ils parvenus, dans les premiers temps de l'histoire des Aryas, même avec la complicité des guerriers qui, en bien des circonstances, étaient trop peu nombreux pour réussir dans leurs entreprises. Plus tard, lorsque les cadres de la société hindoue eurent été définitivement établis, les Kchatriyas comprirent l'intérêt qu'ils avaient à ne pas laisser grossir leurs rangs et ils trouvèrent parmi les Brahmanes un concours intéressé. La Loi de Manou prescrit impérieusement au Vaisya de ne pas essayer de s'élever au-dessus de sa caste : « Le Vaisya, après avoir reçu le sacrement de l'investiture du cordon sacré, et après avoir épousé une femme de la même classe que lui, doit toujours s'occuper avec assiduité de sa profession et de l'entretien des bestiaux. — En effet, le Seigneur des créatures, après avoir produit les animaux utiles, en confia le soin au Vaisya, et plaça toute la race humaine sous la tutelle du Brahmane et du Kchatriya. — Qu'il ne prenne jamais à un Vaisya la fantaisie de dire : je ne veux plus avoir soin des bestiaux ; et, lorsqu'il est disposé à s'en occuper, aucun autre homme ne doit jamais en prendre soin. — Qu'il soit bien informé de la hausse et de la baisse du prix des pierres précieuses, des perles, du corail, du fer, des tissus, des parfums et des assaisonnements ; — qu'il soit bien instruit de la manière dont il faut semer les graines, et des bonnes ou mauvaises qualités des terrains ; qu'il connaisse aussi parfaitement le système complet des mesures et des poids ; — la bonté ou les défauts des marchandises, les avantages et les désavantages des différentes contrées, le bénéfice ou la perte probable sur la vente des objets, et les moyens d'augmenter le nombre des bestiaux. — Il doit connaître les gages qu'il faut donner aux domestiques et les différents langages des hommes, les meilleures précautions à prendre pour conserver les marchandises, et tout ce qui concerne l'achat et la vente. — Qu'il fasse les plus grands efforts pour augmenter sa fortune d'une manière légale, et qu'il ait bien soin de donner de la nourriture à toutes les créatures animées[1]. » En un mot, qu'il apprenne tout ce qui concerne son rôle dans la société, qu'il fasse fortune par ses connaissances spéciales et son travail, mais qu'il n'essaye pas de franchir les limites de sa caste : la Loi sacrée le lui interdit, au nom du Seigneur qui, en le mettant au monde, lui assigna la place qu'il y doit occuper.

La Loi de Manou n'est pas moins formelle dans les prescriptions relatives aux Soûdras, c'est-à-dire aux hommes qui, dans les premiers temps de l'histoire indienne, appartenaient aux races conquises par les Aryas et furent maintenus dans une sorte de servitude. « Le souverain maître, dit le législateur sacré, n'assigna au Soûdra qu'un seul office, celui de servir les classes précédentes sans déprécier leur mérite. » Il dit encore : « Une obéissance aveugle aux ordres des Brâhmanes versés dans la connaissance des Livres sacrés, maîtres de maison et renommés pour leur vertu, est le principal devoir d'un Soûdra, et lui procure le bonheur après la mort. — Un Soûdra pur d'esprit et de corps, soumis aux volontés des classes supérieures, doux en son langage, exempt d'arrogance, et s'attachant principalement aux Brahmanes, obtient une naissance plus relevée[2] » à son retour sur la terre.

Cependant, malgré ces prescriptions si formelles, la nature étant plus forte que les lois, il se fit, dès le principe,

---

1. *Lois de Manou*, livre IX, 326-333. On distingue trois divisions principales parmi les Vaisyas : Les *Dhana Vaisyas* ou marchands ; les *Bhu-Vaisyas* ou cultivateurs ; les *Gô-Vaisyas* ou bergers.
2. *Lois de Manou*, livre I, 91 ; et 334-335.

et il a continué de se faire des unions entre gens de castes différentes. La Loi de Manou les condamne et les prend pour base de classes inférieures qu'elle détermine non d'après la caste de la femme, mais d'après celle de l'homme, en plaçant au dernier degré de l'échelle le produit d'un Soûdra et d'une Brâhmanî, afin de flétrir autant qu'il est possible la souillure à laquelle s'est soumise la femme ou la fille d'un Brahmane en acceptant le contact d'un Soûdra : « De l'union d'un Soûdra avec des femmes appartenant aux classes des Vaisiyas, des Kchatriyas ou des Brahmanes résultent des fils produits par le mélange impur des castes »; c'est-à-dire d'un Soûdra et d'une femme Vaisiya, un Ayogava ; d'un Soudra et d'une femme Kchatriya, un Kchatri ; d'un Soûdra et d'une Brâhmanî, un « *Tchandâla, le dernier des mortels*[1] » ; c'est le Paria du Sud de l'Inde.

Vers le temps où fut rédigé le Code sacré de Manou, il y avait dans l'Inde, d'après Laouenan, cent cinquante-neuf castes. Leur nombre s'est, depuis cette époque, énormément accru par l'incessante subdivision des castes primitives, au point que l'on pourrait compter aujourd'hui, dans la seule classe des Brahmanes, plus de deux mille subdivisions, se distinguant par des noms particuliers et ne permettant pas entre elles d'unions matrimoniales. Le nombre des castes est devenu tellement considérable que, d'après Laouenan, on n'entend plus « pratiquement, sous le nom de caste, que la réunion d'un petit nombre de familles de même origine, unies entre elles par les liens de la parenté, des intérêts religieux et matériels[2]. »

Il est à peine utile de signaler les inconvénients qu'offre, au point de vue de la morale sociale, cette subdivision presque illimitée de la société indienne en groupements dont la préoccupation la plus vive est de n'avoir aucun contact les unes avec les autres. C'est véritablement le triomphe de l'égoïsme des classes, avec toutes les conséquences qu'il entraîne : arrêt du progrès matériel et intel-

1. *Lois de Manou*, livre X, 12.
2. *Loc. cit.*, I, p. 376.

lectuel, dégénérescence d'abord des classes les plus inférieures, que la religion maintien dans l'ignorance et la misère, puis des classes supérieures elles-mêmes par l'abus qu'elles font de leur pouvoir et la paresse que détermine chez elles la servilité des autres classes.

On a soutenu, il est vrai, que les castes étaient utiles au maintien de la morale publique et qu'elles constituaient, au profit de leurs membres, des sortes d'associations de bienfaisance, sans lesquelles beaucoup de misères ne seraient pas soulagées. La caste, dit-on, est intéressée à surveiller la conduite de ses membres, afin de protéger sa propre réputation. Le fait est exact, mais il faut ajouter que la caste se préoccupe exclusivement des actes par lesquels ses intérêts moraux ou matériels seraient compromis, tandis qu'elle reste indifférente à tout ce qui ne la touche pas directement. Elle crée l'hypocrisie de la moralité et non la moralité véritable. Il est vrai aussi qu'elle prête assistance à ses membres ; mais elle exige, en échange de ses services, une docilité qui supprime toute initiative individuelle. La caste annihile l'individu et détruit l'élément le plus essentiel du progrès, en faisant presque disparaître la lutte individuelle. Elle entrave encore le progrès social en plaçant l'intérêt de chaque caste, envisagée séparément, au-dessus de l'intérêt général de la société. Or, il ne faut pas perdre de vue que le maintien des castes et même leur subdivision à l'infini sont dûs en grande partie à la religion. C'est elle qui, aujourd'hui, les empêche de se fondre les unes dans les autres comme l'exigerait la morale naturelle qui est, en cela, conforme à l'intérêt de la société.

CHAPITRE XI

LES DIVINITÉS DU VÉDISME ET DU BRAHMANISME ET LEUR MORALITÉ

§ I. — *Les dieux du polythéisme védique et leur moralité.*

C'est encore l'intérêt de la classe sacerdotale qui a présidé, sinon à la création, du moins à la consécration des divinités sans nombre dont est peuplé le panthéon hindou et à l'institution des multiples sectes religieuses entre lesquelles les indiens sont partagés. Chaque dieu ne pouvant être honoré que par l'intermédiaire de ses prêtres particuliers, plus considérable est le nombre des divinités, plus grand aussi est celui des prêtres qui peuvent vivre de l'autel. D'un autre côté, plus les sectes se multiplient et plus les rites cultuels se compliquent, exigeant un plus grand nombre de prêtres particuliers. Sous l'influence de ces intérêts, l'Inde en est venue à compter presque autant de dieux ou d'objets divinisés que l'imagination la plus dévergondée a pu en concevoir. Très nombreux étaient déjà les dieux ou démons que connaissaient les peuples dont le Rig-Véda nous a conservé les idées et les pratiques religieuses, plus nombreux encore sont ceux qu'adorent les peuples de l'Inde moderne. Car il s'est fait dans ce pays une évolution inverse de celle qui s'est produite chez les autres nations aryennes : au lieu d'aller du polythéisme au monothéisme, l'esprit indien semble être devenu plus polythéiste encore qu'il ne l'était il y a trois ou quatre mille ans.

Les divinités du Rig-Véda étaient innombrables, mais un

petit nombre d'entre elles seulement étaient revêtues par l'imagination populaire ou sacerdotale des caractères anthropomorphiques. Celles-ci représentaient ce que l'on pourrait appeler les grands dieux, ceux que l'homme avait faits à son image, qu'il avait dotés de ses passions, mais que, d'une façon générale, il considérait comme bienfaisants. On connaissait Agni, le dieu du feu, le moins anthropomorphisé de ce panthéon, parce qu'il est réellement visible dans le foyer qui brûle, dans le soleil qui éclaire le monde, dans l'éclair qui sillonne les nuées. On le supposait aussi dans les eaux où le feu dépose sa force quand il s'y éteint en sifflant pour y reposer comme un cygne[1] et, d'où il pénètre, avec l'eau elle-même, dans les plantes pour les faire croître ; on le voyait dans les nuages qui se forment par l'évaporation des eaux, entre lesquels brillent les éclairs ; on le croyait présent aussi dans les bois qui, par frottement les uns contre les autres, donnent naissance au feu ; dans la plante que l'aigle ravit au ciel[2] et d'où l'on extrait le Soma du sacrifice qui réchauffe le cœur, dont les dieux eux-mêmes s'enivrent pour augmenter leurs forces ; dans les animaux qui se nourrissent des plantes ; dans les cailloux d'où jaillit l'étincelle quand on les choque ; dans la terre d'où naissent les végétaux et d'où sortent les eaux des sources ; dans tout ce qui vit et dans tout ce qui meurt. Partout, il représente le principe de la vie, le générateur par excellence ; aussi son culte se confondait-il avec celui de la génération[3]. Il fut d'abord le plus grand et le plus vénéré des dieux ;

1. OLDENBERG, *La religion du Véda*, p. 95 (Paris, Félix Alcan).
2. Voy. plus haut, p. 88, note 1.
3. « Entre l'œuvre de la génération primordiale des êtres vivants et l'œuvre sainte du sacrifice, dit Burnouf (*Essai sur le Véda*, p. 183), une relation étroite existe dans le Véda ; un même mot, ou plutôt une même racine, exprime ces deux choses : *Karman* est l'œuvre, et *Kratu*, le sacrifice ; tous deux se rapportent à la racine aryenne *Kri*, qui signifie produire, qui est identique au latin *creare*, et qui se retrouve probablement aussi dans le nom de *Kronos*, Saturne. L'œuvre de la production du monde se perpétue avec celle du sacrifice et ne saurait s'en séparer... Les Ancêtres sont la source primordiale des sacrifices et des générations... Le feu est l'élément même de la vie : invisible, il anime toute la nature. Quand se produit la génération d'un être vivant, c'est ce feu métaphysique qui se transmet avec la semence paternelle dans la matrice où le vivant doit se développer ; Agni est le grand *csura* qui réside en tout ce qui a vie... »

plus tard il s'effaça devant Indra qui distribue la richesse, donne la victoire et prodigue la gloire, avec le butin, aux guerriers; Agni ne fut plus, dès lors, que le dieu des gens modestes, des paysans, des laboureurs, des bergers, qui vivent dans la paix. Il resta le dieu des foyers paisibles et des ménages heureux. Petit à petit, son caractère de générateur, de source de la vie devint prédominant et c'est à lui, sans doute, que furent consacrées les pierres que l'on dressait sur le bord des chemins, près des fontaines, comme des images symboliques de la génération, les menhirs si répandus en certaines parties de l'Inde et qui, pendant un nombre indéterminé de siècles, furent les divinités favorites du petit monde, celles que l'on implorait pour avoir beaucoup d'enfants, un bétail nombreux, d'abondantes récoltes, des épouses fidèles et des maris aimants. L'Agni du feu était oublié; l'Agni générateur lui-même avait disparu derrière l'image grossière de l'organe générateur mâle.

La décadence du culte d'Agni fut accompagnée de l'exaltation d'Indra et d'un accroissement considérable du corps sacerdotal, car Indra était le dieu de la guerre, des victoires et des richesses, des guerriers et des rois. D'abord, il avait été le « dieu de l'orage, distinct du dieu du ciel, géant à la barbe blonde ou flamboyante, doué d'une force incomparable, mangeur et buveur hors pair, qui tuait le dragon en le frappant du foudre » pour mettre en liberté les eaux des sept rivières. C'est lui qui a fendu les rochers caverneux où les vaches productrices de lait et de beurre avaient été enfermées par les Panis au grand dommage des populations du Septa-Sindhu. C'est lui aussi qui a vaincu l'aurore et permis au soleil de jeter ses éclats sur la terre; c'est lui qui a vaincu les noirs Dasyous, ennemis de Aryas: c'est lui le grand buveur de Soma, dont souvent il lui arrive de prendre plus que de raison; si bien qu'il s'enivre et ne sait plus ce qu'il fait. « Ai-je donc bu du Soma ? Comme des vents de tempête, les boissons m'ont bouleversé. Ai-je donc bu du Soma ? La prière est venue à moi, comme la vache mugissante à son veau chéri. Ai-je donc bu du Soma ? Comme le charpentier [tourne] le siège du char, ainsi je tourne la prière en mon cœur... Ai-je donc bu du Soma ? A présent, je rentre joyeux, et j'apporte aux dieux les mets du sacrifice. Ai-je donc bu du Soma ? » Il a bu « le Soma pressuré de Manou, trois mares pleines, d'un seul coup, pour tuer Vṛtra [1] ». Indra est « le plus grand parmi les grands, le plus fort parmi les forts, pareil à un taureau, violent et bon garçon ; lorsqu'il est en humeur de donner, sa libéralité est inépuisable. Il boit, il frappe, il bruit, fait voler la poussière, met tout en pièces. Ami de ses amis, et ennemi de ses ennemis, il aime surtout les grands de ce monde, pourvu qu'ils ne lésinent pas sur les sacrifices... Ce n'est pas lui qui a enseigné à l'humanité la règle, le bien ni les arts. Mais c'est son bras robuste qui a procuré aux hommes leurs plus chers trésors : l'eau fécondante, la lumière, le bétail et l'abondance qui le suit. On l'implore en vue de la puissance et de la victoire... Son élément, c'est la lutte, la victoire éclatante, et l'ivresse du Soma que lui présentent en pompe de longues files de prêtres, récitant, chantant, officiant et récompensés de leur zèle par un riche salaire en chevaux et chars, en or et en bestiaux [2]. »

C'est surtout lorsque les Aryas des temps védiques se répandirent au delà du Septa-Sindu et entreprirent la conquête des régions orientales de l'Inde occupées par les « Dasyous », que la réputation d'Indra devint grande, grâce aux éloges que les prêtres faisaient de sa force et de sa puissance. Il plaisait aux guerriers, grands buveurs et mangeurs comme lui, désireux de donner des coups plus que d'en recevoir, et très avides du butin que leur promettait la terre à conquérir. Au milieu d'eux, devant les autels où l'on fait des sacrifices pompeux, les prêtres chantent : « Indra s'emparera des territoires enviés, car il est le maître d'une opulence grande et solide ; par sa victoire, il donnera tous les biens de la vie, il introduira ses heureux serviteurs dans les plus fertiles pâturages. Indra frappera les ennemis qui méritent la mort ; il brisera les traits de ces

---

1. Oldenberg, loc. cit., p. 143.
2. Ibid., p. 146.

impies. » Après la victoire, ils chantent plus fort encore les louanges d'Indra, comme du véritable triomphateur : « La victoire est restée aux Aryas parce qu'Indra, combattant pour eux depuis le matin, a brûlé des milliers de vils Dasyous dans leurs forts inaccessibles, dans leur retraite inexpugnable ; et les tribus impies ont été soumises au joug de l'Arya. » Ne croirait-on pas entendre un prêtre de Iahvé ? Il a promis la victoire au nom de son dieu, la victoire a été obtenue, il en donne tout le mérite à son Dieu. Mais, n'est-ce point lui-même qui a sollicité du Dieu cette victoire par ses chants et ses sacrifices ? Ne peut-il pas s'en attribuer en quelque mesure le mérite ? Il a l'oreille d'Indra, il est entendu par Indra. C'est lui qui invite Indra à s'enivrer du Soma qui le rend fort et bienveillant aux guerriers : « Passionné pour le Soma, le dieu viendra continuellement s'enivrer. On a rempli pour lui cent vases de liqueur sacrée. » Seul, le prêtre connaît Indra, peut obtenir ses faveurs : « Il n'est point de force, point de résistance, point d'audace déployée par les Dasyous qui puisse fléchir Indra, lorsqu'Indra a répondu à la voix du prêtre. — C'est par le sacrificateur qu'Indra terrasse les superbes Dasyous. — Qui donc, hormis le prêtre, a jamais connu Indra ? quel prince l'a mesuré, ce Dieu ? Les hauteurs d'Indra sont vertigineuses ; insondables, sont les profondeurs d'Indra ! » Et, puisque c'est le prêtre qui donne la victoire aux guerriers et aux « chefs glorieux », ceux-ci doivent se montrer généreux envers lui. C'est la volonté d'Indra. « Il n'a rien à craindre, le chef qui a versé, pour Indra, de nombreuses coupes de Soma ; il marche à la tête de ses hommes, il triomphe de son ennemi, il règne heureusement sur ces provinces et il illustre son nom ; il vivra, fort, conquérant, favori des dieux. » Pour encourager la générosité des vainqueurs, des puissants et des riches, les prêtres énumèrent, en les exagérant, les cadeaux qu'ils ont déjà reçus : « des millions de parures, des chevaux forts et magnifiques, des chars superbes », qui permettent aux sacrificateurs de se rendre à l'autel sur des chevaux richement caparaçonnés et d'officier en des costumes superbes, car

« le prêtre doit se présenter devant le peuple comme le fait un seigneur. » Malheur à ceux qui ne se montrent pas reconnaissants et généreux envers le prêtre qui leur fait obtenir les faveurs d'Indra. Les « impies, ces traîtres au culte, seront, par le dieu de la force, arrachés à la vue du soleil[1] ».

En créant la puissance d'Indra et en la faisant admettre par le peuple, la caste sacerdotale n'avait pas seulement constitué son propre pouvoir, elle avait appris encore, par expérience, comment elle le pourrait maintenir et accroître. Elle sait maintenant faire les dieux ; elle en fera autant qu'il sera nécessaire pour satisfaire les superstitions du peuple, apaiser ses craintes ou dompter ses résistances, s'il lui arrive d'avoir la velléité d'en montrer. Sachant faire les dieux, comment ne saurait-elle pas faire les rois ? Par la crédulité du peuple, elle est toute-puissante, à la condition de conserver la supériorité que lui donne sa science relative. Elle maintiendra donc l'ignorance dans toutes les castes, en limitant le plus possible le rôle qu'elle assignera, dans la société, à chacune d'entre elles.

Ce qui, dès l'époque védique, caractérise les Aryas de l'Inde, c'est la tendance qu'ils ont à voir des esprits dans tous les objets, dans tous les phénomènes cosmiques, puis à personnifier chacun de ces esprits en un dieu particulier. Aussi ne faut-il point s'étonner de voir leurs divinités favorites changer avec la nature du milieu dans lequel vit le peuple et avec les événements dont il est l'auteur ou le spectateur. Dans le Septa-Sindu, où il mène la vie paisible de l'agriculteur et du pasteur, c'est le doux Agni, déité du feu, du foyer, de la génération, qui a toutes ses faveurs, qui est en quelque sorte le dieu des dieux. Plus tard, lorsqu'il marche à la conquête des pays de l'Est, en repoussant devant lui, par la force, les Dasyous qui défendent leurs terres et leurs foyers, c'est Indra qui revêt la suprématie divine ; non pas seulement l'Indra de la foudre, l'Indra qui a libéré les eaux et les vaches du pays des Sept rivières, mais l'Indra de la guerre, qui s'enivre de Soma et se repaît de sang.

---

1. Voyez pour ces citations, Marius FONTANES, *l'Inde védique*, p. 222-243.

Plus tard encore, lorsque les Aryas sont parvenus dans la vallée du Gange, fertile et plantureuse, mais empoisonnée par les marécages et balayée par les vents qui dissipent les brouillards empestés, ce sont les vents et les maladies qui deviennent les dieux par excellence. Les vents sont personnifiés dans les Maruts tout-puissants, terribles ou bienveillants. Les Maruts prennent à la fois la place d'Agni et celle d'Indra qui, pour un moment, a terminé son rôle. « Devant ces dieux terribles, dit un hymne, les forêts frémissent de crainte », les forêts où habite Rudra et sa légion de déités mortifères. Sous leurs souffles irrésistibles les montagnes s'entre-choquent ; leur voix fait trembler le ciel lui-même « lorsqu'ils se jouent en agitant leurs glaives et se précipitent comme des torrents[1] ». C'est avec des mains pleines de glaives qu'on les représentera plus tard, lorsque les dieux auront été non seulement anthropomorphisés par l'imagination des populations naïves, avec la complicité intéressée des prêtres, mais encore transformés en idoles palpables et tangibles.

A côté des Maruts mais distinct d'eux, on connaissait Rudra le sinistre, le rouge, et, comme tel dangereux, car le rouge est la couleur du sang, des emblèmes de la mort. Un hymne l'appelle « le rouge sanglier du ciel, le monstre, qui porte les cheveux roulés en forme de coquille » et il l'implore, il lui crie : « aie pitié, ô Rudra, du chantre qui te loue. Que tes troupes aillent terrasser d'autres que nous. Que l'arme de Rudra nous dépasse, qu'il nous dépasse le vaste courroux du monstre. Détends tes arcs puissants en faveur de nos amis les généreux ; fais merci et sois propice à leurs enfants et aux enfants de leurs enfants. — Ne nous frappe pas, ô Rudra, ni grand, ni petit, ni adolescent, ni adulte, ni père, ni mère, ni notre corps qui nous est cher ». Il a une touffe de cheveux bleu-noir, un arc et des flèches, « son ventre est bleu-noir, rouge son dos », dit un hymne, qui ajoute : « du bleu-noir il enveloppe l'ennemi et le rival ; avec le rouge il frappe celui qui le

---

1. FONTANES, *l'Inde védique*, p. 237.

hait ». C'est pourquoi on le loue, en l'implorant pour les hommes et pour le bétail. « Toi qui es le seigneur du bétail, ô Rudra, taureau qu'on mène au cordeau, ne fais point de mal à notre bétail. » Après le sacrifice, on lui dit « que ceci te soit offert », en jetant sur le feu une poignée de la jonchée que l'on a trempée dans le beurre, ou bien en déposant au nord de la maison quelques restes des mets. Car, à l'encontre des autres dieux qui résident à l'Orient, Rudra habite le Nord, c'est-à-dire les montagnes et les forêts qui les couvrent, d'où lui-même et son peuple de sylvains répandent à travers les hommes et les animaux les maladies qui les détruisent. Au coin des carrefours, pour écarter ses malfaisants compagnons, il fallait dire : « Hommage à Rudra qui réside sur les chemins, dont la flèche est le vent ! Hommage à Rudra qui réside sur les chemins ! » La terreur qu'on en avait le rendit populaire ; il fut l'un des premiers dieux du panthéon védique auquel on donna des formes précises, dont on fit des idoles offertes par les prêtres à la dévote terreur du peuple[1].

Parmi les autres dieux ou esprits déifiés du panthéon védique, il faut citer d'abord les femmes des grands dieux : Chacun a la sienne avec laquelle il vit comme mari avec femme, non sans maintes infidélités. Puis vient tout un monde de déités mâles ou femelles : les eaux que l'on invoquait comme des déesses bienfaisantes ; les Apsaras, sortes de nymphes aquatiques, analogues aux Néréides grecques et aux femmes-cygnes des Germains, très belles, très séduisantes non dédaigneuses de l'amour des mortels ; les Gandharvas, sortes de lutins mâles, répandus un peu partout, jusque dans les organes sexuels des femmes dont leur bouche forme l'ouverture extérieure ; les déités des arbres, du sol, des montagnes, etc. ; les esprits malins, les uns bons, les autres méchants, qui interviennent dans tous les actes de la vie, se confondent avec toutes les maladies ; les âmes des morts, qui errent dans les lieux où elles vécurent, objets de terreur et prétextes à toutes les pratiques imaginables de la

---

1. Voyez : Oldenberg, loc. cit., p. 181 et suiv.

sorcellerie. Tous les objets naturels, toutes les forces, toutes les chimères, les illusions, les craintes ou les espérances des hommes avaient été transformées en esprits répandus dans la nature entière et formant, pour la caste sacerdotale, l'élément le plus productif de revenus et de respect. Le prêtre indien eut soin, en effet, dès les premiers âges, de réunir en sa personne ce qui, chez la plupart des autres peuples, est divisé : le sacerdoce proprement dit et la sorcellerie.

Le serpent dont la morsure est mortelle, la vache dont le lait nourrissait les premiers Aryas, les fourmis malfaisantes, le cheval qui sert le guerrier, le laboureur et le prêtre, la grenouille qui se tait ou croasse suivant les saisons, l'âne lascif que l'on sacrifie quand un novice a violé la règle de la chasteté en perdant son énergie, le singe, qui a encore ses temples et qui fut le commensal d'Indra, le bouc dont une forme à un seul pied passait pour être le support de tous les êtres, etc., tous ces animaux et bien d'autres encore partageaient avec les dieux, dès l'époque védique, les hommages ou les terreurs des hommes et faisaient partie du panthéon aryen.

§ II. — *Le polythéisme brahmanique.*

De ces déités, les unes disparurent plus ou moins, au cours de l'évolution religieuse des Indous, les autres prirent corps, s'anthropomorphisèrent, finirent par devenir des idoles et furent l'objet de récits légendaires où l'absurde et le grotesque ne rivalisent, d'ordinaire, qu'avec la plus profonde immoralité. Néanmoins, l'idée d'un dieu supérieur aux autres se dessinait ou s'accentuait dans certains esprits, tandis que la masse de la caste sacerdotale, pour complaire au peuple, multipliait les idoles et les légendes. L'*Atharva-Véda* avait formulé déjà la notion d'un dieu supérieur aux autres et les ayant créés ainsi que l'univers[1] : « Tous les dieux sont dans Brahm, y lit-on, comme une vache dans

---

1. Voyez : LAOUENAN, *Du Brahmanisme*, etc., II, p. 171 et suiv.

une étable. Au commencement Brahm était tout. Ayant créé les dieux il les plaça dans les mondes: Agni dans celui-ci, Vagu, dans l'atmosphère, Surya dans l'éther. Et dans les mondes qui sont plus élevés, il a placé des dieux plus grands. Après quoi il est monté dans la sphère suprême. » D'après le *Taittiriya Brahma*, « en Brahm sont les trente-trois dieux ; en Brahm sont contenus Indra et Pradjapati ; en Brahm, tous les objets sont contenus comme dans un vaisseau. » Le *Vishnu Purana* précise l'idée panthéiste : « Il existe deux états de ce Brahm : un avec forme, l'autre sans forme; un périssable, l'autre impérissable, lequel est inhérent à tous les êtres. L'impérissable est l'être suprême; le périssable est tout l'univers. L'éclat du feu en un seul lieu répand la lumière et la chaleur tout alentour ; ainsi le monde n'est rien de plus que l'énergie manifestée du suprême Brahm, et de même que la lumière et la chaleur (répandues par le feu) sont plus fortes ou plus faibles selon que nous en sommes plus près ou plus loin, ainsi l'énergie du suprême Brahm est plus ou moins intense dans les êtres selon qu'ils sont plus ou moins rapprochés de lui. Brahma, Vishnu, Siva, sont les plus puissantes énergies de Brahm ; après eux viennent les déités inférieures ; ensuite les esprits qui sont à leur service, puis les hommes, les animaux, les oiseaux, les insectes, les végétaux, chacun devenant de plus en plus faible, à mesure qu'il s'éloigne de la source primitive. » C'était du panthéisme, mais un panthéisme qui ne pouvait se dégager ni du polythéisme, ni même de l'idolâtrie depuis si longtemps répandue parmi les Aryens de l'Inde. Le seul résultat de l'effort fait par les auteurs du *Vishnu-Purana* fut la création de la trinité Brahma-Vishnu-Siva.

A peine la trinité Brahma-Vishnu-Siva fut-elle imaginée, qu'il se produisit des sectes dont la seule préoccupation fut de revendiquer la supériorité de l'un ou l'autre des membres de ce Trimurti. Pour y aboutir, il n'est pas de sornettes que l'on inventât, pas de légendes qu'on ne produisît, toutes plus ridicules les unes que les autres. Des dieux du Véda, on a pu dire qu'ils donnaient le spectacle singulier « de pères qui sont fils de leurs fils, de fils qui ont engendré leurs pères, de filles ou de sœurs à qui s'unit leur père ou leur frère[1] ». Des dieux qui leur succédèrent on ne saurait médire, en affirmant qu'ils ont accumulé comme à plaisir tous les crimes, toutes les corruptions et toutes les folies qui peuvent être imaginées par des cerveaux de fous et de dégénérés. C'est d'abord le « Seigneur existant par lui-même », qui, après avoir créé les eaux, « y dépose une semence, laquelle devient un œuf d'or resplendissant comme le soleil, et où il naît lui-même sous la forme de Brahma, le père de tous les mondes ». Puis, c'est Brahma qui épouse sa fille Saraswati, qui est en même temps la femme de Vishnu. C'est encore Brahma qui abandonne sa femme Savitri, venue trop tard à une réunion où les dieux devaient offrir un sacrifice ; il envoie Indra lui chercher « une femme de n'importe où », et proclame solennellement son union avec une « laitière belle, de contenance agréable, qui portait un vase rempli de beurre » et qu'Indra trouva dans un chemin. La femme répudiée par Brahma injurie tous les dieux, en apprenant ce qui vient d'arriver. A Indra elle dit : « Puisque tu as amené cette laitière à Brahma, tu seras jeté dans les fers par tes ennemis et relégué dans un pays étranger. » A Vishnu : « Puisque tu l'as donnée en mariage à Brahma, tu naîtras parmi les hommes, et tu éprouveras la douleur de voir ta femme ravie et emmenée loin de toi par tes ennemis ; et pendant longtemps tu erreras à travers les champs en qualité de berger. » A Rudra : « Par la malédiction des sages puisses-tu être privé de ta virilité ! » A Agni : « Tu dévoreras toutes choses soit pures, soit impures. » Aux prêtres, elle dit, sous forme de prédictions, de malicieuses vérités : « Ce sera uniquement par cupidité que vous servirez dans les temples et les lieux sacrés. » Aux femmes de Vishnu, d'Indra, de tous les dieux, elle prédit les pires malheurs et lance sa malédiction : « Puissiez-vous

---

1. Oldenberg, *La religion du Véda*, p. 5.
2. Voyez : Laouenan, *loc. cit.*, p. 180 et suiv.

toutes rester stériles et ne jamais connaître la joie d'avoir des enfants[1]. »

Voici maintenant Vishnu, proclamé par ses sectateurs, « immuable, saint, éternel, suprême » qui, dans son sommeil, engendre un lotus par son nombril et se déclare « enchanté », parce que Brahma lui apparaît au centre de ce lotus. Il a une femme, Lakshumi, déesse de la fortune, et de laquelle il obtient un fils unique Kâma, dieu de l'amour, assez semblable à Cupidon, car il est dit dans un hymne : « Puisse Kâma diriger heureusement sa flèche qui a la douleur pour ailes, l'attente pour barbe et le désir pour dard, te percer le cœur. » Lakshumi accompagne Vishnu dans ses avatars successifs en poisson, qui annonce à Manou un déluge et lui enseigne un moyen de ne pas périr ; en tortue, en sanglier, en lion, en nain, en jeune prince adorateur des bergères et en maintes autres formes auxquelles il arrive les aventures les plus grotesques ou les plus glorieuses. Ces avatars furent imaginés par les sectateurs du dieu dans le but de lui adjoindre le plus grand nombre possible de déités inférieures.

Voici Siva, successeur probable de Rudra, mais successeur devenu l'être le plus complexe qu'il soit possible d'imaginer, avec les attributs les plus contradictoires. Il est « le patron des voleurs et des brigands, des charpentiers, des forgerons, des chasseurs, des architectes, des potiers, des marchands, des mendiants, des fakirs, des pénitents de toute espèce, de ceux qui portent les cheveux longs et de ceux qui se rasent la tête ; il réside dans les nuages et dans le vent, dans les maisons et dans les champs, dans les fontaines et dans les rivières ; il aime particulièrement les forêts et les montagnes sauvages ; il se plaît dans les tempêtes et le désordre des éléments, aussi bien que dans le calme de la nature ; il se communique aux gens de rien aussi volontiers qu'aux Brahmes ». Il a toutes les qualités et tous les vices. Durgâ, l'une de ses épouses, le traite de vieillard impuissant, d'ivrogne qui fume des herbes

---

1. Dans le *Skanda Purâna*, in Laouenan, *loc. cit.*, II, p. 183 et suiv.

enivrantes, et vit dans les cimetières. Dans une autre légende, Daksha, son beau-père, le traite de « dieu aux yeux de singe », d'être « impur et orgueilleux, qui se plaît à abolir les rites sacrés, qui rôde dans les cimetières, immonde, accompagné de troupes d'âmes et d'esprits errants, semblable à un insensé, nu, les cheveux en désordre, portant une guirlande de crânes humains, et des ornements formés d'ossements ». Siva se fâche, coupe la tête de Daksha ; puis, sur la prière des dieux le rend à la vie ; mais ne retrouvant pas sa tête qui est tombée dans le feu, il la remplace par une tête de bouc. Ensuite, il parcourt sept fois le monde entier avec sa femme bien-aimée, Sati, sur ses épaules ; il s'agite si furieusement que les membres de la malheureuse se détachent les uns après les autres et tombent sur le sol où ils sont honorés, sous la forme d'organes sexuels femelles, avec le Linga de son époux. Siva lui-même finit par être personnifié dans le Linga sous la forme duquel il se manifesta, d'après la légende du *Isâna-Sanhita* pour la première fois, le quatorzième jour de Phalguna où l'on célèbre encore la fête du Siva-Ratri (nuit de Siva). Ses sectateurs réclament pour lui la première place dans le ciel en vertu de la légende la plus sotte qui figure dans aucune religion. Siva ayant apparu sous la forme d'un Linga démesuré, il fut entendu que Vishnu et Brahma lui-même le reconnaîtraient comme supérieur à eux s'ils ne pouvaient pas rivaliser avec lui pour l'objet dans lequel il venait de s'incarner. Les deux grands dieux se mirent à parcourir le dit objet dans deux directions opposées ; « mais après une course qui dura dix mille années divines, ils se trouvèrent tout aussi loin des extrémités qu'ils l'étaient au commencement. Ils revinrent donc l'un et l'autre, déconcertés, humiliés et confessant la supériorité de Siva[1]. » D'après une autre légende, Siva et Parvati, l'une de ses innombrables femmes, « furent maudits par le grand sage Brighu et condamnés à n'être honorés que sous l'image du Linga et du Yoni ». Réunis, ils forment

---

1. LAOUENAN, *loc. cit.*, II, 245.

le Lingam dont « le culte est universel dans l'Inde, depuis l'Himalaya jusqu'au cap Comorin, » Le Lingam est constitué par une colonne cylindrique, à sommet arrondi et supportée par une plate-forme légèrement creuse, munie d'une rigole sur un de ses côtés. La colonne, debout, simule grossièrement l'organe mâle; la pierre plate et creuse qui la supporte simule non moins grossièrement l'organe femelle externe. On dresse, d'ordinaire, le Lingam au centre de temples très petits, carrés, et que l'on trouve en grand nombre, soit sur les places des villages, soit sur le bord des ruisseaux et auprès des fontaines où les femmes, en allant chercher de l'eau, ne manquent jamais de lui faire une ablution ou de l'orner d'une fleur. Dans les grands temples de Tanjore, de Madura, d'Ellora, etc., il est debout au centre d'un sanctuaire très petit, que gardent de grands génies en pierre. Les prêtres l'ornent souvent de lignes blanches, circulaires, pour en accentuer la ressemblance avec l'objet qu'il représente. Quant à la pensée lubrique par laquelle ce culte est inspiré, elle éclate dans une foule de sculptures de temples ou de chars des processions, sous de tels aspects qu'il est permis de se demander quel est le plus immonde du sculpteur qui fit les images ou du prêtre qui les étale sous les yeux du public.

Les épouses de Siva sont nombreuses et se multiplient en raison du désir qu'ont les sectateurs du dieu de fondre dans le culte de Siva le plus grand nombre possible des déesses des panthéons brahmanique ou védique. On a justement fait observer que la conception brahmanique de la formation de l'Univers et des objets ou êtres qui le composent comportait toujours la génération par conjonction des éléments mâle et femelle. Celui que les livres sacrés de l'Inde appellent « l'Être existant par lui-même » est impersonnel, abstrait, mais dès qu'il veut produire il devient personnel et se dédouble en deux êtres générateurs de sexes différents[1]. Siva est souvent représenté avec le corps formé

---

1. Cette idée d'un dieu suprême qui se dédouble en produisant un semblable du sexe femelle, avec lequel il produira d'autres dieux, paraît être commune à toutes les religions sémitiques où les Brahmanistes l'ont probable-

de deux parties, dont la droite est d'un homme et la gauche d'une femme, l'une et l'autre avec tous les attributs du sexe qu'elles représentent respectivement.

Quant aux épouses de Siva, elles sont très nombreuses. Citons seulement les principales : Uma, fille de Haïmervat ou de l'Himalaya, d'après certaines légendes ; Parvati, la montagnarde ; Durga, nommée la forteresse inaccessible pour avoir détruit un Asura gigantesque ; elle est très honorée dans le Bengale et incarne la plupart des patronnes de villages nommées *Grama-Anmal*. Mâri ou Mâri-Ammal, Mâri-Attal, déesse ou mère de la mort et des maladies contagieuses, particulièrement de la petite vérole ; elle est représentée assise, avec quatre mains tenant respectivement un trident, un petit tambour, un paquet de cordes, un crâne ; parfois, on la montre s'ouvrant le ventre et retirant de ses

---

ment puisée. D'après M. Maspéro, les premières populations de race sémitique qui s'établirent sur les bords du Tigre, de l'Euphrate et du golfe Persique « exaltaient le soleil au-dessus des autres dieux et réunissaient en une seule personne les deux principes nécessaires de toute génération, le principe mâle et le principe femelle. Anou, le roi du ciel, se dédoublait en Anat ; Bélou, Bel, le seigneur, en Belit ou Beltis, Mardouk en Zapanit ». Plus de quatre mille ans avant notre ère, ces mêmes populations admettaient une trinité divine : Anou, Bélou ou Bel et Ea. « Chacun de ces dieux projette hors de lui une divinité femelle, qui est son doublet passif et comme son relief, Anat (Anaïtis), Belit (Beltis, Mylitta) et Davkina (Dauké). Anat, Belit et Davkina, moins vivaces que leurs associés mâles, se perdent aisément les unes dans les autres, et elles se réunissent le plus souvent en une seule déesse, qui prend le nom de Bélit et qui représente le principe féminin de la nature, la matière humide et féconde. » (MASPÉRO, *Hist. anc. des peuples de l'Orient*, p. 168-170.) En Égypte, on a constaté l'existence d'une conception analogue : « Les innombrables divinités du panthéon, selon de Vogüé (*Mélanges d'archéologie orientale*, p. 50), sont les attributs personnifiés, les puissances divinisées de l'Être incompréhensible et inaccessible. Cause et prototype du monde visible, il a une double essence, il possède et résume les deux principes de toute génération terrestre, le principe mâle et le principe femelle ; c'est une dualité dans l'unité : conception qui, par suite du dédoublement des symboles, a donné naissance à la série des divinités femelles. » Chez les Phéniciens et les Carthaginois, Astarté et Tanit n'étaient que les manifestations femelles de Baal, d'abord confondues avec Baal, puis séparées de lui pour faire des déesses distinctes, douées d'une personnalité propre.

La conception aryenne est différente de celle-là. Dans le Rig-Véda, c'est la Terre et le Ciel qui ont produit tous les dieux et tous les êtres. « La Terre est la mère commune, dit un hymne, le Ciel est le père. » Un autre dit : « Je chante en premier lieu le Ciel et la Terre, le beau couple de la Terre et du Ciel, ces deux grands compagnons de voyage, époux immortels, invincibles, divins et immortels parents de la nature, auteurs de tous les biens : le Ciel et la Terre qui ont les dieux pour enfants ; grands, sages, aïeuls fiers de leur

entrailles un petit enfant pour le dévorer; ses temples sont situés surtout en dehors des villages, dans des bouquets d'arbres ou des lieux déserts. Ellamal ou Ellanû est la déesse des pêcheurs; on a aussi recours à elle contre la morsure des serpents; elle est assise, a la peau rouge, une figure effroyable et quatre bras. Kali est la plus célèbre et la plus redoutée des femmes de Siva; Durga, Mâri, Ellamal et d'autres encore n'en sont peut-être que des formes ou des noms locaux. Siva lui-même dit d'elle, dans le *Kali-Purana*: « ma bien-aimée se délecte pour cinq cents ans de la chair de l'antilope ou du rhinocéros, mais le sacrifice d'un homme la contente pour mille ans, et celui de trois hommes pour cent mille ans. La chair d'un homme la rassasie pour mille ans. Une offrande de sang est pour elle comme

heureuse fécondité... Dans cette carrière qu'ils fournissent ensemble, ils se disent : soyons époux ! Et aussitôt tous les êtres apparaissent au jour : sans peine le Ciel et la Terre ont produit les grands dieux. » (Cité par A. LEFÈVRE, *La Grèce antique*, p. 293.) Hésiode a décrit d'une admirable façon cette union féconde de la Terre et du Ciel. La terre, Gaia est enveloppée par le ciel, Gurano, qui la couvre de toutes parts, la féconde d'une manière incessante et empêche, par une union indéfinie, les innombrables enfants développés dans son sein de venir au jour. La Terre veut se débarrasser de sa progéniture, elle ne le pourra qu'en faisant cesser l'accouplement ininterrompu du Ciel. Elle forge une immense faux et la présente à ses fils en les suppliant de rompre le lien qui rend impossible son enfantement. « Ce fut Kronos qui accepta l'arme... Bientôt vint, amenant la nuit, le vaste Ouranos; et autour de Gaia, plein de désir, il s'étendit et se développa tout entier. Alors, du lieu où il se tenait caché, levant de la main gauche et prenant de la droite la faux immense aux dents rudes, Kronos trancha la virilité de son père. Ce qui retomba ne demeura pas stérile. Toutes les gouttes sanglantes la Terre les reçut, et, quand les temps furent accomplis, elle mit au jour les Erinnyes robustes, et les Grands Géants aux armes brillantes qui brandissaient de longues épées, et les Nymphes que les habitants de la terre sans bornes appellent Mélies *(fraxinæ)*. Le reste fut longtemps porté par les eaux sur la mer profonde, et, tout autour, sortait de la chair immortelle une blanche écume où une vierge se forma. Elle navigua d'abord vers la divine Cythère, puis elle atteignit Chypre entourée d'eau. Là s'élança de l'écume la belle déesse adorable, et l'herbe partout naissait sous ses pieds. Aphrodite, déesse aphrogénie (née de l'écume), Cythérée à la belle couronne, ainsi l'appellent les dieux et les hommes, et encore Cyprogénia et Philomédia. Eros l'accompagna, et le bel Himeros (désir) la suivit, tandis qu'elle marchait vers le temple des dieux. »

Il est à peine besoin d'insister sur la différence qui existe entre la conception sémitique et la conception aryenne de la première génération. Pour les sémites, un Etre unique se dédouble afin de former les deux sexes; chez les aryens ce sont deux divinités unisexuées, la Terre et le Ciel, la première femelle, le second mâle, qui s'accouplent pour donner naissance aux dieux et aux hommes. Pour les premiers, le phénomène est mystique; pour les seconds, il est la simple traduction naturiste des faits dont les hommes sont chaque jour les témoins.

de l'ambroisie, et celui qui est tiré du corps du sacrificateur lui-même est sûr de la rendre propice[1]. » La secte des Thags était formée d'adorateurs de Kali : hommes, femmes, enfants avaient la conviction de lui faire des sacrifices agréables en tuant les malheureux qui leur tombaient sous la main. La coutume qu'avaient les femmes indiennes de se faire écraser par les roues du char funèbre de leur mari ou de se brûler sur son bûcher était un hommage rendu à Kali ou plutôt à Sati, l'une des femmes de Siva que certaines légendes représentent comme se jetant dans le feu pour venger une offense que son père Daksha avait faite à son époux. D'après un savant historien anglais de l'Inde, « pendant la grande famine de 1866, on trouva dans un temple de Kali, situé à moins de cent milles de Calcutta, le cadavre d'un jeune garçon dont le cou avait été coupé, les yeux ouverts et fixes, la langue raide et tirée de la bouche entre les dents. Dans un autre temple, à Hugli, à vingt-cinq milles de Calcutta, la tête de la victime, ornée de fleurs, avait été laissée devant l'idole[2]. »

Le goût de la débauche accompagnant presque toujours celui du sang, les scènes à la fois sanglantes et lubriques ne seraient pas rares dans les temples de Kali ou de ses homonymes, épouses de Siva. « Au nord-ouest de Gingi, en un lieu retiré, nommé Maleyenour, qui était jadis entouré de bois, s'élève une pagode dédiée à Mari, un des noms de Kâli. A l'époque où se célèbre la fête annuelle de cette pagode, il s'y tient une grande foire qui attire beaucoup de monde, mais particulièrement les hommes et les femmes qui veulent profiter de l'occasion pour se livrer aux excès de la débauche la plus éhontée. Ils appartiennent à toute caste et à toute condition. Au moment marqué, ils se dépouillent entièrement de leurs vêtements et se mettent à rouler pêle-mêle autour de la pagode ; puis, quand ils en ont ainsi fait le tour en se vautrant dans la poussière, ils se précipitent tous dans l'intérieur et là se passent des scènes que la plume se refuse

1. Voyez : LAOUENAN, loc. cit., I, p. 208.
2. HUNTER, Indian Empire, 197.

à décrire. Quelquefois, pour ne pas dire toujours, il arrive qu'un des acteurs est étouffé dans la foule en délire ; aussitôt tous se jettent sur son cadavre encore palpitant, le déchirent avec les ongles et les dents, s'arrachent les uns aux autres les morceaux de sa chair et les mangent tout crus, comme étant la chair d'une victime agréable à la déesse[1]. » En 1861, « le prince régnant de Djeypore, dans la province d'Orissa, montant sur le trône, immola une jeune vierge de treize ans dans le temple de Durga, autre forme de Kali, au milieu de la ville même de Djeypore, afin d'obtenir pour son règne succès et prospérité[1] ». Dans les états ou principautés de Djeypore, Buchar, Chinna-Kimnédy, Gomsar, Bond, Sonepore et Darpalla, on observait, à une époque récente, en l'honneur de Sankari, autre épouse de Siva, une cérémonie annuelle où l'on sacrifiait une victime humaine. On enivrait celle-ci avec de l'opium et du datura, on lui brisait les jambes et les bras pour qu'elle ne pût pas opposer de résistance, puis « le prêtre lui ouvre la poitrine, et recueillant le sang qui sort de cette blessure, il le répand sur la terre pour la rendre fertile ; enfin il la frappe de sa hache ; aussitôt la foule se précipite sur elle afin d'obtenir un morceau de sa chair, et bientôt il n'en reste que les os entièrement dénudés. La tête, les entrailles et les os sont conservés avec soin jusqu'au jour suivant ; on les brûle alors et les cendres qu'on en recueille sont répandues sur les champs. En quelques circonstances, surtout dans les temps de sécheresse, après avoir attaché la victime, on applique des torches ardentes à divers endroits de son corps, et on la torture de diverses manières pour l'obliger à pleurer, dans la persuasion que ses larmes feront tomber la pluie ; et on la conserve dans cet état jusqu'au lendemain où elle est mise en pièces[2]. » Les caractères donnés à l'idole de Kali ont été combinés pour inspirer la terreur. Elle est représentée « sous la forme d'une femme noire, avec quatre bras : d'une main elle tient un

---

1. LAOUENAN, loc. cit., I, 209.
2. Ibid., I, p. 213.

sabre, d'une autre la tête d'un géant vaincu, tandis qu'avec les deux autres elle encourage ses serviteurs à lui adresser leurs hommages. Pour pendants d'oreilles, elle porte deux cadavres ; pour collier une guirlande de crânes, tandis que son unique vêtement se compose d'une ceinture de mains humaines enfilées dans un cordon. Ses yeux sont rouges comme ceux d'un ivrogne ; son visage et sa poitrine sont souillés de sang : sa langue est pendante hors de sa bouche ; elle se tient debout, un pied sur les cuisses l'autre sur la poitrine de Siva étendu par terre[1]. »

Des temples sont dressés, encore à notre époque, à cette affreuse divinité. On ne saurait donc trouver étrange que la vache, le singe ou le serpent aient les leurs, dans lesquels s'empressent des foules énormes de fidèles, aux jours des cérémonies solennelles. Certains adorateurs de ces dieux grotesques, licencieux, méchants ou ascètes jusqu'au délire se modèlent sur les objets de leur adoration. Des sectateurs de Siva, voulant imiter son austérité, se montrent aussi méchants envers eux-mêmes qu'il peut l'être lui-même envers les autres dieux ou les hommes. « On en rencontre des milliers qui errent dans le pays, à peine ou même pas du tout vêtus, les cheveux et la barbe sales et en désordre, couverts de cendres, sans demeures, sans abris, vivant d'aumônes. Il y en a qui tiennent leurs bras, leurs jambes dans la même posture pendant des années, de manière qu'ensuite ils ne peuvent les mouvoir ; d'autres laissent croître leurs ongles jusqu'à ce qu'ils s'enfoncent dans les chairs ; quelques-uns s'obstinent à regarder fixement le soleil jusqu'à ce qu'ils deviennent aveugles ; quelques autres s'imposent un silence si absolu et si prolongé qu'à la fin ils ne peuvent plus parler ; ceux-ci s'enivrent, ceux-ci s'habituent à manger les objets les plus immondes pour montrer leur dévotion envers leur dieu[2]. » Les membres de la secte des Aghara-Panthis, par exemple, « se font remarquer par leur malpropreté dégoûtante ; ils mangent tout ce qu'on leur offre, même des

---

1. LAOUENAN, II, p. 258.
2. *Ibid.*, II, p. 242.

ordures et des charognes; le corps souillé de cendres ou d'excréments, ils en portent souvent avec eux dans une coupe ou dans un crâne humain, soit pour les avaler, soit pour les jeter dans les maisons des personnes qui leur refusent l'aumône[1]. » Le livre sacré *Sankara Vijaya* décrit lui-même la tenue que doivent avoir les membres d'une autre secte adoratrice de Siva : « Kapalika a le corps barbouillé de cendres humaines prises dans les bûchers funéraires; son cou est orné d'un collier de crânes humains; son front, d'une ligne noire; ses cheveux sont en désordre; ses reins sont entourés d'une peau de tigre; il tient de la main gauche un crâne vide qui lui sert à boire; de la droite, une clochette qu'il agite incessamment en criant : Oh! Sambha! Bhaïrava! O Seigneur de Kâli![2] »

D'autres Sivaïstes honorent leur divinité favorite en imitant ses pratiques licencieuses. Les adorateurs de Subramanaya ou Kartikeya, fils de Siva et dieu de la guerre, considèrent comme un hommage rendu à cette divinité d'entretenir autour de ses temples des Dâvadâtis ou servantes des dieux, auxquelles il est interdit de se marier, mais qui peuvent tout à leur aise se livrer à la prostitution.

Certaines sectes adoratrices de Vishnu et de ses incarnations joignent la plus ridicule sottise à la licence la plus révoltante. Tels sont les sectateurs de Krishna, l'une des formes de Vishnu, dont la légende rapporte qu'il se plaisait beaucoup avec les Gôpis ou gardeuses de vaches : « Les hommes cherchent à gagner la faveur de leur dieu en portant de longues chevelures et en se déguisant en femmes; leurs chefs spirituels eux-mêmes, les Maharajas successeurs de Vallablia (qui fonda la secte) empruntent l'extérieur des Gôpis lorsqu'ils dirigent les fonctions du culte. Ils sont considérés comme les représentations ou même les incarnations de Krishna, de telle sorte que, dans les temples où ils rendent leurs hommages à ce dieu, les hommes et les femmes les adorent eux-mêmes, se prosternent à leurs

---

1. LAOUENAN, II, p. 278.
2. *Ibid.*, II, p. 278.

pieds, leur offrent de l'encens, des fruits, des fleurs, et portent devant eux des torches allumées. Un des modes d'honorer Krishna enfant consistant à le balancer sur une escarpolette, les femmes accomplissent le même office envers le mahârâja. La salive qu'il rejette de sa bouche, la souillure de ses pieds, la poussière sur laquelle il a marché sont dévorées avec empressement par ses disciples ; ils vont même jusqu'à boire l'eau qui a servi à laver ses vêtements et ses pieds, et ils la nomment « charanâmrita », ou ambroisie des pieds. D'autres adorent ses socques de bois, se prosternent devant son siége et son portrait. Bien plus, il y en a qui croient que le meilleur moyen de se rendre propice le dieu Krishna, qui réside au ciel, consiste à se prêter aux passions sensuelles de ses successeurs sur la terre. Corps, âme et propriété (tan, man, dhan) tout doit leur être abandonné sans réserves, et les femmes sont instruites dans la croyance qu'elles n'ont pas de plus sûr moyen de s'assurer les plus désirables bénédictions qu'en se prêtant aux caresses des représentants de Krishna... C'est à cette secte qu'est dû le *Prem-Sagar*, l'océan d'amour, qui chante les amours de Krishna et de Râdâ[1]. »

Certaines sectes adoratrices des Saktis ou épouses, énergies femelles des dieux, poussent les choses beaucoup plus loin encore. Les Saktas identifient, pendant la célébration de leur culte, « toutes les femmes présentes avec les Saktis divines ; c'est à leurs organes génitaux qu'ils offrent leurs hommages, c'est par l'acte même de l'union sexuelle qu'ils prétendent honorer la divinité, acquérir des facultés surnaturelles et l'union avec l'Être suprême... Il n'y a pas, disent-ils, de mérite à adorer dieu en menant une vie pure et chaste, en pratiquant des bonnes œuvres et des mortifications ; mais celui qui élève son esprit, qui peut s'unir à lui au milieu des orgies les plus grossières, celui-là est un héros, un véritable saint. Par suite de cette aberration d'idées, ils donnent le nom de *pasu* (bêtes) à ceux qui ne

---

1. LADUENAN, II, p. 298. En 1862, un procès qui se déroula devant la Cour de Bombay révèle toute cette corruption religieuse. Voy. MONIER WILLIAMS, *Religious Thought*, p. 134-138.

sont pas initiés à leur système, et se glorifient eux-mêmes
du titre de *siddhas*, hommes parfaits ». La doctrine religieuse qui inspire ces orgies est tirée de cette parole de
Siva s'adressant à Kâli : « Tous les hommes ont ma forme
et toutes les femmes ont la tienne ; quiconque reconnaît
une distinction quelconque de caste dans le cercle mystique
est un esprit dévoyé. » Le « cercle mystique » est formé,
dans les cérémonies solennelles du culte de cette secte, par
tous les « hommes et femmes assis côte à côte sans aucun
égard pour la caste ou les relations de parenté. Les hommes
représentent la personne de Siva et les femmes celle de son
épouse ». Le cercle étant formé, « on se met à boire des
vins et des liqueurs d'espèces différentes, qui doivent être
au nombre de douze. A chaque espèce est attribuée une
vertu particulière : l'une procure le salut, l'autre la science,
les autres la puissance, la richesse, la destruction des ennemis, la guérison des maladies, la délivrance du péché, la purification de l'âme. Quand on a bu, on se gorge, tour à tour,
de viandes, de poissons et de graines. Enfin on se livre à tous
les excès de la luxure [1] ». A ces pratiques orgiaques se mêlent
des prières, des lectures de livres sacrés, des formules de
sorcellerie, en un mot, tout ce que l'imagination des
plus ardents dévots peut concevoir. Et ce n'est point là un
des côtés les moins curieux de ces singulières aberrations
religieuses.

§ III. — *Le Panthéisme brahmanique et le Bouddhisme, et leur morale.*

Diverses tentatives ont été faites, au cours de l'histoire
du brahmanisme, pour le soustraire aux grossières divinités dont se peuplait son panthéon et aux pratiques ineptes
ou licencieuses par lesquelles son culte se pervertissait.
J'ai rappelé plus haut celle du Vishnu-purana et son avor-
tement. Une autre, plus importante, fut faite dans le *Bhrah-*

---

[1]. LAOUENAN, II, p. 307-308.

mana des sentiers. Elle commença de se manifester vers la fin de la période védique. Au polythéisme brutal et licencieux auquel la masse donnait son adhésion d'autant plus volontiers que chaque race, et même groupe social y pouvait faire entrer les divinités de son choix, des brahmanes quelque peu philosophes tentèrent de substituer une sorte de monothéisme panthéiste d'où devait naître, vers le ve siècle avant notre ère, la doctrine du Bouddha.

Le point de départ du panthéisme auquel je fais allusion était placé par les créateurs du système dans l'idée du Moi individuel. Le corps humain est pénétré par des souffles vitaux *(prana)* dont le principal, en quelque sorte le suzerain, reçut le nom d'Atman. Il est le pouvoir central dont l'activité créatrice s'exerce dans les profondeurs de la vie personnelle, le souffle vital « innommé » dont tous les autres tirent leur origine. Cet Atman est aussi la force créatrice qui meut l'univers tout entier. L'Atman « est le Tout. » Il se confond même avec Brahma, pour former l'Être un, universel, immuable et éternel dont le symbole est la syllabe affirmative *Om*.

Il est seul à l'abri de la douleur du monde ; en dehors de lui, il n'y a qu'affliction. Pour éviter cette affliction générale, l'homme ne dispose que seul moyen : il doit éviter tout autre désir que celui de l'Atman et renoncer à toute autre œuvre que la recherche de l'Atman, car « l'Atman, dit le *Brahmana des cent sentiers,* est au-delà du bien et du mal ; ce qui a ou n'a pas été fait, il ne s'en met pas en peine ». L'homme n'est parvenu à un état semblable à celui de l'Atman que le jour où, semblable à l'individu plongé dans un sommeil profond, « il ne sent plus de désir et ne voit aucun songe » ; car c'est « l'état où il ne désire que l'Atman, où il a atteint son désir, où il est sans désir ». Pour atteindre cet état de parfaite félicité, l'homme ne doit attendre aucun secours. « C'est en lui-même, dit justement M. Oldenberg, que l'homme trouve la force de s'échapper de ce monde, séjour désespéré de la douleur... Ni cantiques, ni prières, ni espérance, ni crainte, ni amour. Le regard de l'homme est tourné fixement au-dedans de lui-même ;

il scrute les profondeurs de son être jusqu'à ce que se révèle à lui l'identité de son Moi avec l'éternelle Unité[1]. »

C'est de cette métaphysique qu'est sortie la doctrine morale du bouddhisme. Elle est résumée dans ces lignes du *Sermon de Benarès* : « Voici, ô moines, la vérité sainte sur la douleur : la naissance est douleur, la vieillesse est douleur, la maladie est douleur, la mort est douleur, l'union avec ce que l'on n'aime pas est douleur, la séparation d'avec ce que l'on aime est douleur, ne pas obtenir son désir est douleur, en résumé les cinq sortes d'objets de l'attachement sont douleur. — Voici, ô moines, la vérité sainte sur l'origine de la douleur : c'est la soif (de l'existence) qui conduit de renaissance en renaissance, accompagnée du plaisir et de la convoitise, qui trouve çà et là son plaisir : la soif de plaisirs, la soif d'existence, la soif d'impermanence. — Voici, ô moines, la vérité sainte sur la suppression de la douleur : l'extinction de cette soif par l'anéantissement complet du désir, en bannissant le désir, en y renonçant, en s'en délivrant, en ne lui laissant pas de place. — Voici, ô moines, la vérité sainte sur le chemin qui mène à la suppression de la douleur : c'est le chemin sacré à huit branches, qui s'appelle : foi pure, volonté pure, langage pur, action pure, moyens d'existence purs, application pure, mémoire pure, méditation pure[2]. » Afin de pouvoir suivre ce « chemin à huit branches », au bout duquel se trouve la Délivrance (de la douleur), il faut renoncer au monde.

La morale du bouddhisme comprend cinq règles capitales, dont trois figurent dans toutes les morales religieuses, dans toutes les législations et dans toutes les philosophies morales : « Ne pas prendre ce qui ne vous appartient pas. Ne pas toucher à la femme d'un autre. Ne pas dire ce qui n'est pas la vérité. » La quatrième, celle qui interdit de tuer, est étendue par le bouddhisme à tous les êtres vivants « ne pas tuer d'être vivant[3] ». Elle n'était point, d'ailleurs, particulière au bouddhisme ; celui-ci l'avait empruntée au

---

1. OLDENBERG, *Le Bouddha*, p. 23 et 50.
2. *Ibid.*, p. 128, 207.
1. *Ibid.*, p. 286.

brahmanisme, en lui donnant un caractère plus absolu. Un moine bouddhiste ne doit même pas boire de l'eau dans laquelle se trouvent les plus infimes animalcules. Non seulement il ne doit tuer aucun animal, mais encore « amicalement, il recherche le bien de tout être vivant. C'est là une part de sa droiture[1]. » La cinquième règle revêt un caractère à la fois religieux et hygiénique : « Ne pas boire de liqueur enivrante. » Elle était empruntée, comme la précédente, au brahmanisme.

Outre ces cinq règles cardinales, le bouddhisme recommande en premier lieu la charité — surtout envers les moines — et la bienfaisance, mais sans leur donner la forme de l'amour, car le Parfait doit écarter tout sentiment qui le porterait à s'attacher à un être ou à un objet quelconques. « Toutes les souffrances et les plaintes, toutes les douleurs de ce monde sous toutes les formes viennent de ce qui est cher à quelqu'un ; là où il n'y a rien de cher, elles non plus ne se produisent pas. C'est pourquoi ils sont riches en joie et libres de chagrin, ceux qui n'ont rien de cher en ce monde. C'est pourquoi, puisse celui qui aspire à l'état où il n'y a plus ni chagrin ni impureté, faire que rien ne lui soit cher en ce monde[2]. » Cependant, le Parfait rendra service à son semblable dans toute la mesure de ses forces et par tous les moyens, même au prix de sa vie. On raconte du Bouddha lui-même que dans l'un de ses avatars, où il vivait sous la forme d'un lièvre, il s'offrit comme aliment à un Brahmane. « C'est bien, lui dis-je (c'est le lièvre qui parle), tu fais bien de venir à moi pour chercher de la nourriture. Un noble don, un don comme il n'en a jamais été donné encore, voilà ce que je veux te donner aujourd'hui. Tu pratiques les devoirs de la droiture : il n'est pas dans ton caractère de faire du mal à un être vivant. Mais va, ramasse du bois et allume un feu : je veux me rôtir moi-même : une fois rôti, tu pourras me manger. » Le brahmane dit : « Qu'il en soit ainsi. » Il alluma le feu et s'assit

---

1. Voy. : OLDENBERG, *Le Bouddha*, p. 288.
2. *Ibid.*, p. 289.

devant le bois enflammé. « Quand le grand tas de bois commença à vomir flammes et vapeurs, je m'élançai en l'air et me précipitai au milieu du feu. Comme une eau fraîche, chez celui qui s'y plonge, calme le tourment de la douleur, comme elle le réjouit et le ranime, ainsi ce feu flamboyant, où je me précipitai, calma tous mes tourments, pareil à une eau rafraîchissante. Peau et cuir, chair et nerfs, os, cœur et ligaments, tout mon corps avec tous ses membres je l'ai donné au brahmane[1]. »

A la charité et à la bienveillance, le bouddhisme, malgré la sécheresse de cœur qu'il recommande, ajoute l'esprit de conciliation, de concorde et condamne l'inimitié. Le Parfait « réconcilie ceux qui sont désunis, il resserre les liens de ceux qui sont unis. La concorde fait sa joie ; la concorde fait son occupation ; la concorde fait ses délices ; les paroles qui enfantent la concorde, il les dit. C'est là aussi une part de sa droiture[2]. » Il ne se venge ni des injures, ni du mal dont il a été l'objet. Un des héros des contes bouddhistes, nommé Longuevie, a vu mettre en quatre morceaux son père et sa mère par le roi Brahmadatta. Un jour, il tient celui-ci entre ses bras, endormi, au fond d'une forêt ; il tire son épée pour le tuer, mais il se rappelle les paroles que lui dit son père avant de mourir : « Ce n'est pas par l'inimitié que s'apaise l'inimitié, c'est par l'absence d'inimitié que s'apaise l'inimitié. » Deux fois il tire son épée pour percer le cœur du roi, deux fois il la remet au fourreau, au souvenir de ces paroles, et finit par les répéter au roi qui, plein d'admiration et de reconnaissance d'avoir eu la vie sauve, lui rend ses biens, son armée, son pays et lui donne sa fille en mariage[3].

Cependant, ces vertus ne sont, aux yeux du bouddhiste, que très secondaires : ce qui domine sa morale, c'est le souci constant du « Moi », le perfectionnement du « Moi », pour la satisfaction du « Moi » lui-même. « Par ton Moi, aiguillonne ton Moi ; par ton Moi cherche ton Moi ; ainsi

---

1. OLDENBERG, p. 299.
2. *Ibid.*, p. 288.
3. *Ibid.*, p. 291.

gardant bien ton Moi et avec vigilance, tu vivras, ô moine, dans la félicité[1]. » C'est l'égoïsme poussé, dans le domaine de la vertu, aussi loin que l'imagination peut le concevoir. La morale bouddhiste ne devait trouver de rivale, sur ce point, que quinze ou seize siècles plus tard, dans l'*Imitation de Jésus-Christ*.

Une pareille morale conduit nécessairement celui qui la pratique à n'avoir avec les hommes que le minimum possible de relations : « Quiconque ne dit que peu de paroles sages, mais se conduit selon la loi de la vérité, qui s'abstient d'amour et de haine et d'aveuglement, qui possède la science, et dont l'esprit a trouvé la délivrance, qui n'a d'attachement à rien ni dans le ciel, ni sur la terre, celui-là a part à la dignité des moines[2]. »

La vie monacale apparaît nécessairement comme l'idéal de la morale bouddhiste : « C'est un étroit assujettissement que la vie dans la maison, un état d'impureté ; la liberté est dans l'abandon de la maison. Abandonnant toute possession, il faut s'en aller de là. » Tout bouddhiste convaincu quitte sa famille, se fait moine et ne vit que des aumônes recueillies le long de sa route, s'il mène la vie errante, ou dans les alentours de son monastère, s'il vit en commun. « En grande joie nous vivons, nous qui ne possédons rien ; la gaîté est notre nourriture comme aux dieux de lumière. Comme l'oiseau, où qu'il vole, n'emporte avec lui que ses ailes, de même aussi un moine se contente du vêtement qu'il porte, de la nourriture qu'il a dans le corps. Où qu'il aille, partout il emporte avec lui sa fortune[3]. » Il doit, même dans cette vie de pauvreté, n'avoir que le moins possible de relations avec ceux qui lui font l'aumône. Il tend son écuelle sans mot dire, sans lever les yeux pour regarder ce qu'on y met, puis la couvre de son manteau et se retire.

Cependant, même dans l'état de moine errant, silencieux, indifférent au monde, l'idéal du parfait bouddhiste n'est

---

[1]. OLDENBERG, p. 301.
[2]. *Ibid.*, p. 304.
[3]. *Ibid.*, p. 347-348.

pas encore atteint. Il ne peut l'être que le jour où le moine se condamne à la plus complète solitude : « Quand devant moi, quand derrière moi mon regard n'aperçoit plus personne, certes il est doux de demeurer seul en la forêt. Allons ! je veux m'en aller dans la solitude, dans la forêt que loue le Bouddha : c'est là qu'il fait bon être pour le moine solitaire qui aspire à la perfection... Seul, sans compagnon, en la forêt vaste et charmante, quand aurai-je atteint mon but, quand serai-je libre de péchés ?... Quand au ciel les nuages d'orage battent le tambour, quand les torrents de pluie emplissent les chemins de l'air, et que le moine, dans un creux de montagne, s'abandonne à la méditation : non, il ne peut y avoir de joie plus haute. Sur le bord des rivières parées de fleurs et que couronne la guirlande diaprée des forêts, il est assis joyeux, plongé dans la méditation : il ne peut y avoir de joie plus haute [1]. » — « Le moine qui demeure en un endroit solitaire, dont l'âme est pleine de paix, goûte une félicité surhumaine, contemplant face à face la vérité [2]. »

Le bouddhisme tendait trop vers l'ascétisme pour qu'il pût accorder une grande bienveillance aux femmes. Un vieux conte bouddhiste parle d'elles en termes qui rappellent ceux dont se servent les écrivains sacrés d'Israël : « Impénétrable et cachée comme dans l'eau le chemin du poisson, est la nature des femmes, des brigandes pleines de malice, en qui il est difficile de trouver la vérité, pour qui le mensonge est comme la vérité et la vérité comme le mensonge. » Un disciple de Bouddha, du nom d'Ânanda, entre alors en scène et dit : « Maître, comment faut-il nous conduire à l'égard d'une femme ? — Il vous faut éviter sa vue, ô Ânanda. — Et si cependant nous la voyons, maître, que faut-il alors que nous fassions ? — Ne point lui parler, ô Ananda. — Et si cependant, maître, nous lui parlons ?... — Alors, il vous faut prendre garde à vous, ô Ananda [3]. » Le fondateur du bouddhisme admettait cependant les

---

1. Oldenberg, p. 310.
2. *Ibid.*, p. 218.
3. *Ibid.*, p. 162.

femmes auprès de lui ; il leur adressait ses prédications familiales comme aux hommes, recevait d'elles l'hospitalité, et les aumônes qu'elles s'empressaient de lui offrir. Il finit même par les autoriser à se transformer en nonnes mendiantes ; mais il les traitait en simples auxiliaires subalternes. Sa conduite fut toujours imitée par ses disciples. A l'exemple de leur maître, ceux-ci considéraient les femmes comme des éléments de dissolution dans la société religieuse et ascétique qu'ils rêvaient de fonder. Un livre bouddhiste compare les nonnes à la nielle qui, se répandant sur une rizière, la fait dépérir. « Si, ô Ânanda, dans la doctrine et dans l'ordre que le Parfait a fondés, il n'avait pas été accordé aux femmes de quitter leurs foyers pour mener une vie errante, la vie sainte, ô Ânanda, serait demeurée longtemps observée : la pure doctrine se serait maintenue pendant mille ans. Mais parce que, ô Ânanda, dans la doctrine et dans l'ordre que le Parfait a fondés, les femmes renoncent au monde et embrassent la vie errante, désormais, ô Ânanda, la vie sainte ne demeurera plus longtemps observée : la doctrine de la vérité ne se maintiendra plus à présent que cinq cents ans [1]. » On raconte que le fidèle disciple du Maître, Ânanda, fut sévèrement blâmé par les autres parce qu'il avait laissé approcher du Bouddha mort, des femmes dont les larmes souillèrent le corps du prophète. Il y avait entre le bouddhisme, peut-être inspiré sur ce point par le judaïsme, imprégné, en tout cas, de l'esprit ascétique, et la femme aryenne de l'Hindoustan, non seulement une antinomie, mais encore une impossibilité de se comprendre. Le bouddhisme put convertir des femmes ; il en eut parmi ses disciples de très zélées dans leur ascétisme ; mais il ne fit pas la conquête de la femme, et c'est, en grande partie, de cela qu'il mourut. Quant à celles qu'il put gagner complètement à ses doctrines et à son esprit ascétique, il est intéressant de leur voir tenir un langage tout à fait semblable à celui que tiendrait aujourd'hui une religieuse catholique placée dans des conditions analogues à

---

[1]. OLDENBERG, p. 163.

celles des temps où vivait le Bouddha. L'une des femmes qui ont joué les grands rôles dans l'histoire du bouddhisme, la bourgeoise Viràkha, demande au Maître, qu'elle a reçu dans sa maison, et après le repas qu'elle lui a offert, d'exaucer huit vœux qu'elle a faits, et qui tous ont pour but d'aider les moines dans leurs prédications et leur œuvre de prosélytisme. Le dernier consiste à fournir des vêtements de bain aux hommes et aux femmes qui embrassent la vie religieuse. A l'appui de son vœu, elle tient ce langage, qu'une femme du temps des Védas aurait considéré comme un blasphème à l'égard de la beauté, de l'amour, de la vie : « Il est arrivé, Seigneur, que les nonnes se baignaient nues dans la rivière Aciravatî à la même place de bains que les courtisanes. Les courtisanes, Seigneur, se raillaient des religieuses ; à quoi songez-vous, Révérendes, avec votre vie de sainteté, aussi longtemps que vous êtes jeunes ? Ne convient-il pas de se livrer au plaisir ? Attendez d'être vieilles pour embrasser la vie sainte ; ainsi vous connaîtrez les deux vies : celle d'à présent et celle d'alors. Et les religieuses, Seigneur, ainsi raillées par les courtisanes étaient troublées. C'est une chose impure, ô Seigneur, que la nudité chez la femme, une chose honteuse et condamnable. Telles sont mes raisons, Seigneur ; c'est pourquoi je désire, ma vie durant, fournir des vêtements de bain à la communauté des nonnes[1]. » Le bouddhisme avait conduit les esprits au mépris de la femme, à son éloignement des hommes et de la société ; sans penser qu'il mettait en danger la famille ; il était inévitable qu'il condamnât la beauté comme un vice. N'est-ce point la beauté qui constitue, pour les hommes, ces « rets » dont parlent les Livres sacrés hébraïques ?

Envisagé du point de vue social, le bouddhisme ne représente pas un progrès sur le brahmanisme. Quoiqu'on en ait dit, il ne condamnait pas plus les castes que le christianisme ne devait plus tard condamner les classes sociales. Comme ce dernier, il se bornait à ouvrir ses rangs aux individus de toutes les castes, mais il ne paraît pas que les disciples du Bouddha aient été, dans la pratique, recrutés ailleurs que dans les castes supérieures et, en particulier, dans celle des Brahmanes. D'un autre côté, en supprimant l'affection sociale, en invitant ses adeptes à s'éloigner du monde et à le considérer comme une source de douleurs dont il faut s'écarter, en préconisant la vie monacale et la méditation solitaire, le bouddhisme avait créé la plus détestable morale sociale qu'il soit possible de concevoir. A cet égard, il offre des traits nombreux et frappants de ressemblance avec le prophétisme et l'essénisme judaïques.

CHAPITRE XII

LES SANCTIONS MORALES DU VÉDISME, DU BRAHMANISME ET DU BOUDDHISME

§ I. — *Les sanctions morales du Védisme.*

Dans le Rig-Véda, le péché n'est d'abord qu'une sorte de souillure extérieure au corps et que l'on peut faire disparaître par des ablutions. Il « a une existence à lui : c'est un être indépendant. Les maladies passent pour des substances réelles, plus ou moins fixes, parfois aussi fluides que l'air, qu'on peut diluer dans l'eau, consumer au feu, bannir au moyen de charmes et d'amulettes. Tout de même en est-il du péché *(enas* ou *âgas)*[1] ». Cette souillure, cette entité qu'est le péché, revêt souvent, dans les hymnes, l'aspect d'une chaîne qui enlace l'homme extérieurement. Un chantre demande à son dieu de le débarrasser « du péché que nous avons commis et dont notre corps est durement lié ». Cette souillure, ce lien tout extérieur, on a pu en être taché ou lié, sans le savoir, même pendant le sommeil, même par l'hérédité, même par la faute d'un autre, qui peut être un homme ou un dieu. Un hymne demande la rémission « de tout péché de tromperie que nous avons hérité de nos pères ou que nous avons commis nous-mêmes de nos propres personnes ». Dans un sacrifice, si la victime rue ou mugit, le sacrificateur est souillé d'un péché, quoiqu'il soit indépendant de l'acte considéré comme coupable. Quand des pleureuses se lamentent, elles souillent de péché

---

1. OLDENBERG, *La religion du Véda*, p. 243.

la maisonnée qui n'y peut rien. Un homme sur qui une corneille noire a laissé tomber sa fiente est souillé par le péché. Un autre, dont la vache met au jour deux jumeaux, est souillé du péché. En est également souillé, celui qui entend dire qu'il est mort, etc. Un hymne parle du « péché qui vient des dieux » et qui peut occasionner la folie de l'homme.

Cette souillure extérieure mécontente les dieux auprès desquels il faut s'en excuser, auxquels il faut demander de la faire disparaître, afin de n'être point la victime de leur vengeance. « Le péché que nous avons commis par adjuration, conjuration ou contre-conjuration, dit un hymne, en donnant ou en veillant, toutes les mauvaises actions, ces odieuses, qu'Agni les expulse loin de nous ! » Un autre, pour éviter la colère de la divinité, lui dit : « Si, par inattention, nous avons violé tes ordonnances, ne nous fais pas de mal, ô dieu, en punition de ce péché. » On prie tous les dieux indistinctement pour éviter leur vengeance, mais c'est surtout à Varuna qu'on demande la connaissance et la rémission des péchés que l'on a pu commettre. Le dévôt indien ressemble, en effet, sous certains rapports, au dévôt juif, qui craint toujours d'avoir commis quelque faute, redoute la colère divine sans savoir pourquoi et demande au ciel de l'éclairer en même temps que de ne le point châtier[1]. « Je cherche mon péché, ô Varuna, je désire le voir. Je vais m'en informer auprès de ceux qui savent. D'un commun accord les sages me disent : C'est Varuna qui est courroucé contre toi. Quel a-t-il été, ô Varuna, ce grand péché, pour que tu veuilles tuer le chantre ton ami ? Dis-le moi, ô dieu infaillible et libre ; je veux en diligence gagner ta grâce par ma piété. Délivre-nous de tout péché de tromperie, celui que nous avons hérité de nos pères et celui que nous avons commis de notre propre corps... Ce ne fut pas mon propre vouloir, ô Varuna, ce fut délire, ivresse, fureur du jeu, passion ou négligence. La faute que commet le jeune

---

[1]. Voy. ci-dessus, p. 62.

homme, son aîné y tombe aussi. Le sommeil lui-même n'est point exempt de péché. Comme un serviteur, je veux apporter satisfaction au dieu diligent qui fait merci, afin d'être absous. » C'est Varuna que l'on redoute, c'est lui qui est le connaisseur par excellence du bien et du mal et c'est de lui que l'on attend la rémission. Pour l'obtenir, on implore parfois le concours de ce bon Agni, qui est le dieu bienveillant aux hommes parce qu'il vit plus près d'eux que les autres. « O Agni, implore un chantre, écarte pour nous la colère du dieu Varuna..., sois-nous, ô Agni, le plus proche avec ton assistance, tout proche au lever de l'aurore. Riche en grâces, sacrifie pour nous à Varuna et faisons-le franchir. Viens ici pour exercer la miséricorde. Laisse-toi invoquer de nous [1]. »

Cependant, la prière ne suffit pas pour obtenir le pardon des dieux ; il faut y joindre le sacrifice et les cérémonies expiatoires qui sont la source principale des profits du prêtre. Le péché étant une souillure extérieure, on s'en débarrasse, dit un hymne, « comme l'homme couvert de sueurs se défait de ses souillures en se baignant, comme l'oiseau ailé se dégage de son œuf [2] »; mais pour cela il faut le concours du prêtre. Lorsqu'un homme est souillé par le péché que détermine la chute sur lui de la fiente de la corneille noire, le prêtre le lave et promène autour de lui un tison ardent, en disant : « Ce que l'oiseau noir en volant a laissé tomber ici, de tout mal et de toute affliction, daignent les Eaux me protéger [3] ! » Souvent, on transporte le péché de l'homme sur un objet que l'on jette au courant de l'eau pour qu'il l'entraîne au loin. Lorsque, par exemple, un frère cadet a commis le péché de se marier avant son aîné, ce qui les souille tous les deux, on les conduit devant un cours d'eau, le prêtre les enchaîne de liens de roseau représentant le péché qui les lie, puis il les lave, les asperge, et, finalement, jette à l'eau les liens dont il les avait enchaî-

---

1. Voyez pour les citations ci-dessus : OLDENBERG, *La religion du Véda*, p. 243 et suiv.
2. *Ibid.*, p. 271.
3. *Ibid.*, p. 275.

nés, en disant : « Disparais avec l'écume du torrent[1]. »
Le plus souvent c'est par un sacrifice que l'on enlève la
souillure du péché. Dans le sacrifice du Soma « les prêtres
jettent au feu les copeaux qui proviennent de l'équarrissage du poteau sacré, et profèrent à chacun d'eux la formule : Tu es l'oblation expiatoire du péché commis par
les dieux..., par les hommes..., par les pères..., par nous ;
de chaque péché, un à un, tu es l'oblation expiatoire. Du
péché quelconque que j'ai commis consciemment ou inconsciemment, de tous ces péchés tu es l'oblation expiatoire[2]. »

Le sacrifice expiatoire est parfois accompagné d'une confession sans laquelle il ne saurait y avoir absolution du péché. Dans la fête des Varunapraghâsâs, qui a lieu au début de la saison des pluies, on fait, avec de l'orge rôtie « au feu sacré du Sud », qui est réservé aux apprêts impurs, des gâteaux en forme d'assiette et en même nombre que celui des membres de la famille, plus un pour ceux qui ne sont pas encore nés. Puis, on demande à l'épouse : « Avec qui pèches-tu ? » Elle doit dire le nombre de ses amants ou, du moins, l'indiquer en montrant autant de brins d'herbe qu'elle en a eu. « Elle pèche contre Varuna, dit le rite expiatoire, la femme qui appartient à l'un et se donne à l'autre. Afin qu'elle n'ait point d'aiguillon au cœur en offrant le sacrifice, c'est pourquoi il lui pose cette question. Et, par l'aveu, la faute s'atténue, car ainsi la vérité règne. C'est pourquoi il lui pose cette question. Si elle n'avouait pas, ses proches s'en trouveraient mal. » On conduit alors devant les feux sacrés la femme qui porte les gâteaux sur sa tête, dans une corbeille ; elle en fait oblation au feu avec cette formule : « Le péché quelconque que nous avons commis en nos sens, dans le village, dans la forêt, dans la maison, nous le bannissons par ce sacrifice. La cérémonie se termine par un bain expiatoire où le sacrifiant et sa femme se font mutuellement des ablutions, et après lequel

---

1. OLDENBERG, p. 275.
2. *Ibid.*, p. 274.

ils revêtent des habillements neufs[1]. » Il existait une forme de confession très particulière et non dépourvue d'originalité. « Le meurtrier porte comme un étendard le crâne de sa victime ; il y boit ; il est vêtu d'une peau d'âne ou de chien qui le désigne comme criminel aux yeux de tous ; il vit d'aumônes qu'il a mendiées en confessant la malédiction qui pèse sur lui. Le disciple qui a rompu son vœu de chasteté porte une peau d'âne et mendie son pain de porte en porte sous la même condition. L'homme qui a offensé son épouse porte une peau d'âne et va disant : « Faites l'aumône à un malheureux qui a péché envers sa femme. » Plusieurs textes prescrivent aux coupables dont il est question ci-dessus de porter, en place de bâton, un pied de lit[2]. »

Les dieux du Rig-Véda châtient le coupable sur cette terre, à coup sûr, dans l'autre peut-être. Certains hymnes montrent Varuna, dans sa colère, envoyant au coupable la maladie, le livrant à ses ennemis, le soumettant aux poursuites des esprits de ruse, etc.[3]. Mais, ces châtiments sont peu redoutables, puisqu'il est toujours facile de se débarrasser de ses péchés par les sacrifices expiatoires que l'on peut, en tout temps, faire exécuter par les prêtres. Aussi le moyen le plus sûr d'avoir le bonheur ici-bas et dans l'autre monde, est-il de faire faire beaucoup de sacrifices et de se montrer généreux envers les sacrificateurs.

Les chantres du Rig-Véda croient à une sorte d'âme analogue à un souffle et à sa persistance après la mort. Ils croient aussi à la survivance du corps lui-même, sublimisé, dégagé des maladies et des infirmités. Un sacrifiant de Soma s'écrie, en s'adressant au breuvage sacré : « Le monde où luit l'inépuisable splendeur, où siège le soleil, fais-m'y siéger, ô Soma, dans le monde impérissable de l'immortalité. Que pour Indra coule goutte à goutte la liqueur. — Où est le roi, fils de Visvasvant, où est la route solide du firmament, où sont les eaux cou-

---

1. OLDENBERG, p. 273.
2. *Ibid.*, p. 282.
3. *Ibid.*, p. 248.

rantes, en ce lieu fais que je sois immortel. Que pour Indra coule goutte à goutte la liqueur. — Où l'on se meut à son loisir, au triple firmament, au triple ciel du ciel, où sont les mondes de lumière, en ce lieu fais que je sois immortel. Que pour Indra coule goutte à goutte la liqueur. — Où sont le désir et la complaisance, où la surface du ciel empourpré, où le banquet des âmes, et l'abondance de nourriture, en ce lieu fais que je sois immortel. Que pour Indra coule goutte à goutte la liqueur. — Où règnent joies et délices, jouissance et comble de jouissance, où sont atteints les souhaits du désir, en ce lieu fais que je sois immortel. Que pour Indra coule goutte à goutte la liqueur. » Fraîcheur, nourriture abondante, joies et délices, satisfaction des désirs, tels sont les plaisirs, tout matériels, tout semblables à ceux que l'on convoite ici-bas, promis par le Rig-Véda aux hommes qui jouiront de l'immortalité heureuse. « Au haut du ciel, ceux qui ont donné de riches salaires aux prêtres du sacrifice, ceux qui ont donné des chevaux habitent le soleil[1]. » Là haut, ils retrouveront les riches offrandes faites aux sacrificateurs. On le promet aux gens pieux, dans des cérémonies spéciales, où l'on met sous leurs yeux en miniature ce qu'ils retrouveront au ciel : « Avec des mares de beurre, des rives de miel, roulant des spiritueux en guise d'eau, pluies de lait, d'eau, de petit-lait, puissent pour toi couler de tels fleuves, gonflés de douces liqueurs dans le monde céleste, et des étangs à lotus t'environner de toutes parts[2] ! »

Il est douteux que les auteurs des Védas aient cru à un enfer où les méchants seraient envoyés et punis par les dieux. Il est probable que le châtiment des coupables après la mort n'était point autre que de ne pas exister. Cependant, on a relevé dans le Véda quelques passages qui paraissent faire allusion à un enfer : « Indra et Soma, jetez les malfaiteurs au cachot, dans les ténèbres où il n'y a prise nulle part ; que pas un n'en revienne, telle les foule votre

---

1. OLDENBERG, p. 452.
2. *Ibid.*, p. 457.

vigueur courroucée. — Qu'il demeure au-dessous de toutes les trois terres... celui qui, nuit et jour, ourdit contre nous la perfidie. » Nous, bien entendu, ce sont les prêtres auteurs des hymnes. Comme le fait justement observer M. Oldenberg, « c'est surtout au généreux bienfaiteur des prêtres que le Véda promet les récompenses célestes, c'est l'ennemi des prêtres qu'il menace de la damnation. Dans les prières, on ne songe presque jamais à la mort que pour la souhaiter à son rival, ou pour implorer la longue vie, la vie de cent automnes. Dans le culte, abstraction faite du chapitre des honoraires à payer aux prêtres officiants, l'idée du salut éternel n'apparaît guère en dehors de l'instant même des funérailles. Mais là elle s'accompagne d'un minutieux souci du détail : qu'Agni n'endommage point le cadavre ; qu'Agni et Sôma lui restituent les chairs qu'aurait rongées la fourmi ou le corbeau ; que la scrupuleuse observation de chaque rite permette à l'âme d'atteindre le séjour qui lui est destiné. Pour que, de ce terre à terre, on s'élève au spiritualisme dont déborderont les âmes au temps du monachisme bouddhique, pour qui la vie n'est qu'une préparation à la mort, il faudra que l'intelligence se pénètre du triomphe de l'éternité sur la durée périssable[1]. » Probablement aussi, faudra-t-il qu'un esprit distinct de celui des Aryas se glisse dans leurs conceptions religieuses ; mais cet esprit était si étranger à la race que son influence fut simplement passagère.

§ II. — *Les sanctions morales du Brahmanisme.*

C'est dans un sens tout différent que se déroula l'évolution du brahmanisme. Il resta dans le « terre à terre », il s'y enfonça même. Il attribua de plus en plus le caractère de fautes, de péchés, à des actes qui n'avaient en eux-mêmes rien de coupable, qui souvent étaient involontaires ; ils multiplièrent à l'infini les souillures afin de multiplier

---

1. Oldenberg, p. 464.

les purifications, les expiations, les sacrifices, tout ce dont les prêtres tirent profit. Les sanctions morales, à leur tour, prirent un caractère aussi ridicule ou aussi odieux que celui des divinités, des péchés et des expiations. Comme toutes les religions constituées, ayant des livres sacrés, une morale officielle et un corps sacerdotal, le brahmanisme attribue la même gravité à des fautes très préjudiciables aux hommes et à de simples manquements aux prescriptions ou aux interdictions des Livres sacrés. On lit, par exemple, dans la Loi de Manou : « Oublier la Sainte-Écriture, montrer du dédain pour les Védas, porter un faux témoignage, tuer un ami, manger des choses défendues, ou des choses auxquelles on ne doit pas goûter à cause de leur impureté, sont six crimes presque semblables à celui de boire des liqueurs fortes[1]. » Et encore : « Tuer un insecte, un ver ou un oiseau, manger ce qui a été apporté avec une liqueur spiritueuse dans un panier, voler du fruit, du bois, des fleurs, sont des fautes qui causent la souillure[2]. »

D'autre part, en même temps que le brahmanisme se pénétrait du sensualisme brutalement lubrique constaté plus haut, il limitait le but de sa morale à une soi-disant perfection individuelle d'où ne pouvait résulter ni aucun progrès intellectuel ni aucun avantage social. De même qu'il condamnait les castes, multipliées sans limites, à ne jamais sortir de leurs étroites frontières, il amenait les individus à ne chercher la perfection que dans un renoncement au monde, aussi nuisible à chacun que peu profitable à l'ensemble du corps social. L'homme vertueux du Rig-Véda était un être sociable ; le prêtre ne lui demandait que de ne pas oublier les sacrifices et les sacrificateurs ; il ne le détournait pas de la société. Tout différemment agit le brahmanisme. Pour certains sectateurs de Vishnu, il n'y a qu'une règle morale : croire. Le fondateur de l'une des sectes vishnuvites, Chaïtanya met, dans la bouche de Krishna, l'une des incarnations de Vishnu, les paroles que

---

1. *Lois de Manou*, xi, 56.
2. *Ibid.*, xi, 70.

voici : « Tout ce que peuvent accomplir les actions, les pénitences, la connaissance de la divinité, la suppression des passions, les méditations abstraites, la charité, la vertu et toutes les choses excellentes, est accompli par *la seule foi en moi*. Le paradis, le ciel, la suprême béatitude, l'union avec la divinité suprême, tout désir du cœur peut être obtenu par la foi en moi[1]. » Puisque croire dispense d'agir, le croyant se renfermera dans la contemplation et le rêve s'il est intelligent, dans le fakirisme le plus ridicule, s'il est ignorant. Quant à ceux qui seront obligés de travailler pour vivre, ils vivront le moins possible, afin de réduire le plus possible la quantité de travail à faire.

La religion s'est ajoutée au climat énervant de l'Inde pour amener le peuple à une inertie relative, dans laquelle il dégénère petit à petit, depuis des milliers d'années. Je crois même qu'on ne sortirait pas des limites de la vérité, en admettant que si la religion a tourné au nihilisme impuissant dont toute sa doctrine est imprégnée, c'est que la nature du milieu dans lequel son évolution s'est faite ne lui permettait pas de s'orienter vers l'activité. La morale du brahmanisme est restée ascétique et égoïste, parce que l'altruisme exige une activité incompatible avec la chaleur et l'insalubrité de la majeure partie du pays. La Loi sacrée de Manou se montrait un produit du sol indien, quand elle traçait cette règle générale de conduite : « L'homme qui entend, qui touche, qui voit, qui mange, qui sent des choses qui peuvent lui plaire ou lui répugner sans éprouver ni joie ni tristesse, doit être reconnu comme ayant dompté ses organes[2]. » Celui-là est un homme parfait ; les dieux le récompenseront d'autant plus généreusement qu'il aura concentré toute sa vie sur la divinité. « Cet homme saint qui se tient immobile, comme s'il était élevé sur un pinacle (ou comme un pic de montagne), dont les appétits et les organes sont subjugués, qui est saturé de connaissances séculières et

---

1. Voyez : LAOUENAN, *loc. cit.*, II, p. 390.
2. *Lois de Manou*, livre II, 98.

sacrées ; pour lequel tout est égal, un morceau de terre, une pierre, un morceau d'or, les amis, les parents, les connaissances, les indifférents et les ennemis, le bon et le mauvais ; cet homme est dit uni avec Dieu... Comme une tortue rentre sa tête et ses pieds sous sa carapace, ainsi doit-il tenir ses organes à l'écart des objets sensuels... Sans repos, il n'y a point de félicité... Le repos est l'état de l'Être suprême ; celui qui, par une méditation intense, unit son âme à l'Être suprême, ressemble à une flamme qui ne voltige point lorsqu'elle est à l'abri du vent¹. » Voici d'après les Lois de Manou le devoir principal d'un Brahmane : « Que le Brahmane récite en temps convenable, avec la plus grande exactitude, la partie du Véda qu'il doit répéter tous les jours et qui se compose du monosyllabe *Aum*, des trois mots *Bhour, Bouvah, Swas*, et de la Savitri ; ce devoir a été déclaré par les Sages le principal ; tout autre devoir est dit secondaire². » La récompense la plus grande qu'un homme puisse obtenir après la mort, c'est la fusion avec l'Être suprême, dans le repos absolu.

Quant aux hommes qui auront commis des fautes, ils seront punis d'abord par un séjour dans les enfers, et, ensuite, par la transmigration de leurs âmes dans des individus de diverses castes, malades ou infirmes, ou dans différents animaux : « Pour les crimes commis dans cette vie ou pour les fautes d'une existence précédente, dit la Loi de Manou, quelques hommes au cœur pervers sont affligés de certaines maladies ou difformités. — Celui qui a volé de l'or à un Brahmane a une maladie des ongles ; le buveur de liqueurs spiritueuses défendues, les dents noires ; le meurtrier d'un Brahmane est affligé de consomption pulmonaire : l'homme qui a souillé le lit de son maître spirituel est privé de prépuce. — Celui qui se plaît à divulguer les mauvaises actions a une odeur fétide du nez ; le calomniateur, une haleine empestée ; le voleur de grain, un membre de moins ; le faiseur de mélanges, un membre de trop. —

---

2. *Bhagavat-Gita*, poème inséré dans le *Bhishma-Perva* du Mahabharata, cité par Laouenan, *loc. cit.*, II, p. 70.
3. *Lois de Manou*, livre IV, 147.

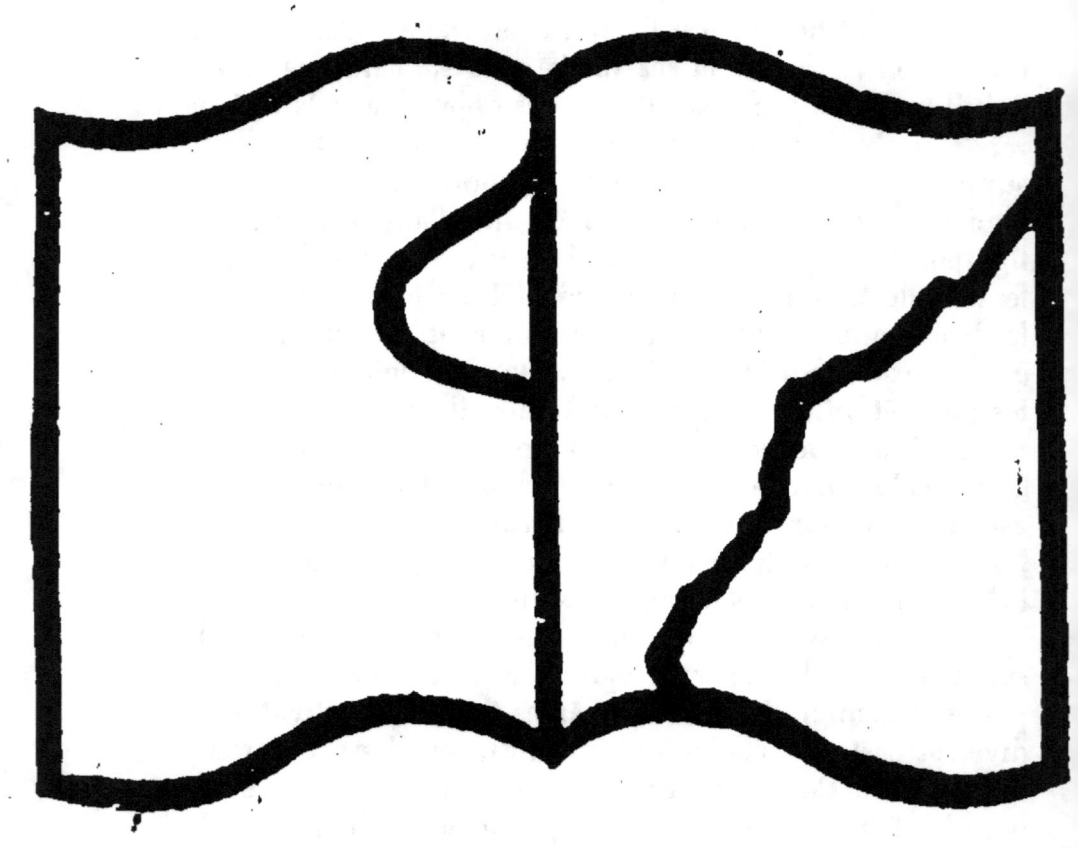

Texte détérioré — reliure défectueuse
NF Z 43-120-11

une autre sanction de cet ordre : « Ceux qui commettent des actes de cruauté deviennent des animaux avides de chairs sanglantes ; ceux qui mangent des aliments défendus deviennent des vers. » L'énumération continue ainsi en indiquant la sorte d'animal ou d'homme dans laquelle chaque coupable d'une faute déterminée devra transmigrer et en confondant les fautes purement rituelliques avec celles qui portent préjudice à un membre de la société [1].

Ces sanctions morales ridicules peuvent être rachetées par une foule d'actes expiatoires dont beaucoup ne sont pas moins ridicules que les sanctions. Il y a une pénitence prévue pour chaque faute commise soit au préjudice des hommes, soit contre les animaux, soit en violation des prescriptions religieuses. Il y a aussi des moyens très variés de se purifier de toutes les souillures auxquelles on a été exposé. « La science sacrée, les austérités, le feu, les

---

1. On a cru pendant longtemps, sur la foi d'Hérodote, que la doctrine de la métempsychose avait aussi régné en Egypte, et l'on aurait pu être tenté, en raison de l'extrême ancienneté du développement de ce dernier pays, de supposer qu'elle se serait répandue de l'Egypte dans l'Inde. On sait aujourd'hui qu'Hérodote avait commis une erreur et que la sanction morale des Egyptiens ne résidait pas, comme celle du Brahmanisme, dans la migration des âmes humaines à travers des corps d'animaux terrestres. Les Egyptiens ne crurent jamais qu'après sa mort l'homme revenait sur la terre. Il était d'abord jugé par Osiris. S'il était condamné, il subissait une deuxième mort par décapitation, puis était précipité dans l'enfer où il était soumis à la peine du feu et à une foule d'autres châtiments, entre lesquels celui d'être dévoré par les mauvais esprits et rejeté avec leurs excréments. Mais au-dessus de ces peines dominait le séjour éternel dans l'obscurité la plus complète et la condamnation à l'oubli le plus absolu. Si le mort était l'objet d'un jugement favorable, s'il était considéré comme digne de devenir un Osiris, de se fondre dans l'Etre divin et bon, il avait encore à subir des épreuves comparables au purgatoire des chrétiens. Il est soumis dans le monde souterrain, aux attaques de monstres de toutes sortes et — ce qui permet de comprendre l'erreur d'Hérodote — il lui arrive de prendre des formes animales très diverses pour échapper à ses ennemis, jusqu'à ce que son âme, qu'accompagne toujours son ombre sous la forme d'un épervier à tête humaine, soit réunie à son corps. Si, en face de tous les dangers, il était resté inébranlable « s'il combattait vaillamment avec la lance sacrée et avec les paroles magiques des livres et des hymnes saints, il atteignait enfin les champs bienheureux de l'Aalon (ou Aaron) où on lui servait des mets délicieux. Là il peut reprendre les travaux auxquels il se livrait pendant sa vie, cultiver la terre et récolter des moissons d'une richesse fabuleuse ; là il est inondé de l'éclat de la gloire d'Osiris, et se rassasie de la contemplation du dieu de la lumière ; là il peut lui-même, comme un esprit de lumière (chou) cingler dans l'océan céleste dans la barque du soleil, ou briller pendant la nuit comme une étoile (sakou) au firmament ». (TIELE, *Hist. comp. des anc. relig. de l'Egypte et des peuples sémitiques*, p. 49.)

aliments purs, la terre, l'esprit, l'eau, l'enduit fait avec la bouse de vache, l'air, les cérémonies religieuses, le soleil et le temps : voilà quels sont les agents de la purification pour les êtres animés. — Les hommes instruits se purifient par le pardon des offenses, ceux qui négligent leurs devoirs, par les dons ; ceux dont les fautes sont secrètes, par la prière à voix basse ; ceux qui connaissent parfaitement le Véda, par les austérités. — La terre et l'eau purifient ce qui est souillé ; une rivière est purifiée par son courant ; une femme qui a eu de coupables pensées par ses règles ; un Brahmane devient pur en se détachant de toutes les affections mondaines. » Quand on se trouve sur le lieu où un parent est mort, on ne peut se purifier qu'en « se nourrissant de riz non assaisonné de sel factice, se baignant pendant trois jours, s'abstenant de viande et couchant à part sur la terre. » « Celui qui a touché un Tchandâla, une femme ayant ses règles, un homme dégradé pour un grand crime, une femme qui vient d'accoucher, un corps mort ou une personne qui en a touché un, se purifie en se baignant. — Pour purifier les organes par lesquels sortent les excréments et l'urine, on doit employer de la terre et de l'eau autant qu'il est nécessaire, ainsi que pour enlever les douze impuretés du corps. — Celui qui désire la pureté doit employer un morceau de terre avec de l'eau pour le conduit de l'urine ; il doit en employer trois pour l'anus ; dix pour une main, la gauche, qui est celle dont il faut se servir pour cette purification, et sept pour les deux ou plus s'il est nécessaire. — Cette purification est celle des maîtres de maison ; celle des novices doit être double, celle des anachorètes triple ; celle des mendiants ascétiques, quadruple[1]. » Le novice qui a péché contre la chasteté expie sa faute par le sacrifice d'un âne dont il doit manger l'organe génital ; il recouvre ainsi l'énergie que le manquement à la chasteté lui avait enlevée[2].

---

1. *Lois de Manou*, V, 105, 107, 108, 73, 85, 134, 136, 137.
2. OLDENBERG, *loc. cit.*, p. 282. — La Loi de Manou dit au sujet de la violation du vœu de chasteté par un novice : « Il doit sacrifier un âne borgne ou noir à Nirriti, suivant le rite des oblations domestiques, dans un endroit où

Les pèlerinages sont envisagés comme des pratiques excellentes pour obtenir la rémission des péchés, et, comme les cerveaux indiens sont fertiles en imaginations bizarres, on voit se produire, dans les lieux saints où se rendent les fidèles, les actes les plus ridicules : on raconte l'histoire de gens qui se rendent au pèlerinage soit en marchant sur les genoux, soit en se couchant de tout leur long, les mains en avant, puis se relevant, et plaçant leurs pieds où étaient leurs mains, recommençant la même manœuvre jusqu'à ce qu'ils soient arrivés. Si l'on en croit certains récits, des pèlerins auraient fait ainsi jusqu'à 300 lieues [1]. Il existe, à soixante mille environ de Pondichéry, une montagne conique, le Tiruvannamaley, regardée par les indigènes comme un gigantesque Linga. On y a dressé, au milieu du siècle dernier, une pagode dans laquelle on adore le Linga, et l'on a bâti tout autour de sa base une énorme quantité de petits temples dans lesquels sont dressés des Lingas. Au mois de novembre-décembre, il s'y fait à un pèlerinage célèbre, dont l'objet est de célébrer la réconciliation de Siva avec Parvati, l'une de ses épouses. Siva apparut à cette dernière, au sommet de la montagne sous la forme d'un immense Linga de feu. Chaque année, en commémoration de cet événement, on transporte au sommet du pic des rouleaux de cotonnades avec lesquels on façonne un énorme Linga, dressé sur un bassin creusé dans la pierre et rempli d'huile, de camphre, d'essence dont l'étoffe s'imbibe. Le soir du dixième jour, on met le feu à ces matières et l'on reproduit l'image dans laquelle Siva s'était montré à Parvati. Tous les pèlerins qui ont le bonheur de voir ce Linga de feu sont entièrement purifiés de leurs péchés [2].

quatre chemins se rencontrent, et pendant la nuit. Après avoir, suivant la règle, répandu de la graisse dans le feu, comme offrande, à la fin du sacrifice, qu'il fasse des oblations de beurre clarifié à Vata, Indra, Gourou et Vahni, en récitant la prière qui commence par Sam... Lorsqu'il a commis cette faute, se couvrant de la peau de l'âne sacrifié, qu'il aille demander l'aumône dans sept maisons en proclamant son péché. Prenant par jour un seul repas sur la nourriture obtenue ainsi en mendiant, et se baignant aux trois moments (savanas) de la journée, au bout d'un an il est purifié. » (Livre xi, 118-123.)

1. *Lettres édifiantes*, XI, p. 432.
2. J.-H. GARSTIN, *Manual of South-Arcot*, cité par Laouenan, *loc. cit.*, I, p. 14 et suiv.

Tous les péchés, même ceux « commis avec une parfaite connaissance », sont effacés par le Panchakaryan, acte expiatoire qui consiste à boire les cinq choses provenant de la vache : lait, beurre, caillé, bouse et urine[1]. La vache joue elle-même un rôle dans l'expiation des fautes. « On raconte des anciens Marattes du Tanjaur que, lorsqu'ils avaient commis quelque faute grave contre les règles de la pureté légale (ce qui leur arrivait de temps en temps), les Brahmes les condamnaient à la cérémonie suivante. On préparait une figure de vache en argent ; le monarque s'y enfermait tout nu et, à un signal donné, il en sortait par le canal ordinaire. La statue était donnée aux Brahmes avec d'autres présents, et le roi était pur comme l'enfant qui vient de naître[2]. » L'image de l'organe femelle extérieur de la vache, isolé, jouit de la même propriété. On le voit souvent figuré en rouge sur des arbres ou des pierres qui sont considérés comme sacrés. A Bombay, à l'extrémité de Malabar-Point, sur le bord de la mer, il existe une pierre percée d'une ouverture qui a la forme de cet organe ; « les pèlerins y affluent de toutes parts, afin d'obtenir le mérite et le bienfait de la régénération en passant par cette ouverture sacrée. Elle est placée à une assez grande hauteur, au milieu de rochers d'accès difficile qui, dans la mauvaise saison, sont battus des vagues de la mer. Le prétendu Yoni est lui-même assez élevé pour exiger de la part des dévots, des efforts et une adresse au-dessus de l'ordinaire. Et cependant des femmes et des hommes du plus haut rang s'y rendent chaque jour. On raconte que Sivaji, le fondateur de la dynastie Maratte dans le Deccan et le Tanjaur, y venait sous un déguisement au temps même de ses luttes avec les Anglais, pour se régénérer spirituellement par ce passage. Raganat-Row, un de ses successeurs, aimait à accomplir cet acte de piété pendant qu'il était prisonnier à Bombay. Ce même Raganat-Row avait, pendant sa détention à Bombay, envoyé deux Brahmes en Angleterre pour agir et plaider en sa faveur. C'étaient des hommes considérables,

---

1. WAKA, *Evolution of Morality*, II, p. 223.

intelligents et d'une pureté irréprochable au point de vue brahmanique. A leur retour, néanmoins, ils furent exclus de la caste parce qu'on ne pouvait admettre qu'ils eussent fait un tel voyage sans s'être pollués. Des assemblées de Brahmes furent tenues pour examiner s'il était possible de les réintégrer, et quel moyen il fallait employer. Après de longues et solennelles délibérations, il fut convenu qu'ils pourraient être réintégrés dans la caste, à condition qu'ils se soumettraient à la cérémonie de la régénération. Pour cet effet, on leur imposa l'obligation de faire exécuter un Yoni en or pur et d'assez grande dimension pour qu'il leur fût possible d'y passer. Il fallut se soumettre à la décision de l'auguste assemblée qui ne se sépara point sans avoir reçu de riches présents [1]. »

Il y a des pénitences imposées comme des réparations à l'égard de certains animaux. Celui par exemple qui a tué une vache même « par mégarde » ne peut, d'après la Loi de Manou [2], expier son crime que par une série d'actes de réparation envers les vaches. Il « doit, s'étant rasé la tête entièrement, avaler, pendant un mois, des grains d'orge bouillis dans l'eau, et s'établir dans un pâturage de vaches, couvert de la peau de celle qu'il a tuée ; pendant les deux mois qui suivent, qu'il mange le soir, une fois tous les jours, une petite quantité de grains sauvages non assaisonnés de sel factice ; qu'ils fasse ses ablutions avec de l'urine de vache, et soit entièrement maître de ses organes ; qu'il suive les vaches tout le jour, et, se tenant derrière elles, qu'il avale la poussière qui s'élève sous leurs sabots ; après les avoir servies et les avoir saluées, que pendant la nuit il se place auprès d'elles pour les garder... S'il voit une vache manger du grain dans une maison, un champ ou une grange appartenant soit à lui-même, soit à d'autres, qu'il se garde d'en rien dire, de même que lorsqu'il voit un jeune veau boire du lait. Le meurtrier d'une vache qui se dévoue, suivant cette règle, au service d'un troupeau, efface en trois

---

1. LAOUENAN, loc. cit., I, p. 223.
2. Loi de Manou, XI, 108-116.

mois la faute qu'il a commise. En outre, lorsque sa pénitence est entièrement accomplie, qu'il donne dix vaches et un taureau, ou s'il n'en a pas le moyen, qu'il abandonne tout ce qu'il possède à des Brahmanes versés dans le Véda. » Il me paraît inutile de faire remarquer que si le crime involontaire commis à l'égard de la vache est grossi au point d'exiger une pénitence aussi dure, en même temps qu'aussi ridicule et même immorale dans la partie qui concerne la tolérance des préjudices causés par les vaches, c'est uniquement pour en arriver à grossir la valeur de l'offrande qui sera faite, en fin de pénitence, au corps sacerdotal.

La Loi de Manou applique au Brahmane qui « a tué à dessein un chat, une mangouste (nakoula), un geai bleu, une grenouille, un chien, un crocodile, un hibou, une corneille » la « pénitence prescrite pour le meurtre d'un Soûdra, celle du *Tchândrâyana*[1] ». C'est-à-dire que le meurtre d'un chat est assimilé à l'assassinat d'un homme de la dernière caste. Le Brahmane « qui a tué un serpent donne à un autre Brahmane une bêche ou un bâton ferré ; …pour avoir tué un porc, qu'il donne un pot de beurre clarifié ; pour un francolin (tittiri), un drona de sésame ; pour un perroquet un veau de deux ans… S'il a tué des animaux sauvages carnivores, qu'il donne une vache ayant beaucoup de lait ». C'est beaucoup plus que pour avoir

---

1. Voici en quoi consiste, d'après la Loi de Manou (xi, 216-219), cette pénitence : « Que le pénitent qui désire faire le Tchândrâyana, ayant mangé quinze bouchées le jour de la pleine lune diminue sa nourriture d'une bouchée chaque jour pendant la quinzaine obscure qui suit, de sorte que le quatorzième jour il ne mange qu'une bouchée, et qu'il jeûne le quinzième, qui est le jour de la nouvelle lune ; qu'il augmente au contraire sa nourriture d'une bouchée chaque jour pendant une quinzaine éclairée, en commençant le premier jour par une bouchée, et qu'il se baigne le matin, à midi, et le soir ; telle est la première sorte de pénitence lunaire (Tchândrâyana) qui est dite semblable au corps de la fourmi, lequel est étroit dans le milieu. — Il doit observer la même règle tout entière en accomplissant l'espèce de punition lunaire dite semblable au grain d'orge, lequel est large dans le milieu, en commençant avec la quinzaine éclairée, et en réprimant ses organes des sens. — Celui qui subit la pénitence lunaire d'un dévot ascétique (yati) doit maîtriser son corps et manger seulement huit bouchées de graines sauvages, à midi, pendant un mois, en commençant soit avec la quinzaine éclairée, soit avec la quinzaine obscure. »

tué « une femme de l'une des quatre classes surprise en adultère », car dans ce dernier cas, « il donne pour sa purification un sac de peau, un arc, un bouc ou un bélier, dans l'ordre direct des classes ». S'il a tué « mille petits animaux ayant des os, ou une quantité d'animaux dépourvus d'os, suffisante pour remplir un chariot, qu'il se soumette à la même pénitence que pour le meurtre d'un Soûdra ». Il n'est pas jusqu'aux plantes qui ne soient protégées par la Loi de Manou : « Pour avoir coupé une seule fois et sans mauvaise intention des arbres portant fruit, des buissons, des lianes, des plantes grimpantes ou des plantes rampantes en fleurs, on doit répéter cent prières du Rig-Véda... Si l'on arrache inutilement des plantes cultivées ou des plantes nées spontanément dans une forêt, on doit suivre une vache pendant un jour entier, et ne se nourrir que de lait[1] ». On se rend difficilement compte de ce que serait une société où ces règles morales seraient appliquées.

§ III. — *Les sanctions morales du Bouddhisme.*

Les sanctions morales du bouddhisme ne différaient pas, en ce qui concerne le commun des hommes, de celles du brahmanisme. On a vu plus haut que le Bouddha lui-même avait subi divers avatars avant de revêtir la forme définitive sous laquelle il devint le « Parfait ». Il résulte, d'autre part, de tous les écrits de ses disciples, que les sanctions morales de cette terre avaient à leurs yeux un grand prix. L'homme vertueux jouit ici-bas d'une félicité d'autant plus grande qu'il est plus vertueux, et la source de cette félicité n'est pas ailleurs que dans la satisfaction qu'il éprouve de se voir devenir parfait : « De même qu'une femme ou un homme qui est jeune et a du goût pour la parure, contemple son visage dans un clair et pur miroir ou sur une nappe d'eau limpide, et, s'il y découvre une impureté ou une tache,

---

[1]. *Loi de Manou*, XI, 131-144.

s'efforce de faire disparaître cette impureté ou cette tache, mais s'il n'y voit pas d'impureté ni de tache, il est joyeux : « C'est bien comme cela ! Comme cela je suis propre ! » — De même aussi le moine... s'il voit qu'il est exempt de ces mauvaises, ces funestes dispositions, alors ce moine doit se féliciter et être joyeux, nuit et jour s'exerçant au bien[1]. »

Pour arriver à cette connaissance de leur pureté, les moines bouddhistes pratiquaient la confession publique. « Quiconque a commis un péché, dit le chef de la communauté, qu'il le confesse. Quiconque est sans péché, qu'il se taise. De votre silence, ô Révérends, je conclurai que vous êtes purs... Un moine qui, à la troisième fois que la question est posée, ne confesse pas un péché qu'il a commis et dont il se souvient, se rend coupable d'un mensonge volontaire. Or, un mensonge volontaire, ô Révérends, est un empêchement à la vie religieuse ; telle est la parole du Bienheureux. C'est pourquoi un moine qui a commis quelque chose, qui s'en souvient et a à cœur de s'en purifier, qu'il confesse son péché. Car ce qu'il confesse lui sera léger[1]. » Le jeûne, la confession, la méditation, la vie solitaire sont les moyens d'atteindre à la perfection, sans qu'il y ait lieu de recourir à aucune prière. A qui, du reste, s'adresserait celle-ci? Ce ne pourrait être au Bouddha, car il est dans le néant, dans le Nirvâna. Ce ne pourrait être aux dieux du brahmanisme, car les bouddhistes ne les reconnaissaient pas. A qui donc? A l'Âtman des Brahmanes métaphysiciens? Ni le Bouddha ni ses disciples ne voulaient en parler, pas plus qu'ils ne répondaient quand on les interrogeait sur la destinée qu'aurait après sa mort le Parfait. A l'exemple des grands philosophes chinois, le Bouddha écartait ces questions. Un moine errant, du nom de Yacchâgottâ, lui ayant demandé : « Le Moi (attâ) existe-t-il ?»... le Bienheureux garda le silence. — Comment donc, ô révéré Gôtama, le Moi n'existe-t-il pas? Et de nouveau le Bienheureux garda le silence. » Interrogé par

---

1. OLDENBERG, *Le Bouddha*, p. 303.
2. *Ibid.*, p. 303.

son fidèle disciple Ananta sur les motifs de son silence, le Bouddha se borne à des réponses qui n'en sont pas [1].

L'attitude du fondateur de la nouvelle religion était la même en ce qui concerne le « devenir » de l'homme qui a pu se soustraire à la douleur, qui est parvenu à l'état de Parfait. Entre une de ses disciples vénérées, la nonne Khêma, et Pasênadi, roi de Kosala, a lieu sur ce sujet le dialogue suivant : « Révérende, le Parfait *(Tâthâgata)* existe-t-il au delà de la mort ? — Le Bienheureux, ô grand roi, n'a pas révélé que le Parfait existât au delà de la mort. — Ainsi le Parfait n'existe pas au delà de la mort, ô Révérende ? — Cela non plus, grand roi, le Bienheureux ne l'a pas révélé, que le Parfait n'existât pas au delà de la mort. » Pressée de questions, la nonne finit par dire : « Le Parfait, ô grand roi, est affranchi de voir son être mesurable avec les mesures du monde corporel : il est profond, immesurable, insondable comme le grand Océan. Que le Parfait existe au delà de la mort, cela n'est pas exact ; que le Parfait n'existe pas au delà de la mort, cela non plus n'est pas exact ; que le Parfait à la fois existe et n'existe pas au delà de la mort, cela non plus n'est pas exact ; que le Parfait n'existe ni n'existe pas au delà de la mort, cela non plus n'est pas exact. » Et Pasênadi, le roi de Kosala, accueillit avec satisfaction et approbation les paroles de Khêma, la nonne, se leva de son siège, s'inclina avec respect devant elle, « fit le tour de sa personne et s'en alla [2]. »

Les réponses dilatoires dont le moine errant Vacchâgottâ et le roi Pasênadi pouvaient se contenter, parce qu'ils étaient,

---

1. Voy. : OLDENBERG, p. 271. On lit dans les livres classiques chinois : « Kitou demanda comment il fallait servir les esprits et les génies. Le philosophe dit : « Quand on n'est pas en état de servir les hommes, comment pourrait-on ser- « vir les esprits et les génies ? — Permettez, ajouta-t-il, que j'ose vous de- « mander ce que c'est que la mort ? — Le philosophe dit : Quand on ne sait « pas encore ce que c'est que la vie, comment pourrait-on connaître la mort ? » (*Lun-Yn*, XI, 11 ; in DE LANESSAN, *La morale des philosophes chinois*, p. 37.) Il me paraît intéressant de rapprocher ce petit dialogue chinois de ceux dans lesquels le Bouddha ou ses disciples montrent un égal scepticisme à l'égard des questions qui font l'objet le plus constant des études de nos métaphysiciens. »
1. OLDENBERG, *loc. cit.*, p. 276.

sans doute, quelque peu métaphysiciens, ne satisfaisaient évidemment pas les populations ignorantes et superstitieuses de l'Indoustan. Aussi la doctrine du Bouddha n'eut-elle qu'un nombre limité d'adeptes et finit-elle par succomber sous les dieux de chair et d'os, vicieux comme le peuple, dont les Brahmanes augmentaient sans cesse le nombre et multipliaient les formes, afin de tenir en éveil la crédulité fructueuse de leurs fidèles.

Le succès du bouddhisme ne fut guère plus grand en Chine que dans l'Indoustan. Il aurait pu plaire aux philosophes des écoles de Confucius et de Mencius par son panthéisme finalement résolu en athéisme; mais il se heurtait, dans les populations, au culte des ancêtres d'où découle toute l'organisation politique, administrative et familiale de l'empire du Milieu [1]. D'un autre côté, sa morale ascétique et antisociale choquait violemment les idées essentiellement pratiques des moralistes chinois [2]. Le culte des ancêtres ne s'est pas laissé entamer par la négation cultuelle du Bouddha; la morale de Confucius et de Mencius n'a même pas été effleurée par celle du Bouddha. Des faits analogues

---

1. Voyez: FARJENEL, *Le peuple chinois, ses mœurs et ses institutions*.
2. Voyez: DE LANESSAN, *La morale des philosophes chinois*. — Je crois utile de reproduire ici les quelques signes dans lesquelles j'ai résumé dans l'avant-propos de ce livre la doctrine morale des philosophes chinois : « Les philosophes de la Chine et de l'Annam se distinguent de ceux des autres nations par l'absence à peu près absolue de toute préoccupation métaphysique. Les questions du libre arbitre, de l'âme, de la divinité et de la vie future ne paraissent pas tenir la moindre place dans leurs méditations. Leur *royaume est de ce monde*, leur morale s'adresse à des hommes dont toute l'existence doit s'écouler sur cette terre et qui, par suite, devront y trouver la récompense de leurs vertus, comme le châtiment de leurs mauvaises actions. En second lieu, l'homme n'est jamais envisagé par les philosophes chinois comme un individu isolé, susceptible d'être heureux ou malheureux, de jouir ou de souffrir tout seul. Ils ne le comprennent pour ainsi dire pas en dehors de la famille, du village, de la société grande ou petite dont il fait partie, de la nation à laquelle il appartient, du gouvernement qui régit son pays. La doctrine morale dont l'homme devra s'instruire, les règles morales auxquelles il devra obéir, les principes moraux qui éclaireront sa marche dans la vie ne sont pas spéculatifs ; ils ont toujours un objectif pratique, familial et social. Ce n'est pas en vue d'un but plus ou moins lointain, d'une sanction à recevoir dans un autre monde, que les principes de cette morale devront être appliqués, mais, au contraire, en vue de résultats immédiats, dans le lieu même où ils sont enseignés et pratiqués. Il en résulte que la philosophie chinoise revêt un caractère en quelque sorte plus humain que celui de toute autre morale. »

se sont produits au Japon, où le culte des ancêtres fut dominant jusqu'à la révolution de 1868 et subsiste encore, appliqué aux ancêtres de la famille impériale, représentant la patrie.

Le bouddhisme, cependant, s'est beaucoup développé à côté du vieux culte *Shin-tô,* en produisant un grand nombre de sectes, assez analogues à celles du protestantisme, et entre lesquelles se partagent les fidèles. Il convient mieux, sans aucun doute, aux peuples de race jaune qu'aux populations aryennes de l'Inde, car les premiers sont beaucoup moins portés vers l'idolâtrie que les secondes. Cependant, même dans les pays habités par les hommes de race jaune, le bouddhisme représente plutôt une sorte de philosophie qu'une religion et ne donne lieu à un véritable culte que de la part des moines et des prêtres. Le peuple ne fait appel au concours de ces derniers que pour les cérémonies funèbres. Tous les actes de la vie restent indépendants de la religion.

CHAPITRE XIV

DES RAPPORTS DE LA MORALE RELIGIEUSE AVEC L'ÉVOLUTION DE LA MORALITÉ DANS L'INDE

S'il est une religion dont il soit possible de dire qu'elle a contribué au progrès de la moralité privée ou publique de ses adhérents ce n'est point, à coup sûr, le Brahmanisme. Il n'en est pas qui ait eu des divinités plus vicieuses, une morale plus enfantine, plus ridicule ou plus grotesque, des sanctions plus étranges et moins aptes à inspirer le bien, à éloigner du mal. Certes, il est possible, avec beaucoup de subtilité d'esprit, de trouver, pour quelques-unes de ses légendes, des explications métaphysiques plus ou moins plausibles; mais ce n'est point cela que le peuple ignorant y peut voir. Indra ne saurait être à ses yeux qu'un être grossier, violent, ivrogne, lubrique, dont il peut sans crainte imiter les vices puisqu'ils sont ceux de l'un des plus grands dieux du panthéon brahmanique. Kali ne peut que lui inspirer le goût de la débauche mêlée aux plus sanglantes brutalités. Que peut-il voir dans Krishna et dans ses prêtres efféminés, si ce n'est la justification des pires aberrations des sens et du plus honteux servage? Certains adorateurs subtils du Linga de Siva et de l'Yoni de son épouse bien-aimée Sati, peuvent expliquer les pratiques de leur culte par des mythes plus ou moins métaphysiques, se déroulant autour de l'idée de la génération qui préside au développement des mondes; mais le *vulgum pecus* de l'Inde n'y met point tant de subtilité; il ne voit dans les images lubriques auxquelles il fait ses ablutions et ses offrandes que des excitants de ses passions. Quelles idées morales, quels préceptes de conduite peut-il puiser dans le culte du serpent ou dans celui du singe, dans l'adoration de la vache, dans les hommages qu'il rend à ce Ganesa, fils de Siva, dont le corps ventru, assis sur un rat, se termine par une tête et une trompe d'éléphant? Les prêtres qui l'inventèrent ont réussi à faire croire au public que ce dieu grotesque est l'incarnation de la sagesse; ils ont su le rendre tellement populaire que son idole se trouve partout, aux carrefours des routes, et qu'on l'invoque dans toutes les circonstances de la vie, avant un mariage comme au début d'un poème; mais, quelle que soit la sottise de ses adorateurs, n'est-il pas évident que le résultat le plus clair de leurs adorations est de les rendre plus sots encore? Est-il possible d'imaginer rien de plus ridicule que la prière adressée à cet être immonde par l'auteur du *Ganapati Upanishand* : « Celui qui médite continuellement sur ta forme divine, la concevant comme n'ayant qu'une dent, avec quatre bras, avec un rat sur ta bannière, d'un teint rouge, avec un gros ventre, oint de parfums de couleur rouge, vêtu d'habits rouges, orné de fleurs rouges, abondant en compassion, la cause de cet univers impérissable, non produit, non affecté par la création; celui-là devient le plus excellent des Yoghis. Louange donc à toi, ô Ganapati; quiconque médite sur cette figure de l'Atharva-Siras ne sera jamais arrêté par les difficultés, il sera délivré des cinq grands péchés et de tous les moindres; il acquerra des richesses, les objets de ses désirs, la vertu et la béatitude finale[1]. » Une telle prière formulée devant une pareille idole ne donne-t-elle pas une idée de la perturbation d'esprit à laquelle le brahmanisme conduit les hommes parmi lesquels il s'est répandu?

Afin d'accroître leur puissance, les prêtres du Brahmanisme ont adopté toutes les divinités qu'il a plu aux races multiples de l'Inde de concevoir. Ils les ont introduits dans son olympe avec l'espoir, justifié par l'événement, qu'ils gagneraient ainsi la confiance de leurs fidèles et que leur puissance augmenterait avec le nombre des dieux; il n'est pas permis de contester qu'ils aient atteint leur but. Les deux

---

[1] Voyez LAOUENAN, II, p. 263.

mille et quelques castes ou sous-castes de Brahmanes qui vivent de la sottise des adorateurs de l'infinité de dieux qu'elles servent, sont une preuve que le corps sacerdotal indien comprit admirablement ses intérêts le jour où il ouvrit les portes de ses temples à tous les dieux des races jaunes ou noires que les Aryens ont conquises. Mais si les prêtres tirèrent avantage de cette façon de faire, la moralité des Aryas en fut profondément affectée. A leurs dieux plus encore qu'à ceux des poèmes d'Homère et d'Hésiode peuvent s'appliquer les considérations sur lesquelles s'appuyait Platon pour demander que l'on écartât de la jeunesse grecque les fables où sont racontées les crimes ou les débauches de l'Olympe homérique. Et, de même que Platon ne s'arrêtait point aux excuses tirées d'explications métaphysiques des légendes homériques ou hésiodiques, pour accepter ces légendes, on ne saurait voir dans les mythes plus ou moins obscurs qui se cachent derrière le panthéon grotesque, hideux ou lubrique de l'Inde, une justification des cultes ridicules que les Brahmanes entretiennent. On ne peut que constater les effets produits par le brahmanisme : or, il est impossible de nier qu'ils soient déplorables. « Je n'ai jamais vu, dit en parlant des Hindous un homme qui les avait observés de près pendant de nombreuses années, une race d'hommes chez qui le niveau moral soit plus bas, qui soient moins confus quand on les prend en flagrant délit de fausseté, qui soient plus indifférents aux souffrances de leurs voisins, si ceux-ci ne sont pas de leur caste ou de leur famille, dont la conversation ordinaire et familière soit aussi licencieuse, et qui, dans les districts sauvages où les lois sont sans force, versent le sang avec moins de répugnance[1]. »

Ce qu'il importe particulièrement de noter, c'est que le brahmanisme a mis obstacle à tout développement scientifique. La caste sacerdotale étant la seule qui, jusqu'à ces derniers temps, fût en situation de se livrer au travail intellectuel, celui-ci a été confiné d'une manière presque absolue dans les études qui ont pour base la religion. La

---

[1] Hébert, *Journal*, III, p. 355.

philosophie du peuple hindou n'a été, comme sa littérature, qu'une sorte de broderie dont les imaginations les plus ardentes ont agrémenté les légendes et les mythes religieux. Il n'y a pas de peuple chez lequel la raison ait été davantage étouffée par la foi, la pensée arrêtée dans son vol par les pratiques cultuelles.

Le bouddhisme lui-même ne brisait les castes des Aryas, quoi qu'on en ait dit, que pour les remplacer par le monachisme des Sémites juifs. Il ne proclame l'égalité des hommes que pour aboutir à l'anéantissement de toute individualité. Il ne supprime l'infinie multiplicité des dieux du panthéon brahmanique que pour aboutir à une sorte de panthéisme tellement vague qu'il se résout dans le néant. Au point de vue moral, il ne fait consister le bonheur de l'homme que dans la suppression de tous les sentiments et de toutes les idées susceptibles de le rendre sociable.

Dans les temps modernes, quelques tentatives ont été faites pour dégager le brahmanisme de ses vices et le moraliser ; elles n'ont abouti qu'à des résultats insignifiants. Il est enlisé dans une ornière d'où il sera, sans aucun doute, impossible de le faire sortir. Il subit les conséquences de la tactique pratiquée par le corps sacerdotal d'où il est né : celui-ci a soigneusement maintenu l'ignorance et la superstition du peuple afin de le mieux maîtriser ; il est maintenant retenu lui-même, par l'ignorance des masses, dans l'ornière qu'il a creusée. Il est condamné à vivre dans le milieu de sottise et de vice qu'il a créé. S'il tentait de s'en dégager, il serait abandonné par ceux qui le font vivre. Les seuls progrès moraux qui puissent, désormais, être réalisés dans l'Inde, sont ceux qui sont imposés par l'Angleterre. Pour commencer à devenir morale, l'Inde a du cesser d'être libre ; pour qu'elle puisse continuer à se moraliser, il faudra, sans aucun doute, qu'elle perde sa religion, car c'est en celle-ci que réside l'obstacle principal au progrès de la moralité individuelle et sociale.

LIVRE III

INTERVENTION DE LA MORALE PHILOSOPHIQUE DANS LES SOCIÉTÉS GRECQUES ET ROMAINES

CHAPITRE I

LA MORALE PHILOSOPHIQUE N'EXISTE PAS CHEZ LES SÉMITES

Chez les Sémites, il n'y eut jamais de philosophie indépendante de la religion : ni les Assyriens, ni les Égyptiens, ni les Hébreux ne possédèrent de véritables philosophes. Les prêtres étaient, chez ces peuples, les seuls citoyens qui fussent instruits, qui s'adonnassent aux travaux intellectuels et qui fussent, par conséquent, en mesure d'aborder les questions dont les philosophies font leur objet. Chez les Assyriens et les Égyptiens comme chez les Juifs, c'est la religion qui est le point de départ et la base de toutes les études ; c'est vers elle que convergent toutes les découvertes scientifiques ; mais parfois l'esprit de ceux qui étudient ne manque pas de hardiesse. Il est intéressant, par exemple, de voir les prêtres chaldéens chercher dans la génération spontanée des organismes inférieurs et dans leurs transformations progressives la cause déterminante de la production des êtres qui peuplent l'univers.

Vivant entre l'Euphrate et le Tigre, sur des territoires chauds, et où les eaux abondaient, où les marécages occupaient de très grandes surfaces, où la vie, par conséquent, se manifestait sous toutes les formes avec une extraordinaire intensité, les premiers penseurs accadiens ou soumiriens de la Babylonie furent portés à chercher dans la nature florissante qui s'étalait sous leurs yeux, la source de tous les phénomènes biologiques et de toutes les genèses qu'ils constataient. Tandis qu'ils étudiaient les mouvements des astres, apprenaient à distinguer les planètes des étoiles, créaient l'arithmétique et la géométrie, ils tentaient « d'expliquer l'origine du monde sans l'intervention des dieux. La génération spontanée, conclue d'une façon trop sommaire, était le dogme fondamental de la science babylonienne. Le monde est sorti du Chaos, d'un abîme profond *(Tiamat)*, d'une boue féconde conçue sur le modèle des grandes alluvions que forment l'Euphrate et le Tigre en réunissant leurs eaux. De ce chaos humide, vivifié par un vent amoureux, émergèrent successivement des créations plus ou moins discordantes, qui disparurent pour faire place à des êtres mieux harmonisés, et, enfin, à l'homme[1] ». C'est aux sept planètes découvertes par eux qu'ils empruntaient les noms des jours, établissant un repos le septième jour, afin de permettre aux ouvriers par lesquels furent construits leurs gigantesques monuments et creusés leurs innombrables canaux, de réparer périodiquement leurs forces. Le sabbat, qu'ils instituèrent les premiers, nous apparaît ainsi comme le résultat des conditions sociales particulières dans lesquelles ils vivaient et non comme celui d'une conception religieuse, qu'il prit ultérieurement chez les Hébreux.

Si le mouvement scientifique provoqué par les prêtres et savants accadiens ou soumiriens avait pu évoluer sans obstacles, il est permis de supposer que l'humanité serait entrée, dès ces âges reculés, dans une voie toute différente de celle qui a été suivie par les différents peuples. Mais, l'évolution de la Babylonie fut bientôt arrêtée par la substitution des Sémites aux Accads et aux Soumirs, qui étaient probablement de race Touranienne ou appartenaient peut-être à la souche primitive des Aryens. Avec les Sémites, les spéculations purement imaginatives ou métaphysiques de la religion se substituèrent aux observations et aux hypothèses de la science; l'astronomie se fondit dans l'astro-

---

1. E. RENAN, *Hist. du peuple d'Israël*, I, p. 67.

logie vers laquelle les peuples ignorants se portent si volontiers ; l'arithmétique donna naissance à une sorte de cabalistique où les chiffres prenaient des sens mystérieux, le nombre sept par exemple, devenant le nombre fatidique $6+1$, comme 13 est $12+1$; la genèse des mondes et des êtres fut expliquée par des légendes religieuses plus ou moins ingénieuses, mais toujours dépourvues d'esprit scientifique, et la foi prit dans les méditations des prêtres, la place que la raison tenait dans les études des astronomes, des mathématiciens, des penseurs de l'époque touranienne [1].

D'un autre côté, à mesure que les légendes, les mythes

---

[1]. Tiele (*Hist. comp. des anc. relig. de l'Égypte et des peuples sémitiques*) résume, d'après Bérose, de la manière suivante (p. 185 et suiv.) la théorie de l'origine du monde qui était adoptée par les prêtres de la Babylonie sémitique : « Il y eut un temps où tout n'était qu'eau et obscurité. Dans cette eau (le chaos) naissaient et pullulaient toute espèce de monstres, êtres à quatre visages, à deux têtes, hommes à queue de poissons, tels que ceux que l'historien et ses lecteurs pouvaient voir représentés sur les murs des temples à Babylone. C'étaient, en effet, les animaux empruntés par une mythologie postérieure à la symbolique primitive, dont le sens s'était par degrés obscurci, et auxquels une imagination sans frein ni règle en avait ajouté d'autres encore plus fantastiques. Tous ces monstres obéissaient à une femme nommée Homoroka, en chaldéen Thalath ou plus exactement Tauath, c'est-à-dire Tiavat, la Mer primordiale, la Tauthé de Damascius, que les Grecs traduisirent par Thalassa, la mer, et Séléné, la lune. Mais Bel coupa la femme en deux et d'une partie forma le ciel, de l'autre la terre ; les monstres disparurent. Bel ensuite se coupa la tête et de sang mêlé à la poussière de la terre, il forma l'homme qui, en tant que formé de la tête du dieu suprême, est doué d'une intelligence et d'une sagesse divines. Il ordonna aussi aux dieux de se couper la tête, pour faire avec leur sang les hommes et les animaux, après quoi il créa les astres, le soleil, la lune, les cinq planètes. » M. Tiele ajoute : « L'idée première de ce mythe est empruntée à la séparation que le premier rayon de l'aurore semble opérer entre le ciel et la terre, confondus pendant la nuit en une masse vague et confuse, au sein de laquelle, comme dans une mer immense et obscure s'agitent des êtres sans forme et sans nom. La lumière du jour leur donne la vie véritable, les crée en les faisant apparaître. Homoroka (c'est-à-dire la mère ou la grande déesse d'Ourouk) ou Thauatth était donc la déesse de la nuit régnant seule sur l'univers chaotique avant la première aurore. Les monstres auxquels elle commandait ne peuvent signifier que les constellations, que l'aurore fait disparaître. Bel, lui, est le dieu lumineux ayant, à la première aurore, mis fin à la nuit séculaire que tous les anciens peuples se représentaient comme ayant précédé l'origine du temps et de l'univers, et séparé les deux firmaments, le ciel et la terre, comme il le fait encore chaque matin lorsqu'il s'élève au-dessus de la ligne de l'horizon. Bel, après avoir créé la terre, l'orne, la peuple, l'anime. Le mythe grossier de la formation de l'homme du sang de Bel mêlé à la poussière de la terre exprimait, au fond, la même idée que le récit bien plus noble et poétique de la Genèse, à savoir la double nature de l'être humain, tenant à la terre et tirant d'elle son être et sa subsistance, comme tout ce qui vit à sa surface, mais doué de raison et ayant en lui quelque chose de divin. »

et les symboles de la religion se substituaient aux conceptions incessamment perfectibles nées de l'observation de la nature, une morale religieuse tout artificielle se superposait à la morale naturelle, ajoutait aux idées nées des relations des hommes les uns avec les autres, celles qu'engendrent les intérêts de la classe sacerdotale. A ces « petits codes de morale éternelle, et qui n'ont pas de date », dont parle Renan, qui « existent longtemps avant d'être écrits », la religion substituait ses maximes rigides, immuables, purement conventionnelles, dont nous avons fait l'étude dans les chapitres précédents. Dès lors, plus de philosophie, ni de morale philosophique.

En Égypte, il semble que la belle période scientifique et philosophique de la Chaldée n'ait jamais existé. Aussi loin qu'il est possible de remonter dans l'histoire de ce pays, on trouve la religion souveraine maîtresse des esprits et seule régulatrice de la morale ; mais son influence alla, comme en Chaldée, en s'accroissant sans cesse, pour atteindre son apogée sous la vingtième dynastie, au moment où les prêtres substituèrent leur autorité à celle des rois. « Concurremment avec la puissance des prêtres, — et cela doit en être considérée comme une suite naturelle, — la superstition, dit Tiele[1], faisait de grands progrès dans l'Égypte méridionale, qui était encore le siège de l'empire... Le goût public n'était plus aux sobres maximes morales, dans le genre de celles de Ptahhotep, sous l'ancien empire, ni aux récits qui rendaient la réalité de la vie, comme ceux de Sancha, sous le moyen empire. C'était à l'imagination qu'il fallait parler, on voulait des poèmes et surtout des livres magiques, remplis de formules de conjuration, de chants inspirés et de récits miraculeux... Les pratiques magiques furent portées si loin que le gouvernement de Ramsès II dut prendre des mesures pour en réprimer l'abus... A cette époque aussi, on commença à attacher une grande importance à l'observation des temps, en vue des choses qu'on voulait faire ou entreprendre... : 12 chocak

---

1. *Loc. cit.*, p. 114 et suiv.

(septembre-octobre) ne pas sortir, parce que c'est le jour où Osiris se métamorphose en Bennou (Héron); 17 toby (octobre-novembre) ne pas se baigner; la déesse Nou sort de l'onde céleste; 20 toby, Basiris retire la lumière du monde, tout est ténèbres; c'est pourquoi ne pas sortir jusqu'au coucher du soleil... Les jeûnes étaient fréquents. Le jour où l'on était né était de grave conséquence. Celui qui était né le 5 paophi devait être tué par un taureau, mais celui qui était venu au monde le 9 du même mois aurait une longue vie. On ne se préoccupait pas moins des mots et des formules magiques. Le 162e chapitre du Livre des morts, qui date sans doute du nouvel empire, contient déjà quelques-uns de c . mots cabalistiques, comme Penhakahakaherher, Uarauaakarsank-Robiti, et était pour cela regardé comme très profond. D'autres livres du temps de Ramsès II renferment des invocations complètement dépourvues de sens... La crédulité aux miracles dépasse toutes les bornes; on se repaît de récits enfantins dont quelques-uns ne sont pas sans analogie avec tel ou tel trait de la Genèse. Si l'on va au fond des choses, on y retrouve les vieilles fictions du mythe d'Osiris; mais c'est de la mythologie tombée au rang des contes de la mère l'Oie et dont le sens primitif est complètement perdu pour ceux dont ils nourrissent la dévotion. On est descendu des sphères de la foi et de l'inspiration, à celles de la plus grossière superstition... A tout considérer, on peut dire que la religion fut alors bien plus puissante que dans les âges antérieurs. Elle exerçait son action sur la vie tout entière, de telle sorte qu'en dehors d'elle on ne pouvait faire un pas, rien entreprendre, former aucune pensée. C'est ce qui ressort aussi de l'examen des tombeaux de cette période. Le mort n'y est plus représenté dans sa vie personnelle et domestique, mais dans sa vie politique et religieuse... Les vieux textes magiques... couvrent toutes les murailles, et les images des dieux qu'on cherchait en vain dans les anciens tombeaux, brillent partout ici, en haut relief, à côté de celles du mort. Les stèles funéraires sont aussi couvertes de représentations religieuses... Au lieu de l'ancienne croyance, que la vie après la mort n'était que la continuation de la vie présente, nous trouvons, maintenant, la doctrine de la rétribution… ce fut là un progrès religieux réel. Il faut pourtant reconnaître que cet eudémonisme n'exerça pas toujours l'influence la plus favorable sur la moralité. »

Bien loin, en effet, de faire des progrès, la moralité publique et privée subit, pendant cette période d'exaltation de la puissance religieuse et de la foi, une régression telle que tous les historiens l'ont signalée. C'est l'heure où les prêtres et scribes raillent les soldats, se moquent des souffrances qu'ils endurent pour le pays et les invitent à faire un métier plus lucratif. « Arrive, que je te peigne le sort de l'officier d'infanterie, l'étendue de ses misères !… Arrive, que je te dise ses marches vers la Syrie, ses expéditions en pays lointains ! Ses pains et son eau sont sur son épaule comme le faix d'un âne ; les jointures de son échine sont brisées. Il boit d'une eau corrompue, puis retourne à sa garde. Atteint-il l'ennemi, il est comme une oie qui tremble, car il n'a plus de valeur en tous ses membres… » En plein épanouissement de la religion et après les retentissants succès militaires de Ramsès II, « l'empire égyptien s'en allait d'épuisement », les ouvriers mouraient de faim : « l'homme n'était pas seul à souffrir : il avait une femme, une sœur, des enfants qui pleuraient la faim, et les magasins du clergé et de l'État étaient là sous ses yeux, remplis à regorger d'orge et de blé ». A chaque instant, des menaces de révolte se produisaient, « les délits de tout genre étaient nombreux au sein de cette population besogneuse et turbulente… Les nécropoles offraient une riche proie..; beaucoup de tombes, mal gardées, renfermaient des momies couvertes d'or et de bijoux. C'était grosse affaire d'y atteindre », car les tombeaux étaient construits dans le roc ou fortement maçonnés. « Il fallait creuser des mines avant de se glisser jusqu'à la chambre du sarcophage ; les voleurs s'associèrent donc en bandes considérables qui exploitaient les sépultures. Il y avait de tout dans ces syndicats, de simples ouvriers, des vagabonds, des employés, des prêtres, même des affiliés de la police : la nécropole entière fut livrée au pillage, et les tombes des rois ne furent pas plus respectées que les autres[1]. » Pendant ce temps, les classes riches et les prêtres eux-mêmes se livraient sans aucune retenue au dévergondage de mœurs dont certaines cérémonies religieuses donnaient périodiquement au peuple le spectacle. Au lieu et place d'une philosophie scientifique tout à fait absente, les métaphysiciens du temps construisent les théories cosmogoniques et théologiques les plus ridicules, malgré leur tendance vers le monothéisme et l'idéalisme[2]. L'Égypte ne connut jamais, en fait, ni aucune philosophie scientifique, ni aucune morale philosophique, et si la moralité de son peuple se maintint au-dessus de celle de son culte, c'est que sur les bords du Nil comme partout où il y a des hommes, la nature est plus forte que la religion.

Chez les Hébreux, la philosophie, proprement dite,

---

[1]. Maspero, *Hist. anc. des peuples de l'Orient*, p. 322 et suiv.

[2]. Tandis que « le culte des animaux, l'oie, l'hirondelle, le chat, le serpent, recrutaient plus de dévots qu'il n'en avait jamais eu », tandis que « la croyance aux mauvais esprits et aux revenants était universelle », tandis que « la magie était pratiquée ouvertement, malgré les ordonnances les plus sévères », les prêtres les plus instruits et les plus intelligents perdaient leur temps en constructions du système théologique suivant qui, né dans l'antique Chaldée, devait, après des migrations et des évolutions nombreuses, s'échouer en sa forme dernière dans les dogmes du christianisme : « Au commencement était le Nou, l'océan primordial, dans les profondeurs insondées duquel les germes des choses flottaient confondus. De toute éternité le Dieu s'engendra et s'enfanta lui-même au sein de cette masse liquide, sans forme encore et sans usage. Ce Dieu des théologiens thébains était un être parfait, doué d'une science et d'une intelligence certaines, le « Un unique, celui qui existe par essence, le seul qui vive en substance, le seul générateur dans le ciel et sur la terre qui ne soit pas engendré ; le père des pères, la mère des mères. » Toujours égal, toujours immuable dans son immuable perfection, toujours présent au passé comme à l'avenir, il remplit l'univers sans qu'image au monde puisse fournir même une faible idée de son immensité : on le sent partout, on ne le saisit nulle part. Unique en essence, il n'est pas unique en personne. Il est père par cela seul qu'il est, et la puissance de sa nature est telle, qu'il engendre éternellement sans jamais s'affaiblir ou s'épuiser. Il n'a pas besoin de sortir de lui-même pour devenir fécond ; il a en son propre sein la matière de sa création, il conçoit son fruit, et, comme chez lui la conception ne saurait être distinguée de l'enfantement, de toute éternité il produit en lui-même un autre lui-même. Il est à la fois le père, la mère et le fils de Dieu. Engendrées de Dieu, enfantées de Dieu, sans sortir de Dieu, ces trois personnes sont Dieu en Dieu, et, loin de diviser l'unité de la nature divine, elles concourent toutes trois à son infinie perfection. » (Maspero, *Hist. anc. des peuples de l'Orient*, p. 334 et 326.) La première doctrine judéo-chrétienne de la Trinité étant née en Égypte, il est facile de voir de quelle source elle sortit.

n'exista jamais ; leur intolérance religieuse ne lui permettait même pas de naître. Leurs prêtres empruntèrent, il est vrai, à l'antique Babylonie, avec laquelle les tribus nomades d'Israël avaient été souvent en contact, la cosmogonie qui figure dans la *Genèse* des Livres sacrés, mais ils firent disparaître le caractère d'hypothèse scientifique, encore vague, incertaine et perfectionnable indéfiniment dont elle était revêtue, pour en faire un simple article de foi religieux. « Amoindris, serrés, sanglés, si j'ose dire, écrit E. Renan, sur le dos de la bête de somme du nomade, macérés pendant des siècles dans des mémoires sans précision, et des imaginations comprimantes, les récits protochaldéens ont donné les douze premiers chapitres de la *Genèse*, et, dans la Bible, il n'est peut-être pas de partie qui ait eu plus de conséquence. L'humanité s'est figurée qu'elle avait là un récit historique des choses qu'elle voudrait le plus savoir, je veux dire son enfance, ses premiers progrès... On crut avoir dans l'œuvre des six jours toute la théorie de l'univers[1]. » Et l'on crut, d'autant plus, à l'exactitude de cette théorie qu'elle passa pendant de nombreux siècles, aux yeux des juifs d'abord, puis à ceux des chrétiens, comme ayant été formulée par l'auteur même de la création.

Chez les Hébreux comme chez les Égyptiens et les Assyriens, et, pourrais-je ajouter, comme chez tous les peuples sémitiques, la religion tient lieu de philosophie en même temps que de législation. C'est elle qui dicte les règles de la morale privée ou publique, et c'est d'elle que viennent toutes lois. C'est là, sans aucun doute, le trait le plus remarquable de l'histoire des peuples de race sémitique. Je dis des peuples et non des individus, car, il serait facile de montrer, parmi les Sémites des temps modernes, des esprits philosophiques et scientifiques d'une large envergure ; mais ceux-là étaient nés au milieu de peuples aryens ou avaient reçu l'éducation des Aryens. Ce n'est point à eux que je fais allusion dans les considérations ci-dessus.

1. E. Renan, *Hist. du peuple d'Israël*, I, p. 79.

Ce qu'il importe de noter, ce sur quoi je ne crains pas d'insister, c'est l'impossibilité dans laquelle se sont trouvés tous les peuples sémitiques anciens de produire une philosophie indépendante de la religion et une morale purement philosophique. On trouve chez eux, comme chez tous les autres peuples, à côté de la morale religieuse proprement dite, des préceptes moraux élémentaires, nés des relations familiales ou sociales des hommes; on y trouve aussi des moralistes pratiques, comme Salomon, qui s'attachent à formuler une morale pratique, mais, jamais aucun esprit ne s'y libère de la foi religieuse.

Il était réservé aux Aryens de concevoir la philosophie indépendante de la religion, et la morale purement philosophique.

CHAPITRE II

LA MORALE DE SOCRATE

C'est en Grèce que la philosophie véritable est née et il semble que ce soit Socrate qui, au ve siècle avant notre ère, ait fondé la morale philosophique. Il n'avait pas rejeté toute idée religieuse, ainsi que ses ennemis le lui reprochaient ; c'est, au contraire, en partie sur cette idée qu'il faisait reposer sa doctrine morale, mais il s'était entièrement dégagé des croyances aux divinités de l'Olympe homérique et l'on peut croire qu'il traitait avec quelque dédain les dieux de la famille ou de la cité, quoiqu'il se vantât de participer à leur culte. Sa morale et sa philosophie étaient donc fondées sur toute autre chose que la religion des hommes de son temps. C'est aussi sur des bases toutes nouvelles qu'il faisait reposer ses sanctions morales. Enfin, l'un des traits caractéristiques de son enseignement était son hostilité à l'égard des discussions métaphysiques instituées par les philosophes de son temps au sujet de la nature intime de l'univers et des objets qui le composent. A tous ces points de vue, le rôle de Socrate fut considérable et son œuvre philosophique offre un intérêt capital. Il ne nous en est malheureusement rien resté d'écrit, car son enseignement fut exclusivement oral. Nous ne connaissons de ses idées que ce qui nous en a été conservé par ses disciples, en particulier par Xénophon et Platon. Le premier paraît s'être attaché à reproduire fidèlement la pensée du maître ; le second y a trop ajouté du sien pour qu'il soit possible de distinguer dans son œuvre ce qui lui appartient de ce qui peut être attribué à Socrate.

Xénophon représente Socrate comme ayant opéré une sorte de réaction contre les études auxquelles s'adonnaient avant lui les philosophes. D'une part, il condamnait les procédés purement oratoires dont usaient les sophistes dans l'exposé de leurs doctrines, et les remplaçait par un enseignement plus rigoureux, plus scientifique, dirions-nous aujourd'hui, qu'il appelait la dialectique[1]. D'autre part, il plaçait au second rang les spéculations relatives à la nature et à l'origine des choses et des êtres, à ce que nous dénommons aujourd'hui la métaphysique des sciences d'observation, tandis qu'il plaçait au-dessus de tout l'étude de la morale. Xénophon dit de lui : « Loin de disserter comme tant d'autres sur toute la nature, loin de chercher l'origine de ce que les sophistes appellent le cosmos, et les causes nécessaires qui ont donné naissance aux corps célestes, il démontrait la folie de ceux qui se livrent à de telles spéculations : il examinait s'ils s'occupaient de pareilles matières dans la persuasion qu'ils avaient épuisé les connaissances

---

1. Xénophon nous a conservé la définition que Socrate lui-même donnait de la dialectique : « Il ajoutait que le mot *discussion* venait de l'usage de se réunir pour discuter ensemble, et considérer les objets suivant leur genre ; qu'il fallait donc se préparer de toutes ses forces et se livrer tout entier à une étude qui forme les plus grands personnages, les excellents politiques, les plus habiles dialecticiens. » Considérer les objets suivant leur genre, c'est, d'après Socrate, « rechercher ce qu'il y a de mieux en toutes choses, distinguer entre elles par le secours du raisonnement et de l'expérience, choisir les bonnes et rejeter les mauvaises ». Pour y parvenir, il employait le dialogue, au moyen duquel « il ramenait, dit Xénophon, la question aux premiers principes », et il donne comme exemple le dialogue suivant : « Vous dites donc que l'homme que vous nous vantez est meilleur citoyen que celui dont je parle ? — C'est ce que je soutiens. — Voyons donc : ne faut-il pas examiner d'abord quel est le devoir d'un bon citoyen ? — J'y consens. — S'il s'agit de l'administration des finances, celui qui enrichira le plus la République ne l'emportera-t-il pas sur ses concitoyens ? — Assurément. — Et dans la guerre, celui qui la rendra le plus souvent victorieuse de ses ennemis ? — Sans doute. — Et dans les négociations, celui qui lui ménagera l'alliance des peuples qui combattaient contre elle ? — Je ne conteste pas cela. — Et dans l'assemblée du peuple, celui qui saura le mieux apaiser les discussions, et qui ramènera le plus aisément la concorde ? — Je le crois. » Il procédait alors à l'examen de la conduite de chacun des hommes dont il s'agissait, sur chacun de ces divers points, et la conclusion se formait pour ainsi dire d'elle-même. « C'est ainsi, ajoute Xénophon, qu'en réduisant les questions à leur plus grande simplicité, il rendait la vérité sensible à ses contradicteurs. Dans toute discussion, il procédait par les principes les plus généralement avoués, persuadé que c'était une méthode infaillible. Aussi n'ai-je connu personne qui sût mieux amener ses auditeurs à reconnaître les vérités qu'il voulait leur démontrer. » (XÉNOPHON, *Les entretiens mémorables de Socrate*, trad. de Gail, introd. et notes de Fouillée, p. 164, 169.)

Les procédés de discussion de Socrate étaient employés vers la même époque, dans l'Indoustan, par le Bouddha et ses disciples. Voyez plus haut, p. 204.

humaines ; ou s'ils croyaient sage de négliger ce qui est à la portée des hommes, pour approfondir les secrets des dieux. Il s'étonnait qu'ils ne vissent pas combien il est impossible à l'homme de sonder ces mystères, puisque ceux qui se piquent d'en parler le mieux, loin de s'accorder entre eux, ressemblent à des fous... Dans leurs recherches sur la nature, les uns se figurent qu'il n'existe qu'une substance, les autres qu'il y a des substances à l'infini : celui-ci, que tout est en mouvement perpétuel ; celui-là, que rien ne se meut ; ceux-ci, que tout naît et périt ; ceux-là, que rien ne s'engendre, que rien ne se détruit. Il faisait encore cette réflexion : ceux qui apprennent les choses humaines espèrent mettre en pratique ce qu'ils auront appris, pour leur usage et celui des autres ; les scrutateurs des choses divines croient-ils de même que lorsqu'ils connaîtront bien les causes nécessaires de tout ce qui est, ils feront à leur gré et selon leurs besoins, les vents, la pluie, les saisons ou autres choses semblables ? ou, sans se flatter de tant de puissance, leur suffit-il de savoir comment tout cela se fait ? C'est ainsi qu'il parlait de ceux qui s'embarrassent de ces spéculations. Pour lui, s'entretenant sans cesse de ce qui est à la portée de l'homme, il examinait ce qui est pieux ou impie, ce qui est honnête ou honteux, ce qui est juste ou injuste ; en quoi consiste la sagesse et la folie, la valeur et la pusillanimité ; ce que c'est qu'un État et un homme d'État, ce que c'est que le gouvernement, et comment on en tient les rênes. Enfin, il discourait sur toutes les connaissances qui constituent l'homme vertueux et sans lesquelles il pensait qu'on mérite justement le nom d'esclave... Il n'avait pas sur la Providence les idées du vulgaire, qui croit que certaines choses sont connues des dieux et que d'autres leur échappent : il pensait que les dieux savent ce que nous disons, ce que nous faisons, ce que nous méditons en silence, qu'ils sont partout, qu'ils font des signes aux hommes sur toutes les choses humaines [1]. »

---

1. XÉNOPHON, *Entretiens mémorables de Socrate*, trad. de Gail, introduction et notes par A. Fouillée, p. 5 et suiv.

Au sujet de la conception religieuse de Socrate on lit dans les souvenirs de Xénophon[1] : « Ses prières étaient simples ; il demandait aux dieux de lui accorder ce qui est bon, persuadé qu'ils connaissent bien nos véritables avantages. Demander aux dieux de l'or, de l'argent, la puissance suprême, c'était suivant lui aussi indiscret que les interroger sur l'issue d'un jeu de dés, d'un combat ou d'autres choses aussi incertaines. En offrant les plus modestes prémisses du peu qu'il possédait, il croyait ne pas faire moins que ces riches qui, avec de grands biens, offrent de grandes et de nombreuses victimes. Il disait qu'il serait indigne des dieux de préférer les grandes victimes aux petites, parce qu'alors les dons des méchants leur seraient plus agréables que ceux des hommes vertueux : que s'il en était ainsi la vie ne serait plus un présent désirable... Il ajoutait que le précepte qui nous ordonne de consulter nos moyens devait être la règle de notre conduite avec nos amis, avec nos hôtes et dans toutes les actions de la vie. »

Socrate croyait à la divination et il était absolument convaincu que lui-même était inspiré par la Divinité, mais il voulait qu'on la consultât exclusivement sur les choses qu'il est impossible à l'homme de connaître. Il trouvait « fou », dit Xénophon, « d'aller consulter les oracles sur des questions que les dieux nous ont mis à portée de résoudre par nos propres lumières : comme si on leur demandait si on doit confier son char à un cocher habile ou maladroit, son vaisseau à un bon ou à un mauvais pilote. Il taxait d'impiété la manie d'interroger les dieux sur ce qu'on peut aisément connaître soit par le calcul, soit en employant la mesure ou le poids. Apprenons, disait-il, ce que les dieux nous ont accordé de savoir ; mais recourons à l'art divinatoire pour nous instruire de ce qu'ils nous ont caché : ils se communiquent à ceux qu'ils favorisent[2] ».

Il est probablement le premier qui ait tenté de démontrer l'existence de la divinité, en s'appuyant sur ce qu'il appe-

---

1. Xénophon, *Ibid.*, p. 35.
2. *Ibid.*, p. 5.

lait « les bienfaits de la Providence qui veille à nous procurer tout ce dont nous avons besoin. » Il n'a, du reste, ni plus ni moins bien réussi dans cette tentative que les métaphysiciens des temps modernes ; ses arguments sont ceux que devaient reproduire, pendant une longue suite de siècles, la plupart des croyants à cette même Providence. On me pardonnera d'en donner un aperçu. « Dites-moi, Euthydème, demande-t-il à son disciple [1], vous est-il jamais venu à la pensée de réfléchir sur les bienfaits de la Providence, qui veille à nous procurer tout ce dont nous avons besoin ? » « Euthydème lui répondit : Non en vérité. — D'abord, vous savez que nous avons besoin de la lumière et que les dieux nous l'accordent. — Sans elle, même avec nos yeux, nous ressemblerions à des aveugles. — Nous avons besoin de repos, et ils nous donnent la nuit, temps bien favorable au repos. — De plus le soleil est lumineux ; il nous montre les heures du jour, il éclaire tout à nos yeux. La nuit, à cause de son obscurité, nous cache les objets ; mais les dieux y ont fait briller la lumière des astres, qui nous avertit des heures de la nuit, et nous permet de vaquer à quelques-unes de nos affaires... Ajoutez à cela que la lune nous indique la division de la nuit et du mois... Comme nous avons besoin de nourriture, les dieux commandent à la terre de nous les fournir ; ils nous donnent, à cet effet, les saisons convenables, qui nous procurent avec abondance et variété, non seulement le nécessaire, mais aussi l'agréable. » Il montre encore les dieux nous donnant le soleil qui « enfante et fait mûrir ce qui nous est utile », l'eau que nous employons à tant d'usages, ce qui fait que « les dieux nous l'accordent avec profusion. » C'est à eux que Socrate attribue « le feu, qui nous défend contre le froid, qui nous éclaire dans l'obscurité, qui nous seconde dans tous les arts, dans tous les travaux qui ont pour but notre utilité, et, dont, pour le dire en un mot, on ne peut se passer dans les plus belles et les plus utiles inventions des hommes. » Ce sont eux qui nous donnent l'hiver et après l'hiver l'été.

---

[1]. Xénophon, p. 147.

C'est grâce à eux que, pour nous éviter le passage trop brusque de la chaleur au froid, « le soleil s'avance sur nous si insensiblement, il s'en éloigne avec tant de lenteur, que nous passons, sans nous en apercevoir, aux limites extrêmes du chaud et du froid. » Euthydème fait remarquer à Socrate que « les autres animaux partagent ces bienfaits avec nous » et cela paraît l'inquiéter, mais Socrate lui répond : « Eh ! n'est-il pas manifeste qu'ils naissent, qu'ils sont nourris *pour* les hommes ? » Ce sont les dieux encore qui « nous ont donné les sens... par le moyen desquels nous jouissons de tous les biens. » Ce sont eux encore qui « ont mis en nous l'intelligence », qui nous ont fait le « don de la parole » et « enfin, ajoute Socrate, comme nous ne pouvons pas prévoir par nous-mêmes ce qui peut nous être utile dans l'avenir, ils viennent encore à notre secours par la divination ; ils répondent à nos demandes, et nous enseignent comment nous devons nous conduire. » Il s'extasie ensuite sur la façon dont tous nos organes sont construits et disposés en vue des rôles qu'ils ont à jouer, sur l'admirable façon, en un mot, dont chaque objet et chaque être a été disposé par les dieux en vue de ce que les philosophes métaphysiciens devaient plus tard appeler « la fin » des objets et des êtres.

Socrate ne parvenait pas, du reste, à convaincre entièrement tous ses disciples : « Je ne méprise pas la divinité, lui fait observer Aristodème ; je lui crois seulement trop de grandeur pour qu'elle ait besoin de mon culte. » Le soin avec lequel Xénophon nous a conservé ce mot témoigne que déjà, cinq siècles avant notre ère, dans les écoles philosophiques de la Grèce, ce n'étaient pas seulement les dieux inférieurs du peuple qui étaient mis en doute, mais aussi la Divinité sublime des philosophes. Tout cela était trop au-dessus de l'intelligence du peuple d'Athènes et trop contraire aux intérêts de l'aristocratie athénienne pour que Socrate pût échapper à l'accusation d'athéisme. Il la paya de sa vie. Nul esprit philosophique ne s'en peut étonner. N'est-il pas encore fort dangereux d'être d'un avis différent de celui de la masse sur les questions qui la passionnent ? La religion n'est-elle pas, encore aujourd'hui, la matière qui excite au plus haut degré les passions de la foule ?

La morale de Socrate se distinguait de sa philosophie en ce qu'elle était exclusivement pratique et ne comportait que des sanctions non moins pratiques. Il préconisait par-dessus tout la « tempérance », c'est-à-dire la modération dans la satisfaction de tous nos besoins, et il la représentait comme indispensable à la conservation de la liberté et à la pratique de la vertu. « Celui qui se laisse dominer par la volupté, demande-t-il à Euthydème, et qu'elle empêche de faire de belles actions le jugez-vous libre ? » Euthydème répond : « Nullement. Le pouvoir de bien faire est peut-être ce que vous appelez la liberté, et vous regardez comme une servitude d'entretenir en vous-même des maîtres qui vous ravissent ce pouvoir ? — Voilà précisément ma pensée » dit Socrate, et il poursuit le dialogue pour démontrer que les intempérants sont les esclaves de leurs passions, qu'ils sont « forcés de commettre bien des choses honteuses », que « l'intempérance arrache les hommes à la sagesse, le plus grand des biens, pour les précipiter dans les désordres ; que toujours les entraînant au plaisir, elle les empêche de se livrer à rien d'utile, et d'en occuper leur pensée ; que souvent elle donne un esprit de vertige qui ôte la connaissance du bien et du mal, et force à choisir le pire » ; qu'il n'y a « rien de plus opposé que les actions de la prudence et celles de la débauche », que l'intempérance enfin ne peut même pas « conduire au plaisir, dont elle semble seulement susceptible, tandis que la tempérance est la vraie source de la plus pure volupté[1]. » Sur ce point Socrate le métaphysicien se trouve être d'accord avec le fondateur de la morale matérialiste qui devait bientôt lui succéder à Athènes.

Sa morale n'était pas moins raisonnable, naturelle et pratique lorsqu'il disait : « apprendre à connaître ce qui est beau et bon, rechercher ce qui peut mettre à même de perfectionner son corps, de bien conduire sa maison, de servir ses amis, de soumettre ses ennemis : voilà la source des plus grands avantages et de la plus inaltérable volupté ».

---

1. Xénophon, *Ibid.*, p. 42, 49, 101.

Les sages recueillent ces fruits ; ils sont refusés à l'intempérant... Il n'est donné qu'à l'homme tempérant de rechercher ce qu'il y a de mieux en toutes choses, de les distinguer entre elles par le secours du raisonnement et de l'expérience, de choisir les bonnes et de rejeter les mauvaises[1]. »

Socrate se montrait encore le précurseur de l'École épicurienne en ce qu'il n'admettait pas d'autres sanctions morales que le plaisir ou le désagrément déterminés, dans ce monde même, par les actes que l'on commet. Si l'on est tempérant, c'est-à-dire si l'on satisfait modérément tous ses besoins, si on ne leur permet pas de se transformer en passions d'où naissent les vices, on est heureux ; si, au contraire, on s'abandonne à l'intempérance, on perd toute liberté, on fait des sottises, on commet des fautes et l'on souffre. « L'intempérance qui ne nous permet pas d'endurer la faim, la soif, les veilles, disait-il, nous empêche par cela même de trouver une véritable douceur à satisfaire les besoins que la nécessité nous impose. Pourquoi trouve-t-on du plaisir à contenter la faim, la soif, l'appétit, à se livrer au repos, au sommeil ? C'est qu'on a été préparé par les rigueurs de la privation à tous les charmes de la jouissance. La tempérance seule nous apprend à supporter le besoin ; seule, elle peut nous faire connaître des plaisirs réels[2]. »

Pour engager ses auditeurs à la tempérance, à l'aide d'arguments utilitaires, il la montrait encore comme la source des plaisirs intellectuels : « apprendre à connaître ce qui est beau et bon, disait-il, rechercher ce qui peut mettre à même de perfectionner son corps, de bien conduire sa maison, de servir ses amis, de soumettre ses ennemis : voilà la source des plus grands avantages et de la plus inaltérable volupté. » Or, l'homme tempérant seul est en état de faire une pareille étude. Xénophon témoigne que le philosophe appliquait ces principes utilitaires à sa propre conduite et qu'il disait volontiers, à propos des

---

1. Xénophon, *Ibid.*, p. 159 et suiv.
2. *Ibid.*, p. 163.

gens qui abusent de la bonne chère, que leurs « excès étaient funestes à l'estomac, à la tête et à l'esprit[1] ». Et il ajoutait plaisamment : c'était sans doute avec des mets qui excitent à manger quand on n'a plus faim et des liqueurs qui poussent à boire quand on n'a plus soif, que Circé changeait les hommes en pourceaux. Si Ulysse s'était soustrait à la métamorphose c'est seulement parce qu'il fut assez sobre pour s'abstenir de goûter à ces mets et à ces breuvages.

Il démontrait que l'emploi de la force et de la violence doit être écarté de la conduite et du gouvernement des hommes, en exposant les avantages immédiats de la modération : « Je crois, disait-il, que ceux qui font leur étude de la sagesse et qui se croient capables d'éclairer leurs concitoyens sur leurs véritables intérêts ne sont point du tout violents ; ils savent que la violence engendre les haines et tous les malheurs, tandis que la persuasion inspire la bienveillance sans être jamais dangereuse. L'homme que vous contraignez vous hait, dans l'opinion que vous le privez de quelque avantage ; celui que vous persuadez vous aime comme un bienfaiteur. Ce n'est pas le sage, c'est le puissant dépourvu de lumières qui recourt à la violence. Celui qui ose employer la force a besoin de plus d'un appui ; il n'en faut aucun à qui sait persuader : seul, il se croit assez fort. »

Il disait de l'homme présomptueux qui se fait passer pour plus riche ou plus fort qu'il ne l'est : « on lui impose des obligations qui dépassent ses forces ; et comme il est hors d'état de faire ce dont on le croyait capable, on n'a pour lui aucune indulgence. »

Il recommandait de faire du bien aux autres, en raison du bien que l'on peut en attendre. « N'existe-t-il pas une loi universellement reconnue, qui ordonne de payer de retour un bienfait ? — Oui, et on la transgresse néanmoins. — Oui ; mais les transgresseurs sont punis, car ils sont abandonnés d'amis précieux, et contraints de rechercher les hommes qui les haïssent. »

---

1. XÉNOPHON, p. 36.

S'il préconisait l'amitié, c'est aussi en raison des avantages qu'elle procure : « J'entends toujours répéter, disait-il, qu'un ami fidèle et vertueux est la plus précieuse de toutes les possessions ; et je vois que la plupart des hommes pensent à toute autre chose qu'à se faire des amis. Ils sont désireux d'acquérir des maisons, des terres, des esclaves, des troupeaux, des meubles, et quand ils les possèdent, ils tâchent de les conserver ; mais un ami qu'ils avouent être un si grand bien, ils ne se mettent en peine ni de l'acquérir ni de le conserver... Et cependant si l'on compare un bon ami à tout autre bien, ne semblera-t-il pas préférable ?... Y a-t-il un bien quelconque aussi généralement avantageux ? Un sage ami se substitue à son ami dans ce qui lui manque, soit dans la conduite de ses affaires particulières, soit dans les affaires de l'État. Vous voulez obliger, cet ami vous seconde ; quelque crainte vous agite, il vous secourt ou de ses deniers ou par ses démarches ; de concert avec vous il emploie la force ou la persuasion. Dans le bonheur, il ajoute à votre joie ; il vous relève dans l'abattement... Ce que vous n'avez pas fait pour votre propre intérêt, ce que vous n'avez ni vu ni entendu, votre ami l'a entendu, l'a vu, l'a fait à votre place. Vous cultivez des arbres pour en avoir les fruits, et vous négligez, avec une coupable indolence, le verger le plus fertile, celui de l'amitié. » Il disait encore « chacun ferait bien de s'examiner soi-même, de chercher combien il peut valoir aux yeux d'un ami, et de travailler à devenir d'un assez grand prix pour n'être pas négligé ». Il voulait qu'on évitât les gens que leurs défauts rendent incapables d'être des amis utiles : « Dites-moi, Critobule, si l'on voulait un sage ami, comment s'y prendrait-on ? Avant tout ne chercherait-on pas un homme qui sût résister à la gourmandise, à l'ivrognerie, au sommeil, à la paresse ? Car un être dominé par ces vices ne peut rien faire d'utile ni pour lui-même ni pour un ami. — Cela est vrai. — Et celui qui aime la dépense sans pouvoir la soutenir, qui tous les jours a besoin de la bourse de ses amis, qui reçoit toujours hors d'état de rendre, et qui se fâche quand on refuse de lui prêter : un tel ami ne vous semble-t-il pas à charge? — Oui... — Si nous en trouvions un qui sût amasser du bien, mais qui, toujours convoitant des nouvelles richesses, fût par là même peu sûr en affaires, aimât beaucoup à recevoir et point du tout à rendre? — Il me semble que cet ami-là serait pire que le premier. — Et celui qui, toujours avide de richesses, fait du gain son unique étude? — Il faudrait le laisser là, car il serait inutile à celui qui serait lié avec lui. — Et le brouillon qui peut faire à ses amis une foule d'ennemis? — Il faut le fuir. — Et l'homme qui n'a aucun de ces défauts, mais qui aime beaucoup qu'on l'oblige, sans se mettre en peine de témoigner sa reconnaissance? — Ce serait encore un ami fort inutile. Mais qui donc choisirons-nous? — Celui qui serait le contraire des gens que nous venons de dépeindre : ennemi de la mollesse et de la sensualité, fidèle à son serment, sûr en affaires, incapable de céder en générosité, utile par cela même à ceux qui auraient affaire à lui. » Le dialogue se poursuit à la recherche de cet ami idéal, et Socrate conclut que pour avoir de bons et utiles amis, il faut avoir soi-même les qualités qu'on exige d'eux.

Il prend pour point de départ de cette démonstration un fait d'observation qui constitue la base de toutes les études scientifiques sur la morale et qu'il est intéressant de voir signalé à une époque si lointaine : « La nature, dit-il, a mis dans les hommes les principes de l'amitié et de la discorde[1] : de l'amitié, car ils ont besoin les uns des autres, ils sont sensibles à la pitié, ils trouvent leur avantage à s'entr'aider ; les secours qu'ils reçoivent excitent leur sensibilité : de la discorde, car, croyant que l'agréable est la même chose que le bien, ils combattent pour se procurer les plaisirs, et la diversité des opinions engendre la discorde. La colère, les querelles ne leur laissent point de paix ; la fureur de s'enrichir les divise ; la jalousie attise la haine. Cependant l'amitié, se glissant à travers tous ces obstacles, réunit les cœurs honnêtes par

---

1. Si l'on remplace dans cette phrase le mot « amitié » par « sociabilité » ou « altruisme » et le mot « discorde » par « égoïsme », on y trouve la première forme d'une morale sociale tout à fait scientifique.

un motif de vertu ; ils aiment mieux posséder en paix une fortune bornée que de combattre pour tout avoir. Lorsqu'ils ont faim ou soif, ils partagent sans regret avec les autres. Modérés dans leurs désirs, s'ils prennent leur part de ce qui leur est légitimement acquis, c'est pour s'entr'aider généreusement. »

Dans ces très justes considérations, Socrate s'élève manifestement au-dessus de l'amitié proprement dite, pour envisager ce que nous appelons aujourd'hui l'association et il en établit d'une manière fort rationnelle l'utilité. C'est, en somme, dans cette utilité qu'il montre la sanction morale de l'amitié, de la sociabilité, de l'altruisme, comme nous disons aujourd'hui.

La morale sociale paraît n'avoir occupé qu'une place secondaire dans l'enseignement de Socrate. Cependant, il préconisait le travail tant dédaigné par les hommes libres de son temps, il recommandait les vertus familiales et sociales et il voulait que l'on obéît aux lois, tout en condamnant les lois injustes et la tyrannie.

Sur le premier point, « après avoir établi qu'il est utile et honnête pour l'homme de s'occuper, nuisible et honteux de rester oisif ; que le travail est un bien et l'oisiveté un mal, il disait que ceux qui font le bien travaillent en effet et méritent des éloges ; mais que jouer aux dés, ne se livrer qu'à des occupations condamnables et nuisibles, c'est croupir dans l'inaction[1] ». Consulté par un chef de famille libre, réduit à la misère par les événements politiques et la guerre, « Socrate, après l'avoir bien écouté lui dit : Mais comment se fait-il donc que Céramon, qui nourrit tant de personnes, suffise à leurs besoins et aux leurs, et qu'il fasse même assez d'économies pour s'enrichir, tandis que vous craignez de périr de besoin parce que vous avez quelques personnes à nourrir ? C'est qu'il nourrit, lui, des esclaves, et moi, des personnes libres. » Et il ajoute qu'à cause de leur condition ces personnes se refusent à travailler ; lui-même n'ose pas les y engager. Socrate

---

[1]. XÉNOPHON, *Ibid.*, p. 52.

alors lui dit : « Et parce qu'elles sont libres et vos parentes, vous pensez qu'elles ne doivent faire autre chose que manger et dormir?... Vos parentes ont-elles appris tout ce que que vous dites qu'elles savent, comme des choses inutiles à la vie et dont elles ne voulaient faire aucun usage, ou comme des choses auxquelles elles devaient s'appliquer et dont elles tireraient parti? Qui appellerons-nous sages? sont-ce les paresseux, ou les hommes occupés d'objets utiles? Quels sont les plus justes, de ceux qui travaillent, ou de ceux qui rêvent, les bras croisés, aux moyens de subsister? En ce moment, j'en suis sûr, vous n'aimez pas vos parentes, parce que vous sentez qu'elles vous ruinent; et elles ne vous aiment pas, parce qu'elles vous voient embarrassé d'elles?... Mais qu'elles travaillent sous vos yeux, vous les aimerez, en voyant qu'elles vous sont utiles ; elles vous chériront, parce qu'elles reconnaîtront qu'elles vous plaisent. Vous vous rappellerez avec plus de plaisir vos services mutuels ; ce souvenir ajoutera à la reconnaissance, et vous en deviendrez meilleurs amis et meilleurs parents. — En vérité, Socrate, vous me donnez un excellent conseil. Tantôt je n'osais emprunter de l'argent, parce que je savais qu'ayant dépensé cette somme, je serais hors d'état de la rendre : je crois pouvoir emprunter à présent pour commencer les travaux. Dès ce moment les fonds se trouvèrent, la laine fut achetée : les parentes d'Aristarque dînaient en travaillant ; le travail fini, elles soupaient. La tristesse fit place à la gaieté, le soupçon à la confiance. Elles aimèrent Aristarque comme leur protecteur ; il les aimait aussi, car elles lui étaient utiles.[1] »

Dans une autre circonstance plus délicate encore peut-être, Socrate est consulté par un ancien ami, privé de sa fortune ; il lui conseille, contrairement à tous les préjugés sociaux de son temps, de se placer chez un homme riche comme économe, c'est-à-dire dans une fonction qui était toujours exercée par un esclave, quoiqu'elle eût pour objet la surveillance des ouvriers, des récoltes, etc. « Mais,

---

1. XÉNOPHON, p. 82 et suiv.

dit Euthère, c'est une servitude que j'aurai peine à supporter. — Ceux qui sont à la tête de l'État, qui en conduisent les affaires, sont-ils donc regardés comme des esclaves? ne les regarde-t-on pas, au contraire, comme plus libres que les autres hommes? » Comparer un économe, c'est-à-dire un esclave aux chefs de l'État, c'était, à coup sûr une hardiesse qui explique, avec d'autres du même genre, la haine dont Socrate pouvait être l'objet de la part des hommes libres de son temps. Mais il était avant tout pratique et pour décider Euthère il lui dit en matière de conclusion : « Il faut tâcher d'éviter les gens qui aiment à condamner (ce qui n'est pas conforme à leurs préjugés) et vous attacher à ceux qui jugent sainement; vous en tenir à ce que vous êtes en état de faire... mettre tous vos soins, toute votre intelligence, à bien remplir ce que vous aurez entrepris. C'est, je crois, le moyen d'essuyer le moins de reproches, de trouver du soulagement à la misère, de vivre dans l'aisance et sans crainte, vous ménageant des ressources pour la vieillesse [1]. »

C'est encore dans les conséquences immédiates des bonnes ou des mauvaises actions qu'il plaçait la sanction morale de la conduite des princes. « Si on lui objectait, dit Xénophon, qu'il est permis à un tyran de ne pas suivre les bons conseils. Et comment cela lui est-il permis, répondait-il, puisque la punition est toute prête? Car quiconque ferme l'oreille à un bon conseil commet une faute toujours suivie de quelque dommage. Si l'on disait que le tyran est maître même d'ôter la vie à un sage : pensez-vous, répliquait-il encore, que, se défaisant de ses meilleurs appuis, il n'en soit pas puni, ou qu'il ne le soit que légèrement? Trouvera-t-il sa sûreté dans une telle conduite, ou plutôt ne hâtera-t-il pas sa ruine? »

Il poussait si loin la recherche des sanctions morales immédiates qu'il les appliquait même aux devoirs familiaux et, en particulier, à celui qui est le plus impératif : l'amour et la reconnaissance du fils pour sa mère. On sait

---

[1]. Xénophon, p. 85.

combien était acariâtre la femme de Socrate, à quelles épreuves elle mettait la robuste patience du philosophe. Elle n'était probablement pas plus douce avec ses fils et ceux-ci s'en plaignaient amèrement. A Lamproclès, l'aîné d'entre eux, Socrate, dit un jour : « Répondez, mon fils ; savez-vous qu'il y a des hommes qu'on appelle ingrats ? — Assurément. — Et savez-vous quelles actions leur ont mérité ce titre ? — Puis-je l'ignorer ? On appelle ingrats ceux qui ont reçu des bienfaits, et qui, pouvant en marquer leur reconnaissance ne le font pas ? — Mais ne croyez-vous pas qu'on puisse ranger les ingrats parmi les hommes injustes ? — Je le crois... — Eh bien ! trouverons-nous des êtres plus comblés de bienfaits que ne le sont les enfants par les auteurs de leurs jours ?... L'époux nourrit son épouse qui doit le rendre père. Il amasse pour ses enfants, même avant leur naissance, les choses qu'il croit devoir être utiles à la vie, et il en amasse le plus qu'il peut. La femme, de son côté, porte avec peine le fardeau qui expose sa vie ; elle nourrit l'enfant de sa propre substance, elle le met au jour avec de cruelles douleurs, elle l'allaite et lui donne ses soins, sans qu'aucun bienfait reçu attache la mère à l'enfant, et sans que l'enfant connaisse encore celle qui lui prodigue sa tendresse : il ne peut même faire connaître ses besoins. Mais elle cherche à deviner ce qui lui convient, ce qui peut lui plaire : elle le nourrit longtemps, et les jours et les nuits ; elle se tourmente sans prévoir quelle reconnaissance payera ses peines. Ce n'est pas tout ; dès que l'âge semble permettre aux enfants de recevoir quelque instruction, les parents leur enseignent ce qu'ils savent et ce qui pourra leur être utile un jour ; et dans les autres parties de la science où ils connaissent quelqu'un plus capable, ils envoient leurs enfants recevoir ses leçons, et ne regrettent ni dépense ni soins pour les rendre les meilleurs possible. — Je veux, répondit le jeune homme, que ma mère ait fait tout cela, et même beaucoup plus encore : mais personne ne peut souffrir sa mauvaise humeur... — Et vous, combien de désagréments insupportables lui avez-vous causés durant votre enfance, et par vos cris et par vos actions ! Combien de peines et le jour et la nuit ! Combien d'afflictions, dans vos maladies ! — Mais du moins je n'ai jamais rien dit, jamais rien fait dont elle ait eu à rougir... — Pensez-vous donc que votre mère soit votre ennemie ? — Non assurément... — Dites-moi, croyez-vous qu'il faille rendre des soins à quelqu'un ? Ou bien entre-t-il dans votre plan de ne plaire à personne, de ne suivre personne, de n'obéir à personne, ni à un général, ni à un magistrat ? — Je crois qu'il faut de la soumission. — Vous voulez sans doute plaire à votre voisin, pour qu'il vous allume votre feu au besoin, qu'il vous rende quelques services, qu'il vous secoure avec un empressement amical s'il vous survient quelque malheur ? — Cela est vrai. — Est-il indifférent d'avoir pour amis ou pour ennemis ses compagnons de voyage, de navigation, ou tout autre ? Ne croyez-vous pas qu'il faille travailler à mériter leur bienveillance ? — Je le crois. — Quoi ! vous aurez des égards pour ces gens-là, et vous ne croyez pas en devoir à une mère qui vous aime si tendrement ? »

Après avoir ainsi démontré à Lamproclès qu'il doit aimer sa mère en raison des services qu'elle lui a rendus et parce qu'il a intérêt à en obtenir de nouveaux, comme il cherche à en recevoir de ses amis et de ses compagnons, Socrate invoque la déconsidération à laquelle on s'expose en se mettant en contradiction avec les mœurs et les lois de la société dont on fait partie. « Ignorez-vous, lui dit-il, que la République frappe le citoyen qui n'honore pas ses parents, qu'elle l'exclut de l'archontat, persuadée qu'un sacrifice offert par des mains impies déplairait aux dieux, qu'aucune action d'un tel homme ne peut être ni juste ni honnête ? Dans les épreuves relatives à l'archontat, elle recherche même si les candidats ont honoré les mânes de leurs pères. Si vous êtes sage, mon fils, vous prierez les dieux de vous pardonner vos offenses envers votre mère. Craignez qu'ils ne vous refusent leurs faveurs en vous voyant ingrat. Craignez que les hommes ne connaissent votre mépris pour les auteurs de vos jours ; ils vous rejetteraient tous ; vous seriez sans amis et dans un abandon universel; car si l'on vous soupçonnait d'ingratitude envers vos parents, qui vous croirait capable de payer de reconnaissance un bienfait. »

A l'heure même où il va mourir, condamné par des magistrats qui ont vu dans son enseignement un danger pour l'état social oligarchique dont ils ont la défense[1], Socrate se

[1]. Xénophon vante en plusieurs endroits de ses souvenirs, avec insistance, le respect de Socrate pour les lois et les pouvoirs publics, mais il montre aussi qu'il savait résister aux caprices des autorités ou de ceux des plébéiens. « Elevé au rang de sénateur, il avait juré, en cette qualité, de ne juger que conformément aux lois. Elu ensuite épistate (c'est-à-dire président de l'assemblée du peuple) pressé par le peuple de condamner à mort et de comprendre dans un seul et même jugement Erasinide, Thrasylle et sept autres généraux, il ne voulut pas permettre le vote. Le peuple s'irrita, les grands menacèrent, mais il aima mieux rester fidèle au serment que de commettre une injustice pour complaire à la multitude et calmer son courroux. » (*Ibid.*, p. 15.)

Il ne montrait pas moins d'indépendance à l'égard des autorités, quand il estimait que leurs ordres étaient contraires à la justice. « Quand les Trente lui commandaient quelque chose d'injuste il n'obéissait pas. Ainsi lorsqu'ils lui prescrivirent de ne pas avoir d'entretiens avec la jeunesse (c'est-à-dire de ne plus enseigner) lorsqu'ils lui enjoignirent à lui et à quelques citoyens de condamner un homme à mort, lui seul résista, parce que l'ordre était injuste. » (*Ibid.*, p. 151.)

La cause immédiate des poursuites dont Socrate fut l'objet se trouve précisément dans son refus d'exécuter une loi qui « défendait d'enseigner l'art de la parole » (*Ibid.*, p. 22 et suiv.), loi promulguée par l'initiative d'un de ses anciens disciples qui l'avait pris en haine. Ce disciple, nommé Critias, faisait partie du conseil des Trente qui avait « fait mourir un grand nombre de citoyens des plus distingués » et en avait « forcé d'autres à seconder ses injustices ». Socrate avait vertement critiqué les membres du conseil. « Critias et Chariclès mandèrent Socrate, lui montrèrent la loi, et lui défendirent d'avoir des entretiens avec la jeunesse. » Socrate leur demanda ironiquement « jusqu'à quel âge les hommes sont dans la jeunesse ». Les magistrats lui répondent : « Ils y sont tant qu'il ne leur est pas permis d'entrer au Sénat, parce qu'ils n'ont pas encore acquis la prudence ; ainsi ne parle pas aux jeunes gens au-dessous de trente ans. » Cette défense équivalait évidemment à l'interdiction absolue d'enseigner. Faisant allusion à sa méthode d'enseignement, Socrate demande, toujours sur le ton de l'ironie : « Mais si je veux acheter quelque chose d'un marchand qui ait moins de trente ans, pourrai-je lui dire : Combien cela ? — On te permet cette question ; mais tu as coutume d'en faire sur une quantité de choses que tu sais bien, et voilà ce qui t'est défendu. — Ainsi je ne répondrai point à un jeune homme qui me dirait : Où demeure Chariclès ? Où est Critias ? — Tu peux répondre à cela, lui dit Chariclès. — Mais souviens-toi, Socrate, reprit Critias, de laisser en repos les cordonniers, les fabricants de métaux et autres artisans ; aussi bien, je crois qu'ils sont fort las de s'entendre mêlés dans tous tes propos. — Il faudra sans doute aussi, répondit Socrate, que je renonce aux conséquences que je tirais de leurs professions, relativement à la justice, à la piété, à toutes les vertus ? — Oui, par Jupiter ! répliqua Chariclès ; laisse-là aussi tes bouviers, sans quoi tu pourrais trouver du déchet dans ton bétail. » Ce mot, ajoute Xénophon, « fit assez connaître que la comparaison du berger, rapportée trop fidèlement, était la cause de leur haine contre Socrate ». Faisant allusion aux tyrannies et

place, pour juger leurs actes et sa propre conduite, au point de vue des sanctions morales immédiates. Ce n'est pas d'un châtiment dans l'autre monde qu'il les menace, ce n'est pas des dieux vengeant la vertu qu'il leur parle, c'est de l'infamie qui les attend parmi les hommes. Et il s'assigne à lui-même sur cette terre la récompense à laquelle il estime que lui donnent droit les enseignements qu'il a répandus parmi ses concitoyens. Proclamé coupable et invité, selon la coutume, à se prononcer sur la peine qu'il croyait mériter, il demande, au contraire, une récompense qui « convienne à un homme pauvre, votre bienfaiteur, qui a besoin de loisirs pour ne s'occuper qu'à vous donner des conseils utiles ». Aucune récompense ne peut convenir mieux à cet homme « que d'être nourri dans le Pryta-

---

aux violences des Trente, Socrate avait dit, en effet : « Je serais étonné que le gardien d'un troupeau qui en égorgerait une partie et rendrait l'autre plus maigre ne voulût pas s'avouer mauvais pasteur ; mais il serait plus étrange encore qu'un homme qui, se trouvant à la tête de ses concitoyens, en détruirait une partie et corromprait le reste, ne rougît pas de sa conduite et ne s'avouât pas mauvais magistrat. »

Socrate n'avait fait, en cette circonstance, que mettre en pratique ses idées sur les lois, d'après lesquelles nul n'a le droit d'imposer ses volontés par la force, et les lois ne peuvent être que le produit du concessus de tous les citoyens. Xénophon nous a conservé la trace de ces idées dans un dialogue supposé entre Alcibiade et Périclès (*Ibid.*, p. 34) : « Dites-moi, Périclès, demande Alcibiade, pourriez-vous m'apprendre ce que c'est que la loi ?... J'entends louer certaines personnes parce qu'elles observent religieusement les lois ; et je crois qu'on ne mérite point cet éloge, sans savoir ce que c'est que la loi. — Il n'est pas difficile, Alcibiade, de te satisfaire. La loi est tout ce que le peuple assemblé a revêtu de sa sanction, tout ce qu'il a ordonné de faire ou de ne pas faire. — Et qu'ordonne-t-il de faire ? le bien ou le mal ? — Le bien, sans doute, jeune homme : veux-tu qu'il ordonne le mal ? — Mais si ce n'est pas le peuple ; si, comme dans l'oligarchie, c'est un petit nombre de citoyens qui se rassemblent et qui prescrivent ce qu'on doit faire, comment cela s'appelle-t-il ? — Dès que la portion de citoyens qui gouverne ordonne quelque chose, cet ordre s'appelle une loi. — Mais si un tyran usurpe la puissance et qu'il prescrive au peuple ce qu'il doit faire, est-ce encore une loi ? — Oui, puisqu'elle émane de celui qui commande. — Mais quand la violence et le renversement des lois ont-ils lieu ? N'est-ce pas lorsque le puissant, négligeant la persuasion, contraint le faible à faire ce qui lui plaît ? — Je le crois. — Ainsi le tyran qui force les citoyens à suivre ses caprices est donc ennemi des lois ? — Oui ; j'ai eu tort d'appeler lois les ordres d'un tyran qui n'emploie pas la persuasion. — Mais lorsqu'un petit nombre de citoyens revêtus de la puissance souveraine prescrit ses volontés à la multitude sans obtenir son aveu, appellerons-nous cela de la violence ou non ? — De quelque part que vienne l'ordre, qu'il soit écrit ou ne le soit pas, dès qu'il n'est fondé que sur la force, il paraît plutôt un acte de violence qu'une loi. — Et ce que la multitude qui commande prescrit aux riches sans obtenir leur aveu sera donc violence et non pas loi ? — Très vrai, Alcibiade. »

née ; et je la mérite bien plus que celui qui, aux jeux Olympiques, a remporté le prix de la course à cheval, ou de la course des chars à deux ou quatre chevaux, car celui-ci ne nous rend heureux qu'en apparence : moi je vous enseigne à l'être véritablement ». Cette hautaine attitude lui valut la peine de mort. Se tournant alors vers ses juges : « Je m'en vais donc, dit-il, subir la mort à laquelle vous m'avez condamné ; et mes accusateurs l'iniquité et l'infamie à laquelle la vérité les condamne. Pour moi, je m'en tiens à ma peine, et eux à la leur. En effet, peut-être, est-ce ainsi que les choses devaient se passer, et selon moi tout est pour le mieux... Si vous pensez qu'en tuant les gens vous empêcherez qu'on vous reproche de mal vivre, vous vous trompez. Cette manière de se délivrer de ses censeurs n'est ni honnête ni possible : celle qui est en même temps et la plus honnête et la plus facile, c'est, au lieu de fermer la bouche aux autres, de se rendre meilleur soi-même.[1] »

1. C'est surtout à propos de la condamnation de Socrate qu'a été discutée la question de savoir si ce philosophe et d'autres personnages, comme Alcibiade, Protagoras, Anaxagore, Phidias, Aspasie, Aristote, Stilpon, Phryné, etc., furent poursuivis réellement pour impiété ou pour des raisons politiques. Il paraît bien établi qu'à une certaine époque l'impiété manifestée à l'égard de certaines divinités était considérée comme un crime punissable de bannissement ou de mort. D'une étude complète de cette question M. P. Decharme (*Crit. des trad. relig. chez les Grecs*, p. 179) conclut: « Ce que les Athéniens ne tolérèrent jamais, ce furent les manifestations de l'athéisme. Protagoras banni et ses livres brûlés, la tête de Diagoras mise à prix, Théodoros expulsé, montre qu'il n'était pas permis à Athènes de dire ou de faire voir qu'on ne croyait pas à l'existence des dieux. » Il dit encore (p. 177) : « Les lois athéniennes faisaient respecter la religion et des dispositions rigoureuses protégeaient contre toute atteinte le culte des divinités nationales, en particulier celui des Grandes Déesses » (Eleusis, Dèmèter, Corè). Cependant, si la loi était « sévère pour les libertés de la pensée, dans la pratique, l'esprit public le fut rarement » (p. 179). D'autres cités grecques paraissent avoir été, de tout temps, plus libérales qu'Athènes à l'égard de la pensée.

CHAPITRE III

LA MORALE DE PLATON

Platon, malgré son idéalisme, n'était guère moins porté que Socrate à chercher la sanction morale dans la conséquence directe des actes bons ou mauvais et l'on peut le considérer comme ayant posé les premières bases de la doctrine qu'Épicure développa un siècle plus tard. Il y a, en effet, dans l'œuvre morale de Platon, deux parties très distinctes : l'une purement idéaliste et religieuse, sur laquelle on attire généralement l'attention, l'autre riche en observations remarquables, mais que ses commentateurs ont négligée parce qu'elle allait à l'encontre de leurs théories métaphysiques ou religieuses.

La base véritable de sa doctrine, en ce qui concerne la sanction morale, se trouve dans les plaisirs qu'il attribue à la satisfaction des besoins de chacune des trois parties qu'il distingue dans l'âme humaine et d'après lesquelles il établit trois types d'hommes caractérisés par la prédominance de telle ou telle de ces parties : le philosophe, l'ambitieux, l'intéressé. Chacun de ces types est à la recherche d'une sorte particulière de plaisir, et c'est pour l'atteindre que tous les hommes agissent, chacun suivant la partie de son âme qui prédomine en lui. « Si tu demandais, fait-il dire à Socrate, à chacun de ces hommes en particulier quelle est la vie la plus heureuse, ne sais-tu pas que chacun vanterait particulièrement la sienne ? L'homme intéressé ne dira-t-il pas que les plaisirs de la science et des honneurs ne sont rien en comparaison du plaisir du gain, à moins qu'on n'en fasse argent?... De son côté que dira l'ambitieux? ne dira-t-il pas que le plaisir des richesses ne donne que de l'embarras, et que celui qui provient de l'étude des sciences, à moins que cette étude ne conduise aux honneurs, n'est que fumée et frivolité?... Quant au philosophe, disons qu'en comparant les autres plaisirs à celui de chercher la vérité partout où elle est, et de persévérer dans la même étude, il les regarde comme bien éloignés du véritable plaisir[1]. »

Cherchant à déterminer quel est celle des trois sortes de plaisirs qui est « je ne dis pas le plus honnête et le meilleur en soi, le plus honteux et le plus mauvais, mais le plus agréable et le plus exempt de peine, comment, fait-il demander à Socrate, pourrons-nous savoir de quel côté se trouve la vérité? » Dans le but d'établir la réponse à cette question, il pose en principe que les « qualités requises pour bien juger » sont « l'expérience, la réflexion et le raisonnement ». Il se demande quel est celui des trois hommes envisagés plus haut qui a « le plus d'expérience des trois sortes de plaisirs ». C'est évidemment le philosophe, car il « s'est trouvé dès l'enfance dans la nécessité de goûter les autres plaisirs »; mais « il est impossible qu'aucun autre que le philosophe goûte le plaisir attaché à la contemplation de l'essence des choses ». Et il fait conclure par Socrate : « Il est donc le seul qui joindra aux lumières de l'expérience celles de la réflexion ...quant à l'instrument qui est la troisième condition pour juger, il n'appartient en propre ni à l'intéressé, ni à l'ambitieux, mais au philosophe... Le raisonnement est, à proprement parler, l'instrument du philosophe... Si la richesse et le gain étaient la plus juste règle pour bien juger de chaque chose, ce que l'homme intéressé estime ou méprise serait, en effet, ce qu'il y a de plus digne d'estime ou de mépris... si c'étaient les honneurs, la victoire et le courage, ne faudrait-il pas s'en rapporter à la décision de l'homme ambi-

---

1. Pour cette citation et les suivantes, ainsi que pour tout le développement de l'idée, voyez PLATON, *La République*, livre IX.

tieux et querelleur?...Mais puisque c'est à l'expérience, à la réflexion, à la raison qu'il appartient de prononcer..., on ne peut s'empêcher de reconnaître que ce qui mérite l'estime du philosophe, de l'ami de la raison, est véritablement digne d'estime... Donc, des trois plaisirs dont il s'agit, le plus doux est celui que goûte cette partie de l'âme qui est l'instrument de nos connaissances; et l'homme qui donne à cette partie tout empire sur lui-même, a la vie la plus heureuse. » Glaucon répond : « sans contredit; et quand le sage vante le bonheur de sa vie, c'est qu'il en a le droit. »

Platon montre une sagacité merveilleuse et un esprit remarquable d'observation lorsqu'il pose en principe que par la sélection ou l'éducation il est possible, facile même, de produire à volonté des philosophes pour gouverner la République, des ambitieux ou guerriers pour la défendre et des intéressés ou commerçants, artisans, etc., pour l'enrichir.

C'est surtout à propos de la classe des guerriers qu'il développe avec précision ses avis sur l'éducation et la sélection. La gymnastique et la musique sont les matières capitales de l'éducation des guerriers. Les femmes doivent recevoir cette éducation comme les hommes et avec eux, de même qu'elles doivent participer à la partie la moins pénible de leur service. Mais il ne suffit pas d'éduquer les guerriers en vue de leur rôle, il faut encore choisir les individus les plus aptes à le remplir. Platon insiste, par la bouche de Socrate, sur ce principe que chacun doit faire seulement ce à quoi il est propre, puis il lui fait exposer les moyens d'atteindre le but[1]. « Plus le métier des gardiens de l'État est important, plus il demande de loisir, d'art et de soin... Ne demande-t-il pas encore une *aptitude naturelle?* — GLAUCON: Sans contredit. — SOCRATE: C'est à nous de choisir, je pense, si toutefois nous en sommes capables, la nature et le genre des dispositions convenables pour la garde de l'État... Ne vois-tu pas qu'il y a quelque res-

---

1. PLATON, *La République*, livre II, p. 70 et suiv.

semblance entre les qualités d'un chien de bonne race et celles d'un jeune et vaillant guerrier, quand il s'agit de garde?... qu'ils doivent avoir l'un et l'autre de la sagacité pour découvrir l'ennemi, de la vitesse pour le poursuivre, de la force pour le combattre, s'il le faut, quand ils l'auront atteint... et du courage encore pour bien combattre. » Glaucon ayant reconnu l'exactitude de toutes ces observations, Socrate continue : « Mais un cheval, un chien, un animal quelconque, peut-il être courageux, s'il n'est porté à la colère? n'as-tu pas remarqué que la colère est quelque chose d'indomptable, et qu'elle rend l'âme intrépide et incapable de céder au danger? » Fort bien, dit Glaucon ; mais les deux interlocuteurs ne sont pas sans connaître les dangers de guerriers naturellement portés à la colère, et Socrate ajoute : « Nos guerriers ne seront-ils pas féroces entre eux et à l'égard des autres citoyens, avec le naturel irascible? — GLAUC.: Il est bien difficile qu'il en soit autrement. — SOCR.: Il faut cependant qu'ils soient doux envers leurs amis et rudes envers leurs ennemis, sans cela ils n'attendront pas que d'autres viennent les détruire ; ils les préviendront et se détruiront eux-mêmes... que faire donc? où trouver un caractère à la fois doux et irascible? » Pour trouver ce caractère, il revient à sa comparaison du guerrier et du chien. « Tu vois, dit-il, que le naturel des chiens de *bonne race* est d'être aussi doux que possible envers ceux qu'ils connaissent jusqu'à la familiarité, et d'être tout le contraire à l'égard de ceux qu'ils ne connaissent pas... Quand nous demandons un gardien de ce caractère, nous ne demandons rien qui soit contre nature. » Cependant, Platon n'ignore pas que les chiens auxquels il fait allusion ne sont pas les premiers chiens venus ; il faut qu'ils soient, comme il dit, « de bonne race ». Ainsi faudra-t-il que soient les guerriers.

Une « bonne race » ne pouvant se former, Platon le sait bien, que par l'éducation et la sélection, il applique la sélection à ses guerriers, c'est-à-dire qu'il prescrit d'unir les guerriers les mieux doués des qualités propres à leur rôle avec les femmes jouissant de qualités non moins parfaites

et ayant reçu la même éducation. Il fait dire à Socrate[1] :
« Toute cette jeunesse (de la classe des guerriers) ayant même demeure, même table et ne possédant rien en propre, sera toujours ensemble, et comme elle se trouvera toujours mêlée dans les gymnases et dans tous les exercices, il est impossible je crois qu'elle ne soit pas portée par un sentiment bien naturel à former des unions; n'est-ce pas une nécessité que cela arrive ? — Glauc.: Si ce n'est pas une nécessité géométrique, c'est une nécessité fondée sur l'amour et celui-ci pourrait bien avoir plus de force que l'autre pour persuader et entraîner la foule. — Socr.: Ce que tu dis est vrai. Mais, mon cher Glaucon, il n'est pas permis de former des unions au hasard, dans un État où tous les citoyens doivent être heureux; les magistrats ne le souffriront pas... Nous ferons des mariages aussi saints qu'il nous sera possible, et les avantageux à l'État seront les plus saints... Mais comment seront-ils très avantageux? C'est à toi Glaucon de me le dire. Je vois que tu élèves dans ta maison des chiens de chasse et beaucoup d'oiseaux de belle espèce. As-tu pris garde à ce que l'on fait pour les accoupler et en avoir des petits?... Parmi ces animaux, quoique de bonne race, n'en est-il pas quelques-uns qui sont ou qui deviennent supérieurs aux autres?... Veux-tu avoir des petits de tous également, ou aimes-tu mieux en avoir de ceux qui l'emportent sur les autres ! — Glauc.: J'aime mieux en avoir de ceux-ci. — Socr.: Des plus jeunes, des plus vieux ou de ceux qui sont dans toute la force de l'âge? — Glauc.: De ces derniers. — Socr.: Si on n'apportait pas toutes ces précautions, n'es-tu pas persuadé que la race de tes chiens et de tes oiseaux dégénérerait bientôt? — Glauc.: Oui. — Socr.: Crois-tu qu'il n'en soit pas de même des chevaux et des autres animaux? — Glauc.: Il serait absurde de ne pas le croire. — Socr.: Grands dieux, mon cher Glaucon, s'il en est ainsi même à l'égard de l'espèce humaine, quels hommes supérieurs nous faudra-t-il pour magistrats! — Glauc.: Il en est de même; mais pour-

---

[1]. *La République*, livre V, p. 191.

quoi parles-tu ainsi ? » Socrate explique que les magistrats devront être fort habiles, parce que c'est à eux qu'incombera le soin de provoquer les unions les plus avantageuses à l'État, sans que les intéressés s'en aperçoivent. Les magistrats devront « rendre les rapports très fréquents entre les hommes et les femmes d'élite, et très rares entre les sujets inférieurs de l'un ou de l'autre sexe. De plus, il faut élever les enfants des premiers et non ceux des seconds, si l'on veut avoir un troupeau qui conserve toute sa beauté sans dégénérer ; il faut aussi que toutes ces mesures restent cachées, excepté aux magistrats, pour qu'il y ait le moins de discorde parmi les guerriers... Il sera donc à propos d'instituer des fêtes, où nous rassemblerons les époux futurs avec leurs épouses. Ces fêtes seront accompagnées de sacrifices et des épithalames que nos poètes approprieront à la solennité. Nous laisserons aux magistrats le soin de régler le nombre des mariages, afin qu'ils maintiennent le même nombre d'hommes, en réparant les pertes de la guerre, des maladies et des autres accidents, et que l'État ne puisse, en quelque sorte, ni augmenter ni diminuer... Ensuite on fera tirer les époux au sort, mais avec une telle adresse que les sujets inférieurs accusent la fortune et non les magistrats du lot qui décidera de leur union... Quant aux jeunes gens qui se seront signalés à la guerre ou partout ailleurs, on leur accordera, entre autres récompenses, des relations plus fréquentes avec les femmes. Ce sera un prétexte pour que la plupart des enfants proviennent de ces unions... Les enfants, à mesure qu'ils naîtront, seront remis entre les mains d'hommes ou de femmes, ou bien d'hommes et de femmes réunis, qui auront été préposés à ce soin ; car les charges publiques sont communes aux deux sexes... Ils porteront au bercail commun les enfants des sujets d'élite et les confieront à des nourrices, qui auront leur demeure à part dans un quartier de la ville. Pour les enfants des sujets inférieurs et même pour ceux des autres qui auraient quelque difformité, on les cachera, comme il convient, dans quelque endroit secret et qu'il sera interdit de révéler. » Socrate ajoute : « Les préposés se chargeront aussi de la nourriture des enfants, conduiront les mères au bercail, à l'époque de l'éruption du lait, et prendront tous les moyens possibles pour qu'aucune d'elles ne puisse reconnaître son enfant. Si les mères ne suffisent point à les allaiter ils les feront aider par d'autres ; pour celles qui ont suffisamment de lait, ils auront soin qu'elles ne donnent le sein que pendant un temps mesuré », afin qu'elles ne soient pas affaiblies par l'allaitement. Dans le même but, ce ne sont pas les mères, mais les surveillantes qui seront chargées « des veilles et autres soins minutieux exigés par les enfants ». Enfin, pour que toute la valeur de la race soit transmise aux enfants, Platon veut que les magistrats déterminent l'âge auquel pourront avoir lieu les unions sexuelles. « Socr. : Nous avons dit que c'est dans la force de l'âge que doit se faire la procréation des enfants. — Glauc. : Oui. — Socr. : Ne te semble-t-il pas que la durée de la force de l'âge est de vingt ans pour la femme et de trente ans pour l'homme? — Glauc. : Mais comment places-tu ce temps pour chaque sexe? — Socr. : Les femmes donneront des enfants à l'État depuis vingt ans jusqu'à quarante, et les hommes, après avoir laissé passer la fougue de l'âge, jusqu'à cinquante-cinq. — Glauc. : C'est, en effet, pour les deux sexes, le temps de la plus grande vigueur du corps et de l'esprit. — Socr. : Si donc il arrive qu'un citoyen au-dessous de cet âge et au-dessus prenne part à cette œuvre génératrice qui ne doit avoir d'autre objet que l'intérêt général, nous le déclarerons coupable d'impiété et d'injustice... » Lorsque les individus de l'un et de l'autre sexe auront passé l'âge de la procréation, ils pourront avoir librement commerce entre eux ; mais, dit Socrate, « nous leur recommanderons de prendre toutes les préoccupations possibles pour ne pas mettre au jour un fruit conçu dans ce commerce, et si, malgré leurs précautions, il en naissait un, d'observer rigoureusement le principe que l'État ne se charge point de le nourrir ».

De même qu'il préconisait la sélection pour avoir des hommes aussi aptes que possible à la fonction qu'ils auraient à remplir dans l'État, il voyait dans l'éducation le moyen de former des hommes vertueux, tout en développant les aptitudes spéciales.

Comme tout homme est appelé à devenir un membre actif de la cité, il faut d'abord lui apprendre à être courageux. On doit pour cela mettre sous ses yeux l'exemple des actes de courage accomplis par ses contemporains et par ses ancêtres. Il faut surtout, empêcher la crainte de la mort de pénétrer dans son esprit[1]. « Maintenant, fait-il dire à Socrate, à propos de l'éducation des enfants, si nous voulons qu'ils soient courageux ne faut-il pas leur dire des choses qui les empêchent, autant que possible, de craindre la mort? Ou penses-tu qu'on puisse devenir courageux quand on a cette crainte en soi-même?... Penses-tu qu'un homme qui croit aux enfers et à l'horreur qui règne dans ce séjour, soit sans crainte de la mort et que, dans les combats, il préfère la mort à l'esclavage? » Son interlocuteur lui ayant répondu « jamais », il continue : « Il nous faut donc surveiller encore ceux qui racontent ces fables et leur recommander de changer leurs calomnies en éloges. » Il veut qu'on supprime des œuvres des poètes toutes les descriptions de la vie future qui sont de nature à faire regretter la vie terrestre, car plus elles sont belles « plus il est dangereux qu'elles soient entendues par des enfants et des hommes qui, destinés à être libres, doivent moins redouter la mort que l'esclavage ». Il veut aussi que l'on « rejette ces mots affreux et terribles de Cocyte, de Styx, d'Enfer, de Mânes et autres du même genre, qui font frissonner ceux qui les entendent. Peut-être ont-ils leur utilité sous quelque autre rapport; mais nous craignons que la frayeur qu'ils inspirent ne refroidisse et n'amollisse le courage de nos guerriers ». Il veut aussi que l'on élimine des œuvres des poètes, mises entre les mains des enfants, tous les récits où les dieux et les héros sont représentés se livrant à l'intempérance ou à la débauche, commettant des mensonges ou se livrant à des brutalités, car ces récits « sont dangereux

---

1. Pour les citations relatives à ce sujet, voyez L'État ou la République, livre III.

pour ceux qui les entendent. Quel homme, en effet, ne se pardonnerait pas le mal qu'il a fait, une fois qu'il sera persuadé que les héros font et ont fait les mêmes choses »!
« Un enfant, fait-il encore observer, n'est pas en état de discerner ce qui est allégorique de ce qui ne l'est pas, mais tous les principes qu'il reçoit à cet âge deviennent indélébiles et inébranlables. C'est pour cela qu'il est de la dernière importance que les premières fables que les enfants entendront soient les plus propres à les conduire à la vertu. »

Enfin, Platon met dans la bouche de Socrate des protestations énergiques contre les œuvres des poètes où il est dit que « les hommes injustes sont heureux et les justes malheureux, que l'injustice est utile quand elle demeure cachée, qu'au contraire la justice est un bien pour celui qui ne la possède pas, et un mal pour celui qui la possède ». Et il ajoute ce mot où apparaît toute l'importance qu'il accorde à l'éducation : « Nous leur interdirons de pareils discours, et nous prescrirons à l'avenir de dire le contraire en vers et en prose. »

Dans un autre de ses ouvrages, Platon suppose que l'on demande à Socrate[1] « si la vertu peut s'enseigner ». Socrate prie un étranger, Protagoras, de donner son avis sur cette question. Protagoras répond par une fable où sont racontées la formation des êtres vivants et l'introduction de la justice dans le monde, et il termine par ces mots: « Je vais maintenant te démontrer que les hommes ne regardent cette vertu (la Justice) ni comme un don de la nature, ni comme une qualité qui naît d'elle-même, mais comme une chose qui peut s'enseigner et qui est le fruit de l'étude et de l'exercice. » Il dit qu'on ne se fâche pas contre un homme contrefait ou ayant quelque autre tare physique, parce que ces défauts sont dus à la nature, comme les qualités opposées. Au contraire, on réprimande et punit ceux qui n'ont pas de justice « parce qu'on peut acquérir cette vertu par l'exercice et par l'étude ». Il envisage les châti-

---

1. Voyez PLATON, *Protagoras*, traduct. de Cousin, p. 34 et suiv.

ments eux-mêmes comme un élément d'éducation : « Personne ne châtie ceux qui se sont rendus coupables d'injustice par la seule raison qu'ils ont commis une injustice... On ne châtie pas à cause de la faute passée; car on ne saurait empêcher que ce qui est fait ne soit fait, mais à cause de la faute à venir, afin que le coupable n'y retombe plus, et que son châtiment retienne ceux qui en seront les témoins. Et quiconque punit pour un tel motif, est persuadé que la vertu s'acquiert par l'éducation. » Protagoras montre encore les parents vertueux instruisant leurs enfants « dès l'âge le plus tendre » et « ne cessant de le faire durant toute la vie ». Il ajoute : « aussitôt que l'enfant comprend ce qu'on lui dit, la nourrice et la mère, le pédagogue et le père lui-même disputent à l'envi à qui lui donnera la plus excellente éducation, lui enseignant au doigt, à chaque parole et à chaque action, que telle chose est juste, que telle autre est injuste; que ceci est honnête et cela honteux; qu'il faut faire ceci et ne pas faire cela. S'il est docile à ces leçons, tout va bien : sinon, ils le redressent par les menaces et les coups comme un arbre tortu et courbé. Ils l'envoient ensuite chez un maître, auquel ils recommandent bien plus d'avoir soin de former ses mœurs, que de l'instruire dans les lettres et dans l'art de toucher le luth. C'est aussi à quoi les maîtres donnent leur principale attention, et lorsque les enfants apprennent les lettres, et sont en état de comprendre les écrits, comme auparavant les discours, ils leur donnent à lire sur les bancs, et les obligent d'apprendre par cœur les vers des bons poëtes, où se trouvent quantité de préceptes, de détails instructifs, de louanges et d'éloges des grands hommes des siècles passés; afin que l'enfant se porte, par un principe d'émulation, à les imiter, et conçoive le désir de leur ressembler. Les maîtres de luth agissent de même; ils ont soin que les enfants soient sages et ne commettent aucun mal. De plus, lorsqu'ils leur ont appris à manier le luth, ils leur enseignent les pièces des bons poëtes lyriques, en les leurs faisant exécuter sur l'instrument; ils obligent en quelque sorte la mesure et l'harmonie à se familiariser avec l'âme des jeunes gens, afin qu'étant devenus plus doux, plus mesurés et mieux d'accord avec eux-mêmes, ils soient capables de bien parler et de bien agir. Toute la vie de l'homme, en effet, a besoin de nombre et d'harmonie[1]. Outre cela, ils les envoient encore chez le maître de gymnase ; ils veulent que leur corps plus robuste exécute mieux les ordres d'un esprit mâle et sain, et que leurs enfants ne soient pas réduits, par la faiblesse physique, à se comporter lâchement à la guerre, ou dans les autres circonstances ».

Lorsque les enfants « sont sortis des écoles, la cité les contraint d'apprendre les lois, de les suivre dans leur conduite comme un modèle, et de ne rien faire à leur fantaisie et à l'aventure. Et, tout de même que les maîtres d'écriture, lorsque les enfants ne sont pas encore habiles dans l'art d'écrire, leur tracent les lignes avec un crayon, et puis leur remettant des tablettes, exigent qu'ils suivent en écrivant les traits qu'ils ont sous les yeux, ainsi la cité leur proposant pour règle des lois inventées par de sages et anciens législateurs, les oblige à se conformer à ces lois, qu'ils commandent ou qu'ils obéissent : elle punit quiconque s'en écarte ; et on donne chez nous, et en beaucoup d'autres endroits, à cette punition le nom de redressement, parce que la fonction propre de la justice est de redresser. Les soins que l'on prend, soit en particulier, soit en public, pour inspirer la vertu, étant tels que je viens de dire,

---

1. Montesquieu (*Esprit des lois*, liv. IV, ch. VII) attribue à la musique, chez les Grecs, un rôle nécessaire dans l'adoucissement des mœurs. « On était fort embarrassé dans les républiques grecques. On ne voulait pas que les citoyens travaillassent au commerce, à l'agriculture ni aux arts ; on ne voulait pas non plus qu'ils fussent oisifs. Ils trouvaient une occupation dans les exercices qui dépendaient de la gymnastique, et dans ceux qui avaient du rapport à la guerre. L'institution ne leur en donnait point d'autres. Il faut donc regarder les Grecs comme une société d'athlètes et de combattants. Or, ces exercices, si propres à faire des gens durs et sauvages, avaient besoin d'être tempérés par d'autres qui pussent adoucir les mœurs. La musique, qui tient à l'esprit par les organes du corps, était très propre à cela. C'est un milieu entre les exercices du corps qui rendent les hommes durs, et les sciences de spéculation qui les rendent sauvages. On ne peut pas dire que la musique inspirât la vertu ; cela serait inconcevable : mais empêchait l'effet de la férocité de l'institution, et faisait que l'âme avait dans l'éducation une part qu'elle n'y aurait point eue ». Il ne faut pas oublier que la musique est la distraction favorite de tous les peuples primitifs.

t'étonnes-tu, Socrate, et doutes-tu encore que la vertu puisse s'enseigner? Loin que cela doive te surprendre, il serait bien plus surprenant que la chose ne fût pas ainsi ».

Je me suis étendu sur la conception morale de Platon parce qu'elle a été, à mon avis, fort mal comprise par ses commentateurs. Étant, en général, des métaphysiciens ou des esprits dominés par les préoccupations religieuses, ils n'ont vu de Platon que sa métaphysique ou ses conceptions religieuses et ont même, parfois, prétendu en faire une sorte de précurseur du christianisme. C'est autre chose qu'il y a dans l'illustre philosophe grec : il y a l'un des précurseurs de la doctrine de l'évolution et le fondateur, avec Socrate, de la morale scientifique. Je n'en veux d'autre témoignage que les pages remarquables où il établit que par la sélection et l'éducation on peut doter l'homme des qualités dont il aura besoin dans la vie et le rendre vertueux.

Quant aux écrits de Platon sur la vie future et sur les sanctions morales qui y sont distribuées par les dieux, j'y vois plutôt une application de ses idées sur la puissance de l'éducation et de l'évolution, que l'expression d'une croyance religieuse. Il faut, avant de lire les pages où sont exposées ses idées sur la vie future et sur les sanctions morales, se rappeler avec quel dédain il parle des œuvres poétiques dans lesquelles il est question du Tartare, du Styx, du Cocyte, des Mânes ou des dieux infernaux. En outre, la forme seule du récit convaincra aisément le lecteur que Platon a mis dans sa description du jugement dernier toute autre chose qu'un acte de foi.

Dans le *Gorgias*, Platon fait dire par Socrate à Calliclès, un de ses interlocuteurs : « Écoute donc, comme on dit, un beau récit, que tu prendras, à ce que j'imagine, pour une fable et que je crois être un récit très véritable ; je te donne pour certain ce que je vais dire : Jupiter, Neptune et Pluton partagèrent ensemble, comme Homère le rapporte, l'empire qu'ils tenaient des mains de leur père. Or, du temps de Saturne, il y avait sur les hommes une loi, qui a toujours subsisté et subsiste encore parmi les dieux, que celui des mortels qui avait mené une vie juste et sainte, allait après sa mort dans les Iles Fortunées, où il jouissait d'un bonheur parfait à l'abri de tous les maux ; qu'au contraire celui qui avait vécu dans l'injustice et l'impiété allait dans un séjour de punition et de supplice nommé Tartare. Sous le règne de Saturne, et dans les premières années de celui de Jupiter, ces hommes étaient jugés vivants par des juges vivants, qui prononçaient sur leur sort le jour même qu'ils devaient mourir. Aussi ces jugements se rendaient-ils mal. C'est pourquoi Pluton et les gardiens des Iles Fortunées, étant allés trouver Jupiter, lui dirent qu'on leur envoyait des hommes qui ne méritaient ni les récompenses, ni les châtiments qu'on leur avait assignés. Je ferai cesser cette injustice, répondit Jupiter. Ce qui fait que les jugements se rendent mal aujourd'hui, c'est qu'on juge les hommes tout vêtus ; car on les juge lorsqu'ils sont encore en vie. Plusieurs, poursuivit-il, dont l'âme est corrompue, sont revêtus de beaux corps, de noblesse, de richesses ; et lorsqu'il est question de prononcer la sentence il se présente une foule de témoins en leur faveur, prêts à attester qu'ils ont bien vécu. Les juges se laissent éblouir par tout cela ; et, de plus, eux-mêmes jugent vêtus, ayant devant leur âme des yeux, des oreilles, et toute la masse du corps qui les enveloppe. Cet appareil, qui les couvre, eux et ceux qu'ils ont à juger, est pour eux un obstacle. Il faut commencer par ôter aux hommes la prescience de leur dernière heure ; car maintenant ils la connaissent d'avance. Aussi, déjà, l'ordre est donné à Prométhée qu'il change cela. En outre, je veux qu'on les juge entièrement dépouillés de ce qui les environne, et qu'à cet effet ils ne soient jugés qu'après leur mort ; il faut aussi que le juge lui-même soit nu, qu'il soit mort, et qu'il examine immédiatement avec son âme l'âme de chacun, dès qu'il sera mort, séparée de tous ses proches, et ayant laissé sur la terre l'attirail qui l'environnait, de sorte que le jugement soit équitable. J'étais instruit de ce désordre avant vous : en conséquence, j'ai établi pour juger trois de mes fils, deux d'Asie, Minos et Rhadamante, et un d'Europe, savoir

Éaque. Lorsqu'ils seront morts, ils rendront leur jugement dans la prairie, à un endroit d'où partent deux chemins, dont un conduit aux Îles Fortunées, et un autre au Tartare. Rhadamante jugera les hommes de l'Asie, Éaque ceux de l'Europe : je donnerai à Minos l'autorité suprême pour décider en dernier ressort dans les cas où ils se trouveraient embarrassés l'un ou l'autre ; ainsi une justice parfaite dictera la sentence qui sera portée sur la route que les hommes doivent prendre. »

Platon fait ensuite dire par Socrate que la plupart des âmes coupables seront améliorées par les châtiments du Tartare, en sorte que leur peine ne sera que temporaire. Un petit nombre de très grands coupables seulement subiront une peine sans fin, parce qu'ils « sont incurables ». « Leur supplice ne leur est d'aucune utilité parce qu'ils sont incapables de guérison ; mais il est utile aux autres qui contemplent les tourments douloureux et effroyables qu'ils souffrent à jamais pour leurs crimes, en quelque sorte suspendus dans la prison des enfers, et servant tout à la fois de spectacle et d'instruction à tous les criminels qui y abondent sans cesse. » Ceux-là seront à peu près exclusivement « des rois et des potentats », parce que ce sont eux qui, en raison de leur pouvoir, sont les plus exposés à commettre les plus grands et les plus nombreux crimes.

Ceux qui seront le mieux récompensés sont les philosophes : « En voyant une âme qui a vécu saintement et dans la vérité, soit l'âme d'un particulier ou de quelque autre, mais surtout, à ce que je pense, Calliclès, celle d'un philosophe uniquement occupé de lui-même, et qui durant sa vie a évité l'embarras des affaires, il (le juge) en est ravi et l'envoie aux Îles Fortunées. »

Après ce récit, et comme pour en bien marquer le caractère allégorique, Platon met dans la bouche de Socrate les conclusions suivantes : « Tu regardes apparemment tout cela comme des contes de vieille femme, et n'en fais nul cas ; et il ne serait pas surprenant que nous n'en tinssions aucun compte si, après bien des recherches, nous pouvions trouver quelque chose de meilleur et de plus vrai. Mais tu vois que vous trois, qui êtes les plus sages des Grecs d'aujourd'hui, toi, Polus et Gorgias, vous ne sauriez prouver qu'on doive mener une autre vie que celle qui nous sera utile quand nous serons là-bas ; au contraire, de tant d'opinions que nous avons discutées, toutes les autres ont été réfutées ; et la seule qui demeure inébranlable, est celle-ci, qu'on doit plutôt prendre garde de faire une injustice que d'en recevoir, et qu'avant toutes choses il faut s'appliquer, non à paraître homme de bien mais à l'être, tant en public qu'en particulier. »

Passons maintenant au récit du jugement dernier. Platon le met dans la bouche d'Er, l'arménien[1]. Er avait été tué dans une bataille. On le retrouva dix jours plus tard, et l'on prit des dispositions pour l'incinérer, mais alors il ressuscita et raconta ce qu'il avait vu ? Aussitôt que son âme se fut échappée de son corps, elle se mit en route avec un grand nombre d'autres et parvint dans « un lieu merveilleux » où était le rendez-vous de toutes les âmes. En ce lieu « se voyaient dans la terre deux ouvertures voisines l'une de l'autre et deux autres au ciel qui répondaient à celles-là. Des juges étaient assis entre ces ouvertures : dès qu'ils avaient prononcé leur sentence, ils ordonnaient aux justes de prendre leur route à droite par une des ouvertures du ciel, après leur avoir attaché par devant un écriteau qui contenait le jugement rendu en leur faveur ; et aux méchants de prendre leur route à gauche, par une des ouvertures de la terre, ayant derrière le dos un semblable écrit où étaient marquées toutes leurs actions ».

Dans ce même lieu revenaient les âmes qui avaient déjà fait un séjour au ciel ou sous la terre ; celles-ci « couvertes d'ordure et de poussière », celles-là « pures et sans tache ». Er entendit les plaintes de celles qui avaient souffert « pendant le temps de leur voyage sous terre qui était de mille ans », et fut le témoin des joies manifestées par celles qui « revenaient du ciel ». D'après les jugements auxquels il assista, « les âmes étaient punies dix fois pour

---

1. *La République*, livre X, p. 424 et suiv.

chacune des injustices qu'elles avaient commises pendant la vie ; la durée de chaque punition était de cent ans... Ceux, au contraire, qui ont fait du bien aux hommes, qui ont été justes et vertueux, recevaient dans la même proportion la récompense de leurs bonnes actions ».

Après avoir subi leur peine ou reçu leur récompense, les âmes étaient conduites dans un autre lieu où résidait « Lachésis, fille de la Nécessité » et où elles étaient appelées à choisir elles-mêmes le corps mortel dans lequel s'accomplirait leur nouveau séjour sur la terre. Leur choix était irrévocable. Un hérault les en prévenait en ajoutant : « La vertu n'a point de maître ; elle s'attache à celui qui l'honore, et fuit celui qui la méprise. On est responsable de son choix : Dieu est innocent. » Er rapporte la façon dont les âmes font leur choix ; il note les erreurs qu'elles commettent et fait observer que « les âmes venues du ciel se trompaient en aussi grand nombre que les autres, faute d'avoir été éprouvées par les souffrances de la vie ; au contraire, la plupart de celles qui avaient séjourné dans la région souterraine, qui avaient souffert et vu souffrir, ne choisissaient pas ainsi à la hâte ». Presque toutes « étaient guidées dans leur choix par les habitudes de la vie précédente. Il avait vu l'âme qui avait appartenu autrefois à Orphée, choisir la condition de cygne, en haine des femmes qui lui avaient donné la mort, ne voulant pas devoir sa nouvelle naissance à aucune d'elles... Il avait vu aussi un cygne, ainsi que d'autres oiseaux musiciens, adopter la condition de l'homme. Une autre âme, appelée la vingtième à choisir, avait pris la nature d'un lion ; c'était celle d'Ajax, fils de Télamone, qui ne voulait plus rentrer dans un corps humain parce qu'elle avait le souvenir du jugement qui lui avait enlevé les armes d'Achille. Après celle-là vint l'âme d'Agamemnon, qui, par haine du genre humain, à cause de ses malheurs passés, prit en échange la condition d'aigle... Enfin l'âme d'Ulysse à qui le dernier sort était échu, vint aussi pour choisir, mais se rappelant ses infortunes passées, et désormais exempte d'ambition, elle chercha longtemps, et finit avec peine par découvrir dans un coin la vie tranquille d'un homme privé que toutes les autres âmes avaient laissée, et elle s'écria, en la voyant, que quand elle aurait été la première à choisir, elle n'aurait pas fait un autre choix ». Les âmes s'approchaient ensuite de Lachésis qui donnait à chacune le génie de son choix; celui-ci la conduisait à Clotho qui, d'un tour de fuseau, confirmait la destinée choisie, puis à Atropos qui roulait le fil pour rendre irrévocable ce qui avait été filé par Clotho; puis, sans pouvoir revenir sur ses pas, l'âme passait avec son génie devant le trône de la Nécessité. Toutes se rendaient ensuite sur les bords du Léthé, buvaient de son eau, et perdaient tout souvenir du passé, puis s'endormaient. Mais, « vers le milieu de la nuit, il survint un éclat de tonnerre avec un tremblement de terre, et tout à coup les âmes, comme autant d'étoiles qui jailliraient dans le ciel, furent portées çà et là vers les divers points où devait avoir lieu leur naissance terrestre. » Er l'arménien ajoutait qu'on « l'avait empêché de boire de l'eau du fleuve. Cependant il ne savait pas où ni comment son âme s'était rejointe ».

Il est évident que le but principal de ce récit est de représenter la vie future comme un moyen d'éducation et d'amélioration offert aux âmes par les dieux, éducation que les gens sages doivent acquérir par eux-mêmes et s'efforcer de répandre autour d'eux. Il ne faut pas oublier, en effet, que tout philosophe ancien était un maître dont toute la vie était consacrée à la diffusion de ses connaissances et de ses doctrines. Et c'est une leçon que ces paroles mises par Platon dans la bouche de Socrate : « Chacun de nous doit négliger toutes les autres sciences pour rechercher et acquérir celle-là seule qui lui fera découvrir et reconnaître l'homme dont les leçons le mettront en état d'abord de pouvoir et de savoir discerner les conditions heureuses et malheureuses et de choisir toujours la meilleure. » Aujourd'hui nous dirions, pour exprimer la même pensée : « Donnez à l'enfant un bon maître, inculquez-lui de bons principes et il sera heureux en étant vertueux. »

Platon lui-même tire du mythe d'Er toute la moelle de sa morale : « Ce mythe, mon cher Glaucon, a été préservé de l'oubli, et, si nous y ajoutons foi, il est très propre à nous préserver nous-même de notre perte... Nous marcherons toujours par la route qui conduit en haut et nous nous attacherons de toutes nos forces à la pratique de la justice et de la sagesse. Par là, nous serons en paix avec nous-mêmes et avec les dieux ; et après avoir remporté sur la terre le prix destiné à la vertu, semblables à des athlètes victorieux qu'on mène en triomphant, nous serons heureux ici-bas et durant ce voyage de mille ans dont nous venons de faire le récit. »

En somme, dans tout l'exposé de sa doctrine morale, Platon n'envisage jamais les actions du point de vue purement métaphysique, comme devait plus tard le faire Kant, mais en prenant pour point de départ les relations des hommes les uns avec les autres. La morale de Platon est, avant tout, une morale sociale et éminemment pratique. On pourrait retrancher de son œuvre tout ce qui a trait à l'essence des choses, à la divinité, à l'âme et même aux sanctions extra-terrestres, sans modifier en rien ni sa doctrine sociale ni son système de morale.

L'homme de Platon est un homme qui est sélectionné et élevé en vue de la société[1], qui remplit un rôle dans la

---

[1]. Il est indispensable de rapprocher des principes formulés par Platon relativement à la sélection des hommes et des femmes en vue de la procréation d'enfants vigoureux, les règles introduites par Lycurgue dans les lois de Sparte. Xénophon en avait saisi merveilleusement le principe : « Je considérais un jour, dit-il (*La Républ. de Sparte*, trad. Gail), que Sparte, quoiqu'une des villes de la Grèce les moins peuplées, était cependant une des plus puissantes et des plus célèbres. Frappé de ce contraste, je cherchais à en découvrir la cause. Mais quand je vins à réfléchir sur le régime des Spartiates, alors je ne vis plus rien d'étonnant que la sagesse accomplie de Lycurgue... Persuadé que les femmes esclaves peuvent suffire pour faire des vêtements, mais que le plus bel emploi des femmes libres est de donner des enfants à l'État, Lycurgue a commencé par établir des exercices du corps pour les femmes aussi bien que pour les hommes ; et il ne les a pas oubliées dans les ordonnances qui prescrivent aux jeunes gens la course et les combats où l'on déploie les forces du corps, convaincu qu'un père et une mère robustes engendrent des enfants vigoureux. Comme il avait remarqué que, dans les premiers temps, on usa du mariage sans aucune modération, il a soumis le commerce du mari et de la femme à des lois rigides... Il a restreint la liberté du mariage au temps où l'homme jouit de toute sa vigueur... S'il arrive qu'un vieillard ait épousé une jeune femme..., le vieillard doit choisir à son gré un jeune homme qui réunisse les qualités de l'âme aux agréments de la figure, et le présenter à sa femme pour suppléer à son impuissance. Un homme qui a de l'éloignement pour sa femme

société et qui s'efforce d'être utile à ses semblables. Il est bon, loyal, généreux, avec la certitude qu'il en recueillera d'abord de grandes satisfactions intérieures et ensuite l'estime de ses concitoyens, avec les conséquences qui en peuvent résulter. Les sanctions de l'autre monde ne viennent qu'en second rang et comme par superfétation.

Il semble, du reste, qu'en donnant la forme précise d'un mythe aux légendes poétiques d'Homère et d'Hésiode, Platon ait porté un coup mortel aux vieilles croyances des temps homériques. Devant la divinité impersonnelle et universelle qu'il avait rêvée dans la portion métaphysique de son œuvre, les multiples dieux que la foule adorait à cause de leurs vertus ou de leurs vices tout humains étaient appelés à s'évanouir comme des ombres vaines et inutiles, nuisibles même. Avec eux devaient disparaître aussi les cieux et les enfers, entre lesquels les légendes poétiques et la foi naïve des peuples avaient réparti les dieux. Platon, malgré toute sa métaphysique, ne devait plus avoir pour successeurs que des philosophes naturalistes comme Aristote, purement matérialistes comme Épicure, ou éclectiques comme ces stoïciens qui, tout en combattant Épicure au profit de Zénon, nous ont conservé les plus belles et les plus justes pensées du premier de ces deux chefs d'école, tandis que celles du second ne sont pas venues directement jusqu'à nous.

et qui voudrait cependant avoir de robustes enfants, voit-il une belle femme qui ait donné des preuves d'une heureuse fécondité, il peut prier son mari de la lui prêter pour en avoir postérité. Licurgue accordait d'autres permissions semblables, fondé sur ce que les femmes sont jalouses de tenir à deux maisons et les maris de donner à leurs fils des frères qui soient héritiers du même sang et de la même vigueur sans l'être des biens. »

CHAPITRE IV

LA MORALE D'ÉPICURE

Il ne nous est resté d'Épicure aucun des trois cents ouvrages qu'il avait écrits[1]; tous ont disparu pendant le IVe siècle de notre ère, au moment où le christianisme devenait une puissance officielle. Ce que nous savons de ses idées a été déduit des citations faites par Sénèque, d'un petit volume de maximes publié par un disciple inconnu, de quatre lettres conservées à la postérité par Diogène Laërce et de l'admirable poème de Lucrèce *De natura rerum*.

Contrairement à l'accusation dont il fut l'objet de la part de certains de ses adversaires, Épicure ne niait ni l'existence des dieux, ni celle de l'âme, mais il leur attribuait une nature matérielle et il considérait les dieux comme ne s'occupant en aucune manière des actes des hommes. Ce n'est point d'eux, par conséquent, qu'il fallait attendre une sanction morale quelconque. « Aussitôt que la doctrine issue de ton divin génie annonce à nos esprits les lois de la nature, s'écrie Lucrèce en s'adressant à Épicure[2], les terreurs de l'imagination se dissipent, les voûtes du monde s'entr'ouvrent; je vois dans l'espace infini la nature à l'œuvre. A mes yeux se dévoile l'essence des dieux : je vois

---

[1]. Il est probable que ces ouvrages étaient étendus, car Sénèque dit, dans une lettre à Lucilius, au sujet d'un travail sur la philosophie qu'il vient de recevoir de lui : « Rien de plus éloquent; et la preuve c'est qu'il m'a paru court, quoiqu'à son volume il eût dès l'abord semblé de Tite-Live ou d'Epicure, et non de vous ou de moi. » (Sénèque, *Lettres à Lucilius*, XLVI.)

[2]. *De natura rerum*, Liv. III, V. 15 et suiv.

leurs paisibles demeures, qui ne connaissent ni les assauts des vents, ni les déluges que versent les nuages : jamais la neige aux flocons blancs condensés par une âpre saison n'outrage ces lieux sacrés, l'éther toujours pur les environne, et leur verse à flots la riante lumière. Cependant, la nature pourvoit à tout pour eux, et rien n'altère en aucun temps la paix de ces âmes heureuses. »

Ailleurs[1] il montre les dieux indifférents aux choses et aux hommes et laissant à la nature le soin de se conduire elle-même : « Certaines personnes ignorant les propriétés de la matière pensent, dit-il, que la nature ne saurait, sans l'intervention des dieux, servir si exactement les intérêts de l'homme. Ils s'extasient sur le changement des saisons, sur la production des fruits de la terre et de tant d'autres biens que les mortels recherchent par l'inspiration et sous la conduite même du Plaisir, ce guide divin de notre vie : c'est lui qui nous invite à perpétuer notre race par les œuvres de Vénus, et qui sauve l'espèce humaine de la destruction. Mais quand on s'imagine que les dieux ont établi toutes choses à ces fins, on s'écarte, à mon avis, étrangement et sur tous les points de la vérité. J'ignore sans doute la nature des éléments des corps ; mais d'après la seule étude des cieux et d'après beaucoup d'autres raisons j'ose affirmer que le monde n'est nullement l'œuvre des dieux, tant il est sujet à reproche. » Un peu plus loin, après avoir rappelé que les anciens donnaient à la terre le titre « de *Grande mère*, de mère des dieux, des hommes et des animaux » et avoir décrit les honneurs qu'ils lui rendaient encore de son temps, Lucrèce ajoute : « Ce sont là, sans doute, des croyances louables et des fictions ingénieuses, mais que la saine philosophie repousse énergiquement. Car toute essence divine jouit nécessairement de l'immortalité au sein d'une paix profonde. Exempts de toute douleur et de tout péril, se suffisant par leurs propres ressources, n'ayant nul besoin de nous, les dieux ne se laissent pas prendre par les services et ne sont pas sensibles

---

[1]. *Loc. cit.*, livre II, V. 168 et suiv.

à l'outrage. Et quant à la terre, elle demeure en tout temps privée de sentiment : si elle produit à la lumière du soleil une multitude d'êtres divers, c'est qu'elle tient dans son sein les éléments d'une multitude de corps. Après cela, si l'on veut donner à la mer le nom de Neptune, aux moissons celui de Cérès ; si l'on préfère celui de Bacchus au terme propre qui désigne la liqueur de la vigne ; nous consentons à ce qu'on appelle notre terre la mère des dieux, pourvu qu'au fond on se garde de souiller son esprit d'une superstition grossière[1]. »

Après avoir exposé que tous les corps sont formés

---

[1]. Au moment où il s'apprête à combattre la superstition, Lucrèce écrit, s'adressant au grand orateur à qui il avait dédié son admirable poème : « Mais voici, Memmius, ce que je crains : tu vas prendre nos leçons pour des enseignements d'impiété ; tu croiras t'engager dans la voie du crime. Au contraire, c'est plutôt la superstition, c'est elle qui, souvent, enfanta des actions criminelles et impies. Ainsi, sur le rivage d'Aulis, l'autel d'une divinité vierge fut indignement souillé du sang d'Éphigénie par l'élite des chefs grecs, la fleur des guerriers ! Quand la laine enroulée autour de sa chevelure virginale retomba en bandelettes égales sur ses deux joues ; quand elle vit à son côté, debout devant l'autel, son père accablé de douleur, près de lui, les sacrificateurs dérobant le fer aux yeux de la victime, et toute l'armée fondant en larmes, à sa vue ; muette d'effroi, elle s'affaissa sur ses genoux. Infortunée, que lui servait à cette heure d'avoir la première salué le roi du nom de père ? Soulevée par les mains des hommes, toute tremblante, elle est menée à l'autel, non point pour accomplir les cérémonies ordinaires du culte avant d'être reconduite au milieu des chants d'hyménée, mais, pour tomber, dans la saison même du mariage, sous les coups d'un père. Victime en pleurs, victime pure d'un impur sacrifice, elle est égorgée afin d'assurer à la flotte une heureuse sortie du port ! Voilà les forfaits qu'a pu conseiller la superstition ! » (Livre I, 74 et suiv.).

Épicure avait dit : « L'impie n'est point celui qui abolit les dieux du vulgaire, mais celui qui applique aux dieux les opinions du vulgaire. » (Voy. : GUYAU, *La morale d'Épicure*, p. 64). Il ajoutait : « La superstition vient de l'ignorance : le vulgaire, ne connaissant pas les causes des phénomènes, place derrière eux des volontés divines ; mais le savant voit reculer, à mesure qu'il pénètre les causes, le domaine de l'arbitraire ; tout s'explique pour lui et s'enchaîne régulièrement. Par conséquent, aussi, tout sujet d'effroi est écarté ; plus il connaîtra, moins il aura sujet de craindre, car moins il aura besoin de substituer aux forces de la nature des puissances plus ou moins effrayantes et surnaturelles. » Ainsi, la science est pour Épicure, comme pour Lucrèce, l'ennemie directe de la religion ; et comme la religion est l'ennemie directe de notre indépendance, de notre *ataraxie*, la science, particulièrement la science naturelle (φυσιολογία) devient un moyen absolument nécessaire pour le bonheur : « L'ataraxie, dit-il, est l'affranchissement de toutes ces opinions... Si nous nous appliquons à connaître tous ces événements, d'où naît le trouble et la crainte, nous en découvrirons les vraies causes et nous nous affranchirons ; car nous connaîtrons les causes et des météores, et de tous les autres événements imprévus et perpétuels, qui, au reste des hommes, apportent la dernière épouvante » (*Ibid.*, p. 15).

d'atomes, que « la mort en détruisant les corps ne consume pas les atomes de la matière, mais se borne à rompre leur union », que « ce qui fut terre retourne à la terre », que « les éléments partis des régions éthérées sont ramenés et recueillis dans les espaces célestes », Lucrèce écrit[1] : « Chez tous les êtres vivants l'esprit et cette âme subtile sont soumis aux lois de la naissance et de la mort... S'il est vrai que le brouillard et la fumée se dissipent dans les airs; assurément l'âme s'évapore de même, dès qu'elle a été contrainte d'abandonner les membres de l'homme; et même elle est plus prompte à s'évanouir et à se résoudre en ses premiers éléments. » L'âme, en un mot, pour le disciple d'Épicure, naît et meurt avec le corps, ou plutôt ses éléments se réunissent comme ceux du corps lorsque celui-ci se forme, et ils se séparent après la mort comme le font ceux du corps. Par conséquent, aucun autre sort n'attend l'homme après la mort que celui de rentrer, sous la forme de ses éléments constitutifs, dans la matière infinie d'où il est sorti.

L'autre monde étant supprimé, l'homme n'a que faire des Élysées et des Enfers des légendes homériques, et il n'a plus aucun motif de redouter la mort : « Où sont, dit Lucrèce, les espaces de l'Achéron ? Je ne les vois nulle part, et cependant la terre n'arrête pas mes regards, qui découvrent sous mes pieds tout ce qui se passe dans la profondeur du vide... Il faut chasser sans ménagements ces terreurs qu'inspire l'Achéron : c'est elles qui empoisonnent toute la vie humaine, troublant la liqueur jusqu'au fond du vase, noircissant tout des couleurs de la mort et ne nous laissant goûter aucune joie pure et sans déboire... Oui, l'enfant dans les ténèbres s'épouvante et craint toutes sortes de fantômes; mais nous-mêmes, bien souvent, en plein jour, nous tremblons devant des chimères qui ne sont pas plus redoutables que ces fantômes que les enfants tremblent de voir apparaître dans les ténèbres. Ces terreurs de notre esprit, ces ténèbres qui nous effrayent, ce ne sont pas les

---

[1]. Livre III, V. 435 et suiv.

rayons du soleil, ni les traits éclatants du jour qui doivent les dissiper, mais le spectacle de la nature et la philosophie [1]. »

Les sanctions morales ne pouvant être demandées ni aux dieux ni à l'autre monde, c'est nécessairement dans celui-ci qu'Épicure et ses disciples les placent, ainsi que le faisait Socrate et que le laissait entendre Platon. « Le juste est éloigné de tout trouble, disait Épicure ; l'injuste est rempli du trouble le plus profond [2]. » Il disait encore : « Celui qui a violé secrètement en quelque chose le contrat réciproque conclu par les hommes, ne peut avoir la confiance qu'il échappera au châtiment, même s'il y échappe une infinité de fois dans le présent ; car il n'est pas certain qu'il en sera ainsi jusqu'à la fin. »

Lucrèce développe la même pensée dans une page très belle. « Tous les objets d'horreur que la tradition place dans les profondeurs de l'Achéron, dit-il [3], c'est dans notre vie qu'il faut les chercher. » Ils y sont le châtiment immédiat de nos fautes. « Cet infortuné Tantale qui, dit-on, paralysé par une terreur vaine, attend la chute d'une roche énorme suspendue dans les airs, qu'est-ce autre chose que le mortel tremblant sous le courroux imaginaire des dieux, et qui refoule les corps que la destinée lui réserve ? Et celui dont les vautours déchirent le corps étendu dans les enfers, ce n'est pas Tityos. Comment trouveraient-ils durant l'éternité quelque chose à ronger dans ses entrailles, si vastes qu'elles soient ?... Non, Tityos, c'est l'homme que nous voyons vautré dans la volupté, où les vautours le déchirent, où les inquiétudes le dévorent ; c'est celui qu'une passion quelconque livre en proie aux soucis. Sisyphe aussi se trouve parmi les vivants et sous nos yeux. C'est l'homme qui s'entête à briguer auprès du peuple les faisceaux et les haches consulaires et qui se retire toujours avec l'humiliation de la défaite... Et qu'est-ce encore que repaître les désirs de notre ingrate

---

1. *Loc. cit.*, livre III, v. 25 et suiv.
2. Voyez pour ces citations : Guyau, *La morale d'Épicure*. Sénèque cite encore ce mot d'Épicure : « Il peut advenir au méchant d'être bien caché, mais non d'être rassuré » (*Lett.*, xcvii).
3. *De natura rerum*, livre III, v. 911 et suiv.

nature et la combler de biens, sans pouvoir jamais la satisfaire ?... N'est-ce pas là ce que les poëtes racontent de ces jeunes filles qui portent de l'eau dans un vase sans fond, bien qu'il soit impossible de le remplir ? Que dire de Cerbère et des Furies, et du Tartare ténébreux qui vomit des torrents de flammes ? Rien de pareil n'existe ni ne saurait exister. Mais, dans cette vie même, le malfaiteur est poursuivi par la crainte des peines éclatantes qui suivent les crimes signalés. Il voit la prison où l'on expie les forfaits, la roche terrible d'où les traîtres sont précipités, les verges, les bourreaux, le chevalet, la poix, les lames rougies, les torches. En l'absence même de ces supplices, son imagination, confidente du crime, les prévoit : elle lui fait sentir l'aiguillon du remords et la menace du fouet de la justice. Il n'aperçoit cependant aucun terme à ses maux, aucune borne au châtiment ; et en même temps il craint que ces supplices ne s'aggravent encore au sein de la mort. En un mot, c'est en ce monde que la vie des âmes déréglées devient véritablement un enfer ».

Tout cela ne peut s'appliquer, bien entendu, qu'à des hommes ayant reçu une éducation morale suffisante pour qu'ils aient la connaissance du bien et du mal, et qui pratiquent d'ordinaire le bien. Si, par suite de circonstances plus fortes que leurs habitudes morales, il leur arrive de mal faire, ils éprouveront le remords de leur mauvaise action. Rien de pareil ne saurait se produire chez un homme n'ayant pas reçu la même éducation morale et n'étant pas également habitué à faire le bien. Épicure et ses disciples n'étaient pas sans avoir entrevu cette vérité, car ils attachaient, comme Socrate et Platon, une extrême importance à l'éducation morale ; on peut dire même que tout leur enseignement tendait à cette éducation. Ils avaient soin de joindre l'exemple à la leçon théorique. « Mon corps est saturé de plaisir, avait coutume de dire Épicure, quand j'ai du pain et de l'eau. » Sa conduite inspirait une telle admiration aux stoïciens eux-mêmes que Sénèque disait de lui[1] : « Un

---

1. *Lettres à Lucilius*, XXI.

autre motif me porte encore à citer les belles maximes d'Épicure. Il en est qui les adoptent dans l'espoir criminel d'en faire un manteau à leurs vices ; je veux leur apprendre que partout où ils iront (c'est-à-dire, même s'ils adoptent l'épicuréisme) ils seront forcés de vivre honnêtement. Prêts à entrer dans les jardins d'Épicure, ils voient sur la porte cette inscription : « Passant, voici l'heureux séjour où la volupté est le souverain bien. » Le gardien de ces lieux leur prépare un accueil affable, hospitalier ; il leur sert de la farine détrempée, de l'eau en abondance. « N'êtes-vous pas bien traités ? Dans ces jardins on n'irrite pas la faim, on l'apaise ; on n'allume pas la soif par les boissons elles-mêmes, on l'éteint de la manière la plus naturelle et la moins coûteuse. » Voilà les voluptés au sein desquelles j'ai vieilli. »

Ce qui, en effet, caractérisait essentiellement la morale d'Épicure, c'était la condamnation de toutes les passions, de tous les appétits artificiels qui résultent de l'excitation anormale et vicieuse des besoins naturels. Dans les jardins d'Épicure on apaise la faim, on ne l'irrite pas ; on éteint la soif, on ne l'allume pas. Épicure considère comme un bien le plaisir qui résulte de la satisfaction du besoin de reproduction, mais il condamne les sensualités de l'amour et la passion qui trouble l'esprit ; lui-même évita de se marier pour ne pas détourner son esprit de l'étude de la philosophie.

Le besoin naturel seul, aux yeux d'Épicure, est dans les fins de la nature, et lui seul est susceptible de procurer le plaisir véritable, celui qui est la sanction morale de la bonne conduite. La passion, qui est l'exacerbation du besoin, n'entre pas dans les fins de la nature, et ne peut procurer le plaisir véritable ; il faut donc étouffer la passion, l'empêcher de naître. On y arrive par la satisfaction rationnelle du besoin. Tout cela, évidemment, demande une forte éducation morale. « Si en toute occasion, dit Épicure, tu ne rapportes pas chacun de tes actes à la fin de la nature... tes actes ne seront point d'accord avec tes raisonnements[1]. »

---

[1] GUYAU, loc. cit., p. 43. — Lucrèce dit de son côté : « Eh quoi !

Parmi les désirs que l'on éprouve il faut satisfaire seulement ceux qui répondent à des besoins véritables : « Parmi les désirs, les uns sont naturels et nécessaires, les autres naturels et non nécessaires, les autres enfin ne sont ni naturels ni nécessaires, mais naissent d'après une vaine opinion. Sont naturels et nécessaires ceux qui tendent à l'apaisement d'une douleur, comme la boisson dans la soif, naturels et non nécessaires, ceux qui varient seulement la volupté mais n'apaisent point une douleur, comme les mets délicats ; enfin, ni naturels ni nécessaires ceux qui, par exemple, ont pour objet des statues ou des couronnes[1] ». C'est par un raisonnement analogue qu'Épicure condamnait le désir de l'immortalité. Comme celui des couronnes et des statues, « il tombe dans l'indéfini ; » nous devons donc le supprimer[2].

La tempérance, le dédain des richesses et de l'ambition seront les premières vertus de l'épicurien fidèle à la doctrine du maître. « La fortune, disait Épicure, a peu de prise sur le sage : sa raison a réglé les choses les plus grandes et les plus importantes, et, pendant toute la durée de la vie, elle les règle et les règlera[3]. »

En supprimant les passions, l'homme supprime une foule d'actes, de mouvements, d'où résultent toujours pour lui une certaine somme de douleurs. Le sage renoncera donc à ces mouvements et aux plaisirs que le vulgaire y cherche ; et, dans le seul fait de la suppression des douleurs qui en résultent, il trouvera un plaisir. « Lorsque, dit Épicure, nous sommes affranchis de la douleur, nous jouissons de la délivrance même et de l'exemption de toute gêne[4]. » La non-souffrance, l'ataraxie, comme il l'appelait, est donc un plaisir. « La fin, disait-il, c'est de ne pas souffrir dans son corps et de ne pas être troublé dans son âme... Nous faisons

---

n'entendez-vous pas le cri de la Nature ? Que demande-t-elle ? Que le corps soit exempt de souffrance et que l'esprit jouisse d'un sentiment de bien-être, sans inquiétude et sans crainte ! » (*De nat. rerum*, livre II, v. 16-19).

1. Guyau, *loc. cit.*, p. 46.
2. *Ibid.*, p. 112.
3. *Ibid.*, p. 42.
4. *Ibid.*, p. 55.

toutes choses dans le but de ne pas souffrir et de ne pas être troublé. » Et il ajoutait : « Dès qu'une fois est née en nous la santé du corps et l'ataraxie de l'âme, aussitôt s'apaise tout l'orage de l'âme, car l'être n'a plus à marcher comme à la poursuite de ce qui lui manque, il n'a plus à chercher rien autre chose par quoi soit rempli le bien de l'âme et du corps.[1] » L'âme a, du reste, ses plaisirs comme le corps ou, pour mieux dire, elle se procurera un plaisir spécial par le souvenir des plaisirs passés et l'anticipation des plaisirs futurs.

Jusqu'ici, l'épicurien nous apparaît comme un pur égoïste, ne se laissant conduire que par la recherche de son plaisir personnel, et même écartant tout plaisir qui risquerait d'être suivi d'une peine, se renfermant en lui-même, allant jusqu'à se contenter de la non-souffrance, de l'ataraxie, afin d'être plus sûr d'éviter la peine. Cependant, Épicure n'est pas un égoïste. Il le prouve par sa conduite envers ses frères, envers ses disciples, avec lesquels il partage le peu qu'il a. Il le prouve aussi par les idées qu'il professe sur l'amitié et la sociabilité.

Le point de départ de sa doctrine sur l'amitié est le plaisir qu'elle procure : « De tous les liens que la sagesse prépare en vue du bonheur de la vie, dit-il, le plus grand de beaucoup, c'est l'acquisition de l'amitié.[2] » Il dit encore « Sans l'amitié nous ne pouvons, en aucune manière, posséder un bonheur solide et durable ; mais nous ne pouvons conserver l'amitié, si nous n'aimons pas nos amis comme nous-mêmes : donc ce résultat se produit dans l'amitié, et ainsi l'amitié se lie étroitement avec le plaisir. Nous jouissons de la joie de nos amis comme de la nôtre, et semblablement nous souffrons de leurs douleurs. » Il concluait « Le sage aura toujours pour ses amis les mêmes sentiments que pour lui-même ; et toutes les peines qu'il prendrait pour se procurer à lui-même du plaisir, il les prendra pour en procurer à son ami.[3] » Plus altruiste en-

1. GUYAU, p. 52.
2. *Ibid.*, p. 131.
3. *Ibid.*, p. 133.

core est le mot suivant : « Il est plus agréable de faire du bien (à ses amis) que d'en recevoir.[1] » Et celui-ci : « Le sage donnera, s'il le faut, sa vie pour son ami.[2] » Cicéron leur prête l'opinion que voici : « Sans doute, les premières entrevues, les premiers rapprochements, et le désir de lier amitié ont leur raison dans le plaisir personnel ; mais lorsque le progrès de l'habitude a fini par produire l'intimité, alors l'amour s'épanouit à ce point qu'on chérit ses amis uniquement pour eux-mêmes, sans retirer aucun profit de l'amitié. En effet, si nous avons coutume de nous attacher aux lieux, aux temples, aux villes, aux gymnases, à la terre, à nos chiens, à nos chevaux, à nos jeux, par l'habitude de l'exercice ou de la chasse, combien plus facilement et plus justement cet effet pourra-t-il se produire en la société habituelle des hommes.[3] » Transportant ces idées dans la pratique de leur vie, les épicuriens entretetenaient les uns avec les autres des relations fréquentes ; ils avaient des repas communs ; célébraient chaque année, ensemble, l'anniversaire de la mort d'Épicure et se secouraient réciproquement, avec des marques d'affection qui étaient fort remarquées et leur valait de nombreux adhérents.

Il était impossible qu'Épicure ne transportât pas à tous les hommes une partie au moins de l'altruisme qu'il pratiquait et professait en matière d'amitié. D'après Diogène Laërte, « sa bonté envers les hommes était incroyable, sa bienveillance sans égale, et sa philanthropie universelle[4] ». Il disait : « Le droit naturel n'est autre chose qu'un pacte d'utilité, dont l'objet est que nous ne nous lésions point réciproquement et que nous ne soyons pas lésés[5] ». Précisant cette pensée, Lucrèce devait dire plus tard : « Un jour vint où la femme s'attacha par un lien durable à un époux unique ; où tous deux se virent entourés d'une

---

[1]. GUYAU, p. 133.
[2]. Ibid., p. 135.
[3]. Ibid., p. 139.
[4]. Ibid., p. 141.
[5]. Ibid., p. 140.

famille née d'eux-mêmes : c'est alors que les hommes commencèrent à s'amollir. Le feu rendit leur corps frileux et moins robuste pour supporter le froid sous la voûte des cieux ; les plaisirs de Vénus les énervèrent ; les enfants, par leurs caresses, fléchirent sans peine le naturel farouche de leurs parents. Alors aussi les hommes commencèrent à former amitié entre voisins pour éviter la violence de part et d'autre ; ils se recommandèrent mutuellement les enfants et les femmes de la voix et du geste, faisant entendre en leur langage inarticulé que tous devaient avoir pitié des faibles. Cependant on ne réussissait pas toujours à établir le bon accord ; mais la meilleure partie des hommes observait pieusement le pacte conclu ; autrement le genre humain tout entier, exterminé dès cette époque, n'aurait pu se propager jusqu'à nos jours[1] ».

En somme, le point de départ de la sanction morale d'Épicure est dans le plaisir que l'on éprouve toutes les fois que l'on satisfait un besoin naturel. S'il y a plaisir véritable, on peut être certain que l'on a bien agi ; s'il y a souffrance, on est allé à l'encontre de la nature, on a mal agi. « La nature seule, disait-il, doit juger de ce qui est conforme ou contraire à la nature.[2] » Or, la nature indique très nettement que le plaisir est conforme à la nature. « Nous savons, disait-il, qu'il est le bien premier et naturel ; si nous choisissons ou repoussons quelque chose c'est à cause du plaisir ; nous courons à sa rencontre, discernant tout bien par la sensation comme règle.[3] » Mais il importe de bien distinguer le plaisir véritable de ce qui n'en est que l'apparence ou l'illusion, car lui seul ne sera pas suivi de souffrance. Afin d'être en état de faire cette distinction, il faut étudier la philosophie. « De même, disait Épicure, que nous n'approuvons pas la science des médecins pour elle-même, mais pour la santé ; de même que nous ne louons pas l'art de tenir le gouvernail pour lui-même mais pour son utilité, ainsi la sagesse, cet art de la vie, si elle ne

1. Lucrèce, *De natura rerum*, livre V, v. 1008 et suiv.
2. Guyau, *loc. cit.*, 22.
3. *Ibid.*, p. 25.

servait à rien, ne serait point. Si on la désire, c'est qu'elle est pour ainsi dire l'artisan du plaisir que nous recherchons et que nous voulons nous procurer.[1] » Il définit la philosophie « une énergie qui procure, par des discours et des raisonnements, la vie bienheureuse[2] » et il dit, plein d'un enthousiasme singulier : « que le jeune homme n'hésite point à philosopher, que le vieillard ne se fatigue point de philosopher! L'heure est toujours venue et n'est jamais passée où on peut acquérir la santé de l'âme. Dire qu'il est trop tôt pour philosopher ou trop tard, ce serait dire qu'il n'est pas encore ou qu'il n'est plus temps d'être heureux. Qu'ils philosophent donc tous deux, et le vieillard et le jeune homme! Celui-là afin que vieillissant, il rajeunisse dans les vrais biens en rendant grâce au passé, celui-ci afin qu'il reste jeune, même pendant la vieillesse par la confiance dans l'avenir. Méditons sur les moyens de produire le bonheur, car, si nous l'avons, nous avons tout, s'il nous manque nous faisons tout pour le posséder[3] ».

A peine est-il besoin de dire qu'une doctrine pareille, fondée sur la science, répudiant les superstitions, les préjugés, la foi aveugle de la masse des hommes, ne pouvait exercer aucune influence sérieuse sur les peuples[4]. Elle fut célèbre en Grèce et à Rome, mais elle n'y reçut l'adhésion que d'un petit nombre d'esprits, ceux dont la trempe était assez forte pour résister aux influences qui dominent le vulgaire. « Jamais, a écrit Diderot[5], philosophie ne fut moins entendue et plus calomniée que celle d'Épicure. On accusa ce philosophe d'athéisme, quoiqu'il admît l'existence des dieux, qu'il fréquentât les temples, et qu'il n'eût aucune répugnance à se prosterner au pied des autels. On le regarda comme l'apologiste de la débauche, lui dont la

---

1. Guyau, p. 28.
2. Ibid., p. 28.
3. Ibid., p. 27.
4. Guyau a dit avec raison des épicuriens : « Ce qui fit leur faiblesse pratique en face du christianisme, c'est la persistance avec laquelle ils affirmaient notre anéantissement final et la réalité de la mort. L'humanité, malgré tout, veut être immortelle. » (Guyau, *La morale d'Épicure et ses rapports avec les morales contemporaines*, p. 11.)
5. *Œuvres complètes*, édit. Assézat, xiv, p. 508.

vie était une pratique continuelle de toutes les vertus, et surtout de la tempérance. Le préjugé fut si général, qu'il faut avouer, à la honte des stoïciens qui mirent tout en œuvre pour le répandre, que les épicuriens ont été de très honnêtes gens qui ont eu la plus mauvaise réputation. » Ils devaient cette réputation à ces expressions de « plaisir », de « recherche du plaisir », de « plaisir fin de la nature », etc., qui revenaient sans cesse dans leur enseignement et leurs écrits et que la malignité de leurs adversaires, sans parler de la sottise de quelques-uns de leurs partisans, interprétaient dans le sens vulgaire, au lieu du sens scientifique qu'il a réellement dans la philosophie d'Épicure et de ses véritables disciples. L'épicurisme fut surtout en butte aux attaques des stoïciens, puis à celles des chrétiens.

Cependant, en Grèce et à Rome, pendant plusieurs siècles, l'épicurisme compta de grands succès. Diderot a dit justement d'Épicure : « Il fut chéri des grands, admiré de ses rivaux et adoré de ses disciples : il reçut dans ses jardins plusieurs femmes célèbres... Ses concitoyens, les hommes du monde les plus enclins à la médisance, et de la superstition la plus ombrageuse, ne l'ont accusé ni de débauche ni d'impiété. » On lui éleva des statues dans Athènes après sa mort. Seuls « les stoïciens féroces l'accablèrent d'injures ». Sa philosophie fut la première qui passa de la Grèce à Rome. Elle eut pour adhérents des hommes illustres, entre autres César, Cassius, Horace, Celse, Pline le naturaliste, Lucrèce, Lucien, Diogène Laërte, etc.

L'école d'Épicure disparut avec le christianisme, ayant eu ce sort singulier d'être confondue par les païens des deux premiers siècles de notre ère avec la secte chrétienne. « Le nom d'athées était également attribué, dit E. Renan [1], aux disciples de Jésus et à ceux d'Épicure. Ils avaient, en effet, pour trait commun de nier, par des raisons fort différentes, il est vrai, le surnaturel puéril, les merveilles ridicules auxquelles croyait le peuple. Les épicuriens y voyaient des supercheries de prêtres ; les chrétiens des supercheries du

---

1. *L'Église chrétienne*, p. 309.

démon... Le nom d'épicurien, dans les pays superstitieux, était synonyme de maudit. Comme celui de chrétien, il faisait courir risque de la vie, ou du moins mettait un homme au ban de la société. » Au début des mystères on criait, dans certains endroits : « A la porte les chrétiens ! à la porte les épicuriens ! »

Lorsque le christianisme triompha, il se substitua aux stoïciens pour combattre la doctrine d'Épicure. Il est fort probable, sinon démontré, que la destruction des ouvrages de ce dernier fut l'œuvre des chrétiens, car Diogène Laërte, qui vivait dans la première moitié du IIIe siècle de notre ère paraît avoir eu encore entre les mains les ouvrages du grand philosophe grec dont il parle avec assez de sympathie pour qu'on puisse le considérer comme son disciple. C'est donc à partir du moment où le christianisme fut le plus fort que les trois cents ouvrages d'Épicure disparurent. Les stoïciens les avaient conservés, tout en les combattant ; le christianisme les fit, pour plus de sûreté, disparaître. Il était ainsi plus facile d'en dénaturer l'esprit et même la lettre, afin de déconsidérer la doctrine.

Cependant, l'épicurisme retrouva des disciples dès que la Renaissance remit en honneur l'antiquité grecque et romaine, et c'est de lui que découlent toutes les théories morales utilitaires ou scientifiques qui ont été développées dans le cours des deux derniers siècles.

Le seul reproche sérieux que les stoïciens auraient pu faire à l'épicurisme, c'était de conseiller à ses adeptes l'éloignement de la vie publique et même le relâchement des relations sociales. « Jamais je n'ai voulu plaire au peuple, disait Épicure, car ce que je sais n'est pas de son goût, et ce qui est de son goût, je ne le sais pas.[1] » Il écrivait à un compagnon de ses études : « Nous sommes l'un à l'autre un assez grand théâtre.[2] » Il avait pour principe que « le moment de rentrer en soi-même, c'est quand on est forcé de se mêler à la foule[3] ». Les épicuriens étaient ainsi amenés

---

1. Guyau, loc. cit., p. 141.
2. Sénèque, Épîtres à Lucilius, XXIX.
3. Guyau, loc. cit., p. 142.

à regarder la société de trop haut, à s'en écarter autant que possible, à limiter l'horizon de leur vie pour la mettre à l'abri de la vie des autres. C'était, dans la doctrine, une philosophie d'ascètes, ce n'était point une philosophie d'hommes d'action. Je m'empresse d'ajouter qu'il en était ainsi en théorie seulement. Dans la pratique, les épicuriens étaient des hommes comme tous les autres et vivant de la même vie sociale que les autres : je n'en veux d'autre preuve que les hommes illustres dont l'épicurisme peut revendiquer les noms.

Il n'y avait, du reste, à ce point de vue, aucune différence sérieuse entre les épicuriens et les stoïciens. En théorie, le stoïcisme aurait dû éloigner les hommes de la vie publique et sociale encore plus que l'épicurisme, puisqu'il se vantait, par-dessus tout, de son austérité, de son dédain des richesses, des honneurs, etc. En fait, on trouve des stoïciens, comme Sénèque et Cicéron, dans les plus hautes fonctions.

CHAPITRE V

LA MORALE DES STOÏCIENS

La seule différence réelle qui existât entre les deux écoles, c'est que celle des stoïciens respectait davantage que celle d'Épicure les croyances religieuses et les pratiques cultuelles de la foule. Le stoïcien passait pour un homme religieux ; l'épicurien était considéré comme un athée. Celui-ci niait que les dieux prissent aucune part aux affaires et à la conduite des hommes ; celui-là croyait à une sorte de providence divine qui, selon le mot de Sénèque[1] « préside à l'univers » ; mais la providence et les dieux de Sénèque nous apparaissent comme bien peu différents des dieux tout matériels et indifférents d'Épicure, lorsqu'on voit Sénèque lui-même mettre dans la bouche de sa providence, de sa divinité, un aveu d'impuissance que l'on pourrait croire avoir été dicté par Lucrèce. A l'homme de bien qui se plaindrait de la providence et des dieux, en voyant les honnêtes gens souffrir, Sénèque fait faire par les dieux eux-mêmes cette réponse : « Je vous ai accordé de braver tout ce qu'on redoute, de mépriser tout ce qu'on désire... J'ai placé tous vos avantages au-dedans de vous... — Mais il arrive des afflictions, d'affreux revers, de rudes épreuves ! — Je ne pouvais vous y soustraire, j'ai armé votre âme. Souffrez donc courageusement ; c'est par là que vous pouvez être supérieurs à Dieu même. Il est à l'abri des maux ; vous les surmontez. Méprisez la pauvreté ; on ne vit jamais aussi

[1]. *De la Providence*, III.

pauvre qu'on le fut en naissant. Méprisez la douleur; elle finira, ou vous finirez. Méprisez la fortune; je ne lui ai pas donné de trait qui atteignît l'âme. Méprisez la mort; c'est le terme ou le changement de l'existence. J'ai pourvu surtout à ce qu'il fût impossible de vous retenir malgré vous dans la vie ; vous pouvez toujours en sortir... J'ai voulu qu'il n'y eût pas besoin d'autant d'efforts pour sortir du monde que pour y entrer. La fortune vous aurait tenus esclaves si l'homme avait autant de peine à mourir qu'à naître. »

Dans ces lignes se trouve la moelle, si je puis dire, de toute la morale des stoïciens. Les dieux ont donné à l'homme de bien la volonté qui lui permet de mépriser tout ce que les autres convoitent, de se considérer comme heureux, même dans les malheurs ; ils ne pouvaient pas le soustraire aux afflictions, aux douleurs, aux maladies, qui sont le lot commun de l'humanité, mais ils lui ont donné le moyen de se considérer comme heureux dans toutes les conditions de la vie et celui d'en finir avec cette dernière si elle lui paraît trop pénible. Que l'homme de bien ait soin de ne pas demander autre chose, car les dieux seraient incapables de le lui donner.

Si l'on rapproche cette doctrine de celle des épicuriens, on voit qu'elle en est beaucoup moins distincte dans la réalité que dans les apparences. Épicure admettait aussi que l'homme avait la faculté de choisir entre le besoin et la passion, entre le plaisir véritable et le plaisir factice. Cette faculté, la nature la lui avait donnée afin qu'il pût faire lui-même son bonheur. La nature, de son côté, tenait au disciple d'Épicure le même langage que la providence tient à celui de Sénèque; méprise la richesse, la pauvreté, la maladie, la mort elle-même, et tu seras heureux. Le bonheur, c'est la volonté qui le crée.

Il serait permis de s'étonner que les épicuriens aient admis l'existence du libre arbitre, malgré leur croyance à la matérialité des dieux et de l'âme, si l'on ne savait combien étaient peu précises, chez les philosophes de l'antiquité, toutes les idées relatives à l'âme et à la divinité. Nous avons vu Épicure et Lucrèce admettre l'existence des dieux et en faire des êtres matériels, c'est-à-dire concevoir simultanément deux idées qui nous paraissent aujourd'hui tout à fait contradictoires. Ils croyaient aussi à la matérialité de l'âme et, néanmoins, ils admettaient que l'homme est libre de choisir entre le bien et le mal. Or, des contradictions analogues existent dans la doctrine des stoïciens. Ils croient à la possibilité du libre choix de l'homme entre le bien et le mal, mais ils admettent que la providence donne aux uns des biens véritables et aux autres l'illusion seulement de ces biens. « Qu'avez-vous à vous plaindre de moi, vous qui avez embrassé la vertu ?... Les biens que je vous ai donnés sont permanents et durables... J'ai environné les autres de biens trompeurs ; j'ai calmé des esprits frivoles, comme par la longue illusion d'un songe. Je leur ai prodigué l'or, l'argent, l'ivoire pour parure ; mais au dedans ils n'ont pas le moindre bien[1]. » Quand on songe que Sénèque met ces paroles singulières dans la bouche de la divinité, n'est-il pas permis de voir dans ce qu'il dit de cette dernière, une simple concession faite aux croyances du vulgaire, dans le but de supprimer les résistances que la doctrine plus franche des épicuriens avait rencontrées ? On est porté d'autant plus à faire cette supposition que les contradictions fourmillent dans la métaphysique des stoïciens : elles sont parfois si grossières qu'il est impossible qu'elles leur aient échappé.

Nous venons de voir Sénèque, par exemple, attribuer aux dieux l'affirmation qu'ils n'ont donné à la plupart des hommes que des biens illusoires, qu'ils les trompent ; cependant, ailleurs, Sénèque déclare que les dieux sont incapables de faire aucun mal. « Quelle cause, écrit-il à Lucilius, porte les dieux à faire le bien ? Leur nature. C'est se tromper de leur supposer l'intention de nous nuire. Ils ne le peuvent pas ; ils ne sauraient ni éprouver du mal ni en faire ; en les élevant au-dessus du danger, cette nature suprême et admirable n'a pas voulu les rendre dangereux[2]. »

1. *De la Providence*, vi.
2. *Lettres à Lucilius*, xcv.

Si l'on prend les affirmations de Sénèque à la lettre, on constate encore une contradiction flagrante entre ce qu'il dit d'une providence qui « préside à l'univers » et les lignes suivantes d'où il résulte que cette providence serait elle-même soumise à un aveugle et inévitable destin[1]. « Il faut tout souffrir avec courage; ce ne sont pas des accidents comme nous le croyons, c'est notre destinée. Les causes de nos plaisirs et de nos peines sont déterminées longtemps d'avance, et quelle que soit la variété d'événements qui distingue la vie de chacun, il y a une ressemblance générale qui domine tout : ce que nous possédons doit périr, comme nous périrons nous-mêmes. Pourquoi nous plaindre et nous indigner? C'est la loi de notre existence. Quel est donc le devoir de l'homme vertueux? De s'abandonner au destin. C'est une grande consolation que d'être emporté avec l'univers. Quelle que soit la puissance qui ordonne ainsi de notre vie et de notre mort, elle assujettit à une pareille loi les dieux mêmes. Un torrent, que rien ne peut arrêter, entraîne également les dieux et les hommes. Le créateur, l'arbitre de l'univers, qui a tracé les arrêts du destin, y est lui-même soumis. Il a ordonné une fois, il obéit toujours. »

Le fatalisme de la doctrine stoïcienne apparaît encore très clairement dans les lignes suivantes[2] : « Efforcez-vous de ne rien faire contre votre gré, celui qui se soumet de bon cœur au commandement, s'épargne la plus pénible tâche de sa servitude, c'est-à-dire de faire ce qu'il ne veut pas. L'homme vraiment malheureux n'est pas celui qui est condamné à obéir, mais celui qui obéit malgré lui. Sachons donc plier notre esprit de telle sorte que nous voulions toujours ce qu'exigent les circonstances.

À Marulle qui a perdu son jeune fils, il écrit[3] : « L'espace qui se trouve entre le premier et le dernier jour, est incertain et variable : à considérer les peines de la vie, il

---

1. *La Providence*, V.
2. *Lettres à Lucilius*, LXI.
3. *Ibid.*, XCIX.

est long même pour l'enfant ; sa vitesse, il est court même pour le vieillard. Rien dans tout cet espace qui ne soit danger, illusion ; la tempête n'est pas plus mobile : c'est une agitation universelle, une suite perpétuelle de changements, au gré de l'inconstante fortune ; et dans une telle révolution de toutes les choses humaines, il n'y a rien d'assuré que la mort. Cependant tout le monde se plaint du seul événement qui ne trompe personne... Subissez donc la nécessité sans murmurer... Mon but est... de vous exhorter à vous armer à l'avenir de fermeté contre la fortune et à prévoir ses coups, non comme possibles, mais comme inévitables. »

Marc-Aurèle ne se montre pas moins fataliste que Sénèque : « Abandonne-toi sans résistance à la Parque, écrit-il, et laisse-la filer ta vie avec les événements qu'il lui plaira[1]. » — « A tout prendre, le concert des choses est unique ; et, de même que le monde, ce grand corps, se compose de tous les corps, de même l'ensemble de toutes les causes constitue la destinée, cette cause suprême. Ce que je dis est bien connu, même des hommes les plus simples. Ils disent, en effet : sa destinée le portait ainsi. Oui, c'est là ce que portait sa destinée, ce qui était ordonné de tout temps pour lui[2]. »

Les lignes suivantes du même philosophe sont particulièrement intéressantes par la relation étroite qu'elles établissent entre le stoïcisme et l'épicurisme : « Tout arrive conformément à la nature de l'univers... ce qu'exige la nature de l'homme, accomplis-le avec simplicité[3]. » Or, ce qu'exige la nature de l'homme, pour les stoïciens comme pour les épicuriens, c'est de faire le bien. Les épicuriens ajoutent que le bien nous est signalé par les plaisirs véritables qu'il procure. Le stoïcien, lui, se borne à affirmer que l'âme humaine est naturellement portée vers le bien : « C'est se tromper, dit Sénèque[4], de croire que les vices

1. *Pensées*, livre IV, xxiv.
2. *Ibid.*, livre V, viii.
3. *Ibid.*, livre VIII, v.
4. *Lettres à Lucilius*, xciv.

naissent avec nous : ils nous sont survenus, ils nous ont été inculqués. Réprimons donc, par de fréquents avis les préjugés qu'on proclame autour de nous. La nature ne nous a prédisposés à aucun vice ; nous sommes sortis de ses mains vertueux et libres. » Il dit encore[1] : « l'horreur du crime nous est naturelle ; puisqu'il n'est personne qu'il ne glace de crainte au sein même de l'impunité. La fortune en a garanti plus d'un du châtiment, mais pas un de la crainte. Pourquoi ? Parce que nous avons profondément gravée en nous l'horreur de toute chose que la nature condamne. » Comme la nature condamne le crime, elle nous en a inspiré l'horreur ; cette horreur nous est naturelle.

Cependant, quoique l'âme soit naturellement portée vers le bien, elle ne le voit pas aussi nettement qu'il conviendrait ; son union avec le corps a pour conséquence de l'envelopper de « brouillards ». Elle n'est pas, du reste, de sa nature, entièrement parfaite. « Dans l'âme, dit Sénèque, sont des facultés subalternes par le moyen desquelles nous nous mouvons, nous prenons de la nourriture, et qui nous ont été données pour le service de la portion qui commande[2]. » C'est ce qu'il appelle la partie irrationnelle de l'âme ; elle est, dans un de ses éléments, « hardie, ambitieuse, effrénée, livrée à des sentiments tumultueux », dans l'autre, « basse, languissante, et livrée aux plaisirs ». Lorsqu'elle prend le dessus, l'homme tombe dans la passion, dans le vice, et il est incapable d'atteindre le bonheur. N'est-ce pas le même langage que tenaient les épicuriens ? La partie rationnelle de l'âme, au contraire, tient de la nature divine. Lorsqu'elle subjugue la première elle rend l'homme semblable aux dieux. « Si vous voyez, écrit Sénèque à Lucilius[3], un homme que n'effraye aucun péril, que ne souille aucune passion, heureux dans l'adversité, calme au sein des tempêtes, qui voit les hommes à ses pieds, les dieux à son niveau, ne serez-vous pas saisi d'admiration pour lui ? Ne direz-vous pas : il y a dans cet être quelque chose de grand,

---

1. *Lettres à Lucilius*, xcvii.
2. *Ibid.*, xcii.
3. *Ibid.*, xli.

de sublime, qui ne saurait être de même nature que ce misérable corps? Ici, Dieu se révèle. »

Pour que la partie rationnelle de l'âme subjugue la partie irrationnelle, il faut que l'homme reçoive une forte éducation morale. « Prêtons l'oreille, dit Sénèque, à ceux qui nous disent : nul ne devient bon par hasard, la vertu veut un apprentissage[1]. » Il croit que l'âme est naturellement raisonnable, mais il ne peut ignorer qu'elle est entourée de gens plus ou moins déraisonnables. « L'homme est un être raisonnable, dit-il[2]; il fait son bonheur en remplissant sa destination. Or, que veut de lui la raison? Rien que de très facile; qu'il vive conformément à sa nature. Mais la folie générale y met de grands obstacles; on se pousse mutuellement au vice; et comment ramener à la raison des hommes que personne ne retient, et que la foule entraîne? » Par l'éducation. « Quel est le véritable bien? La science. Et le mal? L'ignorance[3]. » L'homme qui sait peut être homme de bien; l'homme qui ne sait pas ne peut pas le devenir. Donc, éduquons les enfants, éduquons les jeunes gens, éduquons les hommes. C'est le but de la philosophie.

La nécessité de l'éducation morale étant affirmée, Sénèque se demande en quoi elle doit consister : s'il faut se borner à des préceptes particuliers pour chaque condition ou s'attacher de préférence aux leçons de morale générale? C'était, parmi les stoïciens, une question très discutée. Les uns voulaient qu'on se bornât aux préceptes particuliers qui conviennent à chaque condition, qui enseignent[4] « au mari, comment il doit se conduire envers sa femme; au père, comment il doit élever ses enfants; au maître, comment il doit gouverner ses esclaves », etc.; d'autres, au contraire, rejetant cette méthode, voulaient que l'on s'appliquât à l'éducation générale, à l'enseignement des principes généraux de la morale; ils disaient, d'après Sénèque : « Ces principes, quiconque les a une fois bien appris et

---

1. *Lettres à Lucilius*, CXXIII.
2. *Ibid.*, XLI.
3. *Ibid.*, XXXI.
4. *Ibid.*, XCIV.

retenus, est en état de se prescrire à lui-même comment il doit agir dans chaque circonstance de la vie. Celui qui apprend à tirer de l'arc s'impose un but déterminé, et se forme la main à diriger les traits qu'il lance ; quand les instructions et l'exercice lui ont donné cette habileté, il s'en sert partout où bon lui semble ; il n'a pas appris à frapper tel ou tel but, mais à frapper un but quelconque. De même, celui qui s'est formé à l'art de vivre en général, instruit sur l'ensemble, n'a pas besoin de préceptes pour chaque cas particulier. Ne lui dites pas comment il faut se conduire envers son épouse ou envers son fils, mais comment on se conduit bien ; cela comprend la conduite envers l'épouse et les enfants... Si vous ne dissipez d'abord les préjugés qui nous travaillent, l'avare ne vous croira pas sur le bon usage qu'il doit faire de son argent, ni le poltron sur le mépris des dangers. Il faut faire comprendre à l'un qu'en soi l'argent n'est ni un bien ni un mal ; il faut lui montrer des riches très misérables. Vous prouverez à l'autre que les maux, tant redoutés du vulgaire, ne sont pas si fort à craindre qu'on le dit communément ; pas même la douleur, pas même la mort ; que la mort, à laquelle nous soumet la loi de la nature, apporte souvent avec elle une grande consolation, c'est qu'elle ne revient jamais ; que quant à la douleur, elle a son remède dans la fermeté de l'âme qui rend plus léger tout ce qu'elle supporte avec énergie ; que la douleur a cela de bon qu'elle ne peut être violente quand elle dure, ni durer quand elle est violente ; qu'enfin il faut recevoir courageusement tout ce qu'ordonnent les lois immuables de l'univers... Lorsque l'homme connaîtra que la vie heureuse n'est pas celle qui obéit à la volupté, mais à la nature ; quand il aimera la vertu comme l'unique bien de l'homme ; quand il fuira la honte comme l'unique mal ; quand il saura que tout le reste, richesses, honneurs, santé, force, pouvoir, sont des objets indifférents qu'il ne faut compter ni parmi les biens, ni parmi les maux, il n'aura pas besoin d'un conseiller qui, dans chaque cas, lui dise : marchez ainsi ; soupez de cette façon ! voilà qui convient à un homme, à une femme, à un mari, à un célibataire... La théorie générale de la justice enseigne tout cela ; j'y trouve qu'on doit rechercher l'équité pour elle-même, sans y être forcé par la crainte, ni invité par les récompenses ; qu'on n'est pas juste quand on aime dans cette vertu toute autre chose qu'elle-même. »

A l'encontre de cette opinion trop exclusive, Sénèque affirme l'utilité des préceptes particuliers ; il montre la nécessité où l'on se trouve de les répéter sans cesse « car parfois nous savons, mais l'attention nous manque ; les avertissements ne nous instruisent pas, mais ils réveillent l'attention, ils entretiennent la mémoire, ils ne permettent pas d'oublier. » Il dit encore : « Ce ne sont pas seulement nos passions qui nous empêchent de faire des actions dignes d'éloges, mais encore notre ignorance de ce qu'exige de nous chaque cas particulier. Nous avons quelquefois un esprit bien réglé, mais paresseux et encore trop peu exercé pour trouver la route des devoirs ; le précepte nous l'enseigne. » L'exemple aussi est nécessaire : « Rien n'insinue plus fortement la vertu dans les cœurs, rien ne ramène plus énergiquement au droit sentier ceux qui chancellent et penchent vers le mal, que le commerce des hommes vertueux. Leur entretien pénètre insensiblement notre âme : les entendre souvent, les voir souvent produit l'effet de préceptes. » Il conclut qu'il faut réunir, dans l'éducation morale, la doctrine théorique aux préceptes et aux exemples pratiques : « La vertu se partage en deux branches distinctes, la contemplation du vrai et la pratique ; par l'étude on acquiert la partie contemplative ; la pratique résulte des avis... Les enfants apprennent à écrire d'après un modèle ; une main étrangère tient leurs doigts et les guide sur des lettres déjà tracées ; ensuite on leur enjoint d'imiter le modèle placé devant leurs yeux, et de corriger leur copie d'après cet exemple. C'est ainsi que notre âme, instruite d'après un modèle, trouve la leçon plus facile. »

L'importance de l'action exercée sur chaque homme par le milieu social dans lequel il vit ne lui était pas inconnue. « Ne lions commerce, dit-il[1], qu'avec les gens les plus

---

[1]. *De la Colère*, livre III, VIII.

pacifiques, les plus doux et qui ne soient ni difficiles, ni chagrins ; car on prend les mœurs de ceux avec qui l'on vit ; et comme certaines affections du corps se gagnent par le contact, l'âme communique ses vices à qui l'approche. Un ivrogne entraîne ses commensaux à aimer le vin ; la compagnie des libertins amollit, à la longue, le cœur le plus ferme et le plus héroïque, et l'avare peut nous infecter de la lèpre qui le consume. Dans un ordre différent, l'action des vertus est la même : elles répandent leur douceur sur tout ce qui les environne. Jamais un climat propice, un air salubre n'ont fait aux valétudinaires tout le bien qu'éprouve une âme convalescente à fréquenter des personnes qui valent mieux qu'elle. L'effet merveilleux de cette influence se reconnaît même chez les bêtes féroces, qui s'apprivoisent au milieu de nous... Des caractères doux émoussent peu à peu et font disparaître les aspérités du nôtre. Mais aux bienfaits de l'exemple qui nous améliore se joint un autre avantage : près des gens paisibles, nul motif de nous emporter, et, partant, de donner carrière à notre défaut. »

Sénèque attribue, non sans raison, à la vanité, à l'orgueil, au désir de s'attirer les suffrages du vulgaire, la plupart des fautes que l'homme commet. « Il est donc nécessaire d'être averti et d'appeler au secours de nos bonnes intentions quelque sage conseiller qui, parmi tout ce bruit tumultueux de fausses opinions, fasse au moins entendre sa voix. Et quelle sera cette voix ? celle qui, à nos oreilles assourdies de vaines clameurs, viendra doucement murmurer des avis salutaires, et nous dira : « Vous n'avez pas lieu de porter envie à ceux que le peuple appelle grands et heureux ; il ne faut pas que les applaudissements troublent l'harmonie et le calme de votre âme ; il ne faut pas prendre en dégoût votre position tranquille, à l'aspect de cet homme entouré des faisceaux et orné de la pourpre ; ne croyez pas celui pour qui on écarte la foule, plus heureux que vous, qu'un licteur repousse du chemin. » Il trace un admirable tableau des conquérants qui renversent les remparts, prennent les villes, « chassent les populations devant eux », tandis que leurs passions « les chassaient devant elles ». Il montre le « malheureux Alexandre » cédant « à la fureur dont il était possédé, lorsqu'il dévastait des contrées étrangères et cherchait des terres inconnues »; et poussé par une passion telle « qu'il ne peut s'arrêter, semblable aux corps graves qui, une fois lancés, ne cessent d'aller que lorsqu'ils gisent sur la terre ». « Et Pompée lui-même, ce n'était ni le courage, ni la raison qui lui conseillait ces guerres étrangères ou civiles ; c'était l'amour insensé d'une fausse grandeur..., l'insatiable désir de s'agrandir, Pompée étant le seul auquel Pompée ne parût pas assez grand. » N'est-ce point aussi « la vaine gloire, l'ambition, le désir immodéré de monter au plus haut rang » qui « poussa César à sa perte et en même temps à celle de la République » ? Le cas de C. Marius n'est-il pas le même ? « Marius guidait son armée ; l'ambition guidait Marius. » « Tandis qu'ils bouleversaient le monde, ces hommes étaient bouleversés tout les premiers, comme ces tourbillons qui, faisant tourner ce qu'ils enlèvent, obéissent eux-mêmes à une force de rotation ; en sorte que leur choc est d'autant plus violent qu'ils ne peuvent se maîtriser. Ainsi, après avoir semé partout les désastres, ils subissent à leur tour la même influence qui a fait tout ce mal. Ne croyez pas que personne trouve sa félicité dans le malheur d'autrui.[1] » Dans une de ses lettres à Lucilius, il flétrit la guerre en termes d'une rare vigueur : « Nous réprimons, dit-il, l'homicide et le meurtre individuel ; mais qu'est-ce que la guerre, et ce crime glorieux qui consiste à égorger des nations entières ?... Des cruautés se commettent au nom de sénatus-consultes et de plébiscites ; l'autorité publique commande ce qui est défendu aux particuliers. Des actions qu'un homme, s'il les faisait à la dérobée, paierait de sa vie, nous les louons quand elles se font sous le costume militaire. Les hommes, que la nature a créés de l'espèce la plus douce entre les animaux, n'ont pas honte de se baigner dans le sang les uns des autres, de se faire des guerres, de les transmettre par l'héritage à leurs enfants, tandis que les bêtes sauvages, privées de la parole, vivent entre elles en paix[2] ? »

1. *Lettres à Lucillus*, xciv.
2. *Ibid.*, xcv.

Puisque c'est la vanité ou l'ambition qui nous amènent à être les esclaves de nos passions et nous éloignent de la vertu, quittons « ceux qui conseillent la folie », sortons des « assemblées où se contracte et se propage à l'envi la contagion », et nous aurons vite fait de constater la différence qui existe « entre la manière dont on vit pour le peuple et celle dont on vit pour soi. » Le « principal aiguillon de nos folies, c'est la foule des admirateurs et des témoins. Voulez-vous ôter à l'homme l'aliment de ses passions, ôtez-lui les moyens d'en faire montre. L'ambition, le luxe, le dérèglement ont besoin d'un théâtre ; on les guérit en les reléguant dans l'ombre[1] ».

J'ai à peine besoin de noter l'analogie qui existe entre cette conclusion de l'illustre stoïcien et celle de la philosophie épicurienne. Pour celui-là comme pour celle-ci, l'homme sage qui ne veut pas s'exposer à perdre la sagesse doit se tenir à l'écart de la foule, vivre en dehors de l'agitation du monde, des ambitions. « Cultive ton jardin » disait Épicure, deux mille trois cents ans avant Voltaire.

Cependant, les stoïciens pas plus que les épicuriens ne se renfermaient dans l'égoïsme qui semble être la base de leur doctrine. Sénèque fait découler tous les préceptes relatifs aux devoirs des hommes les uns envers les autres, de la nature humaine et de la socialité, qui est naturellement si développée dans notre espèce. « Comment faut-il agir envers les hommes? écrit-il à Lucilius[2], qu'entendons-nous par là ? quels sont les préceptes que nous donnons ? D'épargner le sang humain ? N'est-ce pas bien peu que de ne pas vous rendre nuisible, quand vous devriez être utile ? La belle gloire pour un homme d'être humain envers un autre homme ! Ordonnons de tendre la main au naufragé, de montrer le chemin au voyageur égaré, de partager son pain avec celui qui a faim. Mais pourquoi m'arrêterais-je au détail de ce qu'il faut faire ou éviter, quand je puis, en peu de mots, rédiger la formule générale des devoirs de l'humanité ? « Cet univers est un ; nous sommes les membres

---

1. *Lettres à Lucilius*, xciv.
2. *Ibid.*, xcv.

d'un grand corps. La nature, en nous formant des mêmes éléments et pour les mêmes fins, nous a créés parents ; c'est elle qui nous a liés les uns aux autres par un attachement mutuel, et nous a faits sociables ; elle qui a établi la justice et l'équité ; c'est la vertu de ses lois qu'il est plus fâcheux de faire que de recevoir du mal ; c'est d'après son ordre, que nos mains doivent toujours être prêtes à secourir nos semblables. Ayons toujours, dans le cœur et à la bouche cette maxime : « homme, je ne puis regarder comme étranger rien de ce qui touche les hommes. » Pénétrons-nous-en ; nous sommes certainement nés pour vivre en commun. Notre société ressemble à une voûte qui tomberait, si ses diverses parties ne se prêtaient un support mutuel. » Il dit encore, au sujet des devoirs sociaux : « C'est un sacrilège de nuire à la patrie... ; quand le tout est sacré, les parties ne le sont pas moins. L'homme est donc tenu de respecter l'homme, qui est pour lui concitoyen de la grande cité. Qu'arriverait-il si nos mains voulaient faire la guerre à nos pieds, et nos yeux à nos mains ? L'harmonie règne entre les membres du corps humain, parce que tous sont intéressés à la conversation de chacun ; de même les hommes doivent s'épargner les uns les autres, parcequ'ils sont nés pour la société, laquelle ne saurait subsister sans l'appui mutuel et bienveillant de ceux qui la composent[1]. »

Marc-Aurèle élargit encore le problème. Il affirme non seulement l'unité de l'univers mais encore la transformation incessante des objets et des êtres qui le composent, ceux qui naissent étant formés des éléments de ceux qui meurent. « Chacune des parties de moi, dit-il, se transformera en une autre partie du monde ; et ainsi de suite à l'infini. C'est par un changement de cette sorte que j'existe, qu'ont existé ceux qui m'ont donné naissance ; et de même en remontant à l'infini[2]. » Ailleurs, il dit : « La nature de l'univers se sert de l'universelle matière comme d'une cire : tantôt elle en forme un cheval, puis, le cheval

---

[1]. *De la Colère*, livre II, xxxi.
[2]. MARC-AURÈLE, *Pensées*, livre V, xiii.

dissous, elle se sert de sa matière pour produire un arbre, puis un homme, puis pour produire autre chose ; et chacun de ces êtres subsiste peu de temps[1]. — Tout ce que tu vois, bientôt la nature qui gouverne toutes choses le changera et de sa matière fera d'autres êtres, puis d'autres de la matière de ceux-ci, afin que le monde soit toujours nouveau[2]. — Ce qui est mort ne tombe pas hors du monde. Il y reste, mais pour y changer, pour s'y dissoudre dans ses éléments propres, qui sont ceux du monde et les tiens. Et les éléments changent eux-mêmes, et sans murmurer[3]. — Tout change. Toi-même tu es soumis à une perpétuelle altération, à une sorte de corruption ; et, comme toi le monde tout entier[4]. — Bientôt la terre nous couvrira tous, puis elle-même elle changera ; et les objets de cette transformation changeront eux-mêmes à l'infini : et ces autres objets à l'infini encore. Car, si l'on réfléchit à ces flots de changements, de vicissitudes, et à leur rapidité, on méprisera tout ce qui est mortel[5]. — La dissolution de chaque être n'est que son retour au principe dont il était composé[6]. — Bientôt toi-même tu ne seras plus, et, comme toi, tout ce que tu vois présentement, tout ce qui vit aujourd'hui. Car tout est né pour subir le changement, le déplacement, la corruption, afin qu'il naisse d'autres êtres, chacun dans l'ordre auquel il appartient[7]. »

Toutes les parties constituantes de l'univers sont d'autant plus étroitement liées les unes aux autres qu'elles naissent les unes des autres. « Réfléchis, souvent, dit-il[8], à l'enchaînement de toutes choses dans le monde, et à leur rapport réciproque. Elles sont, pourrait-on dire, entrelacées les unes avec les autres, et, partant, ont les unes pour les autres une mutuelle amitié ; car l'une est la con-

---

1. *Pensées*, livre VII, XXIII.
2. *Ibid.*, livre VII, XXV.
3. *Ibid.*, livre VIII, XVIII.
4. *Ibid.*, livre IX, XIX.
5. *Ibid.*, livre IX, XXVIII.
6. *Ibid.*, livre X, VII.
7. *Ibid.*, livre XII, XXI.
8. *Ibid.*, livre VI, XXXVIII.

séquence de l'autre, et cela en vertu de la connexion qui l'entraîne et de l'unité de la matière. — Toutes choses sont liées entre elles et d'un nœud sacré ; il n'y a presque rien qui n'ait ses relations. Tous les êtres sont coordonnés ensemble, tous concourent à l'harmonie du même monde ; il n'y a qu'un seul monde, qui comprend tout [1]. — Le même rapport d'union qu'ont entre eux les membres du corps, les êtres raisonnables, bien que séparés les uns des autres, l'ont aussi entre eux, parce qu'ils sont faits pour coopérer ensemble à une même œuvre. Et cette pensée touchera ton âme bien plus vivement encore, si tu te dis souvent à toi-même : je suis un membre du corps que composent les êtres raisonnables [2]. — Les êtres raisonnables existent les uns pour les autres. Le premier attribut de la condition humaine, c'est donc la sociabilité [3]. — Celui qui commet l'injustice est un impie. En effet, la nature de l'univers ayant organisé les êtres raisonnables les uns pour les autres, afin qu'ils se prêtent, suivant le mérite de chacun, un mutuel secours, et qu'ils ne se nuisent jamais, celui qui transgresse la volonté de la nature commet évidemment une impiété envers la plus ancienne des déesses. Mentir, c'est aussi commettre une impiété envers la même déesse ; car la nature de l'univers est la nature de tous les êtres ; par conséquent, les êtres ont tous un lien de parenté entre eux [4]. — Plus un être l'emporte sur les autres, plus il est disposé à se réunir à son semblable. Pour ne pas aller bien loin, ne trouve-t-on pas, parmi les êtres sans raison, des essaims d'abeilles, des troupeaux, des éducations d'enfants, et, pour ainsi dire, des amours ? Car il y a là déjà des âmes. Mais le penchant pour la société se trouve plus marqué dans les êtres plus parfaits, moins marqué dans les plantes, dans les pierres, dans le bois. Chez les animaux raisonnables, il y a des gouvernements, des amitiés, des familles, des confédérations et, pendant la guerre, des ca-

---

1. *Pensées*, livre VII, ix.
2. *Ibid.*, livre VII, xiii.
3. *Ibid.*, livre VII, lv.
4. *Ibid.*, livre IX, i.

pitulations et des trêves... Seuls, les êtres intelligents ont oublié aujourd'hui cette mutuelle affection; à peine aperçoit-on un exemple de ce concours. Cependant, les hommes ont beau fuir, ils sont arrêtés; la nature est la plus forte. Tu verras ce que je te dis si tu y prends garde. Oui, on trouverait plutôt un corps terrestre sans rapport avec aucun autre objet terrestre, qu'un homme ayant rompu tout commerce avec un autre homme[1]. »

De ces principes généraux, Marc-Aurèle tire les devoirs que chaque homme doit remplir envers les autres hommes : « N'aie qu'un but unique, régler ton mouvement et ton repos conformément au bien de la société[2]. — De même que tu es un complément du système social, de même chacune de tes actions sert de complément à la vie sociale. Toute action de toi qui ne se rapporte pas, soit immédiatement, soit de loin, à la vie commune, met le désordre dans ta vie, lui ôte son unité; c'est te rendre factieux, comme, chez un peuple, on l'est à rompre l'accord qui existe entre les citoyens[3]. — Tout désir, toute action ne doit avoir d'autre but que le bien de la société; car c'est là ce qui est conforme à la nature[4]. — En tant que j'ai un rapport de parenté avec les parties de même espèce que moi, je ne ferai rien qui ne serve au bien de la société : mieux encore, je rapporterai tout à ces êtres de même espèce que moi ; je dirigerai toute mon activité vers le bien général, et je la détournerai de tout ce qui y est contraire. Si j'agis de la sorte, ma vie coulera nécessairement heureuse ; comme tu peux concevoir que coulerait celle d'un citoyen qui marquerait chaque pas de son existence par des actions utiles à ses concitoyens, et qui accepterait avec joie ce que lui départirait l'État[5]. — J'ai fait quelque chose d'utile à la société? J'ai donc fait ce qui m'est utile. Aie toujours cette vérité présente à ton esprit ; ne cesse jamais

1. *Pensées*, livre IX, ix.
2. *Ibid.*, livre IX, xii.
3. *Ibid.*, livre IX, xxiii.
4. *Ibid.*, livre IX, xxxi.
5. *Ibid.*, livre X, vi.

de la mettre en pratique[1]. — Il faut être branches du même arbre, tout en ayant chacune sa pensée[2]. — Avant tout, ne rien faire au hasard ni sans un but assuré. Ensuite, ne jamais proposer d'autre but à ses actions que le bien de la société[3].

Partis des principes philosophiques rappelés ci-dessus et professant un respect aussi profond de la sociabilité que celui indiqué par les pensées de Sénèque et de Marc-Aurèle que je viens de citer, les stoïciens ne pouvaient manquer d'aboutir à un véritable altruisme social.

Les pages consacrées par Sénèque aux esclaves sont tout à fait remarquables, non seulement parce qu'il recommande de les bien traiter, mais encore parce qu'il les assimile complètement aux autres hommes par leur origine naturelle. Répondant à ceux qui déniaient aux esclaves la possibilité de devenir les bienfaiteurs de leurs maîtres, sous le prétexte que tous leurs actes et leurs pensées sont dûs à ceux-ci, Sénèque écrit[4] : « Le point important c'est le sentiment de celui qui donne et non sa condition. La vertu n'exclut personne ; elle ouvre les bras à tous les hommes ; elle les admet tous, elle les appelle tous : libres, affranchis, esclaves, rois, exilés ; elle n'a de préférence ni pour la noblesse ni pour l'opulence : elle se contente de l'homme dans sa nudité... Si l'esclave ne peut devenir le bienfaiteur de son maître, il en est ainsi du sujet à l'égard de son roi, et du soldat envers son général... On oblige pourtant son roi ; on oblige son général : donc, on peut obliger son maître. Un esclave peut être juste, courageux, magnanime ; il peut donc être aussi un bienfaiteur. Car c'est encore ici de la vertu ; il est si vrai qu'un esclave peut devenir le bienfaiteur de son maître, que souvent un maître doit tout à son esclave. On ne doute pas qu'un esclave puisse être le bienfaiteur d'autrui ; pourquoi donc pas de son maître ?... Si je vous montre un esclave combattant pour la vie de son

---

1. *Pensées*, livre XI, iv.
2. *Ibid.*, livre XI, viii.
3. *Ibid.*, livre XII, xx.
4. *Les Bienfaits*, livre III, chap. xviii et suiv.

maître, au mépris de la sienne, et qui, couvert de blessures, répand pour lui tout le sang qui lui reste, afin de lui ménager par sa mort le temps de s'échapper, nierez-vous qu'il ne soit le bienfaiteur de son maître, parce qu'il est son esclave ? » Ayant fait allusion à la haine que la servitude doit naturellement inspirer à l'esclave pour son maître, il ajoute : « Aussi, loin que ce ne soit pas un bienfait parce qu'un esclave en est l'auteur, c'est quelque chose de plus, puisque sa servitude même n'a pu y mettre obstacle. » Le maître doit donc être reconnaissant à son esclave de tout ce que celui-ci fait librement, et en plus de ses obligations d'esclave. « Il est des objets qu'un maître doit fournir à ses esclaves : le vivre et le vêtement : personne n'appelle cela un bienfait. Mais lorsqu'un maître a des soins particuliers pour un esclave, qu'il lui procure une éducation honorable, qu'il le fait instruire dans les arts réservés aux hommes libres ; voilà un bienfait. Il en est de même, par réciprocité pour l'esclave : tout soin qui de sa part excède les limites de son service ordinaire ; tout ce qu'il fait, non par obéissance ni par devoir, mais par pure bonne volonté, est un bienfait; pourvu que la chose soit assez importante pour mériter ce nom, si elle venait de toute autre personne... Comme le mercenaire va jusqu'au bienfait lorsqu'il travaille au delà du temps pour lequel il s'est engagé ; de même l'esclave qui, par sa bienveillance envers son maître, a franchi les limites de sa condition, et, par un effort, dont s'honorerait même un homme d'une naissance illustre, a surpassé les espérances de son maître, devient un bienfaiteur domestique... Si vous ne voulez pas recevoir d'un esclave, vous le pouvez. Mais quel homme la fortune a-t-elle rendu assez grand, pour qu'il ne puisse jamais avoir besoin des plus petits ? » Il cite des exemples d'esclaves qui ont été de diverses façons les bienfaiteurs de leurs maîtres et ajoute : « Après tant d'exemples, doutera-t-on qu'un maître ne reçoive quelquefois un bienfait de son esclave ? Faut-il que la personne avilisse la chose ? Et ne vaut-il pas mieux que la chose elle-même honore la personne ? »

Sénèque voulait que les esclaves fussent traités comme étant de la famille. « J'ai appris avec plaisir, écrit-il à Lucilius[1], de ceux qui viennent d'auprès de vous que vous vivez en famille avec vos esclaves! Je reconnais-là votre prudence et vos principes. Ils sont esclaves; mais ils sont hommes. Ils sont esclaves! mais ils logent sous votre toit. Ils sont esclaves! non; ils sont des amis dans l'abaissement. Ils sont esclaves! Eh! oui, nos compagnons d'esclavage, si nous considérons que la fortune a un égal pouvoir sur eux et sur nous. Aussi je ris, quand je vois des hommes tenir à déshonneur de souper avec leur esclave... Songez donc un peu que cet homme que vous appelez votre esclave est né de la même semence que vous, qu'il jouit du même ciel, respire le même air, et, comme vous, vit et meurt. Il peut vous voir esclave, comme vous pouvez le voir libre. A la défaite de Varus, que de Romains d'une illustre naissance, à qui leurs exploits allaient ouvrir le sénat, se sont vus rabaissés par la fortune! De l'un elle a fait un berger, de l'autre un gardien de chaumière. Méprisez donc un homme pour sa condition, qui, toute vile qu'elle vous paraît, peut devenir la vôtre... Quoi donc? je recevrai tous mes esclaves à ma table! — Pas plus que tous les hommes libres... Je mesurerai l'homme à ses mœurs et non pas à son ministère. Les mœurs, chacun se les fait; les emplois le sort en dispose... Celui-là est un fou, qui, faisant marché pour un cheval, n'en regarde que la housse et le frein, sans songer à la bête; mais plus fou encore est celui qui juge un homme sur son habit, ou bien sur sa condition, qui est encore pour nous une espèce d'habit. Il est esclave, mais peut-être son âme est libre. Il est esclave; doit-on lui en faire un crime? Eh! qui ne l'est pas? esclave de la débauche, esclave de l'avarice, esclave de l'ambition; tous du moins esclaves de la peur! Je vois ce consulaire asservi à une vieille femme, ce riche à une servante, des jeunes gens de la première qualité à des comédiennes. Il n'est pas de servitude plus honteuse que la servitude vo-

---

1. Lettre XLVII.

lontaire. Que les dédains de ces hommes ne vous empêchent donc pas de vous dérider avec vos esclaves, et d'exercer votre autorité sans orgueil. Faites-vous respecter plutôt que craindre. »

Étendant et généralisant sa pensée, Sénèque proteste contre les distinctions que l'on prétend établir entre les hommes d'après le rang occupé par leurs ancêtres : « Nous avons tous, dit-il, les mêmes commencements, une même origine. Nul n'est plus noble qu'un autre, s'il n'a l'esprit plus droit et plus propre à la vertu. Ceux qui exposent dans leur vestibule les images de leurs ancêtres, et placent à l'entrée de leur demeure une longue série de noms liés entre eux par les rameaux d'un arbre généalogique, sont plus connus que nobles. Le père commun, c'est le monde. Par des degrés ou brillants ou obscurs, chacun de nous remonte à cette origine première[1]. »

Insistant sur ce que la noblesse véritable résulte uniquement de l'élévation de la pensée et de la générosité des sentiments, il s'écrie : « Cherchez donc un bien qui jamais ne se détériore, un bien invincible à tous les obstacles, supérieur à tous les biens. Quel est-il? une âme; mais une âme droite, vertueuse, élevée... Elle peut tomber, cette âme, dans un esclave, dans un affranchi, comme dans un chevalier romain. Qu'est-ce en effet que ces mots : chevalier romain, esclave, affranchi? des noms créés par l'ambition et par une injurieuse distinction; de tout coin de la terre on peut s'élancer vers le ciel; prenez seulement votre essor. »

Ministre d'un prince jeune, intelligent, bien disposé peut-être, mais qui avait été élevé dans une cour corrompue, par une mère dont la cynique ambition ne reculait devant aucun crime, Sénèque accomplissait un acte de courage et se montrait fidèle à sa doctrine lorsque, voulant donner à Néron une leçon de morale gouvernementale, il plaçait dans la bouche du jeune prince les paroles suivantes :

« Entre tous les mortels, je suis l'élu des dieux, l'homme de leur choix, pour les représenter sur la terre; je suis

---

1. *Les Bienfaits*, livre III, XXVIII.

pour le genre humain entier l'arbitre de la vie et de la mort. Le sort et l'état des hommes sont remis entre mes mains. Ce que la fortune veut donner à chaque individu, elle le déclare par ma bouche. C'est dans mes réponses que les peuples et les villes trouvent des motifs d'allégresse. Aucune région de la terre n'est florissante que par ma volonté et par ma protection. Ces milliers de glaives, retenus dans le fourreau par la paix que je maintiens, je puis d'un signe les en faire sortir. Il m'appartient de décider quelles nations seront anéanties, transportées dans d'autres lieux, affranchies ou réduites en servitude ; quels rois deviendront esclaves, quels fronts seront ceints du diadème, quelles villes doivent tomber ou s'élever. Dans ce souverain pouvoir, ni la colère, ni la fougue de la jeunesse, ni cette témérité et cette obstination des hommes, qui épuisent souvent la patience des âmes les plus calmes, par la vanité cruelle, mais trop commune chez les dominateurs des nations, de faire éclater leur puissance par la terreur, rien ne m'a arraché d'injustes supplices. Chez moi, le glaive est renfermé ou plutôt captif, tant je suis avare de sang, même du plus vil. Le titre d'homme, n'eût-on que celui-là, suffit pour trouver faveur près de moi. Ma sévérité est couverte d'un voile, tandis que ma clémence se montre toujours à découvert. Je m'observe comme si j'avais à répondre de ma conduite envers ces lois que j'ai tirées de la poussière et de l'obscurité, pour les mettre au grand jour. Je suis touché de la jeunesse de l'un, des vieux jours de l'autre. Je fais grâce à la dignité de celui-ci, à l'humble condition de celui-là ; et lorsque je ne trouve pas de motif de compassion, c'est pour moi-même que je pardonne. Si les dieux aujourd'hui me demandaient compte du genre humain qu'ils m'ont confié, je serais prêt à le leur rendre.[1] » Il ne serait point étonnant que ces conseils indirects, relus par Néron quand il se fut livré à des actes contraires à la morale qu'ils renferment, aient irrité le césar despotique au point de le décider à faire mourir son mentor.

1. *De la Clémence*, livre I, 1.

Avec Marc-Aurèle, la morale atteint une hauteur au-dessus de laquelle jamais, en aucun temps, elle ne s'est élevée. Ce qui fait la base de ses principes, c'est la bonté, c'est-à-dire la forme la plus pure de l'altruisme, et la bonté s'étendant même à ceux qui nous font du mal. Faisant allusion à l'éducation qu'il a reçue, il écrit : « Je remercie les dieux de m'avoir donné de bons aïeux, de bons parents, une bonne sœur, de bons maîtres, et, dans mon entourage, dans mes proches, dans mes amis, des gens presque tous remplis de bonté[1]. — Imiter de ma mère sa piété, sa bienfaisance; m'abstenir, comme elle, non seulement de faire le mal, mais même d'en concevoir la pensée; mener sa vie frugale, et qui ressemblait si peu au luxe habituel des riches[2]. — Sextus a présenté à mes yeux le modèle de la bienveillance, l'exemple d'une famille gouvernée par l'affection paternelle, l'homme qui comprenait ce que c'est que vivre selon la nature... Il savait découvrir avec une inquiète bonté les besoins de ses amis... Il s'accommodait à toutes les humeurs : aussi trouvait-on dans son commerce plus d'agréments que dans toutes les flatteries, en même temps qu'on se sentait pénétré pour lui d'un profond respect... Il ne donna jamais le moindre signe de colère ni d'aucune autre passion. Il était à la fois et libre de toute affection déréglée, et le plus aimant des hommes[3]... — Point de ces alternatives de bonne humeur, puis de colère ou de bouderie; de la bienfaisance, de la générosité dans le pardon des fautes[4]. »

Sénèque dédaigne ceux qui lui font du mal et cherche dans son orgueil un argument contre la vengeance; avec Marc-Aurèle des sentiments nouveaux apparaissent. « La meilleure manière de se venger, dit-il, c'est de ne pas se rendre semblable aux méchants[5]. — C'est le propre d'un homme d'aimer ceux mêmes qui nous offensent. On en

---

1. *Pensées*, livre I, xvii.
2. *Ibid.*, livre I, iii.
3. *Ibid.*, livre I, ix.
4. *Ibid.*, livre I, xv.
5. *Ibid.*, livre VI, vi.

arrive là lorsqu'on réfléchit que les hommes sont nos proches ; que c'est par ignorance, malgré eux, qu'ils pèchent, et que bientôt nous mourrons les uns et les autres ; avant toute chose, qu'on ne nous a point fait de mal : en effet, ton âme n'a pas été rendue pire qu'elle n'était auparavant[1]. — S'il arrive à quelqu'un de pécher envers toi, réfléchis aussitôt à l'opinion qu'il a dû se faire du bien ou du mal pour manquer ainsi. A cette pensée, tu auras pitié de lui ; tu ne sentiras plus ni étonnement ni colère. Ou, en effet, tu as la même opinion que lui sur ce qui est bien et sur ce qui est mal, ou tu as une autre opinion, mais analogue à la sienne. Tu dois donc pardonner. Mais, si tu ne partages pas son opinion sur les biens et les maux, il te sera plus facile encore de te montrer indulgent pour un homme qui a mauvaise vue[2]. — Chéris le genre humain[3]. — D'autres l'emportent sur toi à la lutte ; mais personne n'aime plus ses semblables, personne n'a plus de modestie, personne n'a en face des événements de la vie plus de calme, ni, pour les fautes du prochain plus d'indulgence[4]. — Quand tu as fait du bien et qu'un autre a reçu ton bienfait, pourquoi, à l'exemple des fous, chercher une troisième chose encore, vouloir que ta bienfaisance paraisse aux yeux, ou qu'on ait pour toi de la reconnaissance[5] ? — Quelqu'un me méprise ? C'est son affaire. Moi, je prendrai garde de ne rien faire ou dire qui soit digne de mépris. Quelqu'un me hait ? C'est son affaire encore. Moi, je suis doux et bienveillant pour tout le monde ; tout prêt à montrer à chacun qu'il se trompe, non en le mortifiant, non en affectant de faire un effort, mais franchement et avec bonté[6]... — La bienveillance est invincible, pourvu qu'elle soit sincère, sans dissimulation et sans fard. Car, que pourrait te faire le plus méchant des hommes, si tu persévérais à le traiter avec douceur ? si, dans l'occasion, tu l'exhortais paisi-

1. *Pensées*, livre VII, xxii.
2. *Ibid.*, livre VII, xxvi.
3. *Ibid.*, livre VII, xxxi.
4. *Ibid.*, livre VII, lii.
5. *Ibid.*, livre VII, lxxiii.
6. *Ibid.*, livre XI, xiii.

blement, et si tu lui donnais sans colère, alors qu'il s'efforce de te faire du mal, des leçons comme celle-ci : « Non, mon enfant ! nous sommes nés pour autre chose. Ce n'est pas moi qui éprouverai le mal, c'est toi qui t'en fais à toi-même, mon enfant ! » Montre-lui adroitement, par une considération générale, que telle est la règle ; que ni les abeilles n'agissent comme lui, ni aucun des animaux qui vivent naturellement en troupes. N'y mets ni moquerie, ni insulte, mais l'air d'une affection véritable, d'un cœur que n'aigrit point la colère ; non comme un pédant, non pour te faire admirer de ceux qui sont là ; mais n'aie en vue que lui seul, y eût-il même là d'autres témoins[1]. »

La morale de Marc-Aurèle n'est pas inactive. Il ne laisse passer aucune occasion de recommander l'action comme le devoir suprême. « Le matin, lorsque tu sens de la peine à te lever, se dit-il à lui-même[2], fais cette réflexion : je m'éveille pour faire œuvre d'homme ; pourquoi donc éprouver du chagrin de ce que je vais faire les choses pour lesquelles je suis né, pour lesquelles j'ai été envoyé dans le monde ? Suis-je donc né pour rester chaudement couché sous mes couvertures ? — Mais cela fait plus de plaisir. — Tu es donc né pour te donner du plaisir ? Ce n'est donc pas pour agir, pour travailler ? Ne vois-tu pas les plantes, les passereaux, les fourmis, les araignées, remplissant chacun sa fonction, et servant selon leur pouvoir à l'harmonie du monde ? Et après cela tu refuses de faire ta fonction d'homme ! Tu ne cours point à ce qui est conforme à ta nature ? — Mais il faut bien prendre du repos. — Je le veux. Pourtant la nature a mis un terme à ce besoin. Elle en a bien mis au besoin de manger et de boire. Toi, néanmoins, tu passes ces bornes, tu vas au delà de ce qui doit te suffire. Dans l'action, il n'en est plus de même : tu restes en deçà du possible. C'est que tu ne t'aimes pas toi-même, sinon tu aimerais ta nature, ce qu'elle veut. Oui, ceux qui aiment leurs métiers sèchent sur leurs ouvrages, oubliant

---

1. *Pensées*, livre XI, xviii.
2. *Ibid.*, livre V, i.

le bain et la nourriture ; mais toi, tu fais moins de cas de ta propre nature que le ciseleur n'en fait de son art, le danseur de sa danse, l'avare de son argent, l'ambitieux de sa folle gloire. Eux, quand ils sont à l'œuvre, ils ont bien moins à cœur le manger ou le dormir, que le progrès de ce qui les charme : les actions qui ont l'intérêt public pour but te paraissent-elles plus viles et moins dignes de tes soins ? — Point de dégoût, de découragement, de désespoir, si tu ne réussis pas toujours à faire chaque chose suivant les règles de la raison. Si tu viens d'échouer, recommence ; que ce soit assez, pour ta satisfaction, d'avoir le plus souvent agi comme il sied à un homme. Il faut aimer l'œuvre à laquelle tu retournes[1]. »

L'empire que Marc-Aurèle eut entre les mains était absolument autocratique ; nul frein autre que la morale du philosophe n'était mis à l'absolutisme du souverain. Sa morale gouvernementale n'en est que plus digne d'admiration. Il applique au pouvoir les maximes qu'il a puisées auprès de ses maîtres, qui furent nombreux et excellents, et auprès d'Antonin, son père adoptif ; et il les formule lui-même en termes excellents. Il dit de son maître de rhétorique, Fronton, qu'il a senti, grâce à lui, « tout ce qu'il y a, dans un tyran, d'envie, de duplicité, d'hypocrisie, et combien il y a peu de sentiments affectueux chez ces hommes que nous appelons patriciens[2]. — Exemples de mon frère Sévérus : Amour de nos proches, de la vérité, de la justice. C'est lui qui m'a fait connaître Thraséas, Helvidius, Caton, Dion, Brutus ; qui m'a fait concevoir l'idée de ce que c'est qu'un État libre, où la règle c'est l'égalité naturelle de tous les citoyens et l'égalité de leurs droits ; d'une royauté qui place avant tous les devoirs le respect de la liberté des citoyens[3] ».

Enfin, il a tracé la plus belle leçon de morale gouvernementale dans le portrait de son père Antonin qui fut, à coup sûr, en même temps que le plus philosophe des em-

1. *Pensées*, livre V, ix.
2. *Ibid.*, livre I, xi.
3. *Ibid.*, livre I, xiv.

percurs, le type le plus parfait du bon gouvernement qu'on pût imaginer il y a dix-huit siècles. Ces pages admirables doivent avoir ici leur place, car elles marquent une des principales dates de l'histoire de l'humanité. « Ce que j'ai vu dans mon père : La mansuétude jointe à une rigoureuse inflexibilité dans les jugements portés après mûr examen ; le mépris de la vaine gloire que confèrent de prétendus honneurs ; l'amour du travail et l'assiduité ; l'empressement à écouter ceux qui nous apportent des conseils d'utilité publique ; l'invariable application à chacun de la rémunération selon les œuvres ; le tact qui nous indique où il faut nous raidir, où il faut nous relâcher... Dans les délibérations, il ne négligeait aucune recherche ; il y mettait toute la patience imaginable, et ne se payait pas des premières apparences pour suspendre le cours de ses investigations. Il savait conserver ses amis... Il se trouvait bien où qu'il fût : c'était toujours la même sérénité de visage. Il prévoyait de loin ; et quand il s'occupait à régler des affaires de mince importance, jamais de fracas tragique. Les acclamations, les flatteries de toute nature, tant qu'il régna, ne se purent produire. Il veillait sans cesse à la conservation des ressources nécessaires à l'État. Ménager dans la dépense qu'occasionnaient les fêtes publiques, il ne trouvait pas mauvais qu'on censurât, à ce sujet, sa parcimonie. Il n'avait pas pour les dieux de crainte superstitieuse ; quant aux hommes, il ne chercha jamais la popularité par ces empressements, ces complaisances, ces manières caressantes qui séduisent la foule ; mais il était sobre en toutes choses : jamais de manquement aux convenances, jamais de passion pour les nouveautés. Les choses qui servent, dans leur lieu, à rendre la vie plus douce, et dont la nature est envers nous si prodigue, il en usait sans faste, et sans se faire prier ; il y portait la main, si elles étaient là, sans aucune affectation ; absentes, il savait s'en passer. Nul ne serait en droit de dire qu'il ait été un sophiste, ni un homme de manières basses, ni un pédant : tous voyaient en lui un homme mûr, complet, au-dessus de la flatterie, capable de gouverner et ses affaires et celles des autres. Ce n'est pas tout : il honorait les vrais philosophes, indulgent néanmoins pour ceux qui ne l'étaient qu'en apparence, mais sans jamais s'en laissser imposer par eux. Son commerce était plein d'agrément ; il aimait à plaisanter, mais jamais jusqu'à vous en fatiguer. Il prenait de sa personne un soin modéré, et non point en homme qui aime la vie, ou qui veut étaler ses charmes... Il était admirable à céder le pas sans envie aux hommes éminents par quelque faculté, l'éloquence, la science de l'histoire, des lois, de la morale, ou toute autre ; à les aider à acquérir la gloire à laquelle chacun d'eux pouvait prétendre en raison de son mérite. Toujours conformant sa conduite sur les exemples de nos pères, il n'affectait pas d'étaler sa fidélité aux traditions antiques. Ce n'était pas un esprit mobile et inconstant ; il s'attachait aux lieux et aux objets... Il n'avait pas beaucoup de secrets : ils étaient en très petit nombre et restreints aux seuls intérêts de l'État. La prudence et la mesure étaient toujours sa règle, dans les spectacles publics qu'il avait à ordonner, dans les constructions qu'il faisait faire, dans ses largesses au peuple. C'était la conduite d'un homme qui a en vue ce que le devoir lui impose, et non les applaudissements que peut lui attirer l'exécution... Rien en lui de dur, rien d'irrévérencieux pour personne ; nulle véhémence, et jamais, comme on dit, jusqu'à la sueur : il prenait chaque chose en son lieu, y mettait toute la réflexion nécessaire, comme à loisir, sans se troubler, avec ordre, avec une force persévérante, avec un juste accord dans tous ses mouvements. C'est bien à lui que s'appliquerait ce qu'on rapporte de Socrate, qu'il fut capable et de s'abstenir et de jouir des choses dont la plupart des hommes ne peuvent ni souffrir l'abstinence, à cause de leur faiblesse, ni jouir sans en abuser. Se montrer ferme dans l'un et l'autre cas, maître de soi, tempérant, c'est le privilège de l'homme doué d'une âme forte et invincible[1]. »

La sanction morale à laquelle les stoïciens attachaient le plus de prix, la seule même qu'ils admettaient, est celle de

---

[1]. *Pensées*, livre I, xvi.

la conscience : « Le premier et le plus grand châtiment du crime, dit Sénèque[1], est le crime lui-même. En vain la fortune l'embellit de ses dons, veille à sa sûreté, le dérobe aux lois, jamais le crime n'est impuni parce que le supplice du crime est le crime lui-même. » Développant cette pensée, il dit encore : « Pour vous convaincre qu'il y a dans les âmes les plus abandonnées au mal le sentiment du bien, et que n'ignorant pas ce qui est déshonnête, elles s'y livrent par négligence, remarquez que tous les hommes cachent leurs méfaits, et quoique le succès les ait couronnés, ils jouissent des fruits en cachant les moyens. Mais la bonne conscience aime à se montrer, elle appelle les regards : la méchanceté craint jusqu'aux ténèbres. C'est donc fort heureusement qu'Épicure a dit : « Il peut advenir au méchant d'être bien caché, mais non point d'être rassuré. » Il estime qu'il faut être encore de l'avis d'Épicure lorsqu'il dit : « Que la conscience est le bourreau des mauvaises actions, alors qu'une perpétuelle inquiétude la ronge et la mine incessamment et l'empêche de se fier aux garants de sa sécurité » ; et il ajoute : « Cela même est la preuve, ô Épicure, que l'horreur du crime nous est naturelle, puisqu'il n'est personne qu'il ne glace de crainte au sein même de l'impunité. La fortune en a garanti plus d'un du châtiment, mais pas un de la crainte. Pourquoi ? parce que nous avons profondément gravé en nous l'horreur de toute chose que la nature condamne. » En d'autres termes, d'après Sénèque, nous avons horreur du mal parce que la nature le condamne ; notre conscience, qui est elle-même partie intégrante de la nature, a pour rôle de nous avertir de ce que la nature condamne. Il continue : « Aussi le coupable qui se cache ne se croit jamais assez bien caché, parce que sa conscience l'accuse et le dénonce à lui-même. Le symptôme du crime est de trembler toujours. C'eût été pour l'humanité un grand malheur, si, avec l'insuffisance des lois, des juges et des châtiments prévus dans nos codes, les méchants n'avaient, tout d'abord, à subir ces supplices

---

[1]. *Lettres à Lucilius*, xcvii.

naturels et rigoureux ; et si, au défaut du repentir, ils n'avaient la crainte. » Il est intéressant de voir Sénèque, le stoïcien, souligner lui-même son accord avec le chef de l'école épicurienne sur un point capital : celui de la sanction morale qui résulte de la conscience ; mais il importe de faire remarquer que si nous avions la conscience innée du bien et du mal, que si la nature nous avait donné l'horreur du vice, épicuriens et stoïciens se seraient donné bien du mal inutilement pour démontrer l'absolue nécessité de l'éducation morale.

Nous savons fort bien, aujourd'hui, que si « le supplice du crime est dans le crime lui-même », comme disait Sénèque, il n'en est ainsi que pour les individus ayant reçu une forte éducation morale, et ayant pris, sous l'influence de cette éducation, l'habitude de l'honnêteté. Les autres, au contraire, se complaisent dans les vices dont ils ont contracté l'habitude soit par les leçons ou l'exemple des gens vicieux, soit en s'abandonnant sans mesure aux passions qui naissent si aisément d'une excessive satisfaction des besoins naturels. Les stoïciens et les épicuriens ne méconnaissaient pas ces faits. « On se laisse facilement aller au vice, dit Sénèque[1], parce que l'on ne manque ni de guide ni de compagnon ; et il n'est d'ailleurs besoin ni de l'un ni de l'autre : la route du vice ne va pas seulement en pente, c'est un précipice. » Il ajoute, avec non moins de justesse : « Tout homme vicieux prend plaisir à l'être. L'un triomphe d'un adultère dont la difficulté faisait le principal attrait ; l'autre s'applaudit d'une intrigue et d'une friponnerie ; et c'est seulement quand la fortune cesse de le favoriser que son crime commence à lui donner des regrets. Tel est le résultat d'une mauvaise habitude. » C'est pour créer des habitudes différentes, que les épicuriens et les stoïciens attachaient une si grande importance à l'éducation morale. Ils semblent ne pas avoir vu que si cette éducation est indispensable, c'est précisément parce que l'homme ne naît pas avec la conscience du bien et du mal

---

[1] *Lettres à Lucilius*, XCVII.

comme ils le pensaient ; ils paraissent n'avoir pas compris que le but de l'éducation morale est précisément de créer la conscience.

Les stoïciens et les épicuriens ne considéraient guère les malheurs de la vie comme des châtiments qui seraient infligés aux hommes pour les punir de leurs mauvaises actions. Sénèque et Marc-Aurèle parlent souvent des dieux, mais ils déclarent très nettement qu'ils sont impuissants à faire du mal. Non seulement, ils ne considèrent pas les maladies, les chagrins, les misères, comme des châtiments, mais encore ils y voient des moyens qu'emploient les dieux pour faire valoir la vertu. « Il y a entre Dieu et les gens de bien, dit Sénèque[1], une amitié dont le lien est la vertu. Que dis-je une amitié, c'est plutôt une affinité, une ressemblance. L'homme de bien ne diffère de Dieu que par la durée ; il est son disciple, son imitateur, son véritable fils. Mais, cet auguste père... n'élève pas l'homme de bien dans la mollesse : il l'éprouve, l'endurcit. » Du reste, « il n'y a pas de maux pour les gens de bien... Le choc de l'adversité n'ébranle pas une âme courageuse..., elle reste inébranlable... Je ne veux pas dire qu'elle y soit insensible, mais elle en triomphe... L'homme de bien ne craint pas le malheur et la peine ; il ne murmure pas contre le destin ; quoi qu'il arrive, il s'en accomode et le tourne à son profit... Vous êtes surpris que Dieu, qui aime les gens de bien, qui veut les élever au plus haut degré de perfection, leur donne ici-bas la fortune pour adversaire. Et moi, je ne suis pas étonné qu'il prenne quelquefois fantaisie aux dieux de voir les grands hommes luttant contre l'adversité... Non, je ne vois dans le monde rien de plus beau à contempler pour Jupiter, s'il veut abaisser sur nous ses regards, que Caton, après le désastre de son parti, seul debout au milieu des ruines de la République. « Que l'empire, dit-il, tombe au pouvoir d'un seul homme ; que la terre soit occupée par ses légions, et la mer par ses vaisseaux ; que les Césariens veillent à nos portes ; Caton

---

1. *De la Providence*, I, II, IV.

sait par où leur échapper : il suffit de mon seul bras pour m'ouvrir le chemin qui mène à la liberté. Ce fer, innocent même dans la guerre civile, et pur de sang romain, va remplir enfin un office utile et glorieux. S'il n'a pu garantir la liberté de Rome, Caton lui devra la sienne... Oui, les dieux devaient avoir plaisir à regarder leur élève s'affranchir par une fin si belle et si mémorable. »

Il considère, d'ailleurs, les maux dont souffrent les gens de bien comme utiles à eux-mêmes et « à l'universalité du genre humain, dont les dieux tiennent compte plus que des individus... ; elles entrent dans l'ordre général des destinées, et elles doivent échoir aux gens de bien par la même loi qui les a faits tels qu'ils sont ». Et il ajoute : « De là vous conclurez qu'il ne faut pas plaindre le sort de l'homme vertueux ; qu'on le peut dire malheureux, mais qu'il ne l'est jamais. » Il dit encore : « Vous me demandez pourquoi Dieu envoie aux gens de bien des maladies et d'autres afflictions ; et moi, je me demande pourquoi, dans les camps, ce sont toujours les meilleurs soldats qu'on choisit pour les expéditions les plus périlleuses ? Faut-il dresser une embuscade à l'ennemi pendant la nuit, reconnaître le pays, surprendre un poste ? ce sont des hommes d'élite qu'on en charge ; et aucun d'eux, au départ, ne se plaint d'une injuste rigueur du général ; au contraire, ils se disent : le général a confiance en nous. Ainsi, ceux à qui la Providence ordonne de souffrir des maux insupportables pour les timides et pour les lâches doivent dire : Dieu nous estime assez pour éprouver en nous jusqu'où peut aller la constance humaine. »

Marc-Aurèle pensait que si les misères et les avantages de la vie sont répartis indifféremment sur les bons et sur les méchants, c'est que ce ne sont, en réalité, ni des biens ni des maux. « Ce n'est point par ignorance, dit-il[1], ou sinon par ignorance, ce n'est point pour n'avoir pu le prévenir ou le corriger, que la nature de l'univers aurait laissé subsister un désordre ; non, n'attribuons ni à l'impuissance ni au

---

1. *Pensées*, livre II, xi.

défaut d'art une si étrange bévue, cette distribution indifférente des biens et des maux aux hommes de bien et aux méchants, sans nul égard au mérite. Pour la mort et la vie, la gloire et l'infamie, la douleur et le plaisir, la richesse et la pauvreté, toutes ces choses ne sont distribuées indifféremment et aux hommes de bien et aux méchants, que parce qu'il n'y a en elles rien d'honnête, ni rien de honteux : ce ne sont donc ni des biens ni des maux véritables. »

Les stoïciens avaient, en somme, fort bien vu les objections auxquelles ils exposaient leur doctrine morale en attribuant à la divinité un rôle dans les événements dont le monde est le théâtre et dans la destinée de chaque homme. Ils y répondent, comme Épicure, en affirmant, qu'il n'y a aucune réalité dans ce que le vulgaire considère comme les avantages ou les misères de la vie; que la seule misère véritable réside dans les actions honteuses, et les seules avantages vrais, dans l'honnêteté; mais ils ne sont pas sans voir combien sont faibles aux yeux de la masse des hommes ces réponses et ils y ajoutent, à l'usage du vulgaire, l'affirmation que si les bons sont exposés à souffrir comme les méchants, c'est que les dieux se conduisent à leur égard comme les pères à l'égard des enfants qu'ils veulent rendre vertueux et forts, comme les chefs militaires à l'égard des soldats pour lesquels ils ont le plus d'estime.

Les stoïciens n'étaient, du reste, en réalité, que des fatalistes; leur providence, examinée de près, n'est point autre chose que l'enchaînement des phénomènes naturels. Aussi ne sont-ils guère plus disposés à admettre les sanctions morales de l'autre vie que celles de ce monde. Ils paraissent même ne pas croire à la prolongation de l'existence de l'homme au delà de la mort. « Dusses-tu vivre trois mille ans, trente mille ans même, dit Marc-Aurèle, souviens-toi néanmoins que personne ne perd une autre vie que celle dont il jouit, que personne ne jouit d'une autre vie que de celle qu'il perd. » Et encore : « La durée de la vie humaine est un point; la matière un flux perpétuel; la sensation, un phénomène obscur; la réunion des parties du corps, une masse corruptible ; l'âme un tourbillon ; le sort, une énigme ; la réputation, une chose sans jugement. Pour le dire en somme, du corps tout est fleuve qui coule ; de l'âme tout est songe et fumée ; la vie c'est une guerre, une halte de voyageur ; la renommée posthume, c'est l'oubli. Qu'est-ce donc qui peut nous servir de guide ? une chose, et une seule, la philosophie. Et la philosophie, c'est de préserver le génie qui est au dedans de nous de toute ignominie, de tout dommage ; c'est de vaincre le plaisir et la douleur, de ne rien faire au hasard, de n'user jamais de mensonge et de dissimulation, de n'avoir jamais besoin ni qu'un autre agisse ni qu'il n'agisse pas ; c'est encore de recevoir tout ce qui nous arrive, tout ce qui nous échoit, comme venant du même lieu d'où nous sommes sortis ; c'est, enfin, d'attendre la mort d'un cœur paisible, et de n'y voir qu'une dissolution des éléments dont chaque être est composé. Que si les éléments eux-mêmes n'éprouvent aucun mal dans leurs perpétuels changements de l'un à l'autre, pourquoi voir d'un œil affligé le changement et la dissolution de toutes choses ? Cela est conforme à la nature. Or, rien n'est mal qui est conforme à la nature[1]. » Il disait encore au sujet de l'âme : « De même que les corps, après avoir subsisté sur la terre, changent, se dissolvent et font ainsi place à d'autres cadavres ; de même les âmes, quand elles sont transportées dans l'air, y font quelque séjour, puis changent, se dissipent, s'enflamment, absorbées dans la puissance génératrice de l'univers, et, de cette façon, font place aux survenantes[2]. »

Une pareille conception matérialiste de l'univers, des corps humains et des âmes des hommes ne comportait évidemment aucune sanction morale divine, ni sur cette terre ni ailleurs. D'une part, les maux terrestres n'étant pas considérés par les stoïciens comme des maux véritables, ne pouvaient constituer, à leurs yeux, comme dans le système des Livres sacrés hébraïques, une sanction morale. D'autre

---

1. *Pensées*, livre II, xvii.
2. *Ibid.*, livre IV, xxi.

part, leur croyance au retour des âmes dans le grand tout de l'univers leur interdisait d'admettre qu'elles pussent être punies après la vie. La conscience était donc, en réalité, à leurs yeux, la seule sanction de la morale.

Cependant, ils admettaient volontiers que les âmes des sages continuaient de vivre après la perte du corps, pendant un certain temps, afin d'acquérir les connaissances qu'elles n'avaient pu avoir pendant la vie terrestre. Sénèque écrit à Marcia, qui venait de perdre son fils à la fleur de l'âge : « Ce n'est pas au tombeau de votre fils qu'il vous faut courir. Là ne gît qu'une grossière et gênante dépouille, des cendres, des ossements, qui n'étaient pas plus lui que ses autres vêtements extérieurs. Sans rien perdre, rien laisser de lui, il a fui cette terre, il s'est envolé tout entier ; et, après avoir quelque temps séjourné sur nos têtes, pour se purifier des vices inhérents à toute vie mortelle, et se laver de leur longue souillure, il est monté au plus haut des cieux où il plane entre les âmes fortunées, entré dans la société sainte des Scipion, des Caton, de ces contempteurs de la vie, qui durent au trépas leur affranchissement. Là, quoique tous ne soient qu'une même famille, votre père surtout s'unit intimement à votre fils ; il développe à ses yeux, ravis d'une clarté nouvelle, la marche des astres qui l'avoisinent, et se plaît à l'initier à tous les secrets de la nature, non plus par des conjectures vaines, mais par des révélations puisées à la source du vrai. C'est l'hôte qui montre à l'étranger, curieux et charmé, les merveilles d'une ville inconnue ; c'est l'aïeul qui révèle au petit-fils les causes des phénomènes célestes... Libres dans l'éternel espace et jouissant de l'immensité, rien ne les sépare plus, ni les barrières de l'Océan, ni hautes montagnes, ni profondes vallées, ni écueils, ni syrtes périlleux. Toutes leurs voies sont unies ; ils se transportent sur tous les points d'un vol prompt et facile ; leurs âmes se pénètrent l'une l'autre, et brillent confondues parmi les astres[1]. »

Ce qui domine dans ce rêve, ce qui le rend intéressant,

---

[1]. *Consolation à Marcia*, xxv.

c'est le désir passionné de « savoir » qui le domine. C'est, en effet, dans la connaissance complète de la nature que les stoïciens placent le suprême bonheur! Ce n'est point eux qui auraient accepté comme une parole de vérité le mot de Jésus : « Bienheureux les pauvres d'esprit, le royaume des cieux est à eux ! » Pour eux l'ignorance c'est le mal, c'est la déchéance ; pour eux, le bonheur suprême, c'est la science.

Il n'y a donc pas lieu de s'étonner que les stoïciens aient conçu une morale dont la seule sanction serait la satisfaction du devoir accompli : « Enseignez-moi, écrit Sénèque[1], combien est sacrée la justice qui n'a en vue que le droit d'autrui, et d'autre prétention que d'être utile à tout le monde. Qu'elle n'ait rien de commun avec l'intrigue et l'opinion ; qu'elle ne plaise qu'à elle seule ! qu'avant tout chacun arrive à se dire : je dois être juste sans intérêt. C'est peu encore. Qu'il se dise : je veux pour cette belle vertu me sacrifier et me sacrifier avec plaisir ; ainsi toutes nos pensées s'éloigneront le plus possible de nos avantages privés. N'examinez pas si un acte de justice vaut quelque chose de plus que le bonheur d'être juste. »

1. *Lettres à Lucilius*, CXIII.

CHAPITRE VI

L'INFLUENCE DE LA PHILOSOPHIE SUR L'ÉVOLUTION MORALE DANS LA SOCIÉTÉ ARYENNE ANTIQUE

Les épicuriens, les stoïciens et, en général, les philosophes de l'antiquité n'étaient pas gens à s'enfermer, à se cloîtrer, pour échanger leurs idées, à l'abri des critiques du monde. En Grèce et à Rome tout philosophe était un maître, une sorte d'apôtre se distinguant par un costume et une attitude particuliers, faisant appel au public, professant en plein air, discutant au coin des carrefours, toujours prêt à défendre sa propre doctrine contre les critiques qu'il se plaisait à provoquer. A Rome surtout, la vie des philosophes était tout extérieure, et ils exercèrent une puissante action quand il leur advint d'obtenir les suffrages du public. Il leur fallut pour y atteindre beaucoup de temps, d'efforts et de vertu. La langue grecque dont se servaient exclusivement les premiers d'entre eux déplaisait à l'aristocratie romaine. Il en était de même de leur manteau, de leur longue barbe, de leur bâton, de leur austérité quelque peu théâtrale comme leur costume. Avant d'imposer leurs idées, ils durent faire accepter leur langue et leurs mœurs. Ce fut d'autant plus long, que parmi eux se glissaient inévitablement de simples intrigants et des faux apôtres en quête non de conversions à opérer, mais de dupes à faire. Cependant, ils finirent par vaincre toutes les répulsions instinctives et les hostilités plus ou moins raisonnées.

Ils furent, d'ailleurs, aidés dans leur œuvre de rénovation morale et intellectuelle de la société romaine par l'évolution qui se produisait dans les idées religieuses des classes supérieures. La vieille religion de la famille paraissait un peu enfantine aux fins lettrés des derniers temps de la République et des débuts de l'Empire, mais ils étaient humiliés dans leur orgueil de patriciens par les superstitions grossières et le culte cynique des religions de l'Orient. La philosophie grecque apparut assez vite aux esprits délicats comme un sanctuaire où ils se pourraient mettre à l'abri des sottises de la masse dont Horace disait : *Odi profanum vulgus et arceo*[1], et où s'anoblirait l'antique culte des ancêtres et de la cité. Vers la fin de la République, il n'y avait pas un patricien qui ne se vantât de connaître la philosophie grecque et qui ne se proclamât disciple d'Épicure, de Zénon ou, à la fois, des deux illustres fondateurs d'écoles. En se transplantant dans un pays nouveau, au milieu d'une civilisation distincte de celle où elles naquirent, les doctrines philosophiques de la Grèce se fondaient les unes dans les autres. Sénèque faisait l'éloge d'Épicure, tout en le discutant. Horace entremêlait, dans ses odes, les plus voluptueux accents de l'épicurisme avec les plus austères maximes des stoïciens. Entre deux odes à Lydie, tantôt il chante « le jeune romain endurci aux fatigues de la guerre », qu'il invite à « supporter l'extrême pauvreté » et à « passer sa jeunesse au milieu des dangers », car « il est doux, il est glorieux de mourir pour la patrie[2] » ; tantôt il célèbre l'austère inflexibilité de l'homme vertueux que rien ne peut ébranler : « l'homme juste, l'homme inflexible dans ses principes est sourd à la voix séditieuse d'un peuple égaré qui conseille le crime. En vain un tyran le menace de son regard farouche ; en vain l'Auster soulève contre lui les flots de l'Adriatique ; la main puissante de Jupiter s'arme en vain de son tonnerre : que l'univers s'écroule autour de lui, ses débris le frapperont sans s'ébranler[3] » ; tantôt il donne aux hommes des leçons dont Marc-Aurèle louerait la profonde sagesse : « Osez donc être sages. Commencez. L'homme qui diffère le moment de se bien conduire, attend comme le paysan

---

1. Horace, *Odes*, livre III, I.
2. *Ibid.*, livre III, II.
3. *Ibid.*, livre III, III.

que le fleuve soit écoulé. Mais le rapide fleuve coule et coulera jusqu'à la fin des âges. ...Pour quiconque a des désirs ou des craintes, les palais et les richesses sont aussi utiles que les tableaux pour des yeux malades, les fomentations pour des goutteux et les sons de la lyre pour des oreilles souffrantes et remplies d'une humeur impure. Si le vase n'est pas propre, tout ce qu'on y verse s'aigrit bientôt. Méprisez la volupté : la volupté est fatale quand on l'achète au prix d'un seul regret. L'avare est toujours pauvre. Renfermez vos désirs en de justes bornes. L'envieux maigrit de l'embonpoint des autres... La colère est une courte fureur. Maîtrisez cette passion ; si elle n'obéit pas, elle commande. Imposez-lui un frein ; gouvernez-la en l'enchaînant. Le docile cheval dont la bouche est encore tendre, apprend à suivre la route où le dirige la main du cavalier. Le jeune chien chasseur a longtemps aboyé, dans la cour de son maître, après une peau de cerf, avant de porter la guerre dans les bois. Jeune ami ! voici le moment de nourrir votre âme encore pure des paroles de la raison ; confiez-vous aux maîtres les plus sages. Le vase conserve longtemps le parfum de la première liqueur dont il a été rempli[1]. »

Ces maîtres sages, dont parle Horace, ils étaient alors partout. Point toujours aussi sages qu'ils l'auraient voulu faire croire, mais animés du désir très sincère de répandre autour d'eux les belles maximes morales qu'ils puisaient dans les livres des grands philosophes grecs. Ils faisaient école dans toute la partie intelligente de la société romaine, au point que tout homme distingué voulut avoir auprès de lui un philosophe comme éducateur de ses enfants et comme conseiller intime. « Rubellius Plautus eut, dit-on, près de lui « deux docteurs en sagesse », Cœranus et Musonius, l'un Grec, l'autre Étrusque, pour lui donner les motifs d'attendre la mort avec courage. Avant de mourir on s'entretenait avec quelque sage... Cassius Julius marche au supplice accompagné de son philosophe. Thraséa meurt

---

1. *Épîtres*, livre I, 11

assisté par le cynique Démétrius... Dans les grands chagrins, on appelait un philosophe pour se faire consoler... Aréus fut auprès d'Auguste un directeur, une espèce de confesseur, auquel l'empereur dévoilait toutes ses pensées et jusqu'à ses mouvements les plus secrets. Quand Livie perd son fils Drusus, c'est Aréus qui la console. Sénèque joua par moments un rôle analogue auprès de Néron. Le philosophe... devient le *comes* du prince, son ami le plus intime, celui qu'il reçoit à toutes les heures... Dion Chrysostome écrit pour Trajan son discours sur les devoirs de la royauté. Adrien s'est montré à nous environné de sophistes[1]. » Marc-Aurèle porta lui-même, publiquement, dans les rues d'Alexandrie, le manteau et le bâton des philosophes ; il fit à ceux-ci, dans la société romaine, une place si considérable, que son règne peut être considéré comme celui de la philosophie.

Pendant tout le siècle des Antonins, « le public avait, comme les princes, ses leçons régulières de philosophie. Il y avait, dans les villes importantes, un enseignement éclectique officiel, des leçons, des conférences... Le IIe siècle eut une véritable prédication païenne... Il n'était pas rare, au cirque, au théâtre, dans les assemblées, de voir un sophiste se lever, comme un messager divin, au nom des vérités éternelles. Dion Chrysostome avait déjà donné le modèle de ces homélies, empreintes d'un polythéisme fort mitigé par la philosophie... Le cynique Théagène, à Rome, attirait la foule au cours qu'il faisait dans le gymnase de Trajan. Maxime de Tyr, en ses *Sermons*, nous présente une théologie, au fond monothéiste, où les représentations figurées ne sont conservées que comme des symboles nécessaires à la faiblesse humaine et dont les sages seuls peuvent se passer. Tous les autres, selon ce penseur parfois éloquent, sont un effort impuissant vers un idéal unique[2]. »

L'énorme influence exercée par la philosophie grecque sur la société romaine, sur la cour impériale et sur le

---

[1]. Ernest RENAN, *Marc-Aurèle*, p. 41 et suiv.
[2]. *Ibid.*, p. 45.

empereurs eux-mêmes, devait nécessairement avoir son retentissement jusque dans les pratiques gouvernementales et dans la législation. C'est sous l'influence des idées relatives à l'égalité naturelle de tous les hommes, avec la sagesse et la vertu comme seuls éléments de supériorité, que fut introduit par Nerva le système de l'adoption pour le choix des empereurs. Et c'est de ce système que sortit l'admirable série des Antonins. L'adoption donnait encore satisfaction aux idées antimilitaristes et anticésariennes qui avaient été introduites dans la société romaine par la philosophie grecque. Elle permettait de soustraire le choix des souverains à la soldatesque qui était devenue la maîtresse de l'Empire depuis Jules César. Elle faisait de l'empereur non plus seulement le serviteur de l'armée, mais un magistrat civil disposant de l'armée en toute indépendance. « Prends garde, écrit Marc-Aurèle dans ses tablettes intimes, de tomber dans les mœurs des Césars ; ne te pénètre point de leurs couleurs : c'est trop la coutume[1]. » Et encore : « J'ai senti, grâce à Fronton, tout ce qu'il y a dans un tyran, d'envie, de duplicité, d'hypocrisie[2]. »

Cour singulière, peut-on dire, que celle où des philosophes enseignaient aux futurs Césars la haine de la tyrannie et le mépris des Césars! Cour unique et d'où sortiront, grâce aux leçons des philosophes, les merveilleux progrès qui furent réalisés, au second siècle, dans les mœurs et dans les lois. « Trajan, dit avec justesse Ernest Renan[3], avait eu définitivement raison de croire qu'on peut gouverner les hommes en les traitant avec civilité. L'idée de l'État, non seulement tutélaire, mais bienveillant, s'enracinait fortement... La porte était ouverte à tous les progrès. La philosophie stoïcienne pénétrait la législation, y introduisait l'idée des droits de l'homme, de l'égalité civile, de l'uniformité d'administration provinciale. Les privilèges de l'aristocratie romaine disparaissaient

---

1. *Pensées*, livre VI, xxx.
2. *Ibid.*, livre I, xi.
3. *L'Église chrétienne*, p. 290 et suiv.

de jour en jour. Les chefs de la société croyaient au progrès, y travaillaient. C'étaient des philosophes, des philanthropes, voulant sans utopie la plus grande application possible de la raison aux choses humaines... On avait lieu d'être content de vivre. » Il dit d'Adrien : « Ses constructions couvraient le monde ; les athénées qu'il fondait, les encouragements qu'il prodiguait aux lettres, aux beaux-arts, les immunités qu'il accordait aux professeurs réjouissaient le cœur de tous les lettrés[1]. » Parlant d'Antonin, il dit ensuite[2] : « C'est le plus parfait souverain qui ait jamais régné... Énumérer ses vertus, c'est énumérer les qualités dont l'homme accompli est susceptible... Avec cela, simple, économe, tout occupé de bonnes œuvres et de travaux publics, éloigné des excès, exempt de rhétorique et de toute affectation d'esprit. Par lui, la philosophie arriva vraiment au pouvoir... ainsi l'idéal du monde semblait atteint ; la sagesse régnait... L'affectation, le faux goût de la littérature tombaient ; on devenait simple ; l'instruction publique fut l'objet d'une vive sollicitude. Tout le monde s'améliorait ; des lois excellentes, surtout en faveur des esclaves, furent portées ; le soulagement de ceux qui souffrent devenait le souci universel... A la cruelle aristocratie romaine se substituait une aristocratie provinciale de gens honnêtes, voulant le bien. La force et la hauteur du monde antique se perdaient ; on devenait bon, doux, patient, humain. » A propos de Marc-Aurèle, il fait un tableau très exact de ce qu'était devenu le pouvoir impérial avec les empereurs philosophes : « Rien du prince héréditaire ou par droit divin ; rien non plus du chef militaire : c'était une sorte de grande magistrature civile, sans rien qui ressemblât à une cour, ni qui enlevât à l'empereur le caractère d'un particulier[3]. » Dès son enfance, Marc-Aurèle avait mené la vie austère recommandée par les épicuriens et les stoïciens ; il continua de la pratiquer dans toutes les circonstances, jusqu'à ses derniers mo-

---

1. *L'Église chrétienne*, p. 292. « Il n'adopta, dit Renan (*Ibid.*, p. 5), aucune religion, ni aucune philosophie, mais il n'en niait aucune... cela le rendit tolérant. »
2. *Ibid.*, p. 295.
3. *Marc-Aurèle*, p. 6.

ments. Appliquant à sa conduite privée et publique les préceptes qu'il a lui-même consignés dans ses *Pensées*, il est toujours simple, doux, bienveillant, d'une suprême indulgence, et « sa vertu, comme la nôtre, reposait sur la raison, sur la nature[1] ». En tant que souverain, il « réalisa la perfection de la politique libérale. Le respect des hommes est la base de sa conduite. Il sait que, dans l'intérêt même du bien, il ne faut pas imposer le bien d'une manière trop absolue, le jeu libre de la liberté étant la condition de la vie humaine. Il désire l'amélioration des âmes, et non pas seulement l'obéissance matérielle à la loi; il veut la félicité publique, mais non procurée par la servitude, qui est le plus grand des maux. Son idéal de gouvernement est tout républicain. Le prince est le premier sujet de la loi[2] ».

Au point de vue de la législation, ce qui caractérise particulièrement la période philosophique de l'Empire, c'est la substitution de la raison à la force, de l'équité à l'arbitraire, de l'égalité au privilège. Cette transformation commença de se produire peu de temps après la pénétration de la philosophie dans l'éducation des membres de l'aristocratie romaine. Elle fut facilitée, il faut bien le reconnaître, par l'évolution qui s'était produite graduellement dans les institutions, les mœurs et les idées grâce au simple jeu de la concurrence sociale et de la lutte individuelle pour l'existence.

Le droit absolu que le mari s'attribue sur sa femme et le père sur ses enfants en vertu de son égoïsme naturel, de son esprit de domination et de la supériorité de sa force, avait été consacré par la religion du foyer et par les premières coutumes ou lois de la cité romaine[3]. Le mari était le maître de sa femme; il pouvait la répudier et même la juger, la condamner et l'exécuter, ou la faire juger par un

---

1. *Marc-Aurèle*, p. 17.
2. *Ibid.*, p. 18.
3. Ces lois étaient fort mystérieuses; elles n'étaient connues que des patriciens et ne concernaient qu'eux. Les plébéiens étaient, à proprement parler, hors la loi. « Il y avait des lois à Rome, comme dans toutes les villes, lois invariables et saintes, qui étaient écrites et dont le texte était gardé par les prêtres. Mais ces lois, qui faisaient partie de la religion, ne s'appliquaient qu'aux membres de la cité religieuse. Le plébéien n'avait pas le droit de les

conseil de famille qui, en certains cas, exécutait lui-même la sentence. La femme n'avait plus d'autre foyer sacré ni d'autre famille que celle de son mari et ne pouvait pas hériter de ses parents. Les enfants étaient la propriété de leur père, qui avait sur eux droit de vie et de mort ; ils ne pouvaient, ni posséder, ni hériter tant que leur père vivait ; leur majorité ne commençait qu'à sa mort. L'aîné pouvait seul hériter et il héritait de tous les biens paternels, de sorte que la propriété était essentiellement familiale, non individuelle. Elle était par là même indivisible. Tout cela, du reste, ne s'appliquait qu'aux familles patriciennes, aux *patres*, car seules elles avaient un foyer sacré devant lequel pouvait s'accomplir le mariage sacré *(confarreation)*. Les plébéiens n'ayant pas de foyer sacré, ne connaissaient ni le mariage religieux, ni la puissance maritale et paternelle donnée au chef de famille par cet acte solennel[1].

La loi des Douze Tables, au v⁵ siècle avant notre ère, loi imposée aux patriciens par les plébéiens, modifia considérablement l'ancien état de choses. Le père de famille conservait sa puissance maritale et paternelle, mais celle-ci était atténuée dans une certaine mesure. Il pouvait encore vendre son fils, mais après la troisième vente celui-ci devenait libre. D'un autre côté, le père de famille pouvait émanciper son fils ; celui-ci devenait, dès lors, étranger à son père, il ne pouvait plus hériter de lui, mais, en revanche, il était soustrait à la puissance paternelle. Le droit d'aînesse avait été déjà supprimé ou le fut par la Loi des Douze Tables et la propriété put être partagée entre tous les enfants mâles, ce qui supprima son caractère essentiel-

---

connaître, et l'on peut croire qu'il n'avait pas non plus le droit de les invoquer. Ces lois existaient pour les curies, pour les gentes, pour les patriciens et leurs clients, mais non pour d'autres. » Après la destruction de la royauté, la création des tribuns du peuple et l'attribution du droit de vote aux plébéiens, ceux-ci voulurent avoir des lois comme les patriciens, des lois qui « fussent mises en écrit et rendues publiques », des lois enfin « qui fussent également applicables aux patriciens et à la plèbe ». C'est de là que sortit le Code des décemvirs ou Loi des Douze Tables. Rédigé par le Sénat, il fut adopté par les plébéiens. « Adoptée par toutes les classes, la même loi s'appliqua désormais à toutes ». (FUSTEL DE COULANGES, *La Cité antique*, livre IV, chap. VII.)

1. Voyez ci-dessus, p. 92 et 105.

lement familial et son indivisibilité. Elle prit, par contre, le caractère individuel, par le droit de tester qui fut accordé à tous les citoyens, et en vertu duquel le père de famille pouvait léguer ses biens à un seul de ses enfants, les partager inégalement entre tous, les laisser même à une personne étrangère. Le droit du testateur était absolu, il faisait loi : *Dicat testator et erit lex*. Enfin, à côté du mariage religieux, il était institué, en vue des plébéiens qui n'avaient pas de foyer sacré, mais aussi à l'usage de tous les citoyens, un mariage purement civil, ayant les mêmes conséquences légales que le premier. Il consistait en une sorte d'achat de la jeune fille *(coemptio)*, en vertu duquel celle-ci entrait en puissance de mari, faisait légalement partie de sa famille et avait des enfants en puissance de père, comme dans la confarréation. En outre, la seule cohabitation *(usus)* d'une année, avec convention mutuelle *(mutuus consensus)* du mari et de la femme, avait la valeur légale du mariage civil. Toutefois, dans l'intérêt de la femme, la loi autorisait celle-ci à rendre nuls, au point de vue légal, les effets de la cohabitation : il lui suffisait de s'absenter chaque année pendant trois nuits consécutives. Le mari avait tout intérêt à y consentir, car la femme conservait ainsi le droit d'hériter de ses parents.

L'institution du mariage civil, en permettant aux plébéiens de se constituer une famille légale, semblable à celle des patriciens, avait une portée sociale considérable. Elle mettait fin au régime de la *Gens*. Les clients de la famille antique disparaissaient pour toujours, puisque chacun pouvait avoir son foyer propre. L'énorme extension que la famille avait prise, avec son chef doté d'une autorité souveraine, ses esclaves, ses affranchis, ses clients n'ayant d'autre foyer que celui du chef de la famille, était un obstacle au développement de la société, obstacle d'autant plus grand que son existence était consacrée par la religion. Ainsi que l'a fait remarquer fort justement l'auteur de la *Cité antique*[1], on avait tenté de concilier dans la pra-

---

1. FUSTEL DE COULANGES, *La Cité antique*, livre IV, chap. v.

tique « le régime de la *Gens* avec celui de la cité. Mais c'étaient, au fond, deux régimes opposés, que l'on ne devait pas espérer d'allier pour toujours et qui devaient un jour se faire la guerre. La famille, indissoluble et nombreuse, était trop forte et trop indépendante pour que le pouvoir social n'éprouvât pas la tentation et même le besoin de l'affaiblir. Ou la cité ne devait pas durer, ou elle devait à la longue briser la famille ». C'est ce que commença de réaliser la Loi des Douze Tables, en créant le mariage légal des plébéiens. Les anciens clients, qui avaient fait la force principale de la famille antique, disparaissaient légalement, en se constituant eux-mêmes une famille. Le nombre des familles légales pouvait augmenter indéfiniment, mais la puissance de chaque famille était réduite dans d'énormes proportions au profit de la puissance sociale.

Par ces diverses mesures, l'autorité absolue du mari et du père se trouvaient atténuées, l'indépendance de la femme commençait à se dessiner, la propriété individuelle et divisible se substituait, dans une certaine mesure, à la propriété purement familiale et indivisible, la puissance du chef de famille était diminuée au profit de celle de la société. La religion, enfin, perdait son omnipotence dans la famille. Dans la lutte incessante, qui existe au sein de toutes les sociétés, entre les intérêts antagonistes de la famille et de la société, ce sont les derniers qui commençaient à prendre le dessus[1].

A partir de ce moment, la législation romaine s'éloigna sans cesse du caractère aristocratique et religieux dont elle avait été revêtue dans les premiers temps de la cité, pour devenir, en quelque sorte, laïque et démocratique. « La législation romaine se transforme comme le gouvernement et l'état social. Peu à peu et presque à chaque génération, il se produira quelque changement nouveau. A mesure que les classes inférieures feront un progrès dans l'ordre politique, une modification nouvelle sera introduite dans les

---

1. Voyez, au sujet de cet antagonisme : De Lanessan, *La lutte pour l'existence et l'évolution des sociétés*, p. 29 ; *La concurrence sociale et les devoirs sociaux*, p. 29 (Paris, F. Alcan).

règles du droit. C'est d'abord le mariage qui va être permis entre patriciens et plébéiens. C'est ensuite la loi Papiria qui défendra au débiteur d'engager sa personne au créancier » faisant ainsi disparaître une des sources les plus honteuses de l'esclavage : « c'est la procédure qui va se simplifier, au grand profit des plébéiens, par l'abolition des actions de la loi. Enfin, le Préteur, continuant à marcher dans la voie que les Douze Tables ont ouverte, tracera à côté du droit ancien un droit absolument nouveau, que la religion n'aura pas dicté et qui se rapprochera de plus en plus du droit de la nature[1] ». Ce qui prouve bien que toutes ces transformations résultaient de l'évolution ascendante produite par la seule concurrence sociale, c'est qu'une révolution analogue s'était déjà produite dans la législation d'Athènes, sous l'influence de luttes semblables entre la classe des plébéiens et celle des patriciens. C'est le Code de Solon qui avait servi de modèle aux Décemvirs, pour rédiger la Loi des Douze Tables.

Il n'est pas inutile de noter que le progrès réalisé dans la cité athénienne vers la substitution des principes naturels aux principes religieux dans la législation, et vers la moralisation de la justice, avait été considérablement aidé par l'enseignement, je dirais volontiers la prédication des philosophes. On n'a pas suffisamment observé l'évolution qui se produisit dans la philosophie grecque au point de vue social et politique. En y regardant d'un peu près, il est aisé de constater que la *République* de Platon est une sorte de protestation indirecte contre l'importance trop grande prise par les intérêts familiaux. Sans niveler la société, en conservant, au contraire, les classes, il met cependant les intérêts sociaux au-dessus de ceux de la famille qu'il voudrait même détruire complètement par la communauté des femmes et par la soustraction des enfants à leur mère. Ce qu'il rêve, c'est la constitution d'un État où toutes les forces individuelles convergeraient vers le bien général de la cité, n'auraient pas d'autre but que ce bien supérieur.

---

[1]. Fustel de Coulanges, *La Cité antique*, livre IV, chap. VIII.

La morale qu'il enseigne est à peu près exclusivement une morale sociale. Aristote, plus naturaliste que Platon, précise encore davantage la diversité des intérêts qui sont en lutte dans la cité, intérêts individuels et intérêts familiaux, au-dessus desquels il place l'intérêt social. C'est pour assurer le triomphe de ce dernier qu'il imagine son système politique : « L'association première de plusieurs familles, dit-il[1], mais formée en vue de rapports qui ne sont plus quotidiens, c'est le village, qu'on pourrait bien justement nommer une colonie de familles... Si les premiers États ont été soumis à des rois et si les grandes nations le sont encore aujourd'hui, c'est que les États s'étaient formés d'éléments habitués à l'autorité royale, puisque dans la famille le plus âgé est un véritable roi... Dans l'origine, en effet, toutes les familles isolées se gouvernaient ainsi... L'association de plusieurs villages forme un État complet, arrivé, l'on peut dire, à ce point de se suffire absolument à lui-même, né d'abord des besoins de la vie et subsistant parce qu'il les satisfait tous. Ainsi l'État vient toujours de la nature, aussi bien que les premières associations dont il est la fin dernière ; car la nature de chaque chose est précisément sa fin... De là cette conclusion évidente, que l'État est un fait de nature, que naturellement l'homme est un être sociable, et que celui qui reste sauvage par organisation, et non par l'effet du hasard, est certainement, ou un être dégradé, ou un être supérieur à l'espèce humaine ». Il dit plus loin : « Une brute ou un dieu. » Continuant son raisonnement, il proclame la supériorité de la famille sur l'individu et celle de l'État sur tous les deux : « On ne peut douter, dit-il, que l'État ne soit naturellement au-dessus de la famille et de chaque individu, car le tout l'emporte nécessairement sur la partie, puisque le tout une fois détruit, il n'y a plus de parties... Ce qui prouve bien la nécessité naturelle de l'État et sa supériorité sur l'individu, c'est que si on ne l'admet pas, l'individu peut alors se suffire à lui-même dans l'isolement du tout, ainsi que du

---

[1]. *La Politique*, livre I, chap. I.

reste des parties... La nature pousse donc instinctivement tous les hommes à l'association politique. Le premier qui l'institua rendit un immense service ; car, si l'homme, parvenu à toute sa perfection, est le premier des animaux, il en est bien aussi le dernier quand il vit sans lois et sans justice. Il n'est rien de plus monstrueux, en effet, que l'injustice armée. Mais l'homme a reçu de la nature les armes de la sagesse et de la vertu, qu'il doit surtout employer contre ses passions mauvaises. Sans la vertu, c'est l'être le plus pervers et le plus féroce ; il n'a que les emportements brutaux de l'amour et de la faim. La justice est une nécessité sociale ; car le droit est la règle de l'association politique, et la décision du juste est ce qui constitue le droit. »

L'homme ne pouvant pas vivre en dehors de la société, ce sont, avant tout, les vertus sociales qu'il faut lui inculquer. Tel doit être le but de l'éducation. « Comme l'État tout entier, dit-il[1], n'a qu'un seul et même but, l'éducation doit être nécessairement une et identique pour tous ses membres ; d'où il suit qu'elle doit être un objet de surveillance publique et non particulière, bien que ce dernier système ait généralement prévalu, et qu'aujourd'hui chacun instruise ses enfants chez soi, par les méthodes et sur les objets qu'il lui plaît. Cependant ce qui est commun doit s'apprendre en commun : et c'est une grosse erreur de croire que chaque citoyen est maître de lui-même ; ils appartiennent tous à l'État, puisqu'ils en sont tous des éléments, et que les soins donnés aux parties doivent concorder avec les soins donnés à l'ensemble. A cet égard on ne saurait trop louer les Lacédémoniens. L'éducation de leurs enfants est commune, et ils y attachent une importance extrême. Pour nous, il est de toute évidence que la loi doit régler l'éducation et que l'éducation doit être publique[2]. »

---

1. *La Politique*, livre V, chap. 1.
2. Il faut entendre tout ce qui précède comme s'appliquant exclusivement aux citoyens libres. Aristote précise sa pensée sur ce point avec la plus grande netteté : « Un point incontestable, dit-il (*La Politique*, livre V, chap. 11) c'est que l'éducation, parmi les choses utiles, doit comprendre celles qui sont d'une absolue nécessité ; mais elle ne doit pas les comprendre toutes sans exception. Toutes les occupations pouvant se distinguer en libérales et serviles, la jeu-

Avec Aristote et Platon, la doctrine de l'Étatisme, si je puis dire, avait atteint son apogée. Il était impossible qu'il ne se produisît pas une réaction. Elle fit son apparition avec les Cyniques, contempteurs, au plus haut degré, de ce que respectaient le plus leurs contemporains, c'est-à-dire l'État. Ils trouvaient la cité trop étroite, le dieu de la cité trop mesquin. Diogène se vantait de n'avoir droit de cité nulle part, et d'être citoyen de l'univers. Ses disciples manifestaient, à son exemple, leur mépris pour la cité en ne remplissant pas leurs devoirs de citoyens. Socrate avait refusé d'obéir à la loi qui lui enlevait le droit d'enseigner et il avait payé sa rebellion de la mort, mais son exemple avait porté ses fruits : toutes les écoles philosophiques venues après lui, rivalisent de dédain pour l'État, tandis qu'elles proclament très haut les droits de l'homme. Épicure disait des affaires publiques : « N'y mettez pas la main, à moins que quelque puissance supérieure ne vous y contraigne. » Zénon, fondateur de la doctrine stoïcienne, avait écrit tout un traité sur le gouvernement pour « nous montrer, disait un ancien, que nous ne sommes pas les habitants de tel dème ou de telle ville, séparés les uns des autres par un droit particulier et des lois exclusives, mais que nous devons voir dans tous les hommes des concitoyens, comme si nous appartenions tous au même dème et à la même cité[1] ».

---

nesse n'apprendra, parmi les choses utiles, que celles qui ne tendront point à faire des artisans de ceux qui les pratiquent. On appelle occupations d'artisans toutes les occupations, art ou science, qui sont complètement inutiles pour former le corps, l'âme ou l'esprit d'un homme libre aux actes et à la pratique de la vertu. On donne aussi le même nom à tous les métiers qui peuvent déformer le corps et à tous les labeurs dont un salaire est le prix ; car ils ôtent à la pensée toute activité et toute élévation. Bien qu'il n'y ait certainement rien de servile à étudier jusqu'à un certain point les sciences libérales, vouloir les pousser trop loin, c'est s'exposer aux inconvénients que nous venons de signaler. La grande différence consiste ici dans l'intention qui détermine le travail ou l'étude. On peut, sans se dégrader, faire pour soi, pour ses amis, ou dans une intention vertueuse, telle chose qui faite ainsi n'est point au-dessous d'un homme libre, mais qui faite pour des étrangers sent le mercenaire et l'esclave. »

Ces derniers mots expliquent très bien la conduite d'Hippocrate refusant d'aller donner des soins à Artaxercès. Hippocrate est un homme libre et un savant ; il n'est pas un mercenaire ; il ne fait pas de ses connaissances physiques et médicales un objet de gain ; il est blessé dans son amour-propre par les offres et les demandes du roi des Perses.

1. Troplong, *De l'influence du christianisme sur le droit civil des Romains*. p. 39.

Il était impossible de protester plus énergiquement contre l'étatisme de Platon et d'Aristote.

Ce sont les doctrines fondées sur le droit naturel que les philosophes grecs transportèrent à Rome et dont ils imprégnèrent peu à peu l'éducation reçue par l'aristocratie de la fin de la République et de l'Empire. Il était, par conséquent, impossible qu'elles ne contribuassent pas très puissamment à l'évolution des lois dans le sens des principes naturels et de l'équité, évolution à laquelle travaillaient, de leur côté, la concurrence sociale et la lutte individuelle pour l'existence. Cicéron, qui était si fortement imprégné de la philosophie grecque, fut l'un des premiers et des plus ardents réformateurs des idées relatives à la justice. « Dans tous les rôles que joua son génie universel, avoue un écrivain dévoué au christianisme, Cicéron fut l'un des plus ardents apologistes de la loi naturelle, de l'équité. Préteur, il se vantait de la placer en tête de ses édits. Philosophe et homme d'État, il déclare que ce n'est pas dans les Douzes Tables qu'il faut aller chercher la source et la règle du droit, mais dans les profondeurs de la raison ; que la loi est l'équité, la raison suprême gravée dans notre nature. » Et Troplong ajoutait : « Toute la partie morale et philosophique du droit romain, depuis Labéon, ce stoïcien novateur, jusqu'à Caïus et Ulpien, est empruntée à cette école dont la faveur devint de jour en jour plus grande auprès des hommes d'élite qui brillaient çà et là dans la période impériale. » C'est Ulpien qui disait : « en ce qui concerne le droit naturel, tous les hommes sont égaux », et « par le droit naturel tous les hommes naissent libres ». A la même école appartenait Florentinus, qui ne craignait pas d'affirmer : « La servitude est un établissement du droit des gens par lequel quelqu'un est soumis au domaine d'un autre, contre la nature [1]. »

Toute la législation, à partir de Jules César et d'Auguste, s'imprègne graduellement de ces principes. C'est Diogène et Zénon qui triomphent, le jour où le titre de citoyen romain,

---

1. TROPLONG, *loc. cit.*, p. 61.

jadis si difficile à obtenir, est donné à tous les hommes libres de l'Empire, sans distinction de patrie et de race. Ce sont eux qui parlent par la bouche de l'empereur romain qui s'écrie : « Comme Antonin j'ai Rome pour patrie, comme homme le monde. » C'est leur esprit, et celui de Sénèque, et celui d'Épicure, et celui de tous les philosophes grecs, qui anime l'admirable période du IIe siècle. C'est leur influence qui fait accorder à la femme romaine le droit de réclamer le divorce, jusqu'alors jalousement réservé au mari. C'est à leur action que fut due l'émancipation relative des enfants, l'amélioration du sort des esclaves et l'institution des œuvres multiples par lesquelles l'État venait au secours des pauvres et des infirmes. La philosophie avait introduit dans les lois l'humanité et la fraternité qui, jusqu'alors, avaient été renfermées dans le cœur des hommes de bien. C'est la philosophie qui inspirait à Ulpien cette admirable définition du droit : « Le droit est un art de ce qui est bon et équitable ; car si nous cultivons la justice et si nous professons la science du bien et de l'équité, c'est en séparant le juste de l'injuste, en distinguant le licite de l'illicite et inspirés par l'ambition de rendre les hommes bons, non seulement par la crainte des pénalités, mais encore par l'encouragement des récompenses ; c'est là le fait d'une philosophie véritable[1]. »

Ce qui caractérise la législation philosophique romaine, dans le domaine familial, qui est par excellence un domaine moral, c'est l'extension des droits individuels de la femme et des enfants. « Le droit de tester, d'abord réservé aux seuls citoyens pères de famille, s'est étendu aux fils de famille quant à leurs biens *castrenses*, aux femmes, à tous les sujets de l'Empire... Le testateur n'a plus de droit de disposer de ses biens sans s'occuper de ses propres enfants. S'il les passe sous silence, le préteur prend un prétexte spécieux, une couleur, pour faire tomber son testament, quoique conforme au droit strict. Il suppose que le testateur est atteint de démence, et il annule son ouvrage malgré la loi. Bien

---

1. Troplong, *loc. cit.*, p. 77.

plus, le testateur ne peut exhéréder ses enfants sans de justes causes.[1] »

Plus tard, « le sénatus-consulte Tertullien (an 158) et le sénatus-consulte Orphitien (178) établirent le droit de succéder de la mère à l'enfant et de l'enfant à la mère ». Les sentiments et le droit naturel, comme le fait justement remarquer E. Renan, prenaient le dessus sur les traditions religieuses que la législation antique avait consacrées.

La puissance maritale avait été grandement atténuée par le droit que l'on avait attribué aux femmes de réclamer le divorce[2] ; elle l'avait été aussi par la limitation mise au droit que le mari avait jadis de répudier sa femme. La répudiation avait été entourée de garanties au profit de la femme. Toutes ces modifications à la loi antique avaient été déterminées surtout par le jeu de la lutte individuelle. A mesure que la civilisation s'était développée, la femme avait eu davantage conscience de ses droits naturels et, usant de son influence morale sur le législateur, lui avait imposé la reconnaissance de ce qu'elle considérait légitimement comme un droit.

Les excès de la puissance paternelle et de la soumission des enfants avaient également disparu, de la pratique d'abord, de la législation ensuite, par l'effet de l'influence des mœurs. Cependant, même après que les droits naturels des enfants eurent été reconnus en ce qui concerne la propriété, le droit de vie et de mort continuait de subsister dans la loi. Il fut supprimé sous l'influence de l'opinion publique en même temps que sous celle des principes philosophiques, par Alexandre Sévère. Le dernier père qui condamna son fils à mort et le fit périr fut sans doute celui dont parle Sénèque : « De nos jours, Erixon, chevalier romain, fut percé de coups de poinçon par le peuple, au milieu du forum, pour avoir fait périr son fils sous le fouet. L'autorité d'Auguste ne l'arracha qu'avec peine aux mains

---

[1]. E. Renan, *Marc-Aurèle*, p. 27.
[2]. Il est certain que dès l'époque de Plaute, c'est-à-dire au IIIe siècle avant notre ère, les femmes étaient en possession du droit de réclamer le divorce, du moins celles qui n'étaient pas soumises à la puissance légale du mari. (Troplong, *ibid.*, p. 150.)

des pères et des fils également irrités contre lui. » Sénèque raconte ensuite avec admiration l'histoire de Titus Arius qui, « ayant surpris son fils au moment où celui-ci allait attenter à ses jours, se contenta, après avoir instruit son procès, de le condamner à l'exil, et même à un exil peu rigoureux, car il le relégua à Marseille, et il lui fit une pension égale à celle qu'il lui payait avant son crime ». Le philosophe ajoute à cette anecdote un détail très significatif au point de vue des modifications qui s'étaient produites dans les idées relatives à la puissance paternelle. Titus Arius ne se crut pas le droit moral de juger lui-même son fils : il réunit une sorte de conseil auquel il pria Auguste d'assister. Celui-ci, par respect pour la puissance paternelle, ne voulut pas que le conseil se réunît au palais ; il se transporta au domicile du père, et c'est lui qui fit prévaloir l'idée de l'exil. Ainsi, le père commençait à ne plus se reconnaître une puissance devant laquelle le chef de l'Empire tenait à s'incliner encore, par respect pour l'antique législation. La morale individuelle était en avance, en ce qui concerne la puissance paternelle, sur la morale gouvernementale. Sénèque se faisait l'interprète de la première lorsqu'il écrivait, à propos de ces faits : « quel est l'homme jouissant de sa raison qui déshérite son fils dès la première offense ? Des torts graves et multipliés ont-il vaincu sa patience, le mal qu'il redoute est-il plus grand que celui qu'il punit, alors seulement il se décide à prononcer cette terrible sentence. Il tente auparavant tous les moyens pour ramener au bien un caractère encore indécis, ou même inclinant déjà vers le vice ; il attend, pour recourir à de telles extrémités, que tout soit désespéré : il n'inflige ce châtiment qu'après avoir épuisé tous les remèdes[1]. » Il est évident que sans ces lignes, Sénèque trace, à la fois, une leçon à l'usage des pères de famille, et le tableau de l'adoucissement réel qui s'était produit dans les mœurs familiales, depuis l'époque où le sénateur Fulvius condamnait à mort son fils pour avoir embrassé la cause populaire avec Cati-

---

1. SÉNÈQUE, *De la Clémence*, livre I, chap. xiv.

lina. Ce sont donc les principes de la philosophie et les mœurs nouvelles qu'Alexandre Sévère consacrait lorsqu'il abolit légalement le droit de mort attribué par les anciennes lois au père de famille.

Sous les Antonins, un principe nouveau fut admis relativement aux devoirs réciproques du père et des enfants. Ceux-ci n'étaient plus considérés comme la propriété de leur père et l'on reconnut que le père avait des devoirs à remplir à l'égard de ses enfants qui, de leur côté, devaient, en cas de besoin, l'assistance alimentaire à leur père, dans une proportion équitable avec leur fortune. L'opinion et les lois se montrèrent, à partir de ce jour, de plus en plus sévères pour les pères qui maltraitaient leurs enfants. La justice issue de la philosophie, substituait, en un mot, les principes de la nature à ceux que la religion avait posés. Elle reconnaissait l'autorité du père, mais elle la tempérait par les devoirs que l'affection lui crée naturellement.

C'est aux sentiments élevés de la philosophie stoïcienne, plus encore qu'au désir d'activer la repopulation, qu'Auguste obéissait, lorsqu'il légiféra sur le mariage, le concubinat et les secondes noces. Tous les philosophes s'étaient élevés avec indignation contre les abus que l'on faisait du divorce dans les hautes classes sociales et contre les habitudes de célibat qui s'y répandaient. Il est impossible de ne pas attribuer à ces critiques les lois qui marquèrent les premiers temps de l'Empire.

Le but des lois Julia et Pappia Pappœa, édictées par Auguste était de décourager le célibat, d'encourager le mariage et de provoquer la multiplicité des enfants. Montesquieu en avait admirablement compris la portée morale et sociale : « César, dit-il [1], donna des récompenses à ceux qui avaient beaucoup d'enfants ; il défendait aux femmes qui avaient moins de quarante-cinq ans, et qui n'avaient ni maris ni enfants, de porter des pierreries et de se servir de litières ; méthode excellente d'attaquer le célibat par la vanité. Les lois d'Auguste furent plus puissantes : il imposa

---

1. De l'Esprit des lois, livre XXIII, chap. xxi.

des peines nouvelles à ceux qui n'étaient point mariés et augmenta les récompenses de ceux qui l'étaient et de ceux qui avaient des enfants. Tacite appelle ces lois *Juliennes*. Il y a apparence qu'on y avait fondu les anciens règlements faits par le Sénat, le peuple et les censeurs... Les Romains, sortis pour la plupart des villes latines qui étaient des colonies lacédémoniennes et qui avaient même tiré de ces villes une partie de leurs lois, eurent comme les Lacédémoniens, pour la vieillesse, ce respect qui donne tous les honneurs et toutes les préséances. Lorsque la République manqua de citoyens, on accorda au mariage et au nombre des enfants les prérogatives que l'on avait données à l'âge ; on en attacha quelques-unes au mariage seul, indépendamment des enfants qui en pourraient naître : cela s'appelait le droit des maris. On en donna d'autres à ceux qui avaient des enfants ; de plus grandes à ceux qui avaient trois enfants... Ces privilèges étaient très étendus : les gens mariés qui avaient le plus grand nombre d'enfants étaient toujours préférés, soit dans la poursuite des honneurs, soit dans l'exercice de ces honneurs mêmes. Le consul qui avait le plus d'enfants prenait le premier les faisceaux ; il avait le choix des provinces ; le sénateur qui avait le plus d'enfants était le premier dans le catalogue des sénateurs ; il disait, au Sénat, son avis le premier. L'on pouvait parvenir avant l'âge aux magistratures parce que chaque enfant donnait dispense d'un an. Si l'on avait trois enfants, à Rome, on était exempt de toutes charges personnelles. Les femmes ingénues qui avaient trois enfants, et les affranchies qui en avaient quatre, sortaient de cette perpétuelle tutelle où les retenaient les anciennes lois de Rome. Que s'il y avait des récompenses, il y avait aussi des peines. Ceux qui n'étaient point mariés ne pouvaient rien recevoir par testament des étrangers ; et ceux qui, étant mariés, n'avaient point d'enfants, n'en recevaient que la moitié. Les Romains, dit Plutarque, se mariaient pour être héritiers, et non pas pour avoir des héritiers [1]. Les avantages qu'un mari et une

---

1. Plutarque avait, sans doute, fait cette remarque dans un but de critique ;

femme pouvaient se faire par testament étaient limités par la loi. Ils pouvaient se donner le tout s'ils avaient des enfants l'un de l'autre ; s'ils n'en avaient point, ils pouvaient recevoir la dixième partie de la succession, à cause du mariage ; et s'ils avaient des enfants d'un autre mariage, ils pouvaient se donner autant de dixièmes qu'ils avaient d'enfants. Si un mari s'absentait d'auprès de sa femme pour une autre cause que pour les affaires de la République, il ne pouvait en être l'héritier. La loi donnait à un mari ou à une femme qui survivait deux ans pour se remarier, et un an et demi dans le cas du divorce. Les pères qui ne voulaient pas marier leurs enfants ou donner de dot à leurs filles y étaient contraints par les magistrats. Il était défendu à un homme qui avait soixante ans d'épouser une femme qui en avait cinquante. Comme on avait donné de grands privilèges aux gens mariés, la loi ne voulut point qu'il y eût de mariages inutiles. Par la même raison, le sénatus-consulte Calvisien déclarait illégal le mariage d'une femme qui avait plus de cinquante ans avec un homme qui en avait moins de soixante ; de sorte qu'une femme qui avait cinquante ans ne pouvait se marier sans encourir les peines de ces lois. Tibère ajouta à la rigueur de la loi Papienne et défendit à un homme de soixante ans d'épouser une femme qui en avait moins de cinquante. »

C'est surtout à l'influence moralisatrice de la philosophie qu'il faut attribuer les dispositions des lois Papiennes relatives aux secondes noces. Les anciennes lois condamnaient la femme au célibat ou à l'adultère posthume, si je puis dire. La législation nouvelle autorisa les secondes noces ; elle alla même beaucoup plus loin : afin, sans doute, d'en souligner l'utilité morale et sociale, elle les rendit obligatoires. Le mari ou l'épouse légitime qui survivait à son conjoint était tenu de se remarier dans le délai de deux ans, mais sans pouvoir le faire dans les dix mois qui suivaient le décès. Ceux qui voulaient se soustraire à cette

néanmoins, Montesquieu a raison de la reproduire, car elle témoigne de l'efficacité qu'avait la loi.

obligation prenaient une concubine ; c'est ainsi, par exemple, qu'agit Marc-Aurèle : après la mort de sa femme Faustine, fille d'Antonin, il prit pour concubine la fille du procurateur de la défunte, afin, disait-il, de ne pas imposer une marâtre à ses enfants.

La disposition de la loi Pappœa qui délivrait les femmes libres, ayant trois enfants, de la tutelle si oppressive à laquelle les soumettait l'ancienne législation, fut étendue, sous le règne de Claude, à toutes les femmes. On sait que la veuve était soumise par l'ancienne loi religieuse à la tutelle des parents les plus proches du mari ; elle n'avait pas la gestion des biens laissés par ce dernier ; cette gestion appartenait aux agnats qui, la plupart du temps, se livraient à maints abus. Pour échapper à cette tutelle, bien des moyens furent employés : notamment, après la Loi des Douze Tables, celui qui consistait à charger par testament la femme elle-même de choisir son tuteur. Au moment où l'influence de la philosophie commença de pénétrer dans les lois, les femmes s'étaient, en grande partie, soustraites à la tutelle des agnats, et la loi Claudia ne fit, en réalité, que consacrer les mœurs régnantes. L'émancipation complète des femmes, au point de vue de la propriété, devait venir des modifications que la loi et les coutumes introduisirent dans le mariage.

Par une de ses dispositions les plus importantes au point de vue moral et social, la loi Papienne permettait à tous les hommes libres *non sénateurs*, d'épouser des affranchies. Cette mesure eut une double conséquence : d'abord elle facilita la transformation de beaucoup de concubinats en mariages légaux ; ensuite, elle contribua à la fusion de deux classes de la société que toute la législation tenait à l'écart l'une de l'autre, celle des ingénus ou hommes libres et celle des affranchis.

Pour comprendre toute la signification, il faut rapprocher la loi Papienne de la loi par laquelle Auguste institua ce que l'on pourrait appeler le concubinat légal. Les lois Papiennes interdisaient aux sénateurs, ainsi qu'à leurs fils et petits-fils d'épouser des affranchies ; elles interdisaient, d'autre part, aux hommes libres d'épouser certaines femmes également libres mais qui étaient considérées comme déshonorées soit par leur conduite soit par leur profession, telles que les adultères, les comédiennes, les affranchies qui avaient mené, étant esclaves, une mauvaise vie, les prostituées, etc. Or, un grand nombre de sénateurs ou leurs fils et petits-fils ne se faisaient pas faute de préférer au mariage le concubinat avec des affranchies; d'autre part, un grand nombre d'hommes libres ne se privaient point de vivre avec des femmes que la loi leur interdisait d'épouser. Ces habitudes contribuaient puissamment à écarter du mariage un grand nombre de gens. Ne pouvant les faire disparaître, Auguste voulut leur imposer des conditions qui les moraliseraient dans une certaine mesure et qui, surtout, atténueraient leurs inconvénients au point de vue social. Formé par le nu consentement de l'homme et de la femme, le concubinat pouvait être rompu par ce même consentement. Il ne comportait aucune solennité, quoiqu'il eût des effets légaux précis : les enfants (*nothi*) ne succédaient pas à leur père, ne portaient pas son nom, mais avaient, par rapport à leur mère, des droits de succession aussi étendus que ceux des enfants légitimes. Comme, d'autre part, l'homme avait le droit de tester soit en faveur de sa concubine (*concubina, amica, convictrix*) soit en faveur de ses enfants naturels, ceux-ci se trouvaient placés, en fait, au point de vue de l'héritage, dans une condition analogue à celle des enfants légitimes. La loi restant fidèle, sur ce point, à son hostilité bien connue pour la polygamie, interdisait d'avoir plusieurs concubines ; l'opinion publique elle-même condamnait les débauchés qui, en violation de la loi, osaient en avoir plusieurs. Il était également interdit à l'homme qui avait une épouse légitime de prendre une concubine. Le concubinat était fréquent parmi les veufs qui ne voulaient pas infliger une marâtre à leurs enfants légitimes et parmi les hommes libres qui, n'osant pas épouser une affranchie afin de ne pas mécontenter leur milieu social, désiraient cependant partager leur vie avec elle. Il contribuait ainsi puissamment au mélange des classes ; il tendait à moraliser une société que la mode du célibat avait conduite aux pires débauches ; il permettait à beaucoup de femmes de se soustraire aux abus provoqués par l'ancienne législation sur la puissance maritale.

L'évolution naturelle du concubinat légal institué par Auguste aurait, sans doute, conduit au remplacement graduel de la confarréation et de la coemption par une forme unique de mariage légal, où la liberté de l'homme et de la femme aurait été sauvegardée à l'aide du divorce par consentement mutuel. Déjà, du temps de Tacite, les mariages par confarréation étaient devenus fort rares, non seulement en raison de l'affaiblissement de la religion du foyer, mais aussi à cause des effets qu'ils entraînaient au point de vue de la puissance maritale, et auxquels ni les femmes ni leurs familles ne voulaient plus se soumettre. Le mariage par coemption était plus fréquent, mais la même raison le faisait abandonner peu à peu. Au deuxième siècle, un autre motif concourut à sa déchéance : les femmes qui se faisaient catholiques refusaient de s'y soumettre afin de conserver leur liberté religieuse. A cette époque, le concubinat légal et le mariage consacré par la seule cohabitation (*usus* et *mutuus consensus*) étaient devenues les formes les plus fréquentes des unions. Les femmes mariées avaient atteint « un degré de liberté inconnu dans la plupart des systèmes de législation ; elles purent disposer de leurs biens sans autorisation de leurs maris, et furent parfaitement indépendantes de cette autorité pour leurs paraphernaux. En un mot, l'absence de puissance maritale fut de droit commun, et les femmes atteignirent ce but que Caton les avait accusées de poursuivre au temps même de leur plus grande dépendance ; à savoir d'être libres et égales à leurs maris[1] ».

Ni la rigidité de la religion antique, ni la sévérité de la législation relative à la puissance maritale n'avaient pu empêcher la dissolution des mœurs, et c'est en vain que l'on avait cherché un remède à cette dernière dans le droit concédé à la femme de réclamer le divorce. Il semble qu'un grand nombre d'entre elles n'en firent usage que pour se

---

[1]. TROPLONG, *loc. cit.*, p. 224.

libérer de la moindre retenue. Habituées à tout souffrir de la part de l'homme tant qu'il avait été tout seul à pouvoir rompre les liens du mariage, elles semblèrent ne vouloir user de leur droit nouveau que pour se venger d'une longue servitude. Lorsque Sénèque parlait des femmes qui se marient pour divorcer et divorcent pour se remarier, il dépeignait un état d'immoralité qui devait bientôt s'arrêter, précisément parce qu'il avait atteint le degré le plus élevé auquel il pût parvenir sans que la société romaine se disloquât entièrement. Si cette dislocation ne se produisit pas, si nous voyons, au IIe siècle, pendant la longue période des Antonins, la société romaine se reconstituer sur des bases tellement solides qu'elles paraissaient inébranlables, c'est que la dissolution des mœurs s'étaient arrêtée. Entrées en possession de la plus grande liberté qu'elles pussent désirer, les femmes étaient en mesure de se faire respecter, et le seul désir qu'elles en avaient dut contribuer à les rendre respectables. Ce ne pouvait pas être une société corrompue celle qui, pendant près de cent ans, maintint au pouvoir et entoura de son dévouement des princes dont plusieurs furent, en quelque sorte, des incarnations de la vertu, comme Antonin le pieux et Marc-Aurèle le philosophe, et dont Ernest Renan a pu dire, à propos du règne de Trajan qui ouvrit cette ère admirable : « On ne vit jamais au gouvernement des choses humaines un groupe d'hommes aussi dignes d'y présider. C'étaient Pline, Tacite, Virginius, Rufus, Junius, Mauricus, Gratilla, Fannia, nobles hommes, femmes pudiques, tous ayant été les persécutés de Domitien, tous pleurant quelque parent, quelque ami, victime du règne abhorré... La noblesse romaine, la plus terrible qui ait jamais existé, n'a plus maintenant que des raffinements extrêmes de vertu, de délicatesse, de modestie[1]. » Ce ne pouvait pas être une société dissolue, celle dont presque toutes les têtes directrices avaient lutté pendant de nombreuses années contre le despotisme, et n'avaient échappé aux tyrans que par l'exil ou le hasard. Ce ne pouvait être

---

1. *Les Évangiles*, p. 381.

une société décomposée par la corruption, celle où les philosophes rivalisaient d'autorité, les hommes d'État de bonté, l'aristocratie de noblesse dans les sentiments et de dignité dans la conduite, les femmes de vertu.

La liberté succédant à une longue compression avait pu déterminer, comme il arrive toujours en pareil cas, l'explosion de mauvaises mœurs qui marqua les débuts de l'Empire et dont l'exemple était donné par les empereurs eux-mêmes ; mais, par la force des choses, elle avait vu sortir le bien de l'excès du mal et la vertu refleurir en même temps que ses martyrs prenaient, à la tête de la société, la place d'où la tyrannie et le vice les avaient chassés.

Pendant ce beau siècle des Antonins, ce n'est pas seulement la famille qui se reconstitue sur les fondements que lui assure la liberté, c'est aussi la société qui prend conscience de ses devoirs envers ceux de ses membres que la fortune poursuit de ses rigueurs. Tous les hommes qui prenaient part de près ou de loin à la gestion des affaires publiques avaient le sentiment de l'autorité à un degré qui peut-être ne fut jamais atteint ni sous la République, ni sous l'Empire césarien, mais tous aussi étaient animés de cette bonté large, libérale, que la plus haute philosophie seule peut inspirer et qui les portait naturellement à diriger leurs efforts vers le progrès moral et matériel de l'humanité. « L'assistance publique commence ; les enfants surtout sont l'objet de la sollicitude de l'État. Un vrai sentiment moral anime le gouvernement ; jamais avant le xviiie siècle, on ne fit tant pour l'amélioration du sort de l'humanité[1]. »

Les esclaves furent l'objet de l'une des principales préoccupations de la législation inspirée par la philosophie. Il était posé en principe dans les lois, que l'esclavage est une institution contre nature. Comme il eût été impossible de le supprimer sans occasionner une révolution sociale à conséquences incalculables, on s'efforça de faire sanctionner légalement le principe admis par les philosophes et mis en pratique dans le groupe familial antique, à savoir que les

---

1. *Les Évangiles*, p. 387.

esclaves sont membres de la famille. De même que l'on réprimait les abus de la puissance paternelle en ce qui concerne les enfants, on réprima ceux auxquels donnait lieu l'exercice de la puissance du maître. La Loi des Douze Tables avait autorisé l'esclavage pour dettes, qui figurait déjà dans les anciennes coutumes de la cité romaine, comme dans celles de la plupart des peuples anciens et que l'on trouve encore dans beaucoup de pays modernes ; mais cette disposition ne tarda pas à succomber sous la condamnation dont elle était l'objet de la part des plébéiens. Elle « fut bientôt cassée, fait remarquer Bodin, à la requête des Potiliens Tribuns du peuple, qui firent ordonner que dès lors en avant le debteur ne serait adjugé au créancier, et qu'il ne pourrait être par lui retenu pour debte, sauf au créancier à se pourvoir par saisie de biens, et autres voyes de justice, ainsi qu'il verrait être à faire par raison : laquelle loy demeura inviolable sept cents ans, et jusques au règne de Diocletian, qui la fit publier de rechechef sur peine de la vie[1]. » En regard de l'opinion d'Aristote, qui considérait l'esclavage comme une institution naturelle, opinion qu'il admet lui-même, Bodin cite celle des jurisconsultes, d'après laquelle l'esclavage est contraire à la nature, et signale les entorses que l'on donnait à la loi au profit de la liberté : « Les jurisconsultes qui ne s'arrêtent pas tant, dit-il, aux discours des philosophes qu'à l'opinion populaire, tiennent que la servitude est droitement contre nature et font tout ce qu'ils peuvent pour maintenir la liberté, contre l'obscurité ou ambiguïté des lois, des testaments, des arrests, des contrats, et quelquefois il n'y a loi ni testament qui tienne, qu'on ne donne coup à l'un et à l'autre pour affranchir l'esclave, comme on peut voir en tout le droit : et s'il faut que la loi tienne, si est-ce que le jurisconsulte fait cognoistre tousiours que l'acerbité d'icelle contre les esclaves lui desplait. » Après avoir rappelé la cruauté dont certains maîtres usaient envers leurs esclaves, les fai-

---

[1]. *Les six livres de la République de Jean Bodin angevin*, 1593, livre I, chap. v.

sant mettre à mort pour la moindre faute et jeter dans les viviers aux murènes, il mentionne la loi Petronia, qui est probablement du temps de Néron, et qui interdit de faire battre dans les arènes d'autres esclaves que ceux qui auraient mérité la mort. Il ajoute à propos de cette loi : « Si est-ce qu'elle ne fut jamais gardée, non plus que l'édict de l'empereur Néron, qui fut le premier qui députa commissaires pour ouïr les plaintes des esclaves : et après lui l'empereur Adrian ordonna qu'on informerait contre ceux qui malicieusement tueroyent leurs esclaves sans cause. » On remarquera que l'interdiction de tuer les esclaves se produisit vers le même temps où fut promulguée celle qui supprima le droit de vie et de mort des pères sur leurs enfants. Les sentiments d'humanité que le législateur témoignait pour les enfants étaient étendus aux esclaves, parce qu'on les envisageait comme les enfants de leur maître. C'est, du reste, à ce titre, que le maître avait sur eux droit de vie et de mort. Du moment où le législateur limitait la puissance du père, il devait nécessairement limiter celle du maître; puisque l'une et l'autre découlaient du même principe.

C'est celui-ci encore qui inspira les mesures législatives par lesquelles Marc-Aurèle accorda aux esclaves le droit de succéder à leurs maîtres dans certaines conditions. Si personne ne se présentait pour réclamer les biens d'un testateur, Marc-Aurèle voulait qu'ils fussent attribués à ses esclaves envisagés, en quelque sorte, comme ses enfants adoptifs. Le même empereur prescrivit aussi des mesures pour que les affranchis fussent mis à l'abri du retour à l'esclavage et pour rendre plus faciles les affranchissements. On appliquait, en somme, dans les lois, autant que le permettaient les nécessités sociales, les principes d'Ulpien : « En ce qui concerne le droit naturel tous les hommes sont égaux ; par le droit naturel tous les hommes naissent libres. » On reconnaissait l'exactitude du mot de Sénèque : « Cet homme que vous appelez votre esclave est né de la même semence que vous. » On entrait dans une voie au bout de laquelle, forcément, on devait aboutir à la disparition graduelle de l'esclavage.

Ces lois étaient de nature à faciliter singulièrement l'évolution qui commençait à se produire dans la société et qui tendait à rapprocher les esclaves des hommes libres, en obligeant ces derniers à s'adonner pour vivre aux travaux rétribués qui, pendant des siècles, avaient été l'apanage des esclaves. Les disciples de Sénèque et les admirateurs de Marc-Aurèle, pouvaient donc, vers la fin du IIe siècle, entrevoir le temps où tous les hommes seraient égaux devant la loi comme ils sont frères par la nature. Pour cela, il fallait qu'aucun événement ne vînt entraver ou faire dévier l'évolution commencée sous l'impulsion directrice des philosophes.

L'influence de ces derniers se faisait encore sentir sur l'instruction de la jeunesse, sur l'assistance aux orphelins, aux pauvres, à tous les déshérités du sort. « L'assistance publique, fondée par Nerva et Trajan, développée par Antonin, arriva sous Marc-Aurèle au plus haut degré qu'elle ait jamais atteint... Le principe que l'État a des devoirs en quelque sorte paternels envers ses membres..., a été proclamé pour la première fois dans le monde au IIe siècle[1] », et il l'avait été, ne l'oublions pas, par les philosophes. « L'éducation des enfants de condition libre était devenue, vu l'insuffisance des mœurs et par suite des principes économiques défectueux sur lesquels reposait la société, une des grandes préoccupations des hommes d'État. On y avait pourvu, depuis Trajan, par des sommes placées sur hypothèque et dont les revenus étaient gérés par des procurateurs. Marc-Aurèle fit de ces procurateurs des fonctionnaires de premier ordre ; il les choisissait avec le plus grand soin parmi les consulaires et les préteurs, et il élargit leurs pouvoirs. Sa grande fortune lui rendait faciles ces largesses bien entendues. Il créa lui-même un grand nombre de caisses de secours pour la jeunesse des deux sexes. » Il avait été précédé dans cette voie par Antonin qui, à la mort de sa femme, créa l'institut des « Jeunes faustiniennes »

---

1. Voyez pour cette citation et les suivantes : Ernest RENAN, *Marc-Aurèle*, p. 20 et suiv.

dont le but était de venir en aide aux jeunes filles. Après la mort de la seconde Faustine, fille d'Antonin et femme de Marc-Aurèle, celui-ci créa l'institut des « Nouvelles faustiniennes » dont le but était le même. « L'être faible, dans les sociétés anciennes, était peu protégé. Marc-Aurèle se fit en quelque sorte le tuteur de ceux qui n'en avaient pas. L'enfant pauvre, l'enfant malade eurent des soins assurés. La « préture tutélaire » fut créée pour donner des garanties à l'orphelin..., un fonds fut établi pour les obsèques des citoyens pauvres ; les collèges funéraires (associations libres que des citoyens pauvres formaient en vue de leur funérailles) furent autorisés à recevoir des legs et devinrent des personnes civiles, ayant le droit de posséder. » Marc-Aurèle « traita l'homme en être moral ; jamais il n'affecta comme le font souvent les politiques transcendants, de le prendre comme une machine ou un moyen. S'il ne put changer l'atroce code pénal du temps, il l'adoucit dans l'application. » On peut, en somme, dire des Antonins que, sous l'influence de la philosophie, ils appliquèrent au gouvernement la pensée sublime de Sénèque : « Homme, je ne puis regarder comme étranger rien de ce qui touche les hommes. » Ils se proclamaient hommes et furent humains ; aucun éloge plus grand ne peut être fait de ceux auxquels le destin confie le gouvernement des hommes.

En résumé, sous l'influence concordante de la lutte individuelle pour l'existence d'une part, et, de la philosophie, de l'autre, il se produisit, dans la société romaine une réaction incessante des principes naturels contre les principes absolus sur lesquels la religion avait eu la prétention de fonder la famille et la société. Cette réaction fut beaucoup facilitée par le fait que les Romains n'eurent jamais de code religieux. La lutte individuelle qu'engendre nécessairement l'égoïsme personnel, n'étant pas contrariée par une loi religieuse écrite, devait conduire la femme romaine à s'émanciper petit à petit de la puissance maritale à laquelle l'avait soumise l'esprit de domination de l'homme consacré par la religion primitive du foyer. La même tendance naturelle à l'émancipation existait chez la femme juive, mais cette dernière était trop comprimée par la Loi immuable de Moïse pour qu'elle pût atteindre le but vers lequel la nature la poussait. Aussi voit-on la femme de Rome prendre, dès les temps les plus reculés, sa place dans le culte des ancêtres, dans la conduite de la maison et dans les relations sociales extérieures, tandis que la femme juive n'a de place ni dans la religion, ni dans la maison, ni dans la société. En traçant à la femme son rôle, pour toujours, dans le groupe familial et dans le corps social, la Loi sacrée des Hébreux supprima la lutte individuelle qui devait naturellement s'établir entre elle et son mari pour la conquête d'une liberté plus grande, de droits plus étendus : elle maintint peut-être la paix dans le ménage, mais elle arrêta tout progrès intellectuel et même moral chez la femme, dont elle annihila l'individualité en même temps qu'elle faisait taire son égoïsme naturel. La femme juive a pu prendre occasionnellement sur son mari un ascendant plus ou moins considérable, en raison de sa beauté, de sa ruse, de son habileté à faire valoir ses charmes et à provoquer les sentiments ou les passions de l'homme, mais jamais elle ne s'est affranchie du servilisme légal auquel les Livres sacrés la condamnaient. Aujourd'hui encore, dans les pays où les juifs conservent en totalité leurs habitudes religieuses et obéissent entièrement à la Loi de Moïse, la femme est une servante, dont l'ignorance n'a d'égale que la soumission.

L'histoire de la femme romaine est toute différente. De bonne heure elle se soustrait à la domination maritale, acquérant petit à petit le droit de posséder, d'hériter, de léguer, de divorcer, et rompant l'un après l'autre tous les liens qui enserraient sa liberté, jusqu'à ce qu'elle obtienne la suppression successive du mariage religieux et du mariage civil par achat ou coemption d'où découlait légalement la puissance maritale. Elle parvient, en un mot, à prendre part indirectement à la confection de loi parce que celle-ci, n'ayant pas le caractère religieux, peut évoluer vers l'application des principes naturels. Son émancipation fut rendue plus facile encore à partir du moment où les philosophies grecques, dont la base commune est la nature, exercèrent une influence prépondérante sur la confection des lois. A partir de ce jour, la femme romaine put croire qu'elle touchait à la liberté vers laquelle tous ses efforts convergeaient depuis de nombreux siècles [1]. Elle avait compté sans l'intervention du christianisme, dont l'esprit antiphilosophique, purement religieux, devait faire entrer l'évolution de la famille dans une voie fort différente de celle qui avait été suivie jusqu'alors et qui l'aurait ramenée en arrière si la nature n'était pas plus forte que la religion.

Les mêmes considérations pourraient être appliquées à l'évolution de l'esclavage et à celle des classes sociales. Débarrassées de tout obstacle religieux, la lutte individuelle et

---

[1]. Duruy (*Hist. des Rom.*, V, 277) a tracé de la femme romaine devenue maîtresse de sa liberté et en possession de la dignité que son rôle dans la famille comporte, un tableau qui ne sera pas déplacé ici : « En Orient, la femme, enfermée au Harém, est un jouet bien vite dédaigné. En Grèce, elle s'élève à la dignité d'épouse et de mère, mais demeure dans l'ombre épaisse du Gynécée qui l'enveloppe et la cache. A Rome, elle devient vraiment la compagne de son époux. La loi romaine donnait du mariage cette belle définition : *consortium omnis vitæ*, mise en commun de toutes choses : richesse et misère, grandeur et infortune, plaisirs et douleurs. La femme participe même à la condition officielle de son mari ; elle est, comme lui, consulaire, clarissime, s'il a obtenu ces titres, et les conserve après la dissolution du mariage avec lui, elle assiste aux fêtes et elle accomplit au foyer domestique les *sacra privata*. Sa mort a, comme sa vie, de publics hommages. On lui fait de solennelles funérailles ; le convoi traverse le forum, et du haut de la tribune, d'où Caton l'ancien avait essayé de contenir « ce sexe indomptable », un des proches parents de la défunte célèbre sa naissance, raconte ses vertus et souvent rappelle les exemples fameux des héroïnes nationales : le dévouement des Sabines, la chasteté de Lucrèce, le courage de Clélie, le patriotisme de Veturia et celui des matrones dont les offrandes remplirent le trésor vidé par la guerre d'Annibal.

« Les princes donnaient l'exemple du respect pour celles que la vieille rhétorique traitait encore si mal dans les livres des philosophes. César avait prononcé aux rostres l'éloge de sa tante Julie ; la femme, la sœur d'Auguste avaient été investies de l'inviolabilité tribunitienne ; Agrippine « siégeait sous les enseignes », et Julia Domna fut saluée du nom de *Mère des Légions*. Des soldats élevaient une statue à la femme de leur général ; tout le peuple de Lyon à celle de leur gouverneur ; et un censeur farouche s'écriait en plein Sénat : « Elles gouvernent nos maisons, les tribunaux, les armées. » (Tacite, *Annal.*, III, 33.)

« Ces derniers mots partent d'un esprit morose dont Tacite s'est encore plu, sans doute, à exagérer les sévérités ; il n'en reste pas moins que le mariage romain donnait à la matrone cette dignité qui lui a valu d'être proposée souvent en exemple. Les enfants, la famille, le bon ordre de la maison y gagnaient, car cette association « pour les choses divines et humaines » ne souffrait pas de partage. Le mari pourra avoir au dehors des mœurs légères, la matrone régnera seule au foyer domestique, la polygamie, autorisée même à Athènes, est incompatible avec l'idée du mariage romain. »

la concurrence sociale, aidées par la philosophie, auraient fatalement conduit, en un temps plus ou moins long, la société romaine à un état où les différences de classes auraient été considérablement atténuées et où les libertés individuelles reconquises auraient fait disparaître la servitude déjà condamnée par les jurisconsultes du IIe siècle, amélioré le sort des pauvres gens comme le voulaient les Antonins et répandu l'instruction ainsi qu'ils avaient travaillé à le faire ; mais, sur ce domaine, comme sur celui de la famille, le christianisme devait rétablir les barrières que la philosophie et la concurrence sociale étaient en train de renverser lorsque finit la période des empereurs philosophes.

Avec eux disparaît l'esprit romain, avec eux s'effondre la philosophie et, après eux, sous les empereurs Syriens, le sémitisme l'emporte sur l'aryanisme, la religion domine la nature, la civilisation s'éclipse jusqu'à la Renaissance philosophique et païenne du XVIe siècle.

LIVRE IV

LA MORALE DU CHRISTIANISME

CHAPITRE I

LA SOURCE DE LA MORALE DU CHRISTIANISME

A l'exemple du judaïsme d'où il est sorti, le christianisme unit la morale, le dogme et le culte d'une manière si étroite qu'il est impossible de les séparer. Cette considération s'applique surtout au catholicisme, qui a la prétention d'être seul conforme aux traditions apostoliques et qui fut pendant seize siècles l'unique religion de tous les chrétiens.

Comme le judaïsme, le védisme, le brahmanisme, etc., le christianisme place la source de ses prescriptions morales dans la divinité. C'est Dieu lui-même qui a dicté ses commandements. Le Catéchisme du Concile de Trente[1] que

---

[1]. *Abrégé du Catéchisme du Saint Concile de Trente*, avec une introduction, des compléments et un questionnaire en tête de chaque chapitre par les RR. PP. Alexis et Théophile ; 2ᵉ édition, avec l'Imprimatur de l'archevêché de Paris, 19 janvier 1900, Paris, Maison de la Bonne presse. Au-dessous du titre ces mots : « Nous recommandons que tous les séminaristes aient entre les mains et relisent souvent le livre d'or connu sous le nom de Catéchisme du Saint-Concile de Trente. » (Léon XIII, Encycl. du 8 septembre 1899.)

L'ouvrage comprend deux sortes de textes : l'un est en petits caractères et sous forme de questions suivies de réponses ; il est destiné, disent les auteurs, à être appris par cœur. L'autre est en gros caractères, et divisé en paragraphes numérotés. C'est de lui que l'on a extrait le questionnaire pour faciliter les études et aider la mémoire.

Il n'est pas inutile de rappeler que la rédaction de ce catéchisme fut ordonnée par le Concile de Trente, au moment de la Réforme. On signale, à cet égard, dans l'avant-propos de l'édition qui nous a servi, les recommandations qu'aje prendrai pour base de l'étude de la morale du christianisme est absolument formel sur ce point : « Le Décalogue est l'abrégé fait par Dieu même, de tous les devoirs de l'homme renfermés en dix commandements... Dieu a donné aux hommes ces dix commandements par l'entremise de Moïse, sur le mont Sinaï, au milieu des éclairs et du tonnerre. » A la question qui vient ensuite : « pourquoi ces éclairs et ce tonnerre ? » Le Catéchisme répond : « Pour inspirer aux hommes une crainte salutaire et montrer que Dieu, étant le maître, a le droit d'être obéi[1]. » Dieu n'est pas seulement le « maître », il est un maître tout-puissant. Le nom « que Dieu lui-même se donne le plus fréquemment, est celui de Tout-Puissant. Il signifie que nous ne pouvons rien imaginer que Dieu ne puisse faire. Il peut tout réduire au néant ou créer en un instant plusieurs mondes[2] ». Le monde que nous connaissons, dont l'homme est partie intégrante, a été tiré du néant. « La connaissance de la toute-puissance de Dieu nous rend plus facile la foi au grand mystère de la création. En effet, Dieu n'a pas formé le monde de quelque matière préexistante ; il l'a tiré du néant, c'est-à-dire qu'il a fait être ce qui n'était pas[3]. »

---

dressait aux acolytes de son diocèse, au XVIe siècle, le cardinal Valère, « l'une des gloires du Sacré Collège » et qui se terminaient par ces mots : « Combien n'est-il pas plus juste que vous, formés sous la tutelle de l'Église, obligés à tendre de toute l'ardeur de vos désirs à la gloire de Dieu, à votre salut et à celui des autres, vous lisiez assidûment, et copiiez même huit fois ce beau livre, *écrit sous la dictée de l'Esprit-Saint*, par décret des Pères du Concile de Trente, et qui a vu le jour sous les auspices du vicaire de Jésus-Christ. »

1. *Abrégé*, etc., p. 281.
2. *Ibid.*, p. 17.
3. *Ibid.*, p. 19. — Saint Thomas d'Aquin (*La Somme*, traduction de l'abbé Drioux, t. I, p. 397 et suiv.) dit au sujet de la création de la matière : « Puisque Dieu est l'être subsistant et que cet être est unique, il faut nécessairement que tout être quel qu'il soit procède de lui. » (I, p. 397.) « Il est nécessaire que la matière première ait été créée par la cause universelle de tous les êtres qui est Dieu. » (I, p. 398.) « Puisque c'est à la sagesse divine qu'il appartient de déterminer la forme naturelle des êtres, on doit dire que Dieu est le premier exemplaire de toutes choses. » (I, p. 400.) « Puisque Dieu est l'agent premier, il est nécessaire qu'il soit aussi la fin première de toutes choses. » (I, p. 401.) « Créer c'est faire quelque chose de rien. » (I, p. 403.) « Puisque dans l'universalité des êtres il n'y en a point que Dieu n'ait produit, non seulement il est possible, mais il est nécessaire qu'il ait tout créé. » (I, p. 404.) « La création est un acte commun à la Trinité tout entière, il ne peut convenir aux personnes divines que parce qu'elles renferment les attributs

Comme il est scientifiquement impossible de comprendre que quelque chose puisse être fait avec rien, le christianisme a soin de présenter la formation de l'univers comme un « mystère » et sa formation avec rien comme devant constituer un « acte de foi », acte qu'il définit de la façon suivante : « Croire, c'est tenir pour certain et hors de doute tout ce qu'il a plu à Dieu de nous révéler, quand même nous ne le comprendrions pas, parce que Dieu est la vérité même et qu'il ne peut ni se tromper, ni nous tromper[1]. » Et encore : « Croire ici n'est pas seulement penser ou supposer d'après une opinion probable, mais tenir pour certain et hors de doute ; et, bien que les objets de notre foi ne tombent pas sous nos sens, la certitude que nous en avons n'en est pas moins absolue, puisque c'est Dieu qui les a révélés, et c'est sur sa parole, attestée par la Sainte Église, que nous croyons. » Afin de mieux préciser encore la signification des mots « croire » et « foi », l'auteur du Livre sacré ajoute : « Celui donc qui possède cette foi est débarrassé de toute obligation d'examen et de démonstration, car Dieu, en nous ordonnant de croire, ne nous propose de sonder ni ses jugements divins ni leurs causes, et ce serait folie, lorsque Dieu affirme, que d'exiger de lui des raisons pour croire à sa parole[2]. »

Les questions sont posées, on le voit, avec une très grande netteté : c'est Dieu qui a dicté la morale du christianisme ; il l'a dictée à Moïse, au milieu des éclairs et du tonnerre, manifestation de sa toute-puissance ; tout chrétien est tenu de croire à la révélation et d'obéir aux commandements « sans examen ni démonstration », car Dieu, dont la parole nous est « attestée par la Sainte Église, ne peut pas permettre qu'on « exige de lui des raisons pour croire » à ce qu'il « affirme ». Les auteurs de ce Livre sacré ont prévu qu'on pourrait mettre en doute la faculté que s'arroge

---

essentiels de la divinité, la science et la volonté. » (I, p. 412.) « Dans les créatures raisonnables il y a une image de la Trinité, dans celles d'un ordre inférieur il y en a un vestige dans ce sens qu'on trouve en elles des choses qui correspondent aux personnes divines. » (I, p. 415.)

1. *Catéch.*, p. 5.
2. *Ibid.*, p. 8.

l'Église « d'attester la parole de Dieu » ; aussi imposent-ils aux chrétiens, comme l'un des premiers actes de foi, celui qui consiste à croire que « l'autorité de l'Église est l'autorité même de Jésus-Christ qui est Dieu [1] ». D'où il suit que pour le catholique, l'autorité de l'Église se confond avec l'autorité de Dieu.

La première question qui se pose maintenant est celle de savoir si la loi morale donnée à Moïse par Dieu était « inconnue des hommes ». Le Catéchisme répond : « non, car dès le commencement, Dieu l'avait gravée dans leur cœur, et c'est ce qu'on appelle la loi naturelle. » A quoi il ajoute : « Dieu aurait pu se dispenser de donner aux hommes la Loi de Moïse ou la loi écrite, mais, en la leur donnant, il a voulu raviver dans leur cœur la lumière de la loi naturelle obscurcie par le péché et les mauvais penchants et si à cette loi naturelle il a ajouté le précepte positif du sabbat, c'est pour mieux affirmer son autorité sur nous. » Précisant encore davantage, l'ouvrage sacré ajoute : « Chacun de nous sent au fond de son cœur une règle qui lui permet de discerner le bien du mal, le juste de l'injuste. Cette règle ne diffère pas de la loi écrite et ne peut avoir que Dieu pour auteur. Mais le péché et la perversité des hommes avaient obscurci ce flambeau divin. Ce fut alors que Dieu donna sa loi à Moïse, non pour établir une loi nouvelle, mais pour éclaircir la première, qui, par conséquent, n'a point été abrogée avec les observances légales. Donc, l'obligation d'observer le Décalogue ne vient pas de ce qu'il a été promulgué par Moïse, mais de ce qu'il a été mis dans le cœur de chaque homme par Dieu lui-même, et, dans la suite, développé et confirmé par Notre-Seigneur. La loi naturelle et la loi écrite ne sont donc qu'une seule et même loi [2]. »

On pourrait discuter la question de savoir s'il est exact que les prescriptions du Décalogue soient inscrites dans le cœur de tous les hommes ; on pourrait faire remarquer encore que l'ordre d'observer le sabbat est purement cultuel

1. *Catéch.*, p. 400.
2. *Ibid.*, p. 281-283.

et ne saurait être considéré comme faisant partie de ce que l'auteur sacré appelle « la loi naturelle »; mais ce n'est point ici le lieu d'aborder ces questions.

Il est à peine utile de faire observer que le point de départ de la morale du christianisme et de toutes les autres religions est la croyance absolue au libre arbitre. L'homme pouvant, en vertu de la liberté complète dont il jouit, faire, à son gré, telle action ou telle autre, se décider pour telle conduite plutôt que pour telle autre, chacune de ses pensées, de ses paroles ou de ses actions engage sa responsabilité. Il se rend coupable envers la divinité, il commet un péché, s'il désobéit aux lois morales de la religion à laquelle il appartient, et il en doit être puni. Il fait acte d'obéissance à la divinité, et mérite une récompense, s'il pense, parle et agit conformément aux lois de cette divinité.

Ceci dit, on voit aussitôt se poser la question suivante : Puisque le Dieu du christianisme, suivant les expressions mêmes du catéchisme, est « souverainement parfait » et « souverain seigneur de toutes choses »[1], que, d'autre part, sa souveraine perfection comporte une bonté non moins souveraine, comment se fait-il qu'il expose l'homme à mal faire et, par conséquent, à être puni ? Comment se fait-il qu'il condamne l'homme de bien à souffrir, tandis que le méchant est si souvent heureux ? Pourquoi permet-il que l'homme soit exposé à tant de maux physiques et moraux ? Pourquoi, en un mot, permet-il au mal d'insister ?

L'existence du mal dans un monde créé et gouverné par un Dieu souverainement parfait, est justifiée par saint Thomas d'Aquin de la manière suivante : « Comme la perfection de l'univers exige qu'il n'y ait pas que des choses incorruptibles, incapables de s'écarter du bien ; de même il était nécessaire que le mal se trouvât dans les créatures pour les priver du bien et les corrompre, non positivement, mais en éloignant formellement d'elles ce qui convenait à la perfection de leur espèce[2]. » En d'autres termes,

---

1. *Catéch.*, p. 5.
2. *La Somme*, trad. de l'abbé Drioux, I, p. 433.

pour que le monde soit parfait, il faut que le mal y existe. C'est une façon ingénieuse de résoudre le plus redoutable des problèmes posés par la coexistence d'un dieu souverainement parfait et d'un univers créé par lui, où le mal est si répandu. Ai-je besoin de dire que cette ingéniosité ne satisfait nullement la raison ? Les fondateurs de la doctrine chrétienne l'avaient sans doute compris, car ils imaginèrent un premier homme doué, à la fois, « du libre arbitre, c'est-à-dire de la faculté de se déterminer entre plusieurs partis à prendre » et de « la justice originelle » qui lui permettait de soumettre « à l'empire de la raison les appétits et les mouvements de la chair[1] ». Le premier homme, en d'autres termes et suivant une expression consacrée, avait été créé par Dieu dans « l'état d'innocence ». Toutefois, il avait le libre arbitre. En ayant fait usage pour désobéir à Dieu, il « perdit la justice originelle, devint sujet à l'ignorance et aux mauvais penchants, fut condamné aux souffrances et à la mort ». Son « péché et toutes les misères qui en furent la suite passèrent à ses enfants, c'est-à-dire à tous les hommes : c'est ce que nous appelons le péché originel[2]. »

Le catéchisme dit encore au sujet du péché originel : « Adam, ayant désobéi à Dieu dans le paradis terrestre, se trouva déchu de la sainteté et de la justice dans lesquelles il avait été placé. Par suite de cette désobéissance, il encourut la colère de Dieu, devint sujet à la mort, à l'esclavage du démon et aux misère de la vie. Le péché et la peine du péché ne s'attachèrent pas seulement à Adam, mais s'étendirent à sa postérité tout entière. C'est en cela que consiste le péché originel, car, dit saint Paul (Rom., v. 12), tous ont péché en Adam[3]. »

En somme, si les hommes peuvent faire le mal, s'ils sont exposés à souffrir quoique bons, s'ils peuvent être heureux

---

1. *Catéch.*, p. 21-22. « L'homme sortit des mains de Dieu immortel et impassible, doué du libre arbitre, maître de ses appétits inférieurs et surtout orné de la justice originelle. » (*Ibid.*, p. 17.)
2. *Ibid.*, p. 23.
3. *Ibid.*, p. 25.

quoique méchants, si le mal existe sous toutes les formes dans le monde, c'est, d'une part, que le mal est indispensable à la perfection de l'univers, et, d'autre part, que l'homme a perdu, par un acte de son libre arbitre, la « justice originelle » dont Dieu l'avait doté, en même temps que du libre arbitre. Cependant, Dieu, dans sa souveraine bonté, n'a pas abandonné entièrement l'homme au triste sort qu'il s'était lui-même infligé : il lui a, d'abord, inculqué dans l'esprit, dès sa naissance, les principes du décalogue, sous forme de loi naturelle ; il lui a ensuite envoyé une loi morale très précise, par l'intermédiaire de Moïse, sur le mont Sinaï ; il a donné mission à son propre Fils de se faire homme pour opérer la rédemption des hommes : « Oui, le Sauveur est venu, et c'est notre Seigneur Jésus-Christ. Le nom de Jésus signifie Sauveur, et il exprime à lui seul tout ce qui était renfermé dans les autres noms donnés au Messie par les prophètes... Il a délivré le genre humain tout entier du péché et des effets du péché pour lui donner droit à l'héritage éternel[1]. » Enfin, il veille sans cesse sur l'univers et le gouverne, pour conserver et soutenir tout ce qu'il a créé : « Les êtres créés par Dieu n'ont pu sortir du néant que par la puissance, la sagesse et la bonté infinies du créateur, et ils retomberaient dans le néant, si sa Providence ne les soutenait perpétuellement et ne les conservait par la même vertu qui les a créés. Non seulement Dieu conserve et gouverne par sa Providence tout ce qui existe, mais encore il donne à tout ce qui se meut et agit, l'impulsion et l'activité, sans empêcher pour cela l'action des causes secondes[2]. »

D'après cette doctrine, tout homme, en venant au monde, se trouve, simultanément, dans deux états contradictoires : d'une part, il a « dans son cœur » la « loi naturelle », qui se confond avec le Décalogue et qui représente la loi morale à laquelle il doit se soumettre ; d'autre part, il est déjà souillé par le péché, il est déchu aux yeux de Dieu,

---

1. *Catéch.*, p. 24.
2. *Ibid.*, p 22.

en raison de la faute commise par Adam. Comment sortir de cette situation? Le Livre sacré l'indique de la façon suivante : « Le genre humain ainsi déchu ne pouvait être rétabli dans son premier état par aucune puissance créée. Il fallait que le Fils de Dieu, prenant l'infirmité de notre chair, détruisît la malice infinie du péché et nous reconciliât avec Dieu dans son propre sang[1]. » On pourrait croire

---

1. *Catéch.*, p. 26. Saint Thomas d'Aquin (*La Somme*, I, p. 384) pose, à propos de l'envoi de Jésus-Christ sur la terre, la question suivante : « Est-il convenable qu'une personne divine soit envoyée? » La réponse conclut dans ces termes : « La personne divine peut être envoyée en tant qu'elle procède d'une autre et qu'elle commence à avoir une nouvelle manière d'être. C'est ainsi que le Fils a été envoyé dans le monde par le Père, afin qu'il y paraisse sous une forme humaine, quoiqu'il y fût déjà par sa forme divine. » (I, p. 384.)

Formulé par le Concile de Nicée, en 325, le dogme de la Trinité est encore le plus important de cette religion et le moins contesté, même par les protestants. Le Catéchisme du Concile de Trente dit à son sujet (p. 6) : « Qu'est-ce que le mystère de la Sainte Trinité? — C'est le mystère d'un seul dieu en trois personnes distinctes : le Père, le Fils et le Saint-Esprit... Le Père, le Fils et le Saint-Esprit n'ont qu'une seule et même nature, une seule et même divinité, ce qui fait qu'ils sont égaux en toutes choses. Il appartient qu'au Père d'être inengendré, qu'au Fils d'être engendré du Père de toute éternité, qu'au Saint Esprit de procéder éternellement du Père et du Fils. Le Père n'est ni plus ancien ni plus grand que le Fils et le Saint-Esprit, car les trois personnes ont la même éternité et la même majesté. — Pourquoi affirmons-nous que le Père est la première personne? — Pour indiquer que le Père est le principe de la Trinité et n'a pas lui-même de principe. » Saint Thomas d'Aquin (*Somme*, I, p. 378) pose la question suivante : « La personne qui procède est-elle coéternelle à son principe de telle sorte que le Fils soit coéternel au Père? » Il répond : « Puisque le Père engendre le Fils non par sa volonté mais par sa nature qui est parfaite de toute éternité et qu'il n'y a dans l'acte de cette génération rien de successif, le Fils lui est coéternel. »

Tout cela étant de nature à révolter les intelligences les plus souples et à choquer la raison, le Catéchisme (p. 7) a soin de dire : « Nous devons étudier ce mystère en bannissant de notre esprit toute curiosité téméraire ; et en priant Dieu de nous découvrir son admirable fécondité, telle que les bienheureux la contemplent dans le ciel. » Il dit encore (p. 12) : « La profondeur de ce mystère doit nous détourner de toute investigation subtile. Qu'il nous suffise de retenir la terminologie de l'Église et de savoir que l'unité est dans l'essence divine et la distinction dans ses personnes. L'image la moins imparfaite que nous puissions nous former des relations des personnes divines entre elles est tirée des facultés de notre âme. L'intelligence produit la pensée comme le Père produit le Fils et elle aime sa pensée comme le Père aime le Fils. « Dieu le Père, de toute éternité, se connaît et se contemple. Or, en contemplant ses infinies perfections, il produit une image distincte de lui, mais en tout semblable à lui : comme lorsque nous nous regardons dans un miroir nous produisons une image qui nous ressemble. Mais au lieu d'être une représentation passagère et imparfaite, l'image que le Père produit en se contemplant est parfaite, infinie, vivante comme lui : c'est le Fils, Dieu égal en tout au Père. A leur tour, le Père et le Fils se connaissant parfaitement ne peuvent pas ne pas s'aimer ; ils s'aiment infiniment l'un et l'autre, et cet amour, parfait comme le Père et le Fils et vivant comme eux, c'est le Saint-Esprit, en tout égal aux

que le « fils de Dieu », en se faisant homme, a racheté l'humanité tout entière du péché commis par Adam. S'il en était ainsi, le prêtre n'aurait pas à intervenir ; tout homme, depuis l'incarnation de Dieu dans Jésus-Christ, serait, par le fait même de cette incarnation, débarrassé du péché originel. Cette doctrine était trop contraire à l'intérêt de ceux qui ont inventé le péché originel pour qu'ils pussent s'y arrêter. Non,

deux autres personnes et procédant à la fois de l'une et de l'autre. » Saint Thomas d'Aquin demande, à propos du Saint-Esprit : « Procède-t-il du Père et du Fils ? » Et il répond : « Puisque le Saint-Esprit ne procède du Fils que parce que le Fils a reçu l'être du Père, on dit qu'il procède du Père par le Fils. » A cette autre question : « Le nom d'amour est-il propre au Saint-Esprit ? » Il répond : « Le nom d'amour pris dans une acception personnelle est le nom propre de l'Esprit Saint. » (*Somme*, I, p. 327, 331.)

Il est intéressant de rapprocher la conception chrétienne de la Trinité de celles qui régnaient parmi les prêtres égyptiens et dont il a été question plus haut (voy. ci-dessus, p. 241). Il importe d'ajouter que c'est probablement en Égypte que prit naissance la première idée de la Trinité chrétienne, de même que celle de la grâce et du péché originel. Le juif Philon, dont l'éducation était essentiellement grecque, fut celui qui les exprima le premier (voy. E. Renan, *Hist. du peuple d'Israël*, v, p. 353 et suiv.).

« L'idée d'une raison incarnée, c'est-à-dire de la raison divine revêtant une forme finie, est bien égyptienne. Depuis les époques les plus anciennes jusqu'aux livres hermétiques, l'Égypte proclame un Dieu, seul vivant en substance, engendrant éternellement son semblable, Dieu double et unique en même temps. Le Soleil est le premier né, procédant éternellement du Père, ce Verbe, qui a fait tout ce qui est, et sans qui rien n'a été fait. — Le judaïsme, d'un autre côté, tendait depuis longtemps, pour sortir de sa théologie un peu sèche, à créer de la variété en Dieu, en personnifiant des attributs abstraits, la Sagesse, la Parole divine, la Majesté, la Présence... un mot surtout devint fécond : ce fut le mot *dabar*, en chaldéen, *mémera*, la Parole. Les anciens textes faisaient parler Dieu dans toutes les occasions solennelles ; ce qui justifiait des phrases comme celles-ci : « Dieu fait tout par sa parole, Dieu a tout créé par sa parole. » On fut ainsi amené à considérer « la Parole » comme un ministre divin, comme un intermédiaire par lequel Dieu agit au dehors. Peu à peu on substitua cet intermédiaire à Dieu, dans les théophanies, les apparitions, dans tous les rapports de la divinité avec l'homme. La dite locution eut de bien plus grandes conséquences encore chez les juifs d'Égypte, qui parlaient grec. Le mot *logos*, correspondant de l'hébreu *dabar*, ou du chaldéen *mémera*, ayant à la fois le sens de « parole » et celui de « raison », on entra par ce mot dans tout un monde d'idées, où l'on rejoignait, d'une part, les symboles de la théologie égyptienne dont nous parlions tout à l'heure, et, de l'autre, certaines spéculations du platonisme (surtout dans le *Timée*). Le livre alexandrin de la *Sagesse*, attribué à Salomon, se complaît déjà dans ces théories. Le *Logos* y apparaît comme le *métatrône*, l'assesseur de la divinité. On prit l'habitude de rapporter au *Logos* tout ce que l'ancienne philosophie hébraïque disait de la Sagesse divine... Philon (d'Alexandrie) combina ces habitudes de langage avec ses notions de philosophie grecque. Le *Logos* de Philon, c'est le divin dans l'univers, c'est Dieu extériorisé ; il est le législateur, le révélateur, l'organe de Dieu à l'égard de l'homme spirituel. Il est l'Esprit de Dieu, la Sagesse des livres saints..., il va l'appeler jusqu'à un « second Dieu » ou « l'homme de Dieu », c'est-à-dire Dieu considéré comme anthropol'incarnation de Dieu n'a pas suffi pour enlever la souillure, elle a seulement rendu possible sa disparition, à la suite de l'intervention de l'Église, envisagée comme pourvue de l'autorité du Christ, c'est-à-dire de Dieu.

Pour que l'enfant qui vient au monde soit débarrassé du péché originel et puisse, en cas de mort, prendre place dans le paradis, il faut qu'il soit promu à la qualité de

---

morphe... Quoique de telles idées fussent aussi éloignées que possible par leur origine des idées messianiques, on entrevoit cependant qu'une sorte de fusion pouvait s'opérer entre elles. La possibilité d'une incarnation plénière du *Logos*, rentre tout à fait dans l'ordre des théories de Philon. Il était reçu, en effet, que dans les différentes théophanies où Dieu avait voulu se rendre visible, c'est le *Logos* qui avait revêtu la forme humaine... Il était donc naturel que l'apparition messianique fût rapportée au *Logos*, que l'on se figurait le Messie comme le *Logos* incarné... Déjà, dans l'Apocalypse, le Messie triomphant a pour nom de gloire « le *Logos* de Dieu ». Dans les dernières épîtres de saint Paul, Jésus est presque détaché de l'humanité. Dans le quatrième Evangile, l'identification du Christ et du *Logos* est consommée... Jésus est désormais fils de Dieu, non en vertu d'une simple métaphore hébraïque, mais théologiquement parlant... A côté de la théorie du *Logos* et de l'Esprit, on développa la théorie du *Paraclet*, qu'on ne distinguait pas beaucoup du Saint-Esprit. Paraclet était, dans la philosophie de Philon, une épithète ou un équivalent de *Logos*. Il devint pour les chrétiens une sorte de remplaçant de Jésus, procédant comme lui du Père, qui devait consoler les disciples de l'absence de leur maître, quand celui-ci aurait disparu. Cet esprit de vérité, que le monde ne connaît pas, sera l'éternel inspirateur de l'Eglise. Une telle façon d'ériger des abstractions en hypostases divines était dans le goût du temps. Ælius Aristide, contemporain et compatriote de l'auteur du quatrième Evangile, s'exprime dans son sermon sur Athéné, d'une manière qui s'écarte à peine de celle des chrétiens. « Elle habite en son père, intimement unie à son essence ; elle respire en lui ; elle est sa compagne et sa conseillère. Elle s'assied à sa droite ; elle est le ministre suprême de ses ordres, n'a qu'une volonté avec lui, si bien qu'on peut lui attribuer toutes les œuvres de son père. » Isis était connue comme jouant un rôle analogue auprès d'Ammon... » Le quatrième Evangile, attribué à saint Jean, fit de Jésus une hypostase de ce genre. « Il était si commode, pour les besoins de la théologie et de l'apologétique du temps, au lieu d'une petite histoire tout humaine d'un prophète juif de Galilée, d'avoir une sorte de drame métaphysique... Le Verbe divin au sein de Dieu ; le Verbe créant toute chose ; le Verbe se faisant chair, habitant parmi les hommes, si bien que certains mortels privilégiés ont eu le bonheur de le voir, de le toucher de leurs mains ! Vu la tournure spéciale de l'esprit grec qui, de si bonne heure, s'empara du christianisme, cela paraissait bien plus sublime... La fraîcheur de l'idylle galiléenne, éclairée par le soleil du royaume de Dieu, était peu goûtée des vrais Hellènes. Ils devaient préférer un Evangile où le rêve était transporté dans le monde des abstractions, et d'où la croyance à une fin prochaine du monde était bannie... Le judaïsme est oublié, condamné ; les « juifs » sont des méchants, des ennemis de la vérité. Ils n'ont pas voulu recevoir le Verbe qui est venu chez eux. L'auteur ne veut plus rien savoir d'eux, sinon qu'ils ont tué Jésus. L'auteur du quatrième Evangile a tiré Jésus de la réalité judaïque où il se perdait et l'a lancé en pleine métaphysique. » (Ernest RENAN, *L'Église chrétienne*, p. 63 et suiv.)

chrétien. Il l'est par une ablution qui, dans la première Église, consistait à plonger le corps tout entier dans l'eau, et par les formules sacramentelles que prononce le prêtre en procédant à cette ablution. Cette cérémonie constitue le « baptême ». Tout enfant qui meurt avant d'avoir été baptisé est exclu du paradis. Le Catéchisme est, à cet égard, tout à fait formel : « Le baptême est devenu obligatoire pour le salut le jour où Jésus ressuscité, envoyant les apôtres prêcher l'Évangile à toutes les nations, leur a ordonné de les baptiser au nom du Père, et du Fils, et du Saint-Esprit (Matth., xxviii, 19)[1]. — Le baptême est si nécessaire, que les enfants mêmes ne peuvent être sauvés s'ils ne sont baptisés[2]. — Le baptême est nécessaire à tous les hommes pour être sauvés, aussi bien à ceux qui sont nés de parents chrétiens qu'à ceux qui sont nés de parents infidèles. Cette obligation s'étend non seulement aux adultes, mais aussi aux enfants, comme le prouvent les paroles de Notre Seigneur, où il demande qu'on « n'empêche pas les petits enfants d'aller à lui[3]. »

Il résulte de tout cela que pour « être sauvé », il faut avoir été fait chrétien par le baptême. Un enfant dépourvu de toute conscience de la cérémonie du baptême dont il est l'objet « sera sauvé » ; un enfant dépourvu de toute connaissance de cette même cérémonie, et qui en est privé, ne peut pas être sauvé. Nous sommes ici en présence d'un cas analogue à celui du péché involontaire, inconscient, dont il est question dans la religion des Védas. Le christianisme ressemble tout à fait à cette dernière en ce qui concerne le procédé qu'il emploie pour débarrasser l'enfant ou l'adulte du péché originel. « Le baptême, dit le Catéchisme, est le sacrement de la régénération par l'eau jointe aux paroles mêmes de Notre Seigneur. — Notre Seigneur a choisi l'eau comme matière du baptême, 1° parce que c'est un des éléments les plus répandus ; 2° parce que le propre

---

1. *Catéch.*, p. 150.
2. *Ibid.*, p. 153.
3. *Ibid.*, p. 154.

de l'eau est de laver les souillures[1]. » Le péché originel est ainsi comparé à une souillure extérieure que l'eau fait disparaître ; c'est tout à fait la conception védique. Les Védas attribuaient à l'eau un caractère sacré qu'elle posséderait par elle-même ; le christianisme lui maintient ce caractère, mais il ne le fait remonter qu'au temps où le Christ fut baptisé : « Le baptême a été institué par Notre-Seigneur le jour où le Sauveur, baptisé lui-même par saint Jean, a communiqué à l'eau, par le contact de son corps sacré, la vertu de sanctifier les âmes. » De même que le prêtre védique remettait *tous* les péchés, même ceux de l'hérédité, par l'ablution du coupable, accompagnée de la formule sacramentelle, le prêtre chrétien qui administre le baptême obtient : « 1° La rémission du péché originel (qui est hérité des parents) et des péchés actuels commis avant le baptême, de sorte que la concupiscence qui demeure en nous n'est pas une faute, mais une occasion de lutte qui nous permet de mériter devant Dieu ; 2° la rémission de la peine due aux péchés[2]. »

On remarquera que le baptême n'enlève pas « la concupiscence », c'est-à-dire les besoins naturels de l'homme, besoins dont la satisfaction, même modérée, peut, dans certains cas, donner lieu à péché. Délivré par le baptême de la déchéance morale à laquelle il avait été condamné, comme tous ses congénères de tous les temps et de tous les lieux, par la seule faute d'Adam, lavé, en outre, de tous les péchés qu'il avait pu commettre avant le baptême, l'homme reste encore exposé, après celui-ci, à la « concupiscence » qui l'entraîne vers de nouveaux péchés. Or, l'Église l'avertit qu'il ne pourra se soustraire à la « concupiscence » et au péché, que si Dieu lui en accorde la « grâce ». Nous touchons ici à l'un des traits les plus singuliers du christianisme.

A la question qu'il pose lui-même « qu'est-ce que la grâce » ? Le Catéchisme répond : « La grâce est un don

---

[1]. *Catéch.*, p. 145.
[2]. *Ibid.*, p. 155.

surnaturel, que Dieu nous accorde gratuitement à cause des mérites de Jésus-Christ, pour faire notre salut. Il y a deux sortes de grâces : la grâce habituelle ou sanctifiante et la grâce actuelle. La grâce habituelle ou sanctifiante est celle qui demeure en nous quand nous sommes exempts de péché mortel, et qui nous rend justes, saints, agréables à Dieu et capables de mériter la vie éternelle. La grâce actuelle est un secours intérieur ou extérieur que Dieu nous donne pour nous aider à éviter le mal et à faire le bien d'une manière utile au salut[1]. » Insistant sur la nature de la grâce, le Livre sacré ajoute : « Dans le langage ordinaire, une grâce est une faveur accordée à quelqu'un sans lui être due, par pure bienveillance ; c'est l'opposé d'une rétribution, d'un salaire... Elle est un don surnaturel, c'est-à-dire au-dessus de notre nature, parce qu'elle nous rend capable de vivre et d'agir en amis de Dieu sur la terre et de le posséder à jamais dans le ciel : toutes choses que nous ne saurions faire par nos forces naturelles[2]. » L'homme qui n'a pas la grâce ne peut pas « être sauvé ». Il est dans le même cas que celui qui n'a pas été lavé du péché originel. Même les « actes qui ont une bonté naturelle ne seront jamais récompensés dans le ciel, où Dieu ne reconnaît comme méritoires que ceux qui sont surnaturalisés par sa grâce[3] ». On pourrait supposer que tous les hommes ont « la grâce » depuis que l'incarnation du Fils de Dieu s'est produite, et par le seul fait de cette incarnation ; il n'en est rien cependant. Pour avoir la grâce, c'est-à-dire pour se trouver dans un état tel que l'on puisse « être sauvé », il faut accomplir certains actes qui exigent l'intervention du prêtre. « La grâce sanctifiante vient en nous pour la première fois par le baptême. On la perd par le péché mortel ; on la recouvre par le sacrement de Pénitence ou la contrition parfaite. Quiconque, à l'heure de la mort, en est privé, demeure pour toujours exclu du ciel. C'est la robe nuptiale dont parle l'Évangile (Matth., XXII, 11-15), et sans laquelle

1. Catéch., p. 123-124.
2. Ibid., p. 126, § 239.
3. Ibid., p. 124.

on est impitoyablement repoussé du banquet éternel[1]. » Le Catéchisme dit encore : « Le moyen le plus ordinaire dont Dieu se sert pour nous donner la grâce, ce sont les sacrements[2]. » Les sacrements exigeant l'intervention du prêtre, il résulte de tout cela que tout homme, pour être sauvé, doit avoir recours au prêtre[3].

---

1. *Catéch.*, p. 128, § 243.
2. *Ibid.*, p. 123.
3. Saint Thomas d'Aquin a fait un exposé de la doctrine de la grâce dont il me paraît utile de citer ici les points principaux. Il pose d'abord la question de savoir si l'homme peut connaître la vérité sans la grâce, et il répond (*La Somme*, trad. de l'abbé Drioux, t. III, p. 585) : « Puisque l'homme est naturellement raisonnable et intelligent, il est certain qu'il peut connaître les vérités naturelles sans le don surnaturel de la grâce. » Cependant, « dans l'état de nature intègre (c'est-à-dire avant le péché originel), l'homme a eu besoin d'un secours gratuit pour vouloir et opérer, non pas le bien naturel, mais le bien surnaturel ; dans l'état de nature déchue, quoi qu'il puisse vouloir et opérer quelque bien particulier, cependant la grâce divine lui est nécessaire pour guérir sa nature, et pour faire et vouloir un bien méritoire » (*Ibid.*, p. 587). L'homme peut-il aimer Dieu par dessus toutes choses sans la grâce ? Oui, dans son état primitif « quoi qu'il eût besoin à cet égard du secours de Dieu pour l'impulsion première ; mais dans l'état de nature corrompue, il a besoin d'une grâce qui guérisse intérieurement sa nature » (*Ibid.*, p. 589). Dans tous les cas, l'homme a besoin de la grâce pour accomplir les préceptes de la Loi (*Ibid.*, p. 590). Il en a toujours besoin aussi pour mériter la vie éternelle : « La vie éternelle étant la fin dernière de l'homme et surpassant les forces de sa nature, il ne peut l'obtenir ou la mériter par ses facultés naturelles, sans le secours de la grâce divine » (*Ibid.*, p. 592). Il a même besoin de la grâce pour se préparer à la grâce : « L'homme ne peut se préparer par lui-même à recevoir la lumière de la grâce divine, mais il a besoin du secours gratuit de Dieu qui le meut intérieurement et qui lui inspire le bien qu'il se propose ; mais pour agir méritoirement et pour être digne de jouir de Dieu, il faut le don habituel de la grâce elle-même qui doit être le principe d'une aussi grande action » (*Ibid.*, p. 593). L'homme ne peut sortir de l'état de péché sans le secours de la grâce : « Puisque la raison naturelle n'est pas dans l'homme un principe suffisant pour soutenir sa vie spirituelle, et qu'il lui faut la grâce que le péché détruit, il ne peut se faire que l'homme sorte par lui-même du péché sans le secours de la grâce, c'est-à-dire qu'il recouvre ce qu'il a perdu en péchant. » (*Ibid.*, p. 595). Dans l'état d'innocence, l'homme a pu éviter le péché sans une grâce spéciale, après sa chute, il ne le peut plus : « L'homme, dans l'état d'innocence, ayant une nature parfaitement pure, a pu éviter, avec le seul secours général de Dieu, tous les péchés, et chacun d'eux, en particulier, aussi bien les véniels que les mortels. Mais dans l'état de nature déchue... il ne peut les éviter tous, quand même sa nature aurait été réparée par la grâce infuse ; et si elle ne l'a pas été, il ne peut pas même éviter tous les péchés mortels, surtout pendant un long temps. » (*Ibid.*, p. 596). Même étant en état de grâce, l'homme ne peut éviter le péché que par le secours spécial de Dieu : « Aucun agent n'agissant qu'en vertu de l'agent premier, et la chair étant perpétuellement rebelle à l'esprit, l'homme ne peut, quoiqu'il soit déjà en état de grâce, faire le bien et éviter le mal par lui-même, sans un nouveau secours de Dieu qui le conserve, le dirige et le protège, quoique, d'ailleurs, une autre grâce habituelle ne lui soit pas nécessaire. (*Ibid.*, p. 598). — « L'homme qui est

La morale du catholicisme nous est ainsi présentée, non seulement comme ayant sa source en Dieu, mais encore comme ne pouvant être suivie de sanctions favorables, que si les actions, même les meilleures, sont accomplies dans l'état de chrétien d'abord, dans l'état de grâce ensuite. Dieu, d'après cette doctrine, a mis dans l'homme la loi na-

en état de grâce a besoin, pour persévérer dans le bien jusqu'à la fin de sa vie, non du don habituel de la grâce divine, mais d'un secours spécial de Dieu qui le protège contre les tentations » (*Ibid.*, p. 600). C'est pour lui assurer la grâce d'abord, le secours spécial de Dieu, ensuite, que l'Église a institué les sacrements. Par eux, elle tient l'homme, en vertu de sa doctrine de la grâce, d'un bout à l'autre de sa vie.

En ce qui concerne « l'essence de la grâce », saint Thomas d'Aquin dit : « Puisque aimer c'est vouloir du bien à un autre et que la volonté de Dieu est la cause de ce qui existe, il est certain que la grâce ou l'amour de Dieu produit toujours quelque chose (c'est-à-dire le bien qu'il lui veut) dans l'âme de celui qu'il aime » (*Ibid.*, p. 601). La grâce, en somme, c'est l'amour de Dieu pour un homme, comme on dit « d'un soldat qu'il a la grâce du roi, c'est-à-dire que le roi lui est favorable ». Il ajoute : « On distingue deux sortes d'amour de Dieu pour la créature : un amour général, d'après lequel il aime tout ce qui existe, comme dit la *Sagesse* (*Sap*. XI), et d'après lequel il donne aux créatures leur existence naturelle, puis un amour spécial par lequel il élève la créature raisonnable au-dessus de la condition de sa nature en la faisant participer au bien divin. Quand il aime quelqu'un de cet amour, on dit qu'il l'aime absolument, parce que, par cet amour, Dieu veut absolument à la créature le bien éternel qui est lui-même. Par conséquent, quand on dit que l'homme a la grâce de Dieu, on désigne quelque chose de surnaturel qui provient de Dieu dans l'homme » (*Ibid.*, p. 602). A la question de savoir si « la grâce est une qualité de l'âme », question très discutée par les théologiens, il répond : « Il faut admettre dans l'âme de ceux qui sont justifiés une habitude de la grâce ou une qualité surnaturelle qui les porte à acquérir le bien éternel agréablement et facilement. » « Les mouvements que Dieu leur imprime deviennent naturels et faciles aux créatures, suivant ce mot de la *Sagesse* (*Sap*., VIII, 1) : Il dispose tout avec douceur. A plus forte raison quand il s'agit de ceux qu'il meut pour qu'ils acquièrent le bien surnaturel éternel, leur infuse-t-il des formes ou des qualités surnaturelles au moyen desquelles il les pousse doucement et promptement à conquérir le bien ; et, par conséquent, le don de la grâce est une qualité » (*Ibid.*, p. 604). Nous voilà en plein dans la discussion scolastique. Nous y entrons plus avant encore avec les questions suivantes : « La grâce est-elle la même chose que la vertu ? » « La grâce est-elle dans l'essence de l'âme comme dans son sujet, ou si elle est dans une de ses puissances ? » auxquelles il fait des réponses qu'il me paraît inutile de reproduire. Puis il admet une division de la grâce en « grâce *sanctifiante*, par laquelle l'homme est uni à Dieu par lui-même, et en grâce gratuitement donnée, par laquelle l'homme coopère au salut des autres » (*Ibid.*, p. 609). Il admet encore avec saint Paul « cette division par laquelle on distingue la grâce, d'après ses divers effets, en opérante et coopérante ». Dans le premier cas, « notre âme est mue sans mouvoir », elle est mue par Dieu, à qui l'opération (l'acte) « doit être attribuée, et c'est d'après cela qu'on dit que la grâce est opérante ». Dans le second cas, « notre âme meut et est mue, l'opération n'est pas seulement attribuée à Dieu, mais elle l'est encore à l'âme, et c'est dans ce sens qu'on dit que la grâce est coopérante » (*Ibid.*, p. 610). Enfin, « à

turelle, mais celui-ci ne peut la suivre et être récompensé de l'avoir suivie, que s'il est chrétien et s'il a obtenu la grâce. Cette grâce, « comme elle est de nécessité de moyen, Dieu ne la refuse à personne. Aux justes il la donne pour se maintenir dans le bien et s'y développer, aux pécheurs pour les aider à se convertir... Malheureusement tous les

cause de la multiplicité des effets de la grâce qui, comparés à des effets différents, peuvent être tantôt antérieurs et tantôt postérieurs, on a raison de diviser la grâce en grâce prévenante et subséquente ». Car, « il y a cinq effets que la grâce produit en nous : le premier consiste à guérir l'âme, le second à vouloir le bien, le troisième à opérer efficacement le bien qu'on veut, le quatrième à y persévérer, le cinquième à parvenir à la gloire. C'est pourquoi, la grâce, selon qu'elle produit en nous le premier effet, est appelée prévenante par rapport au second, et selon qu'elle produit en nous le second, est appelée subséquente relativement au premier » (Ibid., p. 612). A propos de la grâce « gratuitement donnée », il dit qu'elle « a pour but de mettre l'homme à même de coopérer avec les autres hommes pour les ramener à Dieu... On le peut en les enseignant ou en les persuadant extérieurement ». Pour cela, elle comporte divers dons : « Les uns se rapportent à la perfection de la connaissance, comme la foi, la faculté de parler avec sagesse et celle de parler avec science ; les autres ont pour but l'affermissement de la doctrine, comme la grâce d'opérer des guérisons, de faire des miracles, des prophéties et de discerner les esprits ; les autres regardent les moyens de s'exprimer, comme le don de parler diverses langues et celui de les interpréter » (Ibid., p. 613). Après avoir dit que la grâce, étant un don surnaturel, ne peut venir que de Dieu, et que l'homme doit se préparer à la recevoir, il pose la question de savoir si l'on peut savoir que l'on a la grâce, et il répond : « Quoique l'on puisse savoir d'une certaine manière que l'on a la grâce par des signes et des conjectures (parce que celui qui ne se sent aucun péché mortel sur la conscience, remarque qu'il se délecte en Dieu et qu'il méprise les choses de ce monde), néanmoins, on ne peut pas le savoir certainement sans une révélation. » Et il aboutit à cette constante inquiétude du piétiste d'Israël, « selon l'expression du psalmiste, dit-il (Ps., XVIII, 13) : Qui peut connaître toutes ses fautes ? Purifiez-moi, Seigneur, de celles qui me sont cachées et préservez votre serviteur de toutes les autres » (Ibid., p. 622-623). C'est pour calmer cette inquiétude inévitable et permanente, que le christianisme a institué les sacrements : « Il a été convenable que dans la loi nouvelle on établit des actes sacramentels extérieurs pour recevoir la grâce, et qu'on ordonnât des actes extérieurs de vertus, et qu'on défendît des actes vicieux, afin qu'ayant été justifiés par la grâce, nous coopérions avec le Christ qui opère intérieurement en nous pour mériter la vie éternelle (Ibid., p. 574).

Saint Thomas d'Aquin soutenait que l'homme doté de la grâce sanctifiante recevait en lui la personne même de l'Esprit-Saint, envoyée par le Père et entraînant avec elle la Trinité tout entière, de même que le Fils, envoyé sur la terre sous la forme visible du Christ, contenait la Trinité. Cette doctrine vaut la peine d'être citée, car elle tombe dans une sorte de panthéisme. « Est-il convenable, demande Thomas, que le Fils soit invisiblement envoyé ? » Et, après discussion, il conclut : « Puisque le Fils et le Saint-Esprit peuvent habiter, par la grâce, dans l'esprit d'un être raisonnable, et qu'ils procèdent d'un autre, ils peuvent donc être, l'un et l'autre, invisiblement envoyés, mais le Père ne peut pas l'être, quoiqu'il habite en nous par la grâce avec la Trinité tout entière » (I, p. 389). Il importe de noter encore sur ce sujet les lignes

hommes ne sont pas sauvés parce que tous ne coopèrent pas à la grâce, c'est-à-dire n'en suivent pas le mouvement. Dieu a un si grand respect pour la liberté qu'il nous a donnée, que jamais il ne contraint à obéir à sa grâce ; toutefois, étant notre maître, il se réserve de nous punir de nos infidélités si elles sont graves. C'est ce que saint Paul nous donne à entendre par ces paroles : « Lorsqu'une terre souvent abreuvée des eaux du ciel ne produit que des épines et des ronces, elle est un objet d'aversion pour son maître, elle est menacée de sa malédiction, et, à la fin, il y met le feu. » (Héb., VI, 7-8.)

Dieu ne refuse sa grâce à personne, il n'exclut, par conséquent, personne des récompenses qu'il promet aux « bons », mais il ne donne sa grâce qu'à ceux qui appartiennent à la religion du Christ, qui croient aux dogmes de cette religion, pratiquent son culte et sollicitent de ses prêtres les sacrements. La morale du christianisme est ainsi confondue, dans sa source même, avec les dogmes et le culte.

---

suivantes : « Il y a un mode général suivant lequel Dieu est dans tous les êtres par son essence, sa puissance et sa présence, comme la cause est dans tous les effets qui participent à sa bonté. Indépendamment de ce mode général, il y a un mode spécial qui convient à la nature raisonnable. Ainsi, on dit que Dieu est dans l'être raisonnable comme l'objet connu dans celui qui le connaît, comme l'objet aimé dans celui qui l'aime. Et, comme la créature raisonnable s'élève par la connaissance et l'amour à Dieu lui-même, on ne dit pas seulement que Dieu est en elle par ce mode spécial, mais on dit qu'il y habite comme dans son temple. Il n'y a donc pas d'autre effet que la grâce sanctifiante qui puisse faire que la personne divine existe d'une nouvelle manière dans l'être raisonnable. Par conséquent, la personne divine n'est envoyée et ne procède temporellement qu'en raison de cette grâce. De même, nous n'avons la possession que des choses dont nous pouvons librement user ou jouir. Or, il n'y a que la grâce sanctifiante qui nous mette à même de jouir de la personne divine. Toutefois, en recevant le don de la grâce sanctifiante nous recevons l'Esprit Saint et il habite en nous. Par conséquent, l'Esprit Saint nous est lui-même donné et envoyé » (I, p. 387). Il dit encore : « Il y a mission de la personne divine à tous ceux qui ont la grâce sanctifiante » (I, p. 391).

CHAPITRE II

LA MORALE POLITIQUE DU CHRISTIANISME

La même confusion se retrouve dans toutes les prescriptions morales du christianisme. Les Commandements de Dieu (Décalogue) se divisent en deux groupes bien distincts : l'un, formé des trois premiers commandements, comprend les devoirs de l'homme envers Dieu ; l'autre, formé des sept derniers commandements, embrasse les devoirs de l'homme envers les autres hommes et, par déduction, les devoirs de chaque homme envers soi-même. Tous ces commandements sont empruntés aux Livres sacrés des juifs.

D'après le Catéchisme du Concile de Trente : « Dieu a formulé le premier commandement en ces termes : « Je suis le Seigneur ton Dieu qui t'ai tiré de la terre d'Égypte, du pays de la servitude. Tu n'auras pas de dieux étrangers en ma présence ; tu ne feras pas d'idoles. Vous ne ferez point d'images taillées, ni de figures des êtres qui sont dans le ciel, sur la terre ou dans les eaux ; vous ne les adorerez point. Je suis le Seigneur ton Dieu, fort, jaloux, poursuivant l'iniquité des pères dans les enfants jusqu'à la troisième et la quatrième génération de ceux qui me haïssent, et faisant miséricorde jusqu'à mille générations à ceux qui m'aiment et gardent mes commandements[1]. »

Le commentaire de ce texte contient quelques considérations qu'il est utile de reproduire parce qu'elles précisent le sens attribué par l'Église catholique à des prescriptions

---

1. Ernest RENAN, *l'Église Chrétienne*, p. 287, 303, 307.

qui furent édictées pour les Hébreux. « Les premières paroles d ce commandement « je suis le Seigneur ton Dieu » nous rappellent, dit le Catéchisme, que le législateur est en même temps le créateur qui nous a faits et nous conserve, que nous sommes son peuple et les brebis de son bercail. Ces titres du législateur doivent nous rendre plus prompte et plus facile l'obéissance à ses commandements [1]... La défense formulée par ce commandement est de « ne pas adorer de dieux étrangers ». Si le législateur avait dit sous forme affirmative : « tu m'adoreras, moi qui suis le seul Dieu », le commandement aurait été aussi clair ; mais il a préféré l'autre formule, à cause de l'aveuglement d'un grand nombre d'hommes qui prétendaient autrefois adorer le vrai Dieu, tout en adorant aussi les idoles. C'est ce que faisaient certains Israélites, à qui Élie reprochait de boiter des deux côtés, et les Samaritains, qui adoraient le Dieu d'Israël et les dieux des païens... C'est pécher contre ce commandement que de n'avoir ni la foi, ni l'espérance, ni la charité. On doit donc ranger parmi les transgresseurs de ce précepte : ceux qui tombent dans l'hérésie ; ceux qui ne croient pas tout ce que l'Église nous enseigne ; ceux qui ajoutent foi aux devins, aux songes, aux superstitions ; ceux qui désespèrent de leur salut et manquent de confiance en la bonté divine ; ceux qui ne s'attachent qu'aux biens matériels, et en général tous ceux qui se laissent aller aux péchés contraires à la foi, à l'espérance et à la charité [2]. »

Rappelant la dernière phrase du premier commandement, « je suis le seigneur ton Dieu, fort, jaloux, etc. », le Catéchisme présente quelques observations contenant les principes appliqués par l'Église à ceux qui ne professent pas sa religion : « Remarquons que s'il est dans la nature des choses que la violation de tout précepte entraîne un châtiment et son observation une récompense, le châtiment est d'abord exprimé ici à cause de l'énormité du crime commis par les violateurs du premier commandement et de la pro-

[1]. *L'Église chrétienne*, p. 291, § 513.
[2]. *Ibid.*, p. 293, § 568 et 570.

pension des hommes à le violer. Nous nous imaginons souvent échapper par mille moyens à la colère divine et à la poursuite de ses vengeances ; aussi pour bannir ce sentiment de notre cœur, Dieu nous affirme-t-il qu'il est le « Dieu fort », ayant à son service la toute-puissance pour punir nos iniquités... Dieu s'appelle encore le « Dieu jaloux ». Souvent les hommes s'imaginent que Dieu ne s'occupe pas de leurs affaires et qu'il s'inquiète peu de savoir si nous observons sa loi ou non. C'est pour combattre cette idée fausse, source de tant de désordres, que Dieu nous fait savoir qu'il est jaloux d'être servi[1]. »

Pour avoir la pensée entière du catholicisme officiel sur l'importance qu'il attache à son premier commandement de Dieu, il faut rapprocher des observations ci-dessus la remarque faite par le Catéchisme du Concile de Trente au sujet du cinquième commandement, qui interdit le meurtre. « La défense de tuer n'est pas absolue, dit-il, et il y a des meurtres qui ne tombent pas sous le coup de cette loi[2]... Il est clair que les meurtres commis par l'ordre de Dieu ne sont pas davantage des péchés : tel le meurtre de 23 000 Israélites qui avaient adoré le veau d'or et que les lévites, sur l'ordre de Dieu, passèrent au fil de l'épée (Ex. XXXII, 25-29). »

Comme c'est sur cette doctrine que se sont appuyées toutes les sectes chrétiennes pour détruire les autres religions ou se combattre réciproquement, il n'est pas inutile de nous y arrêter : il y a là l'un des traits les plus caractéristiques de la morale du christianisme.

Rappelons d'abord le « meurtre » d'Israélites, exécuté par l'ordre de Dieu et auquel fait allusion le Catéchisme. Il est raconté par l'Exode avec des détails bien caractéristiques de la doctrine hébraïque, devenue la doctrine chrétienne. Moïse avait gravi le Sinaï pour y recevoir le Décalogue des mains mêmes de Dieu, mais il tardait à revenir, et le peuple s'impatienta au point de demander son salut à l'une des

---

1. *L'Église chrétienne*, p. 307 et suiv.
2. *Ibid.*, p. 353, § 668.

divinités des Égyptiens qu'il avait lui-même adorées pendant son séjour dans le royaume des Pharaons. Il alla donc trouver Aaron, qui le commandait en l'absence de Moïse, et il lui dit : « Viens, fais-nous des dieux qui marchent devant nous; car pour ce Moïse, cet homme qui nous a fait monter du pays d'Égypte, nous ne savons ce qui lui est arrivé. Et Aaron leur répondit : Enlevez les anneaux d'or qui sont aux oreilles de vos femmes, de vos fils et de vos filles et apportez-les moi. Et tous enlevèrent les anneaux d'or qui étaient à leurs oreilles ; et ils les apportèrent à Aaron, qui les prit de leurs mains, les travailla au ciseau et en fit un veau de fonte. Alors ils dirent : voici tes dieux, ô Israël, qui t'ont fait monter du pays d'Égypte. Aaron voyant cela bâtit un autel devant lui. Puis, Aaron cria et dit : demain il y aura fête en l'honneur de l'Éternel ! Ils se levèrent de bon matin, le lendemain, et ils offrirent des holocaustes, et ils présentèrent des sacrifices de prospérités, et le peuple s'unit pour manger et boire ; puis ils se levèrent pour se divertir. Alors l'Éternel dit à Moïse : va, descends, car ton peuple, que tu as fait monter du pays d'Égypte, s'est corrompu ; ils se sont bientôt détournés de la voie que je leur avais prescrite ; ils se sont fait un veau de fonte, se sont prosternés devant lui, lui ont sacrifié et ont dit : voici tes dieux, ô Israël, qui t'ont fait monter du pays d'Égypte. L'Éternel dit aussi à Moïse : j'ai regardé ce peuple, et voici, c'est un peuple au cou roide. Or, maintenant, laisse-moi faire ; que ma colère s'enflamme contre eux et que je les consume. » Moïse descend de la montagne avec les Tables de loi. En approchant du camp, il entend le bruit qui s'y fait et dit : « Ce n'est ni un bruit de cris de victoire, ni un bruit de cris de défaite ; j'entends un bruit de chants. Et lorsqu'il fut près du camp, il vit le veau et les danses. Alors la colère de Moïse s'enflamma, et il jeta de ses mains les Tables, et les brisa au pied de la montagne. Puis il prit le veau qu'ils avaient fait, le brûla au feu et le broya jusqu'à ce qu'il fût réduit en poudre, qu'il répandit sur l'eau, et il en fit boire aux enfants d'Israël. » Il blâme ensuite Aaron, qui accuse le peuple d'être « porté au mal » et raconte comment il a fait le veau d'or. Alors Moïse se place à la porte du camp et dit : « A moi quiconque est pour l'Éternel ! Et tous les enfants de Lévi (les prêtres) s'assemblèrent vers lui et il leur dit : Ainsi a dit l'Éternel, le Dieu d'Israël, que chacun de vous mette son épée au côté. Passez et repassez, de porte en porte, dans le camp ; et tuez chacun son frère, chacun son ami, et chacun son voisin. Et les enfants de Lévi firent selon la parole de Moïse ; et il y eut en ce jour-là environ trois mille hommes du peuple qui périrent. Or, Moïse avait dit : consacrez aujourd'hui vos mains à l'Éternel, chacun de vous, même au prix de son fils ou de son frère, pour attirer aujourd'hui sur vous la bénédiction. » L'Éternel, en effet, bénit les mains des prêtres qui s'étaient rougies du sang de leurs fils et de leurs frères, et il accorda aux survivants le pardon de leur péché. « Ainsi l'Éternel frappa le peuple parce qu'il avait été l'auteur du veau qu'avait fait Aaron. »

Ce récit, que l'on met encore dans les mains des enfants, contient toute la philosophie des relations du christianisme avec les autres religions et celle des rapports que ses diverses sectes ont eus les unes avec les autres. C'est l'Éternel qui veut se venger des infidélités dont il est l'objet ; c'est son représentant sur la terre qui fait connaître ses ordres de vengeance, ce sont ses prêtres qui exécutent les ordres ou qui les font exécuter. Et autant il y a eu de grandes sectes chrétiennes, autant il y a eu de représentants de l'Éternel, autant il s'en est trouvé pour imiter la conduite de Moïse, pour copier, dans ses paroles et dans ses actes, l'abominable récit du Livre sacré des Juifs, transformé en règle morale par le concile de Trente.

A peine le christianisme fut-il sorti des persécutions, on vit une secte de zélotes, inspirée par Novatius, demander que l'on retranchât de l'Église tous les chrétiens qui n'avaient pas eu le courage de résister aux persécuteurs ; si on les avait écoutés, c'en eut été fait de la religion nouvelle. Après la conversion de Constantin, lorsque le christianisme est assuré de l'appui des empereurs, il entame contre le paganisme une lutte sans merci, se fait donner les temples et les biens qui y étaient attachés, lance dans les campagnes, restées plus fidèles que les villes à l'ancienne religion, des bandes de moines qui saccagent les sanctuaires, renversent, brisent et brûlent les images des dieux et ne se font pas faute de frapper les païens qui prétendent défendre les objets de leur culte traditionnel. Pendant ce temps, un vieux prêtre d'Égypte, Arius, ayant émis l'opinion que le Christ, précisément parce qu'il était le fils de Dieu, devait être postérieur au Père et non consubstantiel avec lui, l'Église obtient de Constantin que le dogme de la Trinité soit proclamé par le concile de Nicée et fait ouvrir par l'empereur des persécutions contre les chrétiens qui ne s'inclinent pas devant cette décision. Alors commence entre les orthodoxes et les Ariens, qui s'intitulent aussi orthodoxes, une série de persécutions dont chaque secte subit les effets tour à tour, suivant qu'elle domine ou qu'elle est dominée à la cour de Constantinople. On s'excommunie réciproquement et l'on s'en prend à la vie de ceux qui ne veulent pas obéir aux vainqueurs du moment. La campagne entreprise par Clovis devenu chrétien contre les Goths du Midi de la France, qui étaient ariens, ne fut qu'un des épisodes, et non le moins sanglant, de cette lutte acharnée de deux sectes, dont chacune s'efforçait d'exterminer l'autre au nom du Dieu d'amour que toutes les deux prêchaient aux hommes. Lorsqu'il n'y eut plus d'Ariens en Occident, c'est contre les Saxons idolâtres que l'Église tourna son prosélytisme sanglant. Poussé par les évêques dont il est entouré, et qui sont les maîtres sous son nom, Charlemagne envahit les territoires boisés et marécageux des Saxons, y « fait construire des forts qu'il garnit de soldats, partage les terres entre les prêtres et les missionnaires », et, par l'intermédiaire de ces derniers, oblige les Saxons à pratiquer le christianisme. « La mort, dit un historien non suspect d'irréligiosité[2], punissait une infraction au jeûne comme un indice de révolte ; quatre mille cinq cents des plus redoutables furent égorgés

---

1. LAVALLÉE, Hist. des franç., I, p. 164

en un seul jour par ordre du roi. » Le chef des Saxons, Witikind, fut lui-même contraint par la force de se convertir au christianisme, comme tous ses compatriotes. Puis, pour mieux assurer la christianisation du pays, on enleva plus de dix mille hommes, femmes et enfants que l'on dispersa dans la Gaule et que l'on remplaça par des moines et leurs serfs. A peine institué à l'état de puissance religieuse reconnue et respectée par des princes, le christianisme accomplissait la mission qu'Iahvé avait imposée au judaïsme, mais que les Juifs avaient été incapables d'accomplir : « Tu détruiras tous les peuples que l'Éternel, ton Dieu, te livre ; ton œil sera pour eux sans pitié[1]. »

C'est la même mission que la papauté s'assigna plus tard, lorsqu'elle jeta l'Europe contre les musulmans de l'Asie Mineure. Alors, comme de notre temps, l'Église envoyait des missionnaires chez tous les peuples qui n'avaient pas encore embrassé le christianisme. C'est par des missionnaires qu'avait commencé la conquête du pays des Saxons ; c'est par des missionnaires que débutèrent les croisades. Des moines s'en allaient en pèlerinage à Jérusalem, visitaient les lieux où, d'après la légende apostolique, Jésus avait prêché et prié, où il était mort, où il s'était montré après sa mort, et renouvelaient parmi les musulmans les prédications auxquelles Jésus s'était livré parmi les juifs. Les autorités et les populations de la Palestine montrèrent d'abord une grande tolérance à l'égard de ces pèlerins pieux. Le prosélytisme chrétien en fut considérablement encouragé : les prédications devinrent plus actives et plus virulentes et, bientôt, vinrent des pèlerins de plus en plus nombreux, dont beaucoup n'étaient ni moines ni prêtres. Alors s'éveilla l'hostilité des musulmans pour les chrétiens et la défiance des Arabes à l'égard des Européens ; alors aussi commencèrent à se produire des mauvais traitements, dont les pèlerins se plaignaient auprès des évêques et des papes, et qui devinrent le prétexte plausible d'expéditions analogues à celles que Charlemagne

---

1. *Deutéronome*, chap. VII, 16.

avait faites contre les Saxons, à celles qu'aujourd'hui encore l'Europe dirige, de temps à autre, contre les peuples que les missionnaires indisposent et auxquels il arrive d'en supprimer quelques-uns. En 1002, le pape Sylvestre II s'écrie, faisant allusion à l'islamisme de l'Orient : « Soldats du Christ, levez-vous ! Il faut combattre pour Lui [1]. » Plus tard, le moine Hildebrand, devenu pape sous le nom de Grégoire VII, écrit à Henri IV, empereur d'Allemagne, à la suite de quelques massacres de missionnaires et de pèlerins commis en Palestine : « J'appelle, j'anime tous les chrétiens à défendre la loi du Christ, à sacrifier leur vie pour leurs frères, et à faire briller la noblesse des enfants de Dieu. Les Italiens et les Ultramontains (les Français), ont, par l'inspiration divine, accueilli mes conseils. Déjà plus de cinquante mille hommes sont prêts, s'ils peuvent m'avoir pour chef et pour pontife dans cette expédition, à se lever en armes contre les ennemis de Dieu ; et ils veulent, sous ma conduite, parvenir jusqu'au tombeau du Seigneur ; mais comme un si grand dessein a besoin de sérieux conseils et de puissants secours, je vous demande les uns et les autres, parce que, si je fais ce voyage, ce sera à vous, après Dieu, que je confierai la garde de l'Église romaine [2]. »

Il ne faut pas oublier que ce même Hildebrand, avant de devenir pape, avait, au couronnement de Nicolas II, étant alors une sorte de vicaire général de la Papauté, déposé sur la tête de son prédécesseur une couronne royale à double cercle, dont l'inférieur portait l'inscription : *Corona de manu Dei*, et le supérieur : *Diadema imperii de manu Petri* [3]. Parvenu lui-même au souverain pontificat il aspirait à remplir cette double devise : il prétendait être pape de par Dieu et empereur de par saint Pierre. Il avait la conviction de réunir sur sa tête le pouvoir civil et le pouvoir religieux. Il disait : « La suprématie et les droits de saint Pierre sont supérieurs aux

---

1. *Lettres de Gerbert*, ép. CIII.
2. Labbe, *Collection générale des Saints Conciles*, X, Ep. de Grég.
3. Benzo, *De rebus Henr.*, III, livre VII, c. 2.

droits et à la suprématie de toute créature humaine », ou bien : « Autant l'or est au-dessus du plomb, autant la dignité épiscopale est au-dessus de la dignité royale ; la première a été établie par la bonté divine, la deuxième par l'orgueil humain [1] » ; et encore : « Le pape est l'évêque universel, il est indubitablement saint et ne se trompe jamais. A lui seul appartient de faire de nouvelles lois. Nul ne peut infirmer ses décrets, et il peut abroger ceux de tous. Aucune créature humaine n'a puissance de le juger. Son nom est le nom unique dans le monde. Lui seul peut revêtir les insignes de l'empire ; tous les princes doivent baiser ses pieds. Lui seul dépose et absout les évêques, constitue ou abolit les églises, assemble et préside les conciles ; lui seul destitue les empereurs ; c'est devant lui que les sujets accusent leurs princes, et c'est lui qui les dégage du serment de fidélité [2]. » Il prétendait que le droit émane uniquement de la sainteté ; et que « quiconque vit en état habituel de péché n'est ni prince ni évêque » ; aussi disait-il des rois : « L'Église romaine leur a conféré le pouvoir, non pour leur propre gloire, mais pour le salut de leur peuple », et du pape : « Il enseigne, exhorte, punit, corrige, juge, décide, car tout lui est soumis, et les affaires spirituelles et temporelles doivent être portées à son tribunal [3]. » En application de ces principes, il écrivait aux évêques de France, relativement au roi Philippe I : « S'il ne veut pas s'amender, qu'il sache qu'il n'échappera pas au glaive de la vengeance apostolique. Je vous ordonne alors de mettre son royaume en interdit ; si cela ne suffit pas, nous tenterons avec l'aide de Dieu, par tous les moyens possibles, d'arracher le royaume de France de ses mains, et ses sujets, frappés d'un anathème général, renonceront à son obéissance, s'ils n'aiment mieux renoncer à la foi chrétienne. Quant à vous, sachez que si vous montrez de la tiédeur, nous vous regarderons comme complices du même

---

1. LABBÉ, *loc. cit.*, X, p. 379.
2. *Ibid.*, X, p. 110. *Dictatus papæ.*
3. *Chron. de Lumb. d'Aschaffenboug.*

crime, et que vous serez frappés du même glaive[1]. » Sous l'influence d'une prédication incessante de l'Église, ces idées étaient tellement entrées dans le cerveau des peuples de ce temps, que les Saxons, ayant à se plaindre de l'empereur Henri IV, disaient au pape : « L'Empire est un fief du siège de Rome ; ainsi le pape et le peuple romain doivent aviser à choisir pour roi, dans une assemblée des princes, un homme plus digne de porter la couronne : il est temps de rendre à Rome son droit de faire les rois. » Et ce n'étaient point paroles vaines, car ce même empereur, Henri IV, ayant été plus tard frappé de nouveau d'excommunication et dépossédé de l'Empire par le pape Pascal II, vit tous ses sujets l'abandonner, le fuir, le considérer comme un être maudit et néfaste, au point qu'il mourut de faim et de misère et ne fut même pas enseveli (1106).

Toutefois, pour atteindre à la théocratie absolue dont le christianisme avait puisé les principes dans les Livres sacrés des Juifs, il manquait aux papes la force matérielle sans laquelle l'empire est purement nominal. Ne pouvant l'acquérir, ils tentèrent de la détourner des mains des rois, des seigneurs et de l'empereur. Les prescriptions relatives à la trêve de Dieu, qui rendaient impossible toute guerre prolongée, avaient réalisé cet objectif dans une certaine mesure. Les croisades furent considérées par Grégoire VII, non sans raison, comme un moyen meilleur encore. La trêve de Dieu avait été fort bien accueillie par le peuple qui est toujours la victime des guerres, et qui, d'une façon plus générale, considérait la papauté comme un auxiliaire puissant dans sa lutte sourde contre les princes. La prédication de la croisade fut mieux accueillie encore, car le peuple y voyait, comme la papauté, un moyen d'affaiblir, en Europe, la puissance des seigneurs : tant qu'ils seraient en Palestine, on respirerait plus à son aise. Quant à la papauté, ses ambitions théocratiques seraient d'autant plus faciles à réaliser que la puissance matérielle de la féodalité serait davantage épuisée par une guerre lointaine, dont beaucoup ne revien-

---

1. LABBÉ, *ibid.*, X, ép. 5, 18, 32, 35.

draient pas, qui ruinerait pour longtemps les principautés et les royaumes. Le prosélytisme de l'Église romaine y trouverait également son compte par la conversion de tous les infidèles qui ne seraient pas massacrés.

Les papes qui conçurent les croisades, comme Sylvestre II et Grégoire VII, et ceux qui les réalisèrent accomplirent donc un acte religieux conforme aux préceptes des Livres sacrés dont le christianisme avait hérité des juifs, et un acte politique non moins conforme aux principes de théocratie formulés par les prophètes. En appelant le peuple lui-même à la croisade, l'Église provoquait l'anarchie et flattait la haine instinctive que les classes inférieures avaient pour l'aristocratie. D'un autre côté, lorsque Urbain II, dans le congrès de Clermont, en 1095, disait au peuple : « c'est du sang chrétien racheté par le sang du Christ, qui se verse en Asie », il excitait le fanatisme religieux des populations chrétiennes et il préparait les abominables massacres de juifs ou d'infidèles qui souillèrent toute l'histoire des croisades. Aux seigneurs il tenait un autre langage, car il savait qu'à ceux-là des batailles et du butin étaient nécessaires. « Puisque vous avez tant d'ardeur pour la guerre, leur disait-il, en voici une qui expiera toutes vos violences ; puisqu'il vous faut du sang, versez le sang infidèle. Soldats de l'enfer, devenez les soldats du Dieu vivant. Le Christ est mort pour vous, à votre tour mourez pour lui[1]. » De son côté, l'empereur d'Orient, Alexis Commène, promettait à ces guerriers le butin dont il les savait avides non moins que de gloire : « il offre tous ses biens, toutes ses richesses, même sa couronne, même les belles femmes de ses États, à ces chevaliers francs, qu'il croit à demi-sauvages, pourvu que la ville auguste échappe au joug des impitoyables prédicateurs du Coran[2]. » A tous les chrétiens, à quelque classe qu'ils appartinssent, Urbain montrait les musulmans envahissant l'Europe. Déjà, en effet, ils étaient en Espagne, d'où ils remontèrent jusqu'en Gaule au VIII° siècle ; ils

---

1. GUIBERT DE NOGENT, *Hist. des croisades*, livre II.
2. *Ibid.*, livre I.

étaient en Sicile; ils étaient dans la partie de l'Afrique la plus voisine de l'Europe, à Carthage d'où ils menaçaient toute la Méditerranée occidentale; ils s'étendaient, d'autre part, tout le long des bords de la Méditerrannée orientale, depuis l'Égypte jusqu'à Smyrne. Il était donc facile de les représenter comme menaçant Constantinople et se préparant à envahir l'Europe pour y détruire la religion du Christ. Ces idées étaient, en effet, devenues courantes en Occident. Les évêques invitaient tous les chrétiens à se grouper autour du pape contre les ennemis de leur Dieu; Saint Bernard traduisait la pensée de tous ses concitoyens, lorsqu'il écrivait : « ce sont les infidèles qui nous ont attaqués les premiers, notre glaive ne fait que repousser le leur. » On admettait qu'il fallait, sans retard, détruire les musulmans afin de n'être pas détruit par eux. Les chrétiens donnaient au sultan de Badgad le titre de « pape des musulmans », tandis que les Arabes appelaient le pape romain « khalife des chrétiens ». Ce n'étaient ni des peuples ni des races distinctes qui allaient entrer en guerre avec les Croisades, c'était deux religions représentées chacune, alors, par un chef d'autant plus vénéré qu'il était considéré par tous ses adeptes comme le représentant de Dieu sur la terre. Deux religions, deux pays, deux Dieux et tous leurs fidèles allaient se faire une guerre sans pitié.

La papauté profitait fort habilement de l'état d'esprit des populations occidentales pour se mettre à la tête de toute la chrétienté confondue en une sorte de vaste théocratie religieuse. Un historien des croisades, Jacques de Vitry, traduisait la pensée secrète des papes lorsqu'il écrivait : « Bagdad est la capitale de la race et de la loi des Sarrasins, comme Rome est la capitale de la race et de la loi des Chrétiens[1]. » Les évêques, les moines, tous les clercs qui ne voyaient pas sans jalousie grandir la puissance des barons, des princes et des rois, rivalisèrent de zèle pour provoquer l'enthousiasme parmi les chrétiens; ils y réussirent au delà de toute mesure : le fanatisme religieux,

---

1. JACQUES DE VITRY, livre III.

aidé par la misère ou la cupidité, par l'amour de la gloire ou l'envie du butin, jeta tout le peuple de France dans la croisade. On ne rêva plus que de massacres d'infidèles et de dépouilles des Sarrasins. Déjà, au commencement du siècle, la lettre du pape Sylvestre avait suffi pour lancer sur la côte africaine des Pisans qui massacrèrent, dit-on, plus de cent mille musulmans et s'enrichirent de butin. Les prédications d'Urbain, de Pierre l'Ermite, de tous les moines de la Gaule mirent en branle un peuple de miséreux qui, la croix rouge sur la poitrine, faisaient vœu de délivrer le tombeau du Christ et de détruire les infidèles pour obtenir la remission de leurs péchés. « Des gens de toute sorte prirent la croix : prêtres, nobles, serfs, chevaliers et brigands, les plus vertueux comme les plus corrompus, les uns pour se sanctifier, les autres pour faire pénitence, tous espérant gagner le ciel[1] » et, en attendant, s'enrichir dans ce monde. L'Église tirait de cet enthousiasme pieux ou intéressé des profits immédiats qui vinrent s'ajouter à ceux déjà réalisés par elle, en l'an mille, sous l'influence de la peur de la fin du monde : « Les seigneurs vendaient aux églises et aux villages leurs biens et leurs droits féodaux pour acheter des armes et des vivres[2]. »

Tandis que les seigneurs organisaient leur expédition militaire, les petites gens se mettaient en route, sous la conduite de Pierre l'Ermite et de Gautier-sans-avoir; ils prenaient la route de la trouée de Belfort et descendaient la vallée du Danube, rappelant par leur masse, leur indiscipline et leurs méfaits les hordes de Huns, qui, six siècles auparavant, avaient remonté cette même vallée sous la conduite d'Attila. Celles-ci venaient piller l'Occident où elles furent massacrées ; celles-là s'en allaient piller l'Orient où elles trouvèrent un sort analogue. « C'était, dit un moine du temps, l'accomplissement du mot de Salomon : Les sauterelles n'ont point de rois et elles s'en vont ensemble par bandes. Elles n'avaient pas pris l'essor

---

1. LAVALLÉE, *Hist. des fr.*, I, p. 295.
2. *Ibid.*, p. 295.

des bonnes œuvres, ces sauterelles, tant qu'elles restaient engourdies et glacées dans leur iniquité. Mais dès qu'elles se furent échauffées aux rayons du soleil de justice, elles s'élancèrent et prirent leur vol. Elles n'eurent point de roi ; toute âme fidèle prit Dieu seul pour guide, pour chef, pour camarade de guerre... Bien que la prédication ne se fut fait entendre qu'aux Français, quel peuple chrétien ne fournit aussi des soldats?... Je prends Dieu à témoin qu'il débarqua dans nos ports des barbares de je ne sais quelle nation ; personne ne comprenait leur langue ; eux, plaçant leurs doigts en forme de croix, ils faisaient signe qu'ils voulaient aller à la défense de la foi chrétienne... Qui pourrait dire les enfants, les vieilles femmes qui se préparaient à la guerre? qui pourrait compter les vierges, les vieillards tremblant sous le poids de l'âge?... Vous auriez ri de voir les pauvres ferrer leurs bœufs comme des chevaux, traînant dans des chariots leurs minces provisions et leurs petits enfants : et ces petits, à chaque ville ou château qu'ils apercevaient, demandaient dans leur simplicité : n'est-ce pas là cette Jérusalem où nous allons[1] ? »

N'ayant pas de vivres, on pillait pour se nourrir, et l'on se faisait la main contre les Sarrasins, en massacrant les Juifs. Le peuple ne s'était point mépris sur la pensée intime de la papauté romaine. N'étaient-ce point les juifs qui avaient crucifié le Christ? Dès l'an mille il avait suffi que l'on annonçât en Europe la destruction du saint sépulcre de Jérusalem par le khalife Haskem, pour que l'on se jetât sur les juifs. On les accusait d'avoir provoqué cette profanation, et « la fureur universelle tourna contre eux ; on les chassa de toutes les villes ; les uns furent égorgés, les autres noyés ; plusieurs pour échapper aux tortures se tuèrent eux-mêmes ; de sorte qu'après cette digne vengeance, conclut le pieux moine Glaber, il n'en resta plus qu'un très petit nombre dans le royaume[2] ». A la fin du même siècle, quand les bandes populaires de France se mirent en marche, le long

---

1. Guibert de Nogent, *Hist. des croisades.*
2. Raoul Glaber, *Chronique,* livre III.

de la vallée du Danube, vers les lieux saints, sous la conduite du moine Pierre dit l'Ermite et de Gautier dit « sans avoir », c'est encore aux juifs que les croisés commencèrent à s'en prendre : « Tout ce qu'ils pouvaient trouver de juifs, ils les faisaient périr dans les tortures. Ils croyaient devoir punir les meurtriers du Christ avant de délivrer son tombeau[1]. » Quand ils n'avaient pas de juifs à torturer, ils massacraient les paysans qui tentaient de défendre leurs femmes ou leurs biens. Ces singuliers soldats de Dieu étaient tous devenus des bandits : ils tuaient les chrétiens orthodoxes de la Hongrie et de la Bulgarie comme des infidèles. Les représailles ne faisaient point défaut : s'ils massacraient, ils étaient massacrés. Ceux qui survécurent, que l'on embarqua pour l'Asie, moururent de maladies ou furent tués par les musulmans.

Les armées de chevaliers et de seigneurs qui vinrent ensuite, ne se montrèrent ni beaucoup plus honnêtes, ni beaucoup moins barbares, quoique également pieuses. Il fallut les gorger d'or et les couvrir de présents pour les empêcher de piller Constantinople où elles avaient été reçues à bras ouverts. Leur entrée dans Antioche, puis dans Jérusalem, fut marquée par les plus horribles massacres et les plus odieux pillages. Ils avaient préludé à l'attaque de Jérusalem par une procession pieuse autour des remparts de la ville sainte, qui dura huit jours et que tous suivirent pieds nus. « La ville prise (le 15 juillet 1099 à 3 heures) le massacre fut effroyable. Les croisés, dans leur aveugle ferveur, ne tenant aucun compte des temps, croyaient, en chaque infidèle qu'ils rencontraient à Jérusalem, frapper un des bourreaux de Jésus-Christ[2]. » Dans le temple et le portique de Salomon où beaucoup de gens s'étaient réfugiés, « on chevauchait dans le sang jusqu'aux genoux et aux freins des chevaux », écrivait Godefroy au pape Urbain II. D'après le récit de Guillaume de Tyr, « le clergé de Jérusalem et tout le peuple fidèle de cette ville qui, pendant tant

---

1. Michelet, *Hist. de France*, II, p. 278.
2. Michelet, *ibid.*, II, p. 291.

d'années, avait porté le joug cruel d'une injuste servitude, rendaient grâce au Rédempteur de la liberté qu'ils recouvraient ;.et, portant des croix et les images des saints, ils allèrent au devant des vainqueurs et les introduisirent dans l'église ». D'où il résulte que les musulmans avaient montré une assez grande tolérance à l'égard du christianisme. Ils mettaient, en effet, si peu d'obstacles à la pratique de cette religion que, dans Antioche, les croisés comptèrent, d'après Guibert de Nogent, jusqu'à trois cent soixante églises. Néanmoins, « le lendemain, le carnage recommença ; le conseil des croisés porta une sentence de mort contre les musulmans qui restaient dans la ville : tous furent égorgés, même les femmes et les enfants... Le massacre dura huit jours : soixante-dix mille Sarrasins périrent[1] ». Lorsqu'il n'y eut plus de Sarrasins à tuer, de boutiques ou de maisons à piller, de femmes à violer, l'armée se dispersa ; ceux qui ne moururent pas rentrèrent chez eux, et c'est à peine si Godefroy de Bouillon, élu roi de Jérusalem comme vassal direct de la papauté, put conserver avec lui trois cents chevaliers.

Plus de cent mille individus étaient morts dans cette croisade ; mais, grâce au départ de presque tous les hommes de guerre, la féodalité avait perdu ses forces tandis que la papauté voyait grandir les siennes. Aussi, dès qu'une croisade avait épuisé ses ressources en hommes, on en organisait une autre. L'histoire n'en a noté que sept de 1097 à 1248, mais il y en eut en réalité une douzaine. Pour échauffer les esprits, on lisait dans les églises les récits des massacres de musulmans et des pillages de villes infidèles que les croisés envoyaient ; on comblait d'honneurs ceux qui revenaient en France ; on les montrait aux foules pieuses comme des modèles à suivre ; on employait, en un mot, tous les moyens imaginables pour renouveler sans cesse ces expéditions. Cependant, le peuple en avait été dégoûté par les malheurs que subirent les premiers pèlerins ; les seigneurs seuls prirent part à toutes celles qui suivirent

---

1. LAVALLÉE, *loc. cit.*, I, p. 300.

celle que Pierre l'Ermite avait prêchée. Toutes ces campagnes étaient, du reste, si infructueuses, qu'en 1187 les musulmans étaient redevenus maîtres de Jérusalem.

Entre temps, des divisions profondes et des haines farouches avaient surgi entre les croisés d'Occident et les grecs ou byzantins de l'Orient. Les différences de race, de mœurs, de religion, — les premiers étant papistes et les seconds ne reconnaissant pas l'autorité du pape, — avaient, dès la première croisade, rendu les rapports difficiles entre les latins et grecs. Les haines s'avivèrent à chaque expédition. Dès la seconde croisade, en 1147, elles s'étaient traduites en menaces et en actes d'une extrême violence. Les papistes se livraient à mille brutalités sur les schismatiques « jugeant, dit un historien du temps, que c'était moins que rien de les tuer[1] ». Le patriarche schismatique de son côté, disait des latins « que c'étaient des chiens, non des hommes et que l'effusion de leur sang effaçait tous les péchés[2] ». L'évêque de Langres proposait de s'emparer de Constantinople : « Ces hérétiques, disait-il, n'ont pas su défendre la chrétienté et le saint sépulcre ; il viendra un temps où leur lâcheté laissera prendre Constantinople par les Turcs et ouvrira ainsi aux infidèles les portes de l'Occident. C'est à nous de prévenir ce désastre ; la nécessité, la patrie et la *religion* nous commandent de ne pas laisser derrière nous une ville de traîtres : si vous ne le faites, l'Occident vous demandera compte de votre imprudence[3]. »

Dès la quatrième croisade, ces menaces se réalisèrent. C'est contre Constantinople que se tourna la fureur religieuse des croisés d'Occident et c'est sur la capitale du christianisme schismatique que s'abattit la rapacité des chrétiens romains. Ils la prirent en 1204. Le pillage et le massacre furent effroyables ; ils faisaient dire au pape Innocent III que l'on « n'avait épargné ni les petits, ni les grands, ni l'âge, ni le sexe, ni les vierges du Seigneur, ni les saints autels, ni les vases sacrés », ce qui, du reste, ne

---

1. ODON DE DEUIL, *Hist. du Voy. de Louis VII*, livre III.
2. *Chronique de l'expédit. des Allemands.*
3. ODON DE DEUIL, *loc. cit.*, livre IV.

l'empêcha pas d'absoudre les massacreurs, d'approuver l'élection du comte Baudouin à la royauté de Constantinople, devenue vassale de la papauté, et d'ordonner aux chevaliers français d'aller défendre le nouvel empire chrétien, qu'il espérait bien faire rentrer pour toujours sous la domination du pontificat romain. Après avoir pillé la capitale du schisme chrétien, on se partagea le butin et les provinces de l'empire d'Orient, en remerciant Dieu : « ainsi firent les pèlerins et les vénitiens la Pasque-Fleurie et la Grande-Pasque après, en cet honneur et en cette joie que Dieu leur eût donné[1]. » La chute de l'Empire schismatique d'Orient, c'était, en réalité, la revanche de l'Église romaine sur l'hérésie d'Arius, qui avait donné naissance à l'Eglise schismatique de Constantinople. C'était aussi Constantinople soumise à Rome, car elle fut proclamée vassale directe de la papauté. Le triomphateur véritable était le pape qui, ayant détruit toutes les forces gouvernementales de l'Europe, pouvait légitimement s'intituler, comme les Césars romains, *Imperator*, en même temps que *Pontifex maximus*.

Cependant, son triomphe ne fut que de courte durée : dès 1261 les byzantins reprenaient possession de Constantinople et de la majeure partie de l'empire d'Orient, en ramenant au pouvoir le christianisme schismatique. Plus tard, lorsque les Turcs envahirent l'Europe, tous les États chrétiens étaient tellement affaiblis par les expéditions répétées et infructueuses contre les infidèles, dans lesquelles la papauté les avait lancés incessamment pendant plus de deux siècles, qu'ils furent incapables d'arrêter l'invasion. L'empire d'Orient devint, avec Mahomet II (1353), un empire Turc, et, par une singulière ironie du sort, le christianisme schismatique put se développer à son aise sous la protection des musulmans, à l'abri de nouveaux attentats de la papauté romaine. Le résultat le plus tangible des croisades était l'affaiblissement de l'Europe, le triomphe des musulmans et la ruine du commerce qui, avant ces guerres,

---

[1]. GEOFFROY DE VILLE-HARDOUIN, *Conquête de Constantinople par les Francs*, p. 99.

se faisait régulièrement entre l'Orient et l'Occident et qui reprit seulement après la constitution de l'empire Turc. La papauté, avait, il est vrai, tiré de la ruine et de l'affaiblissement de l'Europe une souveraineté presque absolue, dont elle jouit, à peu près sans conteste, pendant près de trois siècles.

Tandis qu'Innocent III absolvait de bon cœur les chrétiens qui avaient pillé Constantinople et massacré les schismatiques grecs, il organisait, en France même, la plus odieuse guerre religieuse dont notre histoire ait gardé le souvenir, les croisades des Albigeois, et il créait la sanglante institution de l'inquisition. Tout le Sud-Est de la France était resté jusqu'alors, dans une large mesure, en dehors de l'anarchie créée par le mouvement féodal : sa bourgeoisie avait conservé l'usage du droit latin et rivalisait de puissance avec les seigneurs ; sa littérature était latine ; ses mœurs étaient romaines ; sa religion, très imprégnée du paganisme ancien, avait conservé les traditions ariennes des Goths et des Burgondes ; les juifs y étaient bien traités parce qu'ils entretenaient des relations commerciales et intellectuelles suivies avec les musulmans d'Orient ; ce sont eux qui avaient introduit en Europe les œuvres d'Avicenne, celles d'Aristote et d'autres encore qu'ils tenaient des Arabes. Comme la religion y était libre, une secte chrétienne puissante, héritière des ariens et des manichéens, s'efforçait de détacher le pays de la soumission au pape dont elle niait l'autorité, à l'exemple des schismatiques grecs. Elle avait fait, sous le nom d'Albigeois et de Patarins, Catharins, Cathares, des progrès tels qu'une partie notable des évêques, des prêtres et des peuples en avait accepté les idées et les pratiques. Depuis Bordeaux jusqu'à Béziers, le pays se détachait de plus en plus de la papauté romaine, qu'on appelait « la prostituée de Babylone ». Comme signe extérieur de ce détachement, on repoussait l'usage du latin dans les cérémonies religieuses, on négligeait la messe et les sacrements, on abandonnait les églises, on revenait, dans une large mesure, à l'austérité de l'église primitive. Saint Bernard lui-même disait des Albigeois :

« leurs mœurs sont irréprochables ; ils ne font de mal à personne ; leurs visages sont mortifiés et abattus par le jeûne ; ils ne mangent pas leur pain comme les paresseux et travaillent pour gagner leur vie ».

De même que la papauté avait envoyé des missionnaires en Orient pour tâcher de convertir les musulmans, elle en expédia dans le Midi, pour ramener les Albigeois à la foi romaine. Le succès de ces missions fut médiocre : les moines qui s'en étaient chargés furent accueillis par des risées et des moqueries. Saint Bernard lui-même, malgré sa réputation extraordinaire, n'eut pas davantage de succès : on alla, dans quelques villes, jusqu'à le chansonner. Le comte de Toulouse, Raymond II, protégeait les hérétiques, ainsi que le vicomte de Béziers et la plupart des seigneurs qui voulaient échapper à la suzeraineté de Rome. Le pape Innocent III, redoutant l'extension de l'hérésie, envoie dans le Languedoc un légat, Castelnau, qui ordonne aux seigneurs de chasser les hérétiques de leurs terres et de confisquer leurs biens ; les seigneurs s'y refusent. Le clergé ne se montrant pas plus docile, le légat suspend et dépose des prêtres, des évêques. Le pape, en 1207, excommunie le comte de Toulouse, auquel il écrit : « Homme pestilentiel, quelle est votre folie de braver les lois divines en vous joignant aux ennemis de la foi?... Impie, cruel et barbare tyran, n'êtes-vous pas honteux de favoriser les hérétiques?... Si vous ne redoutez pas les flammes éternelles, ne devez-vous pas craindre les châtiments temporels que vous avez mérités par vos crimes? Sachez, si vous ne vous repentez, que nous vous enlèverons les domaines que vous tenez dans l'Église universelle, et que nous enjoindrons à tous les princes de s'élever contre vous, comme ennemi du Christ et persécuteur de l'Église. »

Innocent III exprimait dans cette lettre les deux idées maîtresses de la papauté : Tous les États appartiennent au « domaine de l'Église universelle »; tous les princes doivent obéir au chef de cette Église, qui est le souverain de tous les souverains. Il faut reconnaître que l'attitude des princes et des peuples était faite pour encourager les papes dans de telles pensées : le roi d'Angleterre, Henri II ne s'était-il pas, en 1172, déclaré vassal du Saint-Siège, pour éviter l'excommunication dont le menaçait Clément III ? N'avait-il pas ensuite sollicité du pape et obtenu le droit de conquérir l'Irlande envisagée comme un fief du Saint-Siège, « car nul ne doute, disait le pape, que l'Irlande et toutes îles qui ont reçu la foi chrétienne n'appartiennent à l'Église de Rome ». Le même roi, pour éviter une seconde excommunication, après l'assassinat de l'archevêque de Cantorbery, Thomas Becket, n'avait-il pas consenti à s'en aller en pèlerinage, pieds nus, au tombeau du prélat, à y rester posterné pendant un jour et une nuit, et à y être battu de verges par les moines ? La papauté n'avait-elle point proclamé, avec l'approbation de l'Europe entière, que l'empire germanique était vassal du Saint-Siège ? Les empereurs eux-mêmes n'avaient-ils pas reconnu la suzeraineté du pape, Henri IV en allant à Canossa, Rodolfe son successeur en prêtant hommage lige au Saint-Siège et en ceignant une couronne que le pape lui avait envoyée avec cette inscription : *Petra dedit Petro, Petrus diadema Rodolfo?* Les rois de France eux-mêmes ne s'étaient-ils pas toujours inclinés devant l'autorité pontificale ?

Cependant, au moment même où Innocent III, encouragé par les précédents et confiant dans sa force religieuse, excommuniait le comte de Toulouse, il était impossible qu'il n'entendît pas les voix indépendantes ou rebelles qui commençaient à s'élever de divers points de l'Europe. Il comprit qu'il fallait frapper un grand coup pour les faire taire ; ce furent les Albigeois, ce fut le midi de la France tout entier qui en devinrent les victimes. Le légat Castelnau ayant été tué par des serviteurs de Raymond qu'indignait la lettre du pape citée plus haut, Innocent III lance l'anathème contre toutes les populations provençales et languedociennes. Il écrit « au roi, aux évêques, aux barons » de France : « Sachez que nous chargeons d'anathème le comte de Toulouse; nous délions tous ceux qui se croient liés envers lui ; nous permettons à tout catholique de courir sus à sa personne, d'occuper et de retenir ses biens ; et quand il viendrait à résipiscence, ne cessez pas pour cela de faire peser sur lui la punition qu'il a méritée ; chassez-le, lui et ses fauteurs, et enlevez-lui ses terres. Nous accordons la rémission de leurs péchés à tous ceux qui s'armeront contre ces empestés provençaux, race perverse et maudite. Sus donc, soldats du Christ ! sus donc, novices de la milice chrétienne ! que l'universel gémissement de l'Église vous émeuve ! que les hérétiques disparaissent, et que des colonies de catholiques soient établies en leur place[1] ! » Étant donnés le fanatisme religieux du temps, la jalousie dont les hommes du Nord étaient animés à l'égard de ceux du Midi, et le grand nombre de brigands qui avaient été rendus disponibles par l'arrêt des croisades et la paix relative qui régnait en Europe, un pareil anathème était un arrêt de mort et de ruine pour les populations de la Provence et du Languedoc. Tous les barons en quête de batailles et de butin, tous les rapaces et tous les soudards accoururent vers les trois armées qui se constituaient au Puy, à Lyon et à Bordeaux, et ce fut une véritable nuée de barbares qui se précipita sur le Midi, dont le Nord enviait la civilisation, le luxe, la richesse et le soleil. Le vicomte de Béziers voyant sa ville enveloppée par les croisés, voulut négocier ; le légat du pape, véritable chef de la sanglante croisade, lui fit répondre « que tout était inutile et que ce qu'il avait de mieux à faire, c'était de se défendre jusqu'à la mort, car on ne lui donnerait pas de merci[2] ». La ville prise, en 1209, le légat disait aux soldats : « Tuez tout ! Dieu connaît ceux qui sont à lui[3]. » Ses ordres furent ponctuellement exécutés. « Alors, raconte un historien du temps, se fit le plus grand massacre qu'on ait jamais vu dans le monde ; on n'épargna ni vieux ni jeunes, pas même les enfants à la mamelle. Tous ceux qui le purent se retirèrent dans la grande église de Saint-Nazaire, où les prêtres faisaient entendre le son des cloches, à défaut de la voix humaine ; mais il n'y eut ni son

---

1. *Lettres d'Innocent III*, livre XI, ép. 26, 27, 28, 29.
2. *Chronique anonyme de Toulouse* : Historia de los faicts d'armes de Tolose, in Preuves justific. de l'hist. du Languedoc.
3. César Heisterb., livre V, chap. xxi.

de cloche, ni prêtre revêtu de ses habits, ni croix, ni autel qui pût empêcher que tout ne passât par l'épée. Ce fut la plus grande pitié qui jamais fut osée et faite ; et, la ville pillée, on y mit le feu par tous les coins, tellement que tout fut dévasté et brûlé, et qu'il n'y resta chose vivante au monde[1]. » Trente à quarante mille individus furent massacrés et tout ce qui avait une valeur fut butiné. Devant Carcassonne, le légat du pape offre aux habitants une capitulation : le vicomte vient à lui sur la foi de ces avances ; il est arrêté avec son escorte, on oblige les habitants à sortir en chemise afin qu'ils ne puissent rien emporter, puis on pille la ville et l'on fait brûler les quatre-cent cinquante citoyens les plus notables.

Le légat du pape offre alors aux barons du Nord tout le pays qu'ils pourront prendre et se partager. Simon de Montfort accepte, et la guerre recommence avec ses massacres et ses pillages pieux. A la voix des moines de Citeaux qui prêchaient la croisade, des milliers de gens de toutes qualités se précipitèrent de nouveau sur le Midi ; il en venait de la Lorraine, des Flandres, de l'Allemagne, de partout, comme à une curée. Les habitants de Lavaur osent se défendre, ils sont tous brûlés et pendus « à la joie extrême des pèlerins[2] », du légat et du vicomte de Montfort que l'on avait surnommé le nouveau Machabée. A peine est-il besoin de dire que les provençaux, de leur côté, ne faisaient grâce à aucun prisonnier, mais, étant les plus faibles, c'étaient eux qui supportaient tout le poids des haines soulevées par l'Église dans les cœurs. Les massacres et les pillages étaient si effroyables qu'à diverses reprises le pape s'en émut. On lui démontrait sans peine que l'on tuait autant d'innocents que de coupables et que la rapacité l'emportait sur le zèle religieux ; mais il n'osait pas arrêter ces horreurs car on lui disait, en plein concile de Latran, en 1215, que faire cesser la croisade serait compromettre la cause chrétienne, que jamais personne ne vou-

---

[1]. *Chronique anonyme de Toulouse.*
[2]. VAUX DE CERNAY, *Hist. des Albigeois*, chap. LIII.

drait plus se mêler des affaires de l'Église, qu'il fallait jeter le voile sur les moyens employés pour faire triompher la cause sainte. Et la croisade recommença avec toutes les abominations et les haines effroyables qu'elle provoquait. A Toulouse, les troubadours chantaient au comte Raymond : « Que le brave Raymond vive encore deux ans, ô Rome ! et il fera repentir la France de s'être livrée à tes impostures. — Toi qui tonds les Français, toi qui les écorches, toi qui les pends, toi qui te fais un pont de leurs cadavres, Dieu te soutienne ! Dieu te donne le pouvoir et la force... A la mort les Français et les porte-bourdon[1] ! » D'un autre côté, les légats du pape ordonnaient à Montfort, assiégeant Toulouse, d'en massacrer tous les habitants lorsqu'il l'aurait prise, même les enfants, même sur les autels, car « cela, disaient-ils, avait été ordonné dans le conseil secret de Rome ». Et Montfort lui-même s'écriait : « Nous y mourrons tous, ou je vengerai l'affront que m'ont fait les gens de cette ville. Je veux baigner mon lion dans leur sang mêlé de cervelle[2]. » Avant d'avoir pris la ville, avant d'avoir pu exécuter les ordres des légats et ses propres serments, il fut tué par une pierre qu'une femme, dit-on, lui avait lancée du haut des remparts. La croisade n'était pas finie. Elle reprit à diverses reprises et ne se termina qu'après la mort d'Innocent III, par la soumission complète de tout le Midi au pape et au roi de France.

Pour empêcher l'hérésie de renaître, le roi et le pape instituèrent l'Inquisition. La croisade avait duré vingt-deux ans. Elle avait ruiné le pays et fait périr la moitié des habitants. Les haines farouches qu'elle avait semées entre le Nord et le Midi de la France devaient survivre pendant des siècles aux malheurs qu'elle avait répandus ; mais l'hérésie n'osait plus relever la tête.

La papauté faisait respecter sa puissance par les princes comme par les hérétiques. Elle avait détruit la famille des

---

1. Le terme de « français » désigne ici les hommes du Nord, les soldats de Montfort et tous les gens d'armes appelés par le pape à combattre les hérétiques et les peuples du Midi.
2. Voyez pour les sources : LAVALLÉE, Hist. des francs. I, p. 399.

Hauhenstauffen dont la politique était faite d'ambitions sur l'Italie. Cette famille avait été vaincue parce que, matériellement, la papauté était plus forte qu'elle. Aux Hauhenstauffen avaient succédé des empereurs de la famille des Habsbourg qui renonçaient à toute ambition sur l'Italie. La puissance matérielle de la papauté paraissait donc être égale à son autorité morale. Il semblait, en somme, qu'elle eût atteint l'apogée de ses ambitions. Elle en était, sans doute, convaincue, car lors du jubilé de 1302, devant les innombrables pèlerins qui s'étaient rendus à Rome pour sa célébration, le pape Boniface VIII recevait les ambassadeurs de l'Empire germanique, la couronne impériale en tête, le globe du monde dans la main et avec ces paroles inspirées par un incommensurable orgueil : « C'est moi, c'est moi qui suis César, c'est moi qui suis l'Empereur[1] ! »

Cependant, la France, si docile jusqu'alors aux directions de la papauté qu'elle avait pu être surnommée la « fille aînée de l'Église », la France commençait à se rebeller contre l'autocratie pontificale. Déjà Louis IX, que sa piété faisait vénérer par toute l'Europe chrétienne comme par ses sujets, avait manifesté clairement sa résolution d'échapper à la domination romaine. Il avait tracé les limites du pouvoir du pape dans son royaume par la pragmatique sanction ; il avait institué les légistes dans le but de substituer une justice royale à la justice de l'Église et des seigneurs, le droit romain au droit ecclésiastique et au droit féodal. Il se montrait fort dur pour les juifs et pour les blasphémateurs ; à propos de ces derniers il disait : « Doit l'homme lay quand il oist mesdire de la foi chrestienne, défendre la chose non pas seulement en paroles, mais à bonne épée tranchante et en frappant les médisants et mécréants à travers corps tant qu'elle y pourra entrer » ; il poussait la piété jusqu'aux pratiques les plus puériles ; mais il faisait cela, si je puis dire, royalement, et en mettant dans sa conduite quelque chose d'un caractère tel qu'on eût pu le considérer comme une sorte de chef religieux. C'est proba-

---

1. BENVENUTO DA IMOLA, d'après l'art de vérifier les dates, t. II, p. 31.

blement, en effet, ce qu'il voulait être ; et l'on peut faire dater de lui la prétention qu'eurent toujours les rois de France d'être les représentants directs, sur la terre, de la Divinité. Louis IX fut, en réalité, considéré comme le protecteur et presque le chef du clergé de France, à partir du jour où il interdit au pape de prélever aucun impôt sur les évêques sans l'autorisation royale et où il réglementa l'élection des hauts dignitaires de l'Église, afin de soustraire leur nomination à l'autorité pontificale. Il soulignait encore ce caractère de protecteur de l'Église de France, lorsqu'il favorisait un enseignement théologique indépendant et substituait l'influence de la Sorbonne ou de l'Université à celle des moines, agents directs de Rome et qui avaient été jusqu'alors tout-puissants. Sous sa pieuse direction, en somme, il avait fini par se constituer une sorte d'Église gallicane qui, d'elle-même, devait tendre désormais à se débarrasser de la domination de la papauté.

Avec Philippe le Bel l'indépendance de la royauté et du clergé français devaient encore s'accentuer. Lorsque Boniface VIII écrit au roi que le pape a été « établi par Dieu sur les rois et les royaumes pour les juger en sa majesté du haut de son trône », et que les clercs ne peuvent payer un impôt au roi qu'avec l'autorisation de la papauté, Philippe lui répond en un langage qu'aucun souverain n'avait encore osé tenir : « Les clercs ne sont pas seulement membres de l'Église, mais citoyens de France, et ils doivent aider le royaume par des subsides puisqu'ils ne le peuvent par les armes. Le refus de seconder le prince contre ses ennemis est un crime de lèse-majesté. » C'était nouveau, mais précis : à côté de la majesté pontificale, il y avait désormais la majesté royale. La lutte était ouverte entre la papauté et la France. Lorsque Boniface VIII, dans une nouvelle bulle, affirme que Dieu a institué les papes « au-dessus des rois et des royaumes » et se permet de blâmer les actes royaux, ce n'est plus seulement Philippe qui lui répond, c'est une assemblée d'évêques, de seigneurs, de bourgeois qui se tient à Paris en 1302, dans l'église Notre-Dame et dont les membres sont unanimes à proclamer que le roi de

France « ne reconnaît de son temporel, souverain en terre fors que Dieu ». Puis, lorsque Boniface VIII, maltraité par les agents du roi, se tue dans un accès de rage ou de folie, c'est un pape français qui lui succède, c'est en France, à Avignon, que le Saint-Siège est transporté, c'est le roi qui dicte ses volontés, ses caprices mêmes à la papauté avilie, et c'est avec le concours servile de cette dernière qu'il anéantit la plus puissante des congrégations, celle qui avait le mieux servi les intérêts temporels des papes. La théocratie pontificale s'envola avec la fumée du bûcher où fut brûlé le grand maître de l'ordre religieux, militaire et essentiellement pontifical des Templiers.

Pendant ce temps, malgré les atrocités commises sur tous les points de l'Europe par l'Inquisition, l'hérésie se répandait un peu partout, sous des formes multiples, mais avec un caractère commun à toutes les sectes : la haine de la papauté, la résolution d'échapper à la domination pontificale. On aura beau brûler des milliers de juifs sur les bûchers qu'alimentent les dominicains, faire condamner solennellement, par le concile de Constance, Jean Huss et la réforme naissante de Hongrie, lancer des bulles d'excommunication contre les princes tolérants, déployer sous les yeux des populations effarées l'image matérielle, brûlante, repoussante et horrifique des châtiments de l'enfer, tandis qu'on prodiguera les absolutions et les indulgences aux fidèles serviteurs de la papauté, c'en est fini de la puissance pontificale. Les uns la raillent doucement, comme les philosophes, les littérateurs, les poètes français ; les autres, à l'exemple des moines fanatiques de la Germanie, se préparent à brûler, avec Luther, ses bulles et ses décrétales, en flétrissant du haut de la chaire les turpitudes de la cour pontificale.

Puis, la Réforme éclate, née parmi les moines, les prêtres et évêques qui veulent se soustraire à la domination de Rome et rêvent de revenir à la pureté de la primitive église, encouragée par les princes qui voient dans la révolte de leurs clergés et de leurs chrétiens contre Rome, le moyen de faire cesser les prétentions des papes à dominer les couronnes, favorisée par l'abaissement où est tombée la papauté et par la corruption profonde de tout ce qui est en contact avec elle. Avec la Réforme apparaît la libre discussion des Livres sacrés ; mais avec elle se ravivent les haines religieuses que font naître ces mêmes Livres sacrés dans le cœur de tous ceux qui les lisent. Et pendant des siècles, on se battra, on s'égorgera, on se massacrera, dans toutes les nations de l'Europe, pour savoir si dans l'hostie consacrée par le prêtre, il y a « transsubstantiation » comme l'affirme le catholicisme ou simplement « impanification » comme le prétendait Luther, pour savoir si les indulgences des papes peuvent ou ne peuvent pas mettre à l'abri des châtiments de Dieu, si la papauté est de droit divin, comme le prétend l'Église de Rome, ou si ce n'est « qu'une grande Babylone » comme le proclamait, non sans raison, le moine révolté contre elle. Et l'histoire serait incapable de dire si les plus fanatiques, les plus intolérants et les plus sanguinaires furent du côté de Rome ou du côté de Luther.

Les uns et les autres, du reste, n'avaient-ils pas puisé le principe fondamental de leur morale religieuse dans le premier commandement du Décalogue de Moïse ? Et cette morale n'est-elle pas aussi contraire à la morale naturelle que la nuit est contraire au jour, l'erreur à la vérité, le juste à l'injuste ?

CHAPITRE III

LES PRESCRIPTIONS DE MORALE RELIGIEUSE DES COMMANDEMENTS DE DIEU ET DE L'ÉGLISE

On a vu que du premier commandement de Dieu découle toute la morale politique du christianisme.

Au point de vue purement religieux, le premier commandement prescrit non seulement d'adorer Dieu, mais encore « d'honorer les anges et les saints comme les amis de Dieu et nos protecteurs célestes[1] ». Les anges, d'après le Catéchisme, « sont les ministres de Dieu; sous ses ordres, ils gouvernent l'Église et la création tout entière; chaque jour, par une assistance invisible, mais permanente, ils éloignent de nous une foule de dangers spirituels et corporels. De plus, ils nous aiment : l'Écriture nous apprend que cet amour les porte à prier pour les peuples dont ils sont chargés, et nous ne devons pas douter qu'ils ne prient aussi pour les âmes dont ils sont les gardiens. Les deux motifs principaux pour lesquels nous devons les invoquer sont donc : 1° qu'ils contemplent Dieu sans cesse; 2° qu'ils acceptent volontiers le soin de notre salut qui leur est confié[2]. » — « Un ange demeure constamment auprès de chacun de nous; c'est notre ange gardien[3]. » Il y a aussi des anges mauvais; ce sont les démons. Dotés du libre arbitre comme les hommes et pourvus de la grâce comme l'était l'homme avant le péché originel, ils ont commis des fautes qui les ont fait rejeter du ciel : « Ils furent précipités des

---

1. *Catéch.*, p. 295.
2. *Ibid.*, p. 297.
3. *Ibid.*, p. 21.

hauteurs des cieux, et ils expient leur orgueil dans des châtiments éternels. Non seulement ils souffrent les peines de l'enfer, mais ils tourmentent les damnés et tentent les hommes, parce qu'ils sont jaloux du bonheur qui leur est promis[1]. » Il me paraît à peine utile de faire remarquer l'analogie qui existe entre ces idées et celles qui avaient cours parmi les Aryas de l'époque des Védas. N'est-ce point, dans les deux cas, la même croyance à des êtres purement spirituels, qui flottent dans l'air, qui se montrent favorables ou hostiles aux hommes et que ceux-ci implorent, soit pour les apaiser, détourner leur méchanceté, soit pour en obtenir une protection, des secours, des faveurs, etc.?

La question des anges et des démons est l'une de celles qui ont le mieux prêté aux divagations métaphysiques, en même temps qu'aux prédications sensationnelles. Il y eut, au moyen âge, notamment, toute une littérature religieuse née de la croyance à ces êtres mystérieux, et dans laquelle les imaginations les plus bizarres se sont données un libre cours. Son influence sur l'évolution des mœurs ne fut, sans doute, pas très grande, car nulle époque de l'histoire n'offrit ni plus de barbarie ni plus de débauches. On frémissait aux récits des peines de l'enfer, on s'inondait d'eau bénite pour se mettre à l'abri des maléfices des démons, mais on n'en était ni moins impudique ni moins barbare. Par contre, la croyance aux démons fut le point de départ d'une longue série de poursuites judiciaires, de tortures, d'exécutions par lesquelles l'Église s'est couverte à la fois de ridicule et d'odieux. Tous les abominables procès de sorcellerie qui la déshonorèrent pendant de si nombreux siècles ont leur source dans la croyance aux anges et aux démons.

Le second commandement n'est, en quelque sorte, qu'un corollaire du premier : « Tu ne prendras pas en vain le nom du Seigneur[2] », c'est-à-dire tu ne blasphèmeras pas

---

1. *Catéch.*, p. 20.
2. *Ibid.*, p. 311. L'Église attache une extrême importance à ce commandement. Il est dit dans les commentaires du Catéchisme : « Le blasphème, qui s'attaque à Dieu, à ses saints ou à sa religion, est un des péchés les plus graves que l'on puisse commettre contre ce commandement... Il n'est pas né-

son nom, tu ne prêteras pas, en son nom, des serments futiles ou faux, etc.

Il paraît inutile de rappeler avec quelle sévérité les blasphémateurs étaient punis à l'époque où la loi civile était inspirée par le second commandement du Décalogue. Nous avons vu plus haut saint Louis ordonner de transpercer le corps des blasphémateurs avec l'épée. Louis XIV leur faisait percer la langue avec un fer rouge. Le châtiment figure, en toutes lettres, dans les ordonnances relatives au service à bord des navires qui furent publiées sous son règne. C'était, du reste, peu de chose à côté des dragonnades auxquelles le grand roi faisait procéder contre les protestants coupables de ne point avoir la même foi que lui.

Il importe de noter que la Saint-Barthélemy, comme les dragonnades, comme tous les massacres de protestants et autres hérétiques ordonnés par les rois de France depuis saint Louis, étaient inspirés par une idée très différente de celle qui présida à la croisade contre les Albigeois. Dans celle-ci, l'ordre vient du pape agissant comme chef de l'Église chrétienne ; dans ceux-là, c'est le roi qui se considère lui-même comme le représentant de la divinité, et c'est directement, au nom de Dieu, qu'il frappe les gens dont la foi diffère de la sienne. Le roi agissait, en réalité, comme s'il était pape. La morale n'y faisait aucun gain.

Toujours à propos du deuxième commandement, il importe de noter que tout en imposant aux chrétiens l'obligation de tenir leurs serments, l'Église les en dispense dans

cessaire que l'injure à Dieu ou à ses saints soit exprimée en paroles ; de simples gestes peuvent être blasphématoires. On ne doit pas considérer comme blasphèmes des paroles simplement grossières, ni les locutions où le nom de Dieu intervient sans malice ; toutefois, il convient d'éviter ces expressions aussi contraires au respect dû à Dieu ou à la religion que peu dignes d'une personne grave... Comme le châtiment est très puissant pour maintenir dans le devoir, l'Écriture sainte, après avoir formulé le second précepte de la loi de Dieu ajoute : « Dieu ne considérera pas comme innocent celui qui aura pris en vain le nom du Seigneur son Dieu (*Exode*, xx, 7), paroles qui nous montrent en même temps la gravité des défenses contenues dans ce commandement, et le soin que nous devons apporter à ne point les enfreindre. Si nous devons, au dernier jour, rendre un compte exact, même de toute parole oiseuse (Matt., xii, 36), quelle sévérité ne mériteront pas des péchés qui entraînent le mépris du saint nom de Dieu. » (*Ibid.*, p. 322-323.)

certaines conditions : « L'homme juste ne promettra rien qui lui paraisse contraire à la loi de Dieu, mais aussi il ne violera jamais ses promesses, à moins que, par suite de circonstances imprévues, la chose promise ne soit devenue évidemment contraire à la loi de Dieu[1]. »

Un casuiste seul pourrait expliquer convenablement cette prescription ; bornons-nous à noter qu'elle est une preuve de plus à l'appui de la doctrine générale de l'Église, telle que l'indiquent les citations déjà faites plus haut, et qui consiste à subordonner toutes ses prescriptions morales à l'intérêt religieux. Il me paraît également inutile d'insister sur les considérations auxquelles certains casuistes se livrent pour établir que l'on a le droit de violer telles ou telles promesses faites solennellement, même dans le cas où elles ont été suivies d'actes préjudiciables à celui ou celle qui les a reçues. Ce sont des controverses casuistiques dont la religion chrétienne ne saurait être directement rendue responsable[2].

Le troisième commandement : « Souviens-toi de sanctifier le jour du sabbat[3] », est une prescription d'ordre purement cultuel et que l'on trouve, sous des formes diverses, dans toutes les religions. Le Catéchisme y rattache, non sans raison « le culte extérieur et liturgique que nous devons à Dieu ». Il dit, au sujet de ce commandement : « Il est comme une conséquence du premier, car nous ne pouvons nous dis-

---

1. *Catéch.*, p. 318.
2. Par exemple, le P. Gury est d'avis qu'on « n'est pas lié par un serment par lequel on a promis le mariage à une fille riche » si elle vient à tomber dans la pauvreté. Il est également d'avis qu'après s'être fiancé à une jeune fille et lui avoir, par conséquent, fait une promesse de mariage aussi solennelle que possible, un homme peut manquer à cet engagement si on lui offre une jeune fille plus riche ou si la fiancée vient à perdre sa fortune. Il discute même la question de savoir si, après avoir joui des dernières faveurs d'une jeune fille en lui promettant de l'épouser, le séducteur est tenu de tenir sa promesse, et il est d'avis qu'il pourra s'en dispenser s'il « craint des suites fâcheuses de ce mariage », si, par exemple, il y a une « grande différence de conditions entre sa famille et de celle de la jeune fille qu'il a séduite. » (Voyez Paul Bert, *La morale des jésuites*, p. 104, 418, 204, etc.) Quel que soit le caractère des casuistes qui discutent ces questions, et de quelque autorité qu'ils jouissent parmi les confesseurs, il serait injuste de rendre le christianisme responsable de leurs divagations.
3. *Catéch.*, p. 325.

penser d'honorer d'un culte extérieur, officiel ou social, Celui à qui nous rendons déjà le culte privé (intérieur ou extérieur) de l'adoration... Comme le culte extérieur public ne peut pas être rendu facilement par ceux qu'absorbent les travaux matériels, Dieu leur a fixé un temps pour s'en acquitter... L'autorité civile a le devoir de prêter son concours au clergé pour tout ce qui concerne l'exécution et la pompe du culte divin ; elle doit, non seulement ne pas entraver les manifestations religieuses, mais faciliter aux fidèles l'obéissance aux dispositions prises par l'Église en matière de culte[1]. »

La loi civile a, depuis Constantin, donné satisfaction au troisième commandement du Décalogue, en interdisant tout travail administratif le dimanche, donnant congé aux fonctionnaires, faisant cesser le travail dans ses ateliers, etc. Pendant de longs siècles, elle a même puni tout travailleur qui ne consentait pas à se reposer le dimanche. Elle justifiait ainsi le mot du commentaire du Catéchisme, à propos du repos dominical : « Il ne s'agit pas seulement d'un précepte cérémonial, susceptible de variations, mais d'une loi morale fixe et permanente. » La Révolution remplaça le dimanche par la décade, avec les mêmes interdictions. Une loi du 18 novembre 1814 ordonna que les travaux ordinaires seraient interrompus le dimanche et les jours de fêtes ; elle n'a été abrogée que le 12 juillet 1880.

Quant à la sévérité de l'Église à l'égard de ceux qui violent le troisième commandement, elle est mise en lumière par cette phrase du Catéchisme : « Ceux qui sont tentés d'enfreindre la loi du repos dominical devraient se rappeler les châtiments terribles dont Dieu a puni les transgresseurs du sabbat, et, en particulier, l'ordre qu'il donna de lapider un homme, qui avait été trouvé ramassant du bois ce jour-là (Num., XV, 32). »

Avec le troisième commandement se termine la partie du Décalogue relative aux devoirs envers Dieu.

Le quatrième commandement de Dieu ouvre la série

---

1. *Catéch.*, p. 328 et suiv.

des sept prescriptions du Décalogue relatives aux devoirs de l'homme envers ses semblables. Nous étudierons ces devoirs dans les chapitres suivants.

Le christianisme, imitant toutes les autres religions, eut soin d'ajouter à son Décalogue, devenu les « commandements de Dieu », d'autres prescriptions, sous le titre de « commandements de l'Église ». Ceux-ci n'ont absolument rien à voir ni avec la morale naturelle, ni même avec la raison.

L'église affirme qu'elle « se trouve investie d'un pouvoir divin, plusieurs fois affirmé par Jésus-Christ ». Le Catéchisme reproduit notamment ces mots prêtés au Christ : « Celui qui vous écoute m'écoute ; celui qui vous méprise me méprise, et il méprise mon père qui m'a envoyé (Luc, X, 16) », et il conclut : « Par ces paroles Jésus-Christ donnait au pape et aux évêques le pouvoir de faire des lois et obligeait les fidèles à leur obéir, sous peine d'être regardés comme des païens et des publicains [1]. » D'où il résulte que : « c'est une obligation de conscience pour tous les fidèles d'observer les commandements de l'Église [2]. »

Précisant encore le caractère des commandements de l'Église, le Catéchisme dit : « Les commandements de Dieu ne suffisaient pas aux chrétiens, parce qu'ils ne renferment pas assez clairement les devoirs surnaturels imposés par Jésus-Christ et ne déterminent pas les observances spéciales à la loi de grâce [3]. »

Les commandements de l'Église sont au nombre de six ; ils visent : l'observation des dimanches et des fêtes, l'audition de la messe dominicale, la confession, la communion pascale, l'observation du jeûne pendant le carême, aux quatre-temps, aux vigiles des grandes fêtes, l'abstention des aliments carnés le vendredi et le samedi de chaque semaine, etc. On commet un « péché mortel » quand on néglige d'assister à la messe « les dimanches et jours de fêtes de précepte ». Et le Catéchisme a soin de noter que l'on ne satisfait point à l'obligation de l'Église « en entendant en même temps deux demi-

---

1. *Catéch.*, p. 403.
2. *Ibid.*, p. 404.
3. *Ibid.*, p. 399.

messes de deux prêtres différents ». On commet un « péché grave » quand on n'observe pas les jeûnes prescrits par les commandements de l'Église, etc. Il y a là toute une morale essentiellement fantaisiste, sur laquelle il me paraît inutile d'insister et qui n'a d'autre objet que de plier les hommes à une soumission de tous les instants[1].

En ce qui concerne l'obligation d'obéir docilement aux commandements de Dieu et de l'Église, le Catéchisme est formel : « Impossible d'être sauvé sans observer les commandements dont nous avons parlé jusqu'ici ; ils sont le moyen indispensable pour acquérir la vie éternelle[2]. »

A ces commandements le Catéchisme ajoute des « conseils évangéliques » dont elle dit que trois surtout mènent à la perfection : « Ce sont ceux de pauvreté, de chasteté et d'obéissance. Ils ont pour but d'écarter tous les obstacles qui empêcheraient notre volonté d'être parfaitement unie à celle de Dieu. Or, tous les obstacles peuvent se ramener : 1° à l'amour des richesses et des biens de ce monde ; 2° à l'amour des satisfactions sensibles et des plaisirs charnels ; 3° à l'amour de notre propre indépendance. Leur opposer le détachement des biens temporels par la pauvreté, le sacrifice des voluptés charnelles par la chasteté, le renoncement à sa volonté propre par l'obéissance, c'est prendre les moyens les plus efficaces de se maintenir dans l'union parfaite avec Dieu. Il n'est pas impossible dans le monde de pratiquer les conseils évangéliques, mais en aucun état on n'a plus de facilité pour les pratiquer que dans l'état religieux[3]. » Le christianisme aboutit, on le voit, par les mêmes motifs que le bouddhisme, au même résultat que lui : la condamnation de la vie familiale et de la société, la préconisation d'une existence qui aboutirait rapidement à la destruction de l'humanité si elle pouvait tenter d'autres esprits que ceux qui ont été pervertis par une éducation tout à fait spéciale.

1. *Catéch.*, p. 399-433.
2. *Ibid.*, p. 418.
3. *Ibid.*, p. 419.

CHAPITRE IV

LA MORALE FAMILIALE DU CHRISTIANISME

Ainsi que je l'ai fait pour les religions étudiées précédemment, il me semble nécessaire d'entrer dans quelques détails au sujet de la façon dont le christianisme envisage la morale familiale.

Malgré la législation et la coutume qui la soumettait à l'autorité de son mari, la femme avait toujours joui, dans les sociétés civilisées romaine et grecque, et même dans les sociétés barbares de la Gaule ou de la Germanie, d'une très grande autorité morale. A Rome et en Grèce, la femme légitime avait sa place dans les cérémonies religieuses du foyer. Au point de vue civil, le principe était qu'elle devait être « libre et avoir une situation de fortune et de famille analogue à celle de son mari[1] ». C'est ce qui la distinguait de la concubine.

Les idées que le christianisme apporta dans les sociétés aryennes de l'Occident étaient très différentes. Au respect que l'on avait, dans ces sociétés, pour la mère de famille *(mater familias)* la nouvelle religion substitue les dédains de la religion hébraïque. Comme les prophètes de Jérusalem, le christianisme naissant a peur de la femme ; il la hait, il la supprimerait s'il le pouvait. Dans son impuissance à aller aussi loin, il fait tout ce qu'il peut pour l'isoler de la société, soit en lui faisant conserver sa virginité, soit en perpétuant sa viduité, soit en condamnant les relations que l'homme doit naturellement avoir avec elle.

---

[1]. D'ARBOIS DE JUBAINVILLE, *La civilisation des Celtes et celle de l'épopée homérique*, p. 296.

Il commence par la courber non seulement sous la dépendance légale du mari, mais aussi sous son autorité morale la plus absolue. L'auteur des épîtres à Timothée et à Tite[1], qui eurent une si grande influence sur les églises du IIe siècle, veut que les femmes mariées « écoutent en silence, avec une entière soumission » ; et il ajoute : « Je ne permets pas à la femme d'enseigner, ni d'avoir de l'autorité sur l'homme ; son lot c'est le silence. Adam, en effet, a été créé le premier, puis ce fut le tour d'Ève. Et ce n'est pas Adam qui a été séduit, c'est sa femme qui, s'étant laissé séduire, commit la prévarication. » Non seulement il veut que la femme se taise, mais encore il l'écarte autant que possible des occupations intellectuelles, même religieuses ; il ne lui donne le droit « de se livrer à la vie spirituelle que quand elle n'a pas de devoirs de famille à remplir », c'est-à-dire quand elle est vierge ou veuve. C'est en vertu de cette pensée que les premiers prédicateurs de la nouvelle religion préconisaient la virginité et la perpétuité du veuvage. Tertullien disait : « Il faut autant que possible décourager l'amour en voilant les vierges[2] », et il s'en fallut de peu que l'on n'adoptât la coutume orientale qui consiste à cacher le visage de toutes les femmes.

La femme étant considérée par les chefs de la nouvelle religion comme une cause de perdition pour l'homme, on donne à celui-ci le conseil de s'en passer, même lorsqu'il est marié : « Le temps est court, écrit saint Paul aux Corinthiens, ce qui reste à faire, c'est que ceux qui ont des épouses soient comme ceux n'en ayant pas. » Cependant, Paul permettait, à titre de faiblesse excusable, le mariage et les relations qu'il comporte ; Tertullien est plus absolu : « Le mariage, s'écrie-t-il, n'est qu'œuvre de chair ; et vile, méprisable est la chair ; le mariage n'est qu'une fornication que la loi autorise et que la coutume accepte. Or, il n'est point de crime pire que la fornication ; la continence est aussi nécessaire au saint que la prière[3]. » Sous l'in-

---

1. Voy. : Ernest RENAN, *L'Église chrétienne*, p. 97.
2. Voy. : GUIGNEBERT, *Tertullien*, p. 297.
3. *Ibid.*, p. 285.

fluence de ces idées, nombreuses étaient les jeunes filles chrétiennes qui préféraient la mort même au mariage, et plus nombreux encore furent les chrétiens qui, étant mariés, s'abstenaient de toutes relations sexuelles avec leurs femmes ou qui, étant célibataires, repoussaient systématiquement toute idée de mariage. Des sectes chrétiennes entières, notamment celles des Gnostiques et des Manichéens, condamnaient le mariage d'une manière absolue. Pour en écarter les jeunes filles, on les effrayait par le tableau des douleurs que subissent les mères et par les peintures les plus réalistes des prétendues misères auxquelles seraient exposées les femmes mariées. En même temps, on leur prodiguait, dans les communautés naissantes, des honneurs et des égards fort habilement ménagés pour les amener à fuir le mariage. Il en était de même à l'égard des veuves. On en faisait des sortes de diaconesses, chargées de la surveillance des femmes mariées et des vierges, prenant part à la gestion des affaires de l'Église, exerçant, en un mot, une véritable autorité. L'horreur de l'amour et de la famille était poussée si loin que l'on vit des hommes intelligents, comme Origène, et des fanatiques imbéciles, comme les membres de certaines sectes, supprimer volontairement leur virilité pour se garantir contre ses besoins.

Tous ces excès ne pouvaient être que temporaires; ils disparurent petit à petit, à mesure que le christianisme pénétra dans la société qu'il voulait conquérir. Après deux ou trois siècles d'efforts incessants contre le mariage et la famille, il dut les accepter sous peine de succomber dans son œuvre de conquête de l'Occident ; mais il resta fidèle à ce principe de Hieron « le mariage est comme l'argent, la virginité comme l'or », et il conserva de ses luttes contre la vie familiale une doctrine qui représente encore l'un des principaux éléments de la force du catholicisme, celle qui place la virginité et la chasteté au premier rang des plus hautes vertus. De cette doctrine sont sortis les monastères et les couvents d'hommes et de femmes, les innombrables congrégations qui forment la milice de la papauté, et le célibat des prêtres séculiers, c'est-à-dire les instruments les plus merveilleux d'influence et de prosélytisme qui aient jamais été imaginés par aucune religion.

Contraint d'accepter la famille à titre d'institution civile indispensable, le christianisme s'efforça, du moins, de lui donner un caractère assez profondément religieux pour qu'il en pût devenir le maître. Il y parvint par le sacrement du mariage, qui oblige les époux à faire la preuve de leur obéissance au dogme et au culte ; par le baptême, qui impose au père le devoir de faire entrer ses enfants, dès leur naissance, dans le giron de l'Église ; par la confession auriculaire, qui fait pénétrer le prêtre jusque dans les relations les plus intimes et les pensées les plus secrètes des époux ; enfin, par le célibat des prêtres, qui place ceux-ci dans des conditions admirablement adaptées au rôle que l'Église désire leur voir jouer dans la famille.

La préoccupation de l'Église fut, dès ses premiers pas dans la société civile, de courber l'homme sous sa domination pendant toute la durée de sa vie, en lui imposant la pratique de sacrements qui le forcent à renouveler sans cesse des actes de foi. Dès la naissance, il reçoit, sans en rien savoir, du reste, le sacrement du baptême qui le fait chrétien. Pour que les parents ne retardent pas l'heure de ce sacrement, l'Église leur signifie que les enfants non baptisés seront exclus éternellement du paradis. Lorsque les enfants arrivent à la puberté, elle leur impose le sacrement de la sainte Communion qui implique de leur part un acte de foi au dogme de l'Eucharistie et les contraint de se soumettre au sacrement de la Pénitence, c'est-à-dire à la confession. Dès ce jour, le chrétien ne pourra plus recevoir la communion sans avoir ouvert sa conscience au prêtre qui, trop souvent, abuse de sa crédulité pour pénétrer dans les secrets les plus intimes de sa vie. Après la communion, elle lui impose le sacrement de la Confirmation, qui exige de sa part une nouvelle et solennelle soumission au dogme de l'Eucharistie et au sacrement de la Pénitence. Plus tard, lorsqu'il veut contracter l'union sexuelle dont la nature lui inspire le besoin, elle l'oblige encore à réclamer le concours du prêtre et à se courber devant un nouveau sacrement, celui du Mariage, qui implique aussi un nouvel acte de foi aux dogmes et une nouvelle soumission au sacrement de la pénitence.

Pour obliger le chrétien à s'incliner devant le sacrement du mariage, l'Église a soin de lui imposer le choix entre le sacrement ou la virginité absolue. Toute union sexuelle contractée en dehors du mariage est, en effet, formellement condamnée par elle ; s'il en résulte des enfants, ils restent légalement étrangers à leur père et à leur mère. Par extension du sixième commandement du Décalogue « vous ne commettrez point l'adultère », elle interdit non seulement tout acte, mais encore toute pensée et tout désir sensuels, toute satisfaction directe ou indirecte du besoin génésique, en dehors du mariage et du conjoint que donne celui-ci à l'homme ou à la femme. Le sixième commandement, dit le Catéchisme du concile de Trente [1], « nous ordonne de garder la chasteté chacun selon notre état, et de nous purifier de tout ce qui souille la chair ou l'esprit. Nous devons avoir une grande horreur pour l'impureté. On n'a une véritable horreur pour l'impureté qu'autant qu'on en évite les occasions, telles que l'oisiveté, l'intempérance, les regards indiscrets, l'immodestie des habits, les entretiens légers, les chansons amollissantes, les lectures dangereuses, la fréquentation de personnes de sexes différents, les danses et autres réunions trop libres ». Il n'est pas nécessaire d'avoir été confesseur pour se faire une idée de l'influence que de pareilles prescriptions donnent au prêtre sur les esprits naïfs et faibles, surtout si l'on en rapproche ces menaces du Catéchisme : « On aura en grand horreur l'impureté si l'on réfléchit que ce péché rend indigne du Paradis : ni les fornicateurs, ni les adultères, ni les impudiques, dit saint Paul, ne possèderont le royaume de Dieu (I Cor., VI, 9) [2]. » Le péché pouvant résulter d'un simple désir, d'une seule pensée « impudique », quelle ne sera pas la puissance du prêtre sur la vierge naïve, sur la femme sincère, croyante, qui s'age-

1. *Catéch.*, p. 365.
2. *Ibid.*, p. 366.

nouilleront devant lui au tribunal de la pénitence ! quelle sera la chrétienne assez forte pour se soustraire à l'influence du confesseur qui scrute sa conscience, provoque l'exposé de ses désirs et de ses pensées les plus intimes, devient le confident de toutes les tempêtes que le besoin génésique est susceptible de provoquer dans son cœur ? Avec de pareils commandements, le prêtre devait forcément devenir le directeur de conscience de la femme. « La vie de l'âme étant tout ce qui compte, a écrit Renan avec la pointe d'ironie qu'il mettait volontiers en ses observations, il est juste et raisonnable que le pasteur qui sait faire vibrer les cordes diverses, le conseiller secret qui tient la clef des consciences, soit plus que le père, plus que l'époux[1]. »

Pour que ce but puisse être atteint, il semble que la femme devrait être émancipée de l'autorité de son mari, de son père, de ses proches, de tous ceux auxquels les lois et la religion des sociétés antiques la soumettaient. L'Église n'a eu garde d'aller aussi loin. Elle fut arrêtée dans cette voie logique par la crainte de provoquer l'opposition du sexe fort, en heurtant de front son esprit de domination et les habitudes de commandement dans le ménage que les hommes se transmettent les uns aux autres depuis qu'il y a des ménages. Fidèle à ses principes généraux de conduite, elle envisagea la femme comme un être double : une âme et un corps, elle libéra l'âme et maintint le corps dans l'obéissance ou, pour parler plus exactement, ne se préoccupa des droits civils de la femme que dans la mesure où son prosélytisme en pouvait tirer quelque profit. Tous les Pères de l'Église affirment, après les apôtres, la soumission de la femme à son mari, et l'Église n'a pas cessé, depuis dix-huit siècles, d'user de son influence sur les législateurs pour faire maintenir dans les lois le principe de cette subordination.

Cependant, comme les femmes furent les propagandistes les plus ardentes de la nouvelle Église, et qu'elles avaient souvent à subir les résistances de leurs maris restés païens,

---

1. Ernest RENAN, *Les Apôtres*, p. 121.

l'Église, lorsqu'elle fut devenue assez forte pour dicter ses volontés, exigea des empereurs chrétiens que certains droits fussent accordés à la femme. « Tous les témoignages, amis ou ennemis, dit un écrivain catholique [1], nous démontrent que la religion chrétienne se servit surtout de l'influence des femmes pour pénétrer dans le monde païen et arriver auprès du foyer et dans l'intérieur de la famille. Ici les divorces, pour raison de christianisme ; là les martyrs, souvent les conversions dues à leur zèle ; de tout côté leur présence, leur dévouement ; que faut-il de plus pour donner la preuve irrésistible, éclatante de la part qu'elles prirent dans la révolution morale qui agitait les esprits. Or, il est évident qu'un tel travail de persuasion et de résistance, qu'un tel élan de prosélytisme hors des habitudes passives, ont singulièrement accru la puissance des causes qui portaient les femmes vers l'indépendance. Et Constantin et ses successeurs ont bien su ce qu'ils faisaient quand ils les ont dotées d'une sage émancipation. Ils ont récompensé en elles des auxiliaires influents ; ils ont voulu qu'elles participassent aux bienfaits politiques de la religion chrétienne, elles qui avaient contribué à en préparer les progrès, et qui pouvaient encore en agrandir le développement. »

Sous les empereurs antérieurs au christianisme, les femmes avaient été dotées de droits importants. Elles avaient, par exemple, été émancipées de la tutelle des agnats. Toutefois, elles avaient encore « besoin d'un tuteur pour les principaux actes de la vie civile, comme, par exemple, pour agir en justice, pour s'obliger, pour aliéner leurs biens, *res mancipi*. Mais, depuis la loi Claudia, ce tuteur était simplement datif, soit par le père, soit par le mari, soit par le magistrat ». Le progrès était énorme, car ce que les femmes redoutaient le plus « c'était la tyrannie intéressée, avide, des agnats ». Constantin supprima ce qui leur restait de tutelle « et reconnut aux femmes majeures des droits égaux à ceux des hommes [2] ». Mais, en même temps qu'il les

---

1. Troplong, *De l'influence du Christian. sur le droit civil romain*, 2e édit., p. 210.
2. *Ibid.*, p. 207.

émancipait de la tutelle antique, il favorisa considérablement le sacrement du mariage qui interdit le divorce, et combattit le mariage par consentement mutuel ou concubinat légal qui avait créé l'indépendance de la femme, en lui permettant de rompre les liens qui lui paraissaient trop lourds à porter. Si dévoué qu'il fût au christianisme, Constantin n'osa pas supprimer entièrement le concubinat légal, qui avait pris une énorme extension depuis plusieurs siècles ; mais, « s'armant de sévérité contre les enfants naturels, afin de mieux arriver au cœur des pères, il défendit de rien donner, à eux et à leur mère, par donation et testament. Enfin, il ne permit pas aux personnes élevées en dignités de donner au public le spectacle scandaleux du concubinat ». D'autre part, il « donna la légitimité pour récompense aux enfants déjà nés, dont les parents renonceraient à un commerce illégitime pour se marier ». Ainsi il « attaqua cette institution par la triple influence des récompenses, des peines et de l'exemple [1] ». Le concubinat et le mariage par coemption avaient cependant rendu au christianisme de très grands services, en permettant à un grand nombre de femmes chrétiennes de se soustraire à la domination de maris restés païens. Au IIe siècle de notre ère, les mariages par coemption étaient eux-mêmes devenus beaucoup plus rares que les simples concubinats légaux, et la nouvelle religion n'était pas étrangère à cette évolution vers la liberté toujours plus grande des femmes. « Les femmes inclinaient vers les unions dégagées des solennités de la coemption par des raisons diverses : les unes pour conserver la propriété de leurs biens et pour se ménager la faculté de divorcer ; les autres par esprit de religion, afin d'être sous une moindre dépendance à l'égard de leurs maris païens [2]. » L'Église avait, à ses débuts, favorisé cette évolution, à cause des avantages qu'elle en retirait. Mais, plus elle devenait puissante et plus elle tendait à interdire les unions de chrétiens et de païens, afin d'imposer son sacrement du mariage.

---

1. TROPLONG, p. 170.
2. *Ibid.*, p. 224.

Celui-ci n'est mentionné dans les lois de l'Empire que sous Justinien ; il fut rendu obligatoire par l'empereur Léon qui « identifie désormais l'union conjugale civile avec le sacrement de l'Église ». Troplong pense, peut-être à tort, que cette loi était faite pour l'Orient seul ; mais il ajoute qu'en Occident « l'intervention des évêques dans les affaires publiques y amena l'adoption d'une règle semblable[1] ». Cette règle ne pouvait être évitée, car l'Église seule avait le droit d'unir légalement les deux sexes. Elle fut appliquée en France jusqu'à la Révolution. L'Église était ainsi parvenue à son but : aucun chrétien ne pouvait se marier sans son intervention. Si on la voit, au moyen âge, montrer une très grande sévérité à l'égard des princes eux-mêmes pour tout ce qui touche aux unions sexuelles, c'est que le mariage représentait l'une de ses plus grandes forces sociales.

A partir du jour où elle eut imposé à toutes les sociétés chrétiennes le sacrement du mariage, elle se montra beaucoup moins soucieuse des droits civils de la femme qu'elle ne l'avait été sous les empereurs païens. En Occident, lorsque le droit coutumier du moyen âge remplaça le droit romain, l'Église ne fit pas le moindre effort pour empêcher la reconstitution de la puissance maritale, qu'elle avait combattue lorsque le prosélytisme féminin lui était nécessaire. C'est avec son concours que cette puissance a été conservée jusqu'à nos jours et qu'elle est consacrée par nos lois. Notre Code civil impose à la femme « l'obéissance à son mari » et l'obligation « de le suivre partout où il juge à propos de résider ». Si la femme s'y refuse, il « peut l'y contraindre *manu militari*[2] ». La femme ne peut ester en jugement sans l'autorisation de son mari ; elle ne peut ni donner, ni aliéner, ni hypothéquer, ni acquérir à titre gratuit ou onéreux, sans son autorisation. Elle ne peut même pas disposer librement du salaire que lui procure son travail personnel, et il n'est pas rare de voir des femmes laborieuses, économes, rangées, être condamnées à la misère,

---

1. Troplong, p. 168.
2. *Code civil*, art. 213, 214.

ainsi que leurs enfants, par des maris paresseux, ivrognes ou débauchés.

L'Église a également imposé à notre législation l'indissolubilité absolue du mariage, en lui faisant condamner le divorce contre lequel, dès ses débuts, elle se prononça de la façon la plus formelle. La doctrine de l'Église sur ce point, ainsi que sur la polygamie, est nettement exprimée dans les lignes suivantes du Catéchisme du Concile de Trente : « Le mariage est l'union conjugale de l'homme et de la femme, contractée entre personnes qui en sont capables, et en vertu de laquelle elles doivent vivre inséparablement unies l'une à l'autre. — Tout mariage consiste essentiellement dans l'indissolubilité du lien conjugal librement consenti et clairement accepté de part et d'autre. — C'est Dieu qui l'a institué dès le commencement, qui l'a béni et fécondé, et c'est Jésus-Christ qui l'a élevé à la dignité de sacrement. — Jésus-Christ a ramené le mariage à la pureté de son institution primitive en proscrivant le divorce et la polygamie[1]. » Il précise, dans son commentaire, les prescriptions ci-dessus de la façon suivante : « Sous la loi de nature, nous voyons un grand nombre de patriarches avoir plusieurs femmes et, sous la loi de Moïse, le divorce était permis, à la condition de donner un acte de répudiation, *libellum repudii* (Matth., XIX, 7). Ces deux abus ont été supprimés par la loi évangélique qui, en proscrivant la polygamie et le divorce, a rétabli le mariage dans sa pureté primitive. Notre-Seigneur a bien montré que la polygamie est en dehors de la nature du mariage par ces mots de la Genèse dont il fait voir toute la portée : « Ils seront deux dans une même chair. » (Matth., XIX, 5.) Il en résulte que tout infidèle qui, d'après la coutume de son pays, aurait épousé plusieurs femmes, devrait, au moment de sa conversion, les éloigner toutes, sauf la première, qui serait sa légitime épouse. Gardons-nous bien pourtant de condamner ceux des patriarches qui eurent plusieurs femmes, car le plus souvent ils n'ont agi ainsi qu'avec la permission de Dieu. Quant au lien du ma-

---

1. *Cat. du Conc. de Trente*, p. 251-258.

riage, il est absolument indissoluble et ne peut être rompu que par la mort. Aussi Notre-Seigneur dit-il que « quiconque renvoie sa femme et en prend une autre commet un adultère; et si une femme quitte son mari et en prend un autre, c'est une adultère (Matth., XIX, 9). Aussi les législateurs de n'importe quel pays ne peuvent-ils faire sans péché une loi qui autorise le divorce, car toute loi humaine qui va contre la loi de Dieu est une loi nulle et criminelle. C'est de même une impiété sacrilège que de contracter une seconde union après un mariage légitime, du vivant de son conjoint ».

Le mariage est l'un des actes de la vie sociale qui a provoqué le plus de conflits entre l'Église et le pouvoir civil. D'abord, l'Église n'admet pas qu'il puisse y avoir mariage pour les chrétiens en dehors du sacrement de l'Église. Le catéchisme dit à ce sujet : « En élevant le mariage à la dignité de sacrement Notre-Seigneur a rendu le contrat naturel inséparable du sacrement. Dès lors, pour les chrétiens, il n'y a jamais mariage sans sacrement, et il ne peut y avoir sacrement de mariage sans présence du curé ou de son délégué, et d'au moins deux témoins, comme l'a déclaré le Concile de Trente. Ce que l'on appelle mariage civil n'est donc qu'une formalité destinée à assurer les effets civils du mariage, comme les conditions matérielles d'existence des deux conjoints et de leurs enfants, l'ordre des successions, etc., mais ce serait, de la part du pouvoir civil, un empiètement sacrilège, que de prétendre avoir droit d'établir ou de dissoudre le lien matrimonial en lui-même[1]. » Quant au lien du mariage, il est absolument indissoluble et ne peut être rompu que par la mort. « Aussi les législateurs de n'importe quel pays ne peuvent-ils faire sans péché une loi qui autorise le divorce, car toute loi humaine qui va contre la loi de Dieu est une loi nulle et criminelle[2]. »

L'Église condamne, on le voit, de la façon la plus formelle, le mariage civil et le divorce. Ce dernier fut légalement

---

1. *Cat. du Conc. de Trente*, p. 255.
2. *Ibid.*, p. 257.

supprimé en France, sur la demande de l'Église, par un capitulaire de Charlemagne. Il ne fut rétabli que par la Révolution, en 1792, en même temps que fut supprimée la séparation de corps. Celle-ci fut rétablie en 1803 ; le divorce fut rayé du Code civil en 1816. Il n'y a été rétabli que par la troisième République, en 1884, avec une procédure assez compliquée pour le rendre difficile et deux restrictions capitales : le divorce par consentement mutuel est interdit ; le conjoint divorcé ne peut pas épouser le complice de son adultère. Dans ces conditions, deux époux auxquels la vie commune est insupportable sont contraints de rester unis, à moins que l'un des deux ne commette intentionnellement l'un des délits qui rendent le divorce possible. D'autre part, celui des conjoints qui a trahi la foi conjugale est condamné à vivre dans le concubinat avec son complice et ne peut avoir avec lui que des enfants naturels. C'est l'immoralité organisée par la loi, sous l'influence de l'Église.

En prononçant l'indissolubilité absolue du mariage l'Église a voulu, sans aucun doute, sanctifier l'union conjugale ; l'expérience démontre qu'elle n'a fait, en bien des cas, qu'imposer aux époux ainsi liés l'hypocrisie de la vertu. La polygamie n'existe, en fait, pas beaucoup moins dans nos sociétés que dans celles de l'antiquité, mais elle est plus dissimulée et elle contribue à augmenter le nombre des enfants dits naturels que la loi traite avec une extrême dureté.

On comprendra que je ne m'étende pas ici sur cette question, mais on me pardonnera de citer les quelques lignes suivantes de Montesquieu. Pour être anciennes, elles n'en sont pas moins vraies : « A peine, dit-il, a-t-on trois ans de mariage qu'on en néglige l'essentiel : on passe ensemble trente ans de froideur ; il se forme des séparations intestines aussi fortes, et peut-être plus pernicieuses que si elles étaient publiques : chacun vit et reste de son côté ; et tout cela au préjudice des races futures. Bientôt un homme dégoûté d'une femme éternelle, se livrera aux filles de joie, commerce honteux et si contraire à la société ; lequel, sans remplir l'objet du mariage, n'en représente tout au plus que les plaisirs. Si de deux personnes libres, il y en a une qui n'est pas propre aux desseins de la nature et à la propagation de l'espèce, soit par son tempérament, soit par son âge, elle ensevelit l'autre avec elle, et la rend aussi inutile qu'elle l'est elle-même. Il ne faut donc point s'étonner si l'on voit chez les chrétiens tant de mariages fournir un si petit nombre de citoyens[1]. »

La séparation de corps elle-même est entourée d'obstacles de toutes sortes. Elle ne peut pas avoir lieu du consentement réciproque des époux et, si elle est prononcée pour cause d'adultère de la femme, celle-ci « sera condamnée, par le même jugement et sur la réquisition du ministère public, à la réclusion dans une maison de correction pendant un temps déterminé, qui ne pourra pas être moindre de trois mois ni excéder deux années[2] ». La prépondérance du mari en cette matière est soulignée par le fait qu'il peut, en reprenant sa femme, arrêter l'effet de la condamnation.

La subordination de la femme au mari n'est pas moins manifeste dans la législation relative à l'adultère. Celui-ci est considéré par l'Église comme un péché mortel, quel que soit celui des conjoints qui le commette ; mais son véritable sentiment à cet égard se manifeste, dans les lois et les mœurs, par l'institution d'une énorme différence entre l'adultère du mari et celui de la femme. Le mari n'est considéré comme coupable d'adultère que s'il entretient sa complice dans le domicile conjugal, et il n'est puni alors que d'une amende de 100 à 2 000 francs. La femme est considérée comme adultère, quel que soit le lieu où elle a commis l'infidélité ; elle en est punie par la prison (trois mois à deux ans)[3]. Le Code civil considère comme « excusable » le mari qui tue sa femme surprise en flagrant délit d'adultère dans le domicile conjugal et ne le condamne qu'à un emprisonnement d'un à cinq ans[4]. Dans la pratique, il

---

1. Montesquieu, *Lettres persanes*, CXVI.
2. *Code civil*, art. 308.
3. *Code pénal*, art. 339, 337.
4. *Code pénal*, art. 324.

est presque toujours acquitté, grâce à l'opinion qui règne sur ce sujet dans le public, et contre laquelle l'Église n'a guère jamais sérieusement protesté. On voit par tout cela combien notre société chrétienne est éloignée de la prétendue égalité que les panégyristes de l'Église la louent d'avoir établi entre l'homme et la femme.

Les intentions véritables de l'Église à l'égard de la femme se manifestent encore dans le soin qu'elle a toujours eu de l'écarter des travaux intellectuels. Non seulement elle évite de l'instruire, mais encore elle la détourne des préoccupations d'ordre scientifique en encombrant sa mémoire, dès l'enfance, d'oraisons toutes faites, qui lui évitent même le souci d'imaginer des prières personnelles. Elle accoutume ainsi son esprit à une sorte de rabâchage éminemment propre à supprimer la réflexion et à étouffer la pensée. Elle la traite, en un mot, comme un être de pur sentiment, élevé de façon à n'obéir qu'à des influences sentimentales.

La morale du christianisme relativement aux devoirs des enfants envers leurs parents ne diffère pas de celle des Livres sacrés des Hébreux ou de la religion et des lois des sociétés païennes antiques, c'est dire qu'elle se conforme aux idées nées des relations naturelles des parents avec leurs enfants, en y ajoutant les considérations d'ordre religieux propres au christianisme. « Honore ton père et ta mère afin de vivre longtemps sur la terre que le Seigneur ton Dieu te donnera[1] », dit le 4º commandement de Dieu, en reproduisant les termes du Décalogue. Cette prescription rappelle l'époque où les Hébreux, ne croyant pas à la vie future, promettaient la longévité de la vie et la fortune comme récompenses du devoir moral accompli. Précisant le 4º commandement, le Catéchisme ajoute : « Les enfants doivent respecter leurs père et mère, les aimer, leur obéir, les aider dans leurs besoins spirituels et temporels, prier et faire prier Dieu pour eux pendant leur vie et après leur mort. — Dieu promet aux enfants qui honorent leurs père et mère, une vie longue et heureuse, même ici-bas. — Les enfants

---

[1]. *Catéch*, p. 339.

qui manquent au respect dû à leurs parents sont menacés de la malédiction de Dieu. » L'Église assimile aux parents les supérieurs et, au premier rang, parmi ces derniers : « Notre Saint Père le Pape, les évêques et les autres pasteurs de nos âmes. — Les fidèles doivent aimer leurs pasteurs et veiller à leurs besoins temporels, quand les gouvernements ne sont pas assez chrétiens pour y pourvoir eux-mêmes[1]. »

Le Catéchisme admet une limite à l'amour des enfants pour leurs parents ou leurs semblables : « Quiconque... aimerait son prochain plus que Dieu ou à l'égal de Dieu commettrait un grand crime. Qui aime son père ou sa mère plus que moi, dit Notre-Seigneur, n'est pas digne de moi (MATTH., x, 37)... Si donc les ordres des parents sont en opposition avec les ordres de Dieu, les enfants ne doivent pas hésiter à préférer la volonté divine[2]. »

Dans la morale du christianisme, les devoirs des parents envers leurs enfants découlent en partie de la nature et sont en partie inspirés par l'intérêt de l'Église. « Les père et mère doivent procurer à leurs enfants les soins spirituels et corporels, les élever, les surveiller, les corriger avec discrétion et leur donner le bon exemple. — Les père et mère doivent procurer à leurs enfants une éducation conforme à leur condition et surtout une éducation chrétienne qui les initie à la connaissance des vérités de notre foi, les forme à la pratique de la vertu, à l'usage de la prière et des sacrements. » A ce dernier point de vue, les maîtres sont assimilés aux parents. « Les maîtres sont obligés de veiller au salut de leurs domestiques[3]. » C'est par application de cette règle que l'on voit un très grand nombre de maîtres imposer à leurs serviteurs l'obligation de faire maigre le vendredi, d'assister aux offices le dimanche, etc. C'est la même règle qui avait fait figurer la prière quotidienne et la messe dans les règlements de la marine, etc.

Le catéchisme insiste sur le devoir qu'ont les parents de donner à leurs enfants une instruction religieuse. Ils doi-

---

1. *Catéch.*, p. 339-340.
2. *Ibid*, p. 343-344.
3. *Ibid.*, p. 342.

vent, dès leur naissance, les faire baptiser, puis leur inculquer toutes les croyances de la religion chrétienne : « Un devoir trop négligé par les parents est celui qui consiste, quand ils ne peuvent pas se charger eux-mêmes de leur instruction, à procurer à leurs enfants le bienfait d'une école catholique. « L'Église, dit Léon XIII, a toujours ouvertement condamné les écoles appelées mixtes ou neutres. » (*Encycl. aux évêques de France*, 8 février 1884.) Elle ne tolère la fréquentation de ces écoles neutres, en règle générale, que là où il n'y a pas d'écoles catholiques, capables du moins de rivaliser avec les premières pour l'étendue des connaissances et l'habileté des maîtres..., les parents pèchent presque toujours gravement en envoyant leurs enfants dans des écoles neutres, parce qu'ils les exposent à y perdre la foi[1]. » Un mandement épiscopal récent et qui tire des circonstances où il fut publié une importance particulière trace de la façon suivante les devoirs des parents en matière d'instruction de leurs enfants : « Pères de famille ne l'oubliez jamais : il n'y a pas au monde de souveraineté humaine plus sacrée et plus indépendante que celle de votre foyer : vous en êtes le roi ; et dans le gouvernement de votre humble royaume, dans l'œuvre essentiellement paternelle de l'éducation, aucune puissance séculière n'est supérieure à la vôtre ; vous n'avez d'autre maître que Dieu. Personne ne peut, sans votre agrément, toucher à l'âme de vos enfants ; personne ne peut, sans votre délégation formelle, usurper la mission de former leur intelligence, leur caractère et leur cœur. Le législateur qui tenterait de s'introduire chez vous pour y prendre vos enfants et les emprisonner, malgré vos refus, dans une école qui n'a pas votre confiance, violerait à la fois et votre autorité et votre liberté[2]. »

Il est intéressant de comparer l'ardeur mise par l'Église, actuellement, à proclamer les droits du père de famille sur ses enfants, avec la conduite qu'elle tenait, à ce même point

---

1. *Catéch.*, p. 349.
2. *Lettre pastorale* de Mgr Bonnet, évêque de Viviers, février 1903.

de vue, dans les débuts de son histoire, alors que les enfants étaient chrétiens, tandis que les pères étaient encore païens. Je ne puis mieux faire que de citer à cet égard un écrivain catholique dont la compétence juridique est aussi incontestable que son catholicisme : « Lorsque Constantin monta sur le trône, dit Troplong[1], le christianisme était loin d'avoir conquis toutes les positions sociales. Il lui restait encore beaucoup de chemin à faire, non seulement dans les institutions mais encore dans les esprits. Ce prince voulut donner un élan plus énergique au culte qu'il protégeait, en modifiant par ses lois la constitution déjà altérée de la puissance paternelle. « Car, dit Montesquieu, pour « étendre une religion nouvelle, il faut ôter l'extrême dépen- « dance des enfants qui tiennent toujours moins à ce qui est « établi[2]. » Toutefois, dans la révolution qui s'opérait au sein de la société, il ne s'agissait pas de renverser aveuglément, mais d'améliorer par des moyens prudents. Le père resta donc le chef respecté de toute sa descendance. Il ne fut pas privé du droit d'infliger des peines modérées, et même dans des cas plus graves, de porter plainte au magistrat et de lui dicter la sentence sévère que réclamait la discipline domestique. Enfin, l'exhérédation demeurait intacte entre ses mains. Mais ces moyens, qui n'avaient pas empêché la marche des idées sous un pouvoir hostile, étaient moins à craindre encore sous un pouvoir protecteur. » Autrement dit, on maintint les lois qui sanctionnaient l'autorité du père de famille, mais on le fit avec la pensée qu'un « pouvoir protecteur » de la religion n'en userait pas au préjudice des enfants chrétiens. « Le côté vers lequel Constantin dirigea ses vues fut celui des pécules. C'est par là qu'il

---

[1]. *Loc. cit.*, p. 185.
[2]. Montesquieu avait, en effet, fort bien saisi l'esprit de la législation de Constantin. « Il est certain, dit-il (*Esprit des Lois*, livre XXIII, chap. XXI) que les changements de Constantin furent faits, ou sur des idées qui se rapportaient à l'établissement du christianisme, ou sur des idées prises de sa perfection. De ce premier objet vinrent ces lois qui donnèrent une telle autorité aux évêques qu'elles ont été le fondement de la juridiction ecclésiastique ; de là ces lois qui *affaiblirent l'autorité paternelle*, en ôtant au père la propriété des biens de ses enfants.. Pour étendre une religion nouvelle, il faut ôter l'extrême dépendance des enfants, qui tiennent toujours moins à ce qui est établi. »

LANESSAN. Religions. 28

voulut rendre la position des enfants plus indépendante. On sait que dans l'origine le fils appartenait à son père avec tous ses biens. Mais, par suite de cette tendance équitable que l'époque de l'Empire amena dans les esprits, Auguste, Nerva et Trajan avaient accordé au fils de famille la propriété des biens acquis par lui dans le service militaire *(peculium castrense)*. Cette innovation avait d'abord été timide. Si le fils mourait sans avoir disposé de ce pécule, il était censé avoir toujours appartenu au père en vertu de sa puissance paternelle. De plus, le fils ne pouvait en disposer que pendant le temps de son service aux armées. Mais Adrien en avait accordé la disposition au fils de famille retiré du service... Constantin, par une Constitution de 321, assimila au pécule castrense les biens acquis par le fils de famille dans les offices du palais du prince. Cette idée fut trouvée ingénieuse par ses successeurs, et, sous le titre de quasi-castrense, le pécule des enfants se trouva grossi des biens qu'ils avaient acquis comme assesseurs, comme avocats, comme officiers attachés au préfet du prétoire, comme évêques, diacres, ecclésiastiques, enfin comme fonctionnaires publics... Constantin attribua au fils en puissance la propriété des biens laissés par sa mère. Le père l'avait eue jusqu'alors ; le prince l'en dépouilla ou ne lui en concéda que le simple usufruit sa vie durant ; que s'il venait à se remarier, il ne conservait l'usufruit que pendant la minorité du fils. »

Ces mesures étaient habiles au point de vue des intérêts du christianisme, car les femmes et les enfants étaient les premiers à adopter la religion nouvelle ; la loi les solidarisait dans leur résistance au père de famille resté païen. Plus tard, Gratien et Valentinien le Jeune assimilèrent les successions des aïeuls à la succession de la mère, favorisant de nouveau les enfants et les encourageant à s'émanciper du père. Le mouvement continua dans la suite de façon à augmenter sans cesse les droits des enfants, conformément aux principes naturels de l'humanité. « Mais, conclut Troplong, qui avait fait comprendre la voix de l'humanité, si ce n'est le christianisme... ? » On peut objecter que la voix de l'humanité avait été entendue, avant le christianisme, par les empereurs philosophes et que leurs successeurs se bornèrent à marcher dans la voie ouverte par Nerva, Trajan et Antonin. Ce qui est plus important à noter, c'est que le christianisme s'arrêta dans son œuvre d'émancipation des enfants, dès qu'il crut avoir intérêt à ménager les pères devenus chrétiens et à s'appuyer sur leur autorité pour empêcher les enfants d'aller aux nouveautés religieuses ou philosophiques. C'est pourquoi, même dans nos lois actuelles, l'autorité morale du père de famille par rapport à ses enfants est restée aussi grande que dans l'antiquité. Notre Code civil[1] est formel : « L'enfant, à tout âge, doit honneur et respect à ses père et mère. — Il reste sous leur autorité jusqu'à sa majorité ou son émancipation. Le père seul exerce cette autorité durant le mariage. » Même après sa majorité, l'enfant ne peut accomplir l'acte très naturel et essentiellement personnel qu'est le mariage qu'avec le consentement de ses parents ou en leur faisant des sommations qui témoignent de sa dépendance et qui l'exposent à des représailles dangereuses si les parents ont de la fortune. D'un autre côté, le christianisme oblige les parents à imposer leur religion à leurs enfants dès leur naissance, à leur en inculquer les croyances avant qu'ils soient capables de les juger ; elle leur livre leur cerveau et les contraint de le façonner sur un modèle qu'elle a elle-même tracé. C'est dire qu'elle maintient la pire des tyrannies, celle qui s'exerce sur l'intelligence d'êtres incapables d'y opposer la moindre résistance.

Le christianisme, en somme, n'a pas plus libéré l'enfant qu'il n'a libéré la femme. L'indépendance que l'un et l'autre ont obtenue résulte de l'évolution naturelle des idées et du progrès qui s'accomplit sous l'influence de la lutte de l'égoïsme des femmes et des enfants contre l'égoïsme des pères. Par contre, l'un des premiers actes du christianisme devenu puissant fut de faire abroger les lois que les empereurs romains avaient faites dans le but de favoriser la multiplica-

---

1. Art. 371-373.

tion des enfants. Montesquieu[1] cite à ce sujet un mot caractéristique de Sozomène, historien ecclésiastique du v° siècle : « Ces lois avaient été établies comme si la multiplication de l'espèce humaine pouvait être un effet de nos soins ; au lieu de voir que ce nombre croît et décroît selon l'ordre de la providence. » Pour plus de sûreté, cependant, le christianisme fit abroger les lois qui avaient pour objet la multiplication des enfants : « Les lois Papiennes, dit Montesquieu, voulaient qu'on se remariât. Justinien accorda des avantages à ceux qui ne se remarieraient pas... Quand on recevait un legs à la condition de ne point se marier, lorsqu'un patron faisait jurer son affranchi qu'il ne se remarierait point et qu'il n'aurait pas d'enfants, la loi Papienne annulait cette condition et ce serment. » La législation chrétienne supprime cette clause. Montesquieu ajoute : « Il n'y a point de loi qui contienne une abrogation expresse des privilèges et des honneurs que les Romains païens avaient accordés au mariage et au nombre des enfants ; mais là où le célibat avait la prééminence, il ne pouvait plus y avoir d'honneurs pour le mariage. » Puis, il note ce fait, dont l'exactitude ne saurait être contestée et qui met bien en relief l'erreur commise par le christianisme dans le domaine des unions sexuelles : « C'est une règle tirée de la nature que, plus on diminue le nombre des mariages qui pourraient se faire, plus on corrompt ceux qui sont faits : moins il y a de gens mariés, moins il y a de fidélité dans les mariages ; comme, lorsqu'il y a plus de voleurs, il y a plus de vols. »

Il n'est pas inutile de noter que le christianisme, en faisant de la continence et de la chasteté une de ses vertus principales, allait à l'encontre non seulement des principes du paganisme mais encore des préceptes de l'hébraïsme et de toutes les autres religions de l'antiquité. « Les livres sacrés des anciens Perses, rappelle Montesquieu, conseillaient de se marier de bonne heure, parce que des enfants seraient comme un pont au jour du jugement, et que ceux qui n'auraient point d'enfants ne pourraient pas passer. Ces dogmes

---

1. *Esprit des Lois*, livre XXIII, chap. xxi.

étaient faux, mais ils étaient utiles[1]. » La chasteté fut une innovation contraire aux intérêts de l'espèce humaine, au progrès de la morale et aux préceptes de toutes les religions antérieures au christianisme.

Les panégyristes du christianisme ont prétendu qu'il avait relevé la femme et institué la famille ; l'histoire montre, au contraire, qu'il fut impuissant à abaisser la première et à détruire la seconde. Dans le domaine de la morale familiale comme dans celui du culte, il vit sombrer ses principes judaïques devant la résistance qui lui fut opposée par les idées et les traditions du paganisme aryen. Si, à partir du XIIe siècle, on voit l'influence de la femme croître en même temps que la chevalerie se développe, ce n'est point au christianisme qu'il en faut faire honneur, ainsi que le prétendent certains historiens, mais uniquement à la restauration des idées grecques et romaines et à l'épanouissement des mœurs germaniques. Celles-ci produisirent la chevalerie ; celles-là rétablirent le culte antique de la beauté qui, en dépit des lois, avait fait la femme si puissante chez les Grecs et les Romains. La femme qui préside aux tournois de la fin du moyen âge, celle qui couronne les artistes ou les poètes dans les cours d'amour de la Renaissance, celle qui groupe les philosophes, les savants, les littérateurs et les beaux esprits dans les salons du XVIIe et du XVIIIe siècles, ce n'est ni la vierge voilée, ni la veuve austère, ni la mère de famille soumise au silence, du christianisme, c'est la coquette élégante d'Athènes, c'est la matrone aimable de Rome, c'est la vierge fière de sa jeunesse, c'est la beauté consciente de sa force, c'est l'esprit féminin assuré de ses triomphes ; ce n'est pas la femme ignorante et humble rêvée par le christianisme, c'est la femme belle, spirituelle, savante et toujours adorable, dont l'antiquité païenne avait légué l'idéal aux générations qui seraient assez fortes pour se soustraire à l'influence déprimante du sémitisme judaïque transporté dans le christianisme.

1. *Esprit des lois*, livre XXIV, chap. xx.

CHAPITRE V

LA MORALE SOCIALE DU CHRISTIANISME.

Les principes généraux de la morale sociale du christianisme ne diffèrent pas de ceux de la morale naturelle. Ne point tuer, ne point voler, ne point dérober la femme de son prochain, ne point porter de faux témoignage, ne point mentir, ne point calomnier, ne point médire, sont des règles morales qui résultent des relations des hommes entre eux et qui sont nées de l'intérêt personnel sagement conçu : on ne fait pas de mal aux autres afin de ne pas légitimer celui qu'ils pourraient faire. Dans toutes ces règles, le christianisme a introduit cependant des vues particulières qui, en certains cas, sont de nature à en affaiblir beaucoup la portée. C'est ainsi que le meurtre est autorisé quand il est ordonné par Dieu, c'est-à-dire par l'Église qui le représente sur la terre ; que le vol d'un vase sacré n'est plus seulement un vol mais un sacrilège, c'est-à-dire « l'une des plus odieuses et des criminelles violations[1] » du septième commandement ; que le fait de ne pas avertir un parent de sa mort prochaine, en l'exposant « à mourir sans sacrements », est assimilé au faux témoignage et au mensonge[2], etc.

Dans le domaine de la morale sociale comme dans celui de la morale familiale, le christianisme fit, en outre, opérer un recul aux sociétés grecque et romaine, surtout à la seconde, par rapport à l'évolution qui s'était produite sous l'influence de l'Épicurisme, du Stoïcisme, et des empereurs philosophes.

1. *Catéch. du Conc. de Trente*, p. 373.
2. *Ibid.*, p. 387.

Si le christianisme avait appliqué les principes d'égalité formulés par ses premiers apôtres, il aurait dû travailler de toutes ses forces à la suppression des classes, dont la concurrence avait fait tant de mal aux sociétés de Rome et de la Grèce. Il n'en fit rien. A peine fut-il entré dans les conseils impériaux, il oublia les promesses qu'il avait faites aux pauvres et aux déshérités : au lieu de la justice dont il leur avait fait entrevoir l'aurore, il ne leur donna que la résignation et la charité.

La question de morale sociale qui dominait le monde antique, c'était celle de l'esclavage. Cependant, la plupart des écrivains des premiers siècles du christianisme paraissent l'ignorer ; ceux qui la traitent sont en recul sur les idées qui avaient prévalu pendant la période des Antonins. On marchait alors, au nom de la justice et du droit naturel, vers l'assimilation des esclaves aux enfants des hommes libres. C'est dans une tout autre direction que va le christianisme naissant, et c'est sur de tout autres principes qu'il régla sa conduite pendant la longue suite de siècles où il eut à s'occuper, théoriquement et dans la pratique, de la question de l'esclavage et des esclaves eux-mêmes. « La règle constante de l'apôtre Paul était qu'il faut rester dans l'état où l'on a été appelé... Est-on esclave, ne pas s'en soucier, et, même si l'on peut se libérer, rester esclave. » Qu'importe, en effet, la situation que l'on occupe sur la terre ! Elle n'est que passagère, elle n'a aucune valeur comparativement à celle que l'on occupera dans le ciel : « L'esclave appelé disait l'apôtre, est l'affranchi du Seigneur, l'homme libre appelé est l'esclave du Christ.[1] » Saint Augustin disait de l'Eglise : « Elle ne libère pas les esclaves, mais de mauvais elle les rend bons. Le Christ ne dit pas à un esclave qui a un mauvais maître de l'abandonner ; il lui offre son propre exemple.[2] » Tertullien n'assigne à l'obéissance de l'esclave aucune autre limite que celle du devoir religieux. L'esclave doit supporter sans murmure

---

1. Voy. : Ernest RENAN, *Saint Paul*, p. 257.
2. Voy. : GUIGNEBERT, *Tertullien*, p. 277, note.

tous les actes de son maître, y compris les coups ; il ne peut désobéir que si on veut le contraindre à sacrifier aux faux dieux[1]. L'affranchissement, qui avait pris une très grande extension dans les derniers siècles de l'empire, est plutôt mal vu par Tertullien qui hait, dans son rigorisme, le luxe des affranchis. « Les mots violents qu'il retient si difficilement, dit M. Guignebert dans son excellent ouvrage sur Tertullien, arrivent en foule sur sa plume pour caractériser les affranchis. Par-dessus tout, ce sont les deux idées fondamentales de la doctrine chrétienne qui l'empêchent de s'élever contre l'injuste inégalité des conditions sociales : 1° que le chrétien doit accepter sans murmurer la condition que Dieu lui a assignée sur terre ; 2° il est inutile de la changer, la misère humaine est partout, ce n'est qu'une question de plus ou de moins ; ce n'est aussi qu'une question de temps et de peu de temps. Assurer son salut est autrement grave qu'améliorer son sort terrestre. La foi montaniste en la fin imminente du monde affermit Tertullien dans cette indifférence sociale. Son point de vue est donc celui que l'Église gardera toujours. » Saint Antoine « affirme que la vraie servitude est toute de chair et non d'esprit, que l'Église est venue libérer l'esprit et, qu'à ce point de vue, il ne manque pas d'esclaves qui sont plus libres que leurs maîtres. C'est pourquoi il engage les esclaves à prendre en patience les mauvais maîtres et à s'aider de la pensée des souffrances de Jésus. » Le concile de Gangres « prononce l'anathème contre quiconque détourne un esclave du respect et du dévouement qu'il doit à son maître[2] ».

Il est juste d'ajouter que la plupart des écrivains chrétiens recommandaient aux maîtres de traiter leurs esclaves avec bienveillance. Cela ne devait point être inutile car certains conciles durent formuler « des peines contre les maîtresses qui, dans leur colère, frappent, estropient ou

---

1. C'est avec intention que je me sers de l'expression « les faux dieux » ; les chrétiens ne niaient pas, en réalité, l'existence des dieux du paganisme ; ils les considéraient simplement comme des démons qu'il faut redouter.
2. GUIGNEBERT, *Tertullien*, p. 376.

tuent leurs esclaves ». Ernest Renan[1] traduisait très exactement l'esprit et la conduite de l'Église en cette matière quand il écrivait[1] : « soumission et attachement consciencieux de l'esclave envers le maître, douceur et fraternité de la part du maître à l'égard de l'esclave, à cela se borne, en pratique, la morale du christianisme primitif sur ce point délicat. Le nombre des esclaves et des affranchis était très considérable dans l'Église. Jamais celle-ci ne conseilla au maître chrétien qui avait des esclaves chrétiens de les affranchir ; elle n'interdit même pas les châtiments corporels qui sont la conséquence presque inévitable de l'esclavage. Jean Chrysostome, au IV⁰ siècle, est à peu près le seul docteur qui conseille formellement au maître l'affranchissement de son esclave comme une bonne action. Plus tard, l'Église posséda des esclaves et les traita comme tout le monde, c'est-à-dire assez durement. La condition de l'esclave d'Église fut même empirée par une circonstance, savoir, l'impossibilité d'aliéner le bien de l'Église. Qui était son propriétaire ? Qui pouvait l'affranchir ? Les affranchis se faisaient en général par testament ; or, l'Église n'avait pas de testament à faire. L'affranchi ecclésiastique restait sous le patronat d'une maîtresse qui ne mourait pas. »

En même temps que l'Église prêchait la résignation aux esclaves, elle félicitait les pauvres d'avoir auprès d'eux des gens assez riches pour les assister. « Que le riche, écrivait Clément Romain aux Corinthiens, soit généreux envers le pauvre, et que le pauvre remercie Dieu de lui avoir donné quelqu'un pour subvenir à ses besoins[2]. » De même que la résignation devait permettre à l'esclave de supporter les duretés de son sort, la charité devait assurer au pauvre les moyens de subsister. L'Église, sur le second point, ne faisait qu'accepter les idées des sociétés antiques ; mais elle les appliqua en se conformant surtout aux habitudes de la cité romaine. La charité chrétienne découla en droite ligne de la libéralité des classes aristocratique et ploutocratique de

---

1. In *Marc-Aurèle*, p. 607.
2. Voy. : Ernest Renan, *Les Évangiles*, p. 325.

Rome; elle fut donc pratiquée de la même façon que la libéralité romaine. C'est un fait d'évolution historique auquel il ne paraît pas que l'on ait encore prêté l'attention dont il est digne.

On se plaît à répéter, depuis qu'il y a des apologistes du christianisme, que la charité est une vertu essentiellement chrétienne et qui était inconnue dans les sociétés païennes. Rien n'est plus inexact. En Grèce comme à Rome, et même dans toutes les sociétés primitives, l'assistance aux pauvres a toujours été pratiquée par les particuliers. Mais, dans les sociétés grecques et romaines on sait qu'une conception particulière dominait les relations des hommes libres entre eux. Ceux-ci étant considérés comme ne pouvant se livrer à un travail rétribué sans se déshonorer aux yeux de leurs concitoyens, la société s'imposait le devoir de nourrir tous ceux d'entre eux qui étaient dans la misère. On leur faisait des distributions de vivres; on leur offrait des spectacles pour ajouter quelques distractions à la nourriture qui leur était gratuitement fournie. A Rome, les gens riches ajoutaient leurs générosités particulières à celles de l'État, et chaque famille avait sa clientèle de pauvres. Ces libéralités particulières n'étaient, d'ailleurs, pas plus désintéressées que celles de la cité. Celle-ci, en subvenant aux besoins et même aux plaisirs de la plèbe, se mettait à l'abri des insurrections. Quant aux familles riches, elles trouvaient dans leur clientèle de pauvres, des serviteurs toujours prêts à les aider dans leurs ambitions.

Lorsque Jules César, après son coup d'État, limita le nombre des plébéiens qui, désormais, auraient droit aux distributions gratuites de vivres, c'est sur les particuliers que retomba une partie de la charge dont la cité se trouvait débarrassée. Il ajoutait un impôt nouveau à ceux que payaient déjà les gens riches et il le faisait non sans intention politique, car il appauvrissait l'aristocratie sans diminuer la popularité dont il jouissait parmi les pauvres. Ceux-ci, en effet, purent se montrer beaucoup plus exigeants envers les particuliers qu'ils n'osaient l'être à l'égard des autorités publiques. D'un autre côté, le pouvoir du dictaleur était considérablement accru, car ce furent ses agents qui établirent la liste des nécessiteux entretenus par la cité. Au moment de la réforme, le nombre des plébéiens pauvres qui, en vertu de la vieille loi Sempronia, étaient nourris gratuitement par la cité, s'élevait à 320 000. César le réduisit à 150 000, et décida que les morts et autres manquants seraient remplacés par les pétitionnaires les plus besogneux. Ceux-ci étaient choisis par ses agents. Une énorme clientèle lui était ainsi assurée. De plus, il a eu aux yeux de l'histoire l'honneur d'avoir créé la première institution d'assistance générale qui ait fonctionné dans la société romaine.

C'est cette organisation que trouva le christianisme quand il pénétra jusqu'au cœur de la plèbe de Rome. Il se contenta de l'adapter aux besoins de sa propagande, en se substituant à l'État dans toutes les œuvres d'assistance créées par les Antonins. On sait en quelle piteuse condition la Révolution se trouva.

Les premières églises qui se formèrent, celle de Jérusalem en particulier, avaient des tendances nettement communistes. Elles n'étaient formées que de gens obligés de travailler pour vivre, mais qui mettaient en commun leurs faibles revenus, dans le but de pouvoir consacrer plus de temps aux prières, aux actes cultuels, aux réunions où l'on discutait les croyances nouvelles, comme on le faisait dans les synagogues juives pour les Livres de la Loi. L'idéal de ces petites sociétés était une vie purement religieuse et d'où toutes les préoccupations matérielles auraient été écartées. On y condamnait, en principe, le travail rétribué, comme le faisaient les sociétés grecque et romaine, mais on était obligé de le tolérer, dans la pratique, chez les adeptes de la nouvelle religion, parce que tous étaient des esclaves, des affranchis ou des artisans n'ayant pas d'autres ressources que leurs salaires. Au IIe siècle, le rêve de la plupart des chrétiens était encore celui de la vie libre, contemplative et dégagée de tout souci matériel, à laquelle Jésus faisait allusion sur la montagne lorsqu'il disait : « Nul ne peut servir deux maîtres... Vous ne pouvez servir Dieu et Mammon.

C'est pourquoi je vous dis : ne soyez point en souci de votre vie, de ce que vous mangerez ou de ce que vous boirez ; ni pour votre corps de quoi vous serez vêtus... Regardez les oiseaux de l'air ; car ils ne sèment ni ne moissonnent, ni n'amassent rien dans des greniers, et votre Père céleste les nourrit... Apprenez comment les lis des champs croissent ; ils ne travaillent ni ne filent. Cependant, je vous dis que Salomon même, dans toute sa gloire, n'a point été vêtu comme l'un d'eux... Ne soyez donc point en souci, disant : que mangerons-nous ? que boirons-nous ? ou de quoi serons-nous vêtus ? Car, ce sont les païens qui recherchent toutes ces choses ; et votre Père céleste sait que vous avez besoin de toutes ces choses-là. Mais cherchez premièrement le royaume de Dieu et sa justice, et toutes ces choses vous seront données par-dessus [1]. » Tertullien disait, au II° siècle, alors que les riches étaient encore peu nombreux dans les communautés chrétiennes : « Le mariage et le commerce sont les deux vices du siècle » ; et, pour détourner les chrétiens du commerce, il le soumettait à deux conditions qui, réunies et vigoureusement appliquées, le rendraient à peu près impraticable : l'interdiction du prêt à intérêt et la suppression des échéances régulières.

Cependant, la nécessité dominait les doctrines et l'on dut s'incliner devant celle du travail rétribué, le seul dont vivaient la plupart des chrétiens d'alors ; mais on donna une extension aussi grande que possible à la pratique des aumônes afin de favoriser la vie contemplative. Il dut même y avoir tout de suite de très grands abus, car certains écrits religieux du temps recommandent aux communautés de n'hospitaliser les voyageurs que pendant deux ou trois jours ; s'ils veulent rester plus longtemps et qu'ils aient un métier, on doit les inviter à l'exercer ou leur donner quelque occupation utile à l'Église.

Dès que le christianisme eut acquis assez d'importance pour que les gens riches sollicitassent d'y entrer, on eut

---

[1]. *Évangile selon Saint Mathieu*, ch. VI, 25-34.

soin de leur imposer des générosités proportionnées à leur fortune et dont s'enrichissaient les églises. Lorsque les évêques commencèrent d'être recrutés dans les familles riches, on les obligea d'abandonner à leurs églises tous les biens qu'ils avaient acquis pendant leur épiscopat. Enfin, quand la nouvelle religion fut devenue assez puissante pour monter sur le trône impérial avec Constantin, son premier soin fut de faire autoriser ses évêques et ses prêtres à recevoir des donations et des héritages. A partir de ce jour, les églises s'enrichirent avec une extrême rapidité, ce qui leur permit de prendre la suite des œuvres charitables de la société romaine en leur donnant une extension géographique proportionnée au nombre des églises.

Ce dernier détail est important, car le régime en vertu duquel les plébéiens libres et pauvres devaient être nourris par la cité n'avait jamais été pratiqué en dehors de la ville de Rome. Lorsque les colonies de la Gaule, de l'Espagne, de la Germanie, etc., agrandirent le domaine de l'Empire, on avait concédé le titre de citoyen romain aux habitants d'un certain nombre de villes d'abord, et, finalement, à tous les hommes libres, mais la plèbe de Rome seule continuait à jouir du privilège d'être nourrie gratuitement par la cité. Partout ailleurs, les pauvres étaient à la charité des gens riches, auxquels ils formaient une sorte de clientèle de serviteurs, et, au besoin, de défenseurs.

Le premier soin des évêques, lorsque les églises devinrent suffisamment riches, fut de s'emparer de cette clientèle. Ils y réussirent sans peine, car aucun particulier ne pouvait lutter contre leurs ressources. Du reste, sous l'influence de l'extension de l'Empire dans toutes les contrées qui entourent la Méditerranée, la société avait subi une profonde transformation. Les affranchis et les esclaves qui s'adonnaient au commerce et à l'industrie avaient pris une place considérable dans le corps social. Beaucoup d'hommes libres enviaient leur sort, imitaient leur exemple, et le mépris dont le travail rétribué avait été frappé jadis cessait d'être aussi général que dans le passé. Ce n'est pas, comme on l'a dit souvent, le christianisme qui mit le travail en honneur : ce fut le besoin de vivre qui y poussa les hommes libres, au fur et à mesure que disparaissaient les privilèges dont ils avaient joui sous l'influence des anciennes lois et coutumes. Il est probable que sans l'intervention du christianisme et de ses idées antisociales, le mouvement qui s'opéra dans ce sens, à partir de la constitution des provinces romaines, serait devenu très rapide. L'extension du commerce et le développement des industries que provoquait l'établissement de communications relativement faciles entre les diverses parties de l'empire, la disparition des préjugés anciens sur le travail rétribué, la cessation des grandes guerres de conquête, l'apparition, en un mot, de conditions politiques et économiques nouvelles, entraînaient vers le travail la plupart de ceux que les idées antiques en avaient écartés. Le christianisme détermina plutôt un arrêt de ce mouvement. En donnant une importance extraordinaire à la charité il encouragea la paresse et développa le vagabondage qui, avec la mendicité, fut la plaie de l'ancien régime.

Dès que les évêques furent devenus, dans chaque ville, les rivaux des fonctionnaires impériaux et des curiales et eurent enrichi leurs communautés, on vit accourir autour des églises tous les pauvres, les paresseux, les infirmes que les cités ou les particuliers avaient jusqu'alors entretenus. Tous ces gens étaient attirés non seulement par les aumônes que l'église leur distribuait, mais encore par la protection que l'évêque leur assurait. En se plaçant sous la juridiction de l'évêque, ils échappaient à celle du magistrat impérial ; c'était pour un certain nombre d'entre eux le meilleur moyen de liquider un passé mal vu par la justice humaine et, pour tous, celui de se mettre à l'abri de la plupart des charges publiques. Beaucoup d'hommes libres de petite condition se plaçaient encore volontairement sous l'autorité de l'évêque à titre de *clercs* ou serviteurs des églises. Ils exerçaient presque tous divers petits métiers peu productifs et qui les mettaient sous la dépendance de l'évêque. Celui-ci les assistait, mais ils devaient se tenir sans cesse à sa disposition pour le service de l'église ou celui de sa personne. Ils étaient dispensés des charges municipales et jouissaient de divers privilèges, mais ils pouvaient être exclus de cette situation par l'évêque. Ils avaient donc tout intérêt à se montrer dociles à ses ordres. En cela, ils ressemblaient aux pauvres, dont les noms étaient inscrits sur une matricule d'où l'évêque pouvait les rayer. Miséreux et clers formaient ainsi, autour des églises, une véritable clientèle que les évêques entretenaient et dont ils disposaient à leur gré, comme les anciens grecs et romains faisaient de leurs clients.

C'était la charité, mais une charité dont les évêques n'étaient pas sans tirer profit. Aussi avaient-ils intérêt à lui donner la plus grande extension possible.

En résumé, dans le domaine social, comme dans le domaine familial, la morale du christianisme, telle qu'elle est formulée dans les commandements de Dieu, dans les lettres des apôtres ou dans les écrits et discours des Pères de l'Église, marqua plutôt un recul qu'un progrès par rapport à celle des philosophies qui présidèrent à l'éducation de la société grecque et de la société romaine et qui inspirèrent la législation pendant la belle période des Antonins.

Fondée uniquement sur l'observation de la nature et sur la raison, la morale des Épicuriens et des Stoïciens tendait à développer chez les hommes les sentiments qui naissent de leurs relations réciproques, à établir entre l'égoïsme individuel et l'altruisme l'équilibre le plus avantageux aux sociétés humaines, et à réduire les misères inévitables auxquelles les hommes sont exposés.

A cette morale naturelle, encore imparfaite, mais dont l'évolution ascendante paraissait devoir être rapide, le christianisme substitua une morale toute artificielle, ayant en partie sa source dans les intérêts d'une caste sacerdotale qui affecta, dès sa formation de dédaigner la famille, de mépriser la société, de n'assigner aux hommes qu'un but susceptible d'être atteint seulement après la mort. Il était impossible qu'une morale pareille ne fît pas opérer un recul à la moralité publique et privée.

CHAPITRE VI

LES SANCTIONS MORALES DU CHRISTIANISME

Au regard de toutes les obligations imposées aux hommes par les commandements de Dieu ou par ceux de l'Église, le christianisme a placé des sanctions morales d'autant plus redoutables qu'elles sont éternelles. Le Catéchisme développe la doctrine de l'Église catholique sur ce point capital de la façon suivante : « Chacun de nous doit paraître deux fois devant le Seigneur pour rendre compte de ses pensées, de ses paroles, de ses actions et subir la sentence du juge. Le premier jugement a lieu à la mort de chacun et porte le nom de jugement particulier ; l'âme se présente au tribunal de Dieu aussitôt après la mort et y rend compte de toutes ses pensées, de toutes ses paroles, de toutes ses actions, en un mot de tout le bien et de tout le mal qu'elle a faits en cette vie ; la sentence est rendue sans délai. Le second jugement, que l'on appelle général, réunira tous les hommes en un même lieu, et la sentence sera prononcée publiquement pour la plus grande confusion des méchants et la plus éclatante glorification des bons[1]. »

Pour justifier le jugement général, le christianisme invoque, en premier lieu, le mal que tout homme peut continuer de faire après sa mort par les exemples qu'il a donnés ou les écrits qu'il a laissés : « Les hommes peuvent laisser en mourant des fils ou des disciples, imitateurs de leurs exemples, propagateurs de leurs doctrines, ce qui contribue à augmenter leur responsabilité, et, par suite, leur récom-

---

1. Catéch. du Conc. de Trente, p. 70.

pense ou leur châtiment » ; ces effets peuvent se prolonger indéfiniment ; ils ne pourront être exactement appréciés qu'à la fin du monde. En second lieu « comme il arrive souvent que la réputation des justes est déchirée et que les méchants passent pour innocents, la justice divine exige que les injustices commises publiquement soient réparées publiquement ». Il y a là une réponse indirecte à la question si controversée de la Providence : s'il existe un Dieu infiniment bon et juste, comment se fait-il que les méchants puissent être heureux sur la terre et les bons malheureux ? Aussitôt après la mort, les bons seront dédommagés de leurs souffrances et les méchants seront punis de leurs joies ; mais, cela ne suffisant pas, le châtiment des uns et la récompense des autres seront proclamés publiquement lors du jugement dernier. Cette pensée est précisée par le Catéchisme lui-même de la manière suivante : « Il fallait établir que les biens et maux qui arrivent indifféremment aux bons et aux méchants sont distribués par la sagesse et la justice infinie de Dieu. Dans ce but, non seulement Dieu réserve pour l'éternité des récompenses infinies aux bons et des supplices sans fin aux méchants, mais il veut les décerner dans un jugement général, et il en fait un article de foi, afin que les hommes en soient assurés et ne disent pas : Dieu reste dans le ciel, sans s'occuper de ce qui se passe sur la terre. La pensée du jugement général soutient les bons et détourne du mal les méchants. » Le christianisme justifie encore le jugement dernier par la nécessité de faire supporter au corps la peine des fautes dont il a eu sa part. « Les bons comme les méchants ont eu leur corps pour compagnon et instrument de leurs actes ; il faut donc que le corps participe avec l'âme à la récompense ou au châtiment, ce qui ne peut avoir lieu sans la résurrection et le jugement[1]. »

Le jugement particulier et le jugement général sont rendus par Jésus-Christ. « Bien qu'il soit commun aux trois personnes, nous l'attribuons plus spécialement au Fils,

1. *Catéch. du Conc. de Trente*, p. 71.

qui est la Sagesse. C'est aussi comme homme que Jésus-Christ exercera le jugement, car de la sorte les hommes pourront voir et entendre leur juge, et les méchants qui l'ont condamné seront à juste titre soumis à leur tour à sa sentence[1]. » Il y a dans ces lignes une préoccupation de vengeance personnelle qui paraîtra bien mesquine à tout esprit élevé, qui, en tout cas, est en singulière contradiction avec l'enseignement de Jésus.

L'approche de la fin du monde et du jugement général seront annoncés par trois signes principaux : « La prédication de l'Évangile par toute la terre, l'apostasie générale des chrétiens, l'apparition de l'Antéchrist[2]. » On n'a pas oublié que l'annonce de la fin prochaine du monde faisait l'objet de la prédication de la plupart des premiers orateurs chrétiens. Puisque le monde allait finir, il était inutile de se préoccuper des biens terrestres, de la famille, de la société ; il fallait tout quitter pour se préparer à la vie future. Il est inutile de rappeler que les mêmes prédications eurent lieu aux approches de l'an mille. Dans les deux circonstances, la crédulité des hommes contribua puissamment au développement du christianisme et à l'enrichissement des églises. A notre époque, il n'est plus guère question ni de la fin du monde ni du jugement dernier, en dehors de quelques sermons destinés à un public particulièrement ignorant et crédule.

Le jugement dernier est décrit, par le Catéchisme, d'abord, d'après Daniel (VII, 9 et s.) de la façon suivante : « L'Ancien des jours, c'est-à-dire Dieu le père, prend place sur un trône éclatant, entouré de millions d'anges ; de grands livres sont ouverts devant lui. Le Fils de l'homme, sur les nuées du ciel, s'approche jusqu'au trône de l'Ancien des jours ; il reçoit de lui la puissance, l'honneur et la domination sur tous les peuples. En un instant les empires du monde sont ébranlés et la défaite de l'Antéchrist affermit pour jamais la puissance des élus. » Le Catéchisme ajoute :

---

1. *Catéch. du Conc. de Trente*, p. 72.
2. *Ibid.*, p. 72.

« A ce tableau, Notre-Seigneur, dans l'Évangile (Matt., XIII, 49 ; xxv, 32) et saint Paul dans ses Épîtres (I, Cor., xv, 51 ; I, Thess., IV, 12 ; II, Thess., II) ajoutent d'autres détails. Quand le Fils de l'homme se sera assis sur son trône dans tout l'appareil de la majesté suprême, la trompette de l'archange se fera entendre, et, en un instant, toutes les nations se trouveront réunies devant leur juge. A travers leurs rangs, celui-ci enverra ses anges pour opérer la séparation entre les brebis et les boucs, c'est-à-dire entre les bons et les méchants. Les uns seront placés à sa droite, les autres à sa gauche, et c'est alors que sera prononcée la sentence. Notre-Seigneur regardera d'un œil joyeux ceux qui seront assis à sa droite et leur dira avec la plus grande bonté : « Venez, les bénis de mon Père, posséder le royaume qui vous a été préparé dès le commencement du monde. » Il dira ensuite à ceux qui seront à sa gauche : « Éloignez-vous de moi, maudits, allez au feu éternel qui a été préparé pour le démon et pour ses anges (Matt., xxv, 34 et s.)[1]. »

Le Catéchisme insiste sur la résurrection des corps avant le jugement dernier et leur persistance après ce jugement. « Chacun retrouvera son corps et l'intégrité de ses membres[2]. » Les difformités corporelles, chez « les bienheureux,

---

[1]. *Catéch. du Conc. de Trente*, p. 73.
[2]. *Ibid.*, p. 110. Dans ses commentaires de l'article onzième du symbole, le Catéchisme dit encore : « Chacun retrouvera son propre corps bien qu'il ait été réduit en poussière et corrompu. Les paroles de l'apôtre : « Il faut que ce « corps corruptible soit revêtu de l'incorruptibilité (I, Cor., xv, 53) », et celles de Job : « Je verrai mon Dieu dans ma chair ; je le contemplerai de mes « propres yeux » (Job, XIX, 26) ne laissent aucun doute à cet égard. La définition même de la résurrection le prouve encore, la résurrection n'étant que le retour à notre état primitif. Enfin, il faut que ce soit le même corps qui a servi d'instrument au bien ou au mal, qui soit récompensé ou puni. Non seulement le corps ressuscitera, mais il reprendra tout ce qui peut contribuer à la beauté de l'homme ; ainsi, les membres qu'il aura perdus lui seront restitués, les difformités seront redressées ; les martyrs recouvreront leurs membres mutilés, mais leurs cicatrices apparaîtront resplendissantes comme les plaies du Sauveur. Pour les méchants, au contraire, la restitution des membres augmentera les tourments qu'ils auront à subir dans chacun d'eux. Les corps ainsi ressuscités seront tous immortels comme celui de Jésus-Christ, de telle sorte que la récompense des bons sera éternelle, comme le sera aussi le châtiment des réprouvés. Les corps des saints ressuscités seront plus beaux et plus glorieux qu'ils ne l'étaient sur la terre. Ils possèderont surtout quatre qualités énumérées par les Saints Pères, d'après l'apôtre saint Paul (I, Cor., xv, 42 et s.) : 1° l'impassibilité ; ils ne pourront sentir aucune douleur, ni recevoir au-

disparaîtront pour faire place à une beauté parfaite. Les principales qualités des corps glorieux seront l'impassibilité, la clarté, l'agilité et la subtilité... Les méchants loin de posséder ces qualités, seront affligés de tous les défauts opposés, et cependant leurs corps seront immortels comme ceux des bienheureux[1]. »

La nature des peines est indiquée par le Catéchisme de la manière suivante : « Les damnés seront rejetés loin de la vue de Dieu, sans espoir d'en jouir jamais. Cette peine a reçu des théologiens le nom de *peine du dam*. L'autre peine, connue sous le nom de *peine des sens*, est désignée par le feu, tourment cruel, qui sera sans fin et réunira tous les autres genres de supplices. Ces diverses peines seront subies en enfer par les damnés, en compagnie des démons. A la différence du Purgatoire, qui n'existera plus après le jugement dernier, l'enfer existera toujours, car Notre-Seigneur parle d'un « feu éternel ». D'ailleurs, pour ne nous laisser aucun doute sur l'existence de l'enfer et l'énormité de ses peines, Notre-Seigneur y revient jusqu'à dix fois dans l'Évangile. Comment le feu de l'enfer agit-il sur les âmes même séparées de leur corps, et sur de purs esprits ? Question insoluble pour nous, car : 1° nous ne connaissons pas la nature du feu de l'enfer qui est réel, mais qui ne doit pas être comme le feu de ce monde ; il n'est pas étonnant que ce comment nous échappe, puisque nous constatons que notre corps agit sur notre âme, sans que nous sachions comment. Il nous suffit de savoir d'une manière certaine que le feu de l'enfer brûle les démons et les âmes des damnés sans les consumer jamais. Au reste, il s'agit bien d'un feu réel, car l'Église a toujours repoussé la prétention de ceux

---

eun mal d'aucune cause extérieure, et, en cela, ils différeront des corps des damnés qui, tout en étant incorruptibles, pourront néanmoins subir toutes sortes de tourments ; 2° la clarté, qui les fera briller comme le soleil, et qui sera comme un reflet du bonheur dont jouiront leurs âmes. Cette clarté ne sera pas la même chez tous et n'atteindra pas, dès le principe, tout son rayonnement ; 3° l'agilité, le corps, soustrait à l'action de la pesanteur, pourra être transporté par l'âme partout où elle voudra et avec la plus grande rapidité ; 4° la subtilité, le corps pourra pénétrer partout et obéira sans peine à tous les ordres de l'âme. » (*Ibid.*, p. 113-114.)

1. *Catéch.*, p. 160.

qui ne voulaient y voir qu'un feu métaphorique ou idéal¹. »

Quant aux récompenses, voici ce qu'en dit le Catéchisme : « Les bons, revêtus de leurs corps, iront avec Jésus-Christ dans le ciel, pour y jouir d'un bonheur éternel². » Ce bonheur lui-même « rien ici-bas ne peut en donner une idée³ ». L'idée « la moins imparfaite que nous puissions nous en faire... c'est de nous le présenter comme l'exemption de tous les maux et la possession de tous les biens... Le plus grand de tous les biens dont jouiront les bienheureux sera de voir Dieu tel qu'il est, de l'aimer et de le posséder éternellement sans crainte de le perdre ». La vue de Dieu rendra les bienheureux « en quelque sorte semblables à Dieu, sans leur faire perdre leur propre substance⁴ ». A la vue de Dieu « viendront se joindre la gloire, l'honneur et tous les biens qui peuvent contribuer à la parfaite satisfaction de l'âme et du corps⁵ ».

Le Catéchisme ajoute en manière de conclusion : « Cette doctrine du jugement et de ses sanctions éternelles doit être souvent méditée par les chrétiens, car elle est très propre à retirer du mal les pécheurs, et à faire marcher les justes avec joie dans les sentiers de la vertu⁶. »

Étant données, d'une part, la doctrine de l'Église, relativement au péché, à la faute, au mal, pour employer le mot habituel des moralistes, doctrine qui assimile la violation d'un commandement du culte, aux crimes contre le prochain, et, d'autre part, sa conception de l'éternité des peines et des récompenses, il était impossible qu'elle ne cherchât pas à tempérer la rigueur de ses sanctions morales. Cette nécessité l'a conduite à la théorie de la rémission des péchés.

« Jésus-Christ a donné à son Église, dit le Catéchisme, le pouvoir de remettre les péchés. — Remettre les péchés, c'est en accorder le pardon, en sorte qu'ils sont effacés et ne subsistent plus. — *Comment l'Église remet-elle les péchés ?*

---

1. *Catéch.*, p. 74.
2. *Ibid.*, p. 69.
3. *Ibid.*, p. 112.
4. *Ibid.*, p. 117.
5. *Ibid.*, p. 118.
6. *Ibid.*, p. 75.

Par les sacrements, et principalement par le baptême et la pénitence... Ce pouvoir est si étendu, qu'il n'est limité ni par les lieux, ni par les temps, ni par les personnes, ni par la nature des fautes, si énormes et si nombreuses qu'elles soient. — *A qui Jésus-Christ a-t-il réservé dans l'Église le pouvoir de remettre les péchés?* Si l'on excepte le baptême que toute personne peut conférer en cas de nécessité, Jésus-Christ a réservé ce pouvoir aux évêques et aux prêtres qui l'exercent par l'administration des sacrements[1]. »

La condition indispensable de la rémission des péchés est la confession à un prêtre : « Quand on est en état de péché mortel, dit le Catéchisme, on est toujours obligé de se confesser, si on le peut, parce que la contrition n'est parfaite et n'efface le péché qu'autant qu'elle renferme la volonté de s'en confesser[2]. »

Il faut aussi avoir la contrition, c'est-à-dire regretter ses fautes, *parce qu'elles déplaisent à Dieu.*

La confession constitue essentiellement, avec la contrition, le sacrement de Pénitence. Elle doit porter sur tous les péchés sans exception. Quand elle se termine par la formule « je vous absous de vos péchés » que prononce le prêtre, elle est suivie de l'effacement de toutes les fautes. Ce sacrement « peut être reçu, dit le Catéchisme, aussi souvent qu'on en a besoin, selon la parole de Notre-Seigneur disant à saint Pierre de pardonner soixante-dix fois sept fois, c'est-à-dire toujours[3]. »

A peine est-il besoin de noter le préjudice porté à l'idée morale par une doctrine qui offre les mêmes récompenses à l'homme qui aura commis toutes les fautes et tous les crimes pendant toute sa vie, mais qui reçoit le sacrement de pénitence au moment de sa mort, et à celui dont la vie entière aura été marquée par de bonnes actions.

Le sacrement de Pénitence comporte, indépendamment de la contrition et de la confession, ce que le Catéchisme appelle la « satisfaction ». Il dit à son sujet : « Les œuvres

---

1. *Catéch.*, p. 103.
2. *Ibid.*, p. 193.
3. *Ibid.*, p. 191.

satisfactoires se ramènent toutes à trois : la prière, le jeûne, l'aumône, qui correspondent aux trois espèces de biens que nous avons reçus de Dieu ; les biens de l'âme, ceux du corps et les avantages extérieurs. Ces trois espèces d'œuvres correspondent aussi parfaitement aux trois sources des maladies de l'âme ; la concupiscence de la chair, la concupiscence des yeux et l'orgueil de la vie. Elles correspondent non moins exactement aux trois espèces de péchés que nous commettons : contre Dieu, contre nous-mêmes, contre le prochain ; car nous apaisons Dieu par la prière, nous nous châtions nous-mêmes par le jeûne, nous donnons satisfaction au prochain par l'aumône[1]. »

A cette question se rattache celle des indulgences, dont le Catéchisme dit : « Une indulgence est la remise totale ou partielle de la peine temporelle due aux péchés déjà pardonnés. Pour bien comprendre cette définition, il faut se rappeler que si l'abolition sacramentelle nous délivre de la peine éternelle due à nos péchés, elle ne nous dispense pas de la peine temporelle qu'il nous faut subir en ce monde ou en l'autre... Nos dettes envers la justice de Dieu sont nombreses, et nos expiations sont presque toujours bien au-dessous de ce qu'exigeraient le nombre et la grandeur de nos offenses[2]. »

Ces dettes, nous les payons, soit en ce monde par les afflictions, les maladies, les revers de fortune, etc., que Dieu nous envoie, soit dans l'autre, par l'enfer éternel ou par le purgatoire qui est temporaire. L'Église est dotée du moyen de nous en délivrer par les indulgences partielles et plénières.

L'indulgence plénière « remet toute la peine temporaire due aux péchés ; l'indulgence partielle n'en remet qu'une partie » ; mais « Dieu seul connaît dans quelle mesure ces indulgences partielles abrègent la peine temporelle », d'où il résulte que le coupable a tout intérêt à réunir sur sa tête le plus possible d'indulgences partielles.

1. *Catéch.*, p. 219.
2. *Ibid.*, p. 222.

CHAPITRE VII

LA CONFESSION, LA PÉNITENCE ET LES INDULGENCES DANS LEURS RAPPORTS AVEC LA MORALE

La confession, avec les pénitences qu'elle comporte et sans lesquelles il n'y a pas rémission des péchés, et, d'autre part, les indulgences, avec la diminution ou la suppression des peines de l'autre monde qu'elles déterminent, figurent parmi les questions les plus importantes de la morale du christianisme. On me pardonnera donc d'entrer à leur égard dans quelques détails.

La confession n'est pas d'origine chrétienne. On a vu plus haut qu'elle exista, sous des formes diverses, dans d'autres religions antérieures à celle du Christ; mais elle avait toujours été publique; elle le fut aussi dans les premiers temps du christianisme. L'une des plus grandes habiletés de ce dernier fut de la rendre secrète. Par là, il la rendait plus facile et donnait à ses prêtres la possibilité de pénétrer dans les pensées les plus intimes des fidèles et de connaître leurs actes les plus cachés. Par la confession individuelle, secrète et obligatoire, le prêtre catholique devenait, si je puis dire, cet « œil de Dieu » dont l'Église affirme qu'il « voit tout » ce que font les hommes, qu'il pénètre jusque dans les replies de leur cœur, de leur cerveau et de leur conscience.

La confession ne devint une des institutions fondamentales de l'Église chrétienne qu'à partir du jour où cette dernière eut arrêté sa doctrine relativement à la question de la rémission des péchés. L'abbé Loisy a tracé récemment une histoire de l'évolution de cette doctrine qu'il me paraît utile de reproduire ici, car elle montre quelles hésitations eurent les premiers docteurs chrétiens en face de ce délicat et grave problème : « On n'eut pas d'abord, dit-il [1], l'idée du chrétien pécheur et réconcilié, et l'Église ne s'y habitua même que très lentement. On supposait que les défaillances communes étaient réparées par une sorte d'effet persévérant du baptême, par la prière, par la communion, par toutes les bonnes œuvres, surtout par les œuvres de charité. Les péchés très graves et scandaleux mettaient en dehors de l'Église et de l'économie régulière du salut ceux qui s'en rendaient coupables. Ceux-ci pourtant furent bientôt admis à une pénitence perpétuelle, acceptée de plein gré, dans l'intérêt de leur salut, bien que l'Église ne prît pas encore sur elle de pardonner et qu'elle abandonnât le pécheur repentant à la miséricorde divine... C'est à l'égard des fautes charnelles que la discipline s'adoucit d'abord : l'évêque de Rome, Calliste, décida que ces péchés pourraient être remis *après un temps de pénitence* plus ou moins long. Des concessions ne tardèrent pas à être faites sur les cas d'apostasie, notamment après la persécution de Dèce. Le principe de la pénitence temporaire et satisfactoire, avec réconciliation par l'autorité de l'Église, soit à l'article de la mort, soit après un laps de temps déterminé, se trouvait acquis... Mais si la pénitence était ainsi devenue une institution chrétienne, et la réconciliation des pécheurs une fonction de l'Église, on ne songeait pas encore à employer le nom de sacrement pour désigner un tel objet : c'était un sacrement honteux. Le pécheur devait s'y soumettre, s'il aspirait à la réconciliation, mais quiconque passait par la pénitence publique, et il n'y en avait pas d'autre, était disqualifié comme chrétien ; les clercs n'y étaient admis qu'en perdant leur rang, et un pénitent réconcilié ne pouvait faire partie du clergé. Le discrédit qui atteignait la pénitence s'effaça progressivement, par la multiplication des cas où on la jugeait nécessaire ; par le fait que nombre de chrétiens se soumirent, dans un esprit de mor-

---

1. *L'Évangile et l'Église*, p. 197 et suiv.

tification, à un genre de vie fort analogue au régime de la pénitence ; enfin par ce que ce régime se transforma pour faire place à celui de la pénitence privée. Le quatrième concile de Latran (1215) consacre définitivement celui-ci et le régularise : tous les péchés mortels doivent être soumis au propre pasteur ou prêtre, une fois l'an, en vue de la communion pascale qui est déclarée obligatoire. Le prêtre enjoindra une pénitence proportionnée aux fautes et donnera l'absolution. Dès le XII° siècle, *la pénitence suit l'absolution* au lieu de la précéder, ce qui contribue à augmenter dans l'absolution le caractère de grâce et lui donne même la forme d'une grâce sacramentelle. Le développement de la discipline a porté sur tout l'ensemble de l'institution, sujet et objet de la pénitence, déclaration des fautes, caractère, durée, place de la pénitence satisfactoire, et même sur la formule d'absolution qui d'abord était déprécative, l'évêque ou le prêtre demandant à Dieu le pardon de celui qu'ils réconciliaient, et qui est devenue impérative, le ministre de l'Église disant : « Je t'absous », parce qu'il rend une sentence et confère un sacrement. On sait que le développement ne s'est pas arrêté là, et que la pénitence, instituée en vue des péchés mortels commis après le baptême, est devenu, en fait, surtout à partir du concile de Trente et dans l'Église des derniers siècles, une pratique commune de la perfection chrétienne, dont l'usage n'est négligé que par les vrais pécheurs. »

En donnant à la confession le caractère d'une institution fondamentale de l'Église, le concile de Trente eut manifestement pour but de mettre le corps sacerdotal en mesure d'exercer une surveillance continue sur les fidèles. Les laïcs se trouvaient soumis à une discipline rigoureuse, qui portait non seulement sur tous leurs actes, mais encore sur toutes leurs pensées. Quant aux prêtres et aux évêques, ils étaient mis par les confesseurs à l'abri de toute tentative d'émancipation à l'égard des doctrines de l'Église romaine. On a vu récemment l'un de nos évêques se plaindre amèrement de ne pouvoir pas obtenir de son confesseur l'absolution parce qu'il était placé sous le coup d'une accusation auprès du Saint-Office.

A côté de ces avantages, la confession n'était pas sans offrir des inconvénients, même au point de vue des intérêts de l'Église. Il n'est pas permis de douter qu'elle contribue à écarter de cette dernière un certain nombre de personnes auxquelles il répugne de confier à un prêtre l'aveu de leurs fautes et même de leurs désirs. Plus s'atténue la foi aveugle, qui caractérisa les premiers siècles du christianisme, et plus la confession tend à détourner de l'Église catholique.

Au point de vue purement moral, elle a eu des conséquences autrement graves : elle a créé la casuistique. A partir du jour où le prêtre catholique fut appelé à juger, dans le confessionnal, les actes des pénitents qui venaient lui raconter leur vie et lui demander l'absolution de leurs fautes, il dut faire une étude spéciale de ces dernières, afin de pouvoir en apprécier exactement la gravité. De cette nécessité est sortie toute une littérature assez comparable aux commentaires dont les légistes entourent les codes. Chacune des prescriptions du Décalogue, chacun des dogmes, chacune des pratiques cultuelles de l'Église donna lieu à des analyses savantes, à des études minutieuses de toutes les manières dont il est possible de les violer. On coupa, si je puis dire, les péchés en quatre. Il se trouva des écrivains religieux, à imagination assez dévergondée pour inventer des péchés ou des façons de pécher auxquels le commun des hommes ne s'aviserait jamais de songer. Quant aux confesseurs, on ne saurait trop insister sur les dangers qu'ils peuvent faire courir à l'innocence lorsqu'ils ne sont pas doués d'une extrême prudence, et, à plus forte raison, quand la nature ne leur permet pas d'oublier qu'ils sont hommes.

D'un autre côté, deux écoles se formèrent nécessairement parmi les casuistes : l'une sévère, prenant au tragique la plus légère peccadille, et voyant partout des péchés mortels ; l'autre, au contraire, bienveillante, ayant pitié de la faiblesse humaine et se laissant volontiers entraîner, par le de désir n'être point désagréable aux pécheurs, jusqu'à excuser les actes les plus contraires à la morale naturelle. J'ai à peine besoin de rappeler les excès auxquels se sont livrés, sous ce rapport, la plupart des casuites appartenant à la société de Jésus[1]. Ce sont, en réalité, deux morales entre lesquelles se partagent les confesseurs et les fidèles : ayant été connues du grand public, elles ont beaucoup contribué à discréditer la confession et, par voie de conséquence, l'Église catholique elle-même.

Si l'on envisage la confession d'un point de vue philosophique, il est permis de dire que c'est, entre les mains de l'Église, une arme à deux tranchants : elle lui est incontestablement utile par la discipline qu'elle maintient dans le clergé aussi bien que parmi les fidèles, mais elle lui est non moins certainement nuisible à cause des défiances qu'elle inspire au sujet de la moralité des confesseurs et des répugnances qu'elle fait naître chez les personnes qu'elle contraint à divulguer leurs actes et leurs pensées. Il est vrai que les inconvénients de la confession sont compensés par les avantages matériels que l'Église en tire à l'aide des pénitences qui accompagnent l'absolution des péchés.

Dès les premiers temps de l'Église, avant même que la confession et la pénitence eussent pris le caractère de sacrement qu'elles revêtent aujourd'hui, les évêques et les prêtres tirèrent la majeure partie des ressources de leurs églises des donations et des héritages que les fidèles faisaient aux saints dans le but d'éviter les peines de l'Enfer et de gagner les félicités du Paradis. Ainsi que l'a fait justement observer un éminent historien, la croyance pendant de nombreux siècles se résumait, pour la majorité des chrétiens, « en ceci que la plus grande affaire de chacun en ce monde était de se préparer une place dans un autre monde. Intérêts privés et intérêts publics, personnalité, famille, cité, État, tout s'inclinait et cédait devant cette conception de l'esprit. Dès qu'un tel but était assigné à l'existence, l'Église devenait nécessairement toute-puissante, car c'était elle qui, par ses actes sacramentaux, par ses prières, par l'intercession de ses saints, assurait l'autre vie. Elle disposait de la destinée éternelle de chaque homme... Dans

---

1. Voyez dans *La morale des jésuites* de Paul Bert, la doctrine du P. Gury qui fut, au milieu du XIXe siècle, professeur de morale au Collège Romain.

la pensée des hommes de ce temps-là, le châtiment horrible et insupportable était de perdre sa place au temple, son droit à la prière et sa part de l'hostie consacrée. Grégoire de Tours nous montre des personnages aussi criminels qu'on puisse l'être, aussi passionnés, aussi cupides, aussi chargés de fautes que l'on ait été à aucune époque ; mais tous ces grands scélérats restent d'ardents chrétiens ; leur plus grande crainte est d'être séparés de l'Église ; leur plus ardent désir est de communier avec les autres. Si l'Église les écarte ils se soumettront à tout pour être « réconciliés ». On pouvait se passer de sens moral, on ne pouvait se passer des prières et des actes de l'Église. L'Église tenait l'homme par ses fautes mêmes. Elle seule pouvait effacer le remords et régénérer l'âme. Elle régnait sur la vie de chaque jour... La crédulité n'avait pas de limites. C'était trop peu de croire à Dieu et au Christ, on voulait croire aux saints. Or le culte des saints tenait l'âme encore plus étroitement que le culte du Dieu suprême n'eût pu faire. C'était une religion fort grossière et matérielle... Le culte était un marché. Donnant donnant ». Les écrits religieux du temps abondent en exemples d'évêques qui menacent les saints de supprimer leur culte s'ils n'accordent pas ce qu'on leur demande, et de saints qui, cédant à la menace, font retrouver un objet volé ou perdu. Mais pour que la prière fût écoutée il fallait qu'elle fût faite sur le tombeau du saint, sur ses reliques, d'où le prix énorme attaché à ces dernières. « On voit des villes se disputer le corps d'un saint comme le plus grand des trésors. C'est que ce corps guérira les malades, défendra l'église et la ville ». Pour obtenir du saint ce que l'on désire et, en particulier, éviter l'enfer, aller au paradis, il ne suffit pas de le prier, il faut se montrer généreux envers lui, son temple et ses prêtres. « Les donations furent nombreuses. Elles avaient leur source dans l'état des esprits et des âmes... Dès que l'homme croyait fermement à un bonheur à venir qui devait être une récompense, l'idée lui venait spontanément d'employer tout ou partie de ses biens à se procurer ce bonheur. » Au besoin, l'idée lui en était inspirée par les prêtres. « Le mourant calculait que le salut de son âme valait bien une terre. Il supputait ses fautes, et il les payait d'une partie de sa fortune. ...Le donateur déclare qu'il veut « racheter son âme », qu'il donne une terre pour « la rémission de ses péchés », « pour obtenir l'éternelle rétribution ». On voit par là que dans la pensée de ces hommes la donation n'était pas gratuite. Elle était un échange, un don contre un don ; donnez, était-il dit, et il vous sera donné, *date et dabitur*... N'oublions pas non plus que ces hommes entendaient faire leur donation, non à un prêtre, mais à un saint... C'était le saint qu'ils faisaient propriétaire... Par là le saint était tenu d'intercéder auprès de Dieu pour son donateur ; le clergé aussi était tenu d'inscrire le donateur sur le registre de ses prières. Ainsi le mourant, en donnant un immeuble, s'assurait une sorte de rente perpétuelle de prières ici-bas, d'intercession là-haut [1]. » Les donations des rois, des seigneurs, des particuliers, furent si nombreuses qu'au viie siècle l'Église possédait plus d'un tiers de la France. On lui donnait non seulement des terres et des immeubles, mais aussi des esclaves, soit dans l'état d'esclavage, soit dans celui d'affranchissement fait à son profit exclusif. Et comme les évêques ne pouvaient aliéner aucun bien, elle aurait fini par être en possession de la majeure partie des biens de toutes sortes du pays, si les rois ne lui avaient pas, de temps à autre, enlevé une partie de ce qui lui été donné par leurs prédécesseurs ou par les fidèles. Cette sorte de restitution forcée fut la cause de la plupart des conflits qui éclatèrent entre elle et la monarchie ou les seigneurs, depuis le vi[e] siècle jusqu'à la révolution, qui finit par s'emparer de tous ses biens.

Ayant admis et répandu le principe du rachat des peines futures par des donations faites aux saints, l'Église fut logiquement conduite à considérer aussi comme légitime et rationnel le rachat des peines infligées aux pécheurs dans la confession. Pendant les premiers siècles, ces peines étaient purement canoniques et très sévères. Le pécheur n'obtenait

---

1. Fustel de Coulanges, *La monarchie franque*, p. 566 et 574.

l'absolution de ses fautes qu'à la condition de ne pas s'approcher de la communion, de se tenir sous le parvis de l'Église, de se faire raser la tête, etc.[1]. On prescrivait aussi comme pénitence l'obligation de faire des aumônes aux pauvres et, enfin, on appliqua aux peines canoniques le droit de rachat qui était usité pour les peines de l'autre monde. On y était venu par une simple évolution des idées religieuses courantes, et, aussi, par application d'une coutume très répandue, dans la justice laïque, au ve et au vi^e siècles et qui persista pendant fort longtemps, d'après laquelle le coupable d'un assassinat, d'un vol ou de quelque autre crime contre la vie ou la propriété, pouvait racheter la peine dont il était passible, en payant aux parents de sa victime s'il s'agissait d'un assassinat, ou à celui même qui avait été lésé, une somme d'argent fixée d'accord entre les parties, en présence des juges, ou imposée par ceux-ci. L'Église contribua puissamment à faire entrer la « composition » dans les habitudes de la justice romaine, franque, wisigothe et burgonde. Il allait de soi qu'elle l'introduisît dans ses propres coutumes, et que les pécheurs dont elle absolvait les fautes à la suite de la confession pussent racheter les pénitences qui leur étaient infligées. L'Église y trouvait son compte ; le pécheur aimait mieux, de son côté, payer en secret une somme d'argent, que d'être soumis à des châtiments par lesquels son amour-propre était gravement blessé.

Toutefois, tant que les pénitences publiques furent docilement acceptées, l'Église y trouvait de tels moyens d'action que beaucoup d'évêques se montraient rebelles au régime de la composition pécuniaire. C'est seulement au xe siècle, c'est-à-dire à une époque où les donations devenaient moins fréquentes et où l'Église voyait ses charges croître au delà de ses ressources, que le système des compensations paraît être devenu général. Dès lors « le coupable fut autorisé à choisir lui-même entre le châtiment mérité et le paiement d'une somme, dont le montant était déjà fixé pour certains cas particuliers. La défense de manger de la

---

[1]. Fustel de Coulanges, p. 567, note.

viande et de boire du vin pendant un certain nombre de jours, par exemple, était levée si le pénitent le désirait, moyennant une aumône d'un ou deux deniers ; et 20 sols, d'après l'abbé Réginon, rachetaient un jeûne de sept semaines ». La papauté faisait encore quelque opposition ; mais, avant la mort d'Alexandre II, un cardinal, évêque d'Ostie, Pierre Damien écrivait : « Quand nous recevons des terres de nos pénitents, nous leur remettons une partie de leur pénitence proportionnée à leurs dons ; car il est dit : les richesses de l'homme sont sa rédemption. » Ce même évêque d'Ostie « ayant été envoyé à Milan pour réconcilier cette église avec le Saint-Siège, imposa à l'évêque « qui, dit-il, « avait fait, à l'imitation de ses prédécesseurs, un long et « infâme trafic des ordres et des choses saintes », une pénitence de cent ans, et il lui permit de la racheter tout entière ». D'après le père Thomassin, qui écrivait en 1681 « ce n'est pas pour flatter ou pour épargner les pénitents qu'on trouva ces adresses saintes de compenser les peines canoniques, mais pour donner le moyen de ne pas finir sa vie avant d'avoir fini la pénitence (on en infligeait quelquefois de plus de cent ans) et pour la faciliter à ceux qui ne l'eussent jamais embrassée, si on les eût forcés de satisfaire à toutes ses rigueurs ». Le XIe siècle « ne devait pas finir sans qu'une liste des fautes que les coupables pourraient expier en payant une amende ne fût dressée. Ce fut le concile de Lillebonne qui, en 1080, fit ce travail important... Au commencement du XIIe siècle, le pape Gélase II autorisa l'évêque de Saragosse à absoudre de leurs fautes ceux qui donneraient de l'argent pour la nourriture du clergé de son diocèse et pour le relèvement de son église ruinée par les Sarrasins. Le cardinal Othobon, légat du pape en Angleterre, vers le milieu du XIIIe siècle, ordonna dans ses Constitutions, que les amendes payées par les criminels fussent versées dans les caisses de l'Église, et interdit aux archidiacres de se les approprier. Le concile d'Excester, en 1287, et celui de Saumur, en 1294, renouvelèrent cette défense après avoir constaté que beaucoup d'archidiacres, de doyens, d'archiprêtres extorquaient aux pénitents des sommes d'argent ». Enfin, le pape Jean XXII, au xiv° siècle, publia un livre des taxes par lequel fut « consacré officiellement l'usage établi depuis longtemps dans l'Église, de transformer la pénitence en amende » et qui, au regard de chaque péché, donnait le chiffre de la taxe à payer[1]. Les taxes furent modifiées et élevées par Léon X dont les plaisirs et la cour fastueuse exigeaient de très grosses dépenses.

La logique devait conduire l'Église à pousser plus loin dans la même voie. Puisque des pénitences imposées aux pécheurs dans la confession étaient rachetables avec de l'argent ; puisque, d'autre part, on avait admis, dès les premiers siècles, que les pécheurs pouvaient s'assurer le ciel en faisant des donations aux saints, pourquoi n'admettrait-on pas que le versement de sommes plus ou moins fortes entre les mains de l'Église dispenserait d'une durée plus ou moins longue des peines de l'autre monde ? On ne pouvait pas songer à raccourcir les peines de l'enfer puisqu'on les représentait comme nécessairement éternelles ; mais on disposait de celles du purgatoire qui sont des peines à temps. Des peines de l'enfer on ne pouvait se sauver qu'en une seule fois, par un repentir complet, une absolution générale et une pénitence sévère, pour laquelle, d'ailleurs, on admettait une compensation pécuniaire. Les peines du purgatoire offrant plus d'élasticité, il fut admis qu'on en pourrait racheter un ou plusieurs jours, une ou plusieurs années, un ou plusieurs siècles, et l'on imagina les indulgences que le pape seul peut accorder dans toute la chrétienté. Il les délivra d'abord en échange de certaines bonnes actions considérées comme particulièrement méritoires, telles que les jubilés, les pèlerinages, les croisades, etc. Il les accorda ensuite aux donateurs généreux qui contribuaient à la construction des églises et des monastères ; puis, il en finit par en faire un véritable trafic. Inaugurées vers le x° siècle, les indulgences prirent graduellement,

---

1. Voyez pour les citations ci-dessus et les taxes : A. Dupin de Saint-André. *Taxes de la pénitencerie apostolique*, d'après l'édition publiée à Paris en 1520 par Toussaint Denis.

dans les pratiques de l'Église, une importance de plus en plus considérable jusqu'au jour où les Augustins, qui en avaient le monopole en Allemagne, furent dépouillés de leur privilège par Léon X au profit des Franciscains. Ce fut, on le sait, le point de départ de la querelle entre Luther et la papauté et la cause déterminante du schisme qui se termina par la Réforme. Après avoir enrichi l'Église romaine, les indulgences occasionnaient une querelle qui lui fit perdre la moitié de ses adhérents.

Le régime de vénalité dont elles avaient fait partie n'en subsista pas moins, malgré les modifications que lui fit subir le concile de Trente ; il constitue, encore aujourd'hui, l'une des immoralités les plus répréhensibles du catholicisme. La raison est capable de comprendre qu'il suffise à un homme de jeûner, de s'abstenir de vin ou de réciter quelques chapelets sur l'ordre de son confesseur, pour que les fautes qu'il a commises soient effacées. Elle peut encore moins admettre que ces pénitences puissent être transformées en des sommes d'argent à donner aux pauvres ou à l'Église, car moyennant un repentir, une absolution et de l'or, l'homme riche peut laver toutes ses fautes. Enfin, il est encore moins compréhensible qu'un misérable, dont la vie a été un long tissu de fautes ou de crimes, puisse, grâce à une absolution reçue à l'heure de la mort, à un repentir d'une seconde et à quelques générosités envers l'Église, obtenir les mêmes récompenses éternelles que le brave homme dont toute l'existence aura été vertueuse. Le système de la grâce, qui rend impossible à un homme d'être honnête si Dieu ne lui en accorde la faveur ; celui de la confession et de l'absolution, qui accorde au prêtre le droit de supprimer les fautes commises ; celui, enfin, de la pénitence et des indulgences, qui permet au coupable de se transformer subitement en homme vertueux ; cette trilogie de systèmes soi-disant moraux représentent, à coup sûr, l'invention la plus immorale qui ait jamais été conçue par des hommes.

CHAPITRE VIII

RÉSUMÉ DE LA MORALE DU CHRISTIANISME

En résumé, la morale du christianisme n'a qu'une seule source, Dieu, qui a fait la morale, comme il a fait tout ce qui est visible, comme il a fait le corps et l'âme des hommes.

Dieu a placé la loi morale dans l'âme de l'homme, mais il y a placé aussi la déchéance du péché originel, à la suite de la désobéissance à ses ordres commise par le premier de nos ancêtres.

L'homme ne peut être délivré du péché originel que par un acte religieux, le baptême. Il ne peut, d'autre part, suivre la loi morale et faire le bien que s'il en obtient la grâce, qu'il doit demander à Dieu par d'autres actes religieux, tels que la prière et les sacrements.

La loi morale du Catéchisme se compose de deux sortes de prescriptions ; les devoirs envers Dieu et son Église d'une part ; les devoirs envers les autres et soi-même, d'autre part.

Aux yeux de Dieu, les deux sortes de devoirs ont une valeur égale. Il punit de la même manière les violations de l'une ou de l'autre sorte de commandements.

La sanction de la loi morale est absolue, comme la loi elle-même, parce que sa source est en Dieu, c'est-à-dire dans l'Absolu. La peine est éternelle. La récompense est éternelle.

C'est Dieu lui-même qui, d'abord au moment de la mort, puis dans le jugement dernier et général, prononce la sanction de la loi morale.

L'absolutisme de la loi morale et l'absolutisme de la sanction ont rendu nécessaire la possibilité de la rémission des fautes.

Cette rémission s'obtient par des actes religieux dont le plus important est le sacrement de la pénitence. Le coupable confesse ses péchés au prêtre qui a le pouvoir, en tant que représentant de Dieu, de les absoudre en infligeant une peine telle que prières, aumônes, dons à l'Église, etc.

Le prêtre a également le pouvoir de prononcer, au nom de Dieu, la rémission des fautes de ceux qui sont morts et qui expient au Purgatoire une conduite insuffisamment chrétienne.

Le prêtre délivre, en dehors de la pénitence, pour toutes les fautes des vivants ou des morts, des indulgences plénières ou partielles que l'on obtient par certains actes déterminés, tels que la prière, l'aumône, les dons à l'Église, etc.

La morale du Catéchisme et les dogmes ou actes cultuels du Catéchisme sont tellement enchevêtrés qu'il est impossible de parler de l'une sans parler des autres.

Dire que l'on admet la morale du Catéchisme, et que l'on repousse ses dogmes, ressemblerait à dire que l'on admet la lumière et la chaleur solaires tout en niant le soleil.

La même considération s'applique nécessairement à toutes les religions véritables. Il n'en est aucune dont la morale puisse être distinguée de ses dogmes.

Cependant, il y a un certain nombre de principes moraux sur lesquels toutes les religions sont d'accord, que toutes les philosophies admettent, dont il est aisé de constater l'application antérieurement à l'apparition des dogmes religieux et des philosophies.

Ce sont ces principes qui forment la base de l'enseignement laïque de la morale. Ce sont eux aussi que le christianisme adapte à ses dogmes pour imposer son culte.

CHAPITRE IX

DES EFFETS DE LA MORALE DU CHRISTIANISME SUR L'ÉVOLUTION DES MŒURS PUBLIQUES ET PRIVÉES

S'il est une religion à laquelle les historiens et les écrivains religieux se plaisent à attribuer une action considérable et utile sur les mœurs, c'est, à coup sûr, celle du Christ. Or, l'examen impartial de la vie sociale et individuelle en Occident, depuis dix-huit siècles, conduit à des résultats tout différents.

Les temps qui se sont écoulés depuis l'avènement du christianisme peuvent, en ce qui concerne l'Occident, et, en particulier, la France, être divisés en trois périodes : celle qui s'étendit jusqu'au vIII° siècle, et qui correspond à la conquête des esprits aryens par le christianisme ; celle qui s'étend du vIII° au xvI° siècle, pendant laquelle le christianisme, ayant converti à ses dogmes et à son culte les principaux peuples de l'Occident, règne en maître sur les populations et sur les princes, dicte les lois dans toutes les nations, dirige les mœurs et gouverne les consciences ; la troisième qui s'étend de la Réforme à nos jours et dont chaque siècle fut marqué par un affaiblissement de la puissance matérielle et morale du christianisme.

Aucun homme instruit ne contestera que celle de ces trois périodes où les mœurs individuelles furent le plus dépravées, où les luttes politiques et sociales atteignirent le plus de violence et d'immoralité, est celle qui s'étend du vIII° au xvI° siècle, c'est-à-dire, celle qui répond à l'apogée de l'influence chrétienne dans le monde occidental.

Né au temps de la tyrannie de Néron et de ses successeurs immédiats, princes débauchés, cupides, flatteurs et exploiteurs des plus basses passions d'une plèbe ignorante, paresseuse, jouisseuse autant que misérable, le christianisme avait été contraint, dans la première phase de son évolution, de tenir la conduite vertueuse qui s'impose à toutes les minorités opprimées et persécutées. Plus tard, lorsque les empereurs philosophes eurent pris la direction des affaires et des mœurs, les chrétiens ne purent que persévérer dans la conduite qu'ils avaient eue sous les princes persécuteurs. Comme toutes les associations que le pouvoir tient en défiance ou poursuit parce qu'elles sont organisées en violation des lois — ce qui était le cas des chrétiens — la primitive Église se sentait obligée à une extrême réserve; chacun de ses membres surveillait, en quelque sorte, tous les autres, afin de prévenir des fautes qui auraient rejailli sur la totalité de l'association.

Les réunions fréquentes et où les fidèles devaient se montrer assidus, les excitations incessantes des anciens à la vertu, le contrôle sévère que les évêques et les prêtres exerçaient sur tous les membres de la communauté, la surveillance dont les jeunes filles et les femmes mariées étaient l'objet de la part des veuves et diaconesses, l'organisation de chaque église en une sorte de monarchie soumise à l'autorité absolue de l'évêque, toutes ces conditions sagement combinées entretenaient les chrétiens dans un état de moralité aussi parfait que le comporte la faiblesse de la nature humaine. Certes, les fautes individuelles étaient nombreuses et les erreurs morales de certaines sectes n'étaient pas rares, mais la discipline qui régnait partout et l'habitude que les évêques avaient contractée de blâmer publiquement toutes les infractions à la morale individuelle ou collective, empêchaient que les fautes commises prissent une très grande extension. En dépit des critiques malveillantes ou haineuses dont les chrétiens étaient l'objet, en dépit des accusations d'immoralité dirigées contre eux à cause du contact incessant des deux sexes, dans leurs réunions, des baisers échangés, de l'agenouillement au pied des prêtres dans lequel certains affectaient de voir des actes lubriques, du baptême qui mettait à nu le corps des néophytes devant les fidèles des deux sexes, etc., la morale des chrétiens fut, d'une façon générale, pendant les deux premiers siècles, digne de tout éloge.

Le seul reproche qu'on leur pût adresser, au point de vue moral, — mais il était fort grave, — était leur hostilité systématique pour tout ce qui crée la richesse et la grandeur des nations et les efforts de toutes sortes qu'ils faisaient pour détruire la société romaine, sans même se soucier de lui substituer une organisation sociale quelconque. Ils étaient encore au temps où leurs docteurs annonçaient la ruine de l'empire et la fin prochaine du monde, comme si le triomphe de la cité de Dieu ne pouvait être assuré que par l'effondrement de l'humanité.

Pendant les iiie et ive siècles, sous les règnes de Dèce, de Dioclétien, de Commode, etc., à mesure que la philosophie perd l'influence qu'elle avait exercée sur les empereurs et sur l'aristocratie romaine, tandis que l'autorité impériale s'affaiblit dans des guerres incessantes contre les Barbares, qui forcent de tous côtés les frontières de l'empire, les communautés chrétiennes perdent de leur moralité primitive. Tour à tour persécutées et tolérées, favorisées même par certains empereurs, elles se mêlent davantage à la société païenne et tentent de faire pénétrer leurs missionnaires parmi les barbares. Au contact de ces éléments divers, la morale des chrétiens devient moins sévère, leur conduite se relâche, ils se montrent assez disposés à faire des sacrifices de toutes sortes pour conquérir des adeptes dans les couches sociales dirigeantes.

A mesure, en un mot, que les chrétiens cessent d'être une minorité persécutée, ils se laissent gagner par la corruption qui les entoure. De même qu'on les avait vu pénétrer, par des intermédiaires louches, jusque dans l'entourage immédiat de Néron, leur antéchrist, on les vit se pousser dans les cours dissolues des souverains que la Syrie fournissait maintenant à l'Empire et qui apportaient dans Rome tous les vices asiatiques avec l'indifférence pour les vieilles institutions romaines et même pour la religion de l'État.

Au contact de ce milieu dissolu, les chrétiens ne pouvaient que se corrompre ; ils en subirent d'autant plus vite les effets que leurs ambitions politiques augmentaient dans la même proportion que leur nombre.

Plus tard encore, lorsque Constantin eut consacré la puissance du christianisme en se faisant baptiser, les chrétiens se distinguèrent à peine par leurs mœurs des membres des sociétés romaine, grecque, gauloise, etc., qui étaient encore païennes. Les prêtres abusaient quotidiennement du droit de recevoir des héritages que Constantin leur avait concédé, pour extorquer le bien des vieillards, des veuves, des infirmes et des imbéciles. La conduite des évêques ne différait, en général, que fort peu de celle de la classe où ils commençaient d'être recrutés ; la morale chrétienne, en un mot, se confondait, dans la pratique, avec celle des sociétés diverses dans lesquelles les chrétiens se recrutaient.

Cependant, en raison même des ambitions qui les animaient et de la classe dans laquelle ils étaient choisis, les évêques furent, du IVe au VIe siècle, généralement dignes de la situation où ils étaient parvenus. La correction de leur conduite ne pouvait qu'exercer une influence salutaire sur les mœurs de leurs fidèles. Évêques et prêtres étaient, d'ailleurs, fort occupés, ce qui est une garantie contre les grands vices. Partagés entre les devoirs de leur famille — car ils étaient presque tous mariés et entourés d'enfants — et les charges de leur ministère qui étaient fort lourdes, car elles comprenaient la prédication de l'Évangile, la délivrance des sacrements, l'assistance aux pauvres et aux infirmes, les soins aux malades, l'instruction des enfants, la gestion des biens de l'Eglise etc., ils n'avaient que peu de temps à donner aux plaisirs d'où naît si facilement la perversion des mœurs.

Il en fut de même pour les moines, après la réforme de saint Benoît et la création des grands monastères agricoles. Pendant les deux siècles qui suivirent l'établissement des règles monastiques, on vit disparaître ou se raréfier les moines vagabonds et vicieux qui avaient fait la honte du christianisme pendant les premiers siècles.

A mesure qu'on avance dans le moyen âge, on voit les

mœurs des évêques, des prêtres, des moines et celles de toute la masse des populations chrétiennes se corrompre en même temps que le pouvoir civil s'affaiblit. Dès qu'il n'y a plus ni empire, ni royauté, ni administration romaine, dès que la féodalité, avec son anarchie, s'établit en Occident, le christianisme perd sa moralité, comme la société dans laquelle il s'est répandu. Les évêques rivalisent de barbarie, de violence et de débauche avec les seigneurs féodaux. Ils avaient excusé, sinon glorifié, les crimes de Clovis et de ses successeurs, en raison de l'intérêt qu'ils trouvaient à cette indulgence coupable ; ils devinrent ensuite aussi barbares que les Barbares. Un historien qu'on ne saurait accuser d'hostilité envers la religion, qui même exagère volontiers les services rendus au monde par le christianisme, écrit à propos du x° siècle [1]. « L'Église perd toute sa force morale ; elle devient, comme la société civile, matérielle, violente, sanguinaire. Plus de constitution générale, plus de conciles, plus d'instruction religieuse, plus d'ascendant sur les esprits... Les prêtres ont l'épée à la main, ils pillent sur les routes, tiennent auberge dans les églises, s'entourent de femmes perdues... Il n'y a plus à la tête des évêchés et des abbayes que des barons avides et belliqueux ; plusieurs sont mariés et transmettent leurs dignités et leurs domaines ecclésiastiques à leurs enfants, même en bas âge, ou bien les donnent en dot à leurs filles ou en douaires à leurs femmes... La papauté est elle-même dégoûtante de sang et de débauches... Marozia et Théodora, deux sœurs influentes par leurs richesses, leur beauté et leurs crimes, font élire leurs amants Sergius III et Jean X » au souverain pontificat. Jean X est assassiné par Marozia, qui fait élire pape son fils aldutérin sous le nom de Jean XII.

C'est l'époque où Damien écrivait : « Le mal déborde partout ; le monde n'est plus qu'un abîme de méchanceté et d'impudicité [2]. » Un autre contemporain raconte qu'en Bretagne « certains prêtres avaient jusqu'à dix femmes et

---

1. LAVALLÉE, *Hist. des Français*, I, p. 227.
2. *Ibid.*, I, p. 255.

même davantage¹ ». Lorsque Grégoire VII interdit aux prêtres de se marier, il provoqua parmi eux une véritable rébellion : « Qu'il cherche des anges, disaient-ils, pour gouverner les églises ; car nous aimons mieux abandonner la prêtrise que le mariage². » En réalité, pour beaucoup de prêtres, le prétendu mariage auquel ils tenaient n'était qu'un concubinage si éhonté qu'ils en donnaient le spectacle jusqu'au pied des autels.

Ces mœurs n'étaient, à coup sûr, possibles que grâce à la faible moralité familiale qui existait dans l'ensemble de la société. C'est seulement ainsi qu'on peut expliquer la désinvolture avec laquelle le pape Clément V promenait sa maîtresse à travers les évêchés de France. « Il parcourait l'Aquitaine et la Bourgogne au milieu du cortège le plus pompeux, traînant après lui l'épouse du comte de la Marche, dont il avait fait sa maîtresse, épuisant les églises pour subvenir à son faste et aux dépenses prodigieuses de la femme adultère, effrayant la chrétienté par le scandale de sa marche triomphale³. » Plus tard encore, au XVIᵉ siècle, le pape Alexandre VI étale ses amours incestueuses avec sa fille, Léon X vit au milieu d'une véritable cour où les femmes rivalisent de coquetterie et où lui-même se plaît à railler la légende du Christ chaste et pauvre, tandis qu'il remplit, avec la vente des indulgences, le trésor où il puise sans compter pour payer ses débauches.

Certes, il serait injuste d'accuser l'Église d'avoir elle-même démoralisé la famille et d'y avoir introduit l'adultère ou l'inceste. A côté de la masse des évêques et des prêtres débauchés, parmi les papes qui ne respectaient même pas les plus vulgaires convenances, il y avait de très dignes prélats, des prêtres honnêtes et des pontifes austères; mais la religion était, comme dans les temps anciens, incapable de diriger les mœurs ; elle suivait la moralité du milieu social et subissait davantage son influence qu'elle ne lui imprimait la sienne. On voit, il est vrai, quelques papes condamner

---

1. Lavallée, I, p. 256.
2. Ibid., I, p. 274.
3. Ibid., II, p. 490.

les adultères dont les familles aristocratiques ou royales étaient le théâtre quotidien, et lancer les foudres de l'Église contre les barons ou les rois qui répudiaient leur femme pour la seule raison qu'ils en désiraient épouser une autre ; mais ni les remontrances, ni les excommunications ne produisaient aucun effet. On se bornait à compenser par l'ardeur de la foi et l'assiduité aux pratiques religieuses, les violations les plus graves de la morale. Dans chaque château, les femmes et les filles des vilains, réunies pour fabriquer les vêtements et tisser le lin ou la laine, formaient une sorte de sérail à l'usage des seigneurs et de leurs amis. On vit, à la suite des croisades, de hauts personnages se constituer des harems sur le modèle de ceux de la Turquie. Est-il utile d'ajouter que du xvi° siècle à la fin du xviii°, malgré l'autorité dont continua de jouir l'Église, on vit la morale familiale aller sans cesse en se corrompant, au point que non seulement les maîtresses mais aussi les mignons des rois prenaient, dans les cours, la place de la femme légitime ? Faut-il rappeler qu'au xviii° siècle les monastères de femmes étaient souvent des lieux de débauche, les abbés et les prélats de cour des modèles de désordre et de lubricité, des prédicateurs, par l'exemple, de l'adultère et de tous les vices auxquels peut conduire le célibat ?

Ce qu'il n'est point possible de passer sous silence, parce que là se trouve un des traits les plus caractéristiques de l'histoire de l'Église, c'est que l'immoralité du clergé chrétien fut l'une des principales causes déterminantes de la Réforme. Si la rébellion de quelques moines allemands contre la papauté s'étendit avec tant de rapidité dans tout l'Occident, c'est que la moralité du personnel ecclésiastique et monacal était inférieur à celle de la société civile, au point de choquer les idées de cette dernière ; c'est aussi que l'immoralité de la papauté était devenue telle que les évêques eux-mêmes et les moines rougissaient des vices de la cour pontificale. « Rome voyait quelquefois entrer dans ses murs, dit l'historien cité plus haut[1], des moines d'Allemagne

---

[1]. LAVALLÉE, II, p. 302.

ou des contrées du Nord, qui venaient visiter la ville des apôtres, pleins de foi et d'espérance. C'étaient des hommes du peuple, ignorants, austères, nourris d'un spiritualisme exalté, qui s'ébahissaient de voir la ville des apôtres devenue païenne. Statues, tableaux, comédies, poètes, artistes, prêtres, femmes, tout reproduisait la Rome de Virgile et d'Auguste : la pensée chrétienne altérée à sa source s'était évanouie sous les pompes de la Renaissance dans une sorte d'évocation universelle de la beauté et du génie antiques. Ils reculaient d'horreur, en voyant cette cour voluptueuse, impie, abominable ; ces prêtres qui préféraient Socrate à Jésus, qui refusaient de lire la Bible de peur de gâter leur style, qui mêlaient des paroles blasphématoires aux paroles sacramentelles du divin sacrifice ; ces cardinaux tout mondains et sensuels, amis des savants, savants eux-mêmes, pleins d'aveuglement sur la révolution religieuse à laquelle l'érudition poussait de tous ses efforts ; enfin ce pape qui était ou un Jules II, le casque en tête et le blasphème à la bouche, ou Alexandre VI, l'amant incestueux de sa fille, ou Léon X, audacieusement incrédule, riant tout haut de la fable du Christ. En 1510, un de ces moines vint à Rome ; il se nommait Martin Luther et était né à Eisleben, en Saxe, le 10 novembre 1483. Il s'enfuit effrayé et ayant déjà, dans son cœur, condamné l'Église. »

L'Église chrétienne, à vrai dire, n'avait fait que suivre, en ce qui concerne le retour au paganisme, l'évolution qui se produisait autour d'elle, depuis plusieurs siècles déjà, dans la partie de l'Occident qui contenait le plus de sang latin et qui avait subi pendant de nombreux siècles l'influence romaine. L'Italie et la Gaule, la partie méridionale de cette dernière en particulier, n'avaient été pénétrées que très imparfaitement, et non sans de vives résistances, par l'esprit judaïque dont le christianisme était imprégné. Elles étaient, en fait, restées plus ou moins païennes, au point que la religion nouvelle avait dû se contenter de sanctifier la plupart des déités auxquelles le peuple donnait autrefois ses adorations et qu'il entourait de ses pieuses sollicitations, soit pour obtenir la guérison de ses maladies, soit pour arriver à la fortune, avoir des enfants, écarter le mauvais sort ou les démons, etc. Pendant plusieurs siècles, les Pères de l'Église, fidèles aux traditions judaïques, avaient interdit de faire des images de Dieu, du Christ ou des saints. En 305, un concile tenu en Espagne avait même interdit l'emploi des peintures dans les églises « de peur que l'objet de notre culte et de nos adorations ne soit représenté sur nos murailles. En 393, saint Epiphane arrachait d'une église de Syrie une image du Christ devant laquelle les fidèles priaient ; au viiie siècle, le concile de Hyéric interdisait encore le culte des images et Charlemagne faisait publier l'ouvrage dit *Livres carolins* contre une décision d'un concile de Nicée qui, en 787, avait autorisé le culte des images de Jésus-Christ et des saints.

Charlemagne faisait, en cela, preuve de moins d'esprit politique que les membres du concile ; ceux-ci avaient parfaitement compris qu'il serait impossible au christianisme de s'implanter dans les sociétés aryennes de l'Occident, s'il ne se prêtait pas à leurs conceptions idolâtriques. Si l'Église avait écouté Charlemagne, si elle ne s'était pas adaptée à l'idolâtrie du paganisme, elle aurait peut-être échoué dans son œuvre de conversion des Aryens, de même que l'une des causes principales de l'échec du protestantisme en France réside dans son aversion pour les images sacrées.

A partir du concile de Nicée de 787, le christianisme comprit où était son intérêt véritable, non seulement il ne repoussa plus le culte des images de son Christ et de ses saints, mais encore il transforma en idoles chrétiennes toutes celles du paganisme que le peuple entourait encore de sa vénération et il adopta, sous des rubriques nouvelles, les fêtes par lesquelles les païens rendaient hommage à leurs multiples dieux. Les images de l'Arthemis d'Ephèse (Vierge immaculée) sont devenues celles de la Vierge Marie ; celles d'Isis, mère des dieux, vierge noire qui tenait un enfant dans ses bras ou sur ses genoux sont devenues les images de la Vierge mère de Jésus. Les images païennes à têtes nimbées ont donné le modèle de celles des saints. La déesse grecque Niké et les génies ailés du paganisme ont fourni celui des anges, etc. Il n'y eut pas jusqu'aux pierres phalliques qui ne furent christianisées. Sur les menhirs, auprès desquels le peuple avait conservé la coutume de se rendre pieusement, on dressa des croix ou des statues de la Vierge. Au Mans, on sanctifia un menhir, jadis honoré comme emblème de la génération, en le transportant dans la cathédrale. Les pierres percées que l'on avait autrefois vénérées à l'instar du Yoni de l'Inde et, sans doute, avec la même pensée originelle, continuèrent d'être considérées par les chrétiens comme saintes et miraculeuses. « A Kerongalet (Finistère) on plonge les membres malades dans une pierre trouée... A Fouvent-le-Haut (Doubs) on insinue les nouveau-nés à travers une pierre percée, pour les préserver des maladies... A Dourgue (Tarn), près de la chapelle de Saint-Férréol, on voit des roches percées de trous où passent les boiteux et les paralytiques pour se guérir. Il existe des pierres semblables dans le Morbihan, dans les ouvertures desquelles on fait passer les hommes et les bestiaux malades en vue d'obtenir leur guérison[1]. » L'Église laisse faire, encourage même ces pratiques, sachant fort bien qu'elle perdrait la majeure partie de sa clientèle si elle s'élevait contre l'indéracinable paganisme de nos populations. « Dans l'église de Quimperlé, on voit une pierre percée d'un trou circulaire à travers laquelle on passait pour guérir de céphalalgie. » De même, elle encourage les croyances anciennes aux miracles accomplis par les eaux de certaines sources, se bornant à édifier l'image de la Vierge ou d'un saint partout où la foi des simples lui paraît pouvoir être utilement exploitée.

Tant que la papauté fut toute-puissante, tant que les nations occidentales furent maintenues dans l'ignorance et l'anarchie par le régime féodal, le christianisme ne fut païen que par les images idolâtriques dont il encourageait le culte afin de conserver les sympathies du peuple. Au fur et à mesure que la puissance pontificale s'affaiblit, que l'ordre matériel se rétablit et que le pouvoir civil devint plus

---

[1]. MALVERT, *Science et religion*, p. 199. L'auteur de ce petit livre a fort bien résumé toute la question des relations du culte chrétien avec celui des religions antérieures et il en fournit une abondante bibliographie.

fort, les esprits s'émancipèrent, même dans le personnel ecclésiastique, et l'on vit les intellectuels revenir à la littérature païenne, à la philosophie antique, à l'art qui avait embelli les temples de la Grèce et de Rome, développé le goût de la beauté parmi les Grecs ou les Romains.

L'Église avait tout fait pour empêcher cette « renaissance » de la civilisation antique. A la belle littérature des Lucrèce, des Cicéron, des Sénèque, des Lucien, des Platon, des conteurs grecs, des poètes de la Grèce et de Rome, elle avait substitué les ridicules et grossières légendes des saints ; à la philosophie naturelle, humaine, généreuse des épicuriens et des stoïciens, à cette philosophie qui avait doté l'Empire des souverains les plus justes, les plus moraux que le monde aient connus, elle avait fait succéder les subtilités enfantines et stériles de ses discussions dogmatiques et de ses controverses scolastiques ; sous l'influence de ses idées mystiques ou démoniaques, la belle statuaire de la Grèce et de Rome avait été remplacée par une imagerie grossière toujours, impudique fort souvent jusqu'à la monstruosité, et dont elle avait souillé les plus beaux chefs-d'œuvre de l'architecture romane ou gothique. On a fait un grand mérite aux moines d'avoir conservé dans les bibliothèques de leurs abbayes la plupart des ouvrages de l'antiquité, mais on néglige de dire qu'ils les tenaient jalousement à l'abri de tous les regards indiscrets ; on ne parle pas de ceux qu'ils ont fait disparaître, comme les trois cents mémoires d'Épicure, et l'on passe volontiers sous silence les altérations qu'ils firent subir à certains textes, avec une désinvolture dont l'aveuglement de leur foi peut seule fournir l'explication. On omet aussi de mentionner les imprécations, les menaces, les condamnations qui accablèrent les premiers érudits dont l'audace alla jusqu'à restaurer la philosophie antique dans les universités occidentales, dans celle de Paris notamment, que les rois de France créèrent pour lutter contre l'esprit de la papauté. On affecte de ne point se rappeler les attaques dont Abailard fut l'objet de la part des moines de Cîteaux et de saint Bernard leur abbé, pour avoir osé « mettre à jour les secrets de Dieu et jeter au vent les plus hautes questions¹ ». On se garde de mentionner cette décision d'un concile de 1209 par laquelle étaient condamnées au feu les œuvres d'Aristote que les Arabes venaient d'introduire en Occident. Aristote, c'était la Grèce, c'était la pensée libre, c'était le naturalisme s'élevant en face de l'absolutisme hébraïque et du dogmatisme chrétien. L'Église brûla ce qui restait de lui, comme elle brûlait les hérétiques sur les bûchers de son inquisition. Mais l'Église n'était plus toute-puissante.

En face d'elle, Philippe-Auguste, désireux d'asseoir son autorité sur des bases laïques et rationnelles, crée l'enseignement public du droit romain, d'où devaient sortir les conseils de juristes de Philippe le Bel ; et il donne à l'université de Paris une indépendance qui en fit bientôt le foyer de lumières intellectuelles le plus puissant qui eût encore existé dans le monde. Plus de vingt-cinq mille élèves y accouraient de toutes les parties de l'Europe, autour de maîtres tout prêts à s'émanciper de la théologie romaine et à revenir aux antiquités littéraires et philosophiques. C'est encore de religion que parlait Abailard aux milliers d'élèves qui se pressaient autour de sa chaire et dont un contemporain disait : « Rien ne les arrêtait, ni la distance, ni la profondeur des vallées, ni la hauteur des montagnes, ni la peur des brigands, ni la mer et ses tempêtes. La France, la Bretagne, la Normandie, le Poitou, la Gascogne, l'Espagne, l'Angleterre, la Flandre, les Teutons et les Suédois célébraient ton génie, t'envoyaient leurs enfants ; et Rome, cette maîtresse des sciences, montrait en te passant ses disciples que ton savoir était encore supérieur au sien² ». Mais la religion d'Abailard n'était plus celle des Pères de l'Église ; ce n'était plus surtout celle des moines du moyen âge dont les étudiants de Paris chansonnaient les mauvaises mœurs et l'ignorance, en des vers non moins licencieux que la conduite des habitants des monastères. « Il semblait, dit Michelet³, que jusque-là l'Église eût bagayé, et

---

1. Saint Bernard, *Ep.* 88.
2. Foulques (de Deuil), in Michelet, *Hist. de Fr.*, II, 318, note.
3. *Histoire de France*, II, p. 319 et suiv.

qu'Abailard parlait... Il traitait poliment la religion, la maniait doucement, mais elle lui fondait dans la main. Il ramenait la religion à la philosophie, à la morale, à l'humanité. Le crime n'est pas dans l'acte, disait-il, mais dans l'intention, dans la conscience. Qu'est-ce que le péché originel? Moins un péché qu'une peine. Mais alors pourquoi la rédemption, la passion, s'il n'y a pas eu péché? C'est un acte de pur amour. Dieu a voulu substituer la loi de l'amour à celle de la crainte. Cette philosophie circula rapidement: elle passa en un instant la mer et les Alpes ; elle descendit dans tous les rangs. Les laïques se mirent à parler des choses saintes. Partout, non plus seulement dans les écoles, mais sur les places, dans les carrefours, grands et petits, hommes et femmes discouraient sur les mystères. Le tabernacle était comme forcé. Le Saint des saints traînait dans la rue. Les simples étaient ébranlés, les saints chancelaient, l'Église se taisait. Il y allait pourtant du christianisme tout entier : il était attaqué par la base. Si le péché originel n'était plus un péché, mais une peine, cette peine était injuste, et la rédemption inutile... Ainsi l'homme n'était plus coupable, la chair était justifiée, réhabilitée. Tant de souffrances, par lesquelles les hommes s'étaient immolés, étaient superflues. Que devenaient tant de martyrs volontaires, tant de jeûnes et de macérations, et les veilles des moines, et les tribulations des solitaires, tant de larmes versées devant Dieu? Vanité, dérision. Ce Dieu était un Dieu aimable et facile, qui n'avait que faire de tout cela. »

C'était, en somme, le Dieu fort, vengeur, féroce, des juifs, renversé des autels où l'avait institué l'Église romaine. Il y était remplacé dans la vénération des peuples, par cette Divinité bienveillante, dont les stoïciens avaient dit qu'elle était incapable de faire aux hommes autre chose que du bien. C'était, par voie de conséquence, la puissance morale et matérielle de l'Église menacée d'une ruine totale. Or, cette puissance était encore assez grande pour qu'il ne fût pas possible d'y toucher impunément: Abailard succomba sous les coups qui lui furent portés, en son nom, par le moine austère de Cîteaux, ce saint Bernard dont l'histoire raconte qu'il ignorait la nature, marchait toute une journée autour du lac de Lausanne sans le voir, buvait de l'huile pour de l'eau, prenait du sang cru pour du beurre, « vomissait presque tout aliment, ne se nourrissait que de la Bible et ne se désaltérait que de l'Évangile[1] ». Le peuple n'était pas, lui non plus, assez robuste encore, assez fortement alimenté de raison, de logique et de critique pour comprendre le libre langage d'Abailard, et l'on ne saurait s'étonner qu'il ait tenté de le lapider pour le punir de son manque de respect envers l'Église romaine.

Cependant, le signal de l'indépendance était donné : les leçons d'Abailard ne devaient point être perdues. Tandis que les moines barbares de la Germanie se sépareront de Rome parce qu'ils la trouveront trop païenne, et feront retour à la dure religion des prophètes hébreux, la société intellectuelle française, formée autour des chaires de l'Université de Paris, ira joyeusement aux belles littératures, aux arts aimables, à la douce, humaine et naturelle philosophie de la Grèce et de Rome. Si, au XVIe siècle, la France n'adopta pas la Réforme, c'est surtout parce que, déjà, elle était redevenue païenne jusque dans la profondeur de ses moelles. Le peuple ignorant ne voulait pas renoncer aux images qu'il honorait de son culte, dont il sollicitait des consolations et auxquelles il tenait d'autant plus que chacun pouvait, à son aise, choisir, dans l'immensité du panthéon chrétien, le dieu, le saint, la sainte, la vierge ou la repentie dont les traits et le caractère convenaient le mieux à son humeur. Quant à la partie intelligente de la nation, elle était devenue trop sceptique à l'égard des dieux, des saints, des apôtres et de l'Église, pour qu'il lui fût possible de se montrer plus religieuse que Léon X, dont le pontificat avait restauré dans Rome le plus aimable, le plus littéraire et le plus sceptique des paganismes.

Cependant, en raison même de sa tournure d'esprit, la France eut mieux que la Réforme : elle prit la tête de la Renaissance, qui la devait conduire à la philosophie du

---

1. *Histoire de France*, II, p. 322.

xviiie siècle, à la Révolution et à la morale sociale de la Déclaration des droits de l'homme. Elle prit de la Réforme religieuse tout ce qu'elle avait de bon : la liberté de la critique et de la pensée, le goût de la lecture, la dispersion des idées par l'imprimerie, le culte de la famille et la fréquentation de l'école ; mais elle lui laissa l'ardeur de la foi qu'elle ne pouvait plus acquérir, l'austérité du culte qui répugnait à ses goûts artistiques, le retour à la langue des prophètes qui lui semblait, non sans raison, trop rude et sauvage, la lecture de la Bible dont les récits enfantins, ridicules ou brutaux, ne pouvaient convenir ni à la finesse de son esprit, ni à la délicatesse de ses sentiments. Son Livre fut l'admirable poème où Rabelais répandit toute la verve du Gaulois avec toute la raillerie du philosophe contre la barbarie du moyen âge, la bigoterie de l'Église, la corruption de Rome, la vénalité de la magistrature, la sottise de l'aristocratie militaire et la vanité de la gloire des armes, la pédanterie des maîtres et la servile docilité des élèves, pour édifier sur les ruines de la scolastique de l'autocratie politique et de l'absolutisme religieux, l'un des plus admirables monuments qui aient été élevés en l'honneur de la Nature. De ce Livre, dont la moelle était faite des fortes études latines et grecques du médecin naturaliste et philosophe, devaient sortir le pyrrhonisme de Montaigne, l'épicurisme de Diderot et le naturalisme du xixe siècle, dont les coups répétés ont si fortement ébranlé les dogmes mystérieux et la morale artificielle du christianisme.

Le rôle joué par la morale du christianisme dans l'évolution de la moralité publique et privée n'a été, en somme, ni moindre, ni plus grand que celui des autres morales religieuses. On ne saurait s'en étonner, car jamais l'absolu ne dirigea la nature humaine, et les sanctions de l'autre monde ne pèsent que bien peu dans la conscience de la plupart des hommes, par rapport aux plaisirs ou aux maux qu'ils sont susceptibles d'éprouver dans la seule vie qui soit certaine.

LIVRE V

LA MORALE DE L'ISLAMISME

CHAPITRE PREMIER

SOURCE DE LA MORALE DE L'ISLAMISME ET DEVOIRS RELIGIEUX QU'ELLE IMPOSE

A l'exemple des Livres sacrés des juifs et des chrétiens, le Koran fut présenté aux Arabes, par Mahomet, comme émanant de Dieu qui le transmettait à son prophète par l'intermédiaire de l'ange Gabriel[1]. Venus du ciel les uns après les autres, pendant le cours de vingt-trois années, les versets du nouveau Livre sacré offraient l'avantage de pouvoir être adaptés aux événements qui marquèrent les

---

1. D'après l'historien arabe Abul-Feda, Mahomet raconta lui-même à sa femme, de la façon suivante, la manière dont l'ange Gabriel lui avait annoncé sa mission divine. Chaque année, il se retirait pendant quelques jours dans une grotte du mont Hara. Une nuit, alors qu'il venait d'atteindre sa quarantième année, l'ange Gabriel descendit du ciel et lui dit : « Lis. » Mahomet répondit : « je ne sais pas lire ». C'était faux, car il avait lu les livres sacrés des Hébreux et des chrétiens, mais il voulait faire croire à son ignorance, afin de rendre plus plausible la révélation du Koran. L'ange Gabriel répéta : « Lis », et il ajouta les paroles suivantes qui forment les premiers versets du chapitre xcvi du Koran : « Lis, au nom du Dieu créateur. Il forma l'homme en réunissant les sexes. Lis, au nom du Dieu adorable. Il apprit à l'homme à se servir de la plume ; il mit dans son âme le rayon de la science. » Mahomet s'enfonça dans la montagne en récitant ces versets. Il entendit alors une voix céleste qui disait : « O Mahomet ! tu es l'apôtre de Dieu et je suis Gabriel. » Il vit l'ange et resta en contemplation devant lui jusqu'à ce qu'il disparût. Il alla faire ce récit à sa femme qui le crut sur parole. Son apostolat était commencé. Il dura jusqu'à sa mort qui eut lieu à 63 ans. Pendant tout ce temps, il reçut de l'ange Gabriel, les uns après les autres, les versets du Koran, qu'il avait soin d'adapter aux diverses nécessités de sa mission apostolique.

premières étapes de la religion de Mahomet dans le monde. « Il n'y a pas de doute sur ce Livre, il est la règle de ceux qui craignent le Seigneur; de ceux qui croient à la doctrine que nous t'avons envoyée du ciel, et aux Écritures, et qui sont fermement attachés à la croyance de la vie future. Le Seigneur sera leur guide et la félicité leur partage[1]. » Voici qui est plus précis encore, si possible : « Notre religion vient du ciel, et nous y sommes fidèles. Qui, plus que Dieu, a le droit de donner un culte aux hommes[2]? »

Le Koran ne nie pas, du reste, l'origine divine des Livres sacrés des Hébreux et des chrétiens; il n'est présenté que comme leur complément : « Il n'y a de Dieu que le Dieu vivant et éternel. Il t'a envoyé le Livre qui renferme la vérité, pour confirmer les Écritures qui l'ont précédé. Avant lui, il fit descendre le Pentateuque et l'Évangile, pour servir de guide aux hommes. Il a envoyé le Koran des cieux... C'est lui qui t'a envoyé le Livre... Les hommes consommés dans la science diront : Nous croyons au Koran. Tout ce qu'il renferme vient de Dieu. Ce langage est celui des sages[3]. » Il est à peine besoin de souligner l'analogie qui existe entre cette doctrine et celle du christianisme. Il faut croire. Là est le principe fondamental des deux religions.

Voici l'acte de foi du musulman : « Dis : Nous croyons en Dieu, à ce qu'il nous a envoyé, à ce qu'il a révélé à Abraham, Isaac, Jacob et aux douze tribus : nous croyons aux Livres saints que Moïse, Jésus et les prophètes ont reçus du ciel;

---

1. *Le Koran*, chap. II, 1-4.
2. *Ibid.*, chap. II, 132.
3. *Ibid.*, chap. III, 1-5. Le caractère divin du Koran et ses relations avec les Livres sacrés des juifs et des chrétiens sont encore bien précisés dans les versets suivants : « Nous l'avons fait descendre du ciel, ce Livre béni, pour confirmer les anciennes Écritures, pour que tu le prêches à La Mecque et dans les villes voisines. Ceux qui ont la croyance de la vie future croient en lui. Ils seront exacts observateurs de la prière. » (Chap. VI, 92.) — « Le Koran est l'ouvrage de Dieu. Il confirme la vérité des Écritures qui le précèdent. Il en est l'interprétation. On n'en saurait douter. Le Souverain des mondes l'a fait descendre des cieux. Direz-vous que Mahomet en est l'auteur? Répondez-leur : apportez un chapitre semblable à ceux qu'il contient, et appelez à votre aide tout autre que Dieu, si vous êtes véridiques. » (Chap. X, 38-39.) Il est dit encore du Koran : « Nous l'avons fait descendre du ciel, en langue arabe, afin que vous le compreniez. » (Chap. XII, 2.)

nous ne mettons aucune différence entre eux ; nous sommes musulmans[1]. » C'est cet acte de foi qu'à cinq reprises chaque jour, le crieur des mosquées fait entendre sous une forme nouvelle : « Dieu est grand. J'atteste qu'il n'y a qu'un Dieu. J'atteste que Mahomet est son apôtre. Venez à la prière. Venez à l'adoration. Dieu est grand. Il est unique. »

Le Koran est réservé aux « fidèles » ; il ne connaît pas les « infidèles », ne veut pas les connaître, les considère comme écartés pour toujours du Dieu dont il émane. « Pour les infidèles, soit que tu leur prêches ou non l'islamisme, ils persisteront dans leur aveuglement. Dieu a imprimé son sceau sur leurs cœurs et leurs oreilles, leurs yeux sont couverts d'un voile, et ils sont destinés à la rigueur des supplices... Dieu se moquera d'eux, il épaissira leurs erreurs, et ils persisteront dans leur égarement... Sourds, muets et aveugles, ils ne se convertiront point[2]. »

La nécessité de croire, pour être sauvé, est nettement exprimée dans le verset suivant, qui vise encore d'autres devoirs exclusivement religieux : « Il ne suffit pas, pour être justifié, de tourner son visage vers l'Orient ou l'Occident ; il faut encore croire en Dieu, au jour dernier, aux anges, au Koran, aux prophètes ; il faut, pour l'amour de Dieu, secourir ses proches, les orphelins, les pauvres, les voyageurs, les captifs et ceux qui demandent ; il faut faire la prière, garder sa promesse, supporter patiemment l'adversité et les maux de la guerre ; tels sont les devoirs des vrais croyants[3]. » « Ceux qui réuniront la foi et la bienfaisance en recevront le prix. Ils seront comblés des faveurs

---

1. *Le Koran*, chap. III, 77. Le verset 138 du chap. III précise nettement le caractère de Mohamet : « Mahomet n'est que l'envoyé de Dieu. D'autres apôtres l'ont précédé. S'il mourait ou s'il était tué, abandonneriez-vous sa doctrine ? Votre apostasie ne saurait nuire à Dieu ; et il récompense ceux qui lui rendent grâce. » La doctrine du Koran relativement à Jésus est exprimée dans le verset 19 du chap. V : « Ceux qui disent que le Christ, fils de Marie, est Dieu, sont infidèles. Réponds-leur : qui pourrait arrêter le bras du Tout-Puissant, s'il voulait perdre le Messie, fils de Marie, sa mère et tous les êtres créés ?. » Le Koran dit encore : « Jésus est aux yeux du Très-Haut un homme comme Adam. Adam fut créé de poussière. Dieu lui dit : sois, et il fut. » (Chap. III, 52.)
2. *Ibid.*, chap. II, 5-17 et suiv.
3. *Ibid.*, chap. II, 172.

du ciel. Ceux à qui l'orgueil fera rejeter la soumission au Très-Haut seront livrés à la rigueur des tourments[1]. »

Il est évident que pour l'islamisme, comme pour toutes les autres religions soi-disant révélées, la partie capitale de la morale est constituée par les devoirs envers la Divinité. « Les incrédules et ceux qui traitent notre doctrine de mensonge, dit le Koran[2], seront dévoués aux flammes éternelles. — Ceux à qui nous avons donné le Koran, et qui lisent sa doctrine véritable, ont la foi ; ceux qui n'y croient pas seront au nombre des réprouvés. — Ceux qui nieront la doctrine divine ne doivent s'attendre qu'à des supplices. Dieu est puissant, et la vengeance est dans ses mains. — Autant d'or que la terre en peut contenir ne rachèterait pas des supplices celui qui mourra dans son infidélité. Il n'est plus, pour lui, d'espérance. — L'impie qui, dans son orgueil, accusera notre doctrine de fausseté, trouvera les portes du ciel fermées. Il n'y entrera que quand un chameau passera dans le trou d'une aiguille. C'est ainsi que nous récompenserons les scélérats. L'enfer sera leur lit, le feu leur couverture ; juste prix de leurs attentats. — Les infidèles auront pour boisson l'eau bouillante, et subiront des tourments dignes de leur incrédulité. — Certainement, les chrétiens, les juifs incrédules et les idolâtres seront jetés dans les brasiers de l'enfer. Ils y demeureront éternellement. Ils sont les plus pervers des hommes. » Ceux qui, après avoir pratiqué l'islamisme, l'abandonneront, ne seront, évidemment, pas mieux traités : « Celui qui se séparera du prophète, après avoir connu le droit chemin, et qui suivra une autre doctrine que celle des fidèles, obtiendra ce qu'il a désiré : les flammes de l'enfer seront son partage[3]. » Cependant, le repentir est admis, même pour les apostats : « Ceux que le repentir ramènera dans la bonne voie éprouveront l'indulgence du Seigneur[4]. »

---

1. *Le Koran*, chap. IV, 172.
2. *Ibid.*, chap. II, 37, 115 ; chap. III, 3, 78, 84 ; chap. IV, 116 ; chap. VII, 38 ; chap. X, 4 ; chap. XCVIII, 5.
3. *Ibid.*, chap. IV, 115.
4. *Ibid.*, chap. III, 82.

Comme toutes les autres religions soi-disant révélées, l'islamisme fait figurer parmi les devoirs envers Dieu un certain nombre de pratiques qui obligent le croyant à se rappeler sans cesse la religion à laquelle il appartient et à se distinguer des adeptes des autres religions. Dans le christianisme, ces devoirs se divisent en deux catégories sous les noms de Commandements de Dieu ou Décalogue et de Commandements de l'Église. Dans l'islamisme, où il n'existe pas à proprement parler d'Église, les devoirs religieux sont représentés par la foi, la défense de la religion, la prière, le jeûne, le pèlerinage, l'aumône et la privation de certains aliments. Il est peu de musulmans qui ne remplissent avec exactitude tous les devoirs de cette morale.

La prière doit être dite cinq fois par jour, en se tournant vers le point de l'horizon où le fidèle croit que se trouve La Mecque : « Tous les peuples, dit le Koran[1], ont un lieu vers lequel ils adressent leurs prières. — De quelque lieu que tu sortes, tourne ta face vers le temple Haram. En quelque lieu que tu sois, porte tes regards vers ce sanctuaire auguste, afin que les peuples n'aient pas de sujet de t'accuser. » La prière doit être précédée d'un acte de purification dans lequel le croyant se lave les deux mains jusqu'au coude et le visage ; s'il n'a pas d'eau à sa disposition, il se frotte les mêmes parties avec la main préalablement passée sur du sable fin. « O croyants ! avant de commencer la prière, lavez-vous le visage et les mains jusqu'au coude. Essuyez-vous la tête et les pieds jusqu'aux talons[2]. »

La prière ne consiste qu'en des formules très simples, plusieurs fois répétées. Mahomet en avait écarté toute idée de sollicitation des biens terrestres ou des récompenses futures ; il en avait fait un simple acte de foi. On ne pouvait manquer d'y ajouter, avec le temps, d'autres prières

---

1. Chap. II, 144-145. Le mot « Haram » signifie défendu. On l'appliquait du temps de Mahomet au temple de La Mecque, pour indiquer le respect dont il devait être l'objet de la part de ceux qui y entraient, ou bien, d'après une légende, parce qu'une femme y ayant pénétré à l'époque de ses règles, son entrée fut désormais interdite à toutes les femmes. (SAVARY, trad. du Koran, p. 30, note 4.)

2. Chap. V, 8.

accessoires, ayant pour objet d'obtenir les faveurs de Dieu en ce monde et dans l'autre, et revêtant cette forme enfantine qui eut toujours tant de succès dans toutes les religions. On a créé des espèces de litanies, semblables à celles des chrétiens, où les qualités attribuées à Dieu sont mises à la suite les unes des autres en des formules faciles à retenir. Pour les réciter on se sert d'un chapelet de 99 grains à chacun desquels répond une formule spéciale. Peu de gens les connaissent toutes. En général, chaque confrérie en adopte une ou plusieurs séries qui servent à distinguer ses membres. On admet généralement qu'il existe une centième formule, mystérieuse, dont Salomon seul eut le secret ; celui qui la découvrirait aurait le pouvoir de faire des merveilles, de trouver des trésors, de commander aux génies. Tout cela ne faisait pas partie de la doctrine de Mahomet ; on l'a ajouté, avec le temps, à cette dernière, pour empêcher l'esprit des croyants de se porter vers des recherches doctrinales où leur foi aurait pu sombrer.

A l'exemple du christianisme, l'islamisme a doublé son Dieu unique et universel, d'un certain nombre de saints auxquels on a élevé des petits temples qui font vivre autant de prêtres, car c'est surtout aux saints que l'on demande les biens de ce monde, ainsi que le font les chrétiens. Pour être plus sûr d'obtenir ce que l'on sollicite, on verse entre les mains du prêtre de quoi entretenir la chapelle du saint. D'un autre côté, Mahomet recommandait de se réunir autant que possible à plusieurs pour les prières quotidiennes et d'aller, le vendredi, les faire dans une mosquée si l'on habitait dans un lieu où il en existât. De là vint la multiplication des mosquées, l'institution des crieurs ou muphtis qui annoncent la prière, celle des imans qui prêchent et celle des ulémas qui sont comme les docteurs de l'islamisme.

Les devoirs de piété proprement dits sont complétés par le jeûne et par l'interdiction de certains aliments. Le seul jeûne canonique prescrit par le Koran est celui du mois de Ramadan, institué en l'honneur de la révélation des premiers versets du Koran. Il consiste dans la privation des aliments de toute sorte, des boissons, du tabac et des rapports sexuels, depuis le lever de l'aurore jusqu'au coucher du soleil. Quoique très pénible pour les gens qui travaillent, il est pratiqué avec une très grande assiduité par tous les musulmans. Il a été institué par le verset suivant : « Le mois de Ramadan, dans lequel le Koran est descendu du ciel, pour être le guide, la lumière des hommes, et la règle de leur devoir, est destiné à l'abstinence. Quiconque verra ce mois doit observer le précepte. Celui qui sera malade, ou en voyage, jeûnera dans la suite un nombre pareil de jours. » Le Koran fixe de la manière suivante les règles du jeûne : « Vous pouvez la nuit du jeûne vous approcher de vos épouses. Elles sont votre vêtement et vous êtes le leur... Le manger et le boire vous sont permis jusqu'à l'instant où vous pourrez, à la clarté du jour, distinguer un fil blanc d'un fil noir. Accomplissez ensuite le jeûne jusqu'à la nuit. Éloignez-vous pendant ce temps de vos femmes, et passez le jour en prière. Tel est le précepte du Seigneur. Il déclare ses lois aux mortels afin qu'ils le craignent[1]. » Les filles sont tenues de jeûner dès qu'elles sont nubiles ; les garçons à partir de la puberté. Ces derniers se montrent, d'ordinaire, très empressés à jeûner parce que, à partir de leur premier jeûne, ils sont considérés comme pouvant s'adonner aux plaisirs sexuels. Le Koran prescrit encore le jeûne comme un moyen de rachat de certaines fautes. Dans les deux cas, il est évident qu'il fait de cette pratique un devoir religieux et non une simple règle d'hygiène, comme on l'a prétendu. Rien, d'ailleurs, n'est plus contraire à l'hygiène que de se passer de manger et de boire pendant toute une journée, surtout si l'on est contraint de travailler. Le Koran lui-même indique très nettement le caractère religieux du jeûne dans le verset suivant : « O croyants, il est écrit que vous serez soumis au jeûne, comme le furent vos frères, afin que vous craigniez le Seigneur[2]. »

---

1. *Le Koran*, chap. II, 181, 183.
2. *Ibid.*, chap. II, 179.

Les aliments interdits sont, en premier lieu, le vin, pour un simple motif d'hygiène : « O croyants ! le vin, les jeux de hasard, les statues et le sort des flèches, sont une abomination inventée par Satan. Abstenez-vous-en de peur que vous ne deveniez pervers. — Le démon se servirait du vin et du jeu pour allumer parmi vous le feu des dissensions, et vous détourner du souvenir de Dieu et de la prière[1]. »

Comme les Livres sacrés du judaïsme, le Koran interdit la consommation de certains aliments. « Les animaux morts, le sang, la chair du porc, les animaux suffoqués, assommés, tués par quelque chute ou d'un coup de corne ; ceux qui sont devenus la proie d'une bête féroce, à moins que vous n'ayez le temps de les saigner ; ceux qu'on a immolés aux autels des idoles, et sur lesquels on a invoqué un autre nom que celui de Dieu ; tout cela vous est défendu. La distribution des parts dues au sort des flèches vous est aussi interdite[2]. » L'indulgence du Koran à l'égard de ceux qui ne suivraient pas les prétextes se montre dans les versets suivants : « Nourrissez-vous des aliments permis que Dieu vous a donnés, et soyez reconnaissants de ses bienfaits, si vous êtes ses serviteurs. Il vous a interdit les animaux morts, ceux qui ont été immolés devant les idoles, le sang et la chair du porc ; mais celui qui sans convoitise aurait cédé à la nécessité, éprouvera combien le Seigneur est indulgent et miséricordieux[3]. » Le seul fait de cette indulgence prouve que les indictions ci-dessus furent inspirées beaucoup plus par des préoccupations d'ordre religieux que par le souci de l'hygiène. Cependant on a supposé que la défense de manger du porc avait été dictée aux musulmans comme aux juifs par la crainte des maladies que cette chair peut donner et en particulier du ténia. On a pensé aussi, peut-être avec raison, que l'interdiction des animaux non saignés était due à la crainte que l'on avait de la corruption qui s'empare du sang avec rapidité, surtout dans les pays chauds. Cette opinion pourrait être appuyée sur le

---

1. *Le Koran*, chap. II, 92.
2. *Ibid.*, chap. V, 4.
3. *Ibid.*, chap. XVI.

fait que l'islamisme autorise, comme le judaïsme, la consommation des animaux tués par la section des carotides; mais, dans ce dernier cas, le caractère religieux apparaît encore dans l'obligation faite aux juifs et aux musulmans de ne manger ces animaux que si, en les saignant, le boucher a prononcé une formule consacrée. La préoccupation religieuse apparaît surtout dans l'interdiction de manger la chair des animaux offerts en sacrifices. Peut-être même avait-elle pour objet de faire disparaître les sacrifices.

CHAPITRE II

LA MORALE POLITIQUE DE L'ISLAMISME

La foi du musulman ne doit pas être inactive. « Employez vos biens, dit le Koran, à soutenir la foi. — Ceux qui soutiennent la guerre sainte de leurs biens sans employer les reproches et les voies injustes pour se dédommager de leurs dépenses, ont leur récompense assurée auprès de Dieu. Ils seront à l'abri de la crainte et des angoisses. — Combattez vos ennemis dans la guerre entreprise pour la religion; mais n'attaquez pas les premiers. Dieu hait les agresseurs. » Il faut rapprocher du précepte « n'attaquez pas les premiers », cette autre recommandation : « Ne faites point de violence aux hommes à cause de leur foi[1]. » Si l'islamisme avait appliqué ponctuellement les deux dernières règles, il serait très supérieur à toutes les autres religions; mais il les viola dès le début de son expansion et sous la direction de Mahomet lui-même.

La première campagne du prophète contre les Arabes idolâtres de La Mecque, d'où il avait été obligé de s'enfuir à cause de sa prédication, fut cette expédition de la vallée de Beder qui avait pour but d'enrichir ses partisans, en razziant une caravane de mille chameaux revenue de Syrie avec de riches marchandises. Il était incontestablement l'agresseur, mais il n'en comptait pas moins sur le concours de Dieu : « Seigneur, s'écrie-t-il pendant que ses fidèles se battent, si tu laisses périr cette armée tu ne seras plus adoré sur la terre; Seigneur, accomplis tes promesses. »

---

1. *Le Koran*, chap. II, 191, 264; 257, 186.

Puis il annonce à ses soldats le secours d'une armée d'anges, et il a soin de faire affirmer par Dieu l'envoi de ces auxiliaires célestes. « A la journée de Beder où vous étiez inférieurs en nombre, le Tout-Puissant se hâta de vous secourir. Craignez-le donc, et soyez reconnaissants. — Tu disais aux fidèles : ne suffit-il pas que Dieu vous envoie du ciel trois mille anges ? — Ce nombre suffit sans doute ; mais si vous avez joint la persévérance à la piété et que les ennemis viennent tout à coup fondre sur vous, il fera voler à votre aide cinq mille anges. — Il vous envoya ces milices célestes pour porter dans vos cœurs la joie et la confiance. Toute aide vient de Dieu[1]. » Il trouva des témoins pour certifier avoir vu ces milices angéliques. Les historiens arabes racontent sérieusement que deux idolâtres virent, du haut d'une colline, un nuage qui enfermait des escadrons d'anges ; ils entendirent le hennissement de leurs chevaux et la voix de Gabriel qui criait à son cheval : « approche Haïsoum. » Les anges avaient de longues robes flottantes et des turbans jaunes, ils montaient des chevaux tachetés de noir et de blanc et combattirent à la tête des croyants. Cette légende devait dominer toute l'histoire de l'islamisme et donner aux « croyants » la confiance d'où sortent les victoires. Mahomet leur dit sans cesse, par la voix du Koran, que ce ne sont pas eux-mêmes qui remportent les victoires, que celles-ci doivent toujours être

---

[1]. *Le Koran*, chap. III, 117-122. Dans une autre partie du Koran, Dieu est représenté comme ayant trompé les fidèles sur le nombre des ennemis, afin d'accroître leur courage. Faisant allusion à ce même combat de Beder d'où sortit sa puissance, Mahomet fait dire au Seigneur : « Vous étiez postés près du ruisseau, les ennemis étaient sur la rive opposée. Votre cavalerie était inférieure. Malgré vos conventions, la discorde se serait mise parmi vous ; mais le Tout-Puissant voulut accomplir ce qui était arrêté dans ses décrets ; — afin que celui qui devait périr succombât, et que celui qui devait survivre à la victoire fût témoin de sa gloire. Dieu sait et entend tout. — Dieu vous montra en songe l'armée ennemie peu nombreuse. S'il vous l'eût fait paraître plus formidable, vous auriez perdu courage et la discorde vous eût désunis. Il vous épargna ce tableau parce qu'il connaît le fond des cœurs. — Lorsque vous commençâtes le combat, il diminua à vos regards le nombre des ennemis ; il diminua de même à leurs yeux le nombre de vos soldats, afin d'accomplir ce qui était déterminé dans ses décrets. — O croyants ! lorsque vous marchez aux ennemis, soyez inébranlables. Rappelez-vous à chaque instant le souvenir du Seigneur, afin que vous soyez heureux. » (Chap. VIII, 43-47.)

attribuées à Dieu : « Ce n'est pas vous qui les avez tués ; ils sont tombés sous le glaive du Tout-Puissant. Ce n'est pas toi, Mahomet, qui les a assaillis ; c'est Dieu, afin de donner aux fidèles des marques de sa protection. Son bras vous a protégés[1]. »

L'islamisme, du reste, ne fut, avec Mahomet, qu'une religion de prosélytisme et de guerres de conquêtes, dont chaque victoire devait, si possible, se terminer par la conversion obligatoire des vaincus : « Combattez les infidèles, fait-il dire à son Dieu, jusqu'à ce qu'il n'y ait plus de schisme, et que la religion sainte triomphe universellement[2]. » — « Tuez vos ennemis, prescrit encore le Koran, partout où vous les trouverez... S'ils vous attaquent baignez-vous dans leur sang. Telle est la récompense due aux infidèles[3]. » Le croyant doit toujours être prêt à les combattre. « O prophète ! combats les idolâtres et les impies. Sois terrible contre eux. Leur réceptacle sera l'enfer, séjour du désespoir[4]. » — « O croyants, craignez Dieu. Efforcez-vous de mériter un accès auprès de lui. Combattez pour la religion et vous serez heureux[5]. » — « Les fidèles qui restent au sein de leur famille sans nécessité ne sont pas traités comme ceux qui défendent la religion de leurs biens et de leurs personnes. Dieu a élevé ceux-ci au-dessus des autres. Tous posséderont le souverain bien ; mais ceux qui marchent au combat auront un sort bien meilleur[6]. » — « O prophète ! encourage les croyants au combat. Vingt braves d'entre eux terrasseront deux cents infidèles. Cent en mettront mille en fuite, parce qu'ils n'ont point la sagesse[7]. » Le croyant doit être impitoyable à l'égard des infidèles : « Aucun prophète n'a jamais fait de prisonniers, qu'après avoir versé le sang d'un grand nombre d'ennemis[8]. » Après le combat de Beder, Mahomet constata la présence, parmi les prisonniers, de

---

1. *Le Koran*, chap. VIII, 17-18.
2. *Ibid.*, chap. VIII, 40.
3. *Ibid.*, chap. II, 187.
4. *Ibid.*, chap. LXVI, 9.
5. *Ibid.*, chap. V, 39.
6. *Ibid.*, chap. IV, 97.
7. *Ibid.*, chap. VIII, 66.
8. *Ibid.*, chap. VIII, 68.

deux de ses ennemis personnels ; il leur fit aussitôt trancher la tête.

Il est permis aux croyants de s'enrichir des dépouilles des infidèles : « Nourrissez-vous des biens licites enlevés aux ennemis et craignez le Seigneur. — Les croyants qui auront abandonné leurs familles, pour défendre, de leurs biens et de leurs personnes, la cause de Dieu, partageront le butin avec ceux qui ont donné du secours et un asile au prophète[1]. » Afin que tout le corps social musulman soit intéressé à la guerre sainte et à la destruction des infidèles, une portion du butin pris sur ces derniers doit être distribuée aux pauvres, aux infirmes : « Ils t'interrogeront au sujet du butin. Réponds-leur : il appartient à Dieu et à son envoyé... — Souvenez-vous que vous devez la cinquième part du butin à Dieu, au prophète, à ses parents, aux orphelins, aux pauvres et aux voyageurs[2]. »

Les historiens arabes prêtent à Mahomet un mot qui peint toute son ambition religieuse : comme trois étincelles avaient jailli d'une pierre qu'il frappait lors du creusement d'un fossé défensif autour de Médine, on lui demande ce que signifient ces « éclairs », et il répond : « Le premier m'apprend que Dieu soumettra à mes armes l'Arabie Heureuse ; le second m'annonce la conquête de la Syrie et de l'Occident ; le troisième, la conquête de l'Orient. » Il fait dire à Dieu lui-même, à propos de la mission qu'il s'attribue : « Il (Dieu) a envoyé son apôtre pour prêcher la foi véritable, et pour établir son triomphe sur la ruine des autres religions, malgré les efforts des idolâtres[3]. » Comme conséquence de ce précepte, Dieu réserve ses châtiments aux indifférents qui ne combattront pas pour la foi ou ne mettront pas leur fortune à son service ; il accordera, au contraire, ses plus belles récompenses aux croyants qui risqueront leur vie pour la défense ou la propagation de la religion. « Prédis à ceux qui entassent l'or dans leurs coffres et qui se refusent à l'employer pour le soutien de la

1. *Le Koran*, chap. viii, 70-73.
2. *Ibid.*, chap. viii, 1, 42.
3. *Ibid.*, chap. ix, 33.

foi, qu'ils subiront des tourments douloureux. — Un jour cet or, rougi dans le feu de l'enfer, sera appliqué sur leur front, leurs côtés et leurs reins et on leur dira : voilà les trésors que vous aviez amassés, jouissez-en maintenant. — Si vous ne marchez au combat, Dieu vous punira sévèrement : il mettra à votre place un autre peuple, et vous ne pourrez surprendre sa vengeance, parce que sa puissance est infinie... — Jeunes et vieux, marchez au combat et sacrifiez vos richesses et vos vies pour la défense de la foi. Il n'est point pour vous de plus glorieux avantage. Si vous saviez ! — Les croyants qui s'arracheront du sein de leurs familles pour se ranger sous les étendards de Dieu, sacrifiant leurs biens et leurs vies, auront les places les plus honorables dans le royaume des cieux. Ils jouiront de la félicité suprême. — Dieu leur promet sa miséricorde. Ils seront l'objet de ses complaisances, et ils habiteront les jardins des délices où règnera la souveraine béatitude. — Là ils goûteront d'éternels plaisirs, parce que les récompenses du Seigneur sont magnifiques[1]. » En attendant les récompenses célestes, le croyant sera toujours favorisé par la victoire : « Ceux qui marchent sous la protection du Ciel, de son apôtre et des croyants sont les milices du Seigneur. Ils remporteront la victoire[2]. » Or, la victoire ce ne sont pas seulement les lauriers cueillis, ce sont encore les riches dépouilles des vaincus que l'on se partagera, les esclaves que l'on prendra parmi leurs hommes, leurs femmes, leurs enfants et que l'on utilisera pour soi-même, les belles filles dont on s'emparera pour augmenter ses harems, etc. La victoire, en un mot, c'est la richesse dans ce monde, en attendant les joies du paradis dans l'autre. Mahomet avait soin, après chaque victoire, de s'emparer de la plus jolie fille qui se trouvât parmi les vaincus et de

---

[1]. *Le Koran*, chap. ix, 34-35, 38-39, 41, 20-22. Lorsqu'il fut battu sous les murs de Médine par les Coraïshites de La Mecque, en l'an 3 de l'hégire, il eut soin de proclamer que son fidèle lieutenant Hamza, tué dans la bataille, était au plus haut des cieux. « Gabriel, disait-il, m'a révélé que Hamza était écrit parmi les habitants du septième ciel, avec ce titre glorieux : Hamza, lion de Dieu, lion de son apôtre. »

[2]. *Ibid.*, chap. v, 61.

l'épouser, afin d'aiguiser les passions de ses fidèles par son propre exemple.

Le Koran prodiguait, en même temps, les malédictions divines à ceux qui refuseraient de suivre le prophète dans ses premières expéditions contre les infidèles : « Satisfaits d'avoir laissé partir le prophète, ils ont refusé de soutenir la cause du ciel, de leurs biens et de leurs personnes, et ils ont dit : N'allons pas combattre pendant la chaleur. Réponds-leur : le feu de l'enfer sera plus terrible que la chaleur. S'ils le comprenaient ! — Si Dieu te ramène du combat et qu'ils demandent à te suivre, dis-leur : je ne vous recevrai point au nombre de mes soldats ; vous ne combattrez point sous mes étendards. Dès la première rencontre vous avez préféré l'asile de vos maisons au combat. Restez avec les lâches. — Si quelqu'un d'entre eux meurt, ne prie point pour lui ; ne t'arrête point sur sa tombe, parce qu'ils ont refusé de croire en Dieu et en son envoyé et qu'ils sont mort dans leur infidélité[1]. »

Joignant la pratique à la doctrine qu'il se faisait envoyer du ciel, Mahomet eut à peine soumis à son autorité et à sa religion les tribus arabes établies dans le voisinage de Médine, qu'il lança ses croyants contre les Juifs, en faisant éclater sur eux les malédictions de Dieu par l'intermédiaire du Koran. « Dieu reçut l'alliance des juifs à condition qu'ils manifesteraient le Pentateuque, et qu'ils ne cacheraient point sa doctrine. Ils l'ont jeté au dédain, et l'ont vendu pour un vil intérêt. Malheur à ceux qui l'ont vendu ![2] »

— « Fais-nous descendre un livre du ciel, dirent les juifs. Ils demandèrent davantage à Moïse, quand ils le prièrent de leur faire voir Dieu manifestement. La foudre consuma les téméraires. Ensuite ce peuple pervers adora un veau, après avoir été témoin des merveilles du Tout-Puissant. Nous leur pardonnâmes et nous donnâmes à Moïse la puissance des miracles. — ... Ils ont violé leur alliance, et refusé de croire à la doctrine divine. Ils ont injustement massacré les

---

1. *Le Koran*, chap. ix, 82-85.
2. *Ibid.*, chap. iii, 184.

prophètes, et ont dit : nos cœurs sont incirconcis. Dieu a imprimé sur leur front le sceau de leur perfidie. Parmi eux il n'y a qu'un petit nombre de croyants. Ils ont dit : nous avons fait mourir Jésus, le Messie, fils de Marie, envoyé de Dieu. — Ils ont exercé l'usure qui leur avait été défendue, et consumé injustement l'héritage d'autrui. Nous avons préparé des châtiments terribles à ceux d'entre eux qui sont infidèles. — Mais les juifs qui sont fermes dans la foi, qui croient au Koran, au Pentateuque, qui font la prière et l'aumône, qui croient en Dieu et au jour dernier, recevront une récompense éclatante[1]. »

Tandis que le Koran reproche aux juifs d'avoir fait périr le Messie, et les menace, pour ce crime, de leur destruction sur cette terre, en attendant les châtiments de Dieu dans l'autre monde, il condamne les chrétiens parce qu'ils ont fait du Messie un Dieu. « Ceux qui disent que le Messie fils de Marie est un Dieu, proférent un blasphème. N'a-t-il pas dit lui-même : O enfants d'Israël, adorez Dieu, mon Seigneur et le vôtre ! celui qui donne un égal au Très-Haut n'entrera point dans le jardin de délices. Sa demeure sera le feu. Ceux qui soutiennent la trinité de Dieu sont blasphémateurs. Il n'y a qu'un seul Dieu. S'ils ne changent de croyance, un supplice douloureux sera le prix de leur impiété[2]. »

A l'égard des chrétiens comme à l'égard des juifs, le prophète joignait la pratique à la doctrine : l'un de ses premiers actes, après avoir battu, soumis à son autorité ou réduit à l'esclavage les populations juives de l'Arabie, fut de se tourner vers les établissements grecs de la Syrie qui pratiquaient le christianisme. Après avoir écrit à l'empereur de Constantinople pour l'inviter à embrasser l'islamisme, il envoie des missionnaires dans les villes grecques de la Syrie qui étaient soumises à l'autorité de l'empire d'Orient ; un des missionnaires ayant été massacré, il en prend prétexte pour diriger une expédition militaire contre les Grecs

---

1. *Le Koran*, chap. IV, 152-160.
2. *Ibid.*, chap. V, 76.

chrétiens. Un premier succès remporté par l'un de ses lieutenants l'encourage : il entreprend lui-même, contre les chrétiens de la Syrie, une campagne tout à fait semblable aux croisades que les chrétiens d'Occident devaient, quatre siècles plus tard, organiser contre les musulmans devenus les maîtres de Jérusalem et de l'Asie mineure. Les mêmes passions religieuses conduisent, en effet, toujours aux mêmes entreprises militaires, de même que tout sang versé en fait inévitablement verser d'autre.

CHAPITRE III

MORALE FAMILIALE DE L'ISLAMISME

Dans le domaine de la morale familiale, Mahomet eut soin de ne rien innover. Il conserva la polygamie qui était une institution traditionnelle en Arabie et fit consacrer par le Koran l'omnipotence de l'homme sur ses femmes et ses enfants, qui était à la base de l'organisation familiale des tribus arabes.

Le Koran affirme très nettement la supériorité de l'homme sur la femme : « Les hommes sont supérieurs aux femmes, parce que Dieu leur a donné la prééminence sur elles, et qu'ils les dotent de leurs biens. Les femmes doivent être obéissantes et taire les secrets de leurs époux, puisque le ciel les a confiées à leur garde. Les maris qui ont à souffrir de leur désobéissance peuvent les punir, les laisser seules dans leur lit, et même les frapper. La soumission des femmes doit les mettre à l'abri des mauvais traitements[1]. »

Le Koran recommande aux hommes libres de n'épouser que des femmes libres et vierges, mais il n'est pas absolu : « Employez vos richesses à vous procurer des épouses chastes et vertueuses. Évitez la débauche. Donnez à celles dont vous avez joui la dot promise, suivant la loi. Cet engagement accompli, tous les accords que vous ferez ensemble seront licites. Dieu est savant et sage. » Il énumère les femmes qu'il est interdit d'épouser : « Il vous est défendu d'épouser des femmes mariées libres, à moins que le sort des armes ne les ait fait tomber entre vos mains. » — « Il

---

1. *Le Koran*, chap. IV, 38.

ne vous est pas permis d'épouser vos mères, vos filles, vos sœurs, vos tantes, vos nièces, vos nourrices, vos sœurs de lait, vos grand'mères, les filles de vos femmes dont vous avez la garde, à moins que vous n'ayez pas habité avec leurs mères. Vous n'épouserez point vos belles-filles ni deux sœurs. » Cependant, il ajoute, pour corriger ces rigueurs : « Si le crime est commis, le Seigneur est indulgent et miséricordieux. » Même indulgence dans le précepte suivant : « N'épousez pas les femmes qui ont été les épouses de vos pères. C'est un crime ; c'est le chemin de la perdition, mais si le mal est fait gardez-les[1]. » — « Un homme débauché ne pourra épouser qu'une femme de son espèce ou une idolâtre. Une fille débauchée ne se mariera qu'à un impudique ou à un idolâtre. Ces alliances sont interdites aux fidèles[2]. » — « Celui qui ne sera pas assez riche pour se marier à des femmes fidèles libres prendra pour épouses des esclaves fidèles... N'épousez les esclaves qu'avec la permission de leurs maîtres. Dotez-les avec équité, qu'elles soient chastes, qu'elles craignent l'impureté, et qu'elles n'aient point d'amants. — Si après le mariage elles se livrent à la débauche, qu'on leur inflige la moitié de la peine prononcée contre les femmes libres. Cette loi est établie en faveur de celui qui craint l'adultère. Vous ferez bien d'éviter ces mariages ; mais le Seigneur est indulgent et miséricordieux[3]. » On voit par ce qui précède que l'union avec la femme esclave n'est pas un véritable mariage. L'esclave est considérée comme ne pouvant pas être élevée à la même condition que la femme libre ; même ses fautes ne sont pas aussi sévèrement punies que celles de l'épouse véritable.

Le Koran est fort sévère pour cette dernière : « Si quelqu'une de vos femmes a commis l'adultère, appelez quatre témoins. Si leurs témoignages se réunissent contre elle, enfermez-la dans votre maison jusqu'à ce que la mort termine sa carrière[4]. » Ce n'est pas le droit de mort comme

---

1. *Le Koran*, chap. IV, 26-28.
2. *Ibid.*, chap. XXIV, 3.
3. *Ibid.*, chap. IV, 29.
4. *Ibid.*, chap. IV, 19.

dans le code mosaïque, c'est le droit de prison perpétuelle qui est accordé par là au mari; il y substitue volontiers celui de répudiation dont il sera question dans un instant. La femme accusée d'adultère est, d'ailleurs, admise à se défendre et ses accusateurs sont passibles de peines très sévères s'ils ne peuvent pas justifier leurs dires : « Ceux qui accuseront d'adultère une femme vertueuse, sans pouvoir produire quatre témoins, seront punis de quatre-vingt coups de fouet. Déclarés infâmes, ils ne seront plus reçus en témoignage[1]. » Ce verset fut, sans doute, inspiré à Mahomet par l'aventure de sa femme Aïesha pour laquelle il avait une affection très vive. Le prophète l'avait amenée avec lui dans une de ses expéditions militaires. Au retour, elle fut surprise en compagnie d'un jeune et beau lieutenant de Mahomet, nommé Sawan, qui commandait l'arrière-garde. On jasa et la belle Aïesha dut faire le récit de son aventure. Elle raconta qu'ayant été prise d'un besoin elle avait dû faire descendre sa litière du chameau qui la portait, et laisser défiler les troupes pour échapper à leurs regards. Des soldats replacèrent par erreur la litière vide sur le chameau et emmenèrent celui-ci, tandis qu'Aïesha cherchait un collier détaché de son cou. « Mon collier retrouvé, je retournais joyeuse à l'endroit où j'avais laissé ma voiture. Il ne s'y trouva personne. J'appelai ; on ne me répondit point. Je remplis l'air de mes cris ; ils ne furent point entendus. J'espérais qu'on viendrait me chercher ; mon espoir fut déçu. Fatiguée de crier et d'attendre, je m'assis, et le sommeil s'empara de mes sens. Sawan, qui partagea mes malheurs. était resté à l'arrière-garde. Il passa de grand matin près du lieu où je reposais. M'ayant aperçue sans voile, il me reconnut. Je m'éveillai en l'entendant parler. « Nous sommes les enfants de Dieu, disait-il, et nous retournerons à lui. » J'atteste le ciel qu'il ne me tint aucun autre discours. Je me couvris d'un voile. Il fit approcher son chameau, m'aida à y monter et le conduisit par la bride jusqu'à ce que nous eûmes rejoint l'armée. » Mahomet crut de ce récit

---

[1]. Le Koran, ch. XXIV, 4.

ce qu'il voulut en croire ; mais il s'en montra satisfait. Il se rendait compte qu'Aïesha n'avait que quinze ans, qu'il en avait soixante, qu'il était le prophète de Dieu et qu'un prophète ne peut pas être trompé comme un vulgaire croyant. Il préféra s'en prendre à la calomnie et se fit remettre par l'ange Gabriel quelques versets où Dieu lui-même confond les ennemis d'Aïesha, mais où de sages avis sont aussi donnés aux calomniateurs et aux gens qui les croient trop facilement. « Lorsque vous avez entendu l'accusation, les fidèles des deux sexes n'ont-ils pas pensé intérieurement ce qu'il était juste de croire ? N'ont-ils pas dit : voilà un mensonge impudent ! — Les accusateurs ont-ils produit quatre témoins ? Et s'ils n'ont pu les faire paraître, n'ont-ils pas proféré de faux serments ? — Si la miséricorde et la bonté divine ne veillaient sur vous, ce mensonge eût attiré sur vos têtes un châtiment épouvantable. Il a passé de bouche en bouche. Vous avez répété ce que vous ignoriez, et vous avez regardé une calomnie comme une faute légère, et c'est un crime aux yeux de l'Éternel. Dieu vous défend de retomber jamais dans une faute semblable, si vous êtes fidèles. » — « Ceux qui accusent faussement des femmes sages, humbles et fidèles, seront maudits dans ce monde et dans l'autre, et livrés à la rigueur des tourments. » Généralisant encore davantage, il termine par cette leçon pleine de prudence : « Ceux qui prennent plaisir à publier les faiblesses des croyants subiront un supplice affreux[1]. »

Le Koran ne met aucune condition à la répudiation de la femme. Tout musulman peut répudier une ou plusieurs de ses femmes, sans autre motif que sa fantaisie ; il lui est enjoint seulement de rendre à la répudiée la dot qu'il lui avait donnée. La coutume consacrée par le Koran veut, en effet, que le mari dote chacune de ses femmes selon ses moyens, sans doute afin de mieux affirmer son autorité sur elle. « Si vous répudiez une femme à qui vous avez donné une dot considérable pour en prendre une autre, lais-

---

1. *Le Koran*, chap. XXIV, 12-23.

sez-lui la dot entière. Voudriez-vous lui arracher injustement le fruit de votre générosité? Comment pourriez-vous ravir un don que vous avez fait à une personne à laquelle vous avez été uni intimement, et qui a reçu votre foi[1]? » Le mari qui veut répudier une de ses femmes lui fait savoir qu'il a prêté serment de n'avoir plus aucune relation avec elle; s'il revient à elle avant que quatre mois soient écoulés, le serment est annihilé; ce terme passé, la répudiation est définitive; la femme doit quitter la maison, mais elle ne peut pas se remarier avant un délai de trois mois. Si elle est enceinte elle doit le dire et « il est plus équitable alors que le mari la reprenne s'il désire une sincère réconciliation ». La même femme ne peut être répudiée et reprise que trois fois. Passé ce nombre, le mari ne peut plus la reprendre que si elle a été remariée à un autre homme et répudiée par celui-ci. Cette règle est imposée par le Koran, afin d'empêcher le mari de faire de la répudiation une sorte de jeu ou une source de profits. Mais la règle est souvent éludée. Le mari qui a répudié trois fois sa femme et qui veut la reprendre, « cherche un ami sur la discrétion duquel il puisse compter, l'enferme avec son épouse en présence de témoins, et attend en tremblant l'événement incertain. L'épreuve est dangereuse. Si l'officieux ami dit en sortant qu'il répudie celle dont il est censé avoir été l'époux, le premier a le droit de la reprendre; mais si, oubliant l'amitié dans les bras de l'amour, il déclare qu'il la reconnait pour sa femme, il l'emmène avec lui et le mariage est valide ».

Toutes les règles du Koran relatives à la répudiation montrent la femme comme un être sans individualité, livrée à la discrétion entière de l'homme et ne jouant auprès de lui que le rôle d'un instrument de plaisir, mais elles sont animées d'une grande bienveillance à l'égard des répudiées : « Lorsque vous aurez répudié une femme et que le temps de la renvoyer sera venu, gardez-la avec humanité, ou la ren-

---

1. *Le Koran*, chap. IV, 24-25.
2. *Ibid.*, ch. II, 228, et note à la traduction du Koran, de Savary, p. 133.

voyez avec bienfaisance. Ne la retenez point par force, de peur d'être prévaricateurs. Cette conduite serait injuste. — Lorsque la femme que vous aurez répudiée aura attendu le temps marqué, ne l'empêchez pas de former légitimement un second hymen. Ces préceptes regardent ceux qui croient à Dieu et au jour dernier. Ils sont justes et sages. Dieu sait et vous ne savez pas[1]. »

C'est bien exclusivement un objet de plaisir que Mahomet voyait dans la femme, si l'on en juge d'après sa propre conduite à l'égard de Zaïnab, femme de son fils adoptif Zaïd. Étant allé visiter ce dernier, un jour qu'il était absent, le prophète se trouva en présence de Zaïnab. « C'était la plus belle des Coreïshites. Elle joignait à la beauté les grâces de l'esprit. Tant de charmes avaient depuis longtemps fait une impression profonde sur le cœur du prophète; mais dans cet instant Zaïnab, couverte d'habits légers qui dérobaient à peine la blancheur et la forme de son corps, lui parut si belle, qu'il trahit son secret, et s'écria : « Louange à Dieu qui peut changer les cœurs ! » Il se retira en prononçant ces mots. Zaïnab n'oublia point l'exclamation de Mahomet. Elle la rappela à son mari. Zaïd, en homme avisé, la répudia, et lorsque le terme prescrit fut expiré, elle passa dans la couche du prophète. » On murmura, on trouva mauvais que Mahomet eût épousé la femme de son fils adoptif; il s'en tira par un verset du Koran que l'ange Gabriel eut soin de lui apporter et où Dieu dit à son prophète : « Zaïd répudia son épouse. Nous t'avons lié avec elle, afin que les fidèles aient la liberté d'épouser les femmes de leurs fils adoptifs, après leur répudiation. Le précepte divin doit avoir son exécution[2]. »

Mahomet avait soin, d'ailleurs, de se faire octroyer par Dieu une grande licence en ce qui concerne les unions sexuelles, pensant bien que son exemple serait suivi volontiers et que la très grande liberté des mœurs consacrée par la religion nouvelle la servirait auprès des populations dont

---

1. *Le Koran*, chap. II, 231, 232 et autres versets du même chapitre.
2. *Ibid.*, chap. XXXIII, 37.

il voulait obtenir les suffrages. C'était comme une réponse indirecte à l'ascétisme des chrétiens et un encouragement aux juifs d'élargir la polygamie inscrite dans leurs Livres sacrés : « O prophète ! Il t'est permis d'épouser les femmes que tu auras dotées, les captives que Dieu a fait tomber entre tes mains, les filles de tes oncles, et de tes tantes qui ont pris la fuite avec toi, et toute femme fidèle qui te livrera son cœur. Tu peux, au gré de tes désirs, accorder ou refuser tes embrassements à tes femmes. Il t'est permis de recevoir dans ta couche celle que tu en avais rejetée, afin de ramener la joie dans un cœur où régnait la tristesse. Ta volonté sera leur loi. Elles s'y conformeront[1] ».

Exclusivement destinée aux plaisirs de son mari, la femme musulmane doit cacher ses charmes à tout autre qu'à lui. « Ordonne aux femmes de baisser les yeux, de conserver leur pureté, et de ne montrer de leur corps que ce qui doit paraître. Qu'elles aient le sein couvert. Qu'elles ne laissent voir leur visage qu'à leurs maris, leurs pères, leurs grands-pères, leurs enfants, aux enfants de leurs maris, à leurs frères, leurs neveux, leurs femmes, leurs esclaves, leurs serviteurs (excepté ceux qui ne sont pas d'une absolue nécessité), et aux enfants qui ne savent pas ce qu'on doit couvrir. Qu'elles n'agitent point les pieds de manière à laisser apercevoir des charmes qui doivent être voilés... — Les femmes âgées incapables de mariage pourront quitter leurs voiles, pourvu qu'elles n'affectent pas de se montrer. Elles feront mieux de ne pas user de cette permission. Dieu sait et entend tout[2]. »

A l'exemple du judaïsme et du christianisme, le Koran met la femme, envisagée comme source de plaisir, à la discrétion de son mari : « Vos femmes sont votre champ. Cultivez-le toutes les fois qu'il vous plaira[3]. » Cependant, il se montre plus humain que le judaïsme et veut que ce « champ » soit bien soigné. D'abord, le mari doit doter toutes ses femmes et les entretenir conformément à sa for-

---
1. *Le Koran*, chap. xxxiii, 49-51.
2. *Ibid.*, chap. xxiv, 31, 59.
3. *Ibid.*, chap. ii, 233.

tune ; il doit même leur assurer de quoi vivre en mourant, sans que pour cela il leur soit interdit de se remarier avec un homme de leur choix. « Ce que vous donnerez à vos femmes doit répondre à vos facultés. Le riche et le pauvre les doteront différemment. La justice et la bienfaisance doivent régler leurs dons. — La nourriture et le vêtement de la femme regardent l'époux. Il doit l'entretenir comme il convient, suivant ses facultés. — Ceux qui laisseront des femmes en mourant, leur assigneront un legs, comme l'entretien pendant une année, et un asile dans leur maison. Si elles sortent d'elles-mêmes les héritiers ne seront pas responsables de ce qu'elles feront avec décence. — Les femmes que vous laisserez en mourant, attendront quatre mois et dix jours. Le terme expiré vous ne serez point responsables de ce qu'elles feront légitimement. Dieu voit vos œuvres [1]. » La femme est, en somme, maîtresse de son destin dès qu'elle n'est plus en puissance de mari. Même dans ce dernier état, elle est maîtresse de ses biens particuliers, de ceux dont elle hérite et même de la dot qui lui a été assignée par son mari : « O croyants, il ne vous est pas permis d'hériter de vos femmes contre leur volonté, ni de les empêcher de se marier (après les avoir répudiées), afin de leur ravir une partie de ce que vous leur avez donné, à moins qu'elles ne soient coupables d'un crime manifeste. Attachez-les par des bienfaits. Si vous les traitez avec rigueur, peut-être haïrez-vous celles que Dieu avait formées pour vous rendre heureux [2]. » L'obligation de doter toutes leurs femmes, que le Koran impose aux maris est, sans doute, l'un des motifs qui expliquent le privilège accordé aux fils dans l'héritage des parents : « Dieu vous commande, dans le partage de vos biens entre vos enfants, de donner aux mâles une portion double de celles des filles [3]. » Les filles, devant être toujours dotées, n'ont pas besoin d'un héritage aussi fort que celui des fils.

Le Koran prescrit aux hommes le respect des femmes,

---

1. *Le Koran*, chap. II, 237, 233, 241, 234.
2. *Ibid.*, chap. IV, 23.
3. *Ibid.*, chap. IV, 12.

même s'ils désirent les épouser : « Le désir d'épouser une femme, soit que vous le fassiez paraître, soit que vous le receliez dans vos cœurs, ne vous rendra point coupables devant Dieu. Il sait que vous ne pouvez vous empêcher de songer aux femmes ; mais ne leur promettez pas en secret, à moins que l'honnêteté de vos discours ne voile votre amour[1]. » Nulle part, dans le Koran, on ne voit percer le mépris pour la femme dont les Livres sacrés des Hébreux sont imprégnés et qui apparaît, d'une manière non douteuse dans toutes les œuvres des écrivains du christianisme primitif. Le Koran contient même quelques prescriptions destinées à protéger les femmes contre les mauvais traitements : « Le ciel a entendu la voix de celle qui t'a porté des plaintes contre son mari, et qui a levé vers le Seigneur des yeux baignés de larmes. Il écoute vos raisons ; il est intelligent et attentif. » Ce verset fut provoqué par la plainte que fit entendre à Mahomet une femme à laquelle son mari avait dit « tu seras désormais aussi sacrée pour moi que le dos de ma mère ». Le prophète condamne cette conduite et en fait proclamer la condamnation par un autre verset du Koran : « Ceux qui jurent que leurs femmes seront aussi sacrées pour eux que leur mères, commettent une injustice. Leurs mères sont celles qui les ont mis au jour. Elles ne sauraient devenir leurs épouses[1]. » Afin de maintenir la paix dans les ménages, le Koran prescrit : « Si vous craignez la discussion entre le mari et la femme, appelez un juge de chaque côté, et s'ils consentent à vivre en bonne intelligence, Dieu fera régner la paix au milieu d'eux, parce que rien n'échappe à sa connaissance[2]. »

Pour empêcher les maris de frapper injustement d'ostracisme une de leurs femmes, le Koran impose une obligation à ceux qui, ayant juré de ne plus avoir de rapports avec leurs femmes, veulent revenir à elles : « Ceux qui jurent de ne plus vivre avec leurs femmes, et qui se repentent de leur serment, ne pourront avoir commerce avec elles

---

1. Le Koran, ch. LVIII, 1-2.
2. Ibid., chap. IV, 39.

avant d'avoir donné la liberté à un captif. — Celui qui ne trouvera pas de captif à racheter, jeûnera deux mois de suite, avant de s'approcher de sa femme, et s'il ne peut supporter ce jeûne, il nourrira soixante pauvres[1]. » Mahomet espérait que ces obligations, rendraient les répudiations moins fréquentes. C'est en réalité ce qui s'est produit. « Il est bien rare, aujourd'hui, dit un écrivain compétent, que le mari verse de suite le montant du douaire qu'il assigne à sa femme. Il en fait généralement deux parts égales : l'une, qu'il remet au moment du contrat ; l'autre, qu'il s'engage à payer à une époque ultérieure. La répudiation l'obligeant à s'acquitter immédiatement de cette seconde moitié du douaire, il hésite beaucoup à la prononcer, crainte d'avoir à délier les cordons de sa bourse[2]. » Même dans le cas où la répudiation a été prononcée, le Koran recommande la bienveillance aux maris et les engage à revenir sur leur décision : « O prophète, ne répudiez vos femmes qu'au terme marqué. Comptez les jours exactement. Avant ce temps, vous ne pouvez ni les chasser de vos maisons, ni les en laisser sortir à moins qu'elles n'aient commis un adultère prouvé. Tels sont les préceptes du Seigneur. Celui qui les transgresse perd son âme. Vous ne savez pas quels sont les destins de Dieu sur l'avenir » ; c'est-à-dire, vous ignorez si pendant le délai prescrit par Dieu, vous ne reviendrez pas à la femme dont, aujourd'hui, vous ne voulez plus. Le Koran ajoute : « Lorsque le temps est accompli, vous pouvez les retenir avec humanité, ou les renvoyer suivant la loi. Appelez des témoins équitables. Qu'ils assistent à vos engagements. Que le ciel soit pris à témoin de leur sainteté ! Dieu prescrit ces préceptes à ceux qui croient en lui et, au jour du jugement, il aplanira les obstacles pour ceux qui ont sa crainte, et leur accordera des biens auxquels ils ne s'attendaient pas[3]. » Il montre de l'indulgence, même pour les femmes qui n'aiment pas leur mari. « O croyants ! Vos femmes et vos enfants sont souvent vos ennemis, défiez-vous de leurs

---

1. *Le Koran*, chap. LVIII, 4-5.
2. O. Houdas, *L'Islamisme*, p. 202.
3. *Le Koran*, chap. LXV, 1-2.

caresses; mais si la voix de la nature, si la complaisance vous font céder à leurs désirs, le Seigneur est indulgent et miséricordieux[1]. » Les prescriptions du Koran relatives à certains états physiologiques des femmes ne respirent pas le mépris dont sont imprégnées celles de Moïse; elles sont manifestement dictées par la seule préoccupation de l'hygiène : « Ils t'interrogeront sur les règles des femmes. Dis-leur : c'est une tache naturelle. Séparez-vous de vos femmes pendant ce temps, et ne vous en approchez que quand elles seront purifiées. Lorsqu'elles seront lavées de cette tache, venez à elles comme vous l'ordonne Dieu[2]. » Il est cependant permis de voir autre chose qu'une précaution d'hygiène dans la prescription suivante : « Purifiez-vous après vous être approchés de vos épouses. Lorsque vous serez malade ou en voyage, et que vous aurez satisfait vos besoins naturels ou eu commerce avec des femmes, frottez-vous le visage et les mains avec de la poussière si vous manquez d'eau[3]. » Le fait d'autoriser le remplacement de l'eau par la poussière indique bien que la purification prescrite dans les lignes ci-dessus est d'ordre religieux plutôt qu'hygiénique. C'est une réminiscence des idées juives sur l'impureté de la femme.

Un progrès moral important est réalisé par le Koran, en ce qui concerne la femme, par le fait de l'importance qu'il attache à son serment. La femme accusée d'adultère sans que quatre témoins puissent être fournis à l'appui de l'accusation est admise à se justifier par simple serment : « Les maris qui, sur le seul témoignage, accuseront leurs femmes d'adultère, jureront quatre fois, par le nom de Dieu, qu'ils disent la vérité. — Le cinquième serment sera une imprécation sur eux-mêmes, s'ils sont parjures. — La femme se délivrera du châtiment, en jurant quatre fois, par le nom de Dieu, que le crime dont on l'accuse est faux. — Au cinquième serment, elle invoquera sur elle la vengeance céleste, si elle n'est pas innocente. — Si le Dieu

---

1. *Le Koran*, chap. LXIV, 14.
2. *Ibid.*, chap. II, 222.
3. *Ibid.*, chap. V, 9.

clément et sage ne faisait éclater sa miséricorde pour vous, il punirait à l'instant le parjure[1]. »

Au point de vue des devoirs religieux, le Koran n'établit aucune différence entre l'homme et la femme. Celle-ci est tenue aux prières, aux jeûnes, aux aumônes et même à la guerre sainte et au pèlerinage, mais elle ne s'acquitte de ces deux derniers devoirs que comme les vieillards, les infirmes et autres incapables, en aidant de ses deniers les pèlerinages et les guerres, en soignant les blessés, etc. Les femmes de Mahomet pratiquaient rigoureusement les prières, les jeûnes et les aumônes, et l'une d'elles l'accompagnait à la guerre. Dans les premiers temps de l'islamisme, les femmes fréquentaient même les mosquées; elles en furent dispensées en raison du trouble que leur présence était susceptible de déterminer parmi les hommes; mais elles sont tenues aux mêmes prières que ces derniers. La Loi de Mahomet fait donc aux femmes, dans le domaine religieux, un sort très supérieur à celui qui leur est attribué par la Loi de Moïse. La première lui accorde en outre plus de considération morale, mais elle l'astreint, en revanche, à une existence beaucoup plus dure, en l'écartant tout à fait de la société des hommes et en l'obligeant, même dans l'intérieur de la famille, à vivre isolée.

L'obligation du voile et l'isolement de la femme musulmane peuvent être considérés comme des conséquences de la polygamie étendue que le Koran autorise. L'homme est obligé de prendre d'autant plus de précautions, pour s'assurer de la fidélité de ses femmes, qu'il en possède un plus grand nombre. La nature est, d'ailleurs, souvent plus forte que les précautions ne sont minutieuses, et les femmes musulmanes ne passent pas pour être plus fidèles que les autres. Mahomet avait, sans doute, prévu l'insuffisance des mesures que lui-même prescrivait, car il insiste sur la bienveillance et la justice dont le mari doit faire preuve à l'égard de ses femmes. Il lui fait recommander par le Koran de traiter toutes ses épouses de la même manière, alors même

---

1. *Le Koran*, chap. XXIV, 6-10.

qu'il n'aurait pas pour toutes la même affection. « Vous ne pourrez, malgré vos efforts, avoir un amour égal pour vos femmes ; mais vous ne ferez pencher la balance d'aucun côté, et vous les laisserez en suspens. Soyez justes. » Comme conséquence de cette prescription, chaque homme devra limiter le nombre de ses femmes à ses ressources et à ses véritables besoins, disons à ses forces pour être plus exacts : « Si vous avez pu craindre d'être injustes envers vos femmes, choisissez celles qui vous auront plu. Si vous ne pouvez les maintenir avec équité, n'en prenez qu'une, ou bornez-vous à vos esclaves. Cette conduite sage vous facilitera les moyens d'être justes et de doter vos femmes [1]. »

Les prescriptions du Koran relatives à l'autorité du père de famille indiquent un progrès sur les idées qui inspirèrent les lois de Moïse. Le musulman n'a pas sur ses enfants le droit de vie et de mort dont jouissait le chef de la famille juive ou romaine, et les enfants s'émancipent dès qu'ils peuvent gagner leur vie. Jusqu'à l'âge de sept ans ils sont sous l'autorité à peu près exclusive de la mère ; plus tard ils ne connaissent que celle du père. Tous les jours ils sont tenus d'aller le saluer, en même temps que tous les serviteurs de la maison. Ils lui doivent, pendant toute leur vie, le plus profond respect ; mais ils peuvent posséder indépendamment de lui et gardent la jouissance de tout le produit de leur travail.

Le progrès moral le plus marqué qui ait été tenté par le Koran, ce fut la condamnation de l'infanticide des filles [2]. Il était très répandu parmi les populations de l'Arabie, sans doute à cause de la prédominance du nombre des filles sur celui des garçons. Ne disposant que de ressources très réduites, les Arabes détruisaient, aussitôt après leur naissance, une partie de leurs enfants du sexe femelle. Mahomet fait condamner cette pratique par le Koran. Peut-être avait-il encore pour but de la combattre pratiquement lorsqu'il pré-

---

1. *Le Koran*, chap. IV, 128, 2.
2. Cette condamnation, il est vrai, n'est formulée que de façon indirecte dans le verset 8 du chap. LXXXI. Il fait allusion au jour du jugement dernier, « Lorsqu'on demandera à la fille enterrée vivante quel crime elle avait commis. »

conisait la polygamie étendue à trois ou quatre femmes et même davantage et lorsque lui-même en prenait successivement jusqu'à neuf.

En ce qui concerne le respect dû aux parents, le Koran est très précis : « Dieu te commande de n'adorer que lui. Il te prescrit la bienfaisance pour les auteurs de tes jours, soit que l'un d'eux ait atteint la vieillesse, où qu'ils y soient parvenus tous deux. Garde-toi de leur marquer du mépris ou de les reprendre, et ne leur parle qu'avec respect. — Sois pour eux tendre et soumis, et adresse au ciel cette prière : Seigneur, fais éclater ta miséricorde pour ceux qui m'ont nourri dans mon enfance[1]. » — « O croyants ! vos serviteurs, vos esclaves et ceux qui ne sont pas parvenus à l'âge de puberté, vous demanderont la permission de paraître devant vous avant la prière de l'aurore, à midi lorsque vous quittez vos habits et après la prière du soir. Il leur sera permis de se présenter devant vous dans d'autres moments, si quelque service exige leur présence... — Vos enfants parvenus à l'âge viril vous demanderont la même faveur, ainsi que vous le pratiquâtes envers vos pères. Le Seigneur dévoile ses préceptes. Il est savant et sage[2]. »

Les devoirs des parents envers les enfants ne sont indiqués que d'une façon très succincte. « Les mères allaiteront leurs enfants deux ans complets, si le père veut que le temps soit complet... Les parents ne seront pas contraints de faire pour leurs enfants plus qu'ils ne peuvent, ni les tuteurs pour leurs pupilles. Il sera permis à la mère de sevrer son nourrisson, du consentement du mari. Ils peuvent aussi appeler une nourrice, pourvu qu'ils lui paient fidèlement ce qu'ils auront promis[3]. »

Le Koran insiste beaucoup sur les devoirs des parents adoptifs à l'égard des orphelins dont ils ont accepté la charge : « Donnez aux orphelins ce qui leur appartient. Ne consumez pas leur héritage pour grossir le vôtre. Cette action est un crime... — Ne confiez pas aux soins d'un

---

1. *Le Koran*, chap. XVII, 24-25.
2. *Ibid.*, chap. XXIV, 57.
3. *Ibid.*, chap. II, 233.

insensé les biens dont Dieu vous a confié la garde ; qu'ils servent à nourrir et à vêtir vos pupilles. Vous leur devez une éducation honnête. — Élevez-les jusqu'à ce qu'ils soient en âge de se marier, et lorsque vous les croirez capables de se bien conduire, remettez-leur l'administration de leurs biens. Gardez-vous de les dissiper en les prodigant ou en vous hâtant de les leur confier, lorsqu'ils sont trop jeunes. — Ceux qui dévorent injustement l'héritage de l'orphelin, se nourrissent d'un feu qui consumera leurs entrailles[1]. »

Les prescriptions relatives aux héritages sont pleines d'humanité, car elles étendent autant que possible les limites de parenté entre lesquelles l'héritage doit être partagé. « Les hommes et les femmes doivent avoir une portion des richesses que leur ont laissées leurs pères et leurs proches. Cette portion doit être réglée par la loi, soit que l'héritage soit considérable ou de peu de valeur. — Lorsque l'on sera rassemblé pour partager l'héritage, que l'on ait soin d'entretenir les parents pauvres et de les consoler par des paroles d'humanité. — Dieu vous commande, dans le partage de vos biens entre vos enfants, de donner aux mâles une portion double de celle des filles[2]. S'il n'y a que des filles et qu'elles soient plus de deux, elles auront les deux tiers de la succession. S'il n'y en a qu'une elle en recevra la moitié. Si le défunt n'a laissé qu'un fils, les parents prendront un sixième. Si le défunt n'a point laissé d'enfants, et que ses parents soient héritiers, sa mère aura un tiers de la succession, et un sixième seulement s'il a des frères, après que l'on aura acquitté les legs et les dettes du testateur. Vous ne savez qui de vos pères ou de vos enfants vous sont plus utiles... — La moitié des biens d'une femme morte sans postérité appartient au mari, et le quart si elle a laissé des enfants ; les legs et les dettes prélevés. — Les femmes auront un quart de la succession des maris morts

---

1. *Le Koran*, chap. IV, 2-11.
2. J'ai dit plus haut que cette disposition me paraît avoir été inspirée à Mahomet par le désir de contre-balancer celle qui est relative à la dot que le mari doit donner à toutes ses femmes. Les filles étant toutes appelées à recevoir une dot, et les fils à la donner, le Koran avantage ces derniers dans l'héritage, afin de compenser les charges qu'il leur impose comme maris.

sans enfants, et un huitième seulement s'ils en ont laissé ; les legs et dettes prélevés. — Si l'héritier constitué d'un parent éloigné a un frère ou une sœur, il leur doit un sixième de la succession. Ils recevront un tiers s'ils sont plusieurs, après l'accomplissement légitime des legs et des dettes. — Gardez-vous de violer ces préceptes. Ils sont émanés de Dieu savant et miséricordieux. — Celui qui les observera et obéira au prophète, sera introduit dans les jardins où coulent des fleuves, séjour de délices, où il goûtera une éternelle félicité. — Celui qui désobéira à Dieu et à son envoyé, et qui transgressera ses lois, sera précipité dans l'abîme de feu, où il sera éternellement en proie aux tourments et à l'opprobre [1]. » En somme, la préoccupation du Koran est que l'héritage du défunt profite au plus grand nombre possible de membres de sa famille, aussi bien parmi les ascendants et les collatéraux que parmi les descendants. Par ce trait, la morale familiale de l'islamisme se montre incontestablement supérieure à celles de toutes les autres religions constituées. Elle est, peut-on dire, la plus fraternelle, à ce point de vue, de toutes les morales religieuses.

1. *Le Koran*, chap. IV, 8-18.

CHAPITRE IV

LA MORALE SOCIALE DE L'ISLAMISME

Ce n'est pas seulement la charité que le Koran préconise, c'est une sorte d'assistance toute fraternelle et qui s'étend à tous les membres de la société : « Il est permis à l'aveugle, au malade, aux boiteux et à vous (c'est-à-dire à tout le monde) de manger dans la maison de vos enfants, dans celle de vos pères, de vos mères, de vos sœurs, de vos oncles, de vos tantes, de vos pupilles et de vos amis, ensemble ou séparément. — Saluez-vous mutuellement, souhaitez-vous les bénédictions du ciel lorsque vous entrez dans une maison. Dieu vous explique sa doctrine afin que vous compreniez[1]. » Constamment le Koran confond les

---

1. *Koran*, chap. xxiv, 60-61. La philosophie chinoise seule a poussé plus loin que le Koran le souci de ce que l'on appelait justement au xviie siècle la *civilité*. Ainsi que l'a justement fait remarquer Montesquieu (*Esprit des Lois*, livre XIX, chap. xvi, xvii). La civilité fut recommandée plus que toute autre chose par les philosophes chinois, parce qu'ils avaient « pour principal objet de faire vivre leur peuple tranquille ». Afin d'atteindre ce but, « ils voulurent que les hommes se respectassent beaucoup ; que chacun sentît à tous les instants qu'il devait beaucoup aux autres ; qu'il n'y avait point de citoyen qui ne dépendît à quelque égard d'un autre citoyen. Ils donnèrent donc aux règles de la civilité la plus grande étendue. Ainsi chez les peuples chinois on vit les gens des villages observer entre eux des cérémonies comme les gens d'une condition relevée ; moyen très propre à inspirer la douceur, à maintenir parmi le peuple la paix et le bon ordre et à ôter tous les vices qui viennent d'un esprit dur. En effet, s'affranchir des vices de la civilité, n'est-ce pas chercher le moyen de mettre ses défauts plus à l'aise ? » Aucune personne ayant su voir la Chine ne contredira au jugement porté par Montesquieu. Le fondement de la morale sociale des Chinois et des Annamites, c'est, sans contredit, la civilité, c'est-à-dire l'habitude que l'on fait contracter aux enfants de toutes les classes, dès le plus bas âge, de traiter tous leurs semblables avec douceur et politesse, de se montrer déférents envers tous les vieillards et même envers tous leurs aînés, de ne se point mettre en colère, de traiter, en un mot, tous les hommes comme chacun désire être traité. La civilité, étant pratiquée par tous, maintient la paix sociale, car

parents et les autres membres de la société quand il recommande l'assistance : « Exercez la bienfaisance envers vos pères, les orphelins, les pauvres et ceux qui vous sont liés par le sang ; exercez-la envers les étrangers, vos compagnons d'armes, les voyageurs et les esclaves. Le Tout-Puissant hait l'homme dur et orgueilleux. » Il hait aussi les avares : « Les avares voudraient établir l'avarice parmi les hommes. Ils cachent les richesses dont le ciel les a comblés. Ils subiront avec les infidèles un supplice ignominieux. » Il n'aime pas ceux qui sont généreux par orgueil: « Ceux qui font l'aumône par ostentation, et qui n'ont point la foi seront les compagnons du diable. Infortunés compagnons ! » Le Koran confond volontiers l'humanité et l'assistance, comme pour bien montrer la très large expansion que le croyant doit donner à sa bienfaisance : « L'humanité dans les paroles et les actions est préférable à l'aumône que suit l'injustice. Dieu est riche et clément. — O croyants ! faites l'aumône des biens que vous avez acquis, et des productions que nous faisons sortir de la terre ; ne choisissez pas ce que vous avez de plus mauvais

tout homme incivil est mis à l'index de la société, tout homme qui se livre aux excès de la colère est considéré comme un fou.

Quelques lignes sur ces sujets, empruntées aux philosophes chinois ne seront pas déplacées ici : « Tseu-Koung dit : ce que je ne désire pas que les hommes me fassent, je désire également ne pas le faire aux autres hommes. — Celui dont le cœur est droit et qui porte aux autres les mêmes sentiments qu'il a pour soi-même, ne s'écarte pas de la loi morale du devoir prescrite aux hommes par leur nature rationnelle ; il ne fait pas aux autres ce qu'il désire qui ne soit pas fait à lui-même. — Si l'on fait tous ses efforts pour agir envers les autres comme on voudrait les voir agir envers soi, rien ne fait plus approcher de l'humanité, lorsqu'on la cherche, que cette conduite. — Avoir assez d'empire sur soi-même pour juger des autres par comparaison avec soi, et agir envers eux comme nous voudrions que l'on agisse envers nous-mêmes, c'est ce que l'on peut appeler la doctrine de l'humanité. Il n'y a rien au delà. — La piété filiale, la déférence fraternelle, ne sont-elles pas le principe fondamental de l'humanité ou de la bienveillance universelle parmi les hommes ? — Koung-Tseu dit : il faut que les enfants aient de la piété familiale dans la maison paternelle et de la déférence fraternelle au dehors. Il faut qu'ils soient attentifs dans leurs actions, sincères et vrais dans leurs paroles envers tous les hommes qu'ils doivent aimer de toute la force et l'étendue de leur affection, en s'attachant particulièrement aux personnes vertueuses. Et si, après s'être bien acquittés de leurs devoirs, ils ont encore des forces de reste, ils doivent s'appliquer à orner leur esprit par l'étude et à acquérir des connaissances et des talents. » (Voyez DE LANESSAN, *La morale des philosophes chinois*, p. 55, 68, etc.)

1. *Ibid.*, chap. IV, 40-42.

pour le donner. — N'offrez point ce que vous ne voudriez pas recevoir à moins que ce ne fût l'effet d'une convention. — Faites l'aumône le jour, la nuit, en secret, en public, vous en recevrez le prix des mains de l'Éternel. — Ils t'interrogeront sur le bien qu'ils doivent faire ; réponds-leur : secourez vos enfants, vos proches, les orphelins, les pauvres et les voyageurs ; le bien que vous ferez sera connu du Tout-Puissant[1]. »

C'est par application de ces préceptes que la dîme ou « Dekat » a été introduite dans toutes les sociétés musulmanes. Très différente de celle qui a existé dans la plupart des sociétés chrétiennes et qui était prélevée au profit du corps sacerdotal, la dîme musulmane est destinée à peu près entièrement aux œuvres de bienfaisance. C'est une contribution prélevée sur les revenus ou les capitaux des gens riches au profit des pauvres, des infirmes, des malades et autres individus incapables de travailler pour vivre. Elle a été, sans aucun doute, l'un des plus puissants moyens de propagande de l'islamisme. Il attirait à lui les pauvres en leur assurant des secours : il n'éloignait pas les riches parce qu'il limitait les sacrifices au moyen desquels il leur était possible de supprimer ou d'atténuer l'envie que provoque toujours chez les misérables la vue des richesses. Ce système était, en principe et en fait, très supérieur à celui auquel le christianisme a donné le nom de charité ; il constitue un véritable devoir social, le devoir de la bienfaisance, tandis que la charité des chrétiens se résume en une vertu purement individuelle, dont la pratique est recommandée par l'Église, mais qui n'a rien d'une obligation. Aussi la misère a-t-elle toujours été plus grande dans les sociétés chrétiennes que dans les sociétés musulmanes. La dîme obligatoire n'exclut pas, d'ailleurs, dans ces dernières, la charité volontaire. Celle-ci est pratiquée sur une vaste échelle par tous les musulmans. On peut même la considérer comme un des vices de l'islamisme, car elle a contribué, non moins que dans les so-

---

[1]. *Le Koran*, chap. II, 265-275, 211.

ciétés chrétiennes, à favoriser la paresse chez une foule de gens.

Dans le christianisme, les donations étaient faites aux églises et servaient, pour une part notable, à faire face aux besoins du clergé ou des moines ; dans l'islamisme, elles vont toujours aux œuvres de bienfaisance. En général, les riches musulmans ne donnent pas la terre ou l'immeuble, mais seulement des revenus à perpétuité pour une œuvre qu'ils indiquent eux-mêmes. C'est ce que l'on appelle les *habbous*. Leur défaut est que la propriété périclite presque toujours entre les mains de ceux qui l'administrent.

L'usure entendue dans le sens très large de prêts à intérêts est une des questions sociales qui ont le plus attiré l'attention du législateur religieux de l'Arabie. Il est allé, à cet égard, plus loin que celui des Hébreux. La loi de Moïse n'interdit l'usure qu'envers les Israélites ; le Koran en prononce la défense absolue : « Ceux qui exercent l'usure, dit-il, ne sortiront de leur tombeau que comme des malheureux agités par le Démon, parce qu'ils ont dit qu'il n'y a point de différence entre la vente et l'usure. Celui à qui parviendra cet avertissement du Seigneur, et qui renoncera au mal, recevra le pardon du passé, et le ciel sera témoin de son action. Celui qui retournera au crime sera la proie du feu éternel. Dieu détourne sa bénédiction de l'usure et la verse sur l'aumône[1]. » En même temps qu'il interdit l'usure, le Koran prescrit une extrême bienveillance à l'égard du débiteur : « Si votre débiteur a de la peine à vous payer, donnez-lui du temps, ou si vous voulez mieux faire, remettez-lui sa dette. Si vous saviez[2] ! »

La fidélité dans le paiement des dettes est soigneusement recommandée par le Koran : « O croyants ! lorsque vous vous obligerez à payer une dette au terme prescrit, qu'un scribe en fasse fidèlement l'obligation…, qu'il écrive et que le débiteur dicte ; qu'il craigne le Seigneur et ne retranche aucun article de la dette. Si le débiteur était ignorant, ma-

---

1. *Le Koran*, chap. ii, 276, 277.
2. *Ibid.*, chap. ii, 280.

lade, ou hors d'état de dicter, que son procureur le fasse pour lui suivant les règles de la justice. Qu'on appelle pour témoin deux hommes, ou à défaut de l'un, deux femmes choisies à votre gré. Si l'une d'elles se trompait par oubli, l'autre pourrait lui rappeler la vérité... Qu'on écrive en entier la dette grande ou petite, jusqu'au terme de la liquidation, cette précaution est plus juste devant Dieu, plus sûre pour les témoins, et plus propre à ôter tous les doutes... Appelez des témoins dans vos pactes, et ne faites de violence ni aux scribes, ni aux témoins. Ce serait commettre un crime[1]. »

Le Koran recommande une véracité absolue dans le témoignage et ordonne de ne jamais le refuser. « O croyants ! que l'équité règle vos témoignages, dussiez-vous prononcer contre vous-même, contre un père, un parent, un riche ou un pauvre. Dieu les touche de plus près que vous. Que la passion ne vous écarte jamais de la vérité ; qu'elle ne vous fasse pas refuser votre témoignage[2]. »

Il condamne sévèrement tout ce qui peut nuire aux autres : d'abord le mensonge. A propos des aliments interdits, Mahomet se fait envoyer du ciel le verset suivant : « Gardez-vous de proférer un mensonge, en disant : cela est permis, cela est défendu. Les menteurs ne prospéreront point[3]. » Il n'est pas moins dur pour la médisance et la calomnie : « Malheur au médisant et au calomniateur !... certainement il sera précipité dans l'enfer[4]. » Comme toutes les lois des peuples primitifs, le Koran est extrêmement sévère à l'égard du vol : « Coupez les mains des voleurs, hommes ou femmes, en punition de leur crime. C'est la peine que Dieu a prononcée contre eux[5]. »

L'assassinat est sévèrement traité, surtout quand il s'agit d'un croyant : « Celui qui tuera un fidèle volontairement aura l'enfer pour récompense. Il y demeurera éternellement. »

1. *Le Koran*, chap. II, 282.
2. *Ibid.*, chap. IV, 134.
3. *Ibid.*, chap. XVI, 117.
4. *Ibid.*, chap. CIV, 1-7.
5. *Ibid.*, chap. IV, 42.

Sur terre, la peine varie avec la qualité de la victime. « Il n'est pas permis à un musulman d'en tuer un autre. Si le meurtre est involontaire, le meurtrier doit la rançon d'un fidèle captif, et à la famille du mort la somme fixée par la loi, à moins qu'elle ne lui en fasse grâce. Pour la mort d'un croyant, quoique d'une nation ennemie, on donnera la liberté à un prisonnier. Pour la mort d'un allié, on rachètera un fidèle de captivité, et on payera à la famille du défunt la somme prescrite. Celui qui ne trouvera point de captif à racheter, jeûnera deux mois de suite. Ces peines sont émanées du Dieu savant et sage[1]. » Un autre article applique à l'assassinat la peine du talion : « O croyants ! la peine du talion est écrite pour le meurtre. Un homme libre sera mis à mort pour un homme libre, l'esclave pour un esclave, la femme pour une femme. Celui qui pardonnera au meurtrier de son frère aura droit d'exiger un dédommagement raisonnable, qui lui sera payé avec reconnaissance. Cet adoucissement est une faveur de la miséricorde divine. Celui qui portera plus loin la vengeance sera la proie des tourments[2]. » On retrouve dans ces lignes le principe de la « composition » qui était, à l'époque de Mahomet, très généralement pratiquée dans le monde occidental et recommandée par le christianisme.

La morale sociale de l'islamisme ne diffère pas, en ce qui concerne l'esclavage, de celle des juifs et des chrétiens. Les trois religions l'ont admis ; celle des chrétiens en prêchant aux esclavages la résignation ; celle des juifs en interdisant de soumettre les juifs à l'esclavage perpétuel ; celle de l'islamisme en prescrivant de traiter l'esclave comme une sorte de membre de la famille de son maître. « Accordez à vos esclaves fidèles l'écrit qui assure leur liberté, lorsqu'ils vous le demanderont. Donnez-leur une partie de vos biens. Ne forcez point vos femmes esclaves à se prostituer pour un vil salaire, si elles veulent vivre dans la chasteté. Si vous les y contraignez, Dieu leur pardonnera à cause de la vio-

---

1. *Le Koran*, chap. IV, 95, 94.
2. *Ibid.*, chap. II, 173, 174.

lence que vous leur aurez faite. — Mariez les plus sages de vos serviteurs et de vos esclaves. S'ils sont pauvres, Dieu les enrichira. Il est libéral et savant.[1] » L'esclavage n'en est pas moins la plaie de la plupart des sociétés musulmanes ; non point tant en raison de la manière dont les esclaves sont traités, qu'à cause des pratiques auxquelles se livrent les marchands d'esclaves et leurs pourvoyeurs, et en raison des mœurs détestables qui ont l'esclavage pour point de départ. Tandis que l'esclave a disparu des sociétés chrétiennes, il persiste encore à notre époque parmi les musulmans. La polygamie n'est pas étrangère à ce fait. Beaucoup de jeunes filles sont achetées par les riches musulmans pour servir à leurs plaisirs ou pour surveiller leurs femmes. C'est surtout à cette dernière fonction que sont employés un grand nombre d'esclaves mâles dont on fait des eunuques.

D'une façon générale, la morale sociale du Koran est moins dure que celle du judaïsme et du christianisme. Le Dieu de Mahomet est plus indulgent que celui des juifs et des chrétiens. « Ne faites point de violence aux hommes à cause de leur foi » dit un verset du Koran. « Dieu n'exigera de chacun que selon ses forces » lit-on dans un autre. La faute, pour le Koran, résulte non du fait lui-même, mais de l'intention qui l'a précédée. « Dieu ne vous punira pas pour une parole échappée dans vos jugements. Il vous punira si vos cœurs y ont consenti. Il est indulgent et miséricordieux[2]. » Le croyant, d'ailleurs, ne doit pas être moins indulgent envers les autres que Dieu ne l'est pour lui. « Pardonnez le tort que vous avez souffert, Dieu est indulgent et puissant[3]. » Il promet le paradis « à ceux qui, maîtres des mouvements de leur colère, savent pardonner à leurs semblables[4]. »

La loi de Mahomet se montre beaucoup plus rationnelle et plus morale que celle de Moïse et des chrétiens, en ce qu'elle n'inflige à chaque homme que la punition de ses

---

1. *Le Koran*, chap. xxiv, 33, 32.
2. *Ibid.*, chap. ii, 257, 286, 225.
3. *Ibid.*, chap. iv, 148.
4. *Ibid.*, chap. iii, 128.

fautes personnelles. Il n'y est question ni de « péché originel » et, par conséquent, héréditaire, comme dans le christianisme, ni de châtiments infligés à une série de générations, comme dans le judaïsme. Le Koran affirme, au contraire, avec netteté : « Personne ne portera l'iniquité d'autrui[1]. »

L'islamisme diffère encore du judaïsme et du christianisme en ce qu'il permet à ses adeptes de se passer entièrement du service des prêtres. Il n'a conservé ni les sacrifices des juifs, pour lesquels l'intervention du lévite était indispensable, ni les sacrements qui obligent le chrétien à s'adresser aux prêtres dans toutes les circonstances importantes de sa vie et de la vie de ses enfants. Lorsque le mahométan a dit les prières quotidiennes, lorsqu'il a jeûné aux jours prescrits par le Koran, lorsqu'il a fait le voyage de La Mecque ou contribué de ses deniers au pèlerinage de quelqu'un de ses semblables, lorsqu'il s'est abstenu des aliments dont le Koran interdit l'usage, lorsqu'il a éprouvé intérieurement le repentir des fautes qu'il a pu commettre, il est en règle avec son Dieu. Or, pour tous ces actes, le concours d'aucun prêtre n'est utile. Si l'islamisme avait été fidèle aux principes posés par Mahomet, il n'aurait donc connu rien d'analogue au corps sacerdotal du judaïsme et du christianisme ; mais nous avons déjà vu que les religions suivent toujours les mœurs au lieu de les diriger. Nous ne devons pas nous étonner que celle de Mahomet, subissant les conséquences de la concurrence sociale, n'ait pas pu maintenir les principes égalitaires qui animent le Koran et mettre obstacle à l'élévation de certains individus au-dessus des autres. Il n'y a pas, dans l'islamisme, de classe sacerdotale comme chez les juifs ; ni de clergé véritable comme chez les chrétiens ; mais certaines personnalités ont trouvé le moyen de se rendre presque indispensables dans l'exercice du culte. Tels sont les muphtis ou crieurs de la prière, les imans ou prieurs des mosquées, les ulémas ou docteurs religieux, les marabouts gardiens des tombeaux des saints, etc. Il s'est ainsi constitué, petit

---

[1]. *Le Koran*, chap. xxxv, 19.

à petit, dans les sociétés musulmanes, une sorte de caste sacerdotale, librement recrutée, non héréditaire, mais dont l'existence est contraire aux principes posés par Mahomet.

Par le seul fait qu'il poussait les hommes au prosélytisme armé, l'islamisme devait contribuer à la formation d'une classe sociale particulièrement adonnée à la guerre et qui a fini par former, dans certains pays, une véritable aristocratie. Enrichies d'abord par le butin de la guerre, les familles qui la constituent sont devenues les propriétaires des troupeaux les plus importants, des esclaves les plus nombreux et ont fini par constituer, dans chaque pays musulman, une classe distincte, possédant à la fois la force et la richesse. Autour de chacune des familles qui forment cette aristocratie, se sont groupés, en nombre plus ou moins considérable, des clients assez semblables à ceux des patriciens de Rome ou des chefs Celtes de la Gaule, de sorte que presque toutes les sociétés musulmanes sont aujourd'hui divisées en deux classes distinctes : une aristocratie militaire ou ploutocratique et une plèbe plus ou moins misérable.

Sur ce point encore la morale religieuse de l'islamisme s'est montrée impuissante à empêcher la concurrence sociale de se produire et de déterminer les effets qui en résultent inévitablement dans toutes les sociétés humaines.

CHAPITRE V

LES SANCTIONS MORALES DE L'ISLAMISME

Les sanctions morales de l'islamisme sont les plaisirs ou les peines que les hommes éprouvent pendant la vie ou qu'ils connaîtront après la mort en vertu du jugement de Dieu. C'est lui, en effet, qui a tout créé, qui a produit tout, qui dispense ici-bas les chagrins ou les joies, les misères ou la prospérité. « Dieu reçoit la pénitence de ses serviteurs. Il pardonne leurs offenses, et connaît leurs œuvres. — Il exauce les croyants qui font le bien. Il les comble de ses grâces, et destine aux idolâtres un supplice rigoureux. — Dieu dispense ses dons avec mesure, et à qui il lui plaît. Il fait ce qui convient à ses serviteurs. — Alors que les peuples désespèrent de la pluie, il se souvient de sa miséricorde et la verse sur les campagnes. Il est le protecteur comblé de louanges. — Les êtres sortent à son gré du néant. Il donne à qui il veut des filles ou des fils. — Il commande, et la mère met au jour deux jumeaux de différents sexes. Il rend stériles celles qu'il veut. Il possède la sagesse et la puissance. — Les maux qui vous assiègent sont le fruit de vos crimes. Combien ne vous en pardonne-t-il pas ! — Vous ne pouvez vous soustraire à ses coups. Vous n'avez point de patron ni de défenseur contre lui[1]. » « La récompense de la vertu est dans les mains de Dieu[2]. » — « L'homme ne meurt que par la volonté de Dieu. Le terme de ses jours est écrit. Celui qui demandera sa récompense

---

1. *Le Koran*, chap. XLII, 24-49.
2. *Ibid.*, chap. XLIII, 34.

dans ce monde la recevra. Celui qui désirera les biens de la vie éternelle les obtiendra. Nous récompenserons ceux qui sont reconnaissants [1]. » Il est omniscient : « Rien de ce qui est dans les cieux et sur la terre ne lui est caché [2]. »

Ce ne sont pas seulement les biens ou les maux de la terre que Dieu distribue aux hommes ; c'est aussi la qualité qui leur permet de croire en lui et de faire le bien, et il la donne à sa volonté : « La perfection est une grâce du ciel. Dieu la donne à qui il lui plaît [3]. » Par voie de conséquence, Dieu punit ou récompense les hommes à sa volonté : « Dieu est le souverain des cieux et de la terre. Soit que vous manifestiez, soit que vous cachiez ce qui est dans vos cœurs, il vous en demandera compte. Il fera grâce à qui il voudra, et punira qui il voudra, parce que rien ne borne sa puissance [4]. »

De la toute-puissance et de l'omniscience de Dieu, de ce qu'il « donne la perfection à qui il lui plaît », de ce qu'il ferme les yeux des infidèles pour les empêcher de voir la vérité, de ce que le terme des jours de l'homme « est écrit », on a conclu à une doctrine de la prédestination ou de la fatalité qui serait comme la base fondamentale de l'islamisme. Il ne se trouve, en réalité, rien de semblable dans le Koran. La résignation du mulsuman en présence des événements n'est que la résultante de sa foi dans la toute-puissance de Dieu. Le « Dieu l'a voulu », qui est la formule favorite des disciples de Mahomet, n'est nullement l'expression d'une croyance au fatalisme ou au déterminisme. Celle-ci existe, en réalité, si peu chez le musulman, qu'il prie son Dieu pour en obtenir la foi et la sagesse destinées à lui assurer la tranquillité sur la terre et le bonheur dans une autre vie. Les hommes qui croient en un Dieu susceptible de récompenser ou de punir leurs actes, ne peuvent être ni fatalistes ni déterministes. Or, les musulmans croient très fermement, au paradis et à l'enfer qui leur sont annoncés par le

---

1. *Le Koran*, chap. III, 139.
2. *Ibid.*, chap. III, 4.
3. *Ibid.*, chap. LXII, 4.
4. *Ibid.*, chap. II, 284.

Koran, et c'est pour cela que tous accomplissent avec une si grande ponctualité les devoirs qui leur sont assignés par leur Livre sacré. On peut objecter, il est vrai, que d'après la croyance généralement répandue parmi les musulmans, Dieu arrêterait, chaque année, pendant la 27e nuit du Ramadan ou « nuit du Destin », tous les événements de l'année suivante, mais cette croyance n'a aucun fondement dans le Koran. Cette nuit, fait observer Savary, « fut nommée *El-Cadar*, parce que Dieu y disposa toutes choses avec sagesse ». Mais le Koran se borne à dire d'elle : « Elle fut consacrée par la venue des anges et de l'esprit. Ils obéirent aux ordres de l'Éternel, et apportèrent des lois sur toutes choses. La paix accompagna cette nuit jusqu'au lever de l'aurore [1]. » Si l'on s'en tient au texte du Koran, Dieu donna, pendant cette nuit célèbre, des lois au monde, c'est-à-dire lui envoya le Koran, ce qui n'a rien de commun avec une affirmation quelconque de fatalisme ou de déterminisme.

Le paradis et l'enfer de l'islamisme sont très nettement matériels et destinés, si je puis dire, à des êtres faits de chair et d'os, à des corps eux-mêmes matériels : « Annonce à ceux qui croient, et qui font le bien, qu'ils habiteront des jardins où coulent des fleuves. Lorsqu'ils goûteront des fruits qui y croissent, ils diront : voilà les fruits dont nous nous sommes nourris sur la terre ; mais ils n'en auront que l'apparence. Là ils trouveront des femmes purifiées. Ce séjour sera leur demeure éternelle [2]. — Dis : que puis-je annoncer de plus agréable à ceux qui ont la piété, que des jardins arrosés par des fleuves, une vie éternelle, des épouses purifiées et la bienveillance du Seigneur qui a l'œil ouvert sur ses serviteurs ? — Tel sera le partage de ceux qui disent : Seigneur, nous avons cru ; pardonne-nous nos fautes, et nous délivre de la peine du feu ; — de ceux qui ont été patients, véridiques, pieux, bienfaisants, et qui ont imploré la miséricorde divine dès le matin [3]. » — « Ceux qui craignent le Seigneur habiteront les jardins de délices. Ils y demeu-

---

1. *Le Koran*, chap. xcvii, 5 et note.
2. *Ibid.*, chap. ii, 23.
3. *Ibid.*, chap. iii, 13-14.

reront éternellement. Ils seront les hôtes de Dieu. Qui mieux que lui peut combler de bien les justes [1]? »

Au jour du jugement dernier, que le Koran admet comme le christianisme, « un voile ténébreux couvrira le firmament », et enveloppera les infidèles. Ceux-ci disent : « Nous n'avons qu'une mort à subir, nous ne ressusciterons point »; mais ils n'en ressusciteront pas moins comme les autres, pour subir leur châtiment, car « le jour de la séparation est le terme destiné pour tous les hommes ». Et, ce jour-là « l'autorité du maître, les secours du serviteur seront inutiles. Il n'y aura plus de protection » contre le Tout-Puissant. « Ceux à qui Dieu fera grâce seront les seuls sauvés. Il est puissant et miséricordieux. — Le fruit de l'arbre *Zacoum* sera la nourriture des réprouvés ; semblable aux métaux fondus, il dévorera leurs entrailles ; il y bouillonnera comme l'eau sur le feu. On dira aux bourreaux : saisissez les méchants, traînez-les dans les cachots ; versez de l'eau bouillante sur leurs têtes. — Subissez ces tourments, vous qui étiez puissants et honorés. Voilà ces brasiers dont vous avez douté. — Les justes habiteront le séjour de la paix. Les jardins et les fontaines seront leur partage. Ils seront vêtus d'habits de soie, et se regarderont avec bienveillance. Les houris au sein d'albâtre, aux beaux yeux noirs, seront leurs épouses. Ils auront à discrétion les fruits du paradis. Ils n'éprouveront plus la mort, et seront à jamais délivrés des peines de l'enfer. Le ciel leur en est garant. Cette assurance est pour eux le comble du bonheur [2]. »

D'après un autre passage du Koran, lors du jugement dernier, « lorsque la terre aura été ébranlée par un violent tremblement, que les montagnes réduites en poudre seront devenues le jouet des vents », tout le genre humain sera divisé en trois parts : « Les uns occuperont la droite : quelle sera leur félicité ! Les autres la gauche : quelle sera leur infortune ! Les élus précèderont ces deux ordres. Ils seront

---

1. *Le Koran*, chap. III, 197-199.
2. *Ibid.*, chap. XLIV, 9-57.

les plus près de l'Éternel. Ils habiteront le jardin de délices... Ils reposeront sur des lits enrichis d'or et de pierres précieuses... Ils seront servis par des enfants doués d'une jeunesse éternelle, qui leur présenteront du vin exquis dans des coupes de différentes formes. Sa vapeur ne leur montera point à la tête, et n'obscurcira point leur raison. Ils auront à souhait les fruits qu'ils désireront, et la chair des oiseaux les plus rares. Près d'eux seront les houris aux beaux yeux noirs. La blancheur de leur teint égale l'éclat des perles. Leurs faveurs seront le prix de la vertu ». Ceux qui occuperont la droite : « se promèneront parmi les *nabe* qui n'ont point d'épines ; et au milieu des bananiers disposés dans un ordre agréable. Ils jouiront de leur épais feuillage, au bord des eaux jaillissantes. Là une multitude de fruits divers s'offre à la main qui veut les cueillir. Ils reposeront sur des lits élevés. Nous créâmes leurs épouses d'une création à part. Elles seront vierges ; elles les aimeront, et jouiront de la même jeunesse qu'eux. » Quant à ceux qui seront relégués à la gauche, « au milieu d'un vent brûlant et de l'eau bouillante ; ils seront enveloppés des tourbillons d'une fumée épaisse. Elle ne leur apportera ni fraîcheur, ni contentement. Abandonnés sur la terre à l'ivresse des plaisirs, ils se sont plongés dans les plus noirs forfaits ; et ils ont dit : victimes de la mort, lorsqu'il ne restera de notre être que des os et de la poussière, serons-nous ranimés de nouveau ? Nos pères ressusciteront-ils ? Réponds-leur : les premiers hommes et leur postérité ressusciteront. Ils seront rassemblés au terme précis du grand jour. Et vous qui avez vécu dans l'erreur, et qui avez nié la religion sainte, vous vous nourrirez du fruit de l'arbre *Zacoum* ; vous en remplirez vos ventres ; vous avalerez ensuite de l'eau bouillante. Et vous la boirez avec l'avidité d'un chameau altéré. Tel sera leur sort au jour du jugement[1] ».

Pour éviter les peines de l'enfer et mériter les éternelles jouissances du paradis, il suffit d'embrasser l'islamisme, d'en pratiquer tous les devoirs religieux et de se repentir

---

1. *Le Koran*, chap. LVI, 1-56.

des fautes que l'on commet, car, ainsi que le répète sans cesse le Koran, « Dieu est tout-puissant et miséricordieux ». Le musulman, d'ailleurs, peut pratiquer sa religion et assurer son salut sans le secours de nul prêtre. Il l'aurait pu, du moins, si l'islamisme était resté fidèle à la doctrine du Koran, mais il en a, avec le temps, dévié d'une singulière façon, comme pour s'adapter à l'ignorance et à la crédulité de la masse de ses fidèles. On a cru, sur la foi des personnages sacrés qui dominent dans les mosquées et auprès des marabouts, que pour s'assurer le paradis et obtenir le pardon de ses fautes, il était utile de multiplier les prières, de réciter des chapelets, de faire des visites aux tombeaux des saints, de se montrer généreux envers leurs gardiens, de porter des scapulaires contenant des versets du Koran et autres formules ; on en est venu, en un mot, aux pratiques les plus ridicules et dont le Koran lui-même avait condamné les similaires chez les idolâtres. Voici un exemple : le fidèle qui lit le chapitre cii du Koran sera, d'après les docteurs de l'Islam, « récompensé comme s'il avait lu mille versets du Koran, et Dieu ne lui demandera point compte des bienfaits dont il l'aura comblé sur la terre ». Or, le chapitre cii est sans contredit l'un des plus insignifiants du Livre sacré ; le voici : « Le soin d'amasser vous occupe jusqu'à ce que vous descendiez dans le tombeau. — Hélas ! un jour vous saurez ! — Hélas ! je vous le répète, un jour vos yeux seront dessillés. — Ah ! si vous saviez ! — Avec certitude ! — Vous verrez les gouffres de l'enfer ; — vous les verrez à découvert ! — Alors vous rendrez compte de vos plaisirs. »

Le lecteur du chapitre ciii « éprouvera l'indulgence du Seigneur, et sera mis au nombre des fidèles qui se sont fait une loi de la vérité et de la patience. « J'en jure par l'après-dîner, l'homme court à sa perte. — Les croyants qui font le bien et qui s'exhortent mutuellement à la justice, — qui se font une loi de la patience, seront seuls sauvés. »

CHAPITRE VI

DE L'INFLUENCE EXERCÉE PAR LA MORALE RELIGIEUSE DE L'ISLAMISME SUR L'ÉVOLUTION DE LA MORALITÉ PRIVÉE ET PUBLIQUE DANS LES SOCIÉTÉS MUSULMANES.

Le génie de Mahomet fut grand parce qu'il trouva la formule religieuse qui convenait le mieux aux populations sémitiques de l'Arabie. Quoi qu'elles fussent idolâtres, elles avaient eu de nombreux contacts avec les juifs et acceptaient assez volontiers l'idée d'une divinité idéale, unique, devant laquelle s'inclineraient toutes les forces de l'univers et même les autres divinités. C'est l'évolution que les tribus d'Israël avaient subie. D'autre part, il donnait satisfaction à l'humeur belliqueuse et aux habitudes de piraterie des sémites de l'Arabie, en leur promettant la conquête de pays où ils trouveraient un climat plus doux et un sol plus fertile que les leurs, avec un abondant butin. Enfin, il ne faisait rien qui ne fût dans les habitudes de ces populations, en se proclamant apôtre de Dieu, car c'est par là que commençaient, et que débutent encore, tous les hommes de ce pays désireux d'acquérir une grande autorité morale ou politique parmi leurs semblables. Les succès qu'il obtint, dès le début de sa carrière d'apôtre, ne purent que confirmer les naïves et cupides populations au milieu desquelles il vivait, dans la croyance que son Dieu leur procurerait de belles conquêtes et de riches dépouilles d'infidèles.

Mahomet faisait encore preuve d'une grande habileté en créant une religion distincte de celles des juifs et des chrétiens, mais ne différant de ces dernières que par des traits de peu d'importance et pouvant être considérée comme supérieure à toutes les deux, puisqu'elle était plus idéale. L'islamisme, en effet, envisagé du point de vue philosophique, paraît incontestablement supérieur au judaïsme et au christianisme. D'une part, son dieu unique est plus facile à comprendre que la trinité divine du christianisme ; d'autre part, son culte est simple, dégagé de toute tutelle sacerdotale, débarrassé des grossières idées de rachat des fautes qui conduisaient les juifs à offrir des sacrifices à Iahvé[1], les chrétiens à tomber dans les pratiques de la pénitence, de la confession, des indulgences, etc. Mahomet pouvait se vanter d'offrir à ses concitoyens de l'Arabie une religion supérieure non seulement à leur idolâtrie, mais encore à toutes les autres religions entre lesquelles les nations civilisées de l'Orient et de l'Occident étaient alors partagées. Cette religion devait plaire surtout aux diverses sectes schismatiques issues du christianisme et détachées de lui à cause de la trop grande complexité de ses doctrines ou de l'incompréhensibilité de ses dogmes. L'islamisme devait donc trouver facilement, d'une part, des soldats, de l'autre des adeptes. C'est par là, surtout, que s'explique la rapidité avec laquelle il s'étendit dans toute l'Asie occi-

---

1. Les sacrifices d'animaux étaient pratiqués, dans toutes les circonstances religieuses solennelles, par toutes les tribus de l'Arabie. Mahomet eut soin de ne pas rompre lui-même avec les traditions, de même qu'il fut assez habile pour conserver à La Mecque le caractère de ville sainte et de lieu de pèlerinage qu'elle avait aux yeux de tous les habitants de l'Arabie. Il y fit lui-même des pèlerinages dès qu'il eut soumis à son autorité et à sa religion les idolâtres et et les juifs des pays environnants. Lorsqu'il partit de Médine, en l'an 7 de l'hégire (637 ap. J.-C.) pour faire son premier pèlerinage à La Mecque, il était accompagné par une troupe de bergers conduisant des victimes ornées de fleurs et qui furent égorgées devant le sanctuaire d'Abraham. L'année suivante, quand il revint en conquérant à La Mecque où il fit détruire toutes les idoles, il offrit encore les sacrifices traditionnels. Il les renouvela en l'an 10 de l'hégire, l'avant-dernière année de sa vie ; et, cette fois, il immola lui-même soixante-trois victimes de sa main, pour rendre grâce au ciel du nombre d'années qu'il lui avait accordées ; il fit immoler les autres victimes, jusqu'à cent, par Ali. Cependant, il fait condamner les sacrifices et même l'encens par le Koran : « Que l'incrédule apprenne que le Tout-Puissant n'a pas besoin de l'encens des humains. » (Chap. III, 91.) Le Koran limite les pratiques cultuelles à la prière dégagée de toute préoccupation d'intérêt matériel, au jeûne et au pèlerinage de La Mecque pour ceux qui peuvent l'accomplir. Il s'y joignit plus tard, il est vrai, le chapelet et le culte des saints, mais ce fut par corruption de la doctrine du Koran.

dentale, l'Afrique septentrionale et l'Occident de l'Europe méridionale.

Les soldats que Mahomet trouva dès les débuts de sa prédication étaient attirés par l'appât du butin et par la nature des récompenses qui leur étaient promises après la mort.

Les jouissances que le Koran annonce à ses adeptes étaient admirablement conçues en vue de populations très misérables, auxquelles l'alimentation faisait fréquemment défaut, qui souffraient de l'aridité du désert et dont les seuls plaisirs étaient ceux que procurent les femmes. A ces malheureux, dont la vie s'écoulait au milieu de sables brûlants, où l'eau est si rare, le Koran promet des fleuves abondants, des verdures rafraîchissantes, des fruits savoureux, des oiseaux rares et délicieux et, pour compléter les agréments de leur existence céleste, des houris toujours jeunes, toujours belles, toujours vierges, ne connaissant aucune des infirmités de la femme terrestre. C'était, à coup sûr, un paradis beaucoup plus enviable, pour ces hommes sensuels, si sévèrement traités par la nature, que les jouissances purement idéales promises aux chrétiens par les disciples de Jésus. Il n'est, du reste, pas plus difficile de faire croire aux premières qu'aux secondes, tant est grande la crédulité des ignorants. Il ne faut donc pas s'étonner que les populations de l'Arabie, du Nord de l'Afrique et de l'Asie Mineure aient ajouté foi aux sanctions morales contenues dans le Koran.

Je ne fais allusion, dans les considérations ci-dessus, qu'au sexe mâle. Les femmes, en effet, ont subi l'islamisme; elles ne l'ont pas recherché. A l'exemple du judaïsme, la religion de Mahomet est faite surtout pour les hommes. Ceux-ci, du moins, l'ont interprétée de la sorte et en ont profité pour maintenir l'état de soumission où étaient les femmes arabes avant la prédication de Mahomet. On s'est même demandé si, en se faisant apporter du ciel les sanctions morales par l'ange Gabriel, Mahomet avait songé aux femmes. Leur réservait-il une place dans son paradis? C'est une question qui n'a point été résolue, que les textes sacrés ne permettent pas de résoudre. Les femmes musulmanes sont-elles appelées à devenir, au paradis, les admirables houris tant vantées par le Koran? Retrouvent-elles, dans le septième ciel de l'islamisme, la jeunesse, la beauté, l'éternelle virginité qui doit faire le bonheur des croyants? Quelques commentateurs l'ont supposé sans pouvoir l'établir. On n'a pas oublié de quelle plaisante manière certaine lettre persane de Montesquieu[1] résout le problème. On me pardonnera d'en reproduire ici la partie philosophique : « Du temps de Cheik-Ali-Can, il y avait en Perse une femme nommée Zuléma ; elle savait par cœur tout l'Alcoran ; il n'y avait point de devin qui entendît mieux qu'elle les traditions des saints Prophètes ; les Docteurs arabes n'avaient rien dit de si mystérieux, qu'elle n'en comprît tous les sens ; et elle joignait à tant de connaissances un certain caractère d'esprit enjoué, qui laissait à peine deviner si elle voulait amuser ceux à qui elle parlait, ou les instruire. Un jour qu'elle était avec ses compagnes dans une des salles du sérail, une d'elles lui demanda ce qu'elle pensait de l'autre vie ; et si elle ajoutait foi à cette ancienne tradition de nos docteurs, que le paradis n'est fait que pour les hommes. C'est le sentiment commun, leur dit-elle : il n'y a rien qu'on n'ait fait pour dégrader notre sexe. Il y a même une nation répandue par toute la Perse, qu'on appelle la nation juive, qui soutient par l'autorité de ses Livres sacrés, que nous n'avons point d'âme. Ces opinions si injurieuses n'ont d'autre origine que l'orgueil des hommes, qui veulent porter leur supériorité au delà même de leur vie... Dieu ne se bornera point dans ses récompenses : comme les hommes qui auront bien vécu, et bien usé de l'empire qu'ils ont ici-bas sur nous, seront dans un paradis plein de beautés célestes et ravissantes, et telles que si un mortel les avait vues, il se donnerait aussitôt la mort dans l'impatience d'en jouir ; aussi, les femmes vertueuses iront dans un lieu de délices, où elles seront énivrées d'un torrent de voluptés, avec des hommes divins qui leur seront soumis ; chacune d'elles aura un sérail, dans lequel ils

1. *Lettres persanes*, CXLI.

seront enfermés; et des eunuques encore plus fidèles que les nôtres pour les garder. » Suit le récit du bonheur éprouvé, après sa mort, par l'une des femmes d'un Persan jaloux et incapable de justifier l'excessive jalousie qu'il témoigne aux dix délicieuses créatures dont il a peuplé son sérail. La bienheureuse est tellement enchantée de son sort, qu'elle ordonne à l'un de ses amants célestes de descendre sur la terre avec les traits du mari qu'elle y a laissé, et de faire éprouver à ses anciennes compagnes les joies dont elle est inondée. « L'exécution fut prompte; il fendit les airs, arriva à la porte du sérail d'Ibrahim, qui n'y était pas. Il frappe, tout lui est ouvert, les eunuques tombent à ses pieds. Il vole vers les appartements où les femmes d'Ibrahim étaient enfermées... Il entre et les surprend d'abord par son air doux, affable; et bientôt après il les surprend davantage par ses empressements et par la rapidité de ses entreprises. Toutes eurent leur part de l'étonnement, et elles l'auraient pris pour un songe s'il y eût eu moins de réalité. » Le mari revient, veut chasser son sosie, mais il est lui-même mis dehors et ses femmes jurent à leur amant céleste « une fidélité éternelle, car nous n'avons, disent-elles, été que trop longtemps abusées. Le traître ne soupçonnait point notre vertu, il ne soupçonnait que sa faiblesse ». Cette charmante raillerie du paradis de Mahomet fit beaucoup rire les contemporains catholiques de Montesquieu. Quelles imprécations n'auraient-ils pas lancées contre un Persan qui aurait raillé de même le paradis de leurs théologiens!

Moins croyantes ou moins portées à la plaisanterie que la Zuléma de Montesquieu, les femmes musulmanes se montrent beaucoup moins zélées que les hommes pour la religion du Koran. Est-ce parce qu'elles ont moins de confiance qu'eux dans le paradis du Livre sacré? N'est-ce point parce que l'oisiveté du sérail, ses longs ennuis et ses voluptés trop rares les éloignent de la vertu, en même temps que de la foi?

Pour en revenir aux hommes, il est incontestable que la promesse d'une virilité toujours jeune et toujours renaissante, au milieu de houris toujours belles et toujours vierges, contribua puissamment à l'expansion de l'islamisme parmi des populations que la misère et la chaleur rendent aussi sensuelles que paresseuses. Le paradis du Koran les a séduites, mais on ne saurait dire qu'il les a moralisées au point de vue de la famille.

Certains moralistes prétendent, cependant, trouver dans la polygamie une garantie contre la mauvaise conduite des hommes. Ils considèrent que le mari pouvant avoir autant de femmes que ses moyens lui permettent d'en entretenir, trouvera dans son propre ménage assez de ressources en vue de la satisfaction de ses besoins ou de ses passions, pour n'avoir pas à en aller chercher au dehors. En raisonnant de la sorte, on oublie de faire la part du caprice, dont le rôle est si considérable dans les relations sexuelles. On oublie aussi que la multiplicité des femmes est très propre à produire la satiété des relations sexuelles normales et à déterminer la production des vices contre nature. Il est incontestable que ces vices sont aujourd'hui beaucoup plus fréquents chez les peuples où règne la polygamie que chez les peuples monogames. En Grèce et à Rome, l'époque où ils furent le plus répandus coïncide avec celle où les liens du mariage furent rompus par la très grande fréquence du divorce. Enfin, ceux qui veulent voir dans la polygamie un élément de la moralisation de l'homme, oublient le sort qu'elle fait à la femme. La morale familiale du Koran est, sans aucun doute, fort humaine ; elle recommande à l'époux d'être équitable et bon pour ses femmes, mais elle est impuissante à faire disparaître les besoins ou les passions des sexes. L'époux se lassera souvent de la femme parce qu'il a trop de femmes, et les épouses se jetteront dans l'adultère, si cela leur est possible, ou dans les liaisons contre nature, si l'adultère leur est absolument interdit, parce qu'elles ne trouveront pas auprès de leur mari la satisfaction de leurs besoins naturels. Ni les voiles, ni l'isolement, ni la claustration dans les harems, ni la surveillance des eunuques n'ont pu soustraire la femme musulmane aux lois de la nature. Les besoins sont plutôt surexcités que calmés par les obstacles mis à leur satisfaction. Les bains où les femmes se réunissent pendant de longues heures, les visites qu'elles se font, les vieilles servantes et mêmes les eunuques dont elles sont entourées leur fournissent des occasions et des complices dont beaucoup savent user pour tromper la vigilance de leurs maris. Le sosie d'Ibrahim, dont il est question dans la lettre persane citée plus haut, est à coup sûr le seul musulman qui ait pu, grâce aux facultés divines dont il était doué, se faire respecter de tout un harem sans avoir besoin d'employer ni la claustration, ni les voiles : « Il congédia tous les eunuques, rendit sa maison accessible à tout le monde ; il ne voulut pas même souffrir que ses femmes se voilassent. C'était une chose singulière de les voir dans les festins, parmi des hommes, aussi libres qu'eux. Ibrahim crut avec raison que les coutumes du pays n'étaient pas faites pour des citoyens comme lui. » Toute la philosophie de la polygamie se trouve dans ces quelques lignes. Elle ne pourrait être un élément de moralisation de la famille, que si tous les citoyens étaient doués de la puissance toute céleste du sosie d'Ibrahim.

L'islamisme fut, sans aucun doute, beaucoup aidé dans son expansion par les préceptes du Koran qui réhabilitaient ou exaltaient la polygamie parmi des populations d'où elle tendait à disparaître, soit par le jeu naturel de la lutte pour l'existence entre l'homme et la femme, soit sous l'influence du judaïsme qui la limite ou du christianisme qui l'interdit. On pourrait y voir, notamment, une des causes qui déterminèrent tant de Sémites schismatiques de l'Asie ou de l'Afrique septentrionale à embrasser la religion de Mahomet. Il n'est pas inutile non plus de rappeler que la polygamie, introduite dans l'Europe méridionale par les Arabes, s'était infiltrée jusqu'en France, et que, au retour des croisades un assez grand nombre de seigneurs français allèrent jusqu'à se constituer de véritables harems, malgré les interdictions du christianisme et des lois [1].

---

[1]. « Le mépris du mariage était commun parmi les barons, surtout parmi ceux du Midi, qui avaient presque tous plusieurs femmes ; l'Église ne cessait de tonner contre des désordres qui minaient la société dans sa base, et qui devenaient d'autant plus scandaleux que l'influence morale des femmes s'ac-

La polygamie fut donc incontestablement utile à l'islamisme, mais elle a fait rétrograder la moralité de la famille dans tous les pays où le Koran étend son influence. Son résultat le plus certain a été de faire subir aux femmes musulmanes une dénégérescence physique et intellectuelle dont il serait impossible de trouver l'équivalence dans les sociétés où la femme jouit d'assez de liberté pour être intéressée à défendre elle-même sa dignité et à s'attirer le respect des hommes par la culture de ses facultés intellectuelles.

Pour apprécier avec justesse l'action exercée par la morale politique et sociale de l'islamisme sur la moralité publique, il me paraît utile de rappeler la conduite tenue par Mahomet et ses successeurs dans leurs rapports avec les groupes sociaux qu'ils voulurent convertir ou conquérir. D'une façon générale, le prophète respectait la vie des ennemis qu'il avait vaincus ; mais, s'ils refusaient de se convertir, il les dépouillait de leurs biens, et, souvent, les réduisait en esclavage. C'est ainsi qu'il traita les premières tribus juives avec lesquelles il fut aux prises. Contre celle des Coraïdites, il se montra beaucoup plus dur, tout en affectant l'esprit de justice dont il voulait avoir la réputation. La forteresse des Coraïdites ayant été attaquée par un de ses lieutenants, les assiégés se laissèrent persuader qu'ils auraient la vie sauve s'ils reconnaissaient Mahomet pour l'apôtre de Dieu, et se rendirent à discrétion. Mahomet, simulant une grande bienveillance, déclara qu'il remettait leur sort entre les mains d'un arbitre qui était officiellement leur allié, mais dont il connaissait la haine secrète pour les juifs. L'arbitre s'appelait Saad, il était chef de la tribu des Awasites, alliée aux juifs. « On l'envoya chercher, et on l'apporta avec peine au milieu de l'assemblée. « O Saad ! lui dirent les Coraïdites, o père d'Am« rou, montrez-vous compatissant et généreux envers vos « alliés. » Tout le monde avait les yeux tournés vers Saad.

croissait de jour en jour. » Guillaume IX, duc d'Aquitaine, à son départ pour la première croisade a avait emmené une troupe de concubines en Palestine et avait voulu fonder à Niort une abbaye de prostituées ». (LAVALLÉE, *Hist. des Franç.*, I, p. 314.)

On attendait en silence l'arrêt qu'il allait prononcer. Alors, le prince des Awasites prit un air sévère et dit : que l'on mette à mort les hommes ; que l'on partage leurs biens ; que leurs femmes et leurs enfants soient emmenés en captivité. » — « C'est l'arrêt de Dieu, s'écria Mahomet ; il a été porté au septième ciel et révélé à Saad. » Il fut exécuté à la rigueur. Les hommes, au nombre de sept cents, furent égorgés ; les femmes, les enfants et tous les biens des Coraïdites devinrent la proie des vainqueurs. Bihana, la plus belle des juives, échut en partage à Mahomet[1]. L'historien arabe auquel ce récit a été emprunté ajoute que la belle juive, désireuse de devenir l'épouse d'un prophète, se convertit à l'islamisme afin d'obtenir les faveurs de Mahomet. Celui-ci fit encore esclaves, plus tard, tous les juifs dont il prit les citadelles. Par contre, après avoir battu les Mostalékites, dont le chef fut tué dans le combat, Mahomet paye la rançon de la fille de ce chef, qui était échue à l'un de ses lieutenants, l'épouse et fait si bien que ses guerriers rendent la liberté à cent des pères de familles qu'ils avaient réduits en esclavage. Une autre fois, il protège un des chefs de Médine qui conspirait contre lui et que son propre fils voulait mettre à mort afin de le punir de sa trahison : « O prophète, disait à Mahomet le fils fanatisé, mon père t'a insulté ; commande et je vais t'apporter sa tête. » Et Mahomet de répondre : « Bien loin de répandre son sang, montre-lui le respect et la tendresse filiale que tu dois à un père. » Lorsqu'il revint, en conquérant, à La Mecque, d'où il avait été jadis obligé de fuir pour sauver sa vie, on s'attendait à ce qu'il exerçât de sanglantes représailles. Il y était poussé par tout son entourage. Il se contenta cependant de l'exécution de trois ou quatre personnes et de la proscription de quelques autres, en proclamant que désormais La Mecque ne devrait jamais être souillée par le sang humain. C'était un privilège dont la ville sainte des Arabes idolâtres jouissait depuis une époque fort reculée. Son territoire était considéré comme inviolable : il était interdit de

---

1. Voyez Savary, *Introduct.* à la traduct. du *Koran*, p. 47.

s'y battre et d'y verser le sang. C'est pourquoi Mahomet avait évité avec tant de soin d'y livrer bataille, et ne présentait l'exécution de ses ennemis que comme un événement extraordinaire, spécialement autorisé par Dieu pour affirmer le pouvoir civil de son prophète. « Citoyens de La Mecque, dit-il aux gens qui l'avaient persécuté, le même jour où le créateur suprême tira les cieux et la terre du néant, il établit La Mecque pour être un sanctuaire inviolable. Ce temple, cette ville, ce territoire sont sacrés. Personne ne souillera de sang humain l'asile des mortels. On ne pourra pas même y couper un arbre. Ces attentats ne furent jamais permis. Ils ne le seront jamais. Un privilège particulier me dispense aujourd'hui de la loi générale. Je n'en userai plus dans la suite. La Mecque sera pour moi sacrée et inviolable ; j'en prends à témoin le Dieu invisible que j'adore. Je garderai religieusement ma promesse. » Par ce mélange de brutalité froide et de générosité théâtrale, Mahomet gagnait les uns et effrayait les autres, sans qu'on puisse dire qu'il eût la moindre honnêteté.

Le tréfonds de sa morale politique éclate dans le fait suivant que raconte un historien arabe. Un de ses lieutenants ayant sollicité la grâce du coreïshite Abdallah, dont le prophète avait décidé la mort, Mahomet se fit longtemps prier ; puis le solliciteur étant sorti après avoir obtenu la grâce d'Abdallah, il se tourna vers ses officiers et leur dit : « Je n'opposais une si longue résistance que pour vous laisser le temps de me défaire de ce fourbe. » Les officiers lui répondirent : « Ne deviez-vous pas nous marquer par un signe votre intention ? » Mahomet affecte l'indignation et ajoute : « Un signe perfide est indigne d'un prophète. » Il n'avait pas fait le signe, mais il regrettait qu'on n'eût pas deviné sa pensée secrète et il ne craignait pas de l'avouer, afin, sans doute, qu'en d'autres circonstances analogues ses officiers montrassent la perspicacité qui venait de leur faire défaut.

Ces leçons de morale politique données par Mahomet à des disciples qui étaient aussi des lieutenants militaires ne furent pas perdues. Elles permettent de comprendre les alternatives de violence et de générosité qui ont marqué l'histoire de la plupart des hommes d'État produits par l'Islamisme, et rendent compte de la tolérance, dont, en général, ils firent preuve à l'égard des idées et même des religions qui ne leur paraissaient pas constituer un danger pour leur autorité. Le fanatisme musulman se distingue du fanatisme juif ou chrétien en ce qu'il est politique plutôt que religieux. Le christianisme a brûlé les juifs et les hérétiques, uniquement parce qu'ils étaient juifs ou hérétiques ; l'islamisme s'est borné, d'ordinaire, à mettre les juifs et les chrétiens dans l'impossibilité de combattre le pouvoir civil de ses chefs.

Si, par exemple, les juifs furent expulsés de l'Arabie par un des successeurs de Mahomet, le calife Omar, c'est que leur présence sur le territoire où naquit l'islamisme était considérée comme une menace pour l'autorité encore précaire dont les califes y jouissaient. Si le même calife Omar, après s'être emparé de Jérusalem, en 637, et y avoir fait bâtir une mosquée sur l'emplacement du temple de Salomon, interdit le séjour de cette ville aux juifs, c'est parce qu'il ne voulait pas leur donner le moyen de tenter la reconstitution de leur ancien royaume. S'il fut interdit aux juifs comme aux chrétiens d'exercer aucune fonction publique, partout où l'islamisme domina, c'est que les califes redoutaient l'usage qui aurait été fait de ces fonctions pour contrebalancer leurs pouvoirs ; si l'on imposait aux juifs, comme à tous les autres « infidèles », le port d'un costume spécial, c'était pour mettre le califat à l'abri de leurs conspirations. Cependant, les mêmes califes qui chassaient les juifs de l'Arabie, leur délivraient des terres en Syrie, et les autorisaient à circuler librement, à pratiquer leur culte, à s'établir dans les villes ou les campagnes selon leurs convenances. Aussi M. Théodore Reinach a-t-il pu dire[1] : « En Syrie comme en Mésopotamie, les Juifs, qui n'avaient pas plus à se louer de la domination des empereurs grecs que de celle des rois perses, paraissent avoir favorisé la conquête musulmane. »

---

[1]. *Histoire des Israélites*, p. 51.

Et il ajoute : « La conquête arabe fut, à double titre, un bienfait pour les Juifs. D'abord, la communauté d'origine, la similitude de race, de langue et de religion, tout contribuait à établir en pratique entre Juifs et Arabes des rapports pacifiques sinon amicaux. Les califes de Bagdad (Abassides) qui succédèrent à ceux de Damas (Ommiades) n'étaient point des fanatiques ; amis d'une civilisation brillante, entourés de Grecs, de Persans, de Syriens, de Juifs, ils témoignèrent souvent à ceux-ci une bienveillance qui corrigeait les rigueurs de la loi. Ils leurs laissèrent leur justice et leur administration particulières, sans autre obligation que le paiement de l'impôt ou tribut des étrangers... En second lieu, la conquête musulmane, en soumettant pendant quelque temps à une même domination une vaste étendue de pays, facilita les communications entre les juifs dispersés. Par là leurs habitudes commerciales se développèrent et le Talmud put se répandre peu à peu depuis la Perse jusqu'en Espagne. Lorsque le vaste empire arabe se morcela en plusieurs califats indépendants, le mouvement d'expansion et de colonisation ves ne s'arrêta pas. Des écoles Talmudiques fleurirent fo   mportantes au Caire, à Fez et surtout à Kairouan, da   la Tunisie actuelle. » Après que les Arabes se furent emparés de l'Espagne, les juifs y jouirent d'une indépendance et même d'une autorité considérables. Les Wisigoths, en leur qualité de schismatiques n'admettant pas la divinité du Christ, s'étaient montrés déjà tolérants à l'égard des juifs de l'Espagne ; les Arabes les traitèrent beaucoup mieux encore. C'est seulement lorsque les rois chrétiens devinrent puissants dans la péninsule, que l'on vit surgir les persécutions contre les juifs. Il en fut de même en Gaule et dans toutes les parties de l'Occident.

La tolérance de l'islamisme à l'égard des chrétiens ne fut guère moindre. Dans toute l'Asie Mineure, ceux-ci continuèrent de pratiquer leur culte sous la domination des califes, aussi librement que sous celle des empereurs d'Orient. Au moment des croisades, il n'y avait pas de ville de l'Asie Mineure qui ne possédât de nombreuses églises. Antioche seule en avait plus de trois cents et le culte du Christ était pratiqué librement, même à Jérusalem. Il semble que les successeurs de Mahomet auxquels fut due la très grande expansion de l'islamisme aient voulu appliquer ce précepte du Koran : « Ne faites point de violence aux hommes à cause de leur foi[1]. » La tolérance des califes à l'égard des chrétiens grecs de l'Asie Mineure explique la rapidité et la facilité avec lesquelles l'islamisme se répandit dans cette portion de l'Asie. Quant à l'Afrique septentrionale, c'est avec une sorte d'enthousiasme qu'elle accueillit la nouvelle religion. Les habitants de ces pays, étant nestoriens ou eutychéens, accueillirent les conquérants comme des libérateurs, qui les mettaient à l'abri des persécutions des chrétiens orthodoxes ; ils s'empressèrent d'adopter l'islamisme en même temps que l'autorité du califat arabe. « Partout, dit un éminent historien, les hérétiques chrétiens montrèrent pour les musulmans un attachement sincère et cordial[2]. » Grâce à la tolérance que les successeurs de Mahomet montrèrent à l'égard des juifs, des chrétiens et aux adeptes qu'ils firent parmi les schismatiques, quatre-vingts ans après la mort de Mahomet, l'empire islamique s'étendait sur toute l'Arabie, la Mésopotamie et le Nord de l'Inde, l'Asie Mineure, l'Égypte, l'Afrique septentrionale jusqu'à l'Atlantique, l'Espagne jusqu'aux Pyrénées que ses troupes franchissaient, en 718, pour s'emparer de Narbonne. La brutalité et l'hypocrisie de la morale politique de Mahomet ne devaient se manifester qu'à partir du jour où l'islamisme se trouverait en présence du christianisme. La lutte entre les deux fanatismes fut violente, incessante et subsiste encore sur tous les points du globe où ils sont en contact. Elle ne cessera, sans doute, que le jour où à la morale politique des deux religions, se sera substituée celle d'une philosophie fondée exclusivement sur la raison et la science.

L'influence exercée par la morale sociale de l'islamisme sur l'évolution de la moralité publique n'a pas été meilleure que celle des autres morales religieuses. Dans les sociétés

---

[1]. *Histoire des Israélites*, chap. II, 267.
[2]. GIBBON, *Histoire de la décadence de l'Empire romain*, X, p. 635.

musulmanes, comme dans les sociétés juives, païennes ou chrétiennes, la morale religieuse obéit plutôt aux mœurs qu'elle ne les détermine. C'est ainsi que les efforts faits par Mahomet pour relever la condition de la femme en lui assurant un douaire et la jouissance de ses biens, ainsi qu'en imposant certaines obligations au mari qui veut la répudier, n'ont pas pu empêcher les conséquences naturelles de la polygamie.

Dans le domaine social, un phénomène analogue s'est produit. L'esprit d'égalitarisme dont le Koran est imprégné n'a pu mettre obstacle ni à la formation d'un véritable clergé, ni à la constitution d'aristocraties religieuses et politiques représentées par les descendants véritables ou prétendus de Mahomet et par les familles qui ont exercé ou qui exercent encore le commandement militaire. Les confréries religieuses qui se sont développées sous l'influence de l'islamisme ont déterminé aussi la production de véritables aristocraties religieuses et militaires, analogues à celles que formèrent dans le christianisme les chevaliers de Malte et qui sont en opposition formelle avec l'égalitarisme du Koran, aussi bien qu'avec l'intérêt de la moralité publique.

La lutte pour l'existence et la concurrence sociale ont été, en somme, beaucoup plus puissantes que la religion. Il était impossible qu'il en fût autrement, car les premières sont des faits d'ordre naturel, tandis que la religion n'a sa source que dans des conceptions individuelles et accidentelles.

D'autre part, lorsque la religion provoque des phénomènes rentrant dans la catégorie de ceux qui appartiennent à la lutte pour l'existence ou à la concurrence sociale, elle est susceptible d'agir très puissamment pour activer leur évolution. C'est ce qui s'est passé dans l'ordre politique.

La conception que Mahomet avait du pouvoir politique est celle d'une sorte de théocratie pure. Lui-même se considérait, à la fois, comme le prophète de Dieu et le chef administratif, militaire, politique de ses adeptes. Il les conduisait tour à tour à la mosquée et à la bataille ; et, entre temps, il leur donnait des lois civiles, mêlées à des lois canoniques. Ses successeurs imitèrent son exemple. Les Califes réunirent entre leurs mains les pouvoirs spirituels et temporels. Ils furent des despotes dans le sens le plus large qui puisse être donné à ce mot. Les Sultans qui leur ont succédé ont conservé le même caractère. Or, il n'est point contestable que le despotisme soit le régime politique le moins conforme aux intérêts du peuple et, par conséquent, le plus immoral qui puisse exister. Il l'est par lui-même, en raison de ce que, suivant le mot très juste de Montesquieu, « un seul, sans loi et sans règle, entraîne tout par sa volonté et par ses caprices[1] ». Il l'est aussi par ses conséquences, car « il faut que la crainte y abatte tous les courages et y éteigne jusqu'au moindre sentiment d'ambition[2] », ou, pour mieux dire, y fasse disparaître tout désir de s'élever au-dessus de la condition d'obéissance qui est commune à tout le peuple. L'éducation elle-même n'y peut qu'être contraire à la morale naturelle car « il faut qu'elle soit servile... elle se réduit à mettre la crainte dans le cœur et à donner à l'esprit la connaissance de quelques principes de religion fort simples. Le savoir y sera dangereux, l'émulation funeste. L'éducation y est donc en quelque façon nulle. Il faut commencer par faire un mauvais sujet afin de faire un bon esclave[3] ». Cependant, comme l'esclavage, même étendu à tout un peuple, est incapable de supprimer les sentiments qui poussent les individus et les familles à tenter d'améliorer leur sort, de s'émanciper et de s'élever, le despotisme ne peut se maintenir que par la terreur et par la violence qui entretient la terreur. Le despote est presque nécessairement inhumain, parce que, sans cesse, il redoute la rébellion ; et il doit frapper les hommes les plus intelligents ou les meilleurs, parce que ce sont eux qui sont les plus portés à s'émanciper et à s'élever. L'intérêt de la masse du peuple exige même que le despotisme soit brutal à l'égard de ceux qui s'élèvent au-dessus d'elle, car, selon la remarque de Montesquieu, si ceux-là n'étaient point maintenus par la crainte du despotisme ils se

---

1. *Esprit des Lois*, livre II, chap. 1.
2. *Ibid.*, livre III, chap. IX.
3. *Ibid.*, livre IV, chap. III.

transformeraient à leur tour en autant de despotes : « les horribles cruautés de Domitien, dit-il justement, effrayèrent les gouverneurs au point que le peuple se rétablit un peu sous son règne¹. » La religion elle-même ne fait, en ce cas, que rendre le despotisme plus immoral, en persuadant au despote, chef religieux du peuple, qu'il est d'une essence supérieure à celle de ses sujets, et en inculquant à ces derniers la pensée que leur tyran est l'incarnation d'une omnipotence surhumaine.

Il suffit, en effet, de jeter un coup d'œil sur l'histoire des populations musulmanes pour s'assurer que l'islamisme y a fait rétrograder la morale politique au-dessous des plus bas degrés auxquels elle soit parvenue chez aucun autre peuple. On s'en aperçoit surtout à notre époque et dans notre Occident, parce que la plupart des peuples qui vivent autour des États musulmans ou à leur contact ont fait progresser leur morale politique et gouvernementale, tandis que celle de la Turquie, de la Tripolitaine, du Maroc, etc. restait stationnaire. Or, il est facile de s'assurer que si la morale de ces derniers s'est maintenue presque dans la situation où elle se trouvait aux débuts de l'islamisme, c'est que la religion a figé, en quelque sorte, les États musulmans dans la forme politique qu'ils ont revêtue au moment de leur constitution. La Turquie, par exemple, restera soumise au régime tyrannique et corrompu sous lequel elle vit depuis huit siècles, tant que l'islamisme y sera la religion de l'État.

Tandis que le Koran empêche, dans les pays musulmans, l'évolution ascendante de la morale familiale, de la morale politique et de la morale sociale, il arrête les progrès de la morale individuelle. S'il est une vérité bien établie, c'est que celle-ci évolue parallèlement aux qualités intellectuelles. Il n'y a pas un peuple chez lequel il ne soit facile de constater que les individus les plus moraux sont ceux dont l'intelligence a été développée par la culture des lettres, des arts et surtout des sciences. De même que les membres les plus

---

1. *Esprit des Lois*, livre III, chap. IX.

ignorants d'une société déterminée sont aussi, d'une façon générale, les moins moraux, les peuples où la culture intellectuelle est peu avancée sont ceux où la moralité privée atteint le moindre développement. Un musulman qui, cinq fois par jour, passe cinq ou dix minutes à faire des génuflexions et à réciter des oraisons ; qui, pendant un mois chaque année, se soumet au jeûne du Ramadan et aux excès qui accompagnent nécessairement ce jeûne ; qui contracte, dès l'enfance, l'habitude de ne lire qu'un seul livre où, d'ailleurs, les absurdités abondent ; à qui on inculque l'idée que ce livre contient la vérité tout entière et que la science est fort inutile pour gagner les joies toutes matérielles du paradis ; ce musulman, dis-je, s'il croit à sa religion et s'il la pratique avec zèle, est fatalement condamné à ne faire travailler son esprit que le moins possible. Chez lui, la morale individuelle se développera d'autant moins que l'intelligence restera davantage stationnaire ou rétrogradera. Or, il n'y a pas de peuples chez lesquels la religion tienne autant de place et soit mieux observée que ceux parmi lesquels l'islamisme s'est développé. Ce fait est dû, sans doute, à ce que le fidèle peut exécuter tous les actes de son culte sans le secours d'aucun prêtre : chaque musulman étant en quelque sorte prêtre de sa religion, chacun met à la pratiquer un véritable orgueil, comme s'il en tirait une respectabilité plus grande aux yeux de ses coreligionnaires et des étrangers. L'islamisme, en effet, est de toutes les religions, non seulement la mieux pratiquée mais aussi celle que l'on pratique avec le plus d'ostentation. Étant donnés, d'une part, le zèle religieux des musulmans et, d'autre part, la puérilité en même temps que la fréquence des prières auxquelles ils se livrent, on ne saurait être étonné de l'ignorance dans laquelle la masse des peuples soumis à l'islamisme est plongée et où elle semble se complaire.

Actuellement, cette ignorance existe même dans les classes supérieures des sociétés musulmanes ; mais il n'en a pas toujours été ainsi. A l'époque de leurs premiers contacts avec la civilisation de l'Orient grec, les Arabes furent séduits par la philosophie et la science. D'abord, ils firent traduire les livres grecs et latins par les Juifs et les Syriens schismatiques qui avaient pris une grande place auprès des Califes : puis ils s'adonnèrent eux-mêmes à l'étude des sciences philosophiques, mathématiques, astronomiques, physiques, chimiques, naturelles. Ils furent les premiers restaurateurs de la philosophie et de la science antiques, et fournirent même des éléments à la théologie des chrétiens de l'Occident [1]. En même temps, ils faisaient faire aux mathématiques des progrès considérables. Albatégni (877-929) est l'un des fondateurs de la trigonométrie moderne ; en 820, Alkhovarizenni, bibliothécaire d'Al-Mamoun, formula les premiers éléments de l'algèbre. Hassan-ben-Haïthem ou Alhazen, mort au Caire vers 1038, écrit sur la géométrie, et fait paraître un Traité d'optique qui devait plus tard inspirer Kepler ; Al-Sindjar publie une foule de traités sur des questions géométriques, etc. Les écoles arabes de Bagdad et du Caire font réaliser des progrès considérables à l'astronomie ; vers 1079, les astronomes du

---

[1]. « C'est à l'époque des Abbassides, vers 750, que la médecine et la philosophie grecque pénétrèrent chez les Arabes. Aristote et ses commentateurs avaient été mis en Syriaque par David l'Arménien et par les maîtres qui se succédèrent dans les écoles monophysites de Resaim et de Kiunesrin ou dans celles de Nisibe et de Gandisapora. Sous Al-Mamoun (813-833), les écrits d'Aristote sont traduits de Syriaque en Arabe... Au temps de Al-Motawackel, le médecin nestorien Honain Ibn Ishak, mort vers 870, qui connaît le grec, le syrien et l'arabe, est à Bagdad, à la tête d'un collège de traducteurs... Au Xe siècle, de nouvelles traductions sont faites ou les anciennes sont corrigées par les nestoriens Abou Bischr et Matta, par Yahya ben Adi et Isa ben Zaraa. Malgré les travaux récents, nous sommes loin d'avoir des indications suffisantes sur l'éducation scientifique et philosophique que les Arabes reçurent des Grecs par les Syriens. On a dit que la métaphysique d'Aristote, avec sa doctrine de l'unité personnelle de Dieu, sa physique qui pouvait servir de base à la médecine, sa logique capable de fournir une méthode aux sciences et à la théologie, avaient contribué à en faire pour les Arabes le philosophe par excellence. En fait, ils ont utilisé surtout les ouvrages qui avaient déjà été employés par les Syriens et ils n'ont jamais cessé, en Orient, d'être leurs disciples. Ainsi Alfarabi et Avicenne ont pour maîtres des médecins chrétiens et syriens. » (F. Picavet, *Esquisse d'une hist. gén. et comp. des philosophies médiévales*, p. 155.) Après avoir montré que les Arabes eurent à leur disposition un beaucoup plus grand nombre d'ouvrages grecs que les Occidentaux, M. Picavet écrit : « Lorsqu'on rapproche les œuvres lues par les chrétiens occidentaux de celles que les Arabes ont eues à leur disposition, on comprend que ceux-ci durent être plus originaux, ayant plus d'éléments à leur disposition pour en faire la synthèse ; partant, qu'ils devinrent, au XIIIe siècle, les maîtres des premiers et contribuèrent ainsi, par ce qu'ils transmirent de l'antiquité et par ce qu'ils pensèrent eux-mêmes, à la formation de la théologie et de la philosophie catholiques. »

sultan Gebal-Eddin établissent, cinq ans avant la réforme grégorienne, un calendrier qui divise l'année en 365 jours, 5 heures, 48 minutes, 49 secondes. Au VIIIe siècle, le chimiste Gerber, que Roger Bacon devait appeler le « maître des maîtres », pose les règles principales de l'observation et de l'expérience et proclame, contre les alchimistes de son temps, qu'il est « aussi impossible de transformer les métaux les uns dans les autres que de changer un bœuf en chèvre ». L'école de médecine de Bagdad s'adonne avec ardeur à l'étude des sciences naturelles : l'un de ses maîtres principaux Abd-Allatif publie une flore de l'Égypte avec des plantes qu'il avait recueillies sur place et c'est par l'intermédiaire de cette école principalement que les Occidentaux acquièrent la connaissance des anciens ouvrages de la Grèce relatifs aux sciences naturelles. A Djouzdjan, dans le Korassan, au XIIe siècle, Avicenne ou Ibn-Sinâ enseigne la médecine. Au Maroc, Averroïs ou Ibn-Roschd, également au XIIe siècle, devient célèbre par ses commentaires d'Aristote, qui lui valurent le nom d'*âme d'Aristote*. Il enseignait la philosophie, la médecine, la physique, mais il fut la première victime peut-être de l'esprit de réaction qui, fatalement, devait s'introduire dans la théocratie islamique. Attiré de Cordoue au Maroc par le sultan Mansour, il est bientôt dénoncé à ce dernier comme hérétique, mis en prison, condamné à faire amende honorable, contraint de s'enfuir à Cordoue où il vit misérable, sans même qu'on veuille lui rendre ses livres. Cependant, il rentre en grâce, plus tard, auprès du sultan du Maroc, et meurt dans la paix, ayant cette singulière fortune que ses œuvres furent attaquées avec acharnement par les chrétiens, après avoir été interdites par les musulmans. En 1240 d'abord, l'Université de Paris les proscrit; puis, en 1513, Léon X les condamne de nouveau.

Le despotisme devait ensuite porter tous ses fruits naturels. A mesure qu'il corrompit les mœurs des sultans, il les éloigna de la philosophie et des sciences et il n'y eut plus, bientôt, dans les sociétés musulmanes, que des juifs ou des chrétiens à cultiver les matières que les premiers souverains de l'empire islamique avaient protégées avec tant de zèle éclairé. L'Islam s'endormit dans ses harems ; il n'a pu encore être réveillé ni par le contact de l'Europe qu'il avait précédé dans la voie des sciences, ni par les conquêtes qui ont morcelé son ancien empire. Probablement ne se réveillera-t-il que le jour où sa religion aura cessé d'être fidèlement observée et permettra, par son affaiblissement ou sa disparition, la substitution d'un régime de liberté à la théocratie absolue fondée par le Koran.

La philosophie, les lettres et les sciences ne sont pas les seuls éléments de l'activité intellectuelle d'où les sociétés musulmanes aient été détournées par leur religion et par l'organisation politique, familiale ou sociale qui en découle. Il en a été de même pour les arts, l'industrie et le commerce.

En interdisant la reproduction de la figure et du corps humain et celle des êtres vivants, l'islamisme a créé un obstacle infranchissable au développement de certains arts. Or, en agissant de la sorte, son but était purement religieux : il se proposait d'empêcher ses adeptes de retourner au culte des idoles que les populations de l'Arabie pratiquaient au moment où Mahomet commença de prêcher la religion du Koran. On voit le prophète détruire lui-même, à coups de bâton, les images auxquelles le peuple avait coutume de rendre hommage dans le temple d'Abraham, à La Mecque. Ce fut, en quelque sorte, son premier acte de souveraineté religieuse. Le souci qu'il eut, ensuite, de rendre impossible la reconstitution de ces images, détermina la limitation de la sculpture à de simples lignes géométriques et la suppression presque complète de la peinture. C'est une partie considérable de l'intelligence humaine qui se trouve frappée de stérilité par la religion dont il est le fondateur trop fidèlement obéi.

D'un autre côté, l'interdiction du prêt à intérêt, formulée par le Koran et trop docilement observée jusqu'à ces derniers temps par la grande majorité des musulmans, devait fatalement détourner ces derniers de la pratique du commerce, de l'industrie, des affaires financières, etc. Il fut même un temps où les États soumis à l'Islam ne pouvaient emprunter qu'à des peuples étrangers ou à des individus professant une autre religion que celle du Koran. Parmi ces derniers, ce sont les juifs qui, dès les premiers temps de l'islamisme, ont accaparé presque tout le commerce et les affaires d'argent des pays musulmans. Aujourd'hui même, les seules populations musulmanes qui s'enrichissent par le commerce sont celles qui ont renoncé à l'application des préceptes du Koran relatifs au prêt à intérêt. C'est le cas des Mozabites en Algérie, des Djerbites en Tunisie, etc. Petit à petit, sans aucun doute, l'exemple de ces peuples sera imité par d'autres, et les musulmans renonceront à exécuter les prescriptions du Koran, en ce qui concerne le prêt à intérêt. Déjà, il s'en trouve pour acheter des titres d'emprunts d'État, en vue de l'intérêt qu'ils rapportent; il en sera de même pour les placements entre particuliers et le Koran sera négligé au profit des avantages individuels; car la nature est toujours plus forte que la religion. Il n'en restera pas moins acquis que cette dernière a mis, pendant des siècles, un obstacle presque infranchissable au développement du commerce et de l'industrie dans tous les pays musulmans.

La moralité privée ou publique en a-t-elle profité? Le musulman est-il devenu plus moral, dans sa conduite privée et dans ses rapports avec les autres hommes, que ne le sont les juifs ou les chrétiens, parce que sa religion le détournait des occupations lucratives? Ces dernières sont-elles un élément de démoralisation des peuples, comme le prétendent certains théoriciens? La réponse à ces questions saute aux yeux dans les sociétés soumises à l'islamisme. Il est facile de constater que moins le commerce et l'industrie y sont développés et plus les individus sont entraînés vers des vices de toutes sortes. Les uns, les plus actifs et les plus audacieux, tournent leur esprit vers la guerre et ne rêvent que de batailles, ainsi que le firent leurs ancêtres pendant les premiers siècles de l'épanouissement de l'islamisme dans le monde. Or, il serait difficile de soutenir que la guerre soit un élément de moralisation des peuples envisagés dans leur ensemble ou des individus considérés isolément. Les musulmans eux-mêmes se chargent de faire la preuve du contraire, par le spectacle qu'ils nous donnent de groupes sociaux entiers qui, ne pouvant plus se livrer à la guerre proprement dite, pratiquent la piraterie sur terre ou sur mer avec la même ardeur que mettaient leurs ancêtres à conquérir le monde. Ne pouvant plus être soldats, ils se sont faits pirates. Quant aux sociétés musulmanes qui ne se livrent ni à la guerre ni à la piraterie, elles sont tombées dans un état de mollesse et de corruption que ne connaissent aucun des peuples dont l'activité s'exerce dans le commerce ou l'industrie. Sur ce point encore, le Koran, pour satisfaire des préoccupations purement religieuses, a semé parmi les peuples qui en suivent les lois, des germes d'immoralité qui se sont développés au cours des siècles, et forment aujourd'hui une végétation de vices tellement intense qu'il sera fort difficile de l'arracher. Il en est, en effet, des occupations lucratives comme du travail scientifique, artistique ou littéraire : en dépit des moralistes moroses et misanthropes, elles constituent des éléments indispensables du progrès de la moralité publique et privée.

En résumé, l'étude de la vie familiale et sociale et celle de l'organisation politique des sociétés musulmanes nous conduisent à cette conclusion, déjà formulée à propos d'autres groupes sociaux, que la morale religieuse, ou bien ne joue aucun rôle dans l'évolution de la moralité, ou bien contribue plutôt à la faire rétrograder qu'à déterminer sa progression. L'histoire de l'islamisme montre d'une manière indéniable que s'il contribua d'abord au progrès moral des populations de l'Arabie parmi lesquelles il naquit, que s'il favorisa dans une certaine mesure, ensuite, la moralisation des peuples de l'Asie occidentale et de l'Afrique septentrionale, en y établissant des gouvernements réguliers et actifs sur les ruines des provinces romaines, en y facilitant les relations entre les divers peuples, en y provoquant un mouvement intellectuel considérable, en y ranimant, enfin, la vie presque disparue ; il produisit ensuite, partout où il s'est étendu, l'apparition des vices que la polygamie, l'esclavage, le despotisme du maître, le servilisme des sujets, la corruption des prêtres ou de ceux qui en tiennent la place, déterminent nécessairement dans toutes les sociétés où ils existent.

Il faudra que la morale religieuse de l'islamisme cède la place à la morale naturelle, pour que l'évolution ascendante des peuples musulmans reprenne son cours interrompu depuis près de dix siècles.

CONCLUSIONS

Dans la morale de toutes les religions il est facile de constater l'existence de deux sortes très distinctes de règles : les unes sont communes à toutes les religions comme elles se retrouvent dans toutes les philosophies, et découlent évidemment d'idées, de sentiments antérieurs à l'apparition des religions et des philosophies; les autres sont propres aux religions et diffèrent habituellement de l'une à l'autre.

Parmi les premières se trouvent : le respect dû aux parents, aux vieillards, aux frères aînés, aux maîtres envisagés comme chefs de famille; l'obligation pour les parents de nourrir et de soigner leurs enfants; pour les maîtres, l'obligation des mêmes soins à l'égard de leurs esclaves ou de leurs serviteurs envisagés comme membres de la famille; l'affection réciproque due par le mari à sa femme et par la femme à son mari; la fidélité à la parole donnée; la véracité dans les témoignages; le respect de la propriété d'autrui, de sa femme, de ses enfants, de ses serviteurs, de son bétail, de son champ, de ses moissons, etc.; le respect de la vie des autres hommes et des animaux domestiques qui leur appartiennent, etc.

Toutes ces prescriptions, envisagées comme autant de devoirs moraux, découlent naturellement des relations que les divers membres des sociétés humaines entretiennent les uns avec les autres; elles ne font que sanctionner des sentiments ou des idées qui se sont développés dans l'espèce humaine par le seul fait de son évolution intellectuelle, avant même qu'il y eut dans le monde des religions. On les trouve, sous des formes variables, avec des caractères plus ou moins nets, chez tous les peuples primitifs, chez tous ceux aussi dont l'organisation familiale et sociale est restée assez simple pour qu'il n'y ait ni classes ni pouvoirs publics.

Lorsque les sociétés s'étendent, lorsque les fonctions s'y différencient, lorsque les égoïsmes individuels ou familiaux trouvent occasion d'entrer en lutte pour la conquête de telles ou telles situations prépondérantes, les choses se compliquent : les idées relatives aux devoirs moraux perdent de leur simplicité ; les mots, s'il en existait pour les traduire, prennent des significations plus complexes ; on éprouve le besoin de mieux régler les actions, de mieux préciser celles que l'on considère comme bonnes ou que l'on envisage comme mauvaises. Ces définitions de mots, ces règles et ces classifications étant établies par une partie réduite de la société, se ressentent nécessairement des intérêts particuliers de leurs auteurs. Les fondateurs de religions, les législateurs et les philosophes jouent alors, tour à tour, au point de vue moral, sans parler des autres points de vue, un rôle prépondérant dans toutes les sociétés humaines.

Les premiers furent, pendant de nombreux siècles, les mieux écoutés, en raison de ce qu'ils parlaient au nom de divinités devant lesquelles l'ignorance courbait tout le monde.

En raison même de leur origine prétendue divine, les lois morales religieuses sont nécessairement absolues et immuables ; mais, elles n'en portent pas moins la trace ineffaçable de la nature du milieu social où elles sont nées, du caractère des peuples en vue desquels on les conçut et des conditions cosmiques dans lesquelles leur promulgation se produisit. Par là se trahissent toujours les hommes qui les imaginèrent, les rédigèrent et les imposèrent aux croyants au nom de la Divinité soi-disant révélatrice.

La morale familiale religieuse, par exemple, est nécessairement formée par un mélange de règles où se manifestent, d'une part, l'égoïsme naturel à l'homme, d'autre part, l'altruisme qui s'est développé en lui par les relations qu'il entretient avec sa femme et ses enfants. La religion lui prescrira de les nourrir et de les soigner ; elle leur imposera, à eux, l'obligation non seulement de le respecter, de lui obéir, de le servir, de l'aimer, de l'assister dans sa vieillesse, mais encore de le considérer jusqu'à sa mort comme le maître absolu de la famille, le prêtre de son foyer, le propriétaire de tous ses biens. Toutes ces obligations seront, d'ailleurs, absolues, comme la religion elle-même, et toutes les sanctions que l'homme aura pu imaginer pour les faire respecter seront inscrites dans la loi religieuse. L'homme fait, en un mot, consacrer par la religion, d'une part, les droits qu'il s'arrogeait dans la famille primitive au nom de sa supériorité, de sa force, et, d'autre part, les devoirs que son altruisme lui révèle. Et l'on verra, grâce à la religion, les devoirs ou les droits qu'il lui a plu d'instituer se perpétuer nominalement, en un temps où la femme et les enfants se seront déjà émancipés, en fait, dans une mesure plus ou moins large, de l'autorité du chef de famille.

Indépendamment de ces caractères communs, qui découlent de la nature même de l'esprit humain, les lois morales relatives à la famille offrent toujours un certain nombre de traits qui varient d'une religion à l'autre et qui résultent des conditions particulières dans lesquelles chaque religion se développa. La polygamie ou la monogamie, l'indissolubilité du mariage ou sa dissolution par le divorce, notamment, ne sont pas nées du caprice des législateurs religieux : elles leur ont été dictées par les conditions particulières de chacun des peuples en vue desquels ils ont légiféré. La polygamie existait dans les groupes sociaux qui vivent à l'état nomade, ne cultivent pas le sol, ne se nourrissent que des produits de troupeaux errants et, chez lesquels, en raison de leur mode d'existence, les hommes prennent l'habitude de la paresse parce qu'ils n'ont à peu près rien à faire. Leur esprit naturel de domination les porte à se décharger sur les femmes de tous les travaux de la maison et chacun en prend autant que ses moyens le lui permettent. C'est, sans aucun doute, pour consacrer ces pratiques, nées de conditions sociales particulières, que les législateurs religieux des Hébreux furent conduits à autoriser la polygamie et à prendre des mesures contre l'esclavage des hommes ou des femmes de la race hébraïque. A quoi bon avoir des esclaves que l'on serait obligé d'acheter, alors que les femmes étaient en nombre suffisant pour fournir à tout homme riche les bras dont il avait besoin ?

Plus tard, lorsque le peuple nomade se fixe, lorsqu'il a besoin de bras plus robustes que ceux des femmes pour travailler le sol, il pourrait revenir à la monogamie, il y revient habituellement, dans la pratique, car il serait ruineux de nourrir à la fois des femmes et des esclaves ; mais la loi religieuse n'en persiste pas moins, en vertu de son immutabilité, à autoriser la polygamie. Il semble bien, en effet, que chez les Hébreux nomades la pluralité des femmes était plus fréquente que chez les Hébreux fixés au sol de la Palestine.

Les conditions d'existence des peuples agriculteurs étant différentes, la religion y consacre, d'ordinaire, une autre forme de mariage. Les Aryas de l'Inde, les Grecs, les Romains, les Celtes, les Germains qui travaillent le sol, ont une conception du rôle de l'homme très différente de celle qui a cours chez les peuples tout à fait nomades. Le travail de la terre étant indispensable pour faire vivre l'homme et sa famille, on ne le considère pas, en général, comme avilissant. Nous savons par tous les témoignages anciens que dans l'Inde, en Grèce, à Rome, etc., l'agriculture fut en grand honneur pendant de nombreux siècles. Non seulement l'homme libre ne rougissait pas de travailler le sol, mais encore il s'en montrait fier. Les femmes et les filles étaient alors, en raison de leur faiblesse relative, réservées pour les travaux les moins pénibles de l'agriculture. Chez les Aryas de l'Indoustan, la jeune fille est appelée *duhitri*, celle qui trait les vaches. Pour s'aider dans les travaux pénibles de la culture, le chef de famille avait ses fils et les esclaves pris à la guerre ou achetés parmi les populations encore barbares. La mère de famille suffisait pour tous les travaux du ménage ; il ne venait même pas à l'idée de son mari de lui donner des compagnes en titre, et la loi religieuse finit par consacrer la monogamie, tout en autorisant l'homme à prendre quelques plaisirs avec les esclaves femelles par lesquelles la mère de famille se faisait assister dans ses travaux particuliers ou dans ceux réservés à ses filles.

Cependant, les deux sortes de lois religieuses, celles qui autorisaient la polygamie et celles qui prescrivaient la monogamie avaient un trait commun, dû à l'uniformité des sentiments égoïstes des législateurs sacrés : elles accordaient au mari les mêmes droits. Sous l'un et l'autre régime, de l'esprit de domination de l'homme était sorti le droit que la loi religieuse lui accordait de répudier sa femme ou ses femmes, tandis que la même loi refusait à la femme le droit de se séparer de son mari et maître. Celui-ci, sous l'une et l'autre loi, pouvait impunément chercher du plaisir en dehors de son ménage, tandis que l'adultère de la femme était puni de mort. La diversité des conditions d'existence avait déterminé la diversité des unions religieuses ; la communauté des sentiments humains avait créé l'identité des droits accordés au mari et des obligations imposées aux femmes.

Quant aux effets produits par ces lois morales sur l'évolution de la moralité familiale, nous avons vu qu'ils furent généralement plus nuisibles qu'utiles. La polygamie, par exemple, entraîna fatalement à sa suite une déchéance plus ou moins grande de la femme, par suite de la surveillance qu'elle exige de la part du mari, et qui, pour être efficace, autant que pareille mesure le peut être, dut aller jusqu'à la relégation de la femme en dehors de la société et même de la religion. La monogamie tendait, au contraire, à doter la femme d'une certaine autorité dans la famille, à lui faire une place dans la société et dans la religion, et, par conséquent, à émanciper son esprit en même temps que son corps ; mais cette émancipation relative ne pouvait que lui rendre plus pénibles les différences profondes établies par la loi religieuse entre elle et son mari. Comment n'aurait-elle pas été douloureusement affectée par le droit accordé à ce dernier de lui donner des rivales sous ce même toit d'où il la pouvait chasser au gré de sa fantaisie? Toutes les femmes romaines se sentaient évidemment exposées à s'entendre dire quelque jour ce mot implacable de Paul Émile à la belle Papyria : « Mes souliers sont neufs, ils sont bien faits, et, pourtant, je suis obligé d'en changer ; nul ne sait que moi où ils me blessent[1]. » Et toutes devaient avoir le souci de se soustraire à un pareil sort, toutes devaient se donner pour but de conquérir les droits que la religion leur refusait. Usant, en effet, de la puissance donnée à leur sexe par la beauté, profitant de l'irrésistible attrait que leurs charmes exercent sur l'homme, saisissant avec habileté l'heure où la dissolution des mœurs attirait les hommes en dehors du domicile conjugal, elles nous ont apparu cherchant dans l'adultère la voie qui devait les conduire à la conquête du droit de réclamer le divorce que les hommes s'étaient jusqu'alors réservé. Aussi Martial pouvait-il dire, non sans raison, que la loi avait créé l'adultère.

Après cette période passagère de désordres nés des règles artificielles imposées à la morale familiale par la religion, l'antique mariage du foyer sacré se dissout, l'homme et la femme prétendent ne s'unir désormais que librement et se séparer quand il leur plaira ; la nature reprend ses droits ; par le jeu normal de la lutte des intérêts individuels, une famille nouvelle est en train de se constituer : au régime de la domination despotique du mari se substitue un régime nouveau, dans lequel chaque membre de la famille semble ne devoir plus être lié aux autres que par son affection ou son intérêt, où l'égoïsme et l'altruisme de chacun se feront contrepoids au grand profit de tous. C'est au moment où cette évolution commençait à se produire que le christianisme intervint.

Avec lui reparut la soumission de la femme et des enfants à l'homme, autant que l'état des mœurs du temps le permettait, l'inégalité du traitement appliqué à l'adultère du

---

1. Plutarque, *Vie de Paul Émile*.

mari et à celui de l'épouse, l'infériorité imposée à la femme dans tout ce qui fait partie du domaine intellectuel. A tous ces traits anciens du mariage religieux des Romains ou des Hébreux, le christianisme en ajouta un nouveau : l'indissolubilité absolue des liens conjugaux. Il croyait moraliser la famille d'autant plus qu'il ferait du mariage un acte plus sacré ; c'est le contraire qui s'est produit. L'indissolubilité du mariage fit refleurir l'adultère et s'étendre la prostitution avec, en plus, l'hypocrisie consacrée par la faculté qu'ont les coupables de se faire pardonner leur faute par un confesseur indulgent, autant de fois qu'il leur plaît de la commettre et sans jamais être exposés à la réparer, s'ils savent éviter le scandale public. Encore une fois, la morale religieuse échouait dans sa réforme de la famille, parce qu'elle prétendait réglementer la nature au nom de l'absolu. Chez les Hébreux, elle n'avait abouti qu'à la polygamie avec tous ses vices. Chez les Romains et les Grecs, elle avait vu la monogamie religieuse verser dans le libertinage du mari avec les esclaves de sa femme. Chez les chrétiens, elle aboutissait à la prostitution officielle et aux ménages irréguliers où les maris vont demander les distractions physiques ou intellectuelles que la « femme éternelle » dont parle Montesquieu est si souvent incapable de leur procurer.

Les prescriptions par lesquelles les diverses religions ont prétendu régler la morale sociale prêtent à des considérations analogues. Elles présentent, d'une part, des caractères communs, produits par l'identité de certains sentiments qui existent chez tous les hommes et, d'autre part, les caractères particuliers qui résultent des conditions sociales et cosmiques dans lesquelles se trouvaient les divers législateurs qui les ont conçues. Dans l'Inde, par exemple, les lois religieuses de Manou ne font que consacrer la division de la société en castes qui existaient avant le législateur sacré et qui résultaient de la juxtaposition sur un même territoire de populations appartenant à des races ou variétés humaines distinctes. Si le rôle du législateur sacré n'était point intervenu, ces populations se seraient peu à peu fusionnées ; les haines ou les rivalités qui les tenaient séparées se seraient apaisées avec le temps et, du mélange des races, aurait résulté un progrès social considérable. En les figeant dans la situation où elle les trouva, la loi religieuse a mis obstacle à ce progrès ; elle a maintenu les rivalités et les haines ; elle a contrarié beaucoup plus qu'elle n'a aidé l'évolution de la moralité privée et sociale.

On se rend encore mieux compte de la nocivité de l'action produite, à cet égard, par les lois de Manou sur la société indienne, quand on compare à cette dernière les sociétés de la Grèce et de Rome où nulle loi religieuse ne fut jamais promulguée et où la raison humaine put déployer ses ailes sans avoir à redouter d'autre empêchement que ceux provenant de l'état intellectuel de la masse sociale. Les philosophes qui se permettaient de ne point penser comme la plèbe ignorante pouvaient être exilés de leur patrie comme Anaxagore ou condamnés à boire la ciguë comme Socrate, mais leur influence n'était détruite ni par l'exil, ni par la mort ; elle continuait de se faire sentir après leur disparition. De l'évolution qu'ils avaient déterminée, que nulle morale religieuse n'arrêtait, finit par sortir la transformation sociale qui a servi de point de départ au progrès des sociétés modernes. N'est-ce point dans les livres de Socrate, de Platon, d'Aristote, d'Épicure et d'Épictète, de Sénèque ou de Lucrèce que nous avons puisé les premiers éléments de notre morale sociale ?

Chez les Hébreux où la loi religieuse était toute-puissante, le progrès social fut aussi nul que chez les Aryas de l'Inde courbés sous les lois de Manou. Chez les Celtes où le Livre sacré fait défaut, la civilisation se développe, au contact de la Grèce et de Rome, avec une rapidité telle que deux siècles à peine après la pénétration des Romains dans la Gaule, la civilisation des Celtes rivalisait, sous tous les rapports, avec celle des peuples d'où leur était venue la lumière.

Par contre, à peine la loi religieuse des Hébreux eut-elle été introduite par le christianisme dans les sociétés grecque, romaine et celtique, on vit le progrès social s'y arrêter. A la douce et humaine philosophie des Antonins succède la pieuse barbarie de Clovis, le prosélytisme sanglant de Charlemagne, le dogmatisme puéril et méchant des Pères de l'Église qui damne l'enfant avant même qu'il ne soit né, la théorie désolante de la résignation qui confine l'esclave dans sa servitude, le pauvre dans sa misère, chaque artisan dans son métier, chaque serf sur son sillon, chaque homme dans la posture où il naquit, et la veuve dans sa viduité, la vierge dans sa virginité, sous le prétexte dérisoire qu'ils seront tous égaux après la mort dans le sein de Dieu, tous glorieux dans la gloire de son Fils et tous géniaux dans le génie du Saint-Esprit.

La morale sociale du christianisme parvient-elle, du moins à faire progresser la moralité publique ou privée des peuples dont elle prétend régir l'organisation et la conduite ? Non, hélas ! Pas plus que sa morale familiale n'a pu moraliser sa famille. Jamais il n'y eut autant de crimes contre la vie, les biens, la pudeur, que dans cette période moyennageuse où la religion dicte ses lois, les impose par la force, est la maîtresse des princes, des rois, des empereurs, fait rendre la justice par ses évêques et réunit sur la tête de ses pontifes la double couronne de Pierre et de César. Et il en fut ainsi nécessairement parce que, si puissante qu'elle soit, la religion ne le sera jamais assez pour vaincre la nature, parce qu'elle sera toujours incapable de mettre fin aux sentiments naturels qui poussent chaque homme à tenter d'améliorer son sort, de s'élever sans cesse sur l'échelle sociale, de poursuivre le bonheur dont il voit que d'autres jouissent autour de lui. La compression de ces sentiments ne pouvait aboutir qu'à leur explosion ; et l'on a vu se dérouler dans les sociétés chrétiennes, depuis vingt siècles, plus de troubles, de rébellions, de révolutions politiques ou sociales qu'il ne s'en était produit chez aucun peuple de l'antiquité.

N'est-il point encore de toute évidence que le christianisme est allé à l'encontre du progrès social en semant à travers le monde ses haines religieuses ? Dira-t-on qu'il a fait progresser la moralité privée ou publique en faisant massacrer les disciples d'Arius par ceux de Pierre et les orthodoxes romains par les schismatiques ariens? Contribuait-il au progrès moral lorsqu'il lançait les papistes du Nord de la France contre les Albigeois antipapistes de la Provence et du Languedoc, les catholiques contre les protestants, les réformés contre les non-réformés? Pensait-il faire progresser la moralité sociale lorsqu'il provoquait la Saint-Barthélemy, les guerres de religion, la révocation de l'Édit de Nantes, les Dragonnades, lorsqu'il dressait les bûchers de l'inquisition en Espagne et les échafauds ou les gibets d'Henri VIII en Angleterre? Etait-il nécessaire à l'évolution de la moralité que les nations de l'Europe, animées par les passions que la religion y avait fait naître, se jetassent pendant trois siècles les unes contre les autres, pour savoir qui l'emporterait des puissances catholiques ou des puissances protestantes? Et tous ces massacres, toutes ces guerres, tous ces corps brûlés, pendus, dépecés, tout ce sang versé sur les places publiques et les champs de bataille, toute cette immoralité odieuse, néfaste à l'humanité, ne provenaient-elles pas encore de ce que la loi religieuse avait été mise en contradiction par le législateur chrétien avec les grandes lois sociales de la nature, de même que la morale familiale de la religion avait été dressée contre la morale naturelle de la famille?

En présence de ces faits, si contraires aux résultats que les législateurs religieux attendaient, sans doute, de leur morale familiale ou de leur morale sociale, combien impuissantes sont les sanctions données à ces mêmes morales par les diverses religions! Combien puériles aussi apparaissent-elles à tous les esprits raisonnables, après avoir fait trembler ou exulter les enfants, les vieillards, les faibles d'esprit, tous ceux qui sont assez ignorants pour faire incliner la raison devant la foi! Ne suffit-il pas de comparer les unes avec les autres les sanctions morales des diverses religions et les fautes ou les vertus qu'elles sont destinées à punir ou à récompenser pour en montrer la vanité? Pour le chrétien, manger de la viande le vendredi, ne point assister à la messe le dimanche, ne pas jeûner en carême, sont des péchés punis d'un enfer éternel, tout comme voler son prochain ou calomnier sa vertu, tandis qu'il ne commet aucune faute en séduisant une vierge et ne lui doit aucune réparation, même s'il n'a obtenu ses faveurs qu'en lui promettant de l'épouser. Pour le juif, séduire une vierge est un péché que la mort seule est susceptible de punir assez sévèrement, mais il peut sans faute manger tous les jours de la viande pourvu qu'il s'abstienne de celle du porc et de quelques autres animaux réputés impurs. Le disciple de Zoroastre qui frappe un chien commet un péché puni par l'enfer ; le musulman qui tue un chrétien va tout droit au paradis où il risquerait de rencontrer le chrétien qui a tué un Albigeois, si son paradis n'était point situé à l'écart de celui de sa victime.

Il est de toute évidence qu'une pareille conception du bien et du mal, de la récompense et du châtiment, de pareilles menaces visant des actions si différentes les unes des autres et dont beaucoup sont d'une absolue insignifiance, ne pouvaient être acceptées, même par les esprits les plus dociles, que si l'on y ajoutait des correctifs susceptibles d'en diminuer l'horreur ou le ridicule. Aussi, dans toutes les religions, l'homme qui a fait le mal peut-il obtenir de la divinité ou, pour être plus exact, de ses représentants terrestres, une purification qui fait disparaître toutes les fautes commises, si graves soient-elles et rend le plus criminel semblable au plus vertueux. Cela fit, de tout temps, la fortune des prêtres de toutes les religions ; mais tandis qu'ils s'enrichissaient par les donations, les sacrifices, les pénitences de leurs fidèles, ils semblaient ne pas s'apercevoir qu'ils compromettaient par leurs purifications intéressées toute la portée de leurs morales. Que deviennent le bien, le mal, le crime, la vertu, la raison et la morale elle-même, si quelques libations faites devant un autel, quelque animal égorgé puis mangé par des prêtres, des ablutions dans un fleuve ou des gouttes d'eau sur la tête, des aumônes aux pauvres ou des donations à une église, à un temple, à une pagode, à une synagogue, à un marabout, quelques prières adressées à une divinité quelconque, une confession publique ou privée, suffisent pour effacer toutes les mauvaises actions, et si cette purification peut être renouvelée dix fois, cent fois, mille fois dans le cours de la vie d'un même homme, si le prêtre peut d'un geste ou d'un mot sacramentels, transformer un coquin en honnête homme ?

Tant que l'humanité fut dans l'enfance, les morales religieuses et leurs sanctions ont pu être considérées, de bonne foi, par les ignorants et célébrées par ceux qui en tiraient profit, comme indispensables au progrès de la moralité des peuples et des individus. On ne saurait s'étonner même que ceux qui s'inscrivirent en faux contre ces assertions aient été insultés, exilés, punis de mort par les peuples qu'ils tentaient d'éclairer sur la véracité des faits et sur leurs propres intérêts. Mais, ces temps sont passés ; le cri que l'orateur chrétien adressait au monde, à la science, à la nature « vanité, vanité, tout n'est que vanité » peut maintenant être retourné par les peuples mieux instruits de leurs devoirs et de leurs droits, contre les morales aussi impuissantes qu'artificielles des religions. Ils savent aujourd'hui, grâce aux progrès énormes réalisés par la science, enfin émancipée, qu'il n'y a pas de loi, pas de philosophie, pas de religion capable de vaincre la nature.

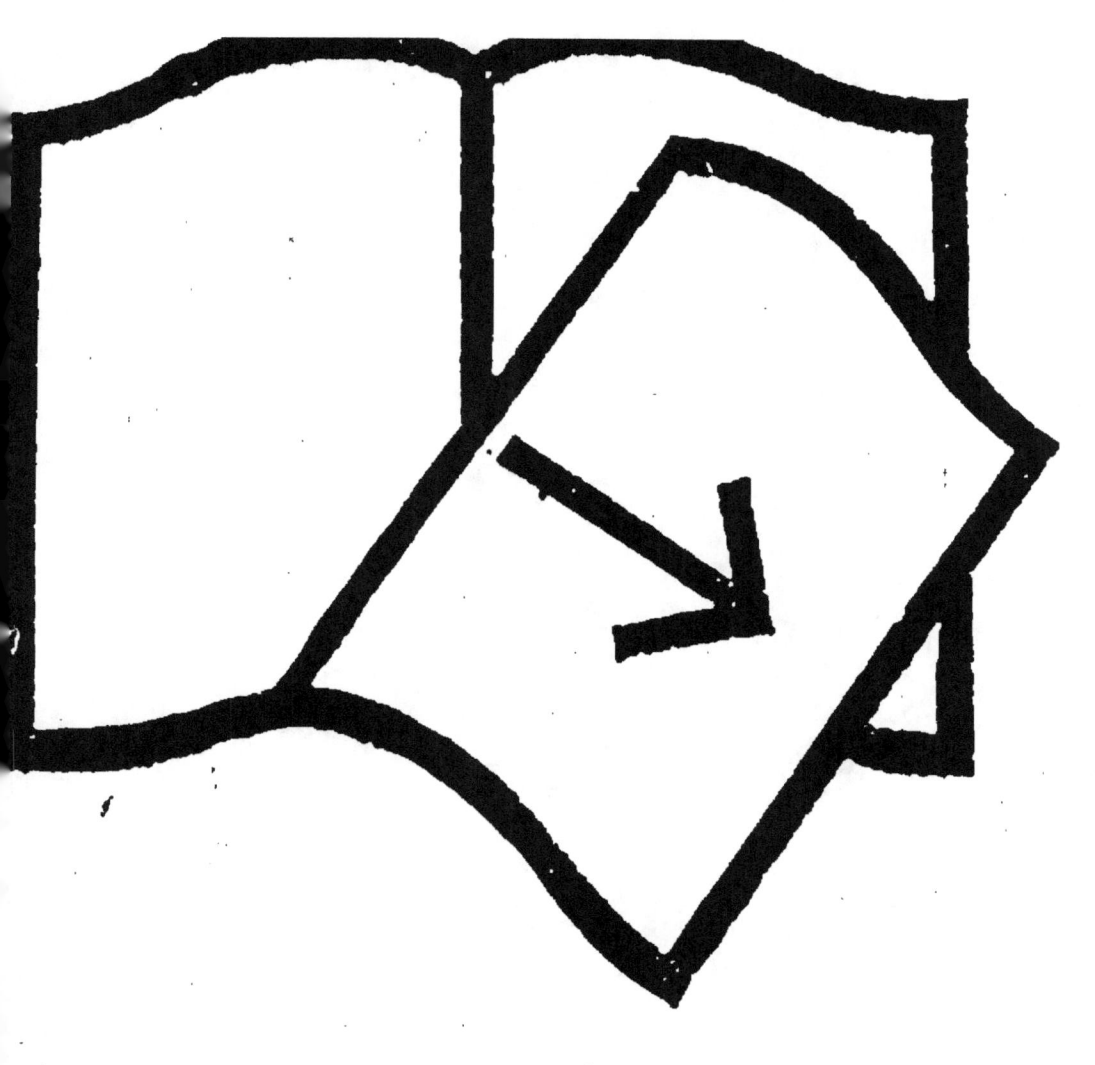

Documents manquants (pages, cahiers...)

www.ingramcontent.com/pod-product-compliance
Lightning Source LLC
Chambersburg PA
CBHW070409230426
43665CB00012B/1306